Malaysia
Singapur

Renate, Stefan und
Mischa Loose

Reise-Handbuch

Inhalt

Wissenswertes über Malaysia

Wissenswertes für die Reise

Unterwegs in Malaysia

Kapitel 1 Kuala Lumpur und die südliche Halbinsel

Inhalt

Kapitel 2 Der Nordwesten

Kapitel 3 Die Ostküste und das Landesinnere

Kapitel 4 Sarawak

Inhalt

Themen

Das Klima im Blick

Reisen verbindet Menschen und Kulturen. Wer reist, erzeugt auch CO_2. Der Flugverkehr trägt mit bis zu 10 % zur globalen Erwärmung bei. Wer das Klima schützen will, sollte sich – wenn möglich – für eine schonendere Reiseform entscheiden. Oder die Projekte von *atmosfair* unterstützen: Flugpassagiere spenden einen kilometerabhängigen Beitrag für die von ihnen verursachten Emissionen und finanzieren damit Projekte zur Verringerung des CO_2-Ausstoßes in Entwicklungsländern *(www.atmosfair.de)*. Auch der DuMont Reiseverlag fliegt mit *atmosfair*!

nachdenken • klimabewusst reisen

Inhalt

Alle Karten auf einen Blick

► Dieses Symbol im Buch verweist auf die Extra-Reisekarte Malaysia

Auf uralte Traditionen geht die Anfertigung der bunten Drachen zurück, von denen einige sogar böse Geister vertreiben können

Schlichtweg ein Traum: die Gewässer vor Semporna im Südosten von Sabah

Wissenswertes über Malaysia

Malaysia truly Asia

Der knappe Slogan des malaysischen Fremdenverkehrsamtes trifft die Essenz dieses südostasiatischen Landes so gut, dass er seit vielen Jahren als Werbung für das multikulturelle Tropenziel eingesetzt wird. In romantischen Liedern und Videoclips oder auf riesigen Plakaten, die freundliche, exotisch gekleidete Menschen an Traumstränden oder auf Dschungelflüssen zeigen, wird deutlich: Malaysia ist das wahre Asien.

Das extrem vielschichtige Land erstreckt sich vom südlichen Zipfel unseres eurasischen Kontinents bis nach Borneo, die drittgrößte Insel der Welt. Im Zentrum alter Seewege und Handelsrouten gelegen, wurde Malaysia zur Heimat von drei großen asiatischen Volksgruppen, den Malaien, Chinesen und Indern – Menschen mit heller oder dunkler Haut, asiatischen oder westlichen Gesichtszügen, die bei genauerer Betrachtung überaus verschiedenartig sind. So entpuppen sich die Inder als Sikhs, Chetties oder Tamilen mit Verwandten in Pakistan, Indien oder Sri Lanka. Ein Großteil der Chinesen stammt aus Kanton, Foochow, Hainan oder anderen südchinesischen Provinzen. Die Küstenmalaien, muslimische Seefahrer der indo-pazifischen Inselwelt mit Vorfahren in der Sulusee und im indonesischen Archipel, nennen sich Bumiputras, ›Söhne der Erde‹. Doch die eigentlichen Ureinwohner sind die Orang Asli, protomalaiische Bevölkerungsgruppen und Negritos, die bereits seit prähistorischer Zeit in und vom Dschungel leben. Hinzu kommen die Nachfahren der europäischen Kolonialherren, der persischen und arabischen Händler sowie Arbeitsmigranten aus den ärmeren Nachbarländern. Sie sind Moslems, Buddhisten, Christen, Hindus, Sikhs und Animisten mit jeweils eigenen Ritualen, Lebensgewohnheiten und Traditionen, die sich im Laufe der Jahrhunderte gegenseitig beeinflusst haben.

Den Launen der Geschichte ist es zu verdanken, dass dieses Gebiet in die Hände englischer Abenteurer, Kaufleute und Kolonialherren fiel und erst 1957 in die Unabhängigkeit entlassen wurde – nicht ganz, denn die über einen Damm mit dem malaiischen Festland verbundene Insel Singapore endete als unabhängiger Staat, ebenso Brunei, das vom ostmalaysischen Bundesstaat Sarawak umgeben ist. Länder, die verschiedener nicht sein könnten. Hier das dynamische chinesische Wirtschaftswunderland Singapore, dort das im Ölreichtum schwelgende Sultanat Brunei, dessen Herrscher zu den ältesten und wohlhabendsten Geschlechtern der Welt zählt.

Das Miteinander dieser unterschiedlichen Kulturen war nicht immer einfach und konfliktfrei, bereitete jedoch den Boden für eine unglaubliche Kreativität, die sich ganz besonders in der abwechslungsreichen Landesküche niederschlägt. Unter dem Einfluss muslimischer Inder entwickelten sich malaiische Currys zu einem wahren Feuerwerk für den Geschmacksinn. Bei der Zubereitung der einheimischen Zutaten nach chinesischer Art haben die aus chinesisch-malaiischen Beziehungen hervorgegangenen Nyonyas völlig neue Kreationen erschaffen. Für weitere kulinarische Genüsse sorgen Farne und andere Dschungelprodukte aus dem Hinterland, Fische und Schalentiere sowie tropische Früchte, die zum Frühstück, als Dessert oder in Form frisch gepresster Säfte serviert werden.

Die großen Städte Westmalaysias künden vom wirtschaftlichen Erfolg des Schwellenlandes ebenso wie von einer langen, ereignisreichen Kolonialgeschichte. Hingegen verdankt das geruhsamere, abseits der wichtigen Handelsströme gelegene Sarawak seinen Wohlstand dem Tropenwald, dessen wirtschaftlich nutzbare Ressourcen allerdings weitgehend erschöpft sind.

Zahlreiche Nationalparks im ganzen Land vermitteln noch immer einen fantastischen Eindruck von den dichten Urwäldern, die zu den ältesten der Erde gehören. Im gleichbleibend tropischen Klima konnte sich eine Flora und Fauna von einmaliger Vielfalt entwickeln, von Bergwäldern mit Orchideen und Kannenpflanzen bis zu Mooswäldern mit Rhododendren und einer einmaligen Vegetation selbst oberhalb der Baumgrenze. In zahlreichen Parks wurden Wanderwege angelegt, Aussichtstürme gebaut und Hängebrücken durch die Wipfelregionen der Urwaldriesen gespannt. Mit Naturführern können die größten Höhlensysteme der Welt im Gunung Mulu National Park und die schwer zugänglichen Mangrovengebiete der Urlaubsinsel Langkawi erkundet werden. Wanderungen auf eigene Faust sind im Taman Negara National Park ebenso möglich wie im Hochland der Cameron Highlands, Malaysias Teeanbaugebiet. In Sabah an der Nordspitze von Borneo präsentiert sich die Natur in ihrer ganzen Fülle, vom höchsten Berg des Landes, dem 4095 m hohen Gunung Kinabalu, bis zu den farbenprächtigen Korallenriffen um Pulau Sipadan, einem der weltweit besten Tauchgebiete. Aber auch andere Inseln vor Sabah und der malaiischen Halbinsel sind von Korallenriffen umgeben, die ebenso wie die palmenbestandenen Sandstrände das Traumziel zahlreicher Urlauber sind.

Wer mehr über die vielschichtige einheimische Kultur erfahren möchte, kann leicht mit Menschen ins Gespräch kommen, zum Beispiel bei einem Bummel über die traditionellen Märkte oder durch die riesigen klimatisierten Einkaufszentren. Viele Malaysier sprechen Englisch, sind neugierig und gastfreundlich. Lassen Sie sich ein auf das Land und seine liebenswerten Menschen.

Ein herzlicher Empfang ist garantiert in Malaysia

Steckbrief Malaysia

Daten und Fakten

Name: Malaysia
Fläche: 329 845 km^2
Hauptstadt: Kuala Lumpur (1,5 Mio. Einw.)
Amtssprache: Malaiisch (Bahasa Malaysia), häufig wird zudem Englisch genutzt
Einwohner: ca. 29 Mio., davon 2,4 Mio. in Sarawak und 3,1 Mio. in Sabah
Bevölkerungswachstum: 1,7 %
Lebenserwartung: Männer 72 Jahre, Frauen 76 Jahre

Währung: Ringgit (RM)
Zeitzone: MEZ + 7 Std.
Landesvorwahl: 0060
Internetkennung: .my

Landesflagge: Die malaysische Flagge Jalur Gemilang (›Streifen des Ruhms‹) zeigt 14 Querstreifen in Weiß und Rot, Symbol für die Staaten der Föderation. Der Mond im linken oberen Bereich weist auf die Staatsreligion hin, den Islam.

Geografie

Das asiatische Land, nur wenige Grad nördlich des Äquators, besteht aus zwei durch das Südchinesische Meer getrennten Landesteilen: Westmalaysia auf der malaiischen Halbinsel am südlichsten Punkt des asiatischen Kontinents sowie Ostmalaysia im Norden der Insel Borneo.

Drei bis zu 2100 m hohe Gebirgsketten bilden das Rückgrat der malaiischen Halbinsel. Ihre Ausläufer enden nördlich von Melaka, sodass der Süden weitgehend eben ist. Im Gegensatz zur dünn besiedelten Ostküste liegen an der Westküste die drei größten Metropolen Malaysias: der Ballungsraum rings um Kuala Lumpur mit über 8 Mio., Johor Bahru mit 900 000 und Ipoh mit 700 000 Einwohnern. Im Norden der Halbinsel liegen die Reiskammern des Landes, während im Süden hauptsächlich Ölpalmen wachsen.

Auch die Ebenen in Sabah sind von endlosen Ölpalmplantagen bedeckt. Nur in einigen küstennahen Regionen werden Reis und Gemüse angebaut. Im Danum Valley und im Gunung Mulu National Park findet man letzte Reste des Primärdschungels. Ein Großteil der Wälder wurde jedoch abgeholzt, sodass vielerorts nur noch niedriges Gebüsch und Elefantengras gedeihen. In Sabah liegt auch Malaysias höchster Berg, der 4095 m hohe Gunung Kinabalu.

Geschichte

Als im 16. Jh. die ersten Europäer die südostasiatische Inselwelt erreichten, trafen sie auf chinesische und indische Handelsstationen, malaiische Sultanate und kaum bewohnte Tropenwälder. Im Spannungsfeld zwischen dem javanischen Majapahit- und dem siamesischen Ayutthaya-Reich war seit 1398 das Handelszentrum Melaka erblüht. Es wurde 1511 von den Portugiesen erobert, 1641 von den Holländern erkämpft und 1824 von den Briten eingetauscht. Letztere hatten bereits Penang und Singapore in Besitz genommen und weiteten ihr Einflussgebiet sukzessive auf andere Regionen der malaiischen Halbinsel sowie den nördlichen Teil von Borneo aus. 1957 wurde der südostasiatische Teil des britischen Empire unabhängig, 1965 trennte sich die Föderation von Malaya von der überwiegend von Chinesen bewohnten Insel Singapore.

Staat und Politik

In der parlamentarischen Wahlmonarchie wechseln sich neun malaiische Sultane alle fünf Jahre als Staatsoberhaupt (Yang di-Pertuan Agong) ab. Seit Dezember 2011 ist der Sultan von Kedah, Abdul Halim Mu'adzam Shah, der König von Malaysia. Er erfüllt nicht nur repräsentative Funktionen, sondern ist auch das islamische Oberhaupt des Lands.

Malaysias nach westlich-demokratischen Vorbildern gestaltete Verfassung garantiert Grundrechte, die allerdings durch verschiedene Gesetze (s. S. 37) eingeschränkt sind. Das Oberhaus und Unterhaus des Parlaments wird vom Volk gewählt. Aus dem Parteienbündnis Alliance, in dem die drei größten Volksgruppen vertreten sind, ging 1973 die konservative Koalition Barisan Nasional (›Nationale Front‹) hervor, die seit der Unabhängigkeit 1957 ununterbrochen das Land regiert. 2008 schlossen sich Oppositionelle in der Front Pakatan Rakyat zusammen und übernahmen in vier Staaten erstmals die Regierung, wodurch im Parlament die bisherige Zweidrittelmehrheit der Barisan Nasional verhindert wurde. Seit 2009 ist Najib Tun Razak der sechste Premierminister Malaysias.

Wirtschaft und Tourismus

Dank guter wirtschaftlicher Wachstumsraten hat Malaysia in den vergangenen 30 Jahren im Human Development Index einen respektablen Platz inmitten der hochentwickelten Länder erreicht. Das ASEAN-Mitglied ist ein wichtiger Lieferant von Rohstoffen (Palmöl, Tropenholz, Kautschuk, Erdöl, Erdgas) und industriellen Produkten, vor allem aus dem Bereich der Elektronik. Viele Betriebe haben sich im Klang Valley rund um Kuala Lumpur und auf Pulau Penang angesiedelt. Die ländlichen Regionen, besonders im Norden der Halbinsel, konnten bislang kaum von der Industrialisierung profitieren.

Mit offiziell fast 25 Mio. Besuchern jährlich stellt der Tourismus einen bedeutenden Wirtschaftsfaktor dar. Die meisten Touristen stammen aus den Nachbarländern, insbesondere aus Singapore.

Bevölkerung und Religion

In dem Vielvölkerstaat stellen die malaiischen Völker etwa die Hälfte der Bevölkerung. Zu ihnen zählen neben den Malaien, deren Vorfahren teils aus Sulawesi und Sumatra eingewandert sind, auch die proto-malaiischen Dayak-Völker in Ostmalaysia. Etwa ein Viertel aller Einwohner sind Chinesen, die vor allem an der Westküste der malaiischen Halbinsel und in den Städten siedeln und das wirtschaftliche Leben des Landes dominieren. Zu den Minderheiten gehören Inder (ca. 7 %) sowie Orang Asli (12 %), die ursprünglichen Bewohner, zu denen die Negritos in den Regenwäldern ebenso zählen wie die Seemenschen Orang Laut.

Alle malaiischen Völker bekennen sich zum Islam, der offiziellen Staatsreligion. Viele Chinesen sind Buddhisten, Taoisten oder Anhänger der Lehre von Konfuzius. Aus ihrem indischen Heimatland haben die Tamilen den Hinduismus mitgebracht und die Sikhs die Lehren von Guru Nanak. Zudem gehören nicht-malaiische Minderheiten und viele der Dayak verschiedenen christlichen Kirchen an.

Natur und Umwelt

Zwischen steil aufragenden Granitfelsen in über 4000 m Höhe und bunten Korallenriffen in der Tiefe des Ozeans entfaltet sich die landschaftliche Vielfalt des tropischen Malaysias. Immer häufiger jedoch entdeckt man die üppige Bandbreite der Natur erst jenseits der zunehmend wachsenden, monotonen Ölpalmplantagen.

Tropische Küsten und Inseln

Die Strände

Magisch zieht es viele Urlauber an die tropischen Strände. Die von Kokospalmen bestandenen Buchten mit puderweißem Sand und tiefblauem Meer sind für Europäer der Inbegriff von Urlaub. Zwar gibt es an der fast 4800 km langen Küste einige Traumstrände, doch diese bilden eher die Ausnahme.

An den Stränden sorgen neben **Kokospalmen** auch **Kasuarinen, Schraubenbäume** *(Pandanus)* sowie die weit ausladende **Ozean-Gift-Mangrove** *(Barringtonia asiatica)* für Schatten. Alle Pflanzen haben sich den extremen Umweltbedingungen angepasst. Sie müssen nicht nur die intensive Sonneneinstrahlung aushalten, sondern auch starke Windböen, den hohen Salzgehalt der Luft sowie den Mangel an Süßwasser und Nährstoffen im sandigen Boden. Im feinen Sand verstecken sich kleine und größere Krebse, darunter **Winkerkrabben** mit einem leuchtend roten, großen Arm, **Einsiedlerkrebse,** die sich in Schneckenhäusern einnisten, oder winzige **Sandkrabben** *(Scopimera globosa),* die bei Ebbe auf dem feuchten Strand wahre Kunstwerke aus winzigen Sandkügelchen hinterlassen.

Unter Wasser

Wo das Meer seicht abfällt, tauchen in der Gezeitenzone bei Ebbe zwischen Schlick, abgestorbenen Korallen und Felsen **Muscheln, Schnecken, Seegurken, Seeigel** und andere Kleintiere auf. Nur wenige Meter unter der Wasseroberfläche erstrecken sich bunte Korallenriffe. Zwischen **Stein- und Weichkorallen** finden zahlreiche Meeresbewohner Unterschlupf und Nahrung. Dies ist ein überaus artenreicher Lebensraum mit Fischen in allen Größen und Farben, **Garnelen, Seeschlangen** und **Meeresschildkröten.**

Durch die globale Meereserwärmung sind einige Riffe von Korallenbleiche bedroht. Auch in der Nähe beliebter Badeplätze sind viele Korallenriffe von ungeübten Schnorchlern oder Tauchern zerstört worden, sodass man heutzutage etwas weiter hinausfahren muss, um die Tropenriffe in ihrer ganzen Schönheit bewundern zu können.

Mangrovenwälder

Weite Teile der Küste und die Mündungsgebiete der großen Flüsse sind im Gezeitenbereich von Mangrovenwäldern gesäumt. Im Schlick des Brackwassers finden Bäume und Sträucher, die sich dem hohen Salzgehalt angepasst haben, mit ihrem ausgeprägten Wurzelsystem Halt. Die **Asiatische Mangrove** *(Bakau Kurap, Rhizophora mucronata)* und andere meist niedrige Bäume schützen die Küste vor Erosion und bieten zwischen ihren hohen Stelzwurzeln jungen **Krebsen, Fischen** und **Garnelen** eine geschützte, nährstoffreiche Kinderstube. **Schlammspringer** *(Periophthalmus),* eine Gattung von Fischen,

Nashornvögel spielen in der Mythologie der indigenen Völker eine wichtige Rolle

die auch an Land leben können, halten sich häufig am Wasserrand auf. Die weit verbreitete **Nipapalme** *(Nypa fruticans)* wird von Menschen genutzt, um Wände und Dächer sowie Matten für ihre Häuser zu fertigen. Der einzige Feind des Menschen, das bis zu 8 m lange **Leistenkrokodil** *(Crocodylus porosus)*, war früher weit verbreitet. Es ist mittlerweile wegen seiner begehrten ledrigen Haut in Westmalaysia fast ausgerottet und kommt nur noch in den Unterläufen der Flüsse von Sarawak und Sabah vor.

Küstentypologie

Die dicht besiedelte, industrialisierte **Westküste** der Halbinsel liegt an der stark befahrenen Schifffahrtstraße von Melaka im Windschatten der indonesischen Insel Sumatra. Nur im äußersten Norden rund um die Insel Langkawi kann das Meer mit seiner blauen Farbe und vereinzelten Korallenriffen punkten. Dafür regnet es seltener als an der **Ostküste.** Dort bläst vor allem während der europäischen Wintermonate von Oktober bis Februar der Nordostmonsun. Er sorgt nicht nur für heftige Niederschläge, sondern trägt Jahr für Jahr einen Teil der exponierten palmenbestandenen Küste ab. Das große Plus der Ostküste sind die Korallenriffe der Inseln Perhentian, Redang und Tioman.

Auf der ostmalaysischen Insel **Borneo** regnet es in den Sommermonaten etwas weniger als im Winter. Hier sind einige Strände in der Umgebung von Kuching und Kota Kinabalu touristisch entwickelt worden und werden regelmäßig gereinigt. An anderen liegt allerlei Zivilisationsmüll, viel Holz und anderes organisches Material, das träge Tropenflüsse aus dem Landesinnern zum Meer geschwemmt haben. Die schönsten Inseln liegen vor Sabah. Vor allem die Sulusee mit den Tauchgebieten um Sipadan gehört mit 600 Korallen- und 1200 Fischarten zu den artenreichsten Gebieten der Erde.

Das Landesinnere

Erdgeschichte zum Anfassen auf Langkawi

Manchem sieht man das Alter nicht an, schon gar nicht den unscheinbaren, von dichtem

Dschungel überwachsenen Bergen. Aber die westmalaysische Insel **Langkawi,** die im Jahr 2007 von der UNESCO als erste Region in Südostasien den Status eines Welt-Geoparks erhielt, lohnt einen näheren Blick. Schließlich wird mit dieser Auszeichnung ein Gebiet gewürdigt, in dem Erdgeschichte erlebbar ist.

Im Hinterland der Urlaubsstrände erhebt sich im Nordwesten der Insel der **Gunung Mat Cincang.** Mit seinem beachtlichen erdgeschichtlichen Alter von 550 Mio. Jahren gilt das Bergmassiv ebenso wie der Nordosten der Insel als eine der ältesten Landmassen der Welt. Die Sandsteinplatte aus dem Kambrium versank für lange Zeit im Urmeer und tauchte vor etwa 220 Mio. Jahren als Teil des Urkontinents Gondwana wieder aus dem Wasser auf. Während der bewegten Erdgeschichte haben seither nicht nur Wind und Regen, sondern auch tektonische Verschiebungen und Einlagerungen jüngerer Gesteinsschichten ihre Spuren hinterlassen, die man in der abwechslungsreichen Landschaft aus Sand- und Kalkstein, Schiefer und Granit noch heute deutlich erkennen kann. Besonders beeindruckend sind die bizarren Karstformationen mit Tropfsteinhöhlen im Nordosten. Sie liegen in direkter Nachbarschaft zu hohen, glatt geschliffenen Granitfelsen, die einen starken Kontrast zu den saftig grünen Reisfeldern der Tiefebene bilden.

Malaiische Halbinsel und Borneo

Viele Landschaftsformen, die auf der Insel Langkawi vorkommen, finden sich im restlichen Malaysia wieder. Auf der **malaiischen Halbinsel** setzen sich die Kalksteinformationen fort, in denen hohe Niederschläge Höhlen ausgewaschen haben. Das Rückgrat der Halbinsel bilden drei parallel verlaufende Gebirgsketten mit dem 2187 m hohen **Gunung Tahan** als höchster Erhebung. Die Berge fungieren als Wetter- und Wasserscheide zwischen der West- und der Ostküste, die extremeren Klimabedingungen ausgesetzt ist. Aufgrund des innertropischen Klimas zwischen dem 1. und 7. nördlichen Breitengrad war das Land einst von dichtem Dschungel bedeckt. Der immergrüne tropische Tieflandregenwald im **Taman Negara National Park** im Zentrum der Halbinsel gilt mit einem Alter von 130 Mio. Jahren als ältester der Erde.

Die Karstlandschaft präsentiert sich am beeindruckendsten auf der Insel **Borneo** im **Gunung Mulu National Park** mit dem weltweit größten Höhlensystem. Weiter nördlich in Sabah erhebt sich in der **Crocker Range** das bis zu 4095 m hohe Granitmassiv des **Gunung Kinabalu,** der höchste Berg des Landes und UNESCO-Weltnaturerbe.

Flora und Fauna

Über 6000 verschiedene Baumarten, darunter bis zu 50 m aufragende Baumriesen, bilden im **Tieflandregenwald** ein dichtes Blätterdach. Es sorgt in den unteren Etagen nicht nur für eine gleichmäßige Temperatur und Luftfeuchtigkeit, sondern schirmt auch einen Großteil des intensiven Sonnenlichts ab. Entsprechend streben Lianen und junge Bäume nach oben, dem Licht entgegen, oder haben sich wie Pilze und Farne dem Dämmerlicht angepasst. Die **Rafflesia,** die größte Blume der Welt, wächst als Schmarotzerpflanze auf einer bestimmten Lianenart (s. S. 360). **Orchideen** und andere Epiphyten nisten sich näher am Licht auf den Ästen der hohen Bäume ein (s. S. 360). Die Baumkronen sind der Lebensraum 450 verschiedener Vogelarten, darunter der seltene **Nashornvogel.** In Bodennähe sind es vor allem Ameisen, Termiten, Käfer, Schmetterlinge und andere **Insekten,** die das reichhaltige Nahrungsangebot zu schätzen wissen. **Elefanten, Tiger** und **Tapire** sind ebenso wie die **Orang-Utans** (s. rechts) vom Aussterben bedroht und durchstreifen nur noch selten ihre angestammte Heimat.

In einigen Gebieten auf Borneo, wo nährstoffarme saure Sandböden eine üppige Vegetation verhindern, sind **Kerangaswälder** entstanden. Unter maximal 20 m hohen Bäumen, Palmen und Rhododendren wachsen Farne, Moose und fleischfressende **Kannenpflanzen** (*Nepenthes,* s. S. 360). Sie kommen auch in den niedrigeren, aber sehr artenreichen **Bergwäldern** vor, die in über 2000 m

Orang-Utans – die Waldmenschen

Thema

***Orang Jerman,* ›Menschen aus Deutschland‹ – das sind wir. Darüber hinaus gibt es ›Menschen aus dem Wald‹ *(Orang Hutan).* Im Gegensatz zu unseren Landsleuten sind sie nur mit viel Glück oder Ausdauer anzutreffen. Sie machen weder mit häufigen Rufen wie die Gibbons auf sich aufmerksam, noch treiben sie sich wie die Makaken in Rudeln an Futterplätzen herum.**

Es braucht ein geübtes Auge, ihr rotbraunes langhaariges Fell im dichten Blätterdach zu entdecken. Auf der Suche nach früchtetragenden Bäumen legen die Vegetarier weite Strecken zurück. Sie bewegen sich nur selten auf dem Boden, sondern meist sehr bedächtig durch die hohen Wipfel. Wenn es Abend wird oder die ersten Regentropfen ein Nachmittagsgewitter ankündigen, bauen sie aus Zweigen ein schützendes Nest. Nur in Ausnahmefällen benutzen sie es ein zweites Mal. Sie sind wahre Dschungelnomaden.

Babys, fast immer Einzelkinder, werden in den ersten beiden Jahren am Körper getragen und bleiben bis zu fünf Jahren in der Nähe ihrer Mütter, um alles zu lernen, was ein Überleben ermöglicht. Die Väter gehen unterdessen als Einzelgänger ihrer Wege. Ihr zur Paarungszeit lang anhaltendes, röhrendes Rufen ist kilometerweit zu hören und soll geschlechtsreife Weibchen anlocken bzw. männliche Konkurrenten vertreiben. Ein ausgewachsenes Männchen ist eine beeindruckende Erscheinung und bringt nicht selten über 100 kg auf die Waage. Damit sind die Orang-Utans *(Pongo pygmaeus)* die größten auf Bäumen lebenden Tiere der Erde. In der Wildnis werden sie bis zu 35 Jahre alt.

Der Lebensraum der 50 000 bis 60 000 vom Aussterben bedrohten Menschenaffen, die ausschließlich in den Tieflandwäldern auf Borneo und Sumatra beheimatet sind, wird zunehmend kleiner. Das größte zusammenhängende Areal im Westen von Borneo sind der Batang Ai National Park in Sarawak sowie die angrenzenden indonesischen Schutzgebiete Betung Kerihun und Lanjak Entimau. Ansonsten sind die Wanderrouten der Orang-Utans häufig durch die Abholzung der Wälder, Siedlungen und Plantagen blockiert. Sobald sich ein Tier in Sabah in die Felder und Gärten verirrt, um bevorzugt Bananen und Durian zu ergattern, wird es eingefangen und in Tabin, einem der letzten großen Dschungelgebiete im Norden, freigelassen.

Manchmal werden Mütter von Babys von Holzfällern getötet, um die Jungen mit hohem Profit zu verkaufen. Sofern die illegal als Haustiere gehaltenen Affen entdeckt werden, müssen die Besitzer mit hohen Gefängnis- und Geldstrafen rechnen. Die Jungtiere werden konfisziert und zumeist in die Rehabilitationszentren von Sepilok (s. S. 369) oder Semenggoh (s. S. 303) gebracht. Eine medizinische Untersuchung stellt sicher, dass sie keine Krankheiten haben, die sie auf den Wildbestand übertragen könnten. Zudem sind einige Tiere traumatisiert und benötigen besondere Aufmerksamkeit. Anschließend lernen sie in einem jahrelangen Prozess, auf Bäume zu steigen, Nester zu bauen, Futter zu finden und ihren natürlichen Lebensraum wiederzuentdecken.

Weitere Informationen bietet die Orangutan Foundation International unter www.orangutan.org.

Höhe in **Nebelwälder** übergehen. Je nach Höhenlage und Temperatur gedeihen in unteren Lagen **Eichen** und **Kastanien,** die mit zunehmender Höhe durch vom Wind verkrüppelte tropische **Nadelhölzer, Harzeiben** *(Dacrydium),* **Leptospermum-Arten** *(Sayat-sayat),* tropische **Rhododendron-Arten** und schließlich durch Moose und Flechten abgelöst werden.

Plantagenwirtschaft

Diebstahl im Urwald

Alles begann wie ein Krimi mit dem Diebstahl eines wohlgehüteten Schatzes. Im brasilianischen Regenwald nutzten die Indianer bereits seit Jahrhunderten Latex, den Milchsaft der Rinde des **Kautschukbaums** *(Hevea brasiliensis).* ›Weinendes Holz‹, so nannten die Bewohner des Amazonasbeckens die Pflanze, die sie u. a. zu Spielbällen kneteten. Erst 1839 erfand der US-amerikanische Tüftler Goodyear die Vulkanisation, durch die der vielseitig verwendbare Hartgummi hergestellt werden kann. Damit wurde Naturkautschuk zu einem überaus begehrten industriellen Rohstoff, vor allem für die Reifenherstellung in der rasch expandierenden Automobilindustrie der USA. Während des Booms von 1879 bis 1912 gelangten Kautschukbarone in abgelegenen brasilianischen Dschungeldörfern zu unermesslichem Wohlstand. Schon bald gehörten Belém und Manaus zu den reichsten Städten der Welt.

Um das Monopol zu schützen, war es unter Androhung der Todesstrafe untersagt, Setzlinge oder Samen zu exportieren. Dennoch gelang es dem britischen Pflanzer Henry Wickham 1876, auf dunklen Wegen Kautschuksamen von Brasilien nach London zu schmuggeln – eine von der britischen Regierung veranlasste Biopiraterie, für die er sogar geadelt wurde. In den Gewächshäusern der Kew Gardens wuchsen unter der fürsorglichen Pflege des Direktors Joseph Hookers 2000 Setzlinge heran, von denen nur acht die lange Schiffsreise nach Ceylon und Malaya überlebten.

Wirtschaftsboom dank Latex

Anfänglich konnten sich die Pflanzer nicht für den neuen Baum erwärmen, den der britische Kolonialbeamte Sir Hugh Low 1882 in einem Garten in Kuala Kangsar angepflanzt hatte. Erst 1895 ließen sich zwei Kaffeebauern davon überzeugen, *pokok getah* anzubauen. Dank geschickter Kreuzungen, optimaler Pflanzmethoden und verbesserter Techniken lieferten bereits wenige Jahre später Millionen von Pará-Gummibäumen in Südostasien weitaus höhere Erträge und preiswerteren Latex als ihre Vorfahren in Brasilien. Anfang der 1920er-Jahre stammte bereits die Hälfte der Weltproduktion aus Malaya und bildete neben Zinn die wirtschaftliche Basis des Landes.

Hunderttausende Migranten aus Indien und von den indonesischen Inseln lebten und arbeiteten im Hinterland der Westküste der malaiischen Halbinsel auf den großen britischen Plantagen von Golden Hope, Sime Darby und Guthrie. Sie ritzten in den frühen Morgenstunden die Rinde der Bäume an und sammelten später den weißen, zähen Saft ein. Weitere 40 % der Kautschukproduktion stammen aus chinesischen Familienbetrieben und von malaiischen Bauern.

Dem setzte der Zweite Weltkrieg mit der japanischen Eroberung Malayas ein abruptes Ende. Verstärkt entwickelten nun amerikanische Wissenschaftler synthetischen Gummi für die Rüstungsindustrie, der schon bald den Naturkautschuk in vielen Bereichen verdrängte. Mitte der 1980er-Jahre kam noch ein Drittel der Weltproduktion an Kautschuk aus Malaysia. Seither hat Thailand den ersten Platz übernommen.

Palmöl statt Kautschuk

Viele Gummiplantagen sind inzwischen mit Ölpalmen *(Elaeis guineensis),* der produktivsten Öl liefernden Pflanze, bebaut worden. Im Gegensatz zu Gummi steigt der Bedarf und Preis von Palmöl zusehends. Mit Palmöl kochen Milliarden Menschen in den Tropen und es ist eine wichtige Basis vieler industrieller Lebensmittel und Kosmetika. Zunehmend wird es auch als Biodiesel verwendet. Mittlerweile ist Malaysia neben Indonesien der weltweit größte Palmölproduzent und beschäftigt auf seinen riesigen Plantagen über 500 000 Menschen, überwiegend Migranten aus Indonesien und von den Philippinen.

Der durch die Regierung geförderte Anbau von Ölpalmen, die ursprünglich aus dem tropischen Westafrika stammen, hat das Landschaftsbild verändert. Bereits beim Anflug auf die Hauptstadt Kuala Lumpur erblickt man einen Flickenteppich akkurat ausgerichteter, dunkelgrüner Palmenreihen. Die anspruchslosen robusten Pflanzen bedecken mittlerweile etwa 5 Mio. ha im Landesinnern der Halbinsel und in Ostmalaysia. Sie gedeihen auf ehemaligen Reisfeldern, auf Kakao- und Kokosplantagen, in trockengelegten Sümpfen und gerodeten Dschungelgebieten. Ölpalmplantagen erstrecken sich bis an die Grenzen der geschützten Wälder und teilweise sogar darüber hinaus. An die Anfangszeiten der Plantagen erinnert vor der Distriktverwaltung in Kuala Kangsar noch immer der älteste Gummibaum des Lands, einer der ersten Setzlinge, der 1877 gepflanzt wurde. Im Botanischen Garten von Singapore, wo die Setzlinge aufgezogen wurden, steht eine Gedenktafel zu Ehren dieser wichtigen Periode der Wirtschaftsgeschichte.

Umwelt und Naturschutz

Brandrodung und Landspekulation

Bis vor 150 Jahren war ein Großteil der malaiischen Halbinsel und Borneos von Dschungel bedeckt. Nomadisierende Ureinwohner wie die Orang Asli in Westmalaysia und die Penan in Sarawak streiften in kleinen Gruppen als Jäger und Sammler durch die Wälder. Entlang der Küsten und großen Flüsse hatten Siedler Felder angelegt und den Wald durch Brandrodung urbar gemacht, um vor allem für den Eigenbedarf Reis und Gemüse anzubauen.

Erst Ende des 19. Jh. wurde der Besitz an Grund und Boden von der britischen Kolonialmacht gesetzlich geregelt und ungenutztes Land wie Mangroven und der tropische Regenwald, der in vielen Regionen den Sultanen unterstand, dem Staat überschrieben. Damit war der Weg für Landkauf, Landspekulation sowie die Anlage großer Plantagen geebnet.

Die Zerstörung des Regenwalds …

Den Pflanzern folgten die Holzfäller. Zuerst beuteten in Sabah britische Gesellschaften den Tropenwald aus und machten Sandakan bis zum Zweiten Weltkrieg zum wichtigsten Holzlieferanten für den chinesischen, japanischen, australischen und britischen Markt. Aber erst in den 1970er- und 1980er-Jahren begann der systematische Raubbau durch die Vergabe riesiger Konzessionen. Hunderte von Sägewerken verarbeiteten in abgelegenen Tälern Urwaldriesen für den einheimischen Markt. Auf Dschungelflüssen wurden gewaltige Baumstämme aus dem Landesinnern zur Küste geflößt, auf Schiffe verladen und exportiert. Schon bald war Malaysia neben Indonesien und Brasilien einer der weltgrößten Exporteure von tropischem Hartholz.

Kaum ein Gedanke wurde dabei an die biologische Vielfalt des Tropenwalds verschwendet, an die dort beheimateten Tiere und vor allem an die Menschen. Erst als in den 1980er-Jahren der Schweizer Höhlenforscher Bruno Manser gemeinsam mit den Penan in Sarawak Holzfällercamps blockierte und durch Fasten und andere Aktionen auf die Zerstörung des Regenwalds aufmerksam machte, rückte das Leid der Penan in den Fokus der Öffentlichkeit. Seither gibt es von lokalen wie internationalen Naturschutzorganisationen immer wieder Aufrufe zum Schutz dieses einmaligen Ökosystems.

… und die Folgen

Es ist nicht in erster Linie ein besonders fruchtbarer Boden, der das üppige Wachstum der tropischen Urwälder ermöglicht, sondern ein Zusammenspiel vieler verschiedener Faktoren. Pflanzen wandeln die Sonnenenergie in organische Stoffe um, die von Bakterien, Pilzen und anderen Mikroorganismen rasch kompostiert und in die Nahrungskette zurückgeführt werden. Von allergrößter Bedeutung für das außerordentliche Pflanzenwachstum ist das innertropische Klima, das keine markanten Trocken- und Kälteperioden kennt und sich auszeichnet durch eine gleichmäßige Sonneneinstrahlung, viermal so hohe Niederschläge wie in Mitteleuropa und eine entsprechende Luftfeuchtigkeit. Selektiv abgeholzte Regenwälder, sofern sie sich selbst überlassen sind, können sich bald erholen, was im Forest Research Institute of Malaysia (FRIM, s. S. 137) bei Kuala Lumpur eindrucksvoll zu erleben ist. Allerdings entfalten sich die nachwachsenden Sekundärwälder längst nicht so artenreich und produktiv, denn der ökologische Kreislauf ist durchbrochen.

Noch immer werden Busch- und Sekundärwälder für Ölpalmplantagen gerodet, selbst die letzten von der Holzwirtschaft verschmähten Bäume gefällt und verbrannt. Alles Wurzelwerk wird entfernt und der blanke Boden für die landesweit dominante Monokultur vorbereitet. Kilometerweit stehen Palmen in Reih und Glied ohne jeglichen bedeutsamen Unterwuchs. Sobald heftige tropische Regenschauer niedergehen, kann das ungeschützte Erdreich das Wasser nicht speichern und wird vor allem an den Hängen abgespült. Flüsse versanden und können die Wassermassen nicht bewältigen. Weite Landstriche werden vor allem in den besiedelten Tiefebenen überflutet, Straßen, Felder und Häuser unter Erdrutschen begraben. Mittlerweile macht man sich selbst in westlichen Ländern gegen diese Monokultur stark, denn sie zerstört nicht nur den Lebensraum wilder Tiere und eine artenreiche Flora, sondern auch die für das weltweite Klima wichtigen Tropenwälder und Sumpfgebiete.

Über neue Straßen dringen etwa seit den 1950er-Jahren staatliche Entwicklungsgesellschaften wie FELDA (Federal Land Development Authority) in bis dahin unzugängliche Wälder im Hinterland vor, um der rasch angewachsenen Bevölkerung neuen Grund und Boden zu erschließen. Mitten im Dschungel wurden große Siedlungen mit allen Infrastruktureinrichtungen und gewaltige Plantagen angelegt. Ursprünglich als Kooperative für mittellose Malaien gedacht, entwickelte sich FELDA schnell zu einem Konzern mit den weltweit größten Besitzungen an Ölpalmplantagen.

Naturschutzgebiete als Gegenmaßnahme

Bereits vor 100 Jahren wurde die Forstbehörde gegründet, um die Waldnutzung zu

regulieren und den nachwachsenden Rohstoff langfristig zu sichern. Beim Management der Permanent Forest Estates, kurz PFE, wird seit jüngster Zeit sogar explizit Wert auf den Erhalt der biologischen Vielfalt und die Einbeziehung der einheimischen Bevölkerung gelegt. Allerdings sind offizielle Angaben mit Vorsicht zu genießen, denn bei der Ausweisung der Waldflächen wird alles mitgezählt, wo ein Baum steht, auch die Plantagen.

Noch unter britischer Kolonialherrschaft wurde 1938 der Taman Negara im zentralen Teil Westmalaysias als erster Nationalpark des Landes gegründet, um 130 Mio. Jahre alten Regenwald zu schützen. Seither sind 44 weitere Schutzgebiete hinzugekommen, ein Großteil davon State Parks, die teils nur wenige Hektar groß sind. Sie umfassen Primär- und Sekundärwälder, Regen-, Berg- und Kerangaswälder ebenso wie Mangrovengebiete und Inseln mit vorgelagerten Korallenriffen.

Auch so lässt sich Natur erleben: Schwindel erregende Aussichten von der Sky Bridge unterhalb des Gunung Mat Cincang auf Pulau Langkawi

Wirtschaft, Soziales und aktuelle Politik

Bereits unter der britischen Kolonialherrschaft bildeten Rohstoffvorkommen eine solide finanzielle Basis und brachten die industrielle Entwicklung Malaysias in Schwung. Der Arbeitskräftemangel sorgte für einen Zustrom an Menschen aus China und Indien, später auch aus Indonesien, Myanmar und den Philippinen. Ganz unterschiedliche Kulturen prallen in Malaysia aufeinander, was das Land vor immer neue Herausforderungen stellt.

Gut geölt: die Wirtschaft

Kraftvoll in die Zukunft

Für ein südostasiatisches Land mit ca. 28 Mio. Einwohnern gehört schon Mut dazu, 60 km von der Hauptstadt entfernt einen futuristischen Flughafen zu bauen, der per Schnellbahn in einer halben Stunde erreichbar ist, und dazwischen gleich noch eine Sonderwirtschaftszone im Bereich Informations- und Kommunikationstechnologie aus dem Boden zu stampfen. Der sogenannte **Multimedia Super Corridor** (MSC) umfasst das Technologiezentrum Cyberjaya und die weitläufige Stadt Putrajaya, wo die Verwaltung des Landes untergebracht ist. Doch dies sind nicht die einzigen Großprojekte in und um Kuala Lumpur, die in der Regierungsperiode (1981–2003) von Premierminister Dr. Mahathir Mohamad geplant wurden. Aus dieser Zeit stammen auch die Formel-1-Rennstrecke sowie die Petronas Twin Towers, nach ihrem Bau mit 452 m die höchsten Türme der Welt.

Sprudelnde Geldquelle

Petronas, die 1974 gegründete staatliche Öl- und Gasgesellschaft, macht es möglich. Dank der beachtlichen Gewinne des profitablen Unternehmens von derzeit etwa 20 Mrd. US-Dollar jährlich kann sich das Land repräsentative Neubauten, ein gut ausgebautes Autobahnnetz und gewaltige Industrieprojekte leisten. Der Staat subventioniert zudem viele Grundnahrungsmittel sowie Petroleum, sodass die Lebenshaltungskosten relativ günstig sind. Mit seinen fast 40 000 Mitarbeitern fördert Petronas nicht nur Öl und Gas, zumeist offshore vor der Ostküste der Halbinsel, sondern betreibt auch Pipelines, Raffinerien und petrochemische Industrieanlagen, engagiert sich im Verkauf und Marketing, in der Automobilindustrie, Logistik und selbst im Immobilienmarkt.

Der Staat mischt fast immer mit

Einen großen Anteil am Aufschwung hat auch das staatliche Investmentunternehmen **Khazanah Nasional,** das seit 1993 an strategisch wichtigen Firmen beteiligt ist, u. a. in den Bereichen Biotechnologie, Energiegewinnung, Gesundheits- und Transportwesen, Medien, Logistik, Kommunikation und Landwirtschaft. Khazanah Nasional gehört fast die Hälfte des Automobilkonzerns Proton, der 1983 zusammen mit Mitsubishi die erste einheimische Automarke entwickelte und nun mit Nissan kooperiert. Zudem wird durch das Investmentunternehmen die Privatwirtschaft gefördert, auch wenn ein staatlicher Fünfjahresplan die wirtschaftliche Richtung vorgibt.

1991 lancierte der Staat das Langzeitprojekt **Wawasan 2020** mit dem großen Ziel, zu diesem Zeitpunkt den Rang einer vollentwickelten Industrienation zu erreichen. Einträgliche wirtschaftliche Kennzahlen, ein hoher Lebensstandard, eine Ausbildung auf internationalem Niveau, politische Stabilität und psychisches Wohlbefinden sind nur einige der Punkte, die auf der To-do-Liste stehen und bis 2020 erfüllt sein sollen.

Internationale Verflechtungen

Bereits seit den frühen 1980er-Jahren ist Malaysia aufgrund seiner guten Infrastruktur, seiner politischen Stabilität und seiner relativ hohen Wirtschaftswachstumsraten auch für internationale Investoren attraktiv. In der Freihandelszone auf der Insel Penang und dem Festland davor sowie in Cyberjaya werden Computer und andere elektronische Geräte ebenso wie integrierte Schaltkreise, Festplatten, Halbleiter und weitere Bauteile der Kommunikationstechnologie, aber auch Produkte aus den einheimischen Rohstoffen Kautschuk, Palmöl und Holz gefertigt. Die Waren sind überwiegend für den Export bestimmt und gehen vor allem nach Singapore, China und Japan. Malaysia ist Mitglied der weltweiten Handelsorganisation WTO, des asiatisch-pazifischen Wirtschaftsforums APEC sowie des Verbands Südostasiatischer Nationen ASEAN. Auch in puncto Bankwesen hat das Land die Nase vorn: Malaysia ist das weltweit größte Zentrum eines nach islamischen Richtlinien arbeitenden Bankwesens. Erst 1960 wurde die größte Bank und Finanzgruppe Maybank gegründet, die mittlerweile mit vielen Filialen vor allem in den islamischen Ländern Asiens vertreten ist.

Landwirtschaft und Fischerei

Während insbesondere die Ölpalmplantagen (s. S. 20) an wirtschaftlicher Bedeutung gewinnen, schrumpft der Beitrag der traditionellen Landwirtschaft, in der nurmehr 13 % der Bevölkerung beschäftigt sind. Reis wird in größerem Ausmaß im Norden der malaiischen Halbinsel angebaut und dank künstlicher Bewässerung zweimal jährlich geerntet. Die Erträge decken jedoch nur rund die Hälfte des Landesbedarfs, weshalb große Mengen aus Vietnam und Thailand importiert werden müssen. Neben Palmöl und Kautschuk sind Pfeffer, Kakao und Ananas weitere Exportprodukte der Landwirtschaft. Die Fischerei, einst die wirtschaftliche Basis vieler Malaien, ist kaum noch von Bedeutung. Das Meer um die Halbinsel ist leergefischt oder steht unter Naturschutz. Nur in der Sulusee vor Sabah sind die Netze noch gut gefüllt. Zwei Drittel der Fische und Meeresfrüchte stammen von Farmen, die bevorzugt in ehemaligen Mangrovengebieten angelegt werden.

Malaiische Regenten und chinesische Manager

Die Anfänge

Seit ab dem 10. Jh. arabische, indische und chinesisch-muslimische Händler den Islam vom heutigen Südthailand bis zu den indonesischen Molukken verbreiteten, prägen malaiische **Sultanate** das politische Geschehen der Inselwelt. Im ältesten malaysischen Sultanat Kedah an der Nordwestküste der Halbinsel kann der derzeitige Herrscher seine Linie bis ins 12. Jh. zurückverfolgen. Einige Sultanate wie diejenigen von Aceh im heutigen Indonesien oder Johor-Riau vor den Toren von Singapore dehnten ihren Einflussbereich durch Eroberungskriege und Bündnisse auf größere Gebiete aus, doch meist handelte es sich um kleinere Herrschaftsbereiche lokaler Fürsten, die in eher bescheidenen Palästen lebten und über einige Fischerdörfer regierten. Den europäischen Kolonialherren kamen die bereits bestehenden Verwaltungsstrukturen und die Regenten als Vertragspartner durchaus entgegen. Um Einfluss zu gewinnen, machten sie sich auch Erbfolgestreitigkeiten oder finanzielle Engpässe zunutze, bis schließlich im 19. Jh. alle Sultanate der britischen Krone unterstanden. Die Briten hatten in erster Linie wirtschaftliche Interessen und nutzten Überseechinesen, die den Handel dominierten, als Mittelsmänner.

Das malaiische Gold: Zinn

Das geruhsame Leben im Sultanat Perak an der Westküste der Halbinsel endete 1820, als im Kinta Valley Zinnvorkommen entdeckt wurden. Schon bald engagierten sich Überseechinesen aus Penang und Singapore im Zinnbergbau. Sie holten Schiffsladungen von Tagelöhnern aus Südchina, wo infolge der Opiumkriege Hungersnöte ausgebrochen waren. 50 Jahre später schufteten 40 000 Kulis in den Zinnminen, hoben riesige Gruben aus und wuschen das Erz aus dem Sand. Es waren überwiegend Männer, raue Gesellen, die eine neue Heimat in den **Clans** fanden, in denen sie sich entsprechend ihrer Herkunft und Sprache organisierten (s. S. 196).

Ungeklärte Wasserrechte, eine Spielwette und die Eskapaden einer verheirateten Frau waren zwischen 1861 und 1873 Auslöser für Kriege zwischen den **Geheimbünden** der Hai San und Ghee Hin, im Laufer derer sich auch die malaiischen Sultane auf die Seite der einen oder anderen Gruppe schlugen. Als das Chaos überhandnahm, wurden die Briten um Hilfe gebeten. Sie nutzten die Gelegenheit und etablierten im **Friedensvertrag von Pangkor** die britischen Residenten als neue politische Macht. Diese waren bis zur Unabhängigkeit bestrebt, das fragile Gleichgewicht zwischen den Wirtschaftsinteressen der Chinesen und den politischen Interessen der Sultane zu bewahren.

Dem Zinnboom verdanken Städte wie Kuala Lumpur, Ipoh und Taiping ihre Existenz und vom Wohlstand der Zinnbarone zeugt so manch prachtvolle Villa. Noch 1980 lieferte das Land über die Hälfte der Weltproduktion an Zinn. Dann waren die Minen erschöpft und das Erdöl trat seinen Siegeszug an.

Im Spannungsfeld ethnischer Konflikte

Im 1963 ins Leben gerufenen **Malaysia** erhielten alle Bewohner – ob Malaien, Chinesen oder Inder – die gleichen staatsbürgerlichen Rechte. Zusammen mit dem weiteren Machtverlust der Sultane sorgte dies für Unmut bei den Malaien, die durch die wirtschaftliche Dominanz der Chinesen die labile Balance gefährdet sahen. Daher entledigte man sich bereits zwei Jahre später der überwiegend von Chinesen bewohnten Insel Singapore.

Infolge von Rassenunruhen wurde 1971 die ›neue ökonomische Politik‹, **Dasar Ekonomi Baru,** proklamiert, um den malaiischen Völkern einen größeren wirtschaftlichen Einfluss zu sichern. Doch dieses Programm sorgte nicht zwangsläufig für mehr Gerechtigkeit, sondern polarisierte und schuf neue Konflikte. Die Korruption wurde ebenso gefördert wie der Braindrain: Viele begabte junge Chinesen, die aufgrund der ethnischen Quoten keinen Studienplatz bekommen, gehen ins Ausland und kehren nach dem Abschluss nicht zurück. Eine neue Gesetzgebung versucht nun das fragile Gleichgewicht zu stabilisieren.

Singapore und Brunei: die wohlhabenden Nachbarn

Es ist nicht gerade eine große Freundschaft, die Malaysia mit seinen kleinen Nachbarn verbindet, auch wenn die Länder in verschiedenen wirtschaftlichen und politischen Organisationen miteinander assoziiert sind.

Von einem Sultan regiert und von Shell finanziert: Brunei

Neben dem heutigen Malaysia gehörte auch das Sultanat von Brunei zu den britischen Besitzungen. Im 16. Jh. umfasste es sowohl das Sulu-Archipel bis nach Manila als auch den Nordwesten von Borneo. Um Aufstände seiner rebellischen Untertanen niederzuschlagen, benötigte der Sultan jedoch des Öfteren Hilfe von außen, die er sich durch Abtretungen erkaufte. Zuerst übertrug er dem Sultan von Sulu (Philippinen) große Gebiete seines Reichs und 1841 wurde der britische Abenteurer James Brooke (s. S. 34) Besitzer des heutigen Sarawak. Nachdem die **British North Borneo Company** 1881 das heutige Sabah übernommen hatte, blieb dem kleinen Sultanat kaum eine andere Alternative, als sich unter den Schutz der Briten zu stellen.

Durch Zufall wurde 1929 am Strand von Brunei Öl entdeckt. Schon bald bescherten die von Shell ausgebeuteten Vorkommen dem Sultanat einen ungeheuren Wohlstand. Als im Dezember 1941 japanische Truppen den

Malaysias futuristischer Nachbar: Singapore

Norden Borneos besetzten, waren die Ölfelder ihr erstes Ziel.

Nach dem Zweiten Weltkrieg wurden die weltumspannenden Kolonien des British Empire Schritt für Schritt in die Unabhängigkeit entlassen. Auch Südostasien stand vor der Neuordnung. Anfang der 1960er-Jahre scheiterte die Idee einer Föderation von Malaya gemeinsam mit Brunei. Man fürchtete die Vereinnahmung durch die chinesische Wirtschaftsmacht und das von Malaien dominierte politische System in Westmalaysia. Zudem gab es auf Borneo Kräfte, die sich lieber Indonesien anschließen wollten. Von 1962 bis 1966 führte das zur **Konfrontasi,** kriegerischen Auseinandersetzungen zwischen den in Indonesien ausgebildeten Rebellen und der malaysischen Armee, die von der Far East Strategic Reserve aus Briten, Australiern und Neuseeländern unterstützt wurde – ein Beitrag zum weltweiten Kampf gegen den Kommunismus. Als Malaysia im September 1963 unabhängig wurde, stand für den Sultan der Beitritt nicht mehr zur Diskussion, und so blieb Brunei bis 1984 britisches Protektorat.

Noch immer ist der Sultan das politische Oberhaupt des Landes, dessen kaufkraftbereinigtes Pro-Kopf-Einkommen eines der höchsten der Welt ist. Der immense Ölreichtum beschert den Einwohnern Bruneis nicht nur Steuerfreiheit, sondern auch ein kostenloses Ausbildungs- und Gesundheitssystem sowie unberührte Dschungelgebiete.

Das asiatische Handelszentrum Nummer eins: Singapore

Ganz anders gestaltete sich die Entwicklung in Singapore. Als der Forscher Sir Stamford Raffles 1819 erstmals die Insel ansteuerte, erkannte er sofort das wirtschaftliche Potenzial, das die günstige geografische Lage vor der Südspitze des asiatischen Kontinents mit sich brachte. Bereits nach wenigen Jahren war Singapore von der British East India Company in Besitz genommen und als Hafen ausgebaut worden. Schließlich hatte die holländische Konkurrenz mit Batavia bereits einen wichtigen Handelsposten auf Java etabliert. Als Teil der **Straits Settlements,** d. h. der Kolonien der **British East India Company** an der Straße von Melaka, wurde die Insel 1867 direkt der britischen Krone unterstellt.

Im Zeitalter der Dampfschiffe erblühte Singapore zum größten Handelszentrum des Archipels, in dem Malaien, Inder, Araber und vor allem Chinesen lebten und arbeiteten. Im Gegensatz zu den anderen Straits Settlements Penang, Dinding (Manjung) und Labuan blieb Singapore nach dem Ende der japanischen Besatzung Kronkolonie. Mit dem Beitritt zur **Federation of Malaya** erhielt die Insel 1963 zwar einige Sonderrechte, aber der Rassenkonflikt blieb bestehen und sorgte für wachsende Spannungen. Die noch heute in Singapore regierende People's Action Party (PAP) beschuldigte die damals das Land regierende United Malays National Organization (UMNO) der rassistischen Diskriminierung durch die Bevorzugung der als Bumiputra (›Söhne der Erde‹) bezeichneten Malaien und die Benachteiligung der Chinesen. Bereits nach zwei Jahren führte dies zum endgültigen Bruch mit Malaysia, was die nun unabhängige Republik Singapore um ihr Hinterland brachte.

Von heute auf morgen war die Insel zu einem Stadtstadt geworden, der keinerlei Bodenschätze, sondern nur die Arbeitskraft seiner 1,8 Mio. Einwohner besaß – all das auf einem Gebiet kleiner als Berlin. Eine sehr geschickte Politik, die durch eine liberale Gesetzgebung ausländische Investitionen förderte und mit harter Hand die Korruption bekämpfte, sorgte für einen anhaltenden Wirtschaftsboom. Heute hat Singapore von allen asiatischen Ländern nach Katar das höchste Bruttoinlandsprodukt pro Kopf der Bevölkerung, ein vorbildliches Gesundheitssystem und eine zukunftsweisende Infrastruktur. Neben 3,26 Mio. Einheimischen arbeiten fast 2 Mio. Ausländer im wichtigsten Banken- und Handelszentrum Südostasiens. Eine Erfolgsstory sondergleichen, nur die Konflikte mit dem Nachbarn Malaysia lodern immer wieder auf, sei es über Wasserlieferverträge oder den Bau einer neuen Brücke.

Tourismus

Nationale Vorlieben

Die britischen Kolonialherren hielten sich zur Sommerfrische am liebsten in den kühlen Bergen auf und wären nie auf die Idee gekommen sich an einem Tropenstrand zu bräunen. Auch heute meiden viele Einheimische die intensive Sonne, um ihre Haut möglichst hell zu erhalten. Sie verbringen ihre Freizeit in überdachten Vergnügungsparks oder Einkaufszentren. Aber natürlich gibt es auch Naturliebhaber. Vor allem Familien aus der Mittelschicht nutzen die Schulferien für längere Ausflüge ans Meer, in die Nationalparks oder in die Berge.

Wichtiger Devisenbringer

Laut offizieller Statistik sind es fast 25 Mio. ausländische Touristen, die Malaysia im Jahr 2011 besucht haben. Damit ist der Tourismus in der Wirtschaftsstatistik einer der wichtigsten Devisenbringer. Allerdings kommen über 13 Mio. Touristen allein aus dem nur 5 Mio. Einwohner zählenden Nachbarland Singapore – vor allem am Wochenende, um günstig essen zu gehen und einzukaufen. Während Feiertagen und langer Wochenenden im Stadtstaat sind die Hotels von Melaka und anderen leicht erreichbaren Zielen gut gebucht. Auch auf Tioman und Sipadan sowie bei Bergtouren am Gunung Kinabalu fallen die zahlungskräftigen Nachbarn ins Auge.

Die zweitgrößte Besuchergruppe stammt aus Indonesien. Für sie spielt Kuala Lumpur als Umsteigeflughafen von Air Asia, aber auch der Besuch von Verwandten und der Medizintourismus eine wichtige Rolle. Zusammen mit China, Thailand und Brunei stellen diese Nationen drei Viertel aller Touristen.

Änderungen im Reiseverhalten

In den letzten Jahren haben vor allem Kuala Lumpur und Kota Kinabalu vom Angebot der Billigfluggesellschaften profitiert. Sabah, das früher abseits der Reiserouten lag, wird nun wegen seiner vielfältigen landschaftlichen Attraktionen zunehmend besucht.

Während Backpacker das ganze Jahr über unterwegs sind, kommen Familien zumeist während der Sommerferien nach Malaysia. Rentner überwintern gerne an der Westküste der Halbinsel, beispielsweise auf Langkawi und Penang, einige bleiben sogar noch länger im Land, was ihnen das staatliche Programm **Malaysia My Second Home** ermöglicht (www.secondhome.com.my).

Langkawi – Fluch und Segen einer Urlaubsinsel

Thema

Lange ignorierten Touristen Langkawi, das Inselarchipel nahe der thailändischen Grenze, das früher als Unglücksort galt und Piraten Unterschlupf bot. Laut einer Legende soll die malaiische Prinzessin Mahsuri im 14. Jh. nach einer fälschlichen Beschuldigung die Inseln für sieben Generationen verflucht haben.

Noch in den 1970er-Jahren gab es auf Langkawi kaum mehr als ein paar Dörfer umgeben von Reisfeldern, eine kleine Kautschukplantage und ein paar Fischer. Neben dem Markt wies die weithin sichtbare Moschee den Weg zur Anlegestelle. Mit der Fähre vom Festland kamen auch vereinzelt Globetrotter auf die Insel, die sich in billigen Privatzimmern im Hauptort einmieteten. Mit dem Fahrrad oder Moped konnte man gemächlich die wenigen Inselstraßen erkunden. Ein paar Holzhütten an einem weiten Strand an der Westküste boten spartanischen Unterschlupf, und wen die eintönige Kost aus gebratenem Reis und gebratenen Nudeln nicht störte, der konnte hier preiswert leben. Zwar gab es bereits einige Hotels an abgelegenen Stränden, doch die standen ebenso wie der staatliche Country Club meist leer, und man munkelte, dass der Fluch der Prinzessin noch immer wirke.

Dann machte ein junger Arzt, der Mitte der 1950er-Jahre in der Inselklinik praktiziert hatte, politische Karriere: Dr. Mahathir Mohamad wurde 1981 Premierminister des Landes. Da ihm die Entwicklung von Langkawi am Herzen lag, erhielten die Inseln 1987 einen internationalen Flughafen und wurden zur Duty-free-Zone erklärt. Das hatte zunächst zur Folge, dass die Anzahl der Autos und Taxis explosionsartig anwuchs. Mit den zollfreien Produkten hingegen ging es zögerlicher voran: Die beliebtesten Waren versprachen kaum Profit, da Muslime keinen Alkohol trinken dürfen und die Regierung gerade dabei war, das Rauchen einzuschränken. So wurden Kochgeschirr, Porzellan und indonesische Sarongs die Renner. Allerdings gab es noch eine zweite Hürde, die bis heute Bestand hat: Duty-free-Waren dürfen nur aufs Festland gebracht werden, wenn ein Aufenthalt von mindestens 48 Stunden auf Langkawi nachgewiesen werden kann.

Die Verweildauer auf der Insel zu verlängern wurde zur Aufgabe der 1990 ins Leben gerufenen Langkawi Development Authority (LADA). Große Events und zusätzliche Attraktionen entstanden, darunter Jachthäfen und die aufsehenerregende Seilbahn mitten im Geopark. Für zahlreiche Großprojekte sowie den Straßen- und Flughafenausbau wurden Berge abgetragen sowie Küsten aufgeschüttet und begradigt, was Erdrutsche auslöste und Meeresströmungen veränderte. Neben den Grundstückspreisen stiegen die Lebenshaltungskosten. Der öffentliche Busservice wurde wegen der vielen Taxis unrentabel und letztlich eingestellt. Einige Fischer und Bauern fanden ein Auskommen als Taxifahrer, Gärtner oder Bootsführer, aber die meisten qualifizierten Arbeitskräfte stammen vom Festland. Die rasche Entwicklung mit all ihren Folgeproblemen schärfte andererseits das Umweltbewusstsein, vor allem bei den vielen Ausländern, die schon lange auf der Insel leben. So stehen der Schutz der Natur oder traditionelle Heilmethoden heute im Vordergrund vieler hochwertiger touristischer Angebote.

Geschichte

Aufgrund seiner geografischen Lage an der wichtigsten Handelsroute zwischen Indien und China ließen sich an Malaysias Küsten schon früh asiatische Seefahrer und Händler nieder. In den vergangenen Jahrhunderten beeinflussten europäische Abenteurer und Kolonialmächte sowie Einwanderer aus Indien, China und dem indonesischen Raum das Geschehen des Landes.

Frühgeschichte

Die Frühgeschichte der Insel Borneo und der malaiischen Halbinsel ist kaum erforscht. Es existieren verschiedene Hypothesen darüber, woher die ersten Siedler kamen. Im Lenggong-Tal in Perak entdeckte man das Skelett eines etwa 11 000 Jahre alten Mannes, sogar rund 40 000 Jahre alt sind Knochenfunde in den Niah-Höhlen in Sarawak. Wahrscheinlich handelt es sich bei beiden um austronesische **Negritos,** die frühesten Einwohner der Region. Sie waren Jäger und Sammler, die bereits vor 20 000 Jahren einfache Steinwerkzeuge benutzten. Ihre heutigen Nachfahren sind die **Semang** auf der malaiischen Halbinsel, die zu den **Orang Asli** gezählt werden.

Vor fast 5000 Jahren wanderten die ersten **Proto-Malaien** aus Südchina und dem nördlichen Indochina ins malaiische Archipel ein und besiedelten die Küsten. Die exzellenten Seefahrer segelten mit ihren Auslegerbooten von Madagaskar bis Neuseeland und erreichten selbst die Inseln Polynesiens. Funde von Steinbeilen, die auch von ihrer Anwesenheit auf der Halbinsel zeugen, deuten darauf hin, dass sie bereits im 1. Jh. v. Chr. bis zur Insel Samoa gelangten, 9500 km entfernt. Bis weit nach dem Beginn unserer Zeitrechnung dienten die Proto-Malaien indischen, persischen und chinesischen Händlern als Navigatoren.

Etwa 400 bis 300 v. Chr. kamen, ebenfalls aus dem Norden, die ersten **Deutero-Malaien** über die Landbrücke auf die Halbinsel und verdrängten viele proto-malaiische Völker in die Dschungelgebiete im Landesinnern. Die Deutero-Malaien konnten bereits Eisenwerkzeuge herstellen und ihre Kenntnisse vom terrassierten Nassreisanbau und der Herstellung von Eisen veränderten das Leben der Menschen grundlegend: Mit ihren Werkzeugen konnte der Dschungel leichter gerodet und der Boden besser bearbeitet werden. Damit war die Grundlage für ein sesshaftes bäuerliches Leben gegeben.

Erste Handelsstützpunkte

Von Stadtstaaten und Königreichen

Handelskontakte zwischen den Hochkulturen Chinas und Indiens bestanden bereits vor Beginn der westlichen Zeitrechnung. Mehrere Häfen an der Westküste der malaiischen Halbinsel dienten als Umschlagplätze, von denen aus die Waren auf Fahrwegen an die Ostküste transportiert und weiter verschifft wurden. Um die Häfen bildeten sich Stadtstaaten, die kulturelle und religiöse Verbindungen mit Südindien unterhielten. Das erste Reich war das hinduisierte **Langkasuka,** das im 2. Jh. n. Chr. im Norden der Halbinsel entstand und bis Pattani (heute Südthailand) reichte. Im Bujang-Tal in Kedah wurden Tempelfundamente dieser Epoche ausgegraben.

Im 7. und 8. Jh. n. Chr. gerieten die malaiischen Inseln und große Teile des Festlands unter den wirtschaftlichen und politischen Einfluss des Königreichs **Sri Vijaya,** dessen Hauptstadt in der Nähe des heutigen Palembang in Südsumatra lag. Chinesische Reisende berichteten von diesem mächtigen Land der Seefahrer und Händler. Buddhismus war Staatsreligion und Malaiisch, in Sanskrit geschrieben, die vorherrschende Sprache. Die ältesten bislang entdeckten schriftlichen Überlieferungen dieses Raums stammen aus jener Zeit.

In der zweiten Hälfte des 13. Jh. wurde das hinduistische **Majapahit-Reich** die bestimmende Macht im südostasiatischen Raum. Das Imperium aus Zentraljava zerschlug das buddhistische Sri-Vijaya-Reich und dehnte sein Einflussgebiet unter König Hayam Wuruk bis ins heutige Malaysia und auf die Philippinen aus. Mit der Islamisierung im 15. Jh. begann der Zerfall des Reichs.

Der Islam hält Einzug

Die Anfänge des **Islam** in Malaysia sind schwer zu datieren. Schon im 7. Jh. brachten persische und arabische Händler die buddhistisch-hinduistisch beeinflussten Stadtstaaten mit den Lehren Mohammeds in Berührung. Die ersten Gebiete, die den Islam offiziell annahmen, lagen im Norden Sumatras. 1292 berichtete Marco Polo von Perlak und Pasai, zwei Königreichen an der Ostküste Sumatras, in denen der Islam schon damals fest verwurzelt war. Auf einem in der Nähe von Kuala Berang in Westmalaysia entdeckten Steinfragment aus dem Jahr 1303, dem Terengganu-Stein (s. S. 257), sind in der Jawi-Schrift die islamischen Gesetze verzeichnet. Demnach muss im heutigen Terengganu ein islamisches Reich existiert haben, dessen Herrscher Raja Mandulika hieß. Etwa zur gleichen Zeit entstanden an der Küste Borneos mehrere islamische Sultanate, von denen Brunei das einflussreichste werden sollte.

Das Terengganu State Museum in klassischer Terengganu-Bauweise

Aufstieg und Fall von Malacca

Unter hinduistischer und islamischer Herrschaft

Über 100 Jahre lang war Malacca (heute: Melaka) die wichtigste wirtschaftliche und politische Macht Südostasiens. Man nimmt an, dass die Stadt 1398 von **Raja Parameswara** gegründet wurde und schon 1450 ca. 40 000 Einwohner zählte. Der Prinz stammte aus der Hindudynastie Sri Vijaya und war der letzte Herrscher von Temasik, dem heutigen Singapore. Von dort war er durch Soldaten des Majapahit-Reichs vertrieben worden, dessen Regenten sich nach und nach auch das restliche Sri-Vijaya-Imperium einverleibten.

Um 1438 beherrschte Parameswara die malaiische Halbinsel bis hinauf ins heute thailändische Songkhla sowie das Riau- und Lingga-Archipel und große Teile Sumatras. Möglich war diese rasche Expansion nur mit Duldung des chinesischen Kaiserreichs, das an einem starken Vasallen in der Region interessiert war. Mehrere Male schickte Parameswara Gesandtschaften an den chinesischen Kaiserhof und Malacca wurde mehrfach von Admiral Cheng Ho besucht. Parameswara selbst konvertierte zum Islam und nannte sich **Sultan Iskandar Shah.** Die Stadt muss damals eine der kosmopolitischsten Metropolen der Welt gewesen sein: Araber, Chinesen, Inder, Javaner und Thais, aber auch Bugis, Perser, Gujaratis und Acehnesen lebten hier. Die anderen malaiischen Sultanate auf der Halbinsel hatten – mit Ausnahme von Kedah – zu diesem Zeitpunkt nur wenig Einfluss und waren allesamt Vasallen Malaccas.

Nach seinem Tod 1414 kam es unter Parameswaras Nachfolgern zu Spannungen zwischen der hindu-malaiischen Oberschicht und den aufgeklärten islamischen Kaufleuten, hauptsächlich Tamilen aus Südindien. Als gegen Ende des 15. Jh. auch noch Konflikte zwischen **Sultan Mahmud Shah** und dem Bendahara, dem höchsten Minister und Befehlshaber der Streitkräfte, schwelten, führte dies zum allmählichen Niedergang von Malacca.

Durch das Eintreffen der Europäer kam es zum Bruch der jahrhundertealten Verbindungen von Südostasien nach Indien und China, den beiden wichtigsten politischen und kulturellen Zentren der damaligen Welt. Damit war eine gesellschaftliche Weiterentwicklung der Region unter asiatischem Vorzeichen für mehrere Hundert Jahre nicht mehr möglich.

Portugiesen und Holländer

1498 umrundete der portugiesische Entdecker **Vasco da Gama** Afrika und landete in Indien. Ziel der Politik seines Heimatlands war die Kontrolle des lukrativen Gewürzhandels, der bis dahin durch indische, arabische und persische Kaufleute über den Persischen Golf und die Landroute zum Mittelmeer abgewickelt worden war.

1511 gelang es dem im indischen Goa stationierten portugiesischen Vizekönig **Afonso d'Albuquerque,** mit einer Streitmacht von nur 800 Portugiesen und 300 Malabar-Indern Malacca zu erobern. Unterstützung erhielten sie von ortsansässigen nicht-malaiischen Händlern und Kaufleuten, die aufgrund ihrer Herkunft hoch besteuert wurden und daher offen mit den Portugiesen paktierten. Zudem waren Korruption und Intrigen in der malaiischen Führung weit verbreitet.

In den folgenden 130 Jahren konnten die Portugiesen Malacca zu einer wichtigen Festung ihres fernöstlichen Kolonialreichs ausbauen. Zwar waren Konflikte mit den rivalisierenden Sultanaten von Johor und Aceh an der Tagesordnung, doch die portugiesische Herrschaft stützte sich auf ihre überlegene Flotte und ihre waffentechnische Vormachtstellung. Eine Schwäche des portugiesischen Kolonialsystems war die Unfähigkeit, kommerzielle Ambitionen und religiöse Überzeugung in Einklang zu bringen. Die muslimischen Kaufleute, die den Handel im malaiischen Archipel dominierten, wurden rücksichtslos unterdrückt und die allzu eifrige christliche Missionierung schürte bereits bestehende Spannungen. Nach einer sechsmonatigen Belagerung Malaccas durch holländische Soldaten und die mit ihnen verbündeten Truppen des Sultans von Johor ergab sich 1641 der portugiesische Gouverneur. Von nun an regierten die Holländer die Stadt, die danach nie wieder ihre ursprüngliche Bedeutung erlangte. Der internationale Handel wurde mehr und mehr über Aceh an der Nordspitze Sumatras und das holländische Batavia (das heutige Jakarta) abgewickelt. 1824 trat Holland Malacca gegen Gebiete auf Sumatra an Großbritannien ab.

Britische Kolonialherrschaft

Erst 1786 fasste die britische Kolonialmacht Fuß in Malaya. In jenem Jahr schloss der Kaufmann **Francis Light** mit dem Sultan von Kedah einen Vertrag über die Abtretung der Insel Penang, da die **East India Company** für ihren lukrativen Handel mit China – Opium nach China, Tee, Seide und Porzellan nach Indien bzw. Europa – einen Stützpunkt an der Straße von Malacca benötigte. 1819 nahm **Stamford Raffles** (s. S. 34), während der Napoleonischen Kriege britischer Gouverneur Niederländisch-Ostindiens, die Insel Singapore für Großbritannien in Besitz. 1867 wurden Penang, Malacca, Dindings (Pangkor) und Singapore zur Kronkolonie der **Straits Settlements** zusammengeschlossen.

Unterdessen waren teils unter der Oberherrschaft des siamesischen Reichs, heute Thailand, die einflussreichen Sultanate Pattani, Perlis, Kedah, Kelantan und Terengganu entstanden. Unter dem Einfluss der industriellen Revolution entwickelte Großbritannien ein neues wirtschaftliches Interesse an der Region. War es früher vor allem um Kolonialwaren gegangen, so nahm nun die Bedeutung der Kolonien als Absatzmärkte und Lieferanten von Rohstoffen für die industrielle Produktion zu.

Zwischen 1874 und 1896 wurden die Sultanate von Perak, Selangor, Pahang und Negri Sembilan durch einseitige Verträge zu Protektoraten der britischen Krone. Jeder Sultan durfte politische Entscheidungen nur noch mit Einverständnis des ihm zur Seite gestellten britischen Residenten treffen, einzig in den Bereichen Islam und malaiische Tradition blieb der Sultan moralische Instanz. Unter der Oberhoheit des Gouverneurs der Straits Settlements wurden diese Sultanate 1896 zu den **Föderierten Malaiischen Staaten** zusammengeschlossen. 1909 musste Siam seine Rechte an den nördlichen Sultanaten Kedah, Perlis, Kelantan und Terengganu (aber nicht Pattani) an Großbritannien abtreten.

Durch ein kompliziertes System von Verträgen kontrollierten die Briten inzwischen die Politik der gesamten malaiischen Halbinsel. Zinn und Kautschuk waren zu den wichtigsten Exportartikeln geworden, riesige Plantagen überzogen das Land. Die meisten Besitzungen gehörten britischen Monopolen. In Somerset Maughams Geschichten (s. S. 58) werden Malaya und die britischen Besitzungen an der Nordküste Borneos in den 1920er- und 1930er-Jahren treffend beschrieben.

Die Geschichte Ostmalaysias

Die Geschichte der Bundesstaaten Sarawak und Sabah ist aufs Engste mit dem Sultanat Brunei verbunden. Schon vor 500 bis 1000 Jahren bestand ein Warenaustausch zwischen Handelsstationen an der Nordküste Borneos und dem chinesischen Kaiserreich sowie Sri Vijaya und Majapahit. Durch das Auftauchen der europäischen Großmächte Portugal und Spanien wurde das traditionelle gesellschaftliche und wirtschaftliche Gefüge der Region nachhaltig verändert.

Im Jahr 1521 ankerte die Mannschaft des zuvor verstorbenen portugiesischen Seefahrers **Ferdinand Magellan,** der unter spanischer Flagge segelte, 35 Tage lang vor Brunei und bewunderte die Pracht am Sultanshof, wie der Chronist Pigafetta anschaulich berichtete. Verlief der erste Besuch noch friedlich, so kam es 1578 zum Krieg zwischen Spanien und dem begehrenswerten Sultanat, zu dem auch große Teile der südlichen Philippinen gehörten. Der überlegenen Waffentechnik der Europäer hatte das Reich nichts entgegenzusetzen. Durch das neue Macht-

Zwei Engländer schreiben Geschichte

Stamford Raffles wurde 1781 auf dem Handelsschiff seines Vaters vor der Küste von Jamaika geboren, James Brooke kam 1803 als Sohn eines Richters in Britisch-Indien zur Welt. Beide verbrachten ihre Schulzeit in einem englischen Internat und beide traten danach in den Dienst der British East India Company, die das Handelsmonopol in den britischen Kolonien innehatte – Raffles als einfacher Büroangestellter in London, Brooke als Offizier in der bengalischen Armee.

Stamford Raffles machte zielstrebig Karriere. Als Penang 1805 in die East India Company eingegliedert wurde, nahm er dort einen gehobenen Beamtenposten an. Er studierte die Grundlagen der malaiischen Sprache und schon bald wurde Raffles zum amtlichen malaiischen Übersetzer und Dolmetscher ernannt. Bereits 1807 war er Sekretär des Gouverneurs. Als die Niederlande während der Napoleonischen Kriege dem französischen Kaiserreich einverleibt wurden, organisierte Raffles die Besetzung der indonesischen Insel Java durch britische und indische Truppen. Er avancierte zum Generalgouverneur von Java, wo er sofort mit der Reform des alten holländischen Verwaltungs- und Steuersystems begann. In dieser Zeit entwickelte Raffles die Grundzüge seines Buchs »History of Java«, ein Universalwerk, das umfassend Aspekte der Kultur, Sprache, Geschichte, Zoologie und Botanik der Insel beleuchtet. 1819 luchste Stamford Raffles dem malaiischen Sultan von Johor einen Vertrag über die Abtretung der Insel Singapore ab, indem er geschickt die politische Instabilität des Sultanats aufgrund von Erbfolgestreitigkeiten ausnutzte. 1824 kehrte Raffles nach England zurück, wo er zwei Jahre später im Alter von nur 45 Jahren starb. Die Errungenschaften von Raffles, der u. a. einer der Gründer der Stadt Singapore war, sind heute unumstritten, zu Lebzeiten hingegen entsprach er nicht ganz dem damals gängigen Bild. So hatte Raffles beispielsweise die Abschaffung der Sklaverei auf Java und später auf Sumatra durchgesetzt, was zu dieser Zeit nicht mit der offiziellen Politik konform ging. Auch seine Beschäftigung mit der malaiischen Kultur und seine Freundschaft mit Malaien und Javanern war noch lange nicht gesellschaftsfähig.

Einen ganz anderen Verlauf nahm das Leben von James Brooke, einem klassischen Abenteurer. Im Ersten Anglo-Burmesischen Krieg im indischen Assam wurde er schwer verletzt und daraufhin 1825 in seine englische Heimat geschickt. Erst 1830 kehrte Brooke nach Indien zurück. Nach dem Tod seines Vaters kaufte er mit dem ererbten Vermögen einen bewaffneten Schoner und segelte 1838 an der Nordwestküste der Insel Borneo entlang. Das gesamte Gebiet gehörte zu jener Zeit dem Sultan von Brunei, gegen dessen Oberhoheit sich immer wieder Dayak-Stämme mit blutigen Aufständen wehrten. Mit der imposanten Feuerkraft seines Schiffes half Brooke die Rebellion niederzuschlagen. Danach berief er eine Versammlung der Dayak-Führer ein und bewirkte einen Friedensschluss. Als Dank erhielt er vom Sultan den Gouverneursposten von Sarawak. Mithilfe Brookes militärischer Demonstration konnte der Sultan auch Machtkämpfe in der Aristo-

Thema

kratie von Brunei für sich entscheiden. Diesmal äußerte sich seine Dankbarkeit darin, dass er Brooke 1841 den Titel Raja von Sarawak verlieh und ihm die Herrschaft über den südlichen Teil des heutigen Bundesstaates übergab. Brooke begann mit dem Aufbau einer Verwaltung, entwickelte eine Gesetzgebung und bekämpfte die damals aufgrund der rigiden holländischen Handelsgesetze weit verbreitete Piraterie, eine Bedrohung für die Handelsschifffahrt an den Küsten Borneos. Nicht gerade zimperlich war er beim Umgang mit der indigenen Bevölkerung. In zahlreichen Feldzügen gegen die aufständischen Iban, eine Untergruppe der Dayak, unter deren legendärem Führer Rentap wurde viel Blut vergossen. 1851 kam es zum Eklat mit Großbritannien, das ihm den maßlosen Gebrauch von Gewalt vorwarf. Trotzdem gelang es Brooke, seinen Einfluss in Sarawak mehr und mehr zu festigen. Als er 1868 in Kuching verstarb, setzte er seinen Neffen Charles Brooke als zweiten Raja von Sarawak ein. Bis 1946 blieb Sarawak im Familienbesitz der Brookes.

Denkmalwürdig: Stamford Raffles, der Gründer von Singapore

gefüge wurden jahrhundertealte Handelswege unterbrochen, was sich auch später unter der holländischen Herrschaft nicht änderte. Brunei schrumpfte in den folgenden 250 Jahren zu einem bedeutungslosen Kleinstaat, an dessen Küsten Seeräuber ihr Unwesen trieben.

In Sabah herrschte damals die private britische **North Borneo Company.** Zwei englische Kaufleute hatten diesen Teil Borneos vom Sultan von Brunei gepachtet bzw. gekauft, gleichzeitig aber auch dem philippinischen Sultan von Sulu Geld zukommen lassen, da die rechtlichen Besitzverhältnisse ungeklärt waren. Im Laufe der kolonialen Machtspiele kamen Brunei und Nordborneo 1888 unter britisches Protektorat. Als im Zweiten Weltkrieg japanische Truppen Borneo besetzten, folgten australische und amerikanische Bombenangriffe, durch die 1945 die größeren Städte Sabahs völlig zerstört wurden.

Bereits 1842 hatte der englische Abenteurer **James Brooke** (s. S. 34) den heutigen südlichen Teil Sarawaks in Besitz genommen. Brooke, ein typischer Vertreter jener Generation, die das Empire begründen half, segelte an der Küste Sarawaks entlang und sorgte mit seinen Geschützen für Ruhe und Ordnung bei den Iban und den Malaien, die damals gegen den bruneischen **Sultan Omar Ali Saifuddin II** rebellierten. Zum Dank erhob dieser Brooke zum Raja von Sarawak mit dem Recht auf sämtliche Staatseinnahmen. Damit war die Grundlage für die Herrschaft der weißen Raja von Sarawak gelegt, die das Gebiet zwischen 1853 und 1904 auf seine heutige Größe erweiterten. Erst nach der japanischen Kapitulation 1945 übergab der dritte weiße Raja von Sarawak, **Charles Vyner Brooke,** seinen Besitz an die britische Krone.

Japanische Besatzung und Unabhängigkeit

Im Dezember 1942 waren japanische Truppen in Songkhla und Pattani im Süden Thailands sowie in der Umgebung von Kota Bharu in Kelantan gelandet. Zwei Monate später fiel Singapore. Bis zum 12. September 1945 beherrschte das japanische Militär Malaya. Die japanische Geheimpolizei (Kempetai) schuf ein brutales Überwachungs- und Unterdrückungssystem, unter dem vor allem die chinesische Bevölkerung litt. Armee und Großkonzerne plünderten das Land aus, alle Schüler hatten Japanisch zu lernen und die verschiedenen Nationalitäten wurden gegeneinander ausgespielt – der Widerstand in der Bevölkerung wuchs. Unter der Führung der von Chinesen dominierten **Malayan Communist Party** (MCP) begann der Guerillakrieg gegen die Besatzer. Unterstützt wurden die Kommunisten von der alten Kolonialmacht, den Briten, die nach der Befreiung von den Japanern im September 1945 nach Südostasien zurückkehrten und erneut die Fäden in der Hand hielten.

Unter britischer Regie gründeten sich drei weitere politische Parteien, in denen sich die jeweils wichtigsten ethnischen Nationalitäten repräsentiert sahen. Zur bedeutendsten Gruppierung der Malaien wurde die **United Malays National Organisation** (UMNO). Bald danach schlossen sich die Chinesen zur **Malayan Chinese Association** (MCA) zusammen und die Inder bildeten den **Malayan Indian Congress** (MIC). Doch schon bald kam es zu Widerständen in der Bevölkerung, sich der britischen Kolonialregierung ein zweites Mal zu beugen. 1947 nahmen die Kommunisten den bewaffneten Kampf wieder auf – diesmal gegen ihren ehemaligen Verbündeten. 1948 musste der Notstand *(emergency)* ausgerufen werden, der erst 1960 aufgehoben wurde. Schätzungen gehen von 20 000 bis 25 000 Toten auf beiden Seiten aus.

Während dieser Periode verhärteten sich die Beziehungen zwischen den Malaien, die den größten Teil der militärischen wie polizeilichen Sicherheitskräfte stellten, und der chinesischen Bevölkerung, die in der MCP überrepräsentiert war. 1955 schlossen sich die drei von England unterstützten Parteien zur **Alliance Party** zusammen und gewannen 51 der 52 Sitze in der Gesetzgebenden Versammlung. Nach Verhandlungen des UMNO-Vorsitzenden Tunku Abdul Rahman mit der britischen Regierung einigte man sich auf die

Unabhängigkeit Malayas und legte das Datum hierfür auf den 31. August 1957 fest. **Tunku Abdul Rahman** wurde der erste Premier des neuen Staats Malaysia.

Anti-chinesische Pogrome führten 1971 zur Einführung der **New Economic Policy** (NEP, ›Neue Ökonomische Politik‹), die den ökonomisch ins Hintertreffen geratenen Malaien bessere Chancen gegenüber den wirtschaftlich dominanten Chinesen einräumen sollte. Zu den umstrittenen, aber durchaus erfolgreichen Maßnahmen dieser Politik gehörten Quotenregelungen beim Zugang zu höherer Bildung, bei der Leitung börsennotierter Unternehmen und bei der Vergabe öffentlicher Aufträge. Erst in den 1990er-Jahren nahm man wieder Abstand von der NEP, die laut Opposition nurmehr zum Schutz einer privilegierten Minderheit diente.

Malaysia heute

Demokratie in Grenzen

Bereits Monate vor der Unabhängigkeit arbeiteten Spezialisten aus den Commonwealth-Ländern in London die **Merdeka-Verfassung** aus. Nach westlich-demokratischen Vorbildern werden darin die bürgerlichen Grundrechte wie Freiheit der Person, Gleichheit vor dem Gesetz, Recht auf Freizügigkeit, Versammlungs- und Vereinigungsfreiheit, Religionsfreiheit etc. garantiert. Diese Rechte wurden 1960 im Zuge des Kampfes gegen den Kommunismus auf der Grundlage des **Internal Security Act** (ISA) eingeschränkt bzw. außer Kraft gesetzt. Das im Land äußerst umstrittene Gesetz gestattete Inhaftierungen ohne Anklage und Prozess und diente nicht zuletzt dazu, regierungskritische Stimmen zum Schweigen zu bringen. Erst 2012 wurde der ISA wieder aufgehoben.

Eine Wahlmonarchie repräsentiert das Land

Das Parlament Malaysias besteht aus einem vom Volk gewählten Unterhaus (Dewan Rakyat) mit 222 Mitgliedern und einem Oberhaus (Dewan Negara), von dessen 70 Mitgliedern 26 von den Landesparlamenten gewählt werden – alle übrigen bestimmt das Staatsoberhaupt, der **Yang di-Pertuan Agong** (König). Er wird für eine Periode von fünf Jahren von den neun Sultanen Malaysias gewählt und stammt immer aus deren Reihen, was Malaysia neben den Vereinigten Arabischen Emiraten zur einzigen Wahlmonarchie der Welt macht. 2011 wurde **Sultan Abdul Halim Mu'adzam Shah** von Kedah zum Staatsoberhaupt gewählt.

Der König hat, ähnlich wie in anderen Monarchien, fast nur repräsentative Funktionen. Allerdings tritt jedes Gesetz erst durch seine Zustimmung in Kraft. 1983 kam es zu einer Verfassungskrise, als der damalige Yang di-Pertuan Agong mehrere Monate lang seine Zustimmung zu Verfassungsänderungen verweigerte, die die Rechte der Sultane beschnitten. Seither muss der König nach 30 Tagen jedem vom Parlament verabschiedeten Gesetz seine Zustimmung geben.

Der Verfassung entsprechend ist der König außerdem das religiöse islamische Oberhaupt in all den Bundesstaaten, die nicht von einem Sultan regiert werden (Penang, Melaka, Sabah, Sarawak). Außerdem schützt er gemäß Artikel 153 der Verfassung die besondere Position der Malaien, der Dayak-Völker Sarawaks und Sabahs sowie die ›legitimen‹ Interessen der anderen Volksgruppen. Bei den Malaien genießen die Sultane – und damit der Yang di-Pertuan Agong – hohes Ansehen, denn sie repräsentieren den Staat und sie sind die Oberhäupter des Islam.

Gezeichnet von Extremen

Aus dem Zweckbündnis der größten politischen Parteien, der Alliance Party, ging 1973 die regierende **Barisan Nasional** (›Nationale Front‹) hervor. Traditionell stellt die malaiische UMNO den Ministerpräsidenten und die maßgeblichen Minister. Die wichtigsten Partner der UMNO sind die chinesische MCA und der indische MIC, doch darüber hinaus vereint die Nationale Front auch verschiedene Parteien der beiden Bundesstaaten Sarawak und Sabah, wo das Parteienspektrum völlig unterschiedlich ist. An der Ostküste West-

malaysias hatte die islamische **Parti Islam Se-Malaysia** (PAS) lange Jahre großen Einfluss. Nach dem zeitweiligen Sieg der PAS in Terengganu 1999 wurde für Muslime das Gesetz der Scharia eingeführt.

Die multikulturelle Bevölkerungsstruktur Malaysias gepaart mit dem malaiischen Nationalismus sind immer wieder Anlass für interne Spannungen. Heftige Debatten löste der von 1981 bis 2003 amtierende Ministerpräsident **Mahathir Mohamad** aus, der ganz offen die extremen politischen Lager der Malaien und Chinesen kritisierte. Zudem stellte sich Mahathir offen gegen die westliche Politik und Ideologie, vor allem gegen die Weltbank und die Globalisierung als Verursacher der Asienkrise von 1997/98. In der Folge verstärkte er die wirtschaftlichen Handelsbeziehungen mit Japan und Korea sowie mit den Golf- und Pazifikstaaten.

Für einen weiteren Eklat sorgte der Finanzminister **Anwar Ibrahim,** lange Zeit als Erbe von Mahathir gehandelt. Er wurde 1998 wegen Bestechlichkeit und Homosexualität verhaftet und unter Anklage gestellt und im Jahr darauf zu sechs plus neun Jahren Gefängnis verurteilt. Das harte Urteil stieß im In- und Ausland auf Kritik und führte dazu, dass sich vor allem junge Muslime von der UMNO abwandten. 2004 wurde das Urteil vom Obersten Gerichtshof des Landes aufgehoben und 2012 ein zweiter Prozess wegen angeblicher Homosexualität eingestellt.

Ära Badawi

Nach 21 Jahren im Amt erklärte Mahathir im Jahr 2002 seinen Rückzug aus der Politik und bestimmte **Abdullah Ahmad Badawi** zu seinem Nachfolger, der 2003 zum Ministerpräsidenten gewählt wurde. Bereits in den ersten drei Monaten seiner Amtszeit stattete Badawi die Antikorruptionsbüros mit mehr Macht aus und leitete im staatlich regulierten Wirtschaftssektor eine Säuberungskampagne ein. Bei den Bürgern Malaysias kam diese neue Politik gut an und so siegte die Barisan Nasional bei den Wahlen im April 2004 mit einer Zweidrittelmehrheit.

Badawi weckte große Erwartungen bei der Bevölkerung, aber alle Reformansätze scheiterten an seinem fehlenden Durchsetzungsvermögen und an den Machtstrukturen der Parteien, die in der Barisan Nasional zusammengeschlossen sind. Korruption war auch weiterhin an der Tagesordnung, und der malaiische Nationalismus nahm Ausmaße an, die den Widerstand der indischen und chinesischen Minderheiten provozieren mussten.

Der Sultan von Kedah ist seit 2011 Wahlkönig und Staatsoberhaupt

Malaysia im Umbruch?

Kurz vor den Wahlen 2008 befand sich das Ansehen Badawis auf dem Tiefpunkt seiner Karriere. Dennoch war es eine Sensation, als die Wahlergebnisse bekannt wurden. Zwar hatte die Barisan Nasional wie gewohnt gewonnen, doch die inzwischen von Anwar Ibrahim geführte Oppositionsfront **Pakatan Rakyat** (PR), ein Zusammenschluss der islamischen PAS, der chinesischen **Democratic Action Party** (DAP) und der von ihm initiierten liberaldemokratischen **Parti Keadilan Rakyat** (Keadilan) hatte im Bundesparlament nicht nur die Barisan Nasional in die Schranken verwiesen, sondern auch in den Staaten Kedah, Perak, Penang, Selangor und Kelantan gewonnen. Bei der Nachwahl Anfang September in Pematang Pauh (Provinz Penang) gewann Anwar Ibrahim mit deutlicher Mehrheit und ist seitdem nach langer Abwesenheit wieder im Parlament vertreten.

2009 wurde Badawi von **Najib Tun Razak,** dem Sohn des zweiten Premierministers Tun Abdul Razak, als Ministerpräsident abgelöst. Da während der Legislaturperiode einige gewählte Pakatan-Rakyat-Abgeordnete zur Barisan Nasional wechselten, kam der ›abtrünnige‹ Bundesstaat Perak zurück ins Regierungslager und die Mehrheit im Unterhaus wurde für die Regierung wieder etwas komfortabler. Die nach dem Freispruch Anwar Ibrahims im Januar 2012 wieder erstarkte Pakatan Rakyat könnte bei den anstehenden Wahlen im Frühjahr 2013 zum ersten Mal in der Geschichte des Landes die vereinigte Opposition an die Macht bringen.

Zeittafel

ca. 35 000 v. Chr.	Erste Spuren menschlicher Besiedlung in den Niah-Höhlen in Sarawak – Funde von Skeletten und Steinwerkzeugen.
ca. 11 000 v. Chr.	Entdeckung des Perak-Menschen im Lenggong-Tal. Archäologen meinen, dass hier bereits weitaus früher Menschen siedelten.
ca. 3000–1500 v. Chr.	Über die damals bestehende Landbrücke besiedeln austronesische Völker Borneo, Sumatra und Java. Die sogenannten Proto-Malaien betreiben Ackerbau und Viehzucht.
400–300 v. Chr.	Auf der malaiischen Halbinsel lassen sich Deutero-Malaien nieder, die bereits mit dem terrassierten Nassreisanbau und Eisenwerkzeugen vertraut sind.
2.–3. Jh.	Auf der malaiischen Halbinsel entstehen die ersten hinduisierten Stadtstaaten. Ständige Handelsverbindungen mit Indien und China.
7.–8. Jh.	Die malaiische Halbinsel gerät unter den Einfluss des buddhistischen Großreichs Sri Vijaya.
12. Jh.	Erste Spuren des Islam auf Sumatra und der malaiischen Halbinsel.
1398	Gründung von Malacca. Für mehr als 100 Jahre ist das Sultanat Melaka die wichtigste Macht in der malaiischen Welt.
1511	Eroberung Malaccas durch den Portugiesen Afonso d'Albuquerque.
1786	Der Sultan von Kedah tritt die Insel Penang an Sir Francis Light ab, der für die britische East India Company arbeitet.
1819	Stamford Raffles nimmt für die East India Company die Insel Singapore in Besitz.
1841	James Brooke wird vom Sultan von Brunei zum Raja von Sarawak erklärt.
1874–1914	Alle Sultanate auf der Halbinsel werden in das britische Kolonialreich eingegliedert.
1877	Die North Borneo Company nimmt Teile Nordborneos in Besitz. Auf der Halbinsel wird der erste Gummibaum gepflanzt.

Japanische Besatzung und Guerillakrieg der kommunistischen Partei. Befreiung von den Japanern unter Mithilfe der Briten, die erneut die Macht im Land übernehmen.	**1942–45**
Parteigründung der UMNO als politische Vertretung der malaiischen Bevölkerungsgruppe. Die Inder schließen sich in der MIC und die Chinesen in der MCA zusammen.	**1946**
Die kommunistische MCP nimmt den bewaffneten Kampf gegen die Briten auf. Ausrufung des Notstands.	**1948**
Die drei Parteien UMNO, MIC und MCA schließen sich zur Alliance Party zusammen. Aus ihr geht später die Barisan Nasional hervor, die noch heute an der Macht ist.	**1955**
Die Federation of Malaya erklärt ihre Unabhängigkeit.	**1957**
Gründung von Malaysia, das außer der malaiischen Halbinsel die Insel Singapore, Sabah und Sarawak umfasst.	**1963**
Malaysia trennt sich von Singapore.	**1965**
Einführung der New Economic Policy (NEP), die die Gleichstellung von Malaien und Chinesen in der Wirtschaft zum Ziel hat.	**1971**
Während der Regierungszeit von Dr. Mahathir Mohamad erlebt das Land ein beispielloses Wirtschaftwachstum, dem auch die Finanzkrise in Asien 1997 kaum etwas anhaben kann.	**1981–2003**
Erneut großer Wahlerfolg der Barisan Nasional unter Premierminister Abdullah Achmad Badawi.	**2004**
Die drei größten Oppositionsparteien schließen sich zur Pakatan Rakyat (PR) zusammen und erzielen einen Achtungserfolg – in fünf Staaten werden sie zur stärksten politischen Kraft.	**2008**
Abdullah Achmad Badawi wird von Najib Tun Razak als Premierminister abgelöst.	**2009**
Vor den Neuwahlen 2013 schwindet die Popularität der regierenden Barisan Nasional unter Najib Tun Razak.	**2012**

Gesellschaft und Alltagskultur

Kostspielige politische Kampagnen propagieren »1Malaysia« – nationale Einheit und ethnische Harmonie unter einer effektiven Regierung. Die knapp 29 Mio. Einwohner verbindet jedoch nur eines: die malaiische Sprache, die in Schulen und Behörden gesprochen wird. Dennoch verstehen sich viele junge Menschen, die im Land geboren wurden, aber unterschiedliche ethnische Wurzeln haben, als Malaysier.

Malaien

Geeint durch Sprache und Religion

Als **Malaien** betrachten sich viele austronesische Völker, die über ganz Südostasien verteilt leben. Geeint werden sie durch die malaiische Sprache und größtenteils auch durch ihre Religion, den Islam.

Woher die Malaien ursprünglich kamen, darüber streiten Anthropologen. Ältere Theorien gehen von einer Wanderungsbewegung vom südchinesischen Yunnan entlang dem Mekong nach Süden aus, andere sehen ihre Wurzeln im Osten von China. Neuerdings weisen genetische Untersuchungen sogar darauf hin, dass sie von den Inselvölkern abstammen und den ostasiatischen Kontinent von Süden nach Norden besiedelt haben könnten.

Die Malaien waren überaus geschickte Seefahrer. Bereits vor mehreren 1000 Jahren kreuzten sie zwischen den pazifischen Inseln und Madagaskar und ihre Navigations- und Ortskenntnisse machten sich schon die ersten arabischen und chinesischen Händler zunutze. Durch ihre vielen Reisen und Kontakte wurden die Malaien von völlig unterschiedlichen Kulturen beeinflusst. Sie übernahmen Wörter aus dem indischen Sanskrit und besaßen gute Kenntnisse vom Reisanbau. Mit vermutlich aus Südindien stammenden Händlern gelangte der Islam auf die Inselwelt, wo er vom 12. bis 15. Jh. die alten Naturreligionen sowie den Buddhismus und Hinduismus überlagerte und teils verdrängte.

Söhne der Erde

Bumiputra, ›Söhne der Erde‹, nennen sich die malaiischen Völker von Malaysia, die mit gerade einmal 50,4 % die Bevölkerungsmehrheit stellen. Genauer betrachtet sind eigentlich nur die indigenen Volksstämme mit ein paar Tausend Überlebenden Söhne und Töchter dieses Landes. Zu ihnen gehören die **Negritos,** einstige Nomaden, die auf der nördlichen Halbinsel zurückgezogen in Dschungeldörfern leben, und die **Orang Laut,** die ›Seemenschen‹, die mit ihren Booten früher die Inselwelt bis zu den Andamanen im Indischen Ozean durchstreiften und heute ebenfalls sesshaft geworden sind. Als **Orang Asli** (›Ureinwohner‹) werden die Menschen bezeichnet, die bei Ankunft der ersten Händler aus Südindien im 1. Jt. n. Chr. bereits mit dem Ackerbau vertraut waren und daher möglicherweise erst später eingewandert sind. Zu ihnen gehört die Gruppe der **Senoi** in Westmalaysia.

Völlig unübersichtlich wird es auf Borneo (s. S. 43), wo etwa 200 verschiedene protomalaiische Völker leben, die unter dem Sammelbegriff **Dayak** zusammengefasst werden. Die **Iban** (›See-Dayak‹) sind von den Küsten ins Landesinnere vorgedrungen und wohnen teils immer noch in Langhäusern. Entlang der

Küste siedeln die **Bidayuh** im Süden und die muslimischen **Melanau** im Norden. Das Hinterland ist die traditionelle Heimat der **Orang Ulu** (›Menschen am Oberlauf‹), der **Kenyah Kelabit, Kayan, Lun Bawan** und anderer Völker, deren Sprachen und Kulturen vom Aussterben bedroht sind. Alleine 72 ethnische Gruppen gibt es in Sabah, das jedoch nur 3,4 Mio. Einwohner hat. Zu ihnen zählen die stämmigen **Murut** im Landesinneren, die im Suluarchipel beheimateten Seefahrer **Bajau** und die **Kadazan,** die entlang der Flussläufe Ackerbau betreiben.

Eine spätere Einwanderungswelle brachte die **Deutero-Malaien** auf die malaiische Halbinsel, wo sie an den Küsten Siedlungen errichteten. Im Norden der Halbinsel stammen etwa 100 000 Malaien aus der Gegend von Aceh in Nordsumatra und im Süden sind es sogar über 700 000, die von den Bugis aus Südsulawesi abstammen. In Negri Sembilan südlich von Kuala Lumpur pflegen an die 300 000 Einwanderer aus Westsumatra ihre matrilineare Minangkabau-Kultur.

Ethnien und Traditionen auf Borneo

Sabah

Wer auf Borneo die Kopfjäger sucht, mit denen die Fremdenverkehrsprospekte werben, sollte nicht nach Kota Kinabalu reisen. Dort trifft man höchstens knapp 500 000 **Bajau** an, die früher wegen ihrer Piraterie gefürchtet wurden. Die umtriebigen muslimischen Seefahrer des Suluarchipels, auch Seezigeuner genannt, leben in Pfahlbauten entlang der Küste vor allem vom Fischfang. Ein Großteil pflegt nach wie vor einen mit dem Meer verbundenen Lebensstil. Mit Ritualen, die aus vorislamischer Zeit stammen, werden die Wassergottheit Omboh Dilaut und andere Geister beschwichtigt und bei manchen Festen segeln die Bajau noch mit ihren traditionellen Lipa-Lipa-Booten übers Meer. Ihre bereits seit Längerem rings um Kota Kinabalu sesshaften Vettern betreiben überaus erfolgreich Ackerbau und Viehzucht, sodass sie den Beinamen Cowboys des Ostens tragen.

In der Schule wird die Basis für ein geeintes Malaysia geschaffen

Traditionelle Medizin

Thema

Alte Medizinmänner und -frauen in abgelegenen Dörfern wissen noch um die richtige Anwendung von Tees, Pasten und Massagen, kennen heilende Blätter, Kräuter, Rinden, Samen und Wurzeln, behandeln mit Händen, Gedanken und Sprüchen. Die jungen Menschen gehen heutzutage lieber in eine Apotheke und vertrauen der westlichen Medizin.

Traditionelle Medizin ist nicht wie Aspirin an jeder Ecke zu bekommen, schmeckt häufig bitter und ist umständlich in der Handhabung. Ihre Anwendung erfordert einen persönlichen Kontakt und Vertrauen zum Heiler, dessen Wissen und Können kein Beipackzettel verrät. Viele Scharlatane bieten auf Wochenmärkten obskure Mittelchen feil und versprechen das Blaue vom Himmel. Die bunten Päckchen mit einer Mischung aus Kräutern und Gewürzen in alter javanischer Tradition, Jamu genannt, werden vor allem gekauft, um die weibliche Schönheit zu erhalten oder die Manneskraft zu stärken. Für Letzteres ist der wilde Ginseng, Tongkat Ali *(Eurycoma longifolia),* bekannt – zu Recht, wie wissenschaftliche Studien nachweisen.

Auch chinesische Apotheken halten natürliches Viagra bereit. In ihren Schubladen lagern wertvolle Produkte aus Wald und Flur, die nach Bedarf gemischt und teils seit Jahrtausenden wegen ihrer Heilkraft geschätzt werden. Die richtige Zusammensetzung bestimmt normalerweise ein Kundiger der traditionellen chinesischen Medizin nach einer gründlichen Untersuchung des Patienten. Zur Heilung werden außerdem Akupunktur und Akupressur angewandt, um den Körper wieder ins Gleichgewicht zu bringen.

Auch die richtige Ernährung ist von großer Bedeutung. So gibt es Zutaten, die während einer schwierigen Schwangerschaft nicht gegessen werden dürfen, oder bestimmte Speisen, die zur Kräftigung einer jungen Mutter nach der Geburt dienen. Sogar bei der Zusammenstellung eines traditionellen Festmahls achten viele auf die Ausgewogenheit der Wirkung der Gerichte.

Viel wertvolles Wissen der traditionellen Medizin wurde niemals schriftlich dokumentiert und geht immer mehr verloren. Zum einen ist es nicht einfach zu erlernen und zum anderen versprechen sich viele Nachfahren traditioneller Heiler ein besseres Einkommen in anderen Berufen. Die Heilkraft der Natur allerdings erfährt seit einigen Jahren eine Renaissance. Über 100 multinationale pharmazeutische Konzerne und zahlreiche staatliche Institute analysieren den artenreichen Regenwald Malaysias auf seine Heilkraft hin, wobei die Suche nach einem Krebs heilenden Mittel einen wichtigen Aspekt darstellt. Weniger rühmlich gehen einige Vertreter der Biotechnologie vor: In einer Art moderner Piraterie eignen sie sich das Wissen einheimischer Heiler an und lassen es sich danach patentieren. Mit entsprechenden Gesetzen versucht die malaysische Regierung nun, dem ein Ende zu bereiten. Es werden eigenständige Forschungsprojekte auf den Weg gebracht und man sucht nach internationalen Partnern. Seither wird der artenreiche Regenwald nicht nur als Rohstoffquelle für Holz betrachtet. Naturschützer und lokale Firmen haben in ehemaligen Waldgebieten Gärten mit Heilpflanzen angelegt, stellen Pillen und Salben her und vermarkten diese vor allem auf dem lokalen Markt.

Die Bajau leben Tür an Tür mit den **Kadazan,** der größten ethnischen Gruppe in Sabah, die wiederum zahlreiche Untergruppen wie die **Rungus** und **Orang Sungai** umfasst. Die heutigen Wohnungen der ursprünglichen Langhausbewohner unterscheiden sich kaum von denen anderer Völker. Nur bei den Rungus werden vereinzelt noch Langhäuser als Touristenattraktion gepflegt. Die ursprünglichen Animisten sind großteils zum Islam oder Christentum konvertiert.

Bleiben noch die knapp 40 000 **Murut** im Hinterland, die bei großen Festivals mit ihrer traditionellen Kleidung aus Baumrinde Aufsehen erregen. Von späteren Einwanderern wurden die Murut immer weiter ins Landesinnere verdrängt. Bei den Briten galten die Langhausbewohner als aufsässige, gefürchtete Kopfjäger. Heute ist weder von den Langhäusern noch von den gejagten Köpfen etwas zu entdecken.

Sarawak

Auch verschiedene Bevölkerungsgruppen in Sarawak wie die Iban praktizierten die **Kopfjagd,** die keinesfalls mit Kannibalismus verwechselt werden sollte. Sie diente ursprünglich dazu, den Mut eines jungen Mannes unter Beweis zu stellen. Zudem konnte man damit den Geist seines Feindes vereinnahmen. Charles Hose, ein britischer Resident auf Borneo, beschrieb im seinem 1812 veröffentlichten Buch »The Pagan Tribes of Borneo« die Kopfjagd als einen überaus beliebten Sport, vor allem bei den **Iban.** Als die Briten die Macht übernahmen, wurde diese grausame Praxis verboten, doch dann kam der Zweite Weltkrieg und beim Kampf gegen die Japaner war jedes Mittel recht. Selbst in jüngster Zeit, als um die Jahrtausendwende im indonesischen Teil von Borneo ein blutiger Rassenkonflikt zwischen eingewanderten Maduresen und Dayak ausbrach, wurde die Kopfjagd wiederbelebt und Hunderte von Migranten verloren ihr Haupt.

Noch in den 1980er-Jahren hingen in vielen Iban-Langhäusern Körbe mit verstaubten Schädeln. Inzwischen sind die meisten Langhausbewohner christianisiert worden und die Köpfe verschwunden. Allerdings gingen mit der Missionierung und den zunehmenden kulturellen Einflüssen von außen auch viele andere Traditionen und Riten verloren. Schier endlose Epen über die Heldentaten der Ahnen, die mündlich von Generation zu Generation überliefert wurden, sind bei den **Kelabit** fast in Vergessenheit geraten. Die zeitaufwendigen Perlenstickereien der **Kayan** und die Ikatwebereien der Iban werden kaum noch hergestellt und wo baptistische Missionare den Alkohol verboten haben, gehören nun auch die langen, fröhlichen Nächte mit Reiswein *(tuak)* der Vergangenheit an.

Chinesen

Erste Einwanderer

Porzellanfunde und Namen wie Kinabatangan (›Fluss der Chinesen‹) weisen darauf hin, dass schon vor dem 14. Jh. chinesische Handelsstationen an Flussläufen und Küsten Malaysias bestanden. Zu den begehrten einheimischen Waren gehörten Schwalbennester sowie Harze aus Borneo und Erze aus Westmalaysia.

Die ersten Einwanderer kamen im Gefolge von **Admiral Cheng Ho,** auch Zheng He oder Haji Mahmud Shamsuddin genannt, der 1371 in Yunnan in Südchina geboren wurde. Mit einer gewaltigen bewaffneten Flotte unternahm er sieben große Reisen durch den westlichen Ozean bis nach Ostafrika und legte dabei mehrfach in Malacca (heute Melaka) an. Mit seiner Militärmacht entwaffnete er Piraten und mit diplomatischem Geschick schuf er politische Bündnisse. Neben allerlei exotischen Waren brachte er Gesandtschaften malaiischer Herrscher an den chinesischen Kaiserhof, auch aus Malacca.

Das aufstrebende Sultanat konnte sich im 15. Jh. als Vasall unter dem Schutz des chinesischen Reichs zu einem regional wichtigen politischen und wirtschaftlichen Machtzentrum entwickeln. Die Interessen Chinas waren allerdings vorrangig von wirtschaftlicher Bedeutung, auch wenn der Sultan mit dem Kaiserhof durch die Heirat der kaiserlichen Tochter Hang Li Po auch familiär verbunden war.

Staat im Staat

Chinesische Kaufleute, vor allem **Hoklo** und **Hainanesen,** waren im 19. Jh. in den Straits Settlements Singapore, Melaka und Penang zu Wohlstand gelangt. Sie entwickelten eigene Herrschaftsstrukturen, gründeten Schulen, Kranken- und Clanhäuser *(kongsi),* förderten soziale wie religiöse Organisationen und die Geheimbünde. Als 1820 in der Nähe von Ipoh Zinnvorkommen entdeckt wurden, finanzierten sie die Erzförderung. Tausende Chinesen, insbesondere Kantonesen, Hoklo und Hakka aus dem von Hungersnöten geplagten Süden, wurden als Kulis für die Minen und Kautschukplantagen ins Land gebracht.

Die ersten Immigranten waren zumeist Männer, die zum Teil mit malaiischen Frauen Familien gründeten. Ihre Nachfahren, die **Peranakan,** haben chinesische und malaiische Traditionen zu einer eigenständigen Kultur geformt. Während der britischen Kolonialzeit bevorzugten sie ein Leben in den Städten der Straits Settlements Melaka, Penang und Singapore und sprachen Malaiisch gemischt mit einigen Begriffen aus chinesischen Dialekten. Zwar übernahmen die Peranakan viele lokale Traditionen, auch den Kleidungsstil, waren sich jedoch immer ihrer chinesischen Wurzeln bewusst. Auf Festen beispielsweise trugen die Frauen einen Sarong Kebaya, eine elegante Kombination aus einer eng anliegenden, reich bestickten Bluse in Verbindung mit einem Wickelrock sowie mit Perlen bestickte Taschen und Sandalen. Im kulinarischen Bereich zeichnen sich die Peranakan durch die vorzügliche Nyonya-Küche aus (s. S. 66).

Aktuelle Situation

In restaurierten Stadtvillen reicher chinesischer Kaufleute in Melaka und Penang sowie im Chinese History Museum in Kuching ist die Geschichte der chinesischen Einwanderung aufgearbeitet worden, die in staatlichen Museen eher stiefmütterlich behandelt wird. Heute haben 23,7 % aller Malaysier chinesische Vorfahren. Sie leben meist in den Städten und hier vor allem in den geschäftigen Chinatowns, wo viele kleine Läden und Restaurants auf die speziellen Wünsche dieser Einwanderergruppe ausgerichtet sind. In chinesischen Tempeln werden noch Riten und Rituale gepflegt, die im Heimatland durch die Kulturrevolution längst in Vergessenheit geraten sind. Chinesische Schriftzeichen allerorten und chinesische Zeitungen weisen darauf hin, dass die meisten Peranakan immer noch die Sprache ihrer Vorfahren kennen, auch wenn sie in Schulen und Ämtern Malaiisch sprechen.

Inder

Als die britischen Pflanzer in der neuen Kolonie ihre Plantagen anlegten, mangelte es ihnen nicht an Landfläche, aber an Arbeitskräften. Da diese in Britisch-Indien reichlich vorhanden waren, brachten sie zunächst Tamilen aus der Madras Presidency an der Ostküste des Subkontinents nach Malaya. Die **Tamilen** arbeiteten vor allem in den Kautschukplantagen, später auch in den Teeplantagen der Cameron Highlands. Daher ist ihr Bevölkerungsanteil in dieser Region weitaus höher als im restlichen Land.

Auch beim Straßen- und Eisenbahnbau sowie bei der Administration griff man gerne auf erfahrene Kräfte aus Indien zurück. In diesen Bereichen hatten sich auf dem Subkontinent die **Sikhs** aus dem nordindischen Punjab einen Namen gemacht, die noch heute im indischen Transportwesen ebenso wie in Gerichtssälen stark repräsentiert sind.

Während es Besuchern, die zum ersten Mal in Asien unterwegs sind, schwer fällt, Chinesen von Malaien zu unterscheiden, lassen sich Inder besser erkennen, vor allem die Frauen in ihren bunten Saris oder im Shalwar Kameez, einer Kombination aus langem Top und farblich passender Hose, die durch einen langen Schal *(dupatta)* ergänzt wird. Nicht mit anderen Ethnien zu verwechseln sind auch die männlichen Sikhs, zumeist große, bärtige

Männer mit europäischen Gesichtszügen und einem auffälligen Turban.

Sikhs

In Malaysia gibt es etwa 130 000 Menschen, die der Religionsgemeinschaft der Sikhs angehören und Punjabi sprechen, eine indoeuropäische Sprache. Der Gründer des Sikhismus, der Wanderprediger Guru Nanak (1469–1539), hat seine Lehren in dem Heiligen Buch »Guru Granth Sahib« verewigt, das im Goldenen Tempel von Amritsar hoch verehrt wird. Ein wichtiger Teil der Religionsausübung der Sikhs besteht in sozialen Diensten und im gemeinsamen Essen im sogenannten Gurdwara, sozialer Treffpunkt, Gebets- und Schulstätte in einem. Die großen Gebäude sind weit unauffälliger als die Tempel anderer Religionsgemeinschaften, aber häufig mit vergoldeten Kuppeln gekrönt.

Tamilen

Welch ein Gegensatz zu den Tamilen, die ihre bunte Götterwelt mit nach Malaysia gebracht haben. Ihr hinduistischer Pantheon mit den drei wichtigsten Gottheiten Brahma (Schöpfer), Vishnu (Erhalter) und Shiva (Erneuerer) ist durch viele lokale Götter angereichert worden. Die meisten Tamilen sind Anhänger Shivas, der häufig in Form eines Phallus (Lingam) dargestellt und von dem Stier Nandi begleitet wird. Besondere Verehrung erfährt auch Murugan, eine Inkarnation von Skanda, dem Sohn Shivas. Er gilt als Beschützer, der Furcht vertreibt und gegen böswillige Kräfte kämpft. Ein weiterer Sohn von Shiva, der Elefantengott Ganesha, erobert sogar die Herzen vieler Nicht-Hindus. Gelegentlich trifft man Chinesen, die um seinen Beistand bitten, denn schließlich ist er zuständig für die Beseitigung von Hindernissen – und die legen sich jedem in den Weg. Die meisten Tempelbesucher sind jedoch dunkelhäutige Tamilen, die oft in Begleitung der ganzen Familie zu den Pujas, den Zeremonien, kommen und beladen sind mit Blumen, Früchten, Süßigkeiten und Kokosnüssen.

Ethnologisch stammen die 1,4 Mio. Tamilen Malaysias von der drawidischen Urbevölkerung Südasiens ab. Sie sprechen Tamil, eine drawidische Sprache, haben eine eigene Schrift und eine weit zurückreichende literarische Tradition.

Der Islam

Religiöse Regeln prägen das Alltagsleben

Wie auch in der restlichen Welt zeigt sich der Islam in Malaysia von unterschiedlichen Seiten. In den konservativen Staaten Kelantan und Terengganu wird nur in wenigen chinesischen Restaurants und internationalen Hotels Alkohol ausgeschenkt. Während der Gebetszeiten schließen in der Stadt Kota Bharu viele Restaurants und Geschäfte. Es gibt hier sogar vereinzelt Versuche, separate Supermarktkassen für Frauen und Männer einzuführen, was aber weitgehend ignoriert wird. Dagegen sind Hotelbesitzer angehalten, nur verheirateten muslimischen Paaren ein Zimmer zu vermieten. Teilweise wird diese Regel sogar auf Andersgläubige ausgeweitet – alle Muslime unterliegen der Scharia-Gesetzgebung, die voreheliche sexuelle Beziehungen bestraft. Zu Spannungen zwischen Einheimischen und Touristen kommt es nur gelegentlich an Stränden der muslimischen Bundesstaaten, wenn sich ausländische Besucher allzu freizügig verhalten.

In den Städten weiter im Süden und an der Westküste ist der Anteil der chinesischen Bevölkerung größer, sodass hier wie auch in Ostmalaysia die islamische Gesetzgebung weniger strikt gehandhabt wird. Manchmal erinnert nur der Ruf des Muezzin daran, dass man sich in einem islamischen Land befindet.

Auf historischen Fotos aus Malaya ist kaum eine Frau mit Kopftuch zu sehen. Viele Malaiinnen tragen ebenso wie die Nyonya (s. S. 46) den aus Java stammenden eleganten Sarong Kebaya, einen bunten Batikwickelrock, kombiniert mit einer reich bestickten, eng anliegenden Bluse. Mit der zunehmenden Islamisierung steigt auch der Anteil der Frauen, die ein großes Kopftuch *(tudong)* zu langen Blusen tragen. Die farbenfrohen weiten Kleider, die Körperkonturen verhüllen, sind mittlerweile Teil ihrer Identität und aus dem Straßenbild nicht mehr wegzudenken.

Lehre von Mohammed

Der Islam ist die Lehre von Mohammed, der sich als der letzte Prophet in der Nachfolge von Moses versteht. Mit der Flucht von – seiner damals polytheistischen – Heimatstadt Mekka nach Medina 622 n. Chr. beginnt die islamische Zeitrechnung. Mohammeds Lehre basiert auf dem Wort Gottes, das im Koran, festgehalten ist. Entsprechend wird das Heilige Buch mit seinen 114 Suren hoch verehrt und sollte nur mit Achtung behandelt werden.

Das Bekenntnis zu dem einzigen Gott (Schahada), Allah, ist einer der fünf Grundpfeiler des Islam. Ein weitere Säule ist das Gebet (Salat), das zu festen Zeiten mit Verbeugungen nach Mekka erfolgt – deshalb klebt in jedem Hotelzimmer ein *kiblat,* ein grüner Pfeil, der Richtung Mekka weist. Ein besonderer Stellenwert kommt dem Freitagsgebet zu, weswegen in besonders konservativen Staaten das Wochenende auf den Donnerstag und Freitag fällt. In anderen Gegenden schließen Ämter und Büros bereits am Mittag, damit alle Gläubigen zum Gebet gehen können. Zu den weiteren Grundpfeilern des Islam gehören die Pilgerfahrt nach Mekka (Hadsch), die Almosensteuer (Zakat) sowie das Fasten (Saum) im Ramadan, dem neunten Monat des islamischen Kalenders. Von Sonnenauf- bis Sonnenuntergang darf dann weder gegessen oder getrunken noch geraucht werden. Die muslimischen Restaurants haben tagsüber alle geschlossen, doch in den meisten chinesischen Lokalen und Hotels bekommt man auch unter Tags etwas zum Essen.

Chinesische Glaubensvorstellungen

Selbst mitten in kleineren Ortschaften Malaysias erheben sich hinter hohen Mauern die mit Drachen- und Blütenmotiven bunt verzierten Dächer chinesischer Tempel. Zu jeder Tageszeit treten Gläubige durch die von steinernen Löwen und streng blickenden Tempelwächtern flankierten Tore und verneigen sich zunächst im Vorhof mit brennenden Räucherstäbchen in den Händen. Im Innern des Tempels stapeln sich vor dem Hauptaltar Orangen, Kerzen, Kuchen und allerlei andere Opfergaben. Ein Bambusbecher gefüllt mit nummerierten Stäbchen steht bereit, der vor dem Altar knieend geschüttelt wird, um durch einen herausfallenden Stab Antwort auf Schicksalsfragen zu erhalten. In Seitennischen sitzen alte Männer, die Zeitung lesen, oder Frauen, die Devotionalien verkaufen. Mit Räucherstäbchen in den Händen verneigen sich die Gläubigen vor einer Vielzahl von Statuen. Einige stellen Buddha dar, andere seine Jünger oder Bodhisattvas (s. S. 50), wieder andere mythologische oder historische Persönlichkeiten wie große Lehrmeister oder Admiral Cheng Ho (s. S. 45). Beliebt ist Kuan Yin, die Göttin der Barmherzigkeit, die eigentlich auch ein Bodhisattva ist. In Nebenräumen oder hinter dem Hauptaltar stehen manchmal Ahnentafeln mit Fotos, Namen und Geburtsdaten von Verstorbenen ohne Nachfahren. Ansonsten werden die Ahnen im Jenseits von ihren Nachkommen versorgt. Am Hausaltar erhalten sie täglich etwas zu essen und zu trinken, ebenso Blumen, Kerzen und Räucherstäbchen. Zum Wohl der Ahnen wird auch Papiergeld verbrannt, und bei Begräbnissen erhalten sie Häuser, Autos, Goldbarren und andere notwendige Gegenstände in Form von Papiermodellen, um ihnen einen angenehmen Aufenthalt im Jenseits zu gewährleisten.

Buddhismus in Malaysia

Offiziell bekennen sich die Tempelbesucher zum **Buddhismus,** wie etwa 20 % der Bevölkerung Malaysias. Sie sind Anhänger des Mahayana-Buddhismus und haben ihren Glauben aus dem Mutterland mitgebracht. Dieser unterscheidet sich stark von der Theravada-Richtung, die sich auf den ursprünglichen Buddhismus beruft und in Thailand sowie in Sri Lanka praktiziert wird. Auf dem Weg zum allgemeingültigen buddhistischen Ideal

Chinesische Eigenarten

Thema

Die meisten Chinesen sind vor über 100 Jahren als Kulis aus dem Süden des Reichs der Mitte nach Malaysia eingewandert. Während im Mutterland nach den kommunistischen Umwälzungen unter Mao Zedong so manche Traditionen in Vergessenheit gerieten, sind die Auslandschinesen noch immer kulturell und religiös im vorrevolutionären China verwurzelt.

In der heutigen globalisierten Welt orientieren sich die meisten jungen Chinesen in den Städten an internationalen Trends. Sie gehen abends gern in Pubs, Clubs und Diskotheken, schauen sich wie ihre Altersgenossen in Europa die neuesten Hollywood-Produktionen an, hören eine ähnliche Musik und kleiden sich nach den neuesten Modetrends. Im Unterschied zu ihren muslimischen Nachbarn genießen sie auch eine weit größere sexuelle Freizügigkeit.

Doch selbst in dieser modernen Gesellschaft haben alte Überlieferungen ihre Spuren hinterlassen. So sind Autonummernschilder und Telefonnummern mit möglichst vielen Achten hoch begehrt. Die Acht gilt als besonders Glück bringend, da die ausgesprochene Zahl ähnlich wie das kantonesische Wort für ›Wohlstand‹ klingt. Aus dem gleichen Grund wird die Neun mit einem ›langen Leben‹ in Verbindung gebracht, die Vier hingegen mit dem ›Tod‹, sodass es in einigen Hotels weder Zimmer mit der Nummer vier noch einen vierten Stock gibt.

Auch bei Hochzeiten, Geburten und Begräbnissen spielen überlieferte Rituale noch eine große Rolle. So müssen schwangere Frauen viele Vorschriften beachten, wollen sie ein gesundes Baby zur Welt bringen. Von ganz entscheidender Bedeutung ist das Geburtsjahr, denn das Horoskop eines Menschen richtet sich nach dem chinesischen Kalender. Jedes Jahr hat besondere Eigenschaften, die das persönliche, wirtschaftliche und politische Geschehen beeinflussen und sich in einem Tier widerspiegeln. Im 12-jährigen Rhythmus folgen einander Ratte, Büffel, Tiger, Hase (bzw. Katze), Drache, Schlange, Pferd, Ziege, Affe, Hahn, Hund und Schwein. Zudem wechseln sich alle 12 Jahre die fünf Elemente Wasser, Holz, Feuer, Erde und Metall ab, die bestimmte Eigenschaften schwächen oder verstärken. Nach 60 Jahren ist ein Kreislauf beendet und beginnt aufs Neue. Wie stark die Chinesen noch in dieser Tradition verhaftet sind, zeigt das Ansteigen der Geburtenrate im Glück bringenden Jahr des Drachen.

In Malaysia werden viele Tempelfeste noch auf eine Art und Weise begangen, wie sie in China kaum mehr zu finden ist. So stehen Besucher aus der Volksrepublik staunend am Straßenrand, wenn Götterstatuen in bunten Prozessionen durch die Straßen getragen werden. Die Chinesische Oper hingegen, seit über 1000 Jahren ein Bestandteil chinesischer Feste, stößt auch in Malaysia auf immer weniger Interesse, was vermutlich der für ›moderne‹ Ohren ungewohnt schrill klingenden Musik geschuldet ist. Mit Gesängen, gesprochenen Texten, Tanz und Akrobatik unterhalten die Darsteller in bunt glitzernden, prachtvollen Kostümen und mit aufwendigem Make-up ihr Publikum.

des vollständigen Erlöschens werden die Gläubigen durch Bodhisattvas unterstützt, Wesen, die diesen Zustand bereits erreicht haben, aber auf das Nirvana verzichten, um anderen Menschen auf diesem beschwerlichen Weg beizustehen.

Im 1. Jh. n. Chr. übertrug ein ehemaliger persischer Prinz, der Mönch An Shigao, den buddhistischen Kanon erstmals ins Chinesische. So wurden auch am Kaiserhof die Lehren des indischen Prinzen Siddharta Gautama aus dem 6. Jh. v. Chr. bekannt. Die buddhistischen Lehren vom menschlichen Dasein als Leid, der Überwindung dieses Leids und dem Eintritt ins Nirvana fielen auf fruchtbaren Boden. Sie passten gut zur überlieferten Philosophie von Konfuzius und dem Taoismus.

Konfuzianismus und Taoismus

Die Lehren des Philosophen **Konfuzius** (551–479 v. Chr.) bildeten im damaligen China eine wichtige moralische Basis. Im Sinne der goldenen Regel »Was du nicht willst, dass man dir tu, das füg auch keinem andern zu« entwickelte er praktische ethische Grundsätze für ein harmonisches Miteinander, propagierte Mitgefühl und Rücksichtnahme, Loyalität gegenüber Familienmitgliedern und Vorgesetzten sowie die Achtung und Ehrung der Vorfahren.

Den **Taoismus** begründete »Tao Te Ching«, ein Werk aus dem 3. Jh. v. Chr., das dem großen Lehrmeister Lao-Tse zugesprochen wird, wahrscheinlich aber aus der Feder mehrerer Autoren stammt. Angestrebt wird die Harmonie mit den Kräften des ganzen Universums, was im Symbol von Ying und Yang zum Ausdruck kommt. Auf der taoistischen Philosophie basieren die chinesische Medizin und Feng Shui ebenso wie Qigong, Tai-Chi und verschiedene Formen des Kampfsports.

Wechselspiel der Religionen

In einem komplexen Zusammenspiel haben sich uralte Volksüberlieferungen und Kulte mit moralischen Lehren und Einflüssen verbunden und bilden heute die Grundlage für die facettenreiche Volksreligion der Chinesen. Es ist nicht möglich, den Konfuzianismus, den Taoismus und den Buddhismus eindeutig voneinander abzugrenzen. Entsprechend sind in vielen chinesischen Tempeln Statuen von Buddha ebenso zu finden wie Manifestationen erstrebenswerter Tugenden oder historischer Persönlichkeiten.

Eine chinesische Minderheit bekennt sich auch zum **Christentum,** andere wechseln die Religion im Laufe ihres Lebens. Nicht selten gehören die Mitglieder einer Familie verschiedenen Glaubensrichtungen an. Auch wenn das religiöse Bekenntnis bei den Chinesen keine so große Rolle spielt wie bei den Malaien, sind doch eine große Zahl an Festen und Ritualen religiösen Ursprungs.

Feste und Veranstaltungen

Der Familienverbund ist in Malaysia von weitaus größerer Bedeutung als in Europa. Auch wo sich Großfamilien in Auflösung befinden, pflegt man den Kontakt zu allen Mitgliedern und trifft sich häufig, vor allem zu Familienfeierlichkeiten. Die drei großen Feste zu Geburt, Hochzeit und Bestattung werden je nach Religion und Ethnie völlig unterschiedlich begangen.

Vom westlichen Indien und östlichen China bis in die indonesische Inselwelt reichen die Wurzeln der Riten, die die Migranten bei ihren Festlichkeiten nach wie vor pflegen. Und trotz weitreichender Christianisierung versuchen auch die indigenen Völker ihre Kultur zu bewahren. Einen Eindruck von den komplexen Traditionen, die bei diesen Feierlichkeiten in Kleidung und Zeremonien zum Ausdruck kommen, erhält man in vielen Museen Malaysias.

Chinesisches Neujahr

Viele chinesische Familienbetriebe schließen einzig in den drei Tagen rund um das Chinesische Neujahr ihr Geschäft. Dann gehört die Zeit ganz der Familie. Vor den Feiertagen wird das Haus gründlich geputzt und Glück bringendes Essen gekocht. Am ersten Tag dankt

Offizielle Feiertage

1. Jan. – Neujahr
Neumondtag zwischen 21. Jan. und 19. Febr. – Chinesisches Neujahr
Mitte/Ende Jan. – Mohammeds Geburtstag (Maulidur Rasul)
1. Mai – Internationaler Tag der Arbeit
Vollmondtag im Mai – Feier anlässlich Buddhas Geburt, Erleuchtung und seines Übergangs ins Nirvana (Hari Wesak)
5. Juni – Offizieller Geburtstag des Königs
Ende Juni/Anfang Juli – Beginn des Fastenmonats Ramadan
Ende Juli/Anfang Aug. – Ende des Ramadan (Hari Raya Puasa, Hari Raya Aidilfitri)
31. Aug. – Unabhängigkeitsfeier zum Nationalfeiertag
16. Sept. – Malaysia Day
Ende Sept./Anfang Okt. – Zeit der Hadsch, der Pilgerfahrt nach Mekka (Hari Raya Haji, Aidiladha)
Ende Okt./Anfang Nov. – Islamisches Neujahrsfest (Ma'al Hijrah, Awal Muharam)
Neumondtag Ende Okt./Anfang Nov. – Hinduistisches Lichterfest (Deepavali)
25. Dez. – Weihnachten

Die flexiblen Feiertage richten sich nach dem Mondkalender. Hinzu kommen regionale Feiertage wie die Geburtstage der jeweiligen Sultane und Gouverneure sowie Feiertage der verschiedenen Ethnien, die nur in Gebieten mit entsprechendem Bevölkerungsanteil gefeiert werden.

man seinen Vorfahren und geht in den Tempel. Kinder erhalten kleine rote Umschläge mit Geldbeträgen (Ang Pao), und Löwentänzer ziehen durch die Straßen, um die Läden zu segnen. Anschließend sind Familienbesuche angesagt. Man nutzt die freien Tage zudem für Ausflüge und zum Besuch von Freunden.

Hari Raya Puasa (Hari Raya Aidilfitri)

Das größte und wichtigste Fest des Jahres für Muslime sind die Feierlichkeiten zum Ende des Ramadan. Nach vier langen und entbehrungsreichen Wochen des Fastens schaut man hoffnungsvoll hinauf zum Himmel, doch erst wenn der neue Mond an drei verschiedenen Orten des Landes gesichtet wird, darf gefeiert werden. Schon Tage zuvor drängen sich die Menschen in Einkaufszentren und auf Märkten, um neue Kleidung und Berge von Leckereien einzukaufen. In den zwei Tagen des Hari Raya Puasa kann nun alles nachgeholt werden, was man während des Ramadan versäumt hat. Viele Menschen besuchen ihre Familie und Freunde oder unternehmen gemeinsam Ausflüge, was im ganzen Land zu einem enormen Verkehrschaos führt. In den Moscheen versammeln sich die Gläubigen zum Gebet und es werden ohne Unterbrechung Koranverse rezitiert.

Thaipusam

Das größte hinduistische Fest zum Vollmondtag Ende Januar bzw. Anfang Februar wird in Malaysia besonders spektakulär in den Batu Caves (s. S. 138) von Kuala Lumpur gefeiert. Bereits vor Sonnenaufgang pilgern Hunderttausende zu dem riesigen Höhlentempel. Einige haben sich Haken in die Haut gebohrt und daran *kavadis* befestigt, schwere, mit Glöckchen oder Pfauenfedern geschmückte Bögen, die sie über ihren Köpfen tragen. Andere ziehen an den Haken große Wagen mit Götterstatuen hinter sich her oder haben ihre Körper, Wangen oder Zunge mit riesigen Nadeln durchbohrt. Sie scheinen wie in Trance zu sein und keinen Schmerz zu spüren, wenn sie sich in den Menschenmassen teils tanzend in Richtung des Heiligtums bewegen und langsam die steilen Treppen zu den Höhlentempeln emporsteigen.

Gawai Dayak

Das große Dayak-Fest in Sarawak vom 30. Mai bis zum 2. Juni ist für viele, die in den Städten arbeiten, die Zeit, in ihre Langhäuser zurückzukehren. Der Reis ist eingebracht und eine erste Kostprobe zu frischem Reiswein (Tuak) vergoren. Klebreis wird für die Gäste in Bambus gegart. Man legt die traditionelle Kleidung an, schmückt die Langhäuser mit neuen Bambusmatten und wertvollen Ikatdecken (Pua Kumbu). Riesige Gongs werden geschlagen, böse Geister vertrieben, guten Opfergaben dargebracht, alte Tänze aufgeführt, Hahnenkämpfe und Wettbewerbe im Blasrohrschießen veranstaltet. Die Politiker geben sich abwechselnd in einer der Divisionshauptstädte die Ehre, wo große Jahrmärkte stattfinden und ein buntes Unterhaltungsprogramm abläuft. Zu den Attraktionen gehört meist auch eine Regatta mit den langen traditionellen Booten.

Um seinen Göttern an Thaipusam Ehrerbietung zu zeigen, ist für einen gläubigen Hindu kein Gewicht zu schwer und kein Schmerz zu groß

Die malaiische Sprache

In der Verfassung der Federation of Malaya wurde Malaiisch, das heute in der einen oder anderen Form von etwa 350 Mio. Menschen in der südostasiatischen Inselwelt gesprochen wird, 1957 zur Nationalsprache erhoben. Zudem hört man vor allem in den Städten und in Ostmalaysia viel Englisch. Die meisten Menschen beherrschen mehrere Sprachen. Einige gehören zur malaiischen Sprachfamilie, andere sind südchinesische Dialekte oder stammen wie Tamil, Malayalam und Hindi aus Indien. In den Koranschulen wird zudem Arabisch und in den buddhistischen Tempeln Sanskrit gelehrt.

Das zur austronesischen Sprachfamilie gehörende Malaiisch hat seine Ursprünge wahrscheinlich im Riau-Archipel zwischen Singapore und Sumatra. Mit einer vereinfachten Grammatik und Syntax diente dieses sogenannte **Bazaar-Malaiisch** schon vor Ankunft der Portugiesen im 16. Jh. den ersten Händlern und Seefahrern als Lingua franca und verbreitete sich im ganzen malaiischen Archipel, wo darüber hinaus Hunderte weiterer Sprachen gesprochen wurden. Durch Handelsbeziehungen fanden später viele Begriffe aus dem Sanskrit und Arabischen Eingang in die malaiische Sprache und während der Kolonialzeit hinterließ das Englische seine Spuren. Die erste Grammatik des Malaiischen erstellte vor kaum 200 Jahren ein gewisser Munshi Abdullah aus Melaka.

Die britische Kolonialverwaltung förderte Malaiisch als Unterrichtssprache, doch erst seit 1984 findet **Bahasa Malaysia** verbindlich in allen Schulen und Universitäten Anwendung. Seit der Islamisierung wurde Malaiisch in einem eigens für die malaiische Sprache erweiterten arabischen Alphabet (Jawi) niedergeschrieben – das in den konservativ-islamischen Bundesstaaten Kelantan und Terengganu manchmal noch heute verwendet wird –, doch mit der europäischen Kolonialverwaltung setzte sich die Umschrift mit lateinischen Buchstaben (Rumi) durch. Im Jahr 1972 vereinheitlichten Malaysia und Indonesien ihre Schreibweisen. Die meisten Buchstaben im Malaiischen werden wie im Deutschen ausgesprochen (s. S. 106). Bahasa Malaysia ist keine Tonsprache, d. h., eine Änderung von Tonhöhe bzw. Tonverlauf hat keine Bedeutungsänderung zur Folge, sodass es auch ausländischen Besuchern nicht allzu schwerfallen sollte, zumindest einige Worte zu lernen.

Architektur, Kunst und Kultur

Die Gegenwart ist in der südostasiatischen Kultur von größerer Bedeutung als die Vergangenheit. Das bestimmt auch die Einstellung zum kulturellen Erbe, die sich erst langsam zu ändern beginnt – vor allem in den Städten Penang und Melaka, die zum UNESCO-Weltkulturerbe erklärt wurden. Alte Häuser werden nun sorgsam restauriert und Traditionen gepflegt.

Erst die Idee von Nationalstaaten, die mit den europäischen Kolonialisten nach Südostasien gelangte, stellte mit den willkürlich gezogenen Grenzen die Frage nach einer ethnischen Identität und förderte rassistische Kontroversen. Nach der Gründung von Malaysia wurde bei der Entwicklung eines nationalen Bewusstseins die malaiisch-muslimische Kultur durch die von Malaien dominierte Politik richtungweisend. Die weltweit zunehmende Islamisierung stärkte zudem konservative Gruppen, die allen vorislamischen Einflüssen und multikulturellen Tendenzen eine Abfuhr erteilten. Doch bei näherem Hinsehen zeigen sich unter dieser Oberfläche die vielfältigen kulturellen Wurzeln.

Kulturlandschaft unter Druck

Malaysia vereint eine weltweit wohl einmalige Vielfalt an Sprachen, Kulturen, Religionen und Traditionen – Segen und Fluch zugleich. Verschiedene ethnische Gruppen aus dem malaiischen Archipel, Indien und China, aus dem arabischen, europäischen und asiatischen Raum leben miteinander in einem jungen Staatsgebilde, das auf der Suche nach seiner Identität, seinen verbindlichen Werten und Normen so manchen Stolperstein zu überwinden hat.

Die viel beschworene Harmonie erweist sich bei näherer Betrachtung wohl eher als Wunschziel, ist aber vielleicht gar nicht so erstrebenswert, denn die Kulturszene Malaysias lebt gerade durch ihren ungeheuren Variantenreichtum. Auf politischer Ebene versuchen Interessengruppen die Inhalte einer malaysischen Kultur zu definieren und für die Untermauerung ihrer Standpunkte zu vereinnahmen. Sie begrenzen die Möglichkeiten der Künstler ebenso wie islamische Gruppen, die den Koran und das Verbot bildlicher Darstellungen von Menschen allzu wörtlich auslegen. So gehörte das Schattenspiel ebenso wie der Volkstanz über Jahrhunderte zur Tradition der Ostküstenbewohner. Da viele Dramen jedoch auf den hinduistischen Epen Ramayana und Mahabharata basieren, sind sie moralischen Ordnungshütern ebenso suspekt wie die Schattenspielfiguren selbst. Auf der Gegenseite beklagen liberalere Muslime die Arabisierung Südostasiens. Viele moderne muslimische Künstler mögen globale Trends, die vor allem von westlichen Kulturen geprägt sind, zwar kritisch betrachten, nutzen die Inspiration jedoch, um einen ganz eigenen Stil zu entwickeln.

Noch schwieriger erweist sich der Spagat nicht-muslimischer bildender Künstler und Schriftsteller zwischen ihren Traditionen und der muslimischen Staatskultur. Manche befürchten eine kulturelle Entwurzelung und bleiben ihrem Erbe treu, andere suchen das Verbindende, beschränken sich auf unverbindliche Themen oder flüchten in die Abstraktion. Viele haben auch den Mut, sich diesem Konflikt zu stellen. In der Auseinandersetzung mit ihrer eigenen Identität spiegeln sie auf der persönlichen Ebene das Dilemma der malaysischen Kultur in einer multikulturellen modernen Gesellschaft wider.

Doch die Geschichte zeigt, dass eine gegenseitige kulturelle Befruchtung möglich ist. Noch heute beeindrucken die architektonischen und bildhauerischen Leistungen der Künstler der großen buddhistischen und hinduistischen Königreiche in Südostasien wie der Borobudur oder Prambanan auf Java (Indonesien). In der malaysischen Kunst, Architektur und Literatur sowie in der Alltagskultur haben sowohl indische als auch chinesische Einflüsse im Laufe der vergangenen 2000 Jahre ihre Spuren hinterlassen. Wer sich selbst ein Bild von dieser spannenden Kulturszene machen möchte, sollte sich in Kuala Lumpur, aber auch in Penang, Ipoh und Kuching umsehen.

Architektur

Das feucht-warme tropische Klima lässt fast jedes organische Material schnell altern und verfallen. Da früher nicht nur Wohngebäude, sondern selbst Sultanspaläste und Moscheen aus Holz errichtet wurden, blieben nur wenige alte Gebäude erhalten.

Koloniale und moderne islamische Architektur

Die ältesten Moscheen Malaysias besaßen bis zum 18. Jh. weder einen Vorhof noch ein Minarett. Später orientierten sich eingewanderte Baumeister oder Händler, die einen Neubau finanzierten, an den Vorbildern in ihren Heimatländern. So lassen sich Einflüsse aus Pakistan, Indien, China, Java und Aceh erkennen. Eine der ältesten Moscheen in Melaka, die **Masjid Tengkera** (s. S. 149) von 1728, wurde in der Bauweise javanischer Häuser errichtet, weist aber auch chinesische Einflüsse auf. Das hohe, dreifach gestaffelte Dach sorgt für eine kühlende Luftzirkulation in dem quadratischen Gebäude. In dem ummauerten Hof von Melakas **Masjid Kampung Keling** (s. S. 147), die 1872 erneuert wurde, erhebt sich ein pagodenförmiges, chinesisch anmutendes Minarett.

Während der britischen Kolonialzeit wurde anfangs im neo-maurischen Stil gebaut, auch als Neo-Sarazenen- oder Neo-Mogul-Stil bezeichnet. Die orientalisch anmutenden Gebäude mit Zwiebeltürmchen, hohen, von Säulen getragenen Domen, Spitzbögen, Gesimsen und Kapitellen entsprachen dem Geschmack der muslimischen Sultane, sodass britische Architekten und Ingenieure mit dem Bau vieler neuer Gebäude beauftragt wurden. Zuvor hatten sie in Kalkutta und anderen indischen Städten palastartige Verwaltungsbauten und Bahnhöfe errichtet und sich dabei von der Mogul-Architektur inspirieren lassen. Hinter den verspielten, orientalisch anmutenden Fassaden des **Sultan Abdul Samad Building** (s. S. 116) von 1897 in Kuala Lumpur verbergen sich schlichte, funktionale Büroräume. Der Architekt Arthur Benison Hubback gab 1911 sogar dem Bahnhof von Kuala Lumpur ein orientalisches Aussehen mit Türmchen und Kuppeln. Zu den schönsten Moscheen dieses Stils gehören die **Masjid Jamek** in Kuala Lumpur (s. S. 116), ebenfalls von Hubback, sowie die **Masjid Zahir** in Alor Setar (s. S. 233) und die **Masjid Ubudiah** in Kuala Kangsar (s. S. 188).

Zur gleichen Zeit fand vor allem bei Profanbauten eine Gegenbewegung hin zu europäischen Vorbildern statt. Man griff Elemente des englischen Tudorstils auf, aber auch neoklassische und neogotische sowie griechische und spanische Formen. In den 1930er-Jahren drangen Art-déco-Einflüsse bis in die Kolonien vor und sorgten für eine schlichtere Gestaltung. Nach dem Krieg fanden zunehmend Beton, Stahl und Marmor Verwendung. Damit konnten die Decken weiter erhöht und die Dome noch größer erbaut werden. Ab den 1960er-Jahren ging man auch bei der Gestaltung der Dächer und Minarette neue Wege und versuchte sich an einer modernen Neuinterpretation der islamisch-malaiischen Identität, beispielsweise bei der **Masjid Negara** in Kuala Lumpur (s. S. 123). Andererseits gab es wie in der Auslegung des Islam auch in der Architektur eine konservative Bewegung hin zu Vorbildern aus dem Mittleren Osten mit arabischen Säulenhallen, persischen Eingangstoren und türkischen Minaretten.

Die Architekten der jüngsten Bauwerke scheinen sich in Pracht und Größe gegenseitig überbieten zu wollen. Mit 22 gläsernen Domen punktet die der Blauen Moschee in Istanbul nachempfundene **Masjid Wilayah Persekutuan** (Federal Territory Mosque) in Kuala Lumpurs Vorort Hatamas, die 2000 eingeweiht wurde und bis zu 17 000 Gläubigen Platz bietet. Auch bei anderen neuen Moscheen findet Glas als bestimmendes Element Verwendung, so bei der riesigen, 2010 eröffneten **Masjid Tuanku Mizan Zainal Abidin** in Putrajaya (s. S. 141) oder der abends in bunten Farben leuchtenden **Masjid Kristal** in Kuala Terengganu (s. S. 256).

Wie schon zu britischer Zeit greifen auch Architekten staatlicher Verwaltungsgebäude diesen Trend auf. Wurden noch während der 1980er-Jahre dezent islamisch-malaiische Motive zitiert, wie das Beispiel des **Dayabumi Complex** in Kuala Lumpur (s. S. 123) mit seinen geometrischen Formen zeigt, sind nun wieder aufsehenerregende Elemente auf dem Vormarsch. Die besten Beispiele islamischer Architektur mit einem Hang zu monumentalen Dimensionen finden sich in der Verwaltungshauptstadt Putrajaya (s. S. 141).

Wohnhäuser

Der Wunsch nach einem Eigenheim hat den Vororten der Städte ganze Straßenzüge gleich aussehender Reihenhäuser beschert, denen ein paar Säulen oder etwas Farbe Charakter verleihen sollen. Die einstöckigen, ebenerdigen Gebäude bestehen meist aus einem großen klimatisierten Wohn- und Essraum mit Sitzecke und TV, den man durch die Eingangstür betritt und von dem eine kleine Küche, ein Bad und die Schlafzimmer abgehen. Das Bad mit westlicher Toilette verfügt über eine Dusche ohne Duschwanne und eine Handdusche neben der Toilette, die statt Toilettenpapier benutzt wird. Mehrere Familienmitglieder teilen sich ein Schlafzimmer, denn im Gegensatz zu uns Europäern lebt man ungern alleine. Auch auf dem Land verdrängen zunehmend Neubauten die traditionellen Wohnhäuser.

Die alten malaiischen Holzhäuser unterscheiden sich von Region zu Region, sodass Kenner einem Haus ansehen können, woher es stammt. Viele dieser Gebäude sind überwiegend aus Holz und ohne Nägel erbaut. Sie besitzen weit ausladende Dächer, die mit Nipahpalmblättern *(attap)* gedeckt sind und Schutz vor heftigen Regenfällen bieten. Zur Monsunzeit wird die große, überdachte Veranda zum beliebten Aufenthaltsplatz. Die Innenräume gehen wie in den Neubauten von einem großen Wohnraum ab, allerdings haben Stühle und Tische heute die Bambus- und Pandanusmatten abgelöst, die früher als Sitzgelegenheit dienten. Im hinteren Bereich des Hauses liegen das Badezimmer und die Küche. Das kühle Badewasser wird aus einem großen Bottich, dem *mandi,* geschöpft und über den Körper gegossen. Neben dem Bad befindet sich die Hocktoilette. Die Küche, traditionell das Reich der Frauen, befindet sich in manchen Häusern vom Haupthaus getrennt, denn hier ist die Feuergefahr am größten. Rings um die offene Feuerstelle stehen Küchengeräte, Vorräte und Werkzeuge. Die Läden der hohen Fenster stehen tagsüber offen, um eine bessere Luftzirkulation zu ermöglichen. Farbige Vorhänge schützen vor starker Sonneneinstrahlung. Mit wenigen Ausnahmen sind die Häuser zum Schutz vor Hochwasser, Schlangen und Insekten auf einem Dutzend etwa 2 m hohen Pfählen errichtet. Der Bereich unter dem Wohnhaus dient als Lagerplatz und Stall für Kleintiere, die Treppe als Sitzplatz. Besonders dekorativ sind die Treppenaufgänge der älteren ländlichen Häuser in Melaka, die Fliesen mit floralen Motiven schmücken. Auch bei der Gestaltung der Innenräume liebt man klare, bunte Farben und Blumenmuster.

In den Flussmündungen und in ruhigen Buchten am Meer stehen die Häuser der Pfahldörfer (Kampong Ayer oder Kampung Air) auf Stelzen im Wasser und sind durch Holzstege miteinander verbunden. In Brunei

Chinesische Architekturprinzipien: Unten wird gearbeitet und oben geschlafen

leben im weltweit größten Kampong Ayer etwa 30 000 Menschen. Selbst die Schulen, die Moschee, das Krankenhaus und der Sportplatz sind ins Wasser gebaut und nur mit Booten oder über Stege zu erreichen.

Einen ganz besonderen Haustyp findet man in Sarawak, wo die Bewohner mancher Dörfer in einem einzigen Langhaus wohnen (s. S. 306). Auch die Chinesen bevorzugen eine eigene Bauweise, die sie aus ihrem Mutterland mitgebracht haben (s. unten).

Chinesische Geschäftshäuser

Bis zum Beginn des 19. Jh. wurden sowohl in den neu entstandenen Städten als auch auf dem Land die meisten Wohn- und Geschäftshäuser aus Holz erbaut und mit Palmblättern gedeckt. Diese Baumaterialien war zwar in Hülle und Fülle vorhanden, aber leicht brennbar. Je schneller und chaotischer die Städte expandierten, umso verheerender wüteten die Brände und umso katastrophaler waren die hygienischen Zustände. Deshalb erließ Sir Stamford Raffles (s. S. 34) vor dem planmäßigen Aufbau von Singapore 1822 ganz konkrete Bauvorschriften: Die Straßen sollten rechtwinklig verlaufen, die Bebauung einheitlich sein und mit Steinen und Ziegeln ausgeführt werden. Das Ergebnis konnte sich sehen lassen und so kopierten viele andere Städte den neuen Stil. Von dieser Zeit zeugen noch heute viele Fassaden zwei- bis dreistöckiger chinesischer Geschäftshäuser, die teilweise liebevoll hergerichtet und saniert wurden. An ihnen lassen sich die Einflüsse der chinesischen, malaiischen, englischen und indischen Architektur gut erkennen.

Während die älteren Häuserzeilen bis zur zweiten Hälfte des 19. Jh. noch von Handwerkern aus Südchina nach Feng-Shui-Prinzipien erbaut wurden und den Vorbildern im Heimatland ähnlich sahen, nahmen mit der Jahrhundertwende europäische Einflüsse zu. Von Architekten der East India Company wurden neue Elemente wie hohe Fenster mit Sonnenblenden eingeführt. Die Fassaden im Straits-Eklektizismus dekorierte man mit bunten Fliesen, Stuck und Holzschnitzereien, sollten sie doch den Wohlstand der Hausbesitzer wiederspiegeln. Besonders prunkvoll wurden die Stadtvillen der Babas (s. S. 66) in den ehemaligen Straits Settlements ausgestaltet. In den 1930er-Jahren begann man in der Architektur immer stärker internationalen Trends wie dem Art-déco-Stil zu folgen.

Da die Geschäftshäuser nach ihrer Breite an der Straßenfront besteuert wurden, hielt man sie sehr schmal, sodass neben der Eingangstür höchstens Platz für ein oder zwei Fenster blieb. Dafür wurde um mehrere schmale Innenhöfe herum weit nach hinten gebaut. Dort befanden sich im Erdgeschoss die Wohnräume, die Küche und die Toilette der Familie und im Obergeschoss die Schlafräume. Viele Zimmer waren fensterlos oder durch schmale Innenhöfe nur spärlich beleuchtet und schlecht belüftet, was wenig störte, da sich das Familienleben tagsüber in den Geschäftsräumen abspielte.

Eine Besonderheit sind die schmalen überdachten Arkaden, die Passanten vor der Sonne ebenso wie vor den häufigen Regenfällen schützen sollten. Dieser sogenannte Five Foot Way wurde von Sir Stamford Raffles in Singapore eingeführt und in anderen Städten übernommen. Schon bald ließen sich in den überdachten Passagen Zeitungshändler, Friseure, Wahrsager, Schuster und andere Dienstleister nieder, von den Chinesen *gho kha ki* (›Fünf-Fuß-Händler‹) genannt. Auch die Besitzer der kleinen Läden nutzen die Freifläche gern zur Erweiterung ihrer Ladenfläche oder als Garage, sodass eine Wanderung durch die Altstadt oft einem Hindernislauf gleicht.

Literatur

Es gibt nur wenige ins Deutsche übersetzte Romane von malaysischen Schriftstellern. Ein Großteil der Erzähler bevorzugt die Form der Kurzgeschichte oder Lyrik, die der einheimischen Tradition näher steht. Die Kulturpolitik fördert nur Werke in der Staatssprache Malaiisch, aber viele Nicht-Malaien schreiben auf Englisch oder in ihrer Muttersprache.

Malaiische Literatur

Bereits im 15. Jh. wurden die beiden großen indischen Epen Ramayana und Mahabharata ins Malaiische übertragen und vor allem als Schattenspiel aufgeführt. Vermutlich 1612 entstanden die **Malaiischen Annalen** (Sejarah Melayu), die Geschichte vom Aufstieg und Fall Malaccas, die als das bedeutendste Werk der klassischen malaiischen Literatur gelten.

Von den über Jahrhunderte hinweg mündlich überlieferten Legenden wurden nur wenige schriftlich festgehalten. Am bedeutendsten ist **Hikyat Hang Tuah,** die dramatische Geschichte der beiden Helden Hang Tuah und Hang Jebat im Malacca des 15. Jh., die ähnlich wie das Mahabharata Loyalität und Gerechtigkeit thematisiert.

Das Alltagsleben der Malaien wurde erstmals von **Munshi Abdullah** (1796–1854) in seiner Autobiografie »Hikayat Abdullah« beschrieben, ein Werk, das den Beginn der modernen malaiischen Literatur markiert.

Aus den zeitgenössischen Schriftstellern, zu denen viele Lehrer zählen, ragt **Abdul Samad Said** (*1935) heraus. Den internationalen Durchbruch erzielte der Schriftsteller und Dichter bereits mit seinem Erstlingsroman »Salina«, der Geschichte einer Prostituierten in einem traditionellen malaiischen Dorf nach dem Zweiten Weltkrieg. Ins Deutsche übersetzt wurde sein Roman »Feuer über dem Fluss«, der zur Zeit der japanischen Luftangriffe spielt. Auch im journalistischen Bereich haben sich viele Autoren einen Namen gemacht, darunter der Historiker **Farish Ahmad Noor** (*1967) und der Journalist und Autor **Karim Raslan** (*1963). Ihre detaillierten kulturellen Betrachtungen der modernen Gesellschaft im Übergang werden regelmäßig in der malaysischen Presse und in Sammelbänden veröffentlicht.

Somerset Maugham

Das legendäre Eastern & Oriental Hotel in Penang schmückt sich mit so berühmten Gästen wie Somerset Maugham, Rudyard Kipling und Hermann Hesse. Um die Wende vom 18. zum 19. Jh. fanden sich in den grandiosen Hotels und Clubs der Kolonialzentren nicht nur mächtige Beamte und Pflanzer, sondern auch reiselustige Schriftsteller ein. Man trank miteinander den einen oder anderen *stengah* (Whisky Soda) oder Gin Tonic und erzählte sich Geschichten. Die Atmosphäre in den dunkel getäfelten Räumen mit langen, messingbesetzten Tresen, tiefen Ledersesseln und weiß livrierten Kellnern muss sehr anregend und eine Fundgrube für jeden Schriftsteller gewesen sein. Die Idee zu **Somerset Maughams** (1874–1965) Kurzgeschichte »Fußspuren im Dschungel« beispielsweise wurde im europäischen Club von Melaka geboren, der in dem Werk Tanah Mera (›Rotes Land‹) genannt wird.

Maugham, Sohn eines englischen Anwalts im auswärtigen Dienst, wurde 1874 in Paris geboren. Bereits mit 16 Jahren reiste er nach Heidelberg, um dort für ein Jahr Literatur und Philosophie zu studieren. Nach einem Medizinstudium in London und seinem ersten erfolgreichen Roman »Liza von Lambeth« widmete er sich ganz dem Schreiben. Sein unstetes Leben führte ihn 1916 auf den Spuren von Gauguin in den Pazifik und anschließend mit seinem extrovertierten Partner Gerald Haxton nach China, Indien und Südostasien. Maughams Fähigkeit, Dinge genau zu beobachten und exakt wiedergeben zu können, machte ihn nicht nur zu einem wohlhabenden Chronisten, sondern auch zu einem Mitarbeiter der Geheimdienste. Außerdem dokumentierte er in vielen unterhaltsamen naturalistischen Kurzgeschichten auf intelligente, teils zynische Weise die britische Kolonialherrschaft in Malaya und auf Borneo, u. a. in »The Outstation«, »A Casual Affair« oder »The Force of Circumstance«, die in Sammelbänden erschienen sind.

Joseph Conrad

Somerset Maughams großes literarisches Vorbild war **Joseph Conrad** (1857–1924), der in Polen unter russischer Besatzung geboren wurde und später die englische Staatsbürgerschaft annahm. Auch Conrad war, ebenso wie Maugham, schon früh Waise geworden. Als 16-Jähriger verließ er seinen Onkel, um in Marseille als Seemann anzuheuern. Nach Großbritannien verschlug es ihn erstmals 1878. Conrads Erfahrungen von seinen zahllosen Reisen durch die Kolonien und die Untiefen der menschlichen Psyche verarbeitete er in Romanen und Erzählungen, die als Vorreiter der modernen englischen Literatur gelten. Am bekanntesten sind der zweifach verfilmte Roman über den idealistischen ewigen Verlierer »Lord Jim« und »Almayers Wahn«.

Henri Fauconnier

Auf der Suche nach einem Auskommen, das sein schriftstellerisches Hobby finanzieren sollte, kam der Franzose **Henri Fauconnier** (1879–1973) im Jahr 1905 nach Malaya. Als Pflanzer gelangte er mit Gummiplantagen zu Wohlstand, außerdem war er der Erste in der Kolonie, der Ölpalmen kultivierte. 1931 wurde sein Roman »Malasia« (›The Soul of Malaya‹) veröffentlicht. Mit diesem preisgekrönten Roman über das Leben in Malaya zur Zeit der britischen Kolonialherrschaft gelangte der ansonsten eher durch seine Briefe bekannte Schriftsteller zu Ruhm.

Anthony Burgess

In der Tradition dieser großen Erzähler steht auch **Anthony Burgess** (1917–93). Während seiner Anstellung als Lehrer im Malaya der 1950er-Jahre verfasste er »The Malayan Trilogy«, drei Romane, die auch unter dem Titel »The Long Day Wanes« erschienen sind. Von den Briten wie von den Malaien wurden die Bände wegen ihrer gnadenlosen Darstellung der gesellschaftlichen Missstände in Malaya heftig kritisiert. Als Burgess einige Jahre später in Brunei unterrichtete, verlegte er den Handlungsort seines neuen Romans »Devil of a State« in ein afrikanisches Land, um erneuten Auseinandersetzungen aus dem Weg zu gehen. Anerkennung und Wohlstand brachte ihm sein späteres, von Stanley Kubrick verfilmtes Werk »Uhrwerk Orange«.

Rudyard Kipling und Hermann Hesse

Mehr mit Indien als mit Malaysia werden die beiden reisenden Literaturnobelpreisträger

Rudyard Kipling und Hermann Hesse in Verbindung gebracht. Der in Bombay geborene **Rudyard Kipling** (1865–1936) gilt als geistiger Vertreter des Kolonialregimes. Der Begründer der modernen Kurzgeschichten ist vor allem als Autor von »Das Dschungelbuch« bekannt. Seine Begegnungen und Erlebnisse in Malaya fanden ihren Niederschlag in den 1891 erschienenen Kurzgeschichtensammlungen »Life's Handicap« und »The Crab that Played with the Sea«.

Hermann Hesse (1877–1962) wurde durch seine Eltern, Missionare der Basler Mission in Indien, und seinen Mentor Gustav Gräser, einen Pionier der ökologisch-pazifistischen Alternativbewegung, auf die asiatische Kultur aufmerksam. In einer Lebenskrise reiste er 1911 zusammen mit dem Schweizer Maler Hans Sturzenegger Richtung Ceylon und Südostasien. Seine Erfahrungen in Penang, Singapore, auf Sumatra, Borneo und in Burma hielt er in Aufzeichnungen, Gedichten und Erzählungen fest, die, illustriert von Aquarellen und Zeichnungen seines Freundes Sturzenegger, in dem Werk »Aus Indien« publiziert wurden. Darin verbarg er nicht seine Ent-

Einstiger Treffpunkt von Schriftstellern: das Eastern & Oriental Hotel in George Town

täuschung darüber, dass sich seine idealisierte asiatische Welt als Illusion erwiesen hatte. Hesses Reise war allerdings der Nährboden, auf dem 1922 sein Alterswerk, der Bestseller »Siddhartha«, entstehen sollte.

Film

Auf internationalen Festivals werden selten Filme aus Malaysia gezeigt, obwohl es eine einheimische Filmproduktion gibt. Die malaysischen Konsumenten selbst haben unterschiedliche Vorlieben: Inder sehen sich vorwiegend Filme aus den Studios von Chennai an und chinesische Cineasten bevorzugen Filme aus China. Nur wenige malaysische Streifen schafften es auf den internationalen Markt, darunter **Hanyut/Almayer's Folly** von U-Wei Haji Saari aus dem Jahr 2011, die für eine lokale Produktion aufwendige Verfilmung von »Almayers Wahn« des Schriftstellers Joseph Conrad.

Als Drehort hingegen ist Malaysia auch bei internationalen Filmproduzenten beliebt, besonders die Petronas Twin Towers in Kuala Lumpur. In **Entrapment** (›Verlockende Falle‹) von Jon Amiel aus dem Jahr 1999 ermittelt Gin alias Catherine Zeta-Jones in einem Kunstdiebstahl und hat bereits einen Verdächtigen im Auge: Mac, der von Sean Connery verkörpert wird. Doch dann planen sie gemeinsam einen großen Coup in den Zwillingstürmen der Hauptstadt. Am gleichen Ort wurde **Don – The Chase Begins Again** (2006) von Farhan Akhtar verfilmt, ein weltweit erfolgreicher indischer Action Thriller. 2012 folgte **Don 2,** der ebenfalls in Kuala Lumpur spielt.

Einen Einblick in die fantastische Natur des Landes gewinnt man in **Return to Paradise** (1998) von Joseph Ruben. Alles beginnt mit einem Urlaub dreier Freunde in Malaysia, von denen einer zurückbleibt, um die Orang-Utans auf Borneo zu retten. Doch dann erfahren seine Freude, dass er wegen Drogenbesitzes in Penang im Gefängnis sitzt.

Auf der Insel Borneo handelt auch **Selima und John** von Guy Jenkin aus dem Jahr 2003. Ein junger Engländer, der 1936 in Ostmalaysia seinen Dienst antritt, verliebt sich in die hübsche Selima, die ihm als sein »Sleeping Dictionary« – so der Originaltitel – die Sprache und Kultur der Iban nahebringt.

Musik und Tanz

Typische Instrumente

Zum chinesischen Neujahrsfest ziehen Tanzgruppen mit riesigen Löwenfiguren, begleitet von lautstarken Trommeln, Gongs und Paarbecken durch die Straßen. Auch in der malaiischen Kultur kommen Perkussionsinstrumente zum Einsatz, von kleinen Rasseln über die Doppelmembrantrommeln **Kendang** bis zur riesigen **Rebana Ubi.** Sie werden häufig von einem Harmonium und einer Oboe begleitet. Ebenfalls weit verbreitet sind Saiteninstrumente, die ursprünglich aus dem indischen, persischen und arabischen Raum sowie aus Portugal stammen.

Die große Bandbreite der indischen Musik reicht von der Tanzmusik der Sikhs, die von **Tablas** begleitet wird, bis hin zur klassischen karnatischen Musik der Tamilen aus dem Süden. Bei den ethnischen Minoritäten sind als Musikinstrumente Trommeln und Bambusflöten beliebt, für die der tropische Regenwald alle Rohstoffe liefert. Die Dayak setzen gerne Gongs ein und die Orang Ulu die **Sape,** eine bootförmige Laute.

Tänze

Ebenso vielfältig präsentieren sich die einheimischen Volkstänze. Der **Zapin** hat arabische Wurzeln, der **Joget** hingegen geht auf portugiesische Vorbilder zurück. Gemeinsam ist fast allen Tänzen, dass sich – im Sinne der islamischen Tradition – Frauen und Männer nicht berühren.

Beinahe stilisierte Tanzformen sind beim **Silat** zu sehen, einer malaiischen Form der Selbstverteidigung, die eine hohe Körperbeherrschung erfordert. Die graziösen Bewegungen der schwarz gekleideten Männer werden von Trommeln, Gongs und Flöten begleitet.

Interpreten

Die unterschiedlichen kulturellen Einflüsse inspirierten auch den wohl bekanntesten Künstler Malaysias zu seinen Liedern, den Musiker, Komponisten, Filmemacher und Schauspieler **P. Ramlee** (1929–73). Eine der bekanntesten malaiischen Sängerinnen ist **Siti Nurhaliza** (*1979), die nicht nur auf einheimischen Bühnen viel Präsenz zeigt, sondern auch eine eigene Talkshow hat und sogar in internationalen Musikkanälen wie MTV häufig zu hören ist. Große Namen der Weltmusik treffen sich seit 1998 beim **Rainforest World Musik Festival** bei Kuching (s. S. 298).

Textilien

Batik – der Stoff, aus dem die Nationalkleidung ist

Für ihre festliche Garderobe wählen Männer wie Frauen zumeist einheimische Batikkleidung. Frauen tragen einen **Baju Kurung,** ein lose fallendes, etwa knielanges Oberteil und darunter den **Kayang,** einen knöchellangen Rock. Ein Schal, der **Slendang,** vervollständigt die Garderobe. Männer bevorzugen bei offiziellen Anlässen langärmlige Batikhemden. Vor allem freitags beim Moscheebesuch sind bei Männern **Baju Melayu** weit verbreitet, eine Kombination aus langärmeligem Hemd mit Stehkragen, einer farblich passenden langen Hose und einem **Sampin,** einem breiten Schal, der um die Hüfte geschlungen wird. Die traditionelle Kopfbedeckung der Männer, ein gefaltetes farbiges Batiktuch namens **Tanjak,** wird bei Muslimen zunehmend durch den **Songkok** ersetzt, eine schwarze, oben abgeflachte Mütze. Die traditionelle Hauskleidung für beide Geschlechter ist der **Sarong,** ein Wickelrock, der in der Regel jedoch nur in der weiblichen Version gebatikt ist. Die Männer tragen gewebte Karostoffe.

Ursprünglich wurden die aufwendig gefertigten Batikstoffe ausschließlich von Fürsten getragen und zeigten je nach Religionszugehörigkeit abstrakte und florale islamische Motive oder stilisierte Hindugötter. Unter dem Einfluss chinesischer Einwanderer und europäischer Kolonialisten gelangten auch Drachen und Phönixe, Vögel und Schmetterlinge auf die Stoffe. Zwischen den 20er- und 70er-Jahren des vergangenen Jahrhunderts, als malaiische Frauen überwiegend langärmlige Blusen, Baju Kurung, Schals und Sarongs trugen, waren Batikmanufakturen an der gesamten Ostküste der Halbinsel weit verbreitet. Seit den 1980er-Jahren wird die traditionelle Färbetechnik nur noch rings um Kuala Terengganu und Kota Bharu am Leben erhalten. Sofern Frauen auf dem Land überhaupt noch Sarongs tragen, handelt es sich meist um preiswerte Drucke, die überwiegend aus Indonesien stammen. Seit Batik vor einigen Jahren zur Nationalkleidung erklärt wurde,

Kunsthandwerk der indigenen Völker

Thema

Semi Awas, der 70-jährige Schamane eines Dorfes der Mah Meri, schnitzt aus dem harten Wurzelholz eines Mangrovenbaums den Moyang Harimau Berantai, einen Tiger, der sieben ineinander verschlungene Ringe hält. Wegen ihrer Ausdruckskraft und Schönheit erhält die Skulptur von der UNESCO eine Auszeichnung, doch für den Schamanen ist sie weit mehr als eine hübsche Dekoration.

Die Schnitzerei stellt einen Moyang dar, den Geist eines Vorfahren, eines tapferen Jungen, der, um seine Männlichkeit unter Beweis zu stellen, mit seinem Bruder zur Jagd ging und dabei von einem Tiger getötet wurde. Solche und andere Geschichten werden von den Mah Meri in Statuen und Masken dargestellt. Über sie visualisieren die einstigen Seenomaden die guten wie bösen Kräfte und treten mit der spirituellen Welt in Verbindung. Die beseelte Natur und die Geister der Vorfahren spielen für die Animisten eine große Rolle und beeinflussen ihren Alltag. Manche schützen vor Naturkatastrophen, andere helfen Krankheiten zu heilen, indem die Ursache des Übels in die Statue projiziert und dann von einem Medizinmann vernichtet wird. Viele Rituale sind jedoch bereits in Vergessenheit geraten.

Die Mah Meri gehören zu den Orang Asli und leben als Fischer an der Küste der Insel Carey vor den Toren von Kuala Lumpur. Ihnen bleibt nicht viel Lebensraum, denn im Hinterland ihrer fünf Dörfer erstreckt sich eine riesige Ölpalmplantage. Etwa 25 Holzschnitzer fertigen Statuen und Tanzmasken zumeist aus der rötlichen Wurzel des Mangrovenbaums (Nyireh Batu), da das leichtere Pulaiholz, das früher benutzt wurde, kaum noch zu bekommen ist. Die Frauen hingegen sind damit beschäftigt, Bujam, kleine Taschen für Tabak oder Süßigkeiten, sowie Matten und Körbe zu flechten – auch deren Muster erfüllen reinigende oder schützende Funktionen.

Auch die kunsthandwerklichen Produkte anderer Orang-Asli-Gruppen sowie der Rungus, Bajau und Dusun in Sabah oder der Bidayuh, Penan, Kenyah und Lun Bawang in Sarawak sind eng mit deren Umwelt verbunden. Für ihre Holzschnitzereien, Bambuskörbe sowie Matten und andere Flechtarbeiten sind sie auf Materialien aus dem Dschungel angewiesen. Doch mit der zunehmenden Zerstörung des Regenwalds verkleinert sich nicht nur ihr Lebensraum, sondern es mangelt auch an Rohstoffen für ihre Produkte. Statt der Pandanusblätter verwendet man zum Flechten von Körben vielfach bereits die wesentlich haltbareren bunten Kunststoffbänder, die eigentlich als Verpackungsmaterial gedacht sind. Andere nach überlieferten Herstellungsmethoden gefertigte Gegenstände wie Matten oder Werkzeuge werden durch industrielle Produkte ersetzt.

Unter den indigenen Völkern haben die Orang Asli aufgrund ihrer starken Beziehung zur Natur und zu ihrer alten Kultur die größten Schwierigkeiten, sich in der modernen Gesellschaft zu behaupten. Da ihr Geschäftssinn nur wenig ausgeprägt ist, werden viele Produkte ausschließlich über Mittelsmänner verkauft, die einen Großteil der Einnahmen einstreichen. Mittlerweile unterstützen Freiwillige die Orang Asli und setzen sich für einen fairen Erlös sowie für den Erhalt der Lebensräume ein – und damit letztendlich für den Fortbestand einer einzigartigen Kultur.

setzt sie sich zunehmend bei den Uniformen von Staatsangestellten durch und wird besonders an jedem ersten und fünfzehnten Tag des Monats getragen.

Die malaiische Batik unterscheidet sich im Design merklich von der bekannteren javanischen Variante mit ihren kleinflächigeren Mustern und dezenteren Naturfarben. In Malaysia werden die Umrisse aus Wachs meist mithilfe großer Kupferstempel *(cap)* auf den weißen Stoff aufgetragen, sodass sich wiederholende Muster entstehen. Der an ein großes Bügeleisen erinnernde Stempel wird in heißes Bienenwachs getaucht, das sich in den feinen Rillen festsetzt – eine schweißtreibende Tätigkeit, die vor allem von Männern ausgeführt wird. Anschließend wird der Stoff wie in einem Malbuch ausgemalt. Nachdem die Farben in einer Lösung acht Stunden fixiert wurden, entfernt man das Wachs mit heißem Wasser. Bei den gut 2 m langen Sarongs erhalten die Kopfstücke, die hinten getragen werden, ein eigenes Muster.

Bei teureren Batiken und dekorativen Batikbildern werden die Konturen mit einem Pinsel oder kleinen Wachskännchen *(canting)* von Hand gezogen. Die abgedeckten Stellen bleiben in der ursprünglichen Farbe erhalten. Dies macht man sich auch bei mehrfachen Färbeprozessen zunutze. Dabei werden mit flüssigem Wachs alle Flächen abgedeckt, die ihre aktuelle Farbe behalten sollen. Danach wird der gesamte Stoff in ein Farbbad getaucht. Nachdem das Wachs entfernt ist, wird der Vorgang mit anderen Farben wiederholt – ein überaus aufwendiger Prozess, der nur noch selten angewendet wird.

Kain Songket – mit dem Brokat verwandt

Mindestens ebenso wertvoll, aber noch aufwendiger in der Herstellung als Batiken sind die Kain Songket, kunstvoll gewebte, brokatähnliche Stoffe aus Seide oder Baumwolle mit eingearbeiteten Gold- oder Silberfäden. Auf traditionellen Webstühlen werden sie zumeist in Kelantan in einem langwierigen Prozess gefertigt. Ursprünglich wurden die Kain Songket zu Kopfschmuck *(tanjak)*, Schultertüchern oder Sarongs verarbeitet, heute fertigt man aus den kostspieligen Stoffen auch gerne edle Blusen und Abendkleider. Unverändert wird Kleidung aus diesem Material vor allem zu Hochzeiten und anderen wichtigen Anlässen getragen.

Die Techniken von Kain Songket sind sowohl auf indonesischen Inseln als auch in Thailand, Kambodscha und Indien verbreitet. Vor allem die Minangkabau in Westsumatra haben sie perfektioniert. Es ist umstritten, wie diese Webart auf die malaiische Halbinsel gelangte, wo die Sultane bereits im 15. Jh. Kleidung aus Kain Songket trugen und zeremonielle Tücher aus diesen Stoffen bei wichtigen Riten Verwendung fanden. Noch heute werden an den Sultanshöfen bei repräsentativen Anlässen überaus wertvolle Stoffe zur Schau gestellt. Die abgelegten Prachtstücke kann man in Museen bewundern.

Pua Kumbu – Ikatdecken

Die Iban in Sarawak sowie einige andere Kulturen in Zentral- und Südostasien pflegen eine weitere Webart: die Ikattechnik. Hierbei werden die Kettfäden vor dem Weben bündelweise umwickelt und gefärbt, sodass die abgebundenen Stellen die Originalfarbe beibehalten. Dieser Vorgang wird mehrfach wiederholt, wodurch nach dem Weben die etwas verschwommen wirkenden geometrischen Muster und sogar Darstellungen von Tieren entstehen. Traditionell dauerte das Färben mit einem Sud aus Wurzeln, Blättern oder Früchten und das Weben mehrere Monate. Die großen Decken, Pua Kumbu, sind Erbstücke und der Stolz der Familie. Einige mit Darstellungen von Menschen werden ausschließlich bei wichtigen Zeremonien verwendet, andere holt man vor allem beim Erntefest Gawai Dayak hervor.

Mittlerweile sind Pua Kumbu beliebte Souvenirs und Ikatstoffe werden zu modischer Kleidung verarbeitet. Allerdings kommen kaum noch Naturfarben zum Einsatz, einige Textilien werden sogar maschinell gefertigt. Wer sich vor dem Kauf über die Qualität informieren möchte, findet im Textile Museum in Kuching eine hervorragende Sammlung.

Essen und Trinken

»*Sudah makan?*« – ›Schon gegessen?‹, lautet eine häufige Begrüßung in Malaysia. Essen ist wichtig und ein soziales Ereignis. Gerne trifft man sich mit Freunden auf Märkten oder findet sich mit der ganzen Familie im Restaurant ein. Nur selten gibt man sich dabei mit einem Gericht zufrieden, denn die Wahl fällt schwer: Als größtes Plus der multikulturellen Gesellschaft Malaysias erweist sich die kulinarische Vielfalt.

Malaiische, chinesische und indische Einflüsse

Ein Fest für die Geschmacksnerven

Die tropischen **malaiischen Speisen** schmecken immer ein wenig nach Meer und Kokospalmen. Ab und an überraschen sie mit einer trägen Süße oder verursachen Schweißausbrüche. Schuld daran sind die Grundzutaten: Fischpaste *(belacan),* Kokosmilch *(santen),* Palmzucker *(gula melaka)* und die scharfen Chillies. Zusammen mit Zwiebeln und Knoblauch bilden sie die Basis vieler Gerichte, die durch würzige Blätter, Kräuter, Wurzeln und Nüsse ihre besondere Note erhalten. Neben vielerlei Gemüse werden insbesondere Fisch, Hähnchen, Rind und Lamm zubereitet.

Ganz anders präsentiert sich die **chinesische Küche,** die ihre Wurzeln überwiegend im südchinesischen Raum hat. Hier geben neben Knoblauch und Ingwer vor allem Soßen die eher süße oder salzige Geschmacksrichtung vor: Soja-, Austern-, Schwarze-Bohnen- oder süß-saure Soße. Vieles wird im Wok kurz gebraten oder frittiert, anderes wird gedämpft, wobei der Grundgeschmack der Lebensmittel weitgehend erhalten bleibt. Die Fleischauswahl ist durch keinerlei religiöse Vorschriften beschränkt.

In den **indischen Restaurants** riecht und schmeckt alles nach kräftigen Gewürzen wie Kreuzkümmel, Koriander, Kardamom und Gelbwurz sowie nach *ghee,* dem Butterfett. Auf großen Herdplatten werden frische Brote und Pfannkuchen gebraten und aus riesigen Kübeln Reis sowie Linsen *(dhal)* und diverse Currys serviert. Manche Restaurants sind rein vegetarisch, andere haben auch Hühnchen-, Lamm- und Fischgerichte auf der Karte. Rindfleisch wird von Hindus und vielen Sikhs nicht gegessen und nur von Mamak, muslimischen Indern, zubereitet.

Nur wenige Restaurants und Garküchen haben **Gerichte der Orang Asli, Dayak oder anderer proto-malaiischer Völker** im Angebot. Viele derer Zutaten stammen aus dem Dschungel und sind in den Städten nicht zu bekommen. Manchmal bietet sich auf Festen oder bei Reisen in den Urwald die Gelegenheit, Reis in Bambus gegart oder sogar Sago zu probieren, das traditionelle Grundnahrungsmittel der Dschungelbewohner, das aus dem Stamm der Sagopalme gewonnen wird.

Natürlich haben sich die Köche auch gegenseitig in die Töpfe geblickt und etwas abgeschaut. So schmecken die Currys in manchen malaiischen Garküchen durchaus etwas indisch und das luftige indische Brot *roti canai* wird bereits als urmalaiische Erfindung angesehen. Vor allem die Chinesen in den Straits Settlements haben viele malaiische Zutaten übernommen und eine ganz neue Küchentradition begründet, die exzellente **Peranakan-Küche,** auch Nyonya Food genannt (s. S. 66).

Nyonya – traditionelle Fusion-Küche

Thema

Mit riesigen Woks, Tontöpfen und Essstäbchen beladen erreichte das Gefolge der chinesischen Prinzessin Hang Li Po im 15. Jh. Melaka. Zu jener Zeit gab es dort noch keine chinesischen Lebensmittelläden, und so waren sie darauf angewiesen, ihre Rezepte mit einheimischen Zutaten zuzubereiten. Erstaunt stellten sie fest: Es schmeckte gar nicht so schlecht.

Der Legende nach könnte es sich so abgespielt haben. Erwiesen ist, dass sich Jahrhunderte später einige der überwiegend männlichen chinesischen Migranten mit einheimischen malaiischen Frauen zusammentaten. Die Nachfahren dieser Beziehungen, die männlichen *baba* und die weiblichen *nyonya,* heirateten bevorzugt untereinander und bildeten eine eigene Gemeinschaft, die Peranakan (s. S. 46).

Das Aufeinandertreffen der beiden unterschiedlichen Kulturen hatte höchst kreative Folgen, besonders in der Küche. Die kräftigen vielfältigen Gewürze der malaiischen Küche wie Galgant *(lengkuas)* und Gelbwurz *(kunjit)* sowie Zitronengras *(serai)*, Chillies *(cili)* und andere Früchte und Blätter einheimischer Pflanzen gaben den südchinesischen Gerichten eine völlig neue Note. Mit dem einheimischen Sago *(sagu)* und Klebreis *(pulut),* Palmzucker *(gula melaka)* und Kokosmilch *(santan)* ließen sich sogar hervorragende Süßigkeiten herstellen.

Vor allem die Nyonya-Kuchen *(kuih)* genießen einen ausgezeichneten Ruf. Die meisten verdanken ihren Duft und besonderen Geschmack den Pandanusblättern *(pokok pandan),* die mitgekocht werden und dabei einen grünen Farbstoff absondern. Zum Andicken wird Gelatine aus Seetang *(agar-agar)* verwendet. Viel Geduld erfordert die Herstellung der feinen Schichtkuchen *(kuih lapis),* bei denen jede Lage erst fest werden muss, bevor die nächste in einer anderen Farbe aufgetragen werden kann.

Ein zentraler Bestandteil der delikaten Nyonya-Gerichte ist *belacan,* eine in ungekochtem Zustand geruchsintensive feste Paste aus getrockneten Garnelen. Sie bildet die würzige Basis vieler Gemüse und Soßen, die vor allem für die kräftigen Currys mit weiteren Zutaten angereichert und mit gemahlenen Lichtnüssen *(buah keras)* angedickt werden. Statt der teuren, schwer zu knackenden Lichtnüsse werden allerdings meist Macadamianüsse oder Mandeln verwendet. Ein Erfolgsgeheimnis vieler Gerichte liegt darin, Fleisch und Fisch vor der Zubereitung über längere Zeit zu marinieren. Besonders beim Rindfleischcurry *(rendang)* werden Koriander, Fenchelsamen und frische Gewürze wie Zitronengras und Tamarinde zu einem einmaligen Geschmacksereignis kombiniert.

Die malaiische Küche in Penang ist stärker von Thailand und die in Melaka und Singapore stärker von Indonesien beeinflusst. Das wirkt sich auch auf die Nyonya-Gerichte aus, die im Norden eher sauer und im Süden eher süßer sind sowie mehr Kokosmilch enthalten. Zudem hat sich der portugiesisch-eurasische Einfluss in Melaka in der Nyonya-Küche niedergeschlagen. Entsprechend werden hitzige Debatten darüber geführt, welche der aufwendigen Zubereitungsarten des Nudeleintopfs *(laksa)* die beste ist und wo die feinsten Kuchen hergestellt werden.

Typische Gerichte

Nur wenige Reisende werden ihre Mahlzeiten immer in großer Runde verbringen und viele verschiedene Gerichte bestellen können, aber es gibt ein paar Dinge, die man unbedingt probieren sollte.

Nudelsuppen gibt es vor allem bei Chinesen in vielen Varianten, doch die dicke cremige **Laksa,** ein Gemüse-Nudeleintopf zumeist auf Fischbasis, ist ein absolutes Highlight der Peranakan-Küche. Auch die aus Thailand stammende scharfe **Tom Yam** mit Huhn oder Garnelen, Pilzen, Zitronengras, Kha (einer Ingwerart) und Chili erfreut sich großer Beliebtheit.

Sowohl Nudeln als auch Reis werden gerne mit verschiedenen Zutaten gebraten serviert und stehen als **Fried Noodles** oder **Fried Rice** hoch in der Gunst vieler Billigreisender. Interessanter schmeckt **Nasi Lemak,** in Kokosmilch gekochter Reis mit Beilagen wie hartgekochten Eiern, frittierten Trockenfischen oder einem Curry, das zumeist Huhn, Gemüse und Erdnüsse enthält. Von der chinesischen Insel Hainan stammt der populäre **Chicken Rice** – Reis wird in Hühnerbrühe gekocht und zusammen mit Hühnchenfleisch, Ingwer- und Chilisoße, Gurken und einer klaren Brühe serviert.

Das luftige Fladenbrot **Roti Canai** wird normalerweise mit einer Currysoße, aber auch in süßen Varianten mit Zucker, Bananen und Kondensmilch serviert. Weit verbreitet ist auch **Murtabak,** mit Lamm- oder Rinderhack gefülltes Roti. Zu den beliebtesten Snacks gehört **Rojak,** ein Salat aus Gurke, Ananas, grünen Mangos und Erdnüssen, der mit Soßen unterschiedlicher Geschmacksrichtungen übergossen wird, sowie **Sate,** auf einem Holzkohlegrill gegarte Fleischspießchen, die man zusammen mit einer dicken Erdnusssoße, Gurken und Klebreis isst.

Viele indische Mahlzeiten bestehen aus verschiedenen Gemüsecurrys, Linsen und anderen Zutaten. Eine südindische Spezialität sind frisch gebackene, gefüllte Fladenbrote, **Tosai** genannt, die in der knusprigdünnen Version **Paper Tosai** besonders lecker schmecken.

Wo essen?

Wegen einer besonders leckeren Laksa-Nudelsuppe fahren Malaysier kilometerweit zu einem bestimmten **Essenstand** und warten dann geduldig in der Schlange, um frisch zubereitete Nudeln mit einer würzigen Brühe übergossen zu bekommen und in Minutenschnelle zu schlürfen. Die meisten Essenstände haben sich auf wenige Gerichte spezialisiert, deren Rezepte von Generation zu Generation vererbt werden. Auf kleinstem Raum wird hier auf Holzkohle gegrillt und dort in riesigen Woks gebraten, in Tonöfen gebacken oder frisch Gedämpftes aus Bambuskörben verkauft. Selbst am Straßenrand köchelt es in Töpfen und Kesseln vor sich hin.

Mehrere Essenstände sind meist in **Food Courts** oder **Hawker Centres** zusammengeschlossen, wobei muslimische Stände aufgrund der religiösen Essensvorschriften räumlich von den Ständen mit anderen Speisen getrennt sind. In Einkaufszentren, aber auch an Flughäfen nehmen Food Courts einen großen Bereich ein. Das Essen wird direkt an den Ständen geholt und kann dann an jedem beliebigen freien Tisch verzehrt werden. Für frische Fruchtsäfte und andere Getränke gibt es gesonderte Stände. Manchmal wird mit Coupons bezahlt, die zuvor an einer zentralen Kasse erworben werden können. Food Courts findet man auch im Freien. In der Regel öffnen sie erst bei Sonnenuntergang und sind in lauen Tropennächten wohl eine der originellsten und preiswertesten Möglichkeiten zum Essengehen. Teilweise gehören sie zu einem **Nachtmarkt** *(pasar malam),* auf dem auch Textilien, Haushaltswaren und andere Dinge verkauft werden. Vor allem während Ramadan sind die Nachtmärkte rings um die Moscheen ein beliebter Treffpunkt zum Fastenbrechen.

Nur zu den Essenszeiten öffnen malaiische **Büfett-Restaurants,** wo man einen Teller mit Reis bekommt und sich die Gemüse-, Fisch und Fleischgerichte dazu an einer Theke aussucht. Eine ähnliche Einrichtung gibt es bei den muslimischen Tamilen. In deren nüchternen Mamak-Restaurants, den **Nasi Kandar,** wird rund um die Uhr preiswertes vorgekochtes Essen serviert, zumeist Fleisch in dicker, scharfer Kokosnuss-Currysoße, *roti canai* sowie *teh tarik,* kräftigen, süßen Milchtee. Die Lokale sind beliebte, aber nicht immer hygienisch einwandfreie Treffpunkte.

Zum Plaudern trifft man sich auch im **Kedai Kopi,** einem Coffee Shop, wo zum lokalen Kaffee Spezialitäten der ansässigen chinesischen Essenstände angeboten werden. Im vergleichbaren **Kopi Tiam** gibt es neben Kaffee zumeist nur Toast mit *kayah* (Marmelade aus Kokosmilch und Eigelb) sowie Eiergerichte. Wer dem einheimischen Kaffee nicht viel abgewinnen kann, findet an Alternativen außer den internationalen auch einheimische Ketten wie The Coffee Bean & Tea Leaf.

Die Vielfalt der einheimischen Küchen wird durch **internationale Restaurants** ergänzt, wo häufig wahre Meisterköche am Herd stehen. Nicht selten sind in großen Hotels westliche wie asiatische Restaurants vertreten, oder es werden Büfetts mit Gerichten aus verschiedenen Ländern aufgebaut, um den unterschiedlichen Geschmäckern Rechnung zu tragen. Aus Rücksicht auf muslimische Gäste ist in den meisten Hotels das Essen *halal* und entspricht den muslimischen Essensvorschriften.

Wie essen?

Ein Messer gilt als Waffe und ist höchstens in der Küche, aber nicht auf dem Tisch zu finden. Für Touristen werden natürlich Ausnahmen gemacht, wenngleich man die Butter häufig mit dem Löffelrücken auf dem Toast verstreichen muss.

Asiatisches Essen kommt mundgerecht zerteilt auf den Tisch. Traditionell wird zum Essen die rechte Hand benutzt, keinesfalls die ›unreine‹ linke, die in der Toilette zum Einsatz kommt. Das Essen mit der Hand ist in ländlichen Gebieten und einfachen indischen Restaurants immer noch üblich und eine interessante Erfahrung, da dabei auch die Struktur der Speisen wahrnehmbar wird. Es braucht allerdings etwas Übung, in den südindischen Banana-Leaf-Restaurants so elegant wie die Inder vom Bananenblatt zu essen. Auch Brot wird mit der rechten Hand zum Mund geführt. Nur bei Krebsen und beim Schälen von Obst darf mit beiden Händen zugelangt werden. Vor und nach dem Essen werden die Hände gewaschen, wofür es in den meisten Restaurants separate Waschbecken gibt. Manchmal bekommt man auch nur eine Schale mit Wasser gereicht.

Die Mehrheit der Malaien verwendet zum Essen Löffel und Gabel, wobei die Gabel in der linken Hand liegt und als eine Art Messer fungiert, mit dem man die Nahrung auf den Löffel in der rechten Hand schiebt. Zu Nudelsuppen und in chinesischen Restaurants werden Essstäbchen *(chop sticks)* gereicht, deren Handhabung jedoch gelernt sein will. Falls man damit nicht zurechtkommt, sind immer auch Gabeln und Löffel zu bekommen. Von den aufgetragenen Speisen nimmt man sich jeweils eine kleine Portion mit einem Löffel oder Stäbchen auf einen Teller oder legt sie gleich auf die Schale mit dem Reis.

Essgewohnheiten

Es ist kein Problem, rund um die Uhr etwas Essbares aufzutreiben. Selbst während des Fastenmonats Ramadan, wenn alle muslimischen Essenstände und Restaurants tagsüber geschlossen sind, stehen Chinesen weiterhin brutzelnd in der Küche. Aus Rücksicht auf gläubige Muslime isst man während Ramadan allerdings nicht in der Öffentlichkeit, sondern hinter verschlossenen Türen oder einem Sichtschutz. Malaiische Restaurants haben im Ramadan nur abends, ansonsten jedoch den ganzen Tag über geöffnet.

Zum **Frühstück** gibt es in den Hotels für Chinesen eine Reissuppe, für Malaien gebratene Nudeln oder andere herzhafte Speisen und für Europäer Toast mit Marmelade sowie Spiegeleier, Rühreier oder Omelette. Frühstücksschinken aus Schweinefleisch ist von der Karte verbannt, dafür bekommt man hin und wieder *beef* oder *turkey bacon.* Ergänzt wird das Ganze mit etwas Obst, Säften,

In den Hawker Centres preist jeder seine ganz besondere Spezialität an

manchmal auch Cornflakes oder *roti canai.* Auch die Frühstücksbüfetts der größeren Hotels haben selten mehr zu bieten.

Das **Mittag- und Abendessen** nehmen die Einheimischen gerne außer Haus ein, sodass sich vor allem in den Städten eine große Auswahl an Essensmöglichkeiten jeder Preisklasse bietet. Die Gerichte – insbesondere an Essenständen, in Coffee Shops und kleineren Familienbetrieben – sind ausgesprochen preiswert. Teuer wird es in klimatisierten Restaurants mit entsprechendem Ambiente und in internationalen Hotels. Wo es keine Speisekarte gibt, bestellt man an den Auslagen oder lässt sich vom Koch bzw. Kellner beraten. Bei Fisch und Meeresfrüchten sollte man sich nicht scheuen, nach dem Preis zu fragen, denn sie werden nach Gewicht berechnet und können recht teuer sein.

Wer mit einer größeren Gruppe in ein chinesisches Restaurant geht, bestellt normalerweise viele verschiedene Gerichte, die in beliebiger Reihenfolge und beeindruckender Geschwindigkeit aus der Küche kommen. Jeder versucht von jedem Gericht, indem man sich mit seinen Essstäbchen selbst bedient. Ansonsten liegen Löffel zum Servieren bereit. In traditionellen chinesischen Restaurants sind Plastikteller weit verbreitet, die am Ende des Mahls samt Tischdecke blitzschnell in einer großen Wanne verschwinden – hier zählt die Qualität der Speisen mehr als das Ambiente. Da Chinesen selten alleine essen gehen, gibt es fast nur große runde Tische für acht bis zehn Personen, an denen sich Alleinreisende einsam fühlen können.

Flaschen mit Trinkwasser werden meist ohne Nachfrage auf den Tisch gestellt, aber nur bezahlt, wenn sie geöffnet worden sind. Chinesen trinken zum Essen gerne grünen Tee, der meist kostenlos ist, oder Bier, selten Wein. In einfachen Lokalen holt man sich die Softdrinks selbst aus dem Kühlschrank.

Ein Trinkgeld wird in teuren Restaurants erwartet und zumeist auf der Rechnung automatisch zum Preis addiert. An Essenständen und in einfachen Restaurants ist es hingegen unüblich, Trinkgeld zu geben.

Kulinarisches Lexikon

Im Restaurant

Frühstück	makanan pagi
Mittagessen	makanan tengah hari
Abendessen	makanan malam
Ich möchte …	Saya mau …
essen/trinken	makan/minum
hungrig/durstig	lapar/haus
Teller/Glas/Tasse	piring/gelas/chawan
Löffel/Gabel	sudu/garpu
Messer	pisau
Essstäbchen	sepit
Salz/Pfeffer	garam/lada
Guten Appetit!	Selamat makan!
Prost!	Selamat minum!
Es schmeckt gut.	Makanan sedap.
Die Speisekarte/ Rechnung bitte!	Ada menu!/Minta bon!

Zubereitung

assam	sauer
bakar	gebacken
goreng	gebraten
kari	scharfe Currysoße
manis	süß
masak	gekocht
panggang	gegrillt
pedas	scharf

Suppen, Eintöpfe & Brote

bak kut teh	chinesischer Eintopf mit Schwein und Heilkräutern
idli	gedämpftes indisches Brot aus Linsensauerteig
pao	chinesische gedämpfte Brötchen
roti canai	luftiges, gefaltetes Brot
roti jala	netzförmiges, aufgerolltes Brot
soto	fleischhaltige Suppe
tosai	indisches Fladenbrot aus Linsensauerteig

Fleisch

ayam	Huhn
babi	Schweinefleisch
bakkwa	chinesisches Trockenfleisch
daging	Fleisch
itek	Ente
kambing	Ziegenfleisch
sapi	Rindfleisch

Gemüse und Beilagen

bawang	Zwiebel
bawang putih	Knoblauch
bayam	Spinat
bendi	Okra
dhal	Linsen
kacang	Nüsse, Bohnen
kacang hijau	Mungbohne
kacang panjang	Baumbohne
kacang soya	Sojabohne
kacang tanah	Erdnüsse
kangkung	Wasserspinat
kentang	Kartoffel
ketimun	Gurke
kubis (bunga)	(Blumen-)Kohl
lobak merah	Karotte
midin, paku	Farne
sayur goreng, cap cai	gebratenes Gemüse
sayur-sayuran	Gemüse
tahu	Tofu
telur	Ei

Reis- und Nudelgerichte

beehun	dünne Reisnudeln
char kway teow	gebratene breite Reisbandnudeln
mee	gelbe Weizennudeln
nasi putih	weißer Reis
nasi campur	Reis mit Beilagen
nasi goreng	gebratener Reis
nasi lemak, dagang	in Kokosmilch gekochter Reis mit Beilagen
pulut (ketupat)	Klebreis (in Palmblättern gekocht)

Spezialitäten

biryani	würziger indischer Reiseintopf
char siew	gegrilltes Schweinefleisch auf Reis
dim sum	gedämpfte gefüllte Teigtaschen
lok lok	in einer Brühe gegarte Zutaten auf Spießchen
otak otak	gehackter Fisch, in Bananenblättern gegrillt
oyster omelette	Omelette mit Austern
popiah	unfrittierte Frühlingsrollen mit frischen Zutaten
rendang	scharfes Gulasch aus Rindfleisch
rojak	kalter Gemüsesalat
wonton	gefüllte Teigtaschen
yam pot	Ring aus Yams mit Fleisch- oder Gemüsefüllung

Nachspeisen und Snacks

ais kacang	geraspeltes Eis mit Gelee, Mais, Milch und Sirup
bubur cha cha	Brei aus Süßkartoffeln, Yams, Kokosmilch und Sago
bubur kacang hijau	süßer Brei mit Erbsen
cendol	grüne Nudeln und buntes Gelee in süßer Kokosmilch
keropok	Krabbenchips
kuih	Kuchen
kuih lapis	Schichtkuchen aus Reis- und Sagomehl
kuih muih	Klebreiskuchen
pengat	Tapioka und Bananen in Palmzucker und Kokosmilch
pisang goreng	gebackene Bananen

Obst

belimbing, starfruit, carambola	Sternfrucht
betik	Papaya
chiku	Sapodilla
duku, langsat, lanseh	Lansibaumfrucht
durian	Stinkfrucht
kelapa	Kokosnuss
limau manis	Orange
mangga	Mango
manggis, mangosteen	Mangostane
mata, kucing	Longan
naga, salak	Schlangenfrucht
nanas, nenas	Ananas
nangka	Jackfrucht
pisang	Banane
tembikai	Wassermelone

Getränke

air minuman	Trinkwasser
air masak	abgekochtes Wasser
ais, air beku	Eis
air buah, jus	Fruchtsaft
air limau	Zitronensaft
air limau manis	Orangensaft
air manis	Drink mit Rosensirup
bir	Bier
kelapa muda	Saft der jungen Kokosnuss
kopi	süßer Kaffee mit Kondensmilch
kopi-si	Kaffee mit Zucker und Milch
kopi-o	Kaffee mit Zucker
kopi-o-kosong	schwarzer Kaffee
milo	malzhaltiges Kakaogetränk
susu	Milch (meist Kondensmilch)
teh	Tee
teh tarik	aufgeschäumter süßer Milchtee
tuak/tapai	Reisbier/-wein

Malaysias Märkte haben nicht nur kulinarisch einiges zu bieten, sondern sind auch ein wahrer Augenschmaus

Wissenswertes für die Reise

Informationsquellen

Infos im Internet

www.tourism.gov.my: Malaysias Fremdenverkehrsamt informiert über touristische Ziele und aktuelle Veranstaltungen, gibt Tipps für Aktivitäten und listet entsprechende Adressen sowie Hotels der gehobenen Preisklasse (engl.).

www.sarawaktourism.com, www.sabahtourism.com: Die Websites der Tourismusbüros von Sarawak und Sabah mit aktuellen Informationen über regionale Feste, Listen von Hotels, Restaurants und Reiseveranstaltern sowie Tipps zu Reisezielen (engl.).

www.emmes.net: Reiseinformationen über Malaysia mit besonders vielen Tipps zu Langkawi, wo der Macher dieser privaten Webseite beheimatet ist (dt.).

www.expat.com.my: Zahlreiche Infos von Ausländern, die in Malaysia leben, auch über das touristische Angebot hinaus (engl.).

http://allmalaysia.info: Interessante Artikel zu bekannten und unbekannten Zielen des Landes aus der malaysischen Tageszeitung The Star mit vielen touristischen Informationen (engl.).

http://thestar.com.my, www.nst.com.my: Onlineausgaben der auflagenstärksten englischsprachigen Zeitungen Malaysias mit aktuellen Artikeln zum Tagesgeschehen (engl.).

www.theborneopost.com, www.dailyexpress.com.my, www.newsabahtimes.com.my: Die größten Tageszeitungen von Sarawak und Sabah online (engl.).

www.kl-post.com.my: Webseite der KL-Post, der Zeitschrift für die deutschsprachige Gemeinde in Kuala Lumpur (dt.).

www.malaysiakini.com: In dieser aktuellen unabhängigen Webzeitung kommt die politische Opposition zu Wort (engl.).

www.auswaertiges-amt.de: Auf dieser Seite finden sich Länderinfos zu Malaysia mit Sicherheitshinweisen, medizinischen Tipps sowie den aktuellen Botschaftsadressen und Einreisebestimmungen (dt.).

Touristenbüros

... in Deutschland

Malaysia Tourism Promotion Board
Weißfrauenstr. 12–16
60311 Frankfurt
Tel. 069 460 92 34 20
www.tourismmalaysia.de
(Das Büro ist auch zuständig für Österreich und die Schweiz.)

... in Malaysia

Die Touristenbüros der einzelnen Bundesstaaten sind nur auf Publikumsverkehr ausgerichtet und antworten nicht auf Anfragen von außerhalb. Kontaktadressen sind in den jeweiligen Regionalkapiteln gelistet.

Diplomatische Vertretungen

... in Deutschland

Botschaft von Malaysia
Klingelhöferstr. 6
10785 Berlin
Tel. 030 885 74 90
mwberlin@malemb.de
www.kln.gov.my/web/deu_berlin/home

Generalkonsulat von Malaysia
Platz der Einheit 1, 18. Etage Kastor
60327 Frankfurt
Tel. 069 870 03 70
mwfrankfurt@malcg.de

... in Österreich

Botschaft von Malaysia
Floridsdorfer Hauptstr. 1–7, Florido Tower
1210 Wien
Tel. 01 505 10 42
embassy@embassymalaysia.at

... in der Schweiz

Botschaft von Malaysia
Jungfraustr. 1

3005 Bern
Tel. 031 350 47 00
malberne@kln.gov.my
www.kln.gov.my/web/che_berne/home
Permanent Mission to the UN
Route de Pre-Bois 20
International Center Cointrin
Block H, 1st Floor
1215 Genève 15
Tel. 022 710 75 00
consgva@kln.gov.my

... in Malaysia

Botschaft der Bundesrepublik Deutschland
207 Jln. Tun Razak
26th Floor Menara Tan & Tan
50400 Kuala Lumpur
Tel. 03 21 70 96 66
www.kuala-lumpur.diplo.de
Honorarkonsulat der Bundesrepublik Deutschland
c/o OE Design Sdn Bhd
Bayan Lepas Free Industrial Zone 3
11900 Bayan Lepas
Penang
Tel. 04 647 12 88
dir@oedesign.com.my
Botschaft von Österreich
67 Jln. Raja Chulan
Wisma Goldhill
50200 Kuala Lumpur
Tel. 03 20 57 00 20
kuala-lumpur-ob@bmaa.gv.at
Botschaft der Schweiz
16 Pesiaran Madge
55000 Kuala Lumpur
Tel. 03 21 48 06 22
kua.vertretung@eda.admin.ch
www.eda.admin.ch/kualalumpur
Konsulat der Schweiz
301 Golden Farm, 6th Mile
93250 Kuching
Tel. 082 61 24 63
muheidi@pc.jaring.my

Karten

Gedrucktes Kartenmaterial über Malaysia ist selten korrekt. Selbst bei den Vermessungsämtern vor Ort sind kaum aktuelle Karten zu bekommen.

Viele Mietwagenfirmen stellen Navigationssysteme zur Verfügung. Hervorragende Kartenvorlagen gibt es für die malaiische Halbinsel. In Ostmalaysia dagegen wurden viele Straßen entweder noch gar nicht erfasst oder es handelt sich um Holzfällerpisten, die nach Beendigung der Arbeiten rasch wieder verfallen. Für das GPS können die von der Community generierten Karten von **MalSing** (www.malsingmaps.com) im Mapking- oder Garmin-Format kostenlos heruntergeladen werden.

Während Singapore bereits komplett in Google Streetview verewigt ist und man sich alle Urlaubsziele in Westmalaysia gut auf Satellitenbildern ansehen kann, lässt deren Auflösung für das Hinterland von Ostmalaysia noch zu wünschen übrig.

Lesetipps

Klassiker

Burgess, Anthony: The Long Day Wanes: A Malayan Trilogy, London 1996 (engl.). In den 1950er-Jahren beobachtet Burgess als Lehrer mit kritischem Blick die Zustände in British Malaya.

Chapman, Freddie Spencer: The Jungle is Neutral, London 2003 (engl.). Der britische Offizier Chapman schildert seine Erlebnisse im von Japanern besetzten Malaya, wo er im Dschungel hinter der Front Guerillakämpfer ausbildete.

Conrad, Joseph: Almayers Wahn, im Sammelband mit »Der Verdammte der Insel«, Frankfurt 1983, sowie im Sammelband »Erzählungen«, Bielefeld 2007. Die Lebensgeschichte eines Europäers während der britischen Kolonialzeit. Die Erzählung wurde 2011 in einer französisch-belgischen Koproduktion unter dem Titel »Hanyut« verfilmt.

Fauconnier, Henri: The Soul of Malaya, Singapore 2007 (engl.). Viele meinen, dies sei der beste Roman, der jemals über Malaysia geschrieben wurde. Fauconnier lebte als Pflanzer Anfang des 20. Jh. in Malaya.

Han Suyin: And the Rain My Drink, Singapore 2010 (engl.). Ein Klassiker der unter einem Pseudonym schreibenden Schriftstellerin Elizabeth Comber über Malaya in den 1940er- und 1950er-Jahren während der Zeit der kommunistischen Aufstände.

Maxwell, William George: In Malay Forests, Singapore 1990 (engl.). Der Reprint des 1907 in England erschienenen Klassikers enthält spannende Geschichten eines britischen Naturforschers, die aus heutiger Sicht wie Märchenerzählungen erscheinen.

Tan Kok Seng: Son of Singapore, Man of Malaysia sowie Eye on the World, Petaling Jaya 1972–99 (engl.). Eine interessante autobiografische Trilogie aus der Zeit nach dem Zweiten Weltkrieg.

Unterhaltung

Flint, Shamini: Die tödliche Familie Lee – Inspektor Singh ermittelt in Malaysia, München 2010. Ein spannender Krimi, in dem der eigenwillige Inspektor Singh aus Singapore die Verstrickungen von schönen Models und reichen Holzhändlern in kriminelle Machenschaften ermittelt.

Godshalk, C. S.: Kalimantaan, London 2012 (engl.). In dem Roman, der auf der Lebensgeschichte von James Brooke basiert, trifft der englische Abenteurer Gideon Barr den Sultan von Brunei, der ihn zum weißen Raja von Sarawak macht.

Konsalik, Heinz: Im Auftrag des Tigers, München 1998. In dem Öko-Thriller kämpft eine Gruppe von Umweltaktivisten für die Rettung der letzten Tiger. Auch als Hörbuch-Download erhältlich.

Tan Twan Eng: Gift of Rain, Newcastle upon Tyne 2007 (engl.). In diesem historischen Roman eines talentierten malaysisch-chinesischen Autors gerät ein junger Mann während der japanischen Besatzung in einen Loyalitätskonflikt.

ders.: The Garden of Evening Mists, East Hoathley 2012 (engl.). Der zweite historische Roman des Autors spielt zur Nachkriegszeit. Eine chinesische Richterin und Überlebende eines Internierungslagers lernt die andere Seite eines japanischen Gärtners kennen, der in den Cameron Highlands arbeitet.

Tash Aw: Die Seidenmanufaktur ›Zur schönen Harmonie‹, Hamburg 2007. Die turbulente Zeit der Zinnbarone und chinesischen Kulis wird in diesem Roman eines chinesischen Autors, der in England lebt, wieder lebendig.

Hintergrundinformationen

Raslan, Karim: Ceritalah 1: Malaysia in Transition, 2: Journeys through South-East Asia, 3: Malaysia – A Dream Deferred, Kuala Lumpur 1996–2009 (engl.). Der Kolumnist der englischsprachigen malaysischen Zeitung The Star hat einige seiner besten Artikel in Buchform herausgebracht.

Siebert, Rüdiger: Vision Malaysia, Multikulti, Malls, Moscheen, Bad Honnef 2008. Die Annäherung des erfahrenen Journalisten Siebert an den Vielvölkerstaat ist das Thema seiner Reportagen.

Bildbände

Davis, Wade/Mackenzie, Ian und **Kennedy, Shane:** Nomads of the Dawn – The Penan of the Borneo Rainforest, Petaluma/USA, 1995 (engl.). Die letzten Nomaden auf Borneo werden mit fantastischen Fotos und Texten liebevoll und tragisch zugleich dokumentiert.

Ong, Edric/Invernizzi Tettoni, Luca: Living in Sarawak, Singapore 1996 (engl.); Sarawak Style, Singapore 2001 (engl.). Zwei Bildbände über die Architektur, Kunst und Kultur von Sarawak.

Malaysia als Reiseziel

Das tropische Malaysia lädt mit ganzjährig warmen Temperaturen, Traumstränden und fantastischen Korallenriffen zum Erholen ein, verführt Abenteuerlustige zu Dschungelwanderungen und Bergbesteigungen im Landesinnern, begeistert mit geschichtsträchtigen Kolonialstädten wie George Town oder Melaka und überrascht durch futuristische Neubauprojekte. In Museen wie Tempeln offenbart das Land sein multikulturelles Gesicht und ermöglicht Freunden der asiatischen Küche ausgiebige kulinarische Entdeckungstouren.

Vorschläge für Rundreisen

Zwei Wochen Westmalaysia

Auf der Halbinsel lässt sich die kulturelle Vielfalt und Geschichte Malaysias am besten bei einer Rundreise erleben, für die etwa zwei Wochen eingeplant werden sollten. Von **Kuala Lumpur** aus fährt man zunächst Richtung Norden in die **Cameron Highlands,** die Sommerfrische der Engländer. Dann geht es entlang der Westküste über **Ipoh** und **Taiping,** die chinesisch geprägten Städte der Zinnschürfer, nach Penang in die UNESCO-Stadt **George Town.** Von dort ist in einer Tagestour durch das Landesinnere oder mit einer Übernachtung am **Tasik Temenggor** inmitten eines der letzten ursprünglichen Dschungelgebiete Malaysias die Sultansstadt **Kota Bharu** an der Ostküste zu erreichen. Nach ein paar erholsamen Tagen an den Stränden von **Pulau Perhentian** wird die Reise durch malaiische Dörfer in die durch Öl zu Wohlstand gekommene Sultansstadt **Kuala Terengganu** fortgesetzt. Hier empfehlen sich einige Abstecher zu einsamen Stränden, bevor man über **Kuantan** zurück an die Westküste in die historische Stadt **Melaka** fährt, von wo es nur noch 144 km bis an den Ausgangpunkt der Tour nach Kuala Lumpur sind.

Zwei bis drei Wochen Ostmalaysia

Eine zwei- bis dreiwöchige Rundreise durch Ostmalaysia beginnt in **Kuching,** der multikulturellen, historisch interessanten Hauptstadt Sarawaks, die sich auch als Basis für Ausflüge in das attraktive Umland anbietet. Anschließend empfiehlt sich ein Flug nach **Miri** und weiter in den **Gunung Mulu National Park,** der mit Wanderungen und Bootsfahrten durch Regenwald zu atemberaubenden Höhlen lockt. Zurück in Miri, sollte ein Abstecher in den **Niah National Park** mit seinen geschichtsträchtigen Höhlen auf dem Programm stehen, bevor es über **Bandar Seri Begawan,** die Hauptstadt von Brunei, und **Pulau Labuan** nach **Kota Kinabalu** in Sabah geht. Landschaftlich abwechslungsreich ist die Fahrt am mächtigen, 4095 m hohen **Gunung Kinabalu** vorbei nach **Sandakan,** dem Ausgangspunkt für einen Besuch der Orang-Utan-Rehabilitationsstation **Sepilok,** des **Turtle Islands National Park** oder der Nasenaffen am Unterlauf des **Kinabatangan Wildlife Sanctuary.** Taucher sollten sich die Korallenriffe vor **Pulau Sipadan** und den benachbarten Inseln nicht entgehen lassen. Von Sandakan fliegt man anschließend über Kota Kinabalu zurück nach Kuala Lumpur.

Strandurlaub

Da niemand gerne bei Dauerregen und Sturm auf einer Insel ausharren möchte, gilt es vor allem bei der Planung eines Badeurlaubs die klimatischen Voraussetzungen zu berücksichtigen. Die europäischen Sommermonate sind die optimale Reisezeit für alle malaysischen Strände und Inseln. Allerdings regnet es im Winter etwas weniger an der Westküste der Halbinsel, die im Windschatten liegt. Dort ist die landschaftlich abwechslungsreiche **Pulau Langkawi** mit Duty-free-Status das beliebteste Reiseziel. Die Insel verfügt über Unterkünfte in allen Preisklassen, sei es an größeren belebten Sandstränden oder in einsamen Buchten, sowie über vielfältige Angebote für Aktivitäten an Land und auf dem Wasser. Auf eine lange Tradition als Urlaubsinsel blickt auch **Pulau Penang** zurück, wo internationale Resorts mit weitläufigen Gartenanlagen und ebensolchen Swimmingpools den Strand von Batu Ferringhi säumen.

Kilometerlange Sandstrände erstrecken sich an der Ostküste, die jedoch nur an wenigen Abschnitten touristisch erschlossen ist, beispielsweise bei **Kuala Terengganu** und **Cherating.** Herrlich entspannen lässt es sich in den abgelegenen Strandresorts an dieser Küste. Wer hingegen in den kleinen dorfnahen Unterkünften absteigt, muss sich darauf einstellen, dass Sonnenbaden nur begrenzt möglich ist und zumeist kein Alkohol verkauft wird – die Vorstellungen muslimischer Dorfbewohner und westlicher Urlauber lassen sich kaum miteinander vereinbaren. Wesentlich lockerer geht es auf den Inseln vor der Ostküste zu. Durch ihren Flugplatz und regelmäßige Fährverbindungen ist **Pulau Tioman** am leichtesten zu erreichen. An verschiedenen Inselstränden findet man Unterkünfte aller Preisklassen. Das Meer eignet sich gut zum Baden, Schnorcheln und Tauchen und das dschungelbedeckte bergige Hinterland ist für jeden Naturliebhaber ein Traum. Die Eilande **Pulau Perhentian Besar** und **Pulau Kecil** weiter nördlich können nur per Fähre erreicht werden und sind daher vor allem bei Rucksackreisenden beliebt, während **Pulau Redang** eher von einheimischen Familien und Gruppen besucht wird. Als Alternative locken weitere kleine Eilande mit hübschen Tropenstränden. Auf allen großen Inseln gibt es Tauchbasen, die Kurse sowie Touren zu fantastischen Riffen und Wracks in der Umgebung anbieten.

Sabah überrascht rings um **Kota Kinabalu** mit absoluten Traumstränden und einigen komfortablen Resorts mit großen Pools. Vor **Sandakan** und **Semporna** ist das Wasser glasklar und die Tauchgründe rings um **Pulau Sipadan** gehören zu den besten des Landes. Allerdings liegt das Preisniveau hier höher als in Westmalaysia.

In Sarawak sieht es für reine Badeurlauber eher schlecht aus. Hier stehen nur an Sandstränden in der Nähe von **Kuching, Bintulu** und **Miri** einige Resorts.

Natur und Abenteuer

Jenseits der Badestrände können Urlauber bei **Wanderungen** unterschiedlicher Länge und Schwierigkeit wunderbare Dschungelgebiete erkunden, in Westmalaysia auf der Insel Langkawi ebenso wie auf Tioman, Redang und Perhentian. Der tropische Regenwald im Taman Negara National Park ist leicht zu erreichen und lädt zu geführten Touren und zu Ausflügen auf eigene Faust ein. Etwas weniger schweißtreibend sind Wanderungen in den Bergwäldern, vor allem in den Cameron Highlands. Sarawak besitzt in seinen beiden Nationalparks Bako und Gunung Mulu zahlreiche markierte Wege, die ohne Führer begangen werden können. In Sabah ist der Kinabalu National Park mit dem 4095 m hohen Gunung Kinabalu ein beliebtes Ziel von Gipfelstürmern. Der höchste Berg des Landes kann relativ einfach in zwei Tagen bestiegen werden, aber die Übernachtungskapazitäten sind begrenzt, weswegen man früh buchen sollte. Allerdings lässt es sich im Nationalpark auch auf halber Höhe gut wandern – auf markierten Pfaden geht es durch die mannigfaltigen Bergwälder, in denen Kannenpflanzen und Orchideen gedeihen.

Neben Dschungelwanderungen, Bootstouren und Bergbesteigungen ist die herausragende Attraktion des Gunung Mulu National Park in Sarawak das längste Höhlensystem Südostasiens. Einige Abschnitte sind für Besucher erschlossen und leicht begehbar, andere dagegen nur erfahrenen Höhlengängern im Rahmen von **Caving-Adventure-Touren** zugänglich.

Bei **Bootstouren** durch die ursprünglichen Mangrovenwälder von Pulau Langkawi in Westmalaysia und des Kuching Wetlands National Park in Sarawak eröffnen sich faszinierende Einblicke in ein unbekanntes Ökosystem. Auch in einigen Nationalparks wie dem Taman Negara und dem Gunung Mulu oder für einen Besuch der Langhäuser am Batang Ai in Sarawak ist das Boot die bevorzugte Transportart.

Ungewöhnliche Einblicke in den Regenwald gestatten die **Canopy Walkways,** bei denen es über gewagte Stahlkonstruktionen und Hängebrücken durch die Gipfelregion der Baumriesen geht. Entsprechende Angebote findet man im Kepong Forestry Park bei Kuala Lumpur, in den Nationalparks Taman Negara, Gunung Mulu und Ulu Temburong (Brunei) sowie bei Poring und im Danum Valley in Sabah.

Für **Tierbeobachtungen** eignen sich in Sabah die Orang-Utan-Rehabilitationsstation Sepilok bei Sandakan ebenso wie die tropischen Regenwälder im Danum Valley, das Kinabatangan Wildlife Sanctuary und die Tabin Wildlife Reserve, durch die sogar noch wilde Elefantenherden streifen. In Sarawak versucht man Orang-Utans im Semenggoh Wildlife Centre und im Matang Wildlife Centre zu rehabilitieren. Nasenaffen tummeln sich im Bako National Park und Delfine vor der Küste des Kuching Wetlands National Park. Westmalaysia ist dichter besiedelt, selbst in den dortigen Schutzgebieten lassen sich nur weniger spektakuläre Tiere sehen. Allerdings sind besonders die Highlands ein beliebtes Ziel für Vogelbeobachtungen und auf den vorgelagerten Inseln an der Ostküste finden sich viele endemische Insekten und Reptilien.

Tipps für die Reiseorganisation

Dank eines gut ausgebauten Straßennetzes, hervorragender öffentlicher Verkehrsverbindungen und einer großen Anzahl angenehmer Unterkünfte kann man das Land problemlos auf eigene Faust bereisen, zumal beinahe überall zumindest ein paar Brocken Englisch gesprochen werden. Allerdings empfiehlt es sich, begehrte Unterkünfte und Touren, Mietwagen sowie Tickets für Flüge innerhalb Malaysias bereits vor der Abreise über das Internet oder ein Reisebüro zu buchen. Auch vor Ort ist es manchmal erforderlich, für Ausflüge, Boots- und Dschungeltouren oder Fahrten zu abgelegenen Zielen ein lokales Reisebüro oder einen Veranstalter zu kontaktieren, die entsprechenden Adressen sind im Reiseteil gelistet.

Mit einem Mietwagen ist man unabhängig und kann überall anhalten oder sogar neue Wege in völlig untouristische Gegenden einschlagen. Ausgestattet mit einem Navi, das einige Autovermieter in Westmalaysia anbieten, wird man sicherlich nicht verloren gehen.

Wer nicht selbst fahren möchte, kann in vielen Orten auf bequeme Busse von inter-

Online buchen

Flüge, Mietwagen, Pauschalreisen etc. können auch über Reiseplattformen gebucht werden, die manchmal sehr günstige Last-Minute-Angebote bieten:
www.asiatravel.com
www.billig-flieger-vergleich.de
www.ebookers.de
www.expedia.de
www.lastminute.de
www.marimari.com
www.opodo.de
www.tripadvisor.de
www.weg.de

nationalem Standard sowie Überlandtaxis zurückgreifen, die an den Busstationen warten und relativ günstig bis zu vier Passagiere zum gewünschten Ziel befördern.

Reisen mit Kindern

Die kinderfreundliche Atmosphäre, viele Tiere, Strände und das lebhafte Straßenleben lassen Kinder die Unannehmlichkeiten der Reise schnell vergessen. Neben dem langen Flug macht vor allem Kleinkindern die Zeitumstellung zu schaffen. Es empfiehlt sich daher, die ersten Tage in einer ruhigen angenehmen Unterkunft zu verbringen und gemächlich die neue Umgebung zu erkunden.

In den Tropen schwitzt man weit mehr als in Europa, weswegen besonders Kinder viel trinken müssen. Die Hitze fördert die Schweißbildung und Hautausschläge. Dagegen hilft Talcum-Babypuder, den es vor Ort zu kaufen gibt. Eine Kopfbedeckung, entsprechende Kleidung und eine gute Sonnencreme schützen empfindliche Kinderhaut vor der starken Sonneneinstrahlung. Windeln sind in größeren und kleineren Städten erhältlich, wobei Kleinkinder auf dem Land auch nackt herumspringen können.

Ebenfalls nur in den Städten gibt es Babynahrung sowie westliches Essen zu kaufen. Viele chinesische Gerichte entsprechen dem Geschmack der Kinder ebenso wie Sate-Fleischspieße mit Erdnusssoße und Krabbenchips *(kupuk)*, während andere malaiische und indische Speisen meist zu scharf gewürzt sind. Obst sollte immer geschält werden und vor dem Essen sollten die Kleinen sich die Hände waschen. Leitungswasser ist generell tabu, selbst fürs Zähneputzen.

Moskitos sind in der Regenzeit, vor allem kurz vor Sonnenuntergang, eine Plage. Gefährlich können vor allem Kindern Moskitos werden, die Dengue-Fieber übertragen, gegen das es noch keine Impfung gibt. Um Stiche zu vermeiden, ist es hilfreich, die Kinder schon nachmittags zu duschen, ihnen schützende Kleidung anzuziehen und sie mit einem mückenabweisenden Mittel wie Autan Family einzureiben. In Räumen ohne Klimaanlage hält nachts ein Moskitonetz alle Kleintiere fern.

Aufgrund der vielen Hindernisse auf dem Land und selbst in Städten sind Kinderwagen ungeeignet. Deshalb macht man es am besten wie die Einheimischen und trägt die Kleinen in einer Rückentrage. Wer dennoch einen Kinderwagen mitnehmen möchte, sollte eine geländegängige Version wählen. Im Auto sitzen die meisten Kinder in Malaysia nicht im Autositz, sondern auf dem Schoß.

Die meisten Hotels sind auf Familien eingestellt und verfügen über benachbarte Zimmer mit Verbindungstüre, Mehrbettzimmer oder Zusatzbetten.

Innerhalb des Lands reisen Kinder unter vier Jahren in Bus und Zug kostenlos, haben dann jedoch keinen Anspruch auf einen eigenen Sitzplatz. Kinder bis zu 12 Jahren zahlen den halben Preis. Für Entspannung sorgen auf längeren Fahrten ein MP3-Player, ein kleiner Koffer mit Spielzeug sowie Snacks.

Reisen mit Handicap

Auch wenn es noch nicht viele behindertengerechte Einrichtungen gibt, wagen sich immer mehr Einzelreisende mit Handicap nach Malaysia. Hilfreich bei der Vorbereitung und Durchführung einer solchen Reise sind u. a. folgende Organisationen: **Bundesarbeitsgemeinschaft Hilfe für Behinderte,** Kirchfeldstr. 149, 40215 Düsseldorf, Tel. 0049 (0)211 31 00 60, www.bag-selbsthilfe.de; **Bundesverband Selbsthilfe Körperbehinderte,** Altkrautheimer Str. 20, 74238 Krautheim/Jagst, Tel. 0049 (0)6294 428 10, www.bsk-ev.org; **Mobility International Schweiz,** Froburgstr. 4, 4600 Olten, Tel. 0041 (0)622 06 88 35, www.mis-ch.ch.

Einreise- und Zollbestimmungen

Für die Einreise nach Malaysia ist kein Visum erforderlich. Benötigt wird ein Pass (Kinder müssen unabhängig vom Alter ein eigenes Reisedokument besitzen), der noch mindestens sechs Monate Gültigkeit hat, sowie in der Regel eine Einreisekarte, die man im Flugzeug ausgehändigt bekommt. Statt der Einreisekarte reicht teilweise auch ein Fingerabdruck, der direkt am Immigrationsschalter gescannt wird.

Der bei der Ankunft ausgestellte **Visit Pass** berechtigt Deutsche, Schweizer und Österreicher zu einem dreimonatigen Aufenthalt und kann in einem Immigrationsbüro vor Ort um einen Monat verlängert werden. Bei einer Reise von Westmalaysia nach Sarawak wird ein zweiter Visit Pass ausgestellt, der sich an der Aufenthaltsdauer in Westmalaysia orientiert. Wer aus dem Ausland nach Sarawak einreist, erhält einen vier Wochen gültigen Visit Pass, der in einem Immigrationsbüro um weitere zwei Monate verlängert werden kann. Näheres siehe **www.imi.gov.my.**

Informationen zu den Ein- und Ausfuhrbestimmungen liefert die Webseite **www.customs.gov.my/index.php/en.** Strafbar macht man sich mit Produkten von Tieren, die unter das Washingtoner Artenschutzabkommen fallen, beispielsweise Krokodile und Schildkröten. Eine Liste aller Arten findet sich unter **www.artenschutz-online.de.**

Anreise

... mit dem Flugzeug

Der **Kuala Lumpur International Airport (KLIA),** www.klia.com.my, 70 km südlich der malaysischen Hauptstadt, und der **Changi Airport Singapore,** www.changiairport.com, sind Drehkreuze, die aus Europa von vielen europäischen und asiatischen Fluggesellschaften teils nonstop angeflogen werden, u. a. von Lufthansa, www.lufthansa.com, KLM, www.klm.com, MAS, www.malaysiaairlines.com, Singapore Airlines, www.singaporeair.com, Emirates, www.emirates.com, und Qatar Airways, www.qatarairways.com. Von beiden Flughäfen aus bestehen gute Verbindungen in alle Landesteile, die bei der nationalen malaysischen Fluggesellschaft MAS günstig als Anschlussflüge gebucht werden können. Mehrere asiatische Gesellschaften fliegen aus den Nachbarländern nach Malaysia, darunter einige Billig-Airlines (s. S. 82). Über die Sicherheit der Airlines informiert die Webseite www.aerosecure.de.

Normalerweise bekommt man Tickets für den Flug von Europa nach Malaysia bereits um 700 €. Wenn im Sommer jedoch alle in den Urlaub wollen, sind die Preise höher und die Plätze Monate im Voraus ausgebucht. Wer vor Ort nicht per Mail oder Handy kontaktiert werden kann, sollte sich drei Tage vor dem Rückflug von der Airline die Abflugtermine bestätigen lassen, die sich manchmal überraschend ändern. Da manche Flüge überbucht sind, empfiehlt es sich, rechtzeitig am Flughafen einzuchecken.

... auf dem Landweg

Von Thailand und Singapore aus ist **Westmalaysia** auf dem Landweg zu erreichen. Es bestehen internationale Zugverbindungen zwischen Bangkok und Butterworth (Penang) sowie zwischen Singapore und Kuala Lumpur. Zudem verkehren zahlreiche Busse über die Grenzen, besonders häufig zwischen dem thailändischen Hat Yai und Penang sowie zwischen Singapore und Johor Bahru. Selten nutzen Ausländer die Grenzübergänge zu Thailand an der Ostküste der malaiischen Halbinsel, da die benachbarten Südprovinzen aufgrund der Auseinandersetzungen zwischen der muslimischen Bevölkerung und der Zentralregierung in Bangkok als unsicher gelten. Über den Causeway von und nach

Singapore erfolgt die Abfertigung rund um die Uhr professionell und schnell. Allerdings bilden sich an verlängerten Wochenenden und bei Ferienbeginn bzw. -ende in Singapore lange Schlangen.

Es ist auch kein Problem, auf dem Landweg von Brunei und dem indonesischen Kalimantan nach **Ostmalaysia** einzureisen. Da jedoch nicht alle Grenzübergänge für Ausländer geöffnet sind, sollte man sich zuvor bei der malaysischen Botschaft über die aktuelle Lage informieren. Wer auf dem Landweg von Sarawak durch Brunei nach Sabah fährt, muss mehrere Grenzübergänge passieren.

... auf dem Seeweg

Derzeit bestehen nur wenige internationale Fähr- und Schiffsverbindungen. An der Westküste der Halbinsel kann man von Satun/Thailand nach Pulau Langkawi übersetzen (www.langkawi-ferry.com) und in Sabah von Nunukan/Indonesien nach Tawau sowie von Zamboanga/Philippinen nach Sandakan. Die Grenzabfertigung erfolgt im Zielhafen.

Unterwegs im Land

Vor allem die malaiische Halbinsel verfügt über ein gut ausgebautes Straßennetz, auf dem zahlreiche Busse und Überlandtaxis verkehren. Im Gegensatz zum Straßenbau wird das Eisenbahnnetz vernachlässigt. In Ostmalaysia sind selbst abgelegene Ziele mit dem Flugzeug zu erreichen.

... mit dem Flugzeug

Neben der staatlichen Fluggesellschaft **MAS,** www.malaysiaairlines.com, fliegen auch kleinere Gesellschaften, darunter einige Billig-Airlines, malaysische Reiseziele an. Deren Flüge sind häufig nur über das Internet mit Kreditkarte zu buchen und umso günstiger, je früher sie gebucht werden. Es lohnt sich, die Preise zu vergleichen.

Nicht alle Inlandsflüge ab Kuala Lumpur starten am **Kuala Lumpur International Airport (KLIA).** Air Asia sowie einige Billig-Airlines verkehren ab dem **LCCT-Terminal,** http://lcct.klia.com.my, das südlich an den internationalen Flughafen angrenzt und von dort in ca. 20 Min. per Shuttlebus erreichbar ist. Von Kuala Lumpurs Hauptbahnhof Stesen Sentral fahren ständig Zubringerbusse zu beiden Terminals. Andere Airlines haben ihre Basis auf dem alten Flughafen in **Subang (SZB),** der ca. 15 km westlich der Innenstadt liegt und nur per Taxi erreichbar ist.

Die Flughafensteuer ist im Ticketpreis inbegriffen. Das Freigepäck ist bei MASwings auf 15 kg begrenzt, bei anderen Airlines sogar auf 10 kg. Übergepäck muss generell teuer bezahlt werden. Kleine Flugzeuge sind schnell ausgebucht.

Air Asia (www.airasia.com): Die Billig-Airline fliegt ab Kuala Lumpur zu vielen Reisezielen in Malaysia. Tickets werden im Internet, in Air-Asia-Büros und natürlich in Reisebüros verkauft.

Berjaya Air (www.berjaya-air.com): Bedient mit kleinen Maschinen die Inseln Tioman, Redang und Pangkor ab dem Subang Airport/Kuala Lumpur und Singapore.

Firefly (www.fireflyz.com.my): Die Tochter der MAS offeriert günstige Flüge ab Subang, Kuala Lumpur und Penang nach Langkawi sowie zu Zielen an der Ostküste.

Malaysia Airlines (www.malaysiaairlines.com.my): Verkehrt in West- und Ostmalaysia teils zu ebenso günstigen Preisen wie ihre privaten Konkurrenten.

MASwings (www.maswings.com.my): Eine Tochter der MAS, die mit ATR 72-500, Fokker 50 und Twin Otter ins Landesinnere von Ostmalaysia fliegt.

... mit dem Zug

Der moderne Hauptbahnhof von Kuala Lumpur, **KL Sentral,** www.stesensentral.com, verspricht mehr, als das vernachlässigte Ei-

Bequemes Sightseeing: Melaka lässt sich auch wunderbar per Boot erkunden

senbahnnetz hält. Nur wenige Züge verkehren auf der Nord-Süd-Linie zwischen Thailand, Butterworth, Kuala Lumpur und Singapore bzw. durch das Landesinnere von Tumpat bei Kota Bharu über Kuala Lipis nach Gemas. Allerdings befindet sich die Strecke von Kuala Lumpur nach Butterworth im Ausbau und ist bis Ipoh bereits fertiggestellt.

Bei den **Expresszügen** können Plätze in den klimatisierten Abteilen der 1. und 2. Klasse reserviert werden. Die **Nachtzüge** eignen sich größtenteils nur für Langstrecken, da man ansonsten mitten in der Nacht am Zielort ankommt. Sie verfügen über verschiedene Schlafwagen- (Superior Night, Premier Night Deluxe, Premier Night Standard) und Sitzklassen (Premier Class, Superior Class, Economy Plus), die ebenfalls im Voraus gebucht werden können. Die einfachen **Tren Penumpang** durch das Landesinnere sind häufig unpünktlich und überfüllt.

Für Ausländer gibt einen **Railpass,** mit dem man innerhalb eines bestimmten Zeitraums alle Züge benutzen darf. Die Kosten liegen für 15 Tage bei 70 US-$, für 10 Tage bei 55 US-$ und für 5 Tage bei 35 US-$.

Über die Seiten **www.ktmintercity.com.my** und **www.ktmb.com.my** der malaysischen Eisenbahn Kereta Api Tana Melayu können die aktuellen Fahrpläne und -preise abgerufen und bis zu einen Monat im Voraus Tickets gebucht werden.

... mit dem Bus

Die staatliche Gesellschaft **Transnasional,** www.transnasional.com.my, und zahlreiche private Busunternehmen verkaufen an den Busbahnhöfen Tickets mit Sitzplatzreservierung zu staatlich festgelegten Preisen. Für die viel befahrenen Routen zwischen den Großstädten an der Westküste sind Vorbuchungen nicht erforderlich. Ansonsten empfiehlt es sich, einen bis zwei Tage zuvor das Ticket zu kaufen. Da viele Busbahnhöfe außerhalb des Zentrums liegen, sind Tickets – gegen Aufpreis – auch in Reisebüros, einigen Hotels und Gästehäusern zu bekommen. Die meisten Busse verkehren tagsüber, vor allem vormittags. Auf Langstrecken sind auch Nachtbusse unterwegs.

Die Business-, Super-Express- und VIP-Busse, die es bei größeren Busgesellschaften gibt, haben weniger Sitzplätze und sind daher bequemer, aber auch teurer. Auch der Service ist besser als in den anderen Bussen. Generell sind kleinere Gesellschaften weniger zuverlässig als die größeren, die teils im Internet über ihre Verbindungen informieren und Buchungsmöglichkeiten anbieten, u. a. **Aero Line,** www.aeroline.com.my, **Mara Liner,** www.maraliner.com.my, **Odyssey,** www.odysseynow.com.my, **Plusliner/Nice,** www.plusliner.com, **Transtar Express,** www.transtar.com.sg. Zwischen beliebten Zielen für Rucksackreisende wie den Cameron Highlands, Kuala Lumpur, Penang, Pulau Perhentian (Kuala Besut), Taman Negara etc. verkehren Backpackerbusse, die ihre Passagiere häufig direkt in der Unterkunft abholen, z. B. **Banana,** http://bananapenang.com, **NKS,** www.taman-negara-nks.com, und **Han Travel,** www.taman-negara.com. Manche Minibusse, die auf Strecken nach Thailand eingesetzt werden, sind nicht sicher.

... mit dem Überlandtaxi

Schneller als mit einem Bus reist man mit den Überlandtaxis (Kereta Sewa), die man an Busbahnhöfen oder zentralen Plätzen findet und die zumeist bestimmte Strecken bedienen. Die Autos dürfen maximal vier Passagiere befördern und fahren in der Regel los, sobald sie voll besetzt sind. Man kann auch das komplette Fahrzeug mieten. An einigen Sammelplätzen für Langstreckentaxis hängen Preise für ortsübliche Strecken aus, die für das ganze Auto gelten. Vor allem abends, am Wochenende, bei Fahrten direkt zum Hotel oder wenn das Taxi erst am Folgetag bzw. leer zurückfahren muss, werden auch höhere Summen verlangt. Fordern die Fahrer unangemessen hohe Preise, lohnt es sich, zu handeln oder ein anderes Auto zu nehmen.

... mit dem Boot

Vom Festland verkehren **Fähren** auf bewohnte vorgelagerte Inseln. U. a. bestehen regelmäßige Verbindungen nach Pangkor, Penang, Langkawi, Tioman und Labuan. Zu anderen Inseln an der Ostküste wird der Verkehr bei hohem Wellengang eingestellt, was vor allem während der Regenzeit der Fall ist. Auf den Flüssen von Sarawak sind zudem einige **Passagierschiffe** unterwegs, beispielsweise auf dem Batang Rajang von Sibu nach Kapit.

... mit dem Mietwagen

In allen größeren Städten Westmalaysias und an den meisten Flughäfen werden Autos vermietet, mit denen man das Land erkunden kann. Die einzigen Hürden sind der Linksverkehr und das (Einbahnstraßen-)Labyrinth der Großstädte. Wie überall unterscheiden sich die Tarife je nach Unternehmen, Mietdauer und Wagenklasse, aber fast alle Anbieter bieten günstige Stand-by-Tarife, Sonderangebote und Frühbucherrabatte. Auf der zollfreien Insel Langkawi beispielsweise sind Mietwagen um einiges günstiger als im restlichen Malaysia, wo mit RM 200 pro Tag zu rechnen ist. Teurer sind Geländewagen, vor allem in Ostmalaysia. Bei einigen großen Firmen wie **Avis,** www.avis.de, **Hertz,** www.

hertz.de, oder **Hawk,** www.hawkrentacar.com.my, können Autos an einem Ort gemietet und an einem anderen Ort abgegeben werden, wofür allerdings ein Aufpreis fällig wird. Bei diesen Unternehmen kann man auch Navigationssysteme mieten. Generell empfehlenswert ist der Abschluss einer Zusatzversicherung *(collision damage waiver),* um bei Schäden die Eigenbeteiligung abzudecken. Für die Anmietung muss man 21 Jahre alt sein. Es genügt der nationale Führerschein.

... mit dem Motorrad

Wegen des starken Verkehrs sollten nur geübte Motorradfahrer eine Tour durch Malaysia in Betracht ziehen, denn vor allem auf den Hauptstraßen geht es recht chaotisch zu. Im Land besteht Helmpflicht und trotz der tropischen Hitze sollte unbedingt Schutzkleidung getragen werden. Unerlässlich ist auch der internationale Motorradführerschein, ohne den bei Unfällen kein Schutz durch die Reisekrankenversicherung besteht. Kleinere Motorräder und Roller kann man auf Pulau Penang und auf Pulau Langkawi mieten. Größere Maschinen verleiht in Kota Kinabalu **GoGo-Sabah,** Lot G4, Wisma Sabah, Tel. 01 38 68 35 59, www.gogosabah.com. Ansonsten besteht auch die Möglichkeit, an einer organisierten Tour teilzunehmen, beispielsweise mit **Malaysian Motorcycle Getaways,** F-50-2, Jln. Teknologi 3/9, Bistari De Kota, Kota Damansara, Petaling Jaya, 47810, Selangor, Tel. 03 61 41 86 12, www.ridemalaysia.com.my.

Verkehrsregeln

In Malaysia herrscht Linksverkehr und auf den vorderen Sitzen besteht Anschnallpflicht. Die Höchstgeschwindigkeit beträgt 50 km/h in Ortschaften, 90 km/h auf Landstraßen und 110 km/h auf Autobahnen. Im Kreisverkehr hat Vorfahrt, wer von rechts kommt. Die wichtigsten Begriffe auf den Straßenschildern sind: *awas* – Vorsicht, *berhenti* – Stopp, *dilarang melatak* – Parkverbot, *dilarang memotong* – Überholverbot, *ikut kiri* – links fahren, *jalan rosak* – Straßenschäden, *jalan sehala* – Einbahnstraße, *lebuhraya* – Autobahn, *lencongan* – Umleitung, *pusat bandar* – Stadtzentrum, *simpang ke* ... – Abzweigung nach ...

Die Nord-Süd-Autobahn an der Westküste ist gebührenpflichtig. In vielen Innenstädten werden Parkgebühren fällig, die teilweise einen Coupon erfordern. Dieser ist üblicherweise in Kiosken und kleinen Läden erhältlich oder aber man erkundigt sich vor Ort bei den Einheimischen nach den Verkaufsstellen.

Tankstellen haben in der Regel von 6 bis 19 Uhr geöffnet. 2012 kostete 1 l Super (95 Oktan) RM 1,90. Der staatlich regulierte und subventionierte Benzinpreis ist an kleinen Tankstellen mit Handpumpe etwas höher.

Öffentlicher Nahverkehr

In den großen Städten und deren Umgebung verkehren **Stadtbusse,** die an gekennzeichneten Haltestellen stoppen bzw. überall dort halten, wo Passagiere warten. Die neuen Fahrzeuge sind klimatisiert und mit Fahrkartenautomaten ausgestattet, wofür man ausreichend Kleingeld bereithalten sollte. In allen anderen Bussen bezahlt man direkt beim Fahrer.

Taxis sind weit verbreitet, fahren jedoch nur in Kuala Lumpur mit Taxameter – und das sehr ungern. An allen anderen Orten müssen die Fahrpreise, die für die gleiche Strecke stark variieren können, vor Fahrtantritt ausgehandelt werden.

Die einst weit verbreiteten **Fahrradrikschas** sind nur noch in wenigen Städten auf den Straßen unterwegs, u. a. in Kuala Terengganu, George Town sowie vor allem in Melaka, wo sie besonders fantasievoll geschmückt werden. Touristen sollten mit einem Mindestpreis von RM 10–20 rechnen.

Unterkunft

Bei Malaysias vielfältigem Zimmerangebot findet jeder eine Unterkunft, die seinen Bedürfnissen und seinem Geldbeutel entspricht. Generell sollte man neuen Gebäuden den Vorzug geben, denn im tropischen Klima altern die Einrichtungen extrem schnell.

Frühzeitige Reservierungen sind ratsam, besonders während der Schulferien in Singapore und Malaysia (s. unten), an wichtigen Feiertagen, an langen Wochenenden und bei spätem Eintreffen am Zielort. In Nationalparks und auf kleinen Inseln ist das Angebot begrenzt, sodass manche Unterkünfte bereits Wochen im Voraus ausgebucht sind, vor allem in Sabah im Danum Valley, rings um Pulau Sipadan und auf dem Gunung Kinabalu. Schnell belegt sind auch die Top-Quartiere in Kuala Lumpur, Penang und Melaka sowie die Unterkünfte in den Cameron Highlands und an den Stränden von Langkawi, Perhentian und Tioman. Reservierungen können über Reisebüros, Veranstalter, per Internet oder telefonisch vorgenommen werden.

Die in diesem Reiseführer angegebenen Preise beziehen sich – sofern nicht anders angegeben – auf Standard-Doppelzimmer in der Hochsaison ohne Frühstück.

Gewisse Unannehmlichkeiten können in Zimmern aller Preisklassen durch unerwünschte Mitbewohner entstehen, dazu gehören Moskitos, Ameisen und Kakerlaken ebenso wie Bettwanzen. Diese winzigen nachtaktiven Insekten hinterlassen nach einem Biss juckende Quaddeln und haben sich zu einer regelrechten Seuche entwickelt. Ihr Auftreten sollte umgehend an der Rezeption gemeldet werden. Auch ist darauf zu achten, dass sie nicht weiterverbreitet werden, d. h. gründlich duschen, die Kleidung heiß waschen und das Gepäck mit einem Insektenspray behandeln.

Offizielle Saisondaten
Die Hochsaison fällt mit den Schulferien zusammen. Malaysia und Singapore: 1–2 Wochen im März/April, 2 bzw. 4 Wochen im Mai/Juni, 1–2 Wochen Ende Aug./Anfang Sept., 6 Wochen von Mitte Nov.–Ende Dez.

Hotels

Es gibt weit mehr minimalistisch oder zweckmäßig eingerichtete Hotelkästen im Einheitsstil als Unterkünfte mit Charakter. Nur wenige in die Jahre gekommene Häuser aus der Kolonialzeit wurden renoviert. Alte Chinesenhotels werden abgerissen und durch Neubauten ersetzt, die den heutigen Bedürfnissen entsprechen. Außerhalb der Touristenziele werden Hotels überwiegend von einheimischen Geschäftsleuten für Tagungen oder für Familienfeiern gebucht – entsprechend ist das Angebot, vom Frühstück bis zu den Gemeinschaftseinrichtungen.

In internationalen Fünf-Sterne-Hotels verströmen Tropenholz, Edelstahl, Glas und andere wertvolle Baumaterialien einen Hauch von Luxus, der sich in Preisen von internationalem Niveau niederschlägt – ein Doppelzimmer kostet hier mindestens 100 €. Dafür werden die Gäste umsorgt mit flauschigen Handtüchern in Marmorbädern, Flachbildschirmen, DVD-Player, Stereoanlage und individuell kontrollierbarer Klimaanlage. Man wandelt auf dicken Teppichen und glänzenden Holzböden, zur Entspannung geht es ins angeschlossene Spa.

Auch die Zimmer in Mittelklassehotels sind klimatisiert und verfügen über Fernseher mit Satellitenprogrammen (Astro), Kühlschrank und Bad mit WC. Die Preise liegen um 50 €. Einige Hotelketten wie **Grand Continental,** www.ghihotels.com.my, in Malaysia sowie **Fragrance Hotel,** www.fragrancehotel.com, und **Hotel 81,** www.hotel81.com.sg, in Singapore bieten einen ordentlichen Standard für relativ wenig Geld.

Die billigen älteren Hotels sind häufig ziemlich ungepflegt. Dunkle Zimmer mit einfacher Möblierung und Matratzen fast so dünn wie die Handtücher sind keine Seltenheit, dafür bekommt man ein Doppelzimmer schon unter 25 €.

Resorts

An viel besuchten Stränden und in einigen Naturparks findet man Resorts, die in Größe und Ausstattung erheblich variieren können. Üblicherweise verfügen sie über eine weitläufige Gartenanlage mit einem oder mehreren Pools, Restaurant und Bar. Die Zimmer sind meist geräumig und haben einen Balkon mit Sitzgelegenheiten oder Liegen. Für eine Übernachtung im Doppelzimmer zahlt man zwischen 50 und 100 €.

In kleineren Resorts befinden sich die Zimmer oft in Bungalows, deren Möblierung in der billigsten Kategorie manchmal aus kaum mehr als einer Matratze besteht. Allerdings gibt es auch hier in der Regel eine warme Dusche, eine Klimaanlage und eine Terrasse. Die Preise liegen zwischen 25 und 100 €.

Wer eine Vorliebe für Individualtourismus hat, sollte die großen Resorts meiden, die bevorzugt von Reisegruppen gebucht werden.

Gästehäuser und Backpacker-Unterkünfte

Bei Individualreisenden beliebt sind die Gästehäuser und Backpacker-Unterkünfte mit häufig kleinen, aber sauberen Zimmern und Schlafsälen mit Klimaanlage. Die Bäder mit zumeist warmen Duschen werden in der Regel gemeinschaftlich genutzt. Zum Standard dieser Unterkünfte gehören zudem Aufenthaltsräume mit Küchenzeile und Frühstücksmöglichkeit, Satelliten-TV, DVD-Player und Waschmaschinen. In Gästehäusern zahlt man um die 15 bis 20 € für ein Doppelzimmer, das Bett im Schlafsaal ist bereits ab 5 bis 10 € zu haben.

Spartipps

Viele Zimmer können im Internet über die Webseite der jeweiligen Unterkunft oder über Reiseportale (s. S. 79) gebucht werden – manchmal erheblich billiger als vor Ort, z. B.
www.agoda.com
www.asiarooms.com
www.hostelbookers.com
www.hostelworld.com
www.hotelopia.de
www.latestays.com
www.ratestogo.de
www.visit-malaysia.com
Bei persönlichem Erscheinen sollte man sich nicht scheuen, an der Hotelrezeption nach einem Rabatt zu fragen oder – falls zuvor überprüft – dem günstigeren Internetpreis. Die im Hotelprospekt angegebenen *published rates* müssen nur äußerst selten bezahlt werden, meist werden gleich die günstigeren *promotion rates* offeriert.

Homestays

Um den Alltag in einem Dorf hautnah zu erleben, empfiehlt sich der Aufenthalt in einem Homestay. Allerdings hat das von der Regierung geförderte Programm nur wenig im Angebot, das auf westliche Ansprüche zugeschnitten ist. Man lebt mehr oder weniger eng mit der Gastfamilie zusammen und muss sich auf einfachste Lebensumstände einstellen, wenngleich manche Homestays dem Standard von Gästehäusern entsprechen. Spannend sind beispielsweise die Übernachtungen in Langhäusern (s. S. 305), wo die Gäste auf der Gemeinschaftsveranda unter Moskitonetzen schlafen.

Sport und Aktivurlaub

Golf

Bereits seit der britischen Kolonialzeit wird in Malaysia Golf gespielt. Einige der alten Plätze sind noch in Betrieb und genießen Kultstatus, darunter der 1893 gegründete Royal Selangor Golf Club in Kuala Lumpur, der Fraser's Hill Golf Club ca. 120 km nördlich von Kuala Lumpur und verschiedene Plätze in den Cameron Highlands.

Einige der neueren 9-, 18- oder 27-Loch-Plätze wurden von international bekannten Architekten gestaltet. Viele liegen rings um Kuala Lumpur auf dem Gelände ehemaliger Plantagen und stillgelegter Zinnminen, andere in landschaftlich attraktiven Gegenden. Letztere sind meist eingebunden in Ferienzentren mit Luxusresorts, Wellnessoasen, Themenparks, Casinos etc. und somit ein Ziel für die ganze Familie. Die meisten Clubs nehmen Touristen als Mitglieder auf Zeit auf. Weitere Informationen erhält man bei der **Malaysian Golf Association** (MAG), 14 Jalan 4/76C, Desa Pandan, Kuala Lumpur, Tel. 03 92 83 73 00, www.mgaonline.com.my.

Hash House Harriers

Die Schnitzeljagd wurde während der britischen Kolonialzeit in Kuala Lumpur zu einem sozialen Event verfeinert. Nach Tagen der Arbeit und einem meist ausschweifenden Wochenende traf man sich montagabends zum Lauf an der frischen Luft, allerdings nicht ohne sich anschließend mit einem Bier zu belohnen. Von Kuala Lumpur aus verbreitete sich dieser organisierte Gruppensport über die ganze Welt, vor allem im Commonwealth. Bei der Interhash kommen Mitglieder aus aller Herren Länder zusammen. In Malaysia werden die regelmäßigen Hashs noch immer vor allem von den dort lebenden Ausländern organisiert. Die Treffpunkte der Männer- (Hash) und Frauengruppen (Harriets) in Kuala Lumpur und Kota Kinabalu stehen in der Zeitung. Gäste sind willkommen. Weitere Infos unter **www.gthhh.com** oder **www.malaysianhashcouncil.com.**

Kajakfahren

In vielen Strandresorts werden Kajaks vermietet, mit denen selbst Anfänger entlang der Küste paddeln können. Besonders interessant sind Touren durch Mangrovenwälder oder in Dschungelgebieten, die von einigen Veranstaltern auf Pulau Langkawi, in Kuching oder Kota Kinabalu angeboten werden.

Radfahren

In Penang, Langkawi und Kota Kinabalu sowie in einigen Hotels an der Ostküste können Fahrräder gemietet werden, die allerdings nicht für längere Fahrten geeignet sind. Für Gepäckradtouren auf eigene Faust sollte man Rad und Ausrüstung von zu Hause mitbringen. Viele hilfreiche Infos finden Reiseradler auf der Webseite **www.rad-forum.de.**

Rafting

Auf einigen Flüssen Malaysias werden Raftingtouren angeboten. Veranstalter in Kuala Lumpur organisieren Trips auf dem Sungai Selangor (Grad 4), dem Sungai Kampar (Grad 2–3), dem Jeram Besu (Grad 1–3) und dem Sungai Slim (Grad 2–3). In Sabah können Raftingtouren in Kota Kinabalu gebucht werden. Die 9 km lange Strecke auf dem Sungai Padas ab Pangi bei Tenom führt über sieben Stromschnellen vom Grad 3 in der Trockenzeit bis zu Grad 5 in der Regenzeit. Eher für Familien mit kleinen Kindern und Anfänger sind die Touren auf dem Sungai Kiulu (Grad 1–2), ebenfalls bei Tenom, geeignet.

Segeln

Die Inselwelt von Langkawi eignet sich wunderbar für kurze Segeltörns und romantische Sunset Cruises, die von örtlichen Veranstaltern und Hotels angeboten werden. In den Jachthäfen von Langkawi liegen Segelboote vor Anker, deren Besitzer auf den Meeren zwischen Australien und Thailand unterwegs sind. Einige vermieten ihre Jachten auch für längere Touren. In Sabah ist der Jachthafen von Tanjung Aru bei Kota Kinabalu der Anlaufpunkt für Interessierte und die kurze Tour durch die nahe gelegene Inselwelt des Tunku Abdul Rahman National Park eine schöne Einstimmung.

Tauchen und Schnorcheln

Vor allem Sabah punktet mit ein paar traumhaften Revieren. Bei leidenschaftlichen Tauchern gilt die Unterwasserwelt von Pulau Sipadan bei Tawau als eines der Highlights weltweit. Weitere tropische Korallenriffe findet man in der Sulusee sowie vor den Inseln des Tunku Abdul Rahman National Park bei Kota Kinabalu. In Westmalaysia gelten Tioman, Redang und Perhentian als gute Tauchreviere. Anfänger finden auf Tioman und Perhentian sogar Tauchschulen, in denen man auf Deutsch den Tauchschein machen kann. Die Tauchschule sollte international anerkannten Tauchorganisationen wie PADI angeschlossen und die Leihausrüstung in gutem Zustand sein. Vor dem Buchen eines Kurses ist zu klären, ob die theoretische Ausbildung von einem kompetenten und zertifizierten Lehrer erfolgt, wie groß die Lern- und Tauchgruppen sind und was in den Kurskosten enthalten ist.

Viele Hausriffe nahe dem Strand können beim Schnorcheln erkundet werden. Auch einige Tauchboote nehmen Schnorchler mit. Bei Touren ist die Ausrüstung meist im Preis inbegriffen, ansonsten kann man Schnorchel, Taucherbrille und Flossen bei Tauchschulen und in Läden an den Stränden ausleihen.

Wandern

Mehrtägige Wanderungen sind nur in wenigen Regionen möglich und im tropischen Klima durch kaum erschlossene Dschungelgebiete überaus anstrengend. Aber sowohl in West- als auch in Ostmalaysia gibt es vor allem in den Nationalparks eine Vielzahl kürzerer Touren, die dank markierter Wege auf eigene Faust durchgeführt werden können (s. S. 78). Im Tieflandwald lauern Blutegel, die zwar lästig, aber ungefährlich sind. Die Gefahr, die von aggressiven Wespen und Hornissen ausgeht, wird wesentlich unterschätzt, während Schlangen überschätzt werden.

Wellness

Die ethnische Vielfalt Malaysias hat auch das Wellnessangebot bereichert. Von den indonesischen Inseln, China und Indien haben traditionelle Methoden zum Heilen und Verschönern ihren Weg ins Land gefunden. Dschungelbewohner wissen noch heute die Heilkräfte der Natur zu nutzen, und auf dem Land greift man gerne auf Überliefertes zurück, das zudem kostenlos vor der Türe wächst. Blinde werden als geschätzte Masseure ausgebildet, bei jedem Friseur ist eine ausgiebige Kopfmassage fester Bestandteil einer Haarwäsche. In den Spas der Städte und internationalen Hotels hat man einige dieser Traditionen aufgegriffen und verfeinert. In luxuriösem Ambiente werden die Gäste bei entspannter Atmosphäre verwöhnt. Die Wellnessangebote reichen von einfachen kosmetischen Behandlungen bis zu hochpreisigen Rundumpaketen für einen Erholungsurlaub für Leib und Seele.

Landestypische Einkaufsmöglichkeiten

Märkte und **Markthallen** versorgen wie eh und je die einheimische Bevölkerung mit allem Notwendigen, vor allem auf dem Land. In Sabah hat sich die Tradition der **Tamus** gehalten, großer Wochenmärkte, auf denen nicht nur Obst, Gemüse, Haushaltswaren und Kleidung, sondern auch Vieh gehandelt wird. Für Touristen interessant sind die **Straßenmärkte,** wo sich so manches ungewöhnliche Souvenir finden lässt, sowie die **Nachtmärkte,** die eine einmalige Atmosphäre ausstrahlen.

Immer größer und luxuriöser werden die klimatisierten **Einkaufszentren.** Unter einem Dach vereinen sie auf mehreren Etagen Supermärkte, eine Vielzahl unterschiedlicher Läden sowie Modeboutiquen mit einem Warenangebot von einheimischen Labels bis zu den neuesten Kreationen internationaler Designer. Teilweise sind ganze Etagen bestimmten Branchen wie der Elektronik vorbehalten und teilweise finden sich in den Shopping Malls außerdem Galerien, private Museen, Vergnügungsparks und Multiplex-Kinos. Auch das kulinarische Angebot kann sich sehen lassen – es umfasst Spezialitätenrestaurants ebenso wie Food Courts und Filialen von Fast-Food- und Kaffeehausketten.

Kunsthandwerk

In Malaysia gibt es eine sehr breite Palette an Kunsthandwerk, die sich in **Souvenirläden** nur erahnen lässt. Einen guten Eindruck von der Fertigkeit einheimischer Handwerker er-

Nach Herzenslust shoppen in der Chinatown von Kuala Lumpur

hält man in Museen, doch wenngleich heutige Stücke teilweise nach alten Vorlagen gefertigt werden, sind sie doch (fast) immer ein Produkt moderner Massenproduktion und weit weniger fein und detailreich als die Exponate im Museum.

Das eine oder andere schöne Stück kann man inmitten von Massenprodukten im staatlichen **Craft Complex** in Kuala Lumpur oder auf Pulau Langkawi entdecken. Auch hochpreisige **Antiquitätenläden** eignen sich zum Stöbern. Verzichten sollte man auf den Kauf von alten Erbstücken, für die eine Exportgenehmigung benötigt wird, doch in den Antiquariaten finden sich auch andere hübsche Gegenstände. Das Gleiche gilt für die wenigen **Museumsshops,** die jedoch zumeist ein begrenztes Angebot haben.

Zeitgenössische Kunst und hochwertiges Kunsthandwerk wird zudem in **Galerien** verkauft, die sich vor allem in Kuala Lumpur, George Town und Kuching etabliert haben. Da die Künstler dort nur einen minimalen Anteil des Verkaufserlöses erhalten, findet man qualitativ hochwertige Kunst zunehmend auch auf **Märkten,** wo der Verkauf ohne Mittelsmänner möglich ist. Garantiert *made in* Malaysia sind Mitbringsel aus **Werkstätten** oder **Dörfern,** in denen Kunsthandwerker arbeiten. Hier sollte man den Preis ohne großes Handeln akzeptieren, um damit die Einheimischen zu unterstützen.

Besonders preiswerte Produkte

Textilien, Schuhe und andere Kleidungsstücke sind preiswert und qualitativ zumeist gut. Allerdings entsprechen Größe und Design oft nicht den Wünschen und Bedürfnissen europäischer Käufer. In den Factory Outlets einiger Einkaufszentren kann man das eine oder andere Schnäppchen machen. Handys, Kameras und andere Waren der Unterhaltungselektronik sind recht günstig, aber nicht alles funktioniert, was auf Straßenmärkten verkauft wird. Zudem sind Markenprodukte nicht unbedingt billiger als bei uns und müssen bei der Ankunft im Heimatland verzollt werden. Der Zoll beschlagnahmt auch alle kopierten Markenwaren und illegalen DVDs, die in Hülle und Fülle auf Nachtmärkten verkauft werden.

Handeln

Außer in Kaufhäusern und Supermärkten sowie in Geschäften mit *fixed price* kann fast überall gehandelt werden. Da die Spannbreite der Preise äußerst weit ist, gibt es nur einige generelle Regeln: Souvenirs und Höherpreisiges sollten erst erworben werden, wenn man bereits einige Zeit im Land verbracht hat, das Preisniveau kennt und nicht den Eindruck eines unerfahrenen Bleichgesichts erweckt. Wer sich aufs Handeln einlässt, sollte wissen, welchen Preis er zu bezahlen bereit ist. Im Laufe der Verhandlungen finden Käufer und Händler dann Schritt für Schritt langsam oder auch ganz schnell zueinander. Dabei feilscht man keinesfalls längere Zeit um geringe Beträge oder macht die Ware unnötig schlecht. Ist der Preis nach einigem Hin und Her immer noch zu hoch, kann man sich woanders umsehen. Sobald man als Käufer jedoch einen Preis genannt hat und der Händler zustimmt, ist der Handel abgeschlossen und es gibt kein Zurück.

Öffnungszeiten

Viele chinesische Läden schließen erst, sobald der Letzte den Laden verlassen hat, zumeist haben sie täglich von 9.30 bis gegen 19 Uhr geöffnet. Supermärkte und Einkaufszentren öffnen in der Regel von 10 bis 22 Uhr, Filialen der Kette Seven Eleven sowie viele Mamak-Restaurants rund um die Uhr.

Alkohol

In muslimischen Restaurants, Unterkünften und Geschäften werden keine Alkoholika verkauft. Bei Chinesen ist hingegen fast immer ein Bier zu bekommen, das außer auf den zollfreien Inseln Langkawi, Tioman und Labuan jedoch relativ teuer ist. Nur auf der Karte besserer Restaurants und Bars sowie in internationalen Hotels und Resorts sind Cocktails, Weine und Spirituosen zu finden. In Sarawak und Sabah sind aus Reis gebraute alkoholische Getränke wie Tuak, Tapai oder Arak Teil der lokalen Kultur.

Ausgehen

Je größer die Städte und je höher der chinesische Bevölkerungsanteil, umso lebhafter und vielseitiger ist das Nachtleben. Da muslimischen Malaien der Alkoholgenuss verboten ist, feiern sie eher in Cafés – mit oder ohne Karaoke – sowie im privaten Kreis.

Bars, Pubs, Discos

In Kuala Lumpur konzentrieren sich die Diskotheken und Pubs in einigen Ausgehvierteln und internationalen Hotels. Diese sind auch an anderen Orten ein guter Anlaufpunkt für alle, die am Abend in gepflegter Atmosphäre Entspannung suchen. Das Angebot in den Urlaubsgebieten ist vor allem auf Touristen zugeschnitten. Am Wochenende kommen abends viele Besucher aus Singapore in das benachbarte Johor Bahru, um dort das preiswertere Nachtleben zu genießen. Auch in George Town, Ipoh, Kuching, Miri und Kota Kinabalu ist am Wochenende am meisten los.

Junge Chinesen und Inder sowie westliche Besucher treffen sich in den angesagten Restaurants, Pubs, Bars, Lounges, Discos und Clubs, wobei der Unterschied zwischen den verschiedenen Etablissements fließend ist. Mit Sandalen und Shorts, T-Shirts oder allzu lässiger Kleidung wird man häufig nicht eingelassen. Draußen bleibt auch, wer jünger als 21 Jahre ist, denn erst ab diesem Alter ist der Konsum von Alkohol erlaubt. Manche Lokale gestatten bereits 18-Jährigen, andere erst 23-Jährigen den Zutritt. Da Razzien häufig sind, empfiehlt es sich, den Pass mitzunehmen. Die meisten Pubs schließen bereits um 22 Uhr, viele Clubs und Discos in Kuala Lumpur dagegen erst gegen 2 oder 3 Uhr. Vor allem am Wochenende wird eine *cover charge* verlangt, die um RM 25–50 liegt und einen Drink einschließt. In manchen Bars und Pubs werden zur Happy Hour am frühen Abend Getränke zu ermäßigten Preisen angeboten.

Veranstaltungstermine

Stadtmagazine und Websites listen aktuelle Veranstaltungen in Kuala Lumpur und Penang und informieren über Musikveranstaltungen in Clubs und Konzertsälen ebenso wie über Tanz- und Theateraufführungen, Kunstausstellungen und andere Events – entsprechende Adressen sind im Reiseteil gelistet. Tickets können gebucht werden über **www.ticketpro.com.my** oder **www.tickethotline.com.my.**

Dresscode

Weit mehr als in Europa werden Fremde in Malaysia nach ihrer Kleidung beurteilt. Vor allem beim Besuch religiöser Stätten oder traditioneller Dörfer sollten sich insbesondere Frauen dezent anziehen, Oberarme und Knie bedeckt halten und keine tief ausgeschnittene Kleidung tragen.

Drogen

Bereits auf dem Einreiseformular wird auf die hohen Strafen bei Drogenbesitz hingewiesen. Selbst wegen kleiner Mengen von Marihuana oder Haschisch kommen Touristen vor Gericht und immer wieder wurden Todesurteile gegen Händler und Schmuggler vollstreckt. Dennoch konsumieren vor allem junge Männer in den Städten Heroin und Morphine sowie zunehmend Amphetamine. Zur eigenen Sicherheit sollte man sich von dieser Szene fernhalten.

Fotografieren

Malaysier fotografieren sehr gerne und lassen sich auch gerne fotografieren. Es gibt aber Ausnahmen, vor allem strenggläubige Muslime, sodass man Menschen nur mit ihrer Erlaubnis fotografieren sollte. Selbst für einen guten Schnappschuss sollten sich Fotografen in Tempeln niemals zwischen die Betenden und den Altar drängen und auch bei Festen Zurückhaltung üben. In vielen Museen darf aus Sicherheitsgründen nicht fotografiert werden.

Frauen allein unterwegs

Allein reisende Frauen brauchen sich bezüglich ihrer Sicherheit in Malaysia und Singapore kaum zu sorgen. Die Tabuisierung der Sexualität im Islam führt allerdings dazu, dass sich manche Männer bereits durch die Anwesenheit einer Touristin animiert fühlen, sich als potenziellen Guide, Beschützer oder Partner ins Gespräch zu bringen. Wer in Ruhe gelassen werden möchte, sollte direkte Blickkontakte meiden, keine Hände schütteln, sich konservativ kleiden und ein Foto des ›daheimgebliebenen Gatten‹ dabeihaben. Generell ist es wesentlich einfacher, unkomplizierte Kontakte zu einheimischen Frauen als zu Männern aufzubauen. Allein reisende Frauen mit Kindern dürften diesbezüglich keine Probleme haben, sie werden in aller Regel respektvoll behandelt.

Maße und Gewichte

Seit den 1970er-Jahren wird in Malaysia metrisch gemessen, allerdings haben aus britischer Kolonialzeit einige englische *miles* und *pounds* überlebt. So finden sich bei einigen Ortsangaben noch die alten Meilensteine (*batu* = ›Meile‹) und auf einigen Märkten wird noch mit *pound* gewogen. Die Biereinheit in den Pubs ist ein *pint* (0,57 l).

Namen

Religion und Kultur bestimmen die Namen. Bei chinesischen Namen wird der Familienname vorangestellt, zumeist gefolgt von zwei weiteren Vornamen. Christen, die überwiegend Chinesen sind oder einer ethnischen Minderheit angehören, bevorzugen Vornamen aus dem Alten Testament oder der westlichen Welt, denen der Familienname folgt.

Muslime haben keine Familiennamen, sondern stellen ihrem Vornamen den Vornamen ihres Vaters nach. Manchmal werden beide Vornamen verbunden mit *bin* (›Sohn von‹, kurz B., Bt.) bzw. *binti* (›Tochter von‹, kurz Bint.). Andere ethnische Gruppen verwenden als Bindeglied *anak lelaki* (›Sohn von‹, kurz a/l) bzw. *anak perempuan* (›Tochter von‹, kurz a/p) oder geschlechtsneutral *anak* (›Kind von‹). Angesprochen werden Muslime immer mit ihrem ersten Namen, der auch ein Doppelname sein kann: Beginnt ihr Name mit Haji bzw. Hajjah, haben sie bereits eine Pilgerfahrt nach Mekka unternommen. Muslimische Frauen behalten nach der Eheschließung ihre Namen. Viele Muslime verwenden im Familienkreis einen anderen Namen als unter Freunden oder im Geschäftsleben.

Adlige führen Titel wie Tungku (›Herrscher‹) oder Raja (›König‹, ›Prinz‹). Andere Ehrentitel wie Dato' und Tun werden vom Sultan oder Gouverneur an verdienstvolle Untertanen verliehen.

Öffnungszeiten und Werktage

Behörden öffnen Mo–Do 8–12.45, 14–16.15, Fr 8–12.15, 14.45–16.15, Sa 8–12.45 Uhr. Museen und viele Behörden haben jeden 1. und 3. Samstag des Monats geschlossen.

In den Bundestaaten Kelantan, Terengganu und Kedah auf der malaiischen Halbinsel fällt das Wochenende auf den Donnerstag und Freitag. Überall sonst im Land folgt man dem System der westlichen Welt. Sobald ein staatlicher Feiertag auf ein Wochenende fällt, ist der folgende Arbeitstag frei.

Rauchen

In öffentlichen Gebäuden, klimatisierten Restaurants, Büros und Einkaufszentren ist Rauchen verboten.

Richtiges Verhalten

Kopf, Füße und Hände

In vielen asiatischen Ländern, auch in Malaysia, gilt der obere Teil des menschlichen Körpers als heilig und der untere als unheilig. Nur Kindern darf über den Kopf gestreichelt werden, ansonsten versucht man jede Berührung dieses edelsten Körperteils zu vermeiden. Sogar Friseure bitten teilweise um Erlaubnis, die Haare schneiden zu dürfen.

Ein Affront ist es, einem anderen Menschen oder gar Buddha die Füße entgegenzustrecken, was vor allem beim Sitzen auf dem Boden Schwierigkeiten bereitet. In traditionellen Gesellschaften ist es zudem unhöflich, sich über die Köpfe einer sitzenden Gruppe zu erheben. Wer aufstehen will, geht deshalb leicht gebeugt hinter den Sitzenden vorbei und niemals zwischen ihnen hindurch. Dabei wird die rechte Hand vorgestreckt, um anzudeuten, dass keine Waffe getragen wird.

Bei den Händen gilt die rechte Hand als rein und wird zum Essen, Geben und Nehmen benutzt, während die linke unreine Hand nur bei der Reinigung auf der Toilette zum Einsatz kommt. Zur Begrüßung legen Malaien die rechte Hand aufs Herz – damit deuten sie an, dass die Begrüßung von Herzen kommt.

Im Tempel und in der Moschee

Vor dem Betreten von Moscheen und auch der meisten Tempel ist es üblich, die Schuhe auszuziehen. Chinesische Tempel werden durch die rechte Türe betreten und durch die linke verlassen. Während man sich in ihren Innenräumen ungezwungen bewegen kann, ist das zentrale Heiligtum in Hindutempeln allein den Gläubigen vorbehalten. Frauen dürfen die Innenräume von Moscheen nicht betreten. Wenn Zeremonien stattfinden, ist in allen Gebetshäusern Zurückhaltung geboten, sofern man nicht von einem Einheimischen zur Teilnahme eingeladen wird.

Gesicht verlieren

Ausländer sollten darauf achten, Malaysier auf keinen Fall zu blamieren, damit sie nicht ihr Gesicht verlieren. Das trifft auch auf die Stadtbewohner zu, selbst wenn dort die alten Traditionen scheinbar von westlichen Einflüssen überlagert wurden. So gilt beispielsweise ein »Nein« als unhöflich und wird möglichst vermieden. Stattdessen wird die Absage nur angedeutet, indem man mit »vielleicht« antwortet, das Thema wechselt oder die Entscheidung verschiebt. Konflikte werden, sofern sie sich nicht vermeiden lassen, auf gar keinen Fall lautstark in der Öffentlichkeit ausgetragen. Deshalb stoßen auch Touristen auf Unverständnis, die ihren Ärger zeigen.

In Unterhaltungen sollten keine einheimischen Wertmaßstäbe kritisiert werden, auch wenn sich herausstellt, dass die Gesprächspartnerin ihren Mann mit drei weiteren Frauen teilt oder die Ehe von den Eltern arrangiert wurde.

Ehrerbietung

Vor allem die chinesischen Traditionen sind stark mit der Ahnenverehrung verknüpft. Demgemäß werden alte Menschen respektvoll behandelt und geehrt. In den meisten Familien treffen die ältesten Familienmitglieder die endgültigen Entscheidungen. In einigen animistischen Kulturen wie z. B. bei den Iban glaubt man, dass psychisch behinderte Menschen den Göttern nahestehen, sodass sie im Dorf nicht ausgegrenzt werden, sondern eine besondere Rolle innehaben.

Zu Gast bei Einheimischen

Da es durch das Nebeneinander der Religionen unterschiedliche Essensvorschriften gibt, ist es üblich, sich vor einem gemeinsamen Essen nach den Ernährungsgewohnheiten zu erkundigen. Mit dem Essen wird erst nach einer entsprechenden Aufforderung begonnen. Von angebotenen Speisen und Getränken sollte man zumindest eine Kleinigkeit probieren. Wer sich selbst bedient, füllt den Teller nur teilweise, da ein Nachschlag üblich ist.

Um nicht in Fettnäpfchen zu treten, folgt man bei Einladungen am besten dem Vorbild der Einheimischen. Kleinere Fehltritte lassen sich schnell mit einem Lächeln und einer entschuldigenden Geste beheben. Die entsprechende Antwort lautet häufig *»Tidak apa-apa!«* – »Das macht nichts!«

Geschenke

Gastgeschenke sind beim ersten Besuch unüblich. Wer von einer befreundeten Familie eingeladen wird oder gar bei ihr wohnt, kann ein persönliches Geschenk von zu Hause mitbringen, z. B. einen Kalender, Fotos oder Typisches aus der Heimat. Keinesfalls sollten Messer verschenkt werden, denn diese zerschneiden die Freundschaft.

Bei Muslimen ist darauf zu achten, dass Glücksspiele nicht erlaubt sind und Spielkarten sowie andere Spiele als solche angesehen werden könnten. Zudem müssen Lebensmittel *halal,* d. h. entsprechend dem Koran erlaubt sein – darauf ist nicht nur bei Fleischgerichten, sondern beispielsweise auch bei Gummibärchen zu achten. Ansonsten sind Süßigkeiten beliebte Gastgeschenke, bei Chinesen am besten paarweise. Sie werden ausschließlich mit der rechten Hand überreicht und vom Empfänger erst ausgepackt, wenn der Schenkende nicht mehr anwesend ist.

Schwule und Lesben

Gleichgeschlechtliche Paare, die sich an den Händen halten, sind keineswegs lesbisch oder schwul, sondern sehr gute Freunde. Homosexualität ist in Malaysia noch immer ein Tabuthema und homosexuelle Handlungen sind als »Vergehen gegen die Natur« gesetzlich verboten. Entsprechend werden gleichgeschlechtliche Verhältnisse nicht öffentlich gelebt. Nur in Kuala Lumpur und Penang gibt es einige dezent operierende schwul-lesbische Bars. Die PT Foundation, www.ptfmalaysia.org, setzt sich im Rahmen der AIDS-Bekämpfung auch für die gesellschaftliche Anerkennung von Schwulen und Lesben ein.

Toiletten

Öffentliche Toiletten, *tanda* oder WC genannt, gibt es in allen Einkaufszentren, Tankstellen und Busbahnhöfen. Sie entsprechen meist westlichem Standard und sind nur selten asiatische Hocktoiletten. Häufig gibt es statt Papier jedoch Handduschen.

Zeit

Die Zeitverschiebung zur mitteleuropäischen Zeit (MEZ) beträgt + 7 Std. bzw. zur Sommerzeit + 6 Std.

Reisekasse und Reisebudget

Geld

Währung und Wechselkurse

Landeswährung ist der malaysische Ringgit (RM oder MYR), manchmal noch Malaysian Dollar genannt, der in 100 Sen unterteilt ist. Es gibt Banknoten unterschiedlicher Serien im Wert von 1, 2, 5, 10, 20, 50, 100, 500 und 1000 Ringgit sowie Münzen zu 5, 10, 20 und 50 Sen. 1-Sen- und 1-Ringgit-Münzen sind kaum noch in Gebrauch und die alten Banknoten aus Papier werden zunehmend durch neue Noten aus plastikähnlichem Papier ersetzt.

Im November 2012 lag der Wechselkurs bei RM 1 = 0,25 € = 0,31 CHF, 1 € = RM 3,88, 1 CHF = RM 3,22. Der aktuelle Kurs kann abgerufen werden unter www.oanda.com.

Öffnungszeiten der Banken

Banken öffnen Mo–Fr 10–15 und Sa 9.30–11.30 Uhr. In den Bundestaaten Kelantan, Terengganu und Kedah auf der malaiischen Halbinsel sind die Öffnungszeiten Sa–Mi 10–15 und Do 9.30–11.30 Uhr.

Geldbeschaffung und Kreditkarten

Die Einfuhr von **Bargeld** muss bei einem Betrag von mehr als 10 000 US-$ angemeldet werden. Der Nachschub an Bargeld ist durch zahlreiche Geldautomaten gesichert. Sie stehen u. a. in Einkaufszentren, vor oder in Banken, in einigen Tankstellen und an Flugplätzen. Vor der Reise sollte man sich unbedingt bei der Hausbank erkundigen, ob die jeweiligen Bank- und Kreditkarten in Malaysia genutzt werden können oder erst freigeschaltet werden müssen. Bei dieser Gelegenheit kann man sich zudem über die Gebühr pro Transaktion und den Maximalbetrag für die tägliche Abhebung informieren, der meist 500 € beträgt.

Mit den **Kreditkarten** einiger Banken wie z. B. der DKB kann man weltweit kostenlos Geld abheben. Die bargeldlose Zahlung mit Kreditkarten ist in Städten weit verbreitet. Es ist darauf zu achten, dass das Kreditkartenkonto ein ausreichendes Guthaben aufweist, da sonst die Karte gesperrt wird. Die Karte sollte niemals aus den Augen gelassen und der Verlust sofort gemeldet werden.

Banken wechseln **Reiseschecks** gegen Gebühr und tauschen ebenso wie Wechselstuben **Fremdwährungen** wie Euro, Schweizer Franken und US-Dollar.

Reisebudget

Malaysia bietet etwas für jedes Reisebudget. Wer mit öffentlichen Verkehrsmitteln reist und in Food Courts oder an Essenständen einheimische Gerichte isst, kann günstig leben und benötigt etwa 15–20 € pro Tag ohne Sonderausgaben. In größeren Städten wie Penang und Melaka oder auf Inseln wie Perhentian und Tioman sowie im Taman Negara National Park und in den Cameron Highlands gibt es ausgesprochen billige Hotels und Gästehäuser mit Schlafsaalbetten oder einfachen Bungalows. Allerdings ist hier nicht immer Ruhe garantiert und auch die Sauberkeit lässt vielerorts zu wünschen übrig.

Mit etwas mehr Geld in der Tasche findet man in den meisten Städten attraktive Hotelzimmer, die für 20–30 € ein gutes Preis-Leistungs-Verhältnis bieten. Auch an den Stränden ist im mittleren Preissegment das Angebot breiter gefächert. Zum Essen kann man sich ein Bier gönnen, das in Malaysia mit 3–4 € für eine 660-ml-Flasche teurer als das Essen sein kann. Bequemer und schneller als Busse sind die etwa doppelt so teuren Überlandtaxis. Noch flexibler wird das Reisen mit einem Mietwagen, der mit rund 40 € pro Tag zu Buche schlägt. Große Autos oder Geländewagen sind teurer, Kleinwagen auf der zollfreien Insel Langkawi dagegen wesentlich günstiger.

Es wäre allerdings schade, wenn man sich nicht auch etwas Luxus gönnen würde, denn dieser ist in Malaysia gar nicht so teuer. Viele Resorts und Fünf-Sterne-Hotels bieten ihre Zimmer im Internet zu Sonderkonditionen an. Ausflüge in abgelegene Dschungelgebiete, Übernachtungen in Langhäusern, Schnorchel- oder Tauchtrips ermöglichen einen Einblick in völlig neue Welten.

Preisniveau

Das durchschnittliche Familieneinkommen pro Monat liegt bei etwa RM 4000, also gut 1000 €. Allerdings sind die Einkommensunterschiede erheblich, sodass die meisten Familien, vor allem auf dem Land, mit weniger Geld auskommen müssen. Ungelernte Arbeiter verdienen auf Plantagen oder als Haushaltshilfe weniger als RM 1000 monatlich, das sind ca. 260 €. Entsprechend günstig lässt es sich in Malaysia leben und reisen, zumal Lebensmittel, Benzin und öffentliche Verkehrsmittel vom Staat subventioniert werden. Ein einfaches Gericht an einem Essenstand kostet etwa 1 €, im Restaurant bis zu 8 €. Die Preise für eine Flasche Trinkwasser oder einen Softdrink liegen ebenso wie eine Fahrt mit dem Stadtbus unter 0,50 €. Dagegen schlägt eine Taxifahrt im Stadtgebiet mit 1–2,50 € zu Buche. Richtig teuer kann der Besuch einiger Highlights werden, beispielsweise die Besteigung des Gunung Kinabalu, eine Tour ins Danum Valley oder Übernachtungen in schönen Tauchresorts auf abgelegenen Inseln.

Spartipps

Zu zweit reist man immer günstiger, denn Einzelzimmer gibt es kaum und der Zimmerpreis bleibt fast immer der Gleiche. Hotels lassen sich günstiger über Veranstalter oder das Internet buchen. Eine Ermäßigung für Senioren gibt es bei einigen Museen, in Nationalparks und Sehenswürdigkeiten bereits ab 55 Jahren, bei anderen erst ab 60 Jahren oder nur für Einheimische. Auch die Grenzen für Kinderermäßigung werden unterschiedlich gehandhabt. Studentenrabatt gibt es meist nur für einheimische Studierende.

In nicht klimatisierten Restaurants ist das Essen meist preiswerter und nicht unbedingt schlechter als dort, wo die Klimaanlage läuft. Mit einheimischer SIM-Karte sind lokale wie internationale Telefongespräche vom Handy sehr günstig.

Trinkgeld

Es ist nicht üblich, Trinkgeld zu geben, aber es wird gerne angenommen. Bei Taxifahrten mit Taxameter sollte man die Summe aufrunden und Dienstleistungen wie Gepäcktragen und Autowaschen – selbst wenn nicht ausdrücklich erwünscht – mit ein paar Ringgit entlohnen. In Hotels und großen Restaurants werden automatisch 10 % *service charge* und 5 % Steuern auf die Rechnung addiert.

Sperrung von EC- und Kreditkarten bei Verlust oder Diebstahl*:

0049 116 116

oder 0049 30 4050 4050
(* Gilt nur, wenn das ausstellende Geldinstitut angeschlossen ist, Übersicht: www.sperr-notruf.de)
Weitere Sperrnummern:
- MasterCard: 0049 69 79 33 19 10
- VISA: 0049 69 79 33 19 10
- American Express: 0049 69 97 97 2000
- Diners Club: 0049 69 66 16 61 23

Bitte halten Sie Ihre Kreditkartennummer, Kontonummer und Bankleitzahl bereit!

Reisezeit und Reiseausrüstung

Klima

Malaysia liegt in den Innertropen, nur wenige Hundert Kilometer nördlich des Äquators, wo sich die Temperaturen im Tiefland das ganze Jahr über zwischen 34 °C tagsüber und 22 °C in der Nacht bewegen. Im Bergland ist es merklich kühler. So steigt das Thermometer in den Cameron Highlands selten über 22 °C und auf dem Gunung Kinabalu kann es nachts sogar Frost geben. Das ganze Jahr über herrscht eine hohe Luftfeuchtigkeit, vor allem in den Wäldern im Landesinnern, die wie ein Schwamm die Feuchtigkeit speichern.

Ausschlaggebend für die zwei Jahreszeiten, die Trocken- und die Regenzeit, sind wechselnde Winde, die vom Meer kommend auf das Festland treffen. Dort steigen die Luftmassen auf und kühlen mit zunehmender Höhe immer stärker ab. Dadurch können sie weniger Wasser speichern, was kräftige Niederschläge zur Folge hat. Im europäischen Sommer steht die Sonne nahe dem nördlichen Wendekreis und sorgt in Malaysia für Wind aus Südwesten. Auf der malaiischen Halbinsel, die im Regenschatten der Insel Sumatra liegt, ist es dann bis auf den äußersten Nordwesten relativ trocken. Sobald sich die Sonne dem südlichen Wendekreis nähert, dreht der Wind, kommt nun aus Richtung Nordosten und trifft vom Südchinesischen Meer ungeschützt auf die Ostküsten von West- und Ostmalaysia, wo sich dann dunkle Monsunwolken entladen.

Über die aktuelle Wetterlage informiert z. B. die Webseite des meteorologischen Instituts: **www.met.gov.my.**

Beste Reisezeit

In **Westmalaysia** regnet es im Nordwesten überwiegend im April/Mai und September/Oktober, während es im Januar/Februar trocken ist. Zur gleichen Zeit sind auch die Niederschläge rings um Kuala Lumpur etwas höher. Südlich der Hauptstadt regnet es das ganze Jahr über gleichmäßig viel. Allerdings fällt die Regenzeit schwächer aus als im Norden, sodass die Region das ganze Jahr über

Klimadaten Kuala Lumpur

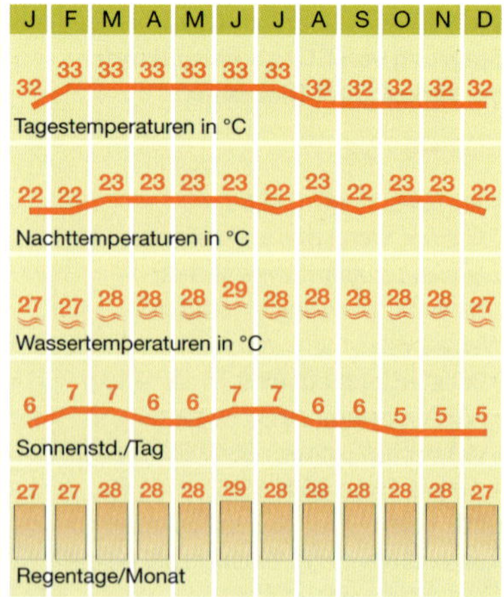

Klimadaten Kota Kinabalu

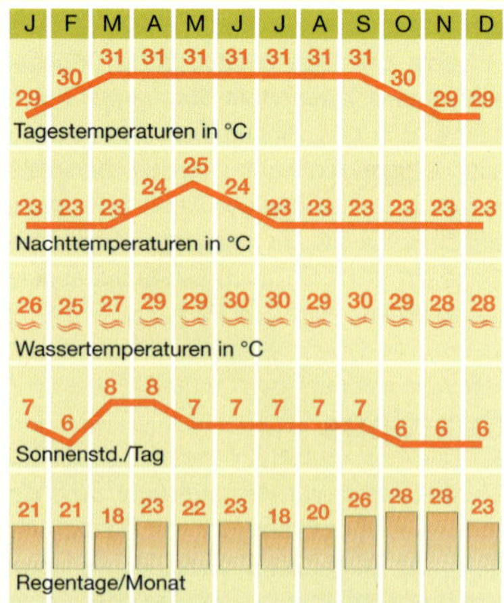

gut zu bereisen ist. Hingegen sollte man die nördliche Ostküste zwischen Kota Bharu und Kuantan sowie das Landesinnere von Oktober bis Februar meiden.

Auch **Ostmalaysia** hat je nach Ausrichtung der Küste ein anderes lokales Klima. Insgesamt fallen hier mehr als 3000 mm Niederschläge im Jahr (in Deutschland um 700 mm) und an vielen Orten regnet es an zwei von drei Tagen – mit Ausnahme der Trockenzeit während des Südwestmonsuns im Juli/August. Der regenreiche Nordostmonsun trifft besonders heftig von Oktober bis Februar das Gebiet rings um Kuching, auch in Sandakan wird es dann sehr nass. In Sabah sind Stürme selten, weshalb der Norden der Insel Borneo auch als Land unter dem Wind bezeichnet wird.

Während der Schulferien (s. S. 86) und Feiertage (s. S. 51) in Malaysia und Singapore sind viele Hotels und Verkehrsmittel ausgebucht, besonders am Ende des Ramadan und zum Chinesischen Neujahr.

Was sollte in den Koffer?

Dank des tropischen Klimas können dicke Jacken und Pullover zu Hause bleiben. Etwas Warmes zum Überziehen wird nur für klimatisierte Busse und Räume sowie Abstecher in die Berge benötigt. In konservativen Gegenden sollte die Kleidung locker sitzen, bei Frauen nicht zu tief ausgeschnitten sein und Oberarme sowie Oberschenkel bedecken. Abends bieten lange Hosen, Socken und langärmlige Hemden oder Blusen Schutz vor Moskitostichen. Die Badekleidung sollte nicht allzu freizügig sein, vor allem in der Nähe malaiischer Dörfer. Bei Einladungen wird Wert auf korrekte Garderobe gelegt. So tragen Chinesen weiße, blaue oder schwarze Kleidung nur bei Begräbnissen, hingegen gilt Rot als Farbe der Freude. In den meisten Hotels und Gästehäusern wird Wäsche innerhalb eines Tages gewaschen, wobei der Preis erheblich schwanken kann und in teuren Hotels am höchsten ist.

Wer wandern möchte, benötigt feste Schuhe. Ansonsten reichen Sandalen sowie ein Paar Flip-Flops, die an Pools und unter öffentlichen Duschen für eine bessere Hygiene sorgen. Vor Regen und Sonne schützt ein breitkrempiger Hut oder Schirm. Regenjacken sind ungeeignet, da sich unter ihnen die Hitze staut. Sonnenbrille und -creme gehören ebenso ins Gepäck wie ein Strandhandtuch, eine Taschenlampe für eventuelle Stromausfälle bzw. entlegene Orte ohne Elektrizität und Höhlenerkundungen, Papiertaschentücher (auch als Ersatz für evtl. nicht vorhandenes Toilettenpapier), das Handy, die Kamera mit Ladegerät, Speicherkarten und Adapter (s. unten) sowie eine Reiseapotheke (s. S. 100).

Den Pass, die Flugunterlagen und andere wichtige Papiere sollte man vor der Abreise scannen oder abfotografieren und an die eigene Mailadresse schicken, um im Fall eines Verlusts einen Nachweis zu haben. Geld und Kreditkarten werden am besten in einem Geldgurt dicht am Körper verstaut. Für Wanderungen empfiehlt sich ein Tagesrucksack, um die Hände frei zu haben. Es ist Geschmackssache, ob man lieber mit Koffer oder Rucksack unterwegs ist, auf alle Fälle sollte genügend Platz für die Einkäufe sein.

Elektrizität

Die Netzspannung beträgt 240 V und 50 Hz. In abgelegenen Langhäusern und einigen Unterkünften auf Inseln oder in Nationalparks wird der Strom von Generatoren erzeugt, die meist nur nachts in Betrieb sind. Deshalb sollten Fotografen einen zusätzlichen Akku mitnehmen. Für die Steckdosen ist ein Adapter erforderlich (dreipoliger Messerstecker). Die Steckdosen müssen vor dem Betrieb wie Lichtschalter eingeschaltet werden.

Gesundheit und Sicherheit

Gesundheit

Vorsorge

Neben dem üblichen Standardimpfschutz gegen Polio, Tetanus und Diphterie ist eine Impfung gegen Hepatitis A und B sowie gegen Tollwut ratsam. Die von Tropeninstituten empfohlenen Impfungen gegen Typhus und Japanische Enzephalitis sind erst bei längeren Reisen in ländlichen Regionen angebracht. Weitere Tipps finden sich auf folgenden Websites: Auswärtiges Amt, **www.auswaertiges-amt.de,** Centrum für Reisemedizin, **www.crm.de,** Die Reisemedizin, **www.die-reisemedizin.de,** Fit for travel, **www.fit-for-travel.de,** Robert-Koch-Institut, **www.rki.de.**

Auf dem Langstreckenflug verringert sich durch den Bewegungsmangel der Blutfluss, wodurch es bei gefährdeten Personen zu Embolien kommen kann. Dagegen hilft Bewegung, viel Wasser trinken und notfalls Kompressionsstrümpfe tragen. Wer bis zum Abflug im Alltagsstress gefangen war, sollte am Zielort ruhig starten und dem Körper die Möglichkeit geben, sich an das tropische Klima und die Zeitumstellung zu gewöhnen.

Reiseapotheke

Alle Dauermedikamente sollten in ausreichender Menge mitgenommen werden. Zudem gehören in die Reiseapotheke: Sonnen- und Mückenschutzmittel (No Bite, Autan Family), Pflaster, Verbandszeug, Wunddesinfektionsmittel, Salben gegen Juckreiz, Entzündungen und Pilzinfektionen, Schmerzmittel ohne Acetylsalicylsäure (da diese bei Dengue-Fieber gefährlich ist), Mittel gegen Durchfall, Verstopfung und Sodbrennen, fiebersenkende Mittel, Elektrolytpulver zur Rückführung von Mineralien, Augentropfen, das Hausmittel bei Erkältung und ein Fieberthermometer. Gegebenenfalls kann man bei längeren Reisen durch Ostmalaysia auch ein Malariamittel zur Stand-by-Therapie (Lariam, Malarone, Riamet) einpacken.

Krankenversicherungsschutz

Da Krankenkassen die Kosten für medizinische Behandlungen in Malaysia in der Regel nicht erstatten, empfiehlt sich der Abschluss einer Auslandskrankenversicherung. Sofern sie nicht im Kreditkartenvertrag enthalten ist, kann sie bei vielen Kassen gesondert abgeschlossen werden und kostet jährlich um 10 €, wobei die Aufenthaltsdauer pro Reise begrenzt ist. Empfehlenswert ist beispielsweise die Debeka, www.debeka.de (6 €/Jahr, max. 70 Tage Reisedauer). Eine Auslandskrankenversicherung erstattet bei akuten Krankheiten alle Ausgaben, wenn nach der Rückkehr die entsprechenden Belege eingereicht werden. Bei hohen Unkosten rechnen einige internationale Krankenhäuser direkt mit den Versicherungen ab. Die Behandlung chronischer Krankheiten sowie Zahnbehandlungen, die über einen Notfall hinausgehen, sind normalerweise nicht erstattungsfähig.

Vorsichtsmaßnahmen im Land und Gesundheitsgefahren

Bei allen Aktivitäten im Freien sind ausreichend Trinkwasser sowie Hut und Sonnenbrille unentbehrlich. Ansonsten reagiert der Körper auf die hohe Sonneneinstrahlung und den Wassermangel unter Umständen mit Kopfschmerzen, Fieber und Übelkeit, selbst bei bedecktem Himmel. Kommen Erbrechen und Orientierungslosigkeit hinzu, könnte es ein Hitzeschlag sein, der sofort von einem Arzt behandelt werden muss.

Um Hautkrebs vorzubeugen, sollte man eine Sonnencreme mit hohem Schutzfaktor benutzen. Nicht zu unterschätzen ist die Erkältungsgefahr durch Klimaanlagen. Sind sie zu kalt eingestellt, hilft nur eine warme Jacke.

Bei empfindlichen Mägen kann bereits der lange Flug und die Umstellung auf das ungewohnte Essen für Irritationen sorgen. Wenn sie länger als drei Tage anhalten, hilft ein Griff in die Reiseapotheke. Außerdem sollte man viel Wasser (kein Leitungswasser!) trinken

Variabel einsetzbar: Ein Regenschirm schützt auch prima vor der Sonne

und die Zufuhr von Salz nicht vergessen. Bei fiebrigen Durchfällen empfiehlt es sich, sofort einen Arzt aufzusuchen. Sicherheitshalber kann man auf ungeschältes Obst, Salate und anderes nicht ausreichend erhitztes Essen verzichten.

Wichtig ist der Schutz vor Stechmücken, die vor allem in der Regenzeit frühmorgens und zum Sonnenuntergang aktiv sind. Dann gilt es außerhalb klimatisierter Räume ein Mückenschutzmittel aufzutragen sowie lange Hosen, engmaschige Socken und langärmlige Blusen oder Hemden anzuziehen. Auch wenn Malaria kaum noch vorkommt, gibt es lokale Epidemien von Dengue- und – seltener – Chikungunya-Fieber, die durch Mückenstiche ausgelöst werden. Beide Viruserkrankungen verursachen nach einer Inkubationszeit von drei bis sieben Tagen Fieberanfälle mit Kopf- und Gelenkschmerzen sowie Hautausschläge. Sie sind nicht therapierbar, Paracetamol kann aber schmerzlindernd und fiebersenkend eingesetzt werden. Zum Schutz vor der durch Mücken übertragbaren Hirnhautentzündung Japanische Enzephalitis kann man sich bei einem längeren Aufenthalt in ländlichen Regionen impfen lassen. Wer sich gegen den seltenen Fall einer Malariainfektion in Gebieten ohne ärztliche Versorgung wappnen möchte, kann zur Überbrückung ein Stand-by-Medikament mitnehmen.

Unter locker sitzender Kleidung, die keinen Hitzestau verursacht, haben Hitzepickel und Hautpilze kaum eine Chance. Die Einheimischen verhindern starkes Schwitzen mit Talcum-Körperpuder. Pilzinfektionen treten bei Frauen in den Tropen häufiger auf, vor allem nach dem Bad in ungepflegten Swimmingpools.

Die tropische Kleintierwelt sorgt für mancherlei Verdruss. Häufiges Duschen und saubere Betten schützen vor Flöhen und Wanzen. Anhängliche Blutegel sind im feuchten Dschungel unangenehme, aber harmlose Begleiter. Es passiert sehr selten, dass Menschen von Giftschlangen oder Skorpionen gebissen werden, denn sie greifen nur an, wenn sie sich attackiert fühlen. Sofern an Stränden Sandfliegen vorkommen, deren Bisse über lange Zeit stark jucken, kann man die Haut mit viel Babyöl einreiben und sich nicht in den Sand, sondern auf ein großes Badetuch legen.

Im Meer sollten Kontakte mit Feuerkorallen, Steinfischen, Stachelrochen und Seeigeln gemieden werden. Quallen tauchen saisonal in allen Meeren auf und sind vor allem für allergisch reagierende Menschen ein ernsthaftes Problem. Schmerzhafte Stellen müssen sofort mit hochprozentigem Essig oder Cortisonspray behandelt werden.

Ärztliche Versorgung

Auf einigen Inseln und in abgelegenen ländlichen Gebieten ist die medizinische Versorgung nicht ausreichend. Im Notfall sollte man so schnell wie möglich versuchen in ein Krankenhaus zu kommen. Bei Standardverletzungen oder kleineren Blessuren ist auch auf die Krankenstationen und Praxen in ländlichen Regionen Verlass. Allerdings gibt es pro 1000 Einwohner in Malaysia dreimal weniger Ärzte als in Deutschland.

Krankenhäuser

Staatliche Krankenhäuser und Privatkliniken haben gut qualifizierte, Englisch sprechende Ärzte. In chinesischen Krankenhäusern, wo nach traditionellen Heilmethoden gearbeitet wird, gibt es manchmal kein Englisch sprechendes Personal, sodass ein Dolmetscher hilfreich ist.

Bei ernsthaften Problemen empfiehlt es sich, eines der privaten Krankenhäuser in Kuala Lumpur oder Singapore aufzusuchen, deren Ausstattung und Standard oft besser ist als in vergleichbaren mitteleuropäischen Einrichtungen. Die Behandlungskosten liegen zumeist unter denen im Heimatland, sodass sie von der Reisekrankenversicherung im Notfall erstattet werden. Bei einer Krankenhausbehandlung bekommt man dort auch die entsprechenden Medikamente.

Aufgrund der günstigeren Behandlungskosten lassen sich vor allem Langzeiturlauber in Malaysia die Augen lasern, zahnärztlich behandeln oder operativ verschönern, zumindest wenn dies daheim nicht von der Kasse bezahlt wird. Auch die Anfertigung von Brillen ist in Malaysia wesentlich günstiger als in Europa.

Raffles Hospital: 585 North Bridge Rd., Singapore, Tel. 63 11 15 55, 63 11 16 66, www.rafflesmedicalgroup.com.

Gleneagles Hospital: 282–286 Jln. Ampang, Kuala Lumpur, Tel. 03 42 57 13 00, http://gleneagleskl.com.my.

Apotheken und Drogerien

In allen Einkaufsstraßen und -zentren gibt es Filialen von Drogerieketten *(pharmacy),* die auch Medikamente verkaufen. Weit häufiger als in Deutschland sind diese nicht verschreibungspflichtig und zudem billiger. Neben Apotheken mit dem gängigen Angebot an westlichen Medikamenten verkaufen chinesische Apotheken Heilmittel der traditionellen Medizin. Die meisten öffnen von 9 bis 18 Uhr, einige bis 22 Uhr.

Sicherheit

Wer die üblichen Vorsichtsmaßnahmen beachtet, kann unbeschwert durch Malaysia reisen. Auch das wohlhabende muslimische Sultanat Brunei und der Stadtstaat Singapore sind sehr sichere Reiseländer. Dennoch gilt es auch hier einige Grundregeln zu beachten: Teurer Schmuck gehört nicht ins Reisegepäck. Auch iPads und Smartphones wecken Begehrlichkeiten und sollten nie im Zimmer oder am Pool unbeaufsichtigt liegen bleiben. Je wertvoller etwas ist, umso näher sollte man es am Körper tragen. Ein Schloss am Gepäck schützt vor Gelegenheitsdieben, wenn der Koffer oder der Rucksack auf Reisen aufgegeben oder in gemeinschaftlich genutzten Räumen abgestellt werden. Zusätzlich kann man das Gepäck mit einem Fahrradschloss anketten.

Ein Safe ist kein guter Platz, um Kreditkarten zu verwahren, denn es fällt nicht auf, wenn damit unerlaubt bezahlt wurde. Weitere Tipps zur Sicherheit bei Kreditkarten s. S. 96. Nach einem Diebstahl ist sofort bei der Polizei Anzeige zu erstatten, vor allem, wenn Kreditkarten oder gar der Pass verloren gegangen sind. Wer den Reisepass und den Einreisestempel nach seiner Einreise in Malaysia abfotografiert, kann im Falle eines Verlusts seine Identität einfacher nachweisen. Soll der Schaden anschließend durch eine Reisegepäckversicherung beglichen werden, ist ein in englischer Sprache abgefasstes Polizeiprotokoll erforderlich.

Vor allem in Kuala Lumpur und Penang ist Drogenbeschaffungskriminalität ein Problem. Touristen sollten sich vor Taschendieben in Acht nehmen und Taschen immer so umhängen, dass sie von vorüberfahrenden Motorradfahrern nicht weggerissen werden können. Wer selbst Motorrad fährt, sollte seine Tasche nicht in den häufig am Lenker angebrachten Korb legen, da sie mit einem Griff entwendet werden kann.

Notrufnummern

Polizei: 999 (Malaysia und Singapore)
Feuerwehr: 994 (Malaysia), 995 (Singapore)
Krankenwagen: 999 (Malaysia), 995 (Singapore)

Vorsicht ist angebracht, wenn sich Straßenbekanntschaften allzu freundlich nach den persönlichen Verhältnissen erkundigen und ›zufällig‹ Freunde oder Verwandte in Deutschland haben. Einige Besucher, die Einladungen in ein Privathaus angenommen hatten, wurden dort zu einem Kartenspiel überredet, bei dem es um hohe Beträge ging. Nach einer anfänglichen Glückssträhne hatten sie keine Möglichkeit mehr auszusteigen und wurden um viel Geld betrogen.

Auf vielen Nachtmärkten werden nachgemachte Markenwaren angeboten. Es ist klar, dass eine goldene Rolex für 25 € oder eine Casio G-Shock für 6 € nicht echt sein können, aber viele Kopien sind von so schlechter Qualität, dass man sich die Geldausgabe sparen kann. Zudem beschlagnahmt der Zoll in Deutschland alle illegalen Kopien. Besondere Vorsicht ist beim Kauf von Edelsteinen und teurem Schmuck geboten.

Die unterschiedlichen Moralvorstellungen der muslimischen und westlichen Welt bergen vor allem in Touristengebieten mit einer überwiegend malaiischen Bevölkerung einigen Zündstoff. Speziell Frauen sollten nicht allzu freizügig an einsamen Stränden spazieren gehen, da das durchaus als Aufforderung missverstanden werden könnte. Nacktbaden ist streng verboten und kann mit bis zu drei Jahren Gefängnis bestraft werden. Auch Homosexualität steht in Malaysia unter Strafe. Da die strenge Scharia-Gesetzgebung Muslime auch für sexuelle Handlungen bestraft, die bei uns gesellschaftlich akzeptiert werden, sollte man sich in der Öffentlichkeit zurückhaltend verhalten.

Internetcafés

Rund zwei Drittel aller Malaysier nutzen das Internet und in Touristenzentren ist Surfen eine der beliebtesten Abendbeschäftigungen. Der Zugang in Internetcafés kostet zumeist RM 2–6 pro Stunde, in vielen Hotels ist er kostenlos. Internetfreie Zonen auf Inseln und in Nationalparks werden zunehmend weniger, auch wenn die Verbindung über Funk teilweise langsam und teuer ist.

Mit dem Laptop und dem Smartphone unterwegs

Viele Unterkünfte werben mit WLAN bzw. Wi-Fi. Während die Nutzung in vielen Hostels kostenlos ist, kann das Einloggen in Vier- und Fünf-Sterne-Hotels sehr teuer werden. Kostenloses Surfen ist dagegen in immer mehr Cafés, Restaurants, Einkaufszentren und internationalen Fast-Food-Filialen möglich.

Post

Postämter haben Mo–Sa 8–17 Uhr geöffnet. Ansichtskarten nach Europa kosten RM 0,50, Briefe bis 20 g RM 1,50, für jede weiteren 10 g zahlt man RM 0,50. Die Sendungen erreichen die Empfänger in der Regel nach drei bis acht Tagen. Auch wenn die Post zuverlässig ist, sollten wertvolle Sendungen besser dem nationalen Kurierdienst Poslaju, www.poslaju.com.my, anvertraut werden.

Pakete bis maximal 20 kg können relativ günstig als Seefracht *(seamail, surface parcel)* verschickt werden, brauchen dann aber etwa sechs bis zehn Wochen. Ein Vielfaches kostet Luftfracht *(airmail),* die dafür nur maximal zwei Wochen unterwegs ist. Bei internationalen Paketsendungen wird eine Zollerklärung benötigt. Die aktuellen Postgebühren sind auf der Website www.pos.com.my zu finden. Da das Maximalgewicht der Postpakete auf 30 kg begrenzt ist, können schwerere Gegenstände mit G Excess Cargo von Airport zu Airport oder von Tür zu Tür verschickt werden. Näheres siehe www.gexcessworldwide.com.

Telefonieren

Öffentliche Fernsprecher sind eine aussterbende Spezies. Für Ortsgespräche werden sie mit 10-Sen-Münzen pro zehn Minuten Sprechzeit gefüttert. Von Fernsprechern verschiedener Gesellschaften sind internationale Gespräche mit einer Telefonkarte der jeweiligen Company möglich, die an Kiosken oder bei der Post für RM 5–50 erhältlich ist. In einigen Internetcafés kann man preiswerte internationale Gespräche über Skype führen.

Wesentlich üblicher und bequemer ist es, mit dem Handy zu telefonieren. Da Roaming außerhalb der EU nach wie vor sehr teuer ist, lohnt sich eine malaysische Prepaid-SIM-Card von Hotlink (Maxis), www.hotlink.com.my, oder Xpax (Celcom), www.xpax.com.my. Sie wird in vielen Telefonläden verkauft und gleich installiert, sofern das Handy kein SIM-Lock besitzt. Mit den Sondervorwahlen 132 (Hotlink) oder 131 (Celcom) sind internationale Gespräche ins deutsche, Schweizer oder österreichische Festnetz ab 20 Sen pro Minute möglich und damit teilweise billiger als ein lokales Gespräch.

Wer günstig aus dem Ausland nach Malaysia telefonieren möchte, kann sich im Internet über die Möglichkeiten informieren: Telekom-Kunden unter www.teltarif.de oder www.billiger-telefonieren.de, Kunden anderer Netzbetreiber über Unicall, www.unicall.de, oder EasyTelecom, www.easytelecom.de.

Internationale Vorwahlnummern: Deutschland 0049, Österreich 0043, Schweiz 0041, Malaysia 0060, Brunei 00673 und Singapore 0065.

Selbst am Strand ist Erreichbarkeit das höchste Gebot

Fernsehen und Radio

Die kostenlosen staatlichen Fernsehprogramme (RTM) senden in Malaiisch und anderen Landessprachen überwiegend einheimische Beiträge und können auch als Lifestream im Internet unter www.rtm.gov.my empfangen werden. Auf bestimmte Zielgruppen zugeschnitten sind die kostenlosen, mit viel Werbung gespickten Privatsender. Großer Beliebtheit erfreut sich TV3, www.tv3.com.my, der auf Englisch und Malaiisch sendet. NTV7, www.ntv7.com.my, lockt mit einer Mischung aus Hongkongfilmen, Serien und Talkshows auch in Mandarin. Das Programm von 8TV, www.8tv.com.my, ist vor allem für Chinesen und TV9, www.tv9.com.my, für gläubige Muslime gestaltet. Die meisten Hotels haben zudem englischsprachige Satellitenprogramme. Über Astro TV, www.astro.com.my, kann eine große Bandbreite an Film-, Familien-, Nachrichten-, Doku-, Musik- und Sportkanälen empfangen werden, z. B. der Musikkanal Channel [V], HBO Southeast Asia, NTV, Star Movies, The Disney Channel und die Deutsche Welle (DW TV), www.dw.de, die rund um die Uhr auf Deutsch und Englisch Nachrichten, Talkshows sowie Magazine der deutschen staatlichen Programme zeigt. Der Filmkanal Vision Four, www.visionfour.com, unterhält ebenfalls rund um die Uhr mit einem alle drei Stunden wechselnden Programm aus Blockbustern und Dokumentarfilmen.

Auf verschiedenen Kurzwellenfrequenzen sind BBC, www.bbc.co.uk, sowie die Deutsche Welle, www.dw.de, in Malaysia zu empfangen. Lokale englischsprachige Musiksender sind TRAXXfm, www.traxxfm.net, Fly FM, www.flyfm.com.my, und red fm, www.red.fm, die auch über Internet gehört werden können.

Zeitungen

An Kiosken werden etwa 40 regionale und überregionale Zeitungen in Englisch, Malaiisch, Chinesisch und Tamil verkauft. Landesweit sehr verbreitet sind die Tageszeitungen Utusan Malaysia und Berita Harian in Bahasa Malaysia sowie die englischsprachigen Tageszeitungen New Straits Times, www.nst.com.my, und The Star, http://thestar.com.my. Kritische Artikel, die man dort vergeblich sucht, stehen in der Online-Zeitung malaysiakini, www.malaysiakini.com.

Sprachführer

Ausspracheregeln

Bahasa Malaysia bzw. Malaiisch wird ähnlich wie das Deutsche ausgesprochen. Die Betonung liegt auf der ersten Silbe.

a	im Wort kurz, am Wortende lang
c	wie deutsches tsch mit deutlichem t
e	wie ›gestern‹, aber auch wie ›gehen‹
ch	wie deutsches tsch
j	weiches dsch
kh	wie deutsches k
ng	wie in ›Hunger‹
ny	wie in ›Champagner‹
r	gerolltes r
y	wie deutsches j

Allgemeines

Guten Morgen!	Selamat pagi!
Guten Tag (mittags)!	Selamat tengah hari!
Guten Tag (nachmittags)!	Selamat petang!
Guten Abend!	Selamat malam!
Gute Nacht!	Selamat tidur!
Auf Wiedersehen (zu dem, der bleibt).	Selamat tinggal.
Auf Wiedersehen (zu dem, der geht).	Selamat jalan.
Wir sehen uns wieder.	Sampai jumpa lagi.
danke	terima kasih
Antwort: desgleichen	sama-sama
bitte (fordernd)	tolong
bitte (bittend)	minta
bitte (anbietend)	silah
Keine Ursache!	Tidak apa apa!
ja	ya
nein (bei Substantiven)	tidak (bukan)
Gut, okay!	Baiklah!
Entschuldigung (nachträglich)!	Minta maaf!
Entschuldigung (vorsorglich)!	Permisi!
ich	aku, saya
Sie (höflich, männlich)	saudara
Sie (höflich, weiblich)	saudari
sie (allgemein)	anda

Unterwegs

Bus	bas
Busbahnhof	setesen, terminal bas
Bahnhof	setesen kereta api
Taxiplatz	perhentian teksi
Überlandtaxi	kereta sewa
Schiff	kapal laut
Hafen	pelabuhan
Bootsanlegestelle	pengkalan
Flughafen	lapangan terbang
Fahrkarte	tiket
Auto	kereta
Straße	jalan
Brücke	jembatan
Tankstelle	pam petrol
Abzweigung	simpang
geradeaus	terus
links	kiri
rechts	kanan
Achtung!	Awas!
geöffnet	buka
geschlossen	tutup

Zeit

Stunde	jam
Tag	hari
Woche	minggu
Monat	bulan
Jahr	tahun
heute	hari ini
morgen	besok
gestern	kemarin
jetzt	sekarang
später	selang/nanti
noch nicht	belum
vor, bevor	sebelum
Montag	hari isnin
Dienstag	hari selasa
Mittwoch	hari rabu
Donnerstag	hari kamis
Freitag	hari jumaat
Samstag	hari sabtu
Sonntag	hari ahad, hari minggu
Feiertag	hari cuti, hari libur

Notfall

Hilfe!	Bantu!
Polizei	polisi
Krankenhaus	hospital
Krankenwagen	ambulans
Feuerwehr	bomba
Arzt	doktor
Apotheke	farmasi
Drogerie	kedai ubat
Medizin	ubat
Unfall	malangan
krank	sakit

Übernachten

Zimmer	bilik
1/2 Personen	untuk satu/dua orang
Bad	bilik mandi
Handtuch	tuala
Seife	sabun
Toilette	tandas, WC
Toilettenpapier	kertas WC
Schlüssel	kunci
Moskitonetz	kelambu

Einkaufen

Geschäft	toko, kedai
Markt	pasar
Geld	wang, duit
Geldautomat	ATM
kaufen	beli
verkaufen	(men)jual
billig	murah
teuer	mahal
heruntergehen	turun
hochgehen	naik
Größe	besarnya

Zahlen

0	kosong
1	satu
2	dua
3	tiga
4	empat
5	lima
6	enam
7	tujuh
8	delapan
9	sembilan
10	sepuluh
11	sebelas
12	dua belas
20	dua puluh
30	tiga puluh
100	seratus
200	dua ratus
1000	– seribu
2000	– dua ribu

Die wichtigsten Sätze

Allgemeines

Herzlich willkommen!	Selamat datang!
Wie geht es Ihnen?	Apa khabar?
Mir geht es gut.	Khabar baik.
Ich bin krank.	Saya sakit.
Wie heißt das in Malaiisch?	Apa namanya di bahasa Malaysia?
Sprechen Sie Englisch/Malaiisch?	(Ber-)cakap bahasa Ingris/Malaysia?
Ich verstehe nichts!	Saya tidak faham!
Ich lerne malaiisch.	Saya belajar Bahasa Malaysia.
Wie heißen Sie?	Siapa namanya?
Mein Name ist …	Nama saya …
Woher kommen Sie?	Anda dari mana?
Woher stammen Sie?	Asli/Asal dari mana?
Deutschland	Jerman
Österreich	Austria
Schweiz	Swiss

Unterwegs

Wo ist …?	Di mana …?
Wie komme ich zu/nach …?	Di mana jalan ke …?
Können Sie mir bitte helfen?	Tolong …?
Ich brauche …	Saya perlu …
Ich gehe nach …	Saya pergi ke …

Übernachten

Wo gibt es ein Hotel?	Di mana ada hotel?
Haben Sie Zimmer frei?	Ada bilik kosong?
Wie viel kostet es?	Berapa harganya?
Ich möchte bezahlen.	Saya mau bayar.

Natur pur garantiert ein Ausflug in Malaysias Regenwald, dem ältesten der Erde

Unterwegs in Malaysia

Die beste Aussicht auf Kuala Lumpurs Wahrzeichen, die Petronas Twin Towers, genießt man von der Sky Bar im 33. Stock des Traders Hotel

Kapitel 1

Kuala Lumpur und die südliche Halbinsel

Ankommenden vermittelt der internationale Flughafen südlich von Kuala Lumpur einen ersten Eindruck von der modernen Seite des Tropenlands. Dann geht es auf mehrspurigen Highways oder in der Schnellbahn vorbei an endlosen Ölpalmplantagen, stillgelegten Zinnminen, Vorstädten und Vergnügungsparks in die Hauptstadt im Herzen des Klang Valley. Hier leben Malaien, Chinesen, Inder und Migranten aus Asien und Europa Tür an Tür. Sie alle genießen die kulinarischen Leckerbissen der chinesischen Garküchen ebenso wie der indischen Banana-Leaf-Restaurants, feiern gemeinsam die großen Feste und treffen sich beim Einkaufsbummel in gigantisch großen, klimatisierten Einkaufszentren oder auf einem der traditionellen Märkte. In der City locken Aussichtspunkte, Parks, Museen, ein Aquarium und am Stadtrand ein hinduistischer Höhlentempel sowie ein beeindruckendes Dschungelgebiet.

Südlich von Kuala Lumpur erstreckt sich die neue, aus dem Boden gestampfte Verwaltungshauptstadt Putrajaya, ganz in der Nähe von Seremban, wo bereits seit Jahrhunderten Minangkabau aus Westsumatra siedeln. Melakas turbulente Geschichte wird auf einem Rundgang durch die Altstadt und in zahlreichen Museen erlebbar. Für den entsprechenden Überblick sorgt ein Panoramaturm, für das leibliche Wohl viele kleine Restaurants und für das Einkaufsvergnügen ein Wochenend-Nachtmarkt sowie zahllose Geschäfte voller Antiquitäten und Kunstgewerbe.

Nach so viel Kultur hat man sich ein paar erholsame Tage auf Pulau Tioman verdient. Die Tropeninsel begeistert mit palmengesäumten Stränden, guten Bademöglichkeiten, Korallenriffen, Dschungelgebieten und 1000 m hohen Bergen.

Auf einen Blick

Kuala Lumpur und die südliche Halbinsel

Sehenswert

1 **Kuala Lumpur und Umgebung:** Im Zentrum der Hauptstadt konzentrieren sich chinesische und indische Tempel sowie beeindruckende Moscheen, hervorragende Restaurants, belebte Märkte und hypermoderne Einkaufszentren, während vor den Toren der Metropole vielfältige Ausflugsmöglichkeiten locken (s. S. 114).

2 **Melaka:** Keine andere Stadt Malaysias blickt auf eine derart ereignisreiche Geschichte zurück (s. S. 142).

3 **Pulau Tioman:** Die Tropeninsel ist ein ideales Ziel, um zu entspannen und eine vielfältige Natur zu erkunden – vom artenreichen Korallenriff bis zum dichten Dschungel (s. S. 159).

Schöne Routen

Rundgang durch Kuala Lumpurs Chinatown: In diesem alten Viertel kann man am Fluss entlang zum Central Market bummeln, chinesische und indische Tempel besichtigen, auf dem Nachtmarkt einkaufen und essen gehen (s. S. 118).

Spaziergang durch das koloniale Melaka: An keinem anderen Ort Malaysias lassen sich so dicht beieinander die Reste der überaus turbulenten Kolonialgeschichte des Landes besuchen (s. S. 142).

Unsere Tipps

Islamic Arts Museum – Schätze des Orients in Kuala Lumpur: Textilien, Messingarbeiten, Kalligrafien und andere Kunstwerke aus verschiedenen asiatisch-islamischen Ländern werden auf vier Stockwerken hervorragend präsentiert (s. S. 123).

KL City Centre – Sightseeing unter den Petronas Twin Towers: Eines der höchsten Gebäude der Welt steht in Kuala Lumpur und beherbergt neben zahllosen Läden auch ein Aquarium, mehrere Museen und Galerien sowie zwei Aussichtsplattformen (s. S. 125).

Batu Caves – Höhlen für Hindugötter: Vor den Toren der Hauptstadt liegt das wichtigste hinduistische Heiligtum Malaysias, das zum Thaipusam-Fest von über 1 Mio. Pilgern besucht wird (s. S. 138).

aktiv unterwegs

Elefanten füttern, reiten und waschen in Kuala Gandah: Da der Lebensraum der Dickhäuter immer kleiner wird, haben heimatlose Tiere in diesem Zentrum eine Bleibe gefunden und können von einer begrenzten Zahl an Besuchern bestaunt werden (s. S. 139).

Tauchen und Schnorcheln vor Pulau Tioman: Einige Tauchschulen der Insel blicken auf eine lange Tradition zurück, denn selbst nach vielen Tauchgängen überrascht die Inselwelt immer wieder aufs Neue (s. S. 162).

1 Kuala Lumpur und Umgebung

Die höchsten Zwillingstürme der Welt dominieren die Skyline von Malaysias Hauptstadt, wo Hochbahnen und Schnellstraßen gediegene Kolonialbauten mit futuristischen Konstruktionen aus Glas und Edelstahl verbinden. Nur wenige Kilometer außerhalb dieser modernen Welt pflegen die für ihre Holzschnitzereien bekannten Mah Meri noch ihre animistischen Traditionen.

Nirgends sonst in Malaysia sind Reisen zu verschiedenen Kulturen über so geringe Distanzen möglich, sind die Lebenswege der Menschen so mannigfach, die Unterschiede zwischen den Generationen so groß wie in Kuala Lumpur. Man braucht nicht erst einen redseligen Taxifahrer zu treffen, der auf den wenigen Kilometern zum Ziel seine verwickelte Familiengeschichte ausbreitet. Es genügt ein Spaziergang durch zwei Viertel, die nicht unterschiedlicher sein könnten wie der lokale Milchtee Teh Tarik und Cafè Latte: Chinatown und Bukit Bintang, besser bekannt als das Goldene Dreieck.

In der heutigen Chinatown, wo die Stadt 1857 ihren Anfang nahm, verfallen Fassaden, sträubt sich der Rest des alten Kuala Lumpur gegen den Abriss. Unter den Arkaden sitzen Schuhmacher, die schnell für ein paar Ringgit Schuhe reparieren. Die Läden der zwei- bis dreistöckigen chinesischen Geschäftshäuser dienen ihren Besitzern gleichzeitig als

Im Stadtzentrum sorgt die Monorail für ein stressfreies Vorankommen

Wohnstube, und das bereits seit Generationen. Auf den wenigen ruhigeren Plätzen zwischen den viel befahrenen Straßen treffen sich sonntags Hunderte legaler und illegaler Gastarbeiter aus den ärmeren Nachbarländern, für die diese Welt heimischer und bezahlbarer ist als die des modernen Kuala Lumpur wenige Kilometer entfernt. Dort, in Bukit Bintang, hat der neue Wohlstand eine Welt aus Chrom und Glas in die Höhe schießen lassen, die Welt der klimatisierten Einkaufszentren und weltweit vernetzten Büros. In der Mittagspause flanieren Tausende Angestellte in smarten Outfits durch ihr künstlich gestaltetes Umfeld, in dem sie alles finden, was sie zum Leben brauchen: vom Parkhaus für den Mittelklassewagen über den Friseur und Fitnesscenter bis zum Food Center fürs Mittagessen und den Restaurants für die Abendgestaltung. Hier erinnert nichts mehr an das traditionelle Kuala Lumpur mit seinen rustikalen Coffee Shops, stattdessen wird das Viertel geprägt von der höchsten Starbucks-Dichte des Landes und einem ziemlich gehobenen Preisniveau.

Orientierung

Das Herz der Stadt bildet Kuala Lumpurs **Chinatown** am Ostufer des Sungai Kelang. Nördlich davon liegen das **Kolonialviertel** und **Little India,** im Osten grenzt das **Goldene Dreieck** an, Kuala Lumpurs modernes Geschäftszentrum **Bukit Bintang.** Jenseits des Flusses und breiter Straßen erstreckt sich im Westen der weitläufige **Tun Abdul Razak Heritage Park,** an den im Süden, nahe dem Hauptbahnhof KL Sentral, das indisch geprägte **Brickfields** anschließt.

Kolonialviertel und Little India ►3, D 2

Cityplan: S. 117
Ein Besuch des historischen Viertels um den Merdeka Square gehört zum Standardprogramm einer Malaysiareise, denn hier bekommt man einen guten Eindruck von den Anfängen der Stadt. Ein Großteil der Gebäude steht am unscheinbaren und doch bedeutsamen Zusammenfluss des Sungai Kelang und Sungai Gombak, wo Mitte des 19. Jh. Boote aus den Straits Settlements Waren für die nahen Zinnminen anlandeten. Die erste Siedlung rings um die Anlegestelle und den Marktplatz, den heutigen Merdeka Square, am Ostufer des Sungai Gombak erhielt den Namen Kuala Lumpur, ›Schlammiger Zusammenfluss‹. Gegen die anfänglichen Widerstände der malaiischen Fürsten verdankt die Stadt ihre rasante Entwicklung einem geschäftstüchtigen Chinesen, dem legendären Yap Ah Loy (s. S. 120).

Merdeka Square 1

Auf dem großen, zentralen **Merdeka Square** (Datarang Merdeka) wurde 1957 vom damaligen Premierminister Tunku Abdul Rahman die Unabhängigkeit proklamiert, weshalb er den Namen Datarang Merdeka (›Unabhängigkeitsplatz‹) erhielt. Der hier 100 m in den Himmel ragende Fahnenmast gilt als einer der höchsten der Welt. Nach Sonnenuntergang flanieren die Menschen um den Springbrunnen und genießen die abendliche Abkühlung.

Der Merdeka Square liegt auf der Strecke der Hop-on Hop-off City Tour, eines Busses, der an zahlreichen touristenrelevanten Punkten in Kuala Lumpur hält (s. S. 137).

Kuala Lumpur City Gallery 2

Auf der Südseite des Merdeka Square beherbergt ein markantes Verwaltungsgebäude im indischen Mogulstil die private **Kuala Lumpur City Gallery.** Mithilfe historischer Stadtpläne und Fotos sowie interaktiver Modelle und einem großen Diorama lässt sich die Entwicklung der Stadt gut nachvollziehen. Faszinierend ist das maßstabgerechte Holzmodell des Großraums Kuala Lumpur inkl. aller Neubauprojekte, ein kleines Meisterwerk der Betreiberfirma des Museums, die sich auf die Herstellung von Holzmodellen spezialisiert hat. Besucher können auch einen Blick in die Werkstätten werfen und einige der Pro-

Kuala Lumpur – Zentrum

Sehenswert
1 Merdeka Square
2 Kuala Lumpur City Gallery
3 Sultan Abdul Samad Building
4 Selangor Club
5 Masjid Jamek
6 Straßenmarkt
7 Masjid India
8 Lebuh Ampang
9 Lorong Bandar 1
10 Central Market
11 The Annexe@Central Market
12 See Yeoh Temple
13 Nachtmarkt
14 Sri Mahamariamman Temple
15 Dayabumi Complex
16 Masjid Negara
17 – 21 s. Karte S. 122
22 – 26 s. Karte S. 126

Übernachten
1 – 12 s. Karte S. 126
13 Back Home

Essen & Trinken
1 – 3 s. Karte S. 126
4 s. Karte S. 122
5 Old China Café
6 Café Art@The Warehouse
7 s. Karte S. 126
8 s. Karte S. 122
9 s. Karte S. 126

Einkaufen
1 – 6 s. Karte S. 126
7 s. Karte S. 122
8 s. Karte S. 126
9 Purple Cane Tea Art Centre
10 Saanthi Silks
11 Peter Hoe Beyond

Abends & Nachts
1 – 5 s. Karte S. 126
6 – 9 s. Karte S. 122

Aktiv
1 – 4 s. Karte S. 122

dukte in einem Shop erwerben (Tel. 03 26 98 33 33, www.klcitygallery.com, tgl. 8–18 Uhr, Eintritt frei, Hop-on-Hop-off-Bus Stopp 17).

Sultan Abdul Samad Building 3

Eines der augenfälligsten Gebäude der Stadt ist das von A. C. Norman im maurischen Stil entworfene, zwischen 1894 und 1897 erbaute **Sultan Abdul Samad Building** mit seinem 41 m hohen Glockenturm. Hier hat heute das Ministerium für Information, Kommunikation und Kultur seinen Sitz. Das Gebäude gehört zum Reigen der Kolonialbauten um den Merdeka Square, die abends bunt angestrahlt werden und eine würdige Kulisse für Großveranstaltungen am Nationalfeiertag und zu anderen Anlässen bieten.

Selangor Club 4

Bereits 1880 ließ sich der erste britische Resident in Kuala Lumpur nieder. Wenige Jahre später entstand etwas oberhalb vom Merdeka Square der **Selangor Club,** ein Treffpunkt der britischen Oberschicht, zu dem u. a. ein Hockey- und Cricketplatz, ein Swimmingpool sowie ein großes Billardzimmer gehören. Das wunderbare, im englischen Tudorstil errichtete Gebäude erfüllt noch heute seinen alten Zweck, wenngleich es inzwischen viele neue und zeitgemäßere Etablissements gibt, in denen sich die ›gute Gesellschaft‹ zu treffen pflegt.

Masjid Jamek 5

Kokospalmen flankieren die kleine **Masjid Jamek,** die 1909 im nordindisch-muslimischen Stil direkt am Zusammenfluss von Sungai Kelang und Sungai Gombak erbaut wurde. Die Moschee verdankt ihre ansprechende orientalische Architektur dem britischen Architekten A. B. Hubback, der auch für einige andere Gebäude in Malaysia verantwortlich zeichnet, u. a. den Bahnhof in Ipoh (s. S. 181). Außerhalb der Gebetszeiten kann der Innenhof der Moschee in entsprechender Kleidung, die man vor Ort leihen kann, besichtigt werden (Sa–Do 8–12.30, 14.30–16, Fr 15–16 Uhr, LRT-Umsteigestation Masjid Jamek).

Little India

Nördlich und östlich der Jamek-Moschee, zwischen der Jalan Tuanku Abdul Rahman und der Jalan Tun H. S. Lee, weht in **Little India** ein Hauch von Indien durch die Straßen. Der Geruch von Räucherstäbchen, Curry und Jasminblüten liegt in der Luft. Aus zahlreichen Geschäften schallen lautstark hinduistische Mantras oder Bollywoodmusik. Neben duftenden exotischen Würzmischungen wer-

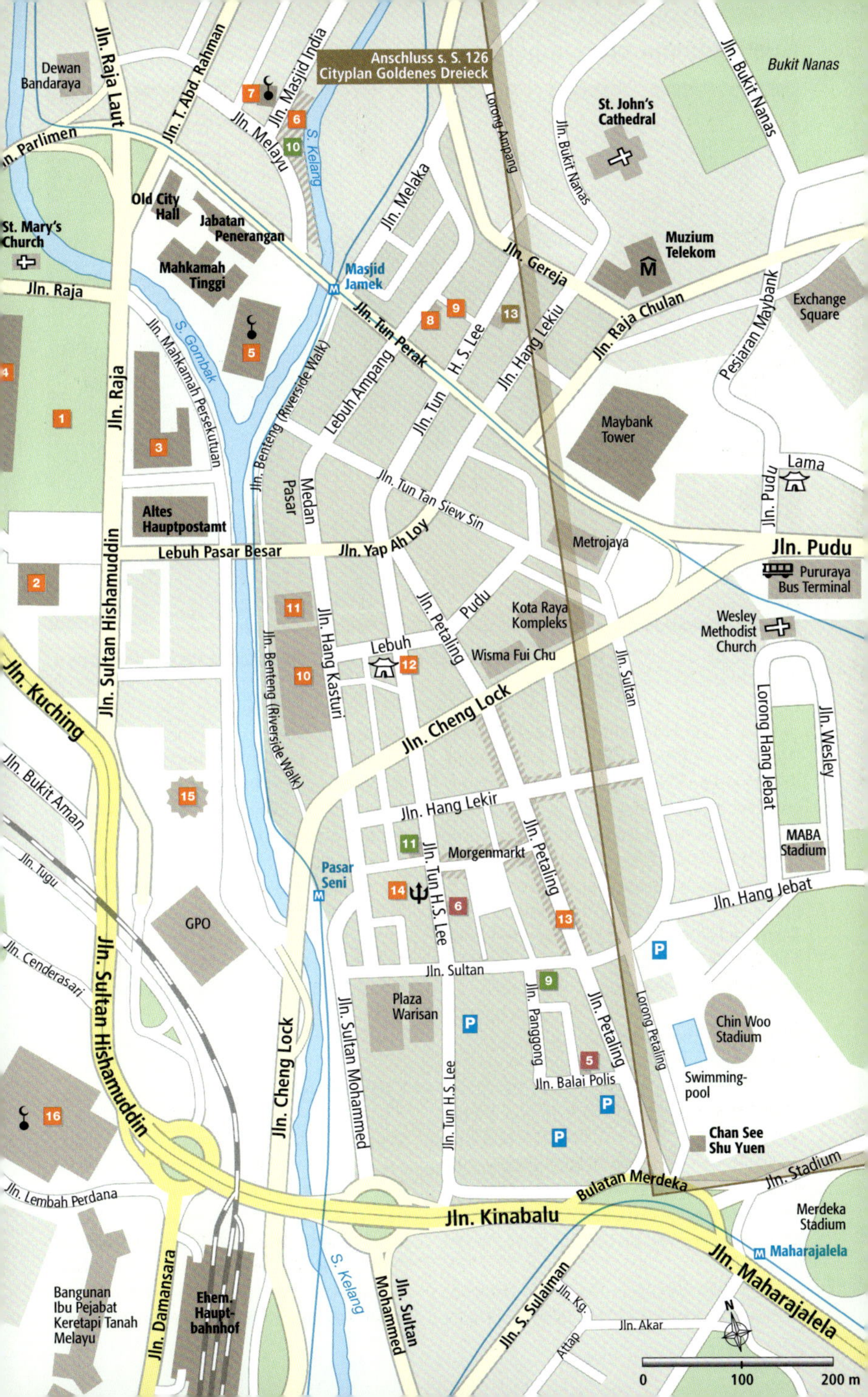

Anschluss s. S. 126
Cityplan Goldenes Dreieck
Dewan Bandaraya
Jln. Raja Laut
Jln. T. Abd. Rahman
Jln. Masjid India
Jln. Melayu
S. Kelang
Lorong Ampang
Jln. Bukit Nanas
Bukit Nanas
St. John's Cathedral
Jln. Parlimen
Old City Hall
Jabatan Penerangan
St. Mary's Church
Mahkamah Tinggi
Jln. Raja
Masjid Jamek
Jln. Melaka
Jln. Gereja
Muzium Telekom
Exchange Square
Jln. Raja Chulan
Pesiaran Maybank
Jln. Tun Perak
H. S. Lee
Jln. Hang Lekiu
Lebuh Ampang
Jln. Tun
Jln. Mahkamah Persekutuan
S. Gombak
Jln. Raja
Jln. Benteng (Riverside Walk)
Maybank Tower
Lama
Jln. Pudu
Pasar
Medan
Jln. Tun Tan Siew Sin
Altes Hauptpostamt
Lebuh Pasar Besar
Jln. Yap Ah Loy
Metrojaya
Jln. Pudu
Pururaya Bus Terminal
Jln. Sultan Hishamuddin
Jln. Petaling
Pudu
Kota Raya Kompleks
Wesley Methodist Church
Jln. Hang Kasturi
Lebuh
Wisma Fui Chu
Jln. Sultan
Jln. Kuching
Jln. Cheng Lock
Lorong Hang Jebat
Jln. Wesley
Jln. Benteng (Riverside Walk)
Jln. Bukit Aman
Jln. Hang Lekir
Jln. Petaling
MABA Stadium
Jln. Tugu
Morgenmarkt
Pasar Seni
Jln. Tun H.S. Lee
Jln. Hang Jebat
GPO
Jln. Cenderasari
Jln. Sultan Hishamuddin
Jln. Sultan
Plaza Warisan
Jln. Panggong
Jln. Petaling
Lorong Petaling
Chin Woo Stadium
Jln. Cheng Lock
Jln. Sultan Mohammed
Jln. Tun H.S. Lee
Jln. Balai Polis
Swimming-pool
Chan See Shu Yuen
Bulatan Merdeka
Jln. Stadium
Jln. Lembah Perdana
Jln. Kinabalu
Merdeka Stadium
Maharajalela
Jln. Maharajalela
Bangunan Ibu Pejabat Keretapi Tanah Melayu
Jln. Damansara
Ehem. Hauptbahnhof
S. Kelang
Jln. Sultan Mohammed
Jln. S. Sulaiman
Jln. Kg. Attap
Jln. Akar
N
0
100
200 m

Perfekt für ein kaltes Bier in lauer Abendluft: die Straßenrestaurants in Chinatown

den Saris und kragenlose Hemden *(kurtas)*, Poster von Göttern und Filmhelden, bunte Armreifen *(bangles)* und Goldschmuck feilgeboten. In kleinen Restaurants backen dunkelhäutige Tamilen Fladenbrote und servieren Currygerichte auf Bananenblättern.

In der **Jalan Melayu** betrieben schon immer südindisch-muslimische Gewürz- und Textilhändler sowie hinduistische Geldverleiher aus Chettinad in Tamil Nadu ihre Geschäfte. Auf einem kleinen, verkehrsberuhigten Platz zwischen Straße und Fluss hat sich ein muslimischer **Straßenmarkt** 6 angesiedelt, auf dem es sich entspannter bummeln lässt als auf dem Pendant in der Chinatown.

Direkt gegenüber erhebt sich die älteste Moschee der Stadt, die bereits 1863 von muslimischen Händlern im südindischen Stil erbaute dreistöckige **Masjid India** 7**,** noch immer die einzige Gebetsstätte der muslimischen Tamilen in Kuala Lumpur (www.masjidindia.com).

Folgt man der Jalan Melayu in östlicher Richtung und quert auf der Jalan Tun Perak den Sungai Kelang, so wird bald danach die Querstraße **Lebuh Ampang** 8 erreicht, in der noch einige der ältesten zweistöckigen Geschäftshäuser Kuala Lumpurs stehen. Wer danach durch die **Lorong Bandar 1** 9 Richtung Jalan Tun H. S. Lee spaziert, wird in trauter Gemeinschaft auf engstem Raum einen chinesischen, einen malaiischen und einen indischen Essenstand entdecken, weshalb die Gasse in Anlehnung an die gleichnamige politische Kampagne (s. S. 42) 1Malaysia genannt wird.

Chinatown ►3, D 2

Cityplan: S. 117
Kaum ein Besucher lässt sich einen Bummel über den Nachtmarkt der **Chinatown** entgehen. Wer dem dichten Gedränge entfliehen möchte, kann auf dem **Riverside Walk** am Fluss entlangschlendern oder sich in der Jalan Tun H. S. Lee unter die Gläubigen im chinesischen und indischen Tempel mischen.

Einkaufsmuffel setzen sich einfach in eines der Restaurants am Central Market oder dem Nachtmarkt und beobachten das bunte Treiben. In den kommenden Jahren ist mit Abriss- und Bauarbeiten in der Jalan Sultan zu rechnen, da dort eine neue Stadtbahnlinie unter der Chinatown hindurchgeführt werden soll.

Central Market und The Annexe@Central Market

Auf dem Areal, wo sich bereits 1888 der erste Markt in Kuala Lumpur befand, steht das 1936 errichtete Art-déco-Gebäude des **Central Market 10,** eine Fundgrube für Souvenirs. An vielen kleinen Ständen in der Halle und auf dem **Kasturi Walk** davor werden statt Obst und Gemüse nun Textilien, Antiquitäten, Schmuck und chinesische Möbel sowie andere Produkte lokaler Handwerker, aber auch viel Massenware verkauft. Für Stärkung sorgen einheimische Delikatessen in mehreren Restaurants im Erdgeschoss und auf einer Galerie im 1. Stock, wo sich auch ein Food Court befindet. Ein Infoschalter gibt Auskunft über die allabendlichen kulturellen Darbietungen auf der Bühne vor der Markthalle (Tel. 03 20 31 03 99, 20 31 53 99, www.centralmarket.com.my, tgl. 10–22 Uhr, Restaurants bis 21 Uhr, Kasturi Walk 11–23 Uhr).

Im nördlich daran angrenzenden **The Annexe@Central Market** 11 stellen Künstler in kleinen Galerien ihre Bilder und andere Werke aus. Einigen Malern kann man über die Schulter schauen und sogar Malkurse bei ihnen belegen. Im 1. Stock starten Heritage Walks (s. S. 134) durch das koloniale Viertel und die Chinatown (www.annexegallery.com, tgl. 10–22 Uhr, manche Stände öffnen auch später oder schließen früher, Monorail-Haltestelle Pasar Seni).

See Yeoh Temple 12

Versteckt hinter chinesischen Geschäftshäusern liegt in der Lebuh Pudu, einer kleinen Gasse östlich des Central Market, das älteste taoistische Heiligtum von Kuala Lumpur, der **See Yeoh Temple** (Sin Sze Si Sze Ya Temple). Ein Schild vor dem Haupteingang informiert über seine Geschichte: »Der Sin-Sze-Si-Sze-Ya-Tempel wurde 1864 von Kapitan Yap Ah Loy gegründet und ist den Schutzheiligen Sin Sze Ya und Si Sze Ya gewidmet. Diese Heiligen haben Kapitan Yap Ah Loy geleitet, als er gegen die Feinde kämpfte und Kuala Lumpur während des Bürgerkriegs 1870 bis 1873 verteidigte. Dieser Tempel hat die Geburt und das Wachstum unserer großartigen Stadt Kuala Lumpur miterlebt.« In den Anfangszeiten diente der Tempel der chinesischen Gemeinde auch als Verwaltungs- und Kulturzentrum. Sein Inneres ist üppig mit roten Lampions, bestickten Wandbehängen, Malereien und vergoldeten Schnitzereien dekoriert. Ein besonders dekoratives Werk der Holzschnitzkunst hängt über dem Haupteingang, ein dreidimensionales Relief eines Herrschers mit seinem Hofstaat. Auf dem Altar thronen die beiden Schutzpatrone der Stadt und links neben dem Altar steht eine Statue von Yap Ah Loy (s. S. 120).

Nachtmarkt 13

Täglich ab 16 Uhr wird die überdachte Jalan Petaling für den Verkehr gesperrt, dann gesellen sich zu den vielen kleinen Läden und Ständen am Straßenrand mobile Verkaufsbuden in der Straßenmitte. In den Gängen herrscht ein dichtes Gedränge und Taschendiebe haben Hochkonjunktur. Die Händler preisen eindringlich ihre Waren an, ein Großteil davon nachgemachte Markenartikel. Vor allem Uhren und T-Shirts, aber auch Hemden, Hosen, Schuhe und Taschen von bekannten Designern sind begehrte Mitbringsel, und kaum einer lässt sich davon abschrecken, dass der heimische Zoll die Fälschungen beschlagnahmt. Zudem werden minderwertige Produkte zu überhöhten Preisen angeboten, und einige Händler feilschen so aggressiv, dass das Handeln kaum noch Spaß macht. Deshalb empfiehlt es sich, gleich ab 16 Uhr einzukaufen, wenn die Atmosphäre noch wesentlich entspannter ist. Abends kann man dann in einem der Restaurants oder an einem der Essenstände im Freien Platz nehmen und in aller Ruhe das Treiben beobachten.

Yap Ah Loy – Herrscher mit zwei Gesichtern

Wer ist dieser Mann, dessen Statue in chinesischen Tempeln verehrt wird und nach dem eine Straße in Kuala Lumpurs Chinatown benannt ist? Für die einen ist Yap Ah Loy der Gründungsvater des modernen Kuala Lumpur, für die anderen ein gerissener Geschäftsmann und gnadenloser Herrscher.

Das Gefüge der malaiischen Sultane und lokalen Herrscher (Orang Kayah) geriet Mitte des 19. Jh. aus den Fugen, als wohlhabende chinesische Kaufleute aus den britischen Straits Settlements in den lukrativen Zinnabbau investierten. Von den neuen Minenbesitzern wurden Tausende mittelloser Kulis aus China ins Land gebracht und in den Förderungsgebieten schnellten die Bodenpreise in die Höhe. Auch der Sultan von Selangor stattete Expeditionen aus, die sich auf die Suche nach dem begehrten Metall machen sollten. Während er dabei ein Vermögen verlor, hatte Raja Abdullah, ein ferner Verwandter, mehr Glück: 1857 entdeckte er in Ampang nahe dem Zusammenfluss von Sungai Kelang und Sungai Gombak Zinn. Der plötzliche Reichtum von Raja Abdullah ließ einen Streit zwischen den malaiischen Herrschern über die Kontrolle der Zinnminen entflammen, auch in den Bergwerken kam es zu schweren Auseinandersetzungen zwischen verschiedenen Clans. Es folgte ein jahrelanger Bürgerkrieg, der erst 1874 durch die Intervention der Briten endete. In dieser unruhigen Zeit wurde Yap Ah Loy 1869 zum dritten Kapitan Cina ernannt. Seine Aufgabe war es, die Zinnsteuer für den malaiischen Herrscher einzutreiben, unter den Chinesen für Ruhe und Ordnung zu sorgen und mit der neuen britischen Administration zu verhandeln.

Geboren wurde Yap Ah Loy 1837 in einem kleinen Hakka-Dorf im südchinesischen Guangdong. Im Alter von 17 Jahren kam er nach Malaya, wo er sich zunächst als Minenarbeiter und Kleinhändler durchschlug. Yap Ah Loys Schicksal wendete sich, als sein Freund Liu Ngim Kong zum zweiten Kapitan Cina und er zu dessen Leibwächter aufstieg. Nach dem Tod seines Freundes wurde Yap Ah Loy zum Nachfolger bestimmt. Er regierte mit harter Hand. So ließ er jeden Dieb durch Kuala Lumpur schleifen, schnitt Wiederholungstätern ein Ohr ab oder – wenn das nicht half – sogar die Kehle durch. Auf die Köpfe seiner Feinde setzte er eine Prämie aus. Yap Ah Loy hatte ein schwieriges Erbe angetreten, denn nach dem Ende des Bürgerkriegs waren Städte wie Minen verwüstet und die Zinnpreise lagen am Boden. Doch der Chinese gab nicht auf und brachte nach dem Friedensschluss sogar den Bergbau wieder in Schwung. Als die Preise erneut anstiegen, war Yap Ah Loy wenig überraschend der größte Minenbesitzer in Kuala Lumpur. Aufgrund seiner Erfolge überließen ihm die Briten die Verwaltung der Stadt und erteilten ihm weitgehende politische Befugnisse. Unter dem strengen Regiment von Yap Ah Loy wurde Kuala Lumpur zu einem bedeutenden Wirtschaftsstandort und 1880 zum Verwaltungszentrum der britischen Administration ernannt. Ein herber Rückschlag ereilte die Stadt 1881, als eine Feuersbrunst die aus Holz erbauten malaiischen und chinesischen Siedlungen in Schutt und Asche legte. Da auf

Thema

Anweisung der Briten beim Wiederaufbau nur noch Ziegel verwendet werden durften, ließ Yap Ah Loy im heutigen Stadtteil Brickfields (s. S. 124) eine große Ziegelei errichten und die Stadt planmäßig wieder aufbauen.

So viel zu seinen guten Taten, doch Yap Ah Loy wusste auch aus seinen Kontakten Kapital zu schlagen und ging aus seiner Regentschaft nicht ganz mittellos hervor: Nebeneinkünfte aus Bordellen und Spielsalons, Wucherzinsen und dem Opiumhandel machten ihn zum reichsten Mann der Stadt. Er starb 1885 vermutlich an den Folgen einer Bronchitis und liegt auf dem Kwong Tong Cemetery der Hauptstadt begraben. Nach seinem Tod wurde die Macht seines Nachfolgers von den Briten beschnitten, 1902 auch der Titel Kapitan Cina abgeschafft.

Die englische Reiseschriftstellerin Isabella Bird, die das Land 1879 bereiste, beschrieb Yap Ah Loy in ihren Briefen als einen innovativen Arbeitgeber und gerechten Politiker, der sozial engagiert war und sich den Briten gegenüber loyal verhielt.

Der See Yeoh Temple in Chinatown wurde von Yap Ah Loy gegründet

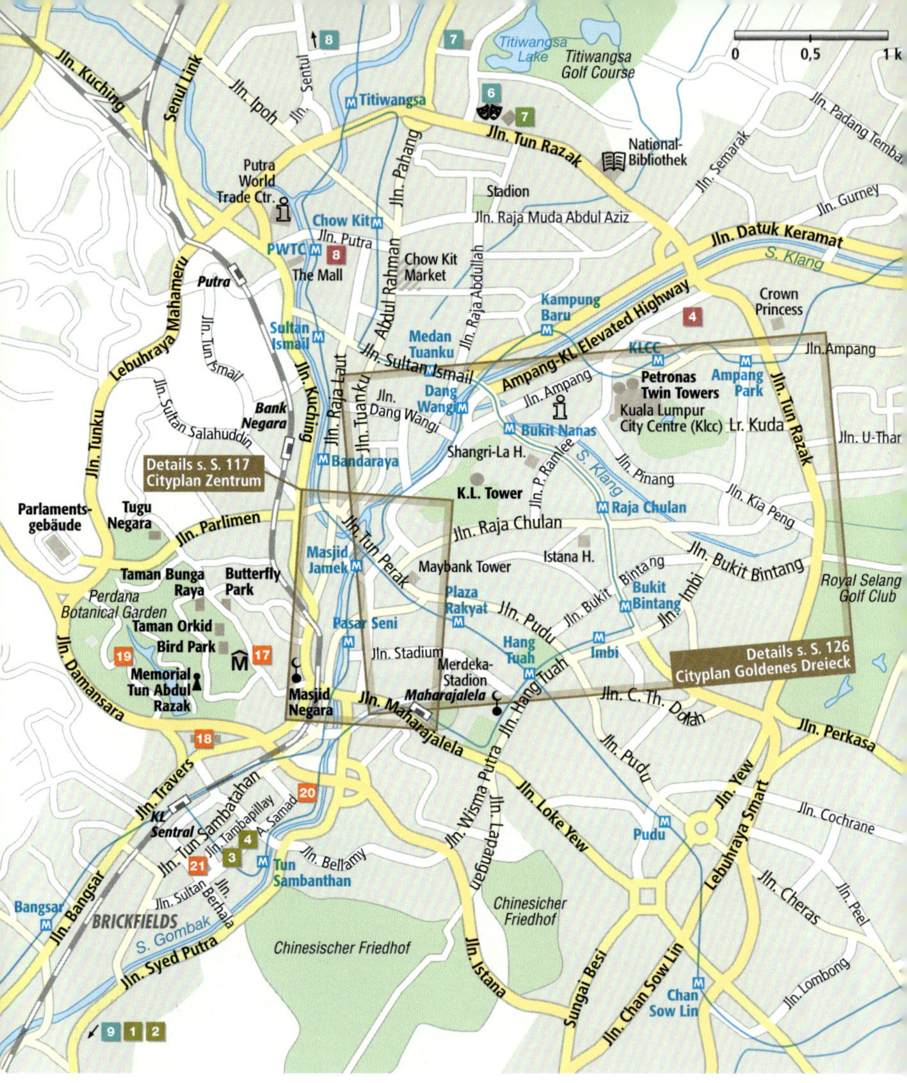

Sri Mahamariamman Temple 14

Ein Block westlich des Nachtmarkts erhebt sich in der Jalan Tun H. S. Lee der **Sri Mahamariamman Temple,** das älteste Hinduheiligtum des Landes. Das religiöse und kulturelle Zentrum der ersten indischen Einwanderer in Malaya wurde 1873 gegründet. In den 1970er-Jahren fügte man den 23 m hohen Gopuram über dem Eingang hinzu, der im Stil der Tempel von Tamil Nadu errichtet wurde und auf fünf Etagen 228 Vertreter der hinduistischen Götterwelt versammelt. Der Torturm symbolisiert den Übergang von der materiellen in die spirituelle Welt.

Das Tempelinnere darf auch von Nicht-Gläubigen betreten werden, allerdings nur barfuß. Im zentralen Heiligtum wird die Namensgeberin verehrt, Sri Maha Mariamman, eine wichtige indische Muttergöttin und Inkarnation der Göttin Parvati, die ihrerseits eine Gefährtin von Shiva und Beschützerin der Reisenden ist. Links und rechts wird Sri

Kuala Lumpur

Sehenswert
1 – 16 s. Karte S. 117
17 Islamic Arts Museum
18 National Museum
19 Tun Abdul Razak Heritage Park
20 Sri Kandaswamy Temple
21 Temple of Fine Arts
22 – 26 s. Karte S. 126

Übernachten
1 – 12 s. Karte S. 126
13 s. Karte S. 117

Essen & Trinken
1 – 3 s. Karte S. 126
4 Songket
5 – 6 s. Karte S. 117
7 s. Karte S. 126
8 Cameleon Vegetarian Restaurant
9 s. Karte S. 126

Einkaufen
1 – 6 s. Karte S. 126
7 National Art Gallery
9 – 11 s. Karte S. 117

Abends & Nachts
1 – 5 s. Karte S. 126
6 Nationaltheater
7 Sutra Dance Theatre
8 Kuala Lumpur Performing Arts Centre (KLPac)
9 Mid Valley Megamall

Aktiv
1 LaZat
2 Sunway Lagoon
3 Perkhidmatan Urut Orang Buta
4 PB Blind Massage

Maha Mariamman flankiert von ihren Söhnen, dem Elefantengott Ganesha sowie Lord Murugan, dessen Statue anlässlich des jährlichen Thaipusam-Fests (s. S. 135) in einer beeindruckenden Prozession zu den Batu Caves (s. S. 138) transportiert wird, wo man ihn ebenfalls verehrt.

Dayabumi Complex 15

Zum modernen Teil von Chinatown gehört der **Dayabumi Complex** am anderen Flussufer, der – heute kaum noch vorstellbar – 1984 als erster Wolkenkratzer Kuala Lumpurs für Schlagzeilen sorgte. Mit seinen 32 Stockwerken wirkt der einstige Sitz der Ölgesellschaft Petronas gegenüber der neuen Zentrale in den 88-stöckigen Twin Towers geradezu winzig. Zeitlos hingegen ist die modern-islamische Fassade des Hochhauses, ein Meilenstein der Architektur und daher auf jeden Fall einen Blick wert.

Südliches Zentrum

► 3, D 2/3

Cityplan: S. 117, 122

Masjid Negara 16

Südwestlich vom Dayabumi Complex erhebt sich das 72 m hohe Minarett der **Masjid Negara,** die 1965 in einem für die damalige Zeit modernen Stil als Symbol der Unabhängigkeit Malaysias für bis zu 12 000 Gläubige erbaut wurde. Die Nationalmoschee kann in angemessener Kleidung, die vor Ort ausgeliehen wird, besucht werden (Jln. Lembah Perdana, Sa–Do 9–12, 15–16, 17.30–18.30 Uhr, Fr nur nachmittags, Hop-on-Hop-off-Bus Stopp 16).

Islamic Arts Museum 17

Beim Betreten des modernen **Islamic Arts Museum** in der Jalan Lembah Perdana öffnet sich Besuchern die Schatzkammer des Orients. Im 1. Stock werden die Augen für die Besonderheiten der islamischen Kunst geschärft und anhand von zahlreichen Beispielen auch gleich damit vertraut gemacht – die Palette reicht von ausgewählten Werken der Architektur und Kalligrafie bis zu dekorativen Elementen aus der malaiischen Region, China und Indien. Das Obergeschoss vermittelt einen guten Eindruck vom üppigen Reichtum der an der Seidenstraße gehandelten Waren und zeigt schweren juwelenbesetzten Schmuck, wertvolle Ikat-, Brokat- und Seidenstoffe, mit Elfenbein und feinen Schnitzereien dekorierte Truhen sowie Waffen und andere Schätze. Beeindruckend sind der Kiswa, ein schwarzer Brokatvorhang, der die Ka'ba, bedeckte, das zentrale islamische Heiligtum in Mekka, und das Ottomanenzimmer im Kalligrafieraum (Tel. 03 22 74 20 20, www.iamm.org.my, tgl. 10–18 Uhr, RM 12, Hop-on-Hop-off-Bus Stopp 16).

National Museum 18

Etwas altbacken wirkt das **National Museum** (Muzium Negara) aus dem Jahr 1963. Die erst jüngst neu gestalteten Räume konzentrieren sich auf die Höhepunkte der Landesgeschichte. Galerie A behandelt die Frühgeschichte. Es folgen die frühen Reiche mit dem Schwerpunkt Melaka in Galerie B und die Einflüsse europäischer Kolonialmächte sowie die japanische Besatzung in Galerie C. Die Zeit nach dem Zweiten Weltkrieg und die Unabhängigkeit werden in Galerie D präsentiert (Jln. Damansara, KL Sentral, Tel. 03 22 82 62 55, www.muziumnegara.gov.my, tgl. 9–18 Uhr, RM 5, kostenlose 1-stündige Führungen auf Englisch von Freiwilligen Mo–Do 10 Uhr, Hop-on-Hop-off-Bus Stopp 12).

Tun Abdul Razak Heritage Park 19

Das grüne Herz der City, der **Tun Abdul Razak Heritage Park** (Lake Gardens) südwestlich vom Merdeka Square und der Chinatown, wird durch den Fluss, die Bahn, die Hochbahn sowie mehrspurige Schnellstraßen nahezu hermetisch abgeriegelt – auf dem Fußweg zu den Attraktionen in dieser 92 ha großen hügeligen Parklandschaft gilt es viele Hindernisse zu überwinden. Einfacher ist es mit dem Hop-on-Hop-off-Bus, der mitten durch den Park fährt (Stopp 14 und 15). In der Anlage verkehrt auch eine Bahn (RM 2).

In dem Areal rings um den künstlichen See **Tasik Perdana** wurden im **Perdana Botanical Garden** außergewöhnliche Bäume aus aller Welt, heimische Farne und Gewürzpflanzen, dekorative Ingwer- und Heliconiaarten sowie andere typische Tropengewächse angepflanzt. Nahe einem kleinen Wasserfall trifft man auf den Eingang zum Hibiskuspark, dem **Taman Bunga Raya,** wo viele verschiedene Arten der Nationalblume zu finden sind. Südlich davon wachsen im wunderbaren Orchideengarten, dem **Taman Orkid,** über 200 verschiedene Arten dieser Königin der Blumen (www.klbotanicalgarden.gov.my, tgl. 7–20 Uhr, Eintritt frei).

Angrenzend befindet sich der **Bird Park** mit einem der weltweit größten Freifluggelände und insgesamt über 3000 Vögeln. Zu den fast 200 Arten aus allen Kontinenten gehören Nashornvögel, Adler, Papageien, Pfauen und Strauße (Tel. 03 22 72 10 10, www.klbirdpark.com, tgl. 9–19 Uhr, Einlass bis 18 Uhr, Vogel-Show 12.30, 15.30 Uhr, Erw. RM 48, Kind. RM 38, Hop-on-Hop-off-Bus Stopp 15).

5 Fußmin. nördlich des Bird Park liegt der sehenswerte **Butterfly Park,** ein liebevoll angelegter Schmetterlingspark mit Teichen und einem Bach, in dem es von Fischen nur so wimmelt. Obwohl das von Netzen überspannte Gelände gar nicht so weitläufig ist, kann man sich hier gut zwei bis drei Stunden aufhalten und ganz aus der Nähe die wunderbaren Schmetterlinge beobachten und fotografieren (Jln. Cenderasari, Tel. 03 26 93 47 99, tgl. 9–18 Uhr, Erw. RM 20, Kind. RM 10).

Brickfields

Südlich des Parkgeländes bzw. östlich des Hauptbahnhofs KL Sentral erstreckt sich in **Brickfields** ein weiteres indisches Zentrum von Kuala Lumpur. In der Gegend rings um die Jalan Tun Sambanthan siedelte die britische Kolonialverwaltung vor dem Zweiten Weltkrieg vor allem Arbeiter aus Sri Lanka an, die für den Bau und Betrieb der Eisenbahn benötigt wurden.

Der wichtigste Tempel der Sri-Lanka-Tamilen ist der 1902 erbaute **Sri Kandaswamy Temple** 20 in der Jalan Scott. Im **Temple of Fine Arts** 21**,** einem Kulturzentrum in der Jalan Berhala, wird die tamilische Tradition von Musik, Tanz und Theater gepflegt (114–116 Jln. Berhala, Tel. 03 22 74 37 09, http://tfa.org.my).

Goldenes Dreieck und Umgebung ▸ 3, D/E 2

Cityplan: S. 126

Im **Goldenen Dreieck,** dem lebendigen Viertel rings um die **Jalan Bukit Bintang,** zeigt sich Kuala Lumpur modern, westlich orientiert und gleichzeitig sehr chinesisch – schließlich befindet sich hier nach der Lehre des Feng Shui der Bauch des Drachen ›Kuala Lumpur‹, der Wohlstand verspricht.

Kompleks Kraf Kuala Lumpur 22

Inmitten des geschäftigen Einkaufszentrums bietet der staatliche **Kompleks Kraf Kuala Lumpur** eine Oase der Ruhe. Das Kunsthandwerkszentrum liegt in einer ruhigen Straße mit Schatten spendenden, mächtigen Tropenbäumen *(Raintrees),* die von Epiphythen überwuchert sind. Wer mit dem Taxi direkt vorfährt, muss, aus welchem Grund auch immer, einen Zuschlag zahlen.

Vor allem Reisegruppen werden kurz durch das kleine Museum geschleust, bevor sie sich in den Verkaufsräumen mit Mitbringseln made in Malaysia eindecken können. Wer sich für traditionelle Textilien und anderes Kunsthandwerk interessiert, kann im **Craft Museum** durchaus eine Stunde oder mehr verbringen. Hier werden Web- und Färbetechniken ebenso erklärt wie die Bedeutung der Muster und es sind schöne Holzschnitzereien, Flechtarbeiten, Keramiken und Messingarbeiten zu sehen. In kleinen Pavillons im **Craft Village** arbeiten unter anderem Holzschnitzer und Batikkünstler und in der **Artist's Colony** junge Maler, die ihre Bilder verkaufen (63 Jln. Conlay, Tel. 03 21 62 75 33, www.kraftangan.gov.my, www.malaysiancraft.com, tgl. 9–18 Uhr, RM 3, Hop-on-Hop-off-Bus Stopp 5).

KLCC – Bukit Bintang Walkway

Nach Hindernisläufen auf den Bürgersteigen und vergeblichen Versuchen, die stark befahrenen Straßen zu überqueren, meint man davon überzeugt zu sein, dass Kuala Lumpur keine fußgängerfreundliche Stadt ist. Doch dann wird man eines Besseren belehrt. Mitten in der belebten Einkaufsgegend Bukit Bintang beginnt hinter der Passage des Einkaufszentrums **Pavilion KL** 6 der **KLCC – Bukit Bintang Walkway,** mehrere lange Fußgängerbrücken, die über die Jalan Raja Chulan und vorbei an unansehnlichen Rückseiten von Hotels, Parkplätzen und Bürohochhäusern bis zum KLCC Convention Centre führen. Für die wenig attraktiven Aussichten entschädigt die Bequemlichkeit, denn die überdachten Brücken aus Edelstahl und Glas mit ihren auf Hochglanz polierten Steinböden sind gut klimatisiert. Putzkolonnen sorgen für Sauberkeit, Wachleute und Kameras an jeder Ecke für Sicherheit. Vor allem zur Mittagszeit herrscht hier ein ziemliches Gedränge, denn allein im KLCC arbeiten rund 11 000 Angestellte, die sich in der Pause zum Shoppen und zum Essengehen aufmachen. Um 23 Uhr wird der Zugang zum Walkway geschlossen und öffnet erst um 6 Uhr morgens wieder seine Türen.

KL City Walk 23

Vom Ausgang des Walkway hinter dem **Wisma UOA II Centre** erreicht man den **KL City Walk.** Der von kleinen Läden und Imbissbuden gesäumte Fußgängerweg führt durch eine Hochhäuserschlucht bis zur Jalan P. Ramlee, wird jedoch weniger genutzt, da es hier trotz der vereinzelt aufgestellten Ventilatoren sehr heiß ist. Auch die Beschallung durch Lounge Musik hebt den KL City Walk nicht in der Besuchergunst, obwohl er eine gute Abkürzung zum Menara Kuala Lumpur (s. S. 128) und zum Tourist Office MaTiC (s. S. 129) darstellt.

KL City Centre (KLCC)

Noch immer sind die **Petronas Twin Towers** 24 die höchsten Zwillingstürme weltweit. Bei ihrer Fertigstellung 1996 waren sie sogar die höchsten Gebäude der Welt und erregten entsprechendes Aufsehen. Silbern glänzend ragen sie 452 m in den Himmel und stellen ein markantes und attraktives Element der Skyline dar (Tel. 03 23 31 17 69, www.petronastwintowers.com.my, LRT KLCC, Hop-on-Hop-off-Bus Stopp 23).

Während eines Aufenthalts in der Stadt erblickt man die Zwillingstürme immer wieder aus einer neuen Perspektive. Einer der besten Ausblicke eröffnet sich vom großen **KL City Centre Park** 25**,** einer gepflegten Parkanlage mit Ruhebänken unter Schatten spendenden hohen Bäumen, Spazierwegen, die zu kleinen Seen und Wasserspielen führen,

Kuala Lumpur – Goldenes Dreieck

Sehenswert

1 – 16 s. Karte S. 117

17 – 21 s. Karte S. 122

22 Kompleks Kraf Kuala Lumpur

23 KL City Walk

24 Petronas Twin Towers

25 KL City Centre Park

26 Menara Kuala Lumpur

Übernachten

1 Mandarin Oriental

2 Traders Hotel

3 Anggun Boutique Hotel

4 The Federal Hotel

5 Swiss-Garden Hotel & Residences
6 Concorde Hotel
7 Hotel Nova
8 Sarang Mas Vacation Home

9 yy38 Hotel
10 Sahabat Guesthouse
11 Tropical Guesthouse
12 Classic Inn
13 s. Karte S. 117

Essen & Trinken
1 Bavarian Bierhaus
2 Bombay Palace

Fortsetzung S. 128

Kuala Lumpur – Goldenes Dreieck

3 Sao Nam
4 s. Karte S. 122
5 – 6 s. Karte S. 117
7 Jalan Alor
8 s. S. 122
9 Saravanaa Bhavan

Einkaufen
1 Bukit Bintang (B. B.) Plaza
2 Sungei Wang Plaza
3 Berjaya Times Square
4 Imbi Plaza
5 Fahrenheit 88
6 Pavilion Kuala Lumpur
7 s. Karte S. 122
8 Starhill Gallery
9 – 11 s. Karte S. 117

Abends & Nachts
1 Luna Bar
2 Changkat Bukit Bintang
3 Beach Club
4 Rootz Club
5 Zouk
6 – 9 s. Karte S. 122

Aktiv
1 – 4 s. Karte S. 122

und einem Swimmingpool mit angrenzendem Spielplatz.

Ebenso faszinierend wie von außen präsentieren sich die Twin Towers von innen. Im Untergeschoss des **KL City Centre (KLCC),** das die Basis der Türme bildet, taucht man ab ins Meer. Das Highlight des modernen, zweistöckigen **Aquaria KLCC** ist ein großer Acryltunnel, durch den man hindurchlaufen kann und dabei ganz nah die Unterwasserwelt des Ozeans zu Gesicht bekommt, darunter große Meeresschildkröten, Mantas und Haie. Die Besucher erfahren aber auch viel Wissenswertes über die Entwicklungsgeschichte der Erde, die Bedeutung des Wassers im Regenwald und die Ökosysteme der Küsten und Riffe (Tel. 03 23 33 18 88, www.klaquaria.com, tgl. 11–20, Einlass bis 19 Uhr, Haifütterung Mo, Mi, Sa 15 Uhr, Erw. RM 45, Kind. RM 35).

Mit einem Ticket vom Infoschalter im Erdgeschoss (Ground Level) kann man in einem Expressaufzug 170 m in den 41. Stock fahren, wo die Zwillingstürme durch die 58 m lange **Skybridge** miteinander verbunden sind. Nach einem kurzen Rundgang geht es mit einem weiteren Lift zum **Observation Deck** ins 86. Stockwerk in der Spitze des Turms (Tel. 03 23 31 80 80, www.petronas twintowers.com.my, Di–Do, Sa, So 9–21, Fr 9–13, 14.30–21 Uhr, RM 80, die Tickets sind limitiert, gelten nur zu festgelegten Zeiten und sind teils bereits Tage im Voraus ausverkauft, die Schalter öffnen ab 8.30 Uhr).

Das architektonisch interessante **Suria KLCC Shopping Centre** erstreckt sich über sechs Stockwerke und zwei Flügel, in denen jeweils die Ampang Mall und die Ramlee Mall untergebracht sind. Verbunden werden sie durch die zentrale Park Mall und den offenen Centre Court. Zwei gläserne Aufzüge ermöglichen gute Ausblicke auf das Einkaufszentrum, vom Food Court im 2. Stock der Park Mall genießt man eine gute Aussicht auf den KL City Centre Park.

Lohnend ist ein Besuch der **Galeri Petronas** im 3. Stock der Ampang Mall, wo wechselnde Kunstausstellungen zu sehen sind (Tel. 03 20 51 77 70, Di–So 10–20 Uhr, Eintritt frei). Nebenan gibt es nettes Kunsthandwerk und Antiquitäten in der **Pucuk Rebug Galerie** und einen guten Kaffee im **Café Vienna.**

Vor allem Kindern gefällt ein Besuch im **Petronas Science Centre** (Petrosains) im 4. Stock des Centre Court. Das interaktive Museum thematisiert die Geschichte der Petroleumindustrie und interessante physikalische Phänomene. Wie in einem Vergnügungspark fährt man in einer Bahn durch die Finsternis und entdeckt die Wirkung von Energie, kann einen 3D-Film betrachten und auf Computern musizieren (Tel. 03 23 31 81 81, www.petro sains.com.my, Di–Fr 9.30–17.30, Sa, So, Fei 9.30–18.30, Einlass bis 17 Uhr, Erw. RM 25, Jugendl. RM 20, Sen. RM 18, Kind. RM 15).

Menara Kuala Lumpur 26

Westlich der Zwillingstürme erhebt sich auf einem Hügel der 421 m hohe **Menara Kuala Lumpur** (KL Tower). Von seiner Aussichtsplattform und dem Drehrestaurant Atmosphere 360 in 300 m Höhe bietet sich die beste Aussicht über die Stadt und das Kelang Valley. Eine Ausstellung informiert über die Stadtentwicklung. Zu Füßen des Telekomturms konnte sich inmitten des Zentrums ein kleines Stückchen ursprünglicher Regenwald behaupten. Auf den Pfaden des **Bukit Nanas Forest Reserve,** einst Teil eines riesigen Dschungelgebiets, werden um 11, 12.30, 14.30 und 16.30 Uhr geführte Wanderungen angeboten, die zusammen mit dem Eintritt zum Menara Kuala Lumpur gebucht werden können (Reservierung für das Restaurant erforderlich unter Tel. 03 20 20 50 55, www.menarakl.com.my, tgl. 9–22 Uhr, Erw. RM 55, Kind. RM 45, Hop-on-Hop-off-Bus Stopp 8).

Infos

Malaysian Tourism Centre (MaTiC): 109 Jln. Ampang, Tel. 03 92 35 48 00, www.mtc.gov.my, tgl. 8–22 Uhr; im Bahnhof KL Sentral, 1. Stock, Tel. 03 22 74 31 25, tgl. 9–18 Uhr; im Flughafen KLIA, Tel. 03 87 76 56 51, tgl. 6–24 Uhr. Infos über Kuala Lumpur und das restliche Land, auch gute Stadtpläne und aktuelle Broschüren. Auf der Bühne im MaTiC in der Jln. Ampang werden Di, Mi, Do um 15, Sa um 20.30 Uhr traditionelle Tänze aufgeführt (RM 5).

Tourist Police: neben dem Malaysian Tourism Centre, 109 Jln. Ampang.

Übernachten

Luxus in toller Lage ▶ **Mandarin Oriental** **1**: neben dem KLCC (s. S. 125), Tel. 03 23 80 88 88, www.mandarinoriental.com/kualalumpur. Gepflegtes 5-Sterne-Hotel, von den 643 geräumigen Zimmern überblicken die teureren den Park. Mehrere ausgezeichnete Restaurants, netter Pool mit Spa, freundlicher Service. DZ RM 650–1000 inkl. Frühstück.

Im Trend ▶ **Traders Hotel** **2**: neben dem KLCC (s. S. 125), Tel. 03 23 32 98 88, www.shangri-la.com. Hippes, entspanntes Hotel mit Pool. Klare Linien dominieren auch in den Zimmern mit Flachbildschirm und Internetzugang sowie großzügigen Bädern. Teurere Zimmer mit fantastischem Ausblick auf den Park und die Twin Towers. Unschlagbar ist auch der Ausblick von der Sky Bar im 33. Stock, die ab 11 Uhr öffnet (Happy Hour 19–20 Uhr). DZ RM 450–700 inkl. Frühstück.

Charmant ▶ **Anggun Boutique Hotel** **3**: 7 & 9 Tengkat Tong Shin, Tel. 03 21 45 80 03, www.anggunkl.com. In dem neueren, kleinen Hotel im chinesischen Stil setzt Holz die Akzente. Rings um einen überdachten Innenhof gruppieren sich nett möblierte, kleine Zimmer mit TV, Computer und kostenlosem Internetzugang. Einige mit Himmelbetten und hübschen Waschbecken aus chinesischem Porzellan. Bubu Restaurant auf der Dachterrasse im 4. Stock. Insgesamt leicht überteuert. DZ RM 300–450 inkl. Frühstück.

Klassiker mit Drehrestaurant ▶ **The Federal Hotel** **4**: 35 Jln. Bukit Bintang, Tel. 03 21 48 91 66, www.fhihotels.com. Bei seiner Fertigstellung 1957 war dies das größte Hotel des Landes. Die 450 gepflegten Zimmer wurden seither mehrfach modernisiert. Rezeption im 1. Stock, rotierendes Dinner-Restaurant im 18. Stock mit überwiegend westlichen Gerichten ab RM 40 und schönem Panoramablick auf die Twin Towers, Pool, Bowlingbahn. DZ RM 230–330 inkl. Frühstück.

Familien willkommen ▶ **Swiss-Garden Hotel & Residences** **5**: 117 Jln. Pudu, Tel. 03 21 41 33 33, www.swissgarden.com. Nicht mehr ganz frisches 4-Sterne-Hotel mit recht großzügigen Zimmern. Im angrenzenden Hochhaus der neuen Swiss Garden Residences 478 Zimmer sowie Apartments mit bis zu 2 Schlafzimmern, Essbereich, Flachbildschirm, Mikrowelle und kostenpflichtigem Internetzugang. Sowohl Bukit Bintang als auch Chinatown sind gut zu Fuß erreichbar. Pool im 6. Stock, freundlicher Service. DZ RM 200–600 inkl. Frühstück.

Zuverlässig ▶ **Concorde Hotel** **6**: 2 Jln. Sultan Ismail, Tel. 03 21 44 22 00, http://kualalumpur.concordehotelsresorts.com. Älteres, aber gut geführtes 4-Sterne-Hotel mitten in der Ausgehmeile. Komfortable Zimmer mit DVD-Player und Internetzugang, teurere auch mit Stereoanlage und Blick auf die Twin Towers. Großer Pool zwischen den Hochhäusern, gutes japanisches Restaurant und Hard Rock Café. DZ RM 200–300.

Bunt ▶ **Hotel Nova** **7**: 16–22 Jln. Alor, Tel. 03 21 43 18 18, www.novahtl.com. Die 154 Zimmer dieses modernen Hotels mit Inter-

Sie dominieren Kuala Lumpurs Skyline: die Petronas Twin Towers

netzugang sind in verschiedenen Farben gestrichen und minimalistisch, aber bequem eingerichtet. Etwas größere Superior-Zimmer. DZ RM 160–190 inkl. Frühstück.

Individuelles B & B ► **Sarang Mas Vacation Home** 8: 4 & 11 Jln. Sin Chew Kee, hinter dem Swiss Garden Hotel, Tel. 01 23 33 56 66, http://sarangmas.blogspot.com. In mehreren alten chinesischen Geschäftshäusern vermieten Christina, Michael und Anita jeweils 3 individuell gestaltete Zimmer mit Internetzugang, die sich ein Badezimmer sowie ein Ess- und Wohnzimmer mit DVD-Player teilen. Im Angebot ist auch ein Apartment in einem

Hochhaus. Gutes Frühstück. DZ RM 150–180 inkl. Frühstück.

Etwas Besonderes ▶ yy38 Hotel 9: 38 Tengkat Tong Shin, Tel. 03 21 48 88 38, www.yy38hotel.com.my. So ungewöhnlich wie der Name ist auch das Innenleben des 7-stöckigen Neubaus. 17 Lofts für 2–8 Pers. eingerichtet nach Themen wie Batman, Marilyn Monroe, der alten Chinatown oder einer Unterwasserwelt, außerdem helle schlichte Zimmer mit guten Betten, Flachbildschirm, Safe und kleiner Dusche. Einfache Lobby, kein Restaurant. DZ RM 110–170, Loft RM 360.

Kleinod ▶ Sahabat Guesthouse 10: 41 Jln. Sahabat, Tel. 03 21 42 06 89, www.sahabatguesthouse.com. Frisch renoviertes, sehr ruhiges und freundliches Hostel in einem 2-stöckigen, modern gestalteten Haus. 8 kleine, einfach eingerichtete Zimmer mit Duschen, hilfsbereites Personal, Sitzgelegenheiten im winzigen Vorgarten. DZ RM 90–160 inkl. Frühstück.

Günstig ▶ Tropical Guesthouse 11: 2 Tengkat Tong Shin, Tel. 03 21 41 11 68, www.tropicalguesthousekl.com. Nettes und sauberes Haus für junge Reisende, die Anschluss suchen. 19 ungewöhnlich gestaltete, kleine Zimmer mit Doppel- oder Doppelstockbetten, teilweise Gemeinschaftsduschen. Kleiner Vorhof, Internetzugang. DZ RM 60–160 inkl. Frühstück.

Gesellig ▶ Classic Inn 12: 52 Lorong 1/77a, Changkat Thambi Dollah, hinter dem Berjaya Times Sq., Tel. 03 21 48 86 48, www.classicinn.com.my. Sauberes Haus mit 36 kleinen Zimmern und Schlafsälen rings um einen Innenhof. Gute Betten, Aufenthaltsraum mit TV und Kühlschrank, Internetzugang. Schlafsaal RM 40/Pers., DZ RM 130 inkl. Frühstück.

Freundlich und stylisch ▶ Back Home 13: 30 Jln. Tun H. S. Lee, Tel. 03 20 22 07 88, www.backhome.com.my. Modernes Gästehaus in vier alten Geschäftshäusern rings um einen kleinen Innenhof. Der unverputzte Beton bildet einen schicken Kontrast zur modernen Möblierung. Neben 2 Zimmern v. a. klimatisierte Schlafsäle mit 4–8 komfortablen Betten, einer nur für Frauen. Sehr saubere Badezimmer. Aufenthaltsraum mit DVD-Player, Terrasse, Internetzugang, Tee und Kaffee kostenlos. Schlafsaal RM 38–44/Pers., DZ RM 100 inkl. Frühstück.

Essen & Trinken

Japanisch vom Feinsten ▶ Kampachi 6: im Pavilion KL (s. S. 125), Tel. 03 21 48 96 08, www.kampachi.com.my, tgl. 10–22 Uhr; Filiale im Hotel Equatorial, 27 Jln. Sultan Ismail. In diesem Kettenrestaurant gibt es keine Sushi vom Band, sondern formvollendete japanische Küche mit den feinsten Zutaten. Hervorragend sind die selbst gemachten Soba-Nudeln. Am Wochenende günstiges Mittagsbüfett. Einige Gerichte kann man sich von 11 bis 21.30 Uhr auch liefern lassen. RM 40–100.

Business Lunch beim Bayern ▶ **Bavarian Bierhaus** 1: im Wisma UOA II Centre (s. S. 125), 21 Jln. Pinang, Tel. 03 21 66 72 68, tgl. 12–23 Uhr. Im Schatten der Twin Towers wird in diesem modernen offenen Restaurant mit Terrasse und dunklen Holzmöbeln deftig Deutsch gekocht. Die Schweinshaxen sind sogar vom Bioschwein. Das frisch gezapfte Bier schmeckt zum Schnitzel oder einer Wurst ebenso wie zu Tapas. Günstige Mittagsmenüs 12–15 Uhr, Happy Hour bis 21 Uhr. RM 30–60.

Gediegen indisch essen ▶ **Bombay Palace** 2: 215 Jln. Tun Razak, Tel. 03 21 45 72 20, www.bombaypalacerestaurantkl.com, tgl. 12–14.30, 18.30–22.30 Uhr. In einer Kolonialvilla mit einem gepflegten Garten lädt das mehrfach ausgezeichnete nordindische Punjab-Restaurant zum stilvollen Dinieren ein. Alle Gerichte sind überaus geschmackvoll gewürzt – vom Tandoori-Hühnchen, das an den weiß eingedeckten Tischen als Vorspeise serviert wird, bis zu den Süßigkeiten wie Halwa, Barfi und Bahar. RM 30–60.

Sozial engagiert ▶ **Annalakshmi** 21: im Temple of Fine Arts (s. S. 124), Tel. 03 22 74 07 99, Di–So 11.30–15, 18.30–22 Uhr. In diesem ungewöhnlichen indischen Restaurant bereiten freiwillige Helfer authentische vegetarische Gerichte zu, die selbst Fleischessern schmecken. Für die Speisen vom Büfett wird nichts in Rechnung gestellt, aber jeder Gast gibt eine Spende, die sozialen Projekten zugute kommt. Kein Alkohol. Um RM 30.

Frisch Vietnamesisch ▶ **Sao Nam** 3: 25 Tengkat Tong Shin, Tel. 03 21 44 12 25, www.saonam.com.my, Di–So 12.30–14.30, 19.30–22.30 Uhr. Alte sozialistische Parteiplakate schmücken die Wände, aber die Zutaten der Gerichte sind absolut frisch. Eine Spezialität des Hauses ist der Mangosteensalat mit Garnelen. Um RM 30.

Traditionelle Tänze als Zugabe ▶ **Songket** 4: 29 Jln. Yap Kwan Seng, hinter Tony Roma, Tel. 03 21 61 33 31, www.songketrestaurant.com, Mo–Fr 11–15, 18–23, Sa, So 17–23 Uhr. Leckere Sate, die frisch gegrillt werden, geschmackvolle Currys und bunte Desserts genießt man auf der begrünten Terrasse oder im klimatisierten Innenraum mit Songketdekor. Für Unterhaltung sorgen tgl. außer So 20.30–21.15 Uhr traditionelle malaysische Tänze. RM 20–60.

Luftig Chinesisch ▶ **Hakka Restaurant** 6: im Pavilion KL, 90 Jln. Raja Chulan, Tel. 03 21 43 19 07, tgl. 12–15, 18–23.30 Uhr. In der hohen, überdachten Passage kann man beim Steamboat frische Zutaten in einer brodelnden Brühe selbst garen – empfehlenswert für ein gemeinsames Essen im größeren Kreis. Zudem sind die Fisch- und Schweinefleischgerichte von der Karte zu empfehlen, wobei die kleinen Portionen für zwei Personen ausreichen. Freundlicher, schneller Service. RM 20–40.

Old Style Nyonya ▶ **Old China Café** 5: 11 Jln. Balai Polis, Tel. 03 20 72 59 15, www.oldchina.com.my, tgl. 11–23 Uhr. In dem alten chinesischen Geschäftshaus im Stil der 1930er-Jahre liegt der Schwerpunkt der traditionellen Küche auf Nyonya-Gerichten wie Laksa und Top Hats, kleine knusprige, mit Gemüse gefüllte Teigschälchen. Die Wände zieren Fotos der Gründungsmitglieder des Wäscherei-Verbands, der hier in den 1930er-Jahren tagte, man sitzt an kleinen runden Tischen. RM 15–35.

Essen & Kunst ▶ **Café Art@The Warehouse** 6: 198 Jln. Tun H. S. Lee, Tel. 03 20 22 05 28, www.thewarehouse.com.my, Di–So 10–1 Uhr. Im Obergeschoss der Galerie versteckt sich das teure Fine-Dining-Steak-Restaurant Ril's Steakhouse. Es ist Teil des Ateliers und der Kunstgalerie ebenso wie die Café-Bar darunter. Man sitzt auf gemütlichen Sofas und lässt sich schmackhafte Kuchen, italienischen Kaffee oder Cocktails von der Bar schmecken. Am Samstagabend können sich Kreative beim Art Jamming, dem gemeinsamen Malen auf Leinwand, austoben. Café RM 10–20.

Eine chinesische Schlemmermeile ▶ Jalan Alor 7: tgl. 11–23 Uhr. Schon um die Mittagszeit sind viele Restaurants geöffnet, aber abends verwandelt sich die ganze Straße in eine Schlemmermeile. Man sitzt an Tischen im Freien und beobachtet bei einem kühlen Bier das bunte Treiben. Das kulinarische Angebot reicht von Fisch und anderem Seafood bis zu frisch gegrillten Chicken Wings und Satespießen. Nur mittags von 11.30 bis 14 Uhr gibt es bei Meng Kee, dem Lokal mit der Nr. 39, das beste geröstete Schweinefleisch *(char siew)* der Stadt. RM 10–20.

Überwältigendes Angebot ▶ Food Republic 6: im Pavilion KL, 168 Jln. Bukit Bintang, Ecke Jln. Raja Chulan, www.pavilion-kl.com, tgl. 10–22 Uhr. Im schicken Einkaufszentrum ist das Untergeschoss ganz den kulinarischen Genüssen vorbehalten. Neben einem Spezialitäten-Supermarkt wird in einem Food Court malaiisch, chinesisch, thailändisch, koreanisch, vietnamesisch, japanisch und westlich gekocht. Die meisten Stände haben sich auf einige wenige lokale Gerichte spezialisiert, andere sorgen für Getränke wie frisch gepresste Säfte oder Kaffee. RM 10–20.

Fast wie Fleisch ▶ Cameleon Vegetarian Restaurant 8: 1 Jln. Thamboosamy, Tel. 03 40 42 35 26, 016 227 69 49, tgl. 11–22.30 Uhr. Es ist kaum zu glauben, dass hier alle chinesischen Klassiker trotz ihres Aussehens und Geschmacks statt mit Fleisch nur mit Sojaprodukten zubereitet werden. Im familiären klimatisierten Restaurant schmücken Fotos berühmter Vegetarier die Wände. RM 10–20.

Vegetarisches vom Bananenblatt ▶ Saravana Bhavan 9: 1007 Selangor Mansion, Jln. Masjid India, Tel. 03 26 98 32 93, www.saravanabhavan.com, tgl. 8–22.30 Uhr. Diese Filiale der internationalen südindisch-vegetarischen Kette ist zu Recht sehr beliebt. Der Service im sauberen Restaurant ist schnell und freundlich, die *meals* und *tifin* werden authentisch zubereitet und serviert, die großen, hauchdünnen *paper tosai* sind knusprig und der Masalatee schmeckt. Kein Alkohol. Um RM 10.

Einkaufen

Einkaufszentren ▶ Zwei der älteren, aber immer noch beliebten Shopping Malls sind die benachbarten **Bukit Bintang (B. B.) Plaza 1,** 111 Jln. Bukit Bintang, Tel. 03 21 48 74 11, und **Sungei Wang Plaza 2,** Jln. Bukit Bintang, Tel. 03 21 48 61 09, www.sungeiwang.com. Eines der größten Einkaufszentren in Südostasien ist der **Berjaya Times Square 3,** Jln. Imbi, Tel. 03 21 44 98 20, www.timessquarekl.com, mit 1000 Geschäften und einem Themenpark mit einer Achterbahn, die sich vom 5. bis zum 10. Stock erstreckt. Auf Computer-Hard- und Software sowie Kommunikationstechnik spezialisiert hat sich **Imbi Plaza 4,** Jln. Imbi, Tel. 03 21 48 36 51. Ganz im Trend liegt die Lifestyle Mall **Fahrenheit 88 5,** 79 Jln. Bukit Bintang, Tel. 03 21 41 72 88, www.fahrenheit88.com. Glamourös präsentieren sich das riesige **Pavilion Kuala Lumpur 6** zwischen Jln. Raja Chulan und Jln. Bukit Bintang, www.pavilion-kl.com, sowie das Suria **KLCC Shopping Centre 24** unter den Petronas Twin Towers, Tel. 03 23 82 28 28, www.suriaklcc.com.my (s. S. 125). Fast alle tgl. 10–22 Uhr.

Zeitgenössische Kunst ▶ Galeri Petronas 24: s. S. 125. **National Art Gallery 7** (Balai Seni Lukis Negara): 2 Jln. Temerloh, Tel. 03 40 25 49 90, www.artgallery.gov.my, tgl. 10–18 Uhr, während des Ramadan Sa–Do 9–17, Fr 9–12.15, 14.45–17 Uhr, Eintritt frei. Viele Künstler sind Absolventen des Malaysian Institute of Art. **The Annexe@Central Market 11:** s. S. 119. **Starhill Gallery 8:** 181 Jln. Bukit Bintang, Tel. 03 27 82 38 55. Im 4. Stock, dem Muse Floor, des Einkaufszentrums haben sich mehrere kommerzielle Galerien angesiedelt.

Malaysisches Kunsthandwerk ▶ Großes Angebot im und um den **Central Market 10,** s. S. 119, sowie im staatlichen **Kompleks Kraf Kuala Lumpur 22,** s. S. 125.

Englischsprachige Bücher ▶ Kinokunya 24: im 4. Stock des KLCC (s. S. 125), Tel. 03 21 64 81 33. Die riesige Filiale der japanischen Kette hat landesweit das größte Angebot an englischsprachigen Büchern.

Chinesischer Tee ▶ Purple Cane Tea Art Centre 9: 11 Jln. Sultan, Tel. 03 20 31 18 77, www.purplecane.com.my. Hochwertige chinesische Tees und Produkte rund um den Tee, auch Tee-Kurse (Tel. 03 21 45 12 00).

Indische Seide ▶ Saanthi Silks 10: 25 Jln. Melayu, Tel. 03 26 92 83 62, LRT Masjid Jamek. Das Traditionsgeschäft importiert hochwertige indische Stoffe.

Dekoratives in westlichem Geschmack ▶ Peter Hoe Beyond 11: 145 Jln. Tun H. S. Lee, Lee Rubber Building, 2. Stock, Tel. 03 20 26 97 88. Beim Modedesigner Peter Hoe gibt es Haushaltsdekor aus Südostasien und selbst entworfene Textilien.

Abends & Nachts

Über aktuelle Veranstaltungen informieren die Webseiten der Stadtmagazine **KL Lifestyle,** www.kl-lifestyle.com.my, **Time Out KL,** www.timeoutkl.com, und **Vision KL,** www.visionkl.com.

Sundowner ▶ Luna Bar 1: 34. Stock, Menara PanGlobal, Jln. Puncak, in den Pacific Regency Hotel Apartments, Tel. 03 23 32 77 77, www.luna.my, tgl. ab 17 Uhr. **Sky Bar 2:** im 33. Stock des Traders Hotel (s. S. 129), Tel. 03 23 32 98 88, www.skybar.com.my, tgl. ab 11 Uhr. Die edlen Lounge-Bars mit Aussicht auf die Skyline eignen sich am besten für einen Besuch zum Sonnenuntergang.

Ausgehstraße ▶ Die schmale **Changkat Bukit Bintang 2** im Goldenen Dreieck ist derzeit das beliebteste Ausgehviertel in der City. Hier konzentrieren sich Restaurants, Cocktailbars und Pubs wie: **Finnegan's,** Nr. 20, Tel. 03 21 45 19 30, www.finneganspubs.com, tgl. 11–1 Uhr; **Frangipani Bar,** Nr. 25, Tel. 03 21 44 30 01, www.frangipani.com.my, Di–Do, So 18–24, Fr, Sa 18–3, Happy Hour bis 20 Uhr; **Reggae Bar,** Nr. 31, Tel. 01 24 21 88 99; **Daikanyama,** Nr. 42, Tel. 03 21 41 03 23, www.facebook.com/Daikanyama, tgl. 17.30–0.30, am Wochenende bis 3 Uhr.

Clubs & Discos ▶ Beach Club 3: 97 Jln. P. Ramlee, nahe Jln. Sultan Ismail, Tel. 03 21 66 99 19, www.beachclubcafe.com, tgl. 16–3 Uhr. Teils unter freiem Himmel, bei Touristen beliebt. **Rootz Club 4:** im Dachgeschoss des Lot 10 Shopping Centre, Jln. Bukit Bintang, www.rootz.com.my, Mi–Sa ab 22 Uhr. V. a. zu später Stunde angesagter Club. **Zouk 5:** 113 Jln. Ampang, Tel. 03 21 71 19 97, www.zoukclub.com.my, Do–Sa 21–3 Uhr. Kuala Lumpurs größter Unterhaltungskomplex.

Theater & Konzerte ▶ Tickets für alle Veranstaltungen sind erhältlich unter www.ilassotickets.com und http://ticket2u.biz. **Nationaltheater 6** (Istana Budaya): Jln. Tun Razak, Tel. 03 40 25 59 32, www.istanabudaya.gov.my. **Sutra Dance Theatre 7:** 12 Persiaran Titiwangsa 3, Tel. 03 40 21 10 92, www.sutrafoundation.org.my. **Kuala Lumpur Performing Arts Centre 8** (KLPac): Sentul Park, Jln. Strachan, Tel. 03 40 47 90 60, www.klpac.org. **Dewan Filharmonik Petronas 24:** im Suria KLCC (s. S. 128), Tel. 03 20 51 70 08, www.dfp.com.my.

Multiplex-Kinos ▶ Englischsprachige Filme laufen in den Kinos im **KLCC 24** (s. S. 125) und im **Berjaya Times Square 3** (s. S. 133). Ein besonderes Erlebnis sind die Golden Class Cinemas, www.gsc.com.my, mit Sofas und Luxussitzen im **Pavilion Kuala Lumpur 6** (s. S. 133) und in der **Mid Valley Megamall 9,** Lingkaran Syed Putra. Das aktuelle Programm findet sich unter www.gsc.com.my und www.tgv.com.my.

Aktiv

Geführte Touren ▶ The Annexe@Central Market 11: s. S. 119, Tel. 03 20 32 10 31, 01 79 89 10 31, betourist@ymail.com. In der Chinatown hat hier und da ein altes Haus überlebt, das unter Denkmalschutz steht oder auf den Abriss zu warten scheint. Eine Privatinitiative engagierter Freiwilliger möchte den Wert dieser historisch interessanten Gebäude vermitteln und organisiert deshalb kostenlose geführte Touren durch das koloniale Viertel und die Chinatown, die in ihrem Büro im 1. Stock des Gebäudes beginnen (tgl. 10.30 Uhr, 1,5 Std., max. 10 Teilnehmer, Anmeldung erforderlich). Zudem werden ausgefallene, kostenpflichtige Touren nach Selangor angeboten.

Malkurse ▶ The Annexe@Central Market 11: s. S. 119. Einige der hier ausstellenden Maler bieten Unterricht an (ca. RM 50).
Kochkurse ▶ LaZat 1: Petaling Jaya, 584 Jln. 17/17, Section 17, Tel. 01 92 38 11 98, www.malaysia-klcookingclass.com. 4-stündige Kurse, deren Schwerpunkt jeden Tag wechselt (RM 230).
Vergnügungsparks ▶ Sunway Lagoon 2: nahe Petaling Jaya, Tel. 03 56 39 00 00, www.sunway.com.my/lagoon, Mo, Mi–Fr 11–18, Sa, So 10–18 Uhr, RM 80–100. Mit großem Wasserpark und drei Themenparks. **Berjaya Times Square 3:** 1 Jln. Imbi, Tel. 03 21 17 31 18, www.timessquarekl.com, Mo–Fr 12–22, Sa, So, Fei und Schulferien 11–22 Uhr, RM 38–43. Mit Achterbahn.
Blindenmassage ▶ Ein großes Angebot findet man in Brickfields in der Jln. Thambapillay (Monorail KL Sentral): **Perkhidmatan Urut Orang Buta 3,** Nr. 41, Tel. 03 22 60 51 00; **PB Blind Massage 4,** Nr. 4A, Tel. 03 22 74 53 72. Allgemeine Infos und weiterführende Adressen gibt es bei **Blind Entrepreneurs,** http://ncbm.org.my.

Termine

Thaipusam-Fest (Vollmondtag Ende Jan./ Anfang Febr.): Das wichtigste hinduistische Fest. Millionen Gläubige ziehen vom Sri-Mahamariamman-Tempel in der Chinatown zu den Batu Caves.
Federal Territory Daym (1. Febr.): Umzüge und Wettbewerbe im Tun Abdul Razak Heritage Park und am Titiwangsa Lake.
Geburtstag des Königs (5. Juni): Umzüge und Veranstaltungen im Tun Abdul Razak Heritage Park, im Stadion Merdeka und am Königspalast.
Flora Festival (Juli): Die Stadt wird mit Blumen geschmückt.
KL Fest (Juli, www.klfestival.org.my): Ein Monat voller Kulturveranstaltungen.
Nationalfeiertag (31. Aug.): Große Parade, Volksfest im Tun Abdul Razak Heritage Park.

Verkehr

Flüge: Der große moderne **Kuala Lumpur International Airport (KLIA),** www.klia.com.my und www.flyklia.com, liegt ca. 70 km südlich des Zentrums nordwestlich der Stadt Seremban. Hier starten alle internationalen sowie die meisten nationalen Flüge von MAS, Tel. 13 00 88 30 00, www.malaysiaairlines.com, u. a. nach Alor Setar, Kota Bharu, Kuala Terengganu, Kuantan, Johor Bahru, Penang und zu den großen Küstenstädten in Ostmalaysia. Südlich an den internationalen Flughafen grenzt der **Low Cost Carrier Terminal (LCCT),** http://lcct.klia.com.my, für Billigflieger, den man allerdings erst nach einer über 10 km langen Fahrt um eine Startbahn herum erreicht. Dies ist der Heimatflughafen von Air Asia, Tel. 03 87 75 40 00, www.airasia.com, und das Drehkreuz für weitere asiatische Billig-Airlines. Verbindungen bestehen u. a. nach Alor Setar, Johor Bahru, Kota Bharu, Kuala Terengganu, Langkawi, Penang und Ostmalaysia. Zwischen dem KLIA und dem LCCT verkehren Shuttlebusse (alle 30 Min., ca. 20 Min., RM 2,50). Verbindungen in die City vom KLIA mit der Schnellbahn KLIA Ekspres und KLIA Transit (s. S. 137) sowie von beiden Flughäfen mit Bussen und Taxis (je nach Taxityp RM 75–130). Vom alten Flughafen **Subang (SBZ)** im gleichnamigen Ort ca. 15 km westl. des Zentrums fliegt Firefly, Tel. 03 78 45 45 43, www.fireflyz.com.my, nach Alor Setar, Johor Bahru, Kota Bharu, Kuala Terengganu, Penang sowie Langkawi und Berjaya Air, Tel. 03 21 41 00 88, www.berjaya-air.com, auf die Inseln Langkawi, Tioman und Redang. Verbindung in die Stadt mit dem Taxi.
Züge: Vom riesigen Hauptbahnhof **Stesen Sentral Kuala Lumpur** (KL Sentral) im Stadtviertel Brickfields (s. S. 124), Jln. Stesen Sentral, Tel. 03 22 79 88 88, www.stesensentral.com, fahren Züge nach Süden bis Singapore (Woodlands), nach Norden über Ipoh nach Butterworth (Penang) und mit Umsteigen weiter nach Thailand, nach Nordosten über Jerantut und Kuala Lipis bis Wakaf Bharu (Kota Bharu). Fahrplan: www.ktmb.com.my.
Busse: Für jede Himmelsrichtung ist ein anderer Terminal zuständig. Busse gen Süden starten vom neuen **Terminal Bersepadu Selatan (TBS),** Tel. 03 90 51 20 00, www.tbsbts.com.my, in Bandar Tasik Selatan ca. 6 km

Eines der größten Einkaufszentren Südostasiens: der Berjaya Times Square

südl. des Zentrums, u. a. etwa stdl. nach Johor Bahru (4–5 Std., RM 31–35) und Melaka (2 Std., RM 13–22) sowie 13 x tgl. nach Singapore (5–6 Std., RM 46–81). Für Busse Richtung Norden und zur Ostküste ist die renovierte **Pudu Sentral Bus Station,** Jln. Pudu, Tel. 03 20 70 01 45, zuständig. Verbindungen u. a. vormittags in die Cameron Highlands nach Tanah Rata (4–5 Std., RM 28–35), etwa stdl. nach Ipoh (3 Std., RM 18), 7 x tgl. nach Penang (5–6 Std., RM 35), etwa stdl. nach Kuantan (4 Std., RM 22), um 22 Uhr nach Kuala Besut für Pulau Perhentian (8 Std., RM 40). Weitere Busse in Richtung Ostküste starten an der kleinen **Putra Bus Station,** Jln. Putra, Tel. 03 40 42 95 30, 3 km nördl. des Zentrums. Ziele im Bundesstaat Pahang bedient u. a. die **Pekeliling (Tun Razak) Bus Station,** Jln. Tun Razak, im Norden, LRT Titiwangsa, Tel. 03 40 42 12 56, z. B. alle 45 Min. nach Genting (1 Std., RM 6), um 11, 12.30, 15.30, 17.30 Uhr nach Jerantut (3 Std., RM 17, für Taman Negara). Vom Hotel Istana, 73 Jln. Raja Chulan, Tel. 03 27 82 22 22, fahren Busse direkt in den Nationalpark. Das gleiche Ziel haben Backpacker-Busse von NKS, Tel. 03 20 72 03 36, die am Mandarin Pacific Hotel, 2–8 Jln. Sultan, in der Chinatown starten, und Busse von Han Travel, Tel. 03 20 31 08 99, www.taman-negara.com, ab dem The 5 Elements Hotel, 243 Jln. Sultan.

Überlandtaxis: Sie befahren bestimmte Routen und starten im 1. Stock der Pudu Sentral Bus Station, sobald sie voll sind. Fahrten Richtung Norden, Tel. 03 20 26 08 62, in die Cameron Highlands (RM 260), nach Fraser's Hill (RM 350), Ipoh (RM 330) und Penang (RM 600); Richtung Nordosten und zur Ostküste, Tel. 03 20 26 08 62, nach Kuantan (RM 350), und Kuala Tembeling für den Taman Negara National Park (RM 350); Richtung Süden, Tel. 03 20 72 08 21, nach Johor Bahru (RM 380) und Melaka (RM 180).

Mietwagen: Für Rundreisen auf der malaiischen Halbinsel empfiehlt es sich, ein Auto zu mieten, z. B. bei Avis, Crowne Plaza Mutiara, Jln. Sultan Ismail, Tel. 03 76 28 23 17, 18 00 88 28 47, www.avis.com.my; Hawk

Rent A Car, UOA Centre, 19 Jln. Pinang, Tel. 03 21 66 67 72, www.hawkrentacar.com.my; Mayflower, Mayflower Building, 18 Jln. Segambut Pusat, Tel. 03 62 53 18 88, www.mayflowercarrental.com.my; Sime Darby Car Rental/Hertz, Lot 2, Ground Floor, Kompleks Antarabangsa, Jln. Sultan Ismail, Tel. 03 21 48 64 33, www.simedarbycarrental.com.

Fortbewegung in der Stadt

Kuala Lumpur Transit System: Es gibt eine Monorail, die drei Hochbahnlinien LRT Kelana Jaya, Ampang und Seri Petaling sowie die beiden KTM-Komuter-Linien Port Kelang–Sentul sowie Seremban/Port Kelang–Tg. Malim/Batu Caves. Der KLIA Ekspres und KLIA Transit, www.kliaekspres.com, fahren vom Bahnhof KL Sentral nach Putrajaya und zum internationalen Flughafen KLIA. Monorail, Hochbahn und Nahverkehrszüge bilden keinen Verbund, sodass beim Umsteigen jedes Mal ein neues Ticket erforderlich ist. Der Fahrpreis beträgt je nach Entfernung RM 0,70–8,90. Die Züge von LRT und Monorail fahren 6–23/24 Uhr alle 2–15 Min., die Komuter-Züge seltener. Infos unter www.myrapid.com.my.

Busse: Die klimatisierten Busse von RapidKL fahren alle 15–60 Min. auf festen Routen (RM 1–3,80). Für Besucher interessant sind die Doppeldeckerbusse KL Hop-on Hop-off City Tour, www.myhoponhopoff.com, die in der City kreisen und an 23 touristenrelevanten Stopps halten (8.30–20.30 Uhr, alle 30–45 Min., Tagesticket Erw. RM 38, Kind. und Stud. RM 17, Tickets beim Busfahrer).

Taxis: Da oft von Touristen völlig überhöhte Preise verlangt werden, sollte man darauf bestehen, dass das Taxameter eingeschaltet wird (Grundgebühr RM 3 inkl. 1 km, jede weiteren 108 m RM 0,10). Trotz weiterer Zuschläge für Wartezeiten, dritter oder vierter Personen bzw. Gepäckstücke, Nachtfahrten und telefonischer Vorbestellungen sind die Fahrten günstig. Die blauen Executive-Taxis verlangen die doppelte Einschaltgebühr. Zu bestimmten Zielen wie den Flughäfen, dem Menara Kuala Lumpur und dem Kompleks Kraf Kuala Lumpur werden Zuschläge erhoben.

Nördlich von Kuala Lumpur

Kepong Forestry Park (FRIM)

► 3, B 2

Auf dem 600 ha großen Areal des **Kepong Forestry Park** hatten eine Zinnmine, Sägemühlen und chinesische Bauern für den Kahlschlag des ursprünglichen Dschungels gesorgt. Dennoch wurde das Gebiet nördlich der Hauptstadt 1918 Teil einer Schutzzone und 1926 Sitz des **Forestry Research Institute of Malaysia (FRIM).** Von der beeindruckenden Arbeit des Instituts zeugen gepflegte Themengärten und ein Dschungelgebiet mit dichtem Baumbestand.

Der Besuch beginnt im **One Stop Center,** wo eine informative Karte und Broschüren über die Pflanzen und Wanderwege bereitliegen. Hier meldet man sich auch für den Canopy Walkway (s. unten) an, dessen Zugang auf maximal 250 Personen pro Tag begrenzt ist. Auf Wunsch werden Guides vermittelt, die auf den ausgeschilderten Wegen jedoch nicht nötig sind. Ein Souvenirshop und eine Cafeteria ergänzen das Angebot.

In der nahen **Research Gallery** erfährt man mehr über die Arbeit des Instituts. Nebenan beginnt der ausgeschilderte kurze **Keruing Trail,** ein Rundweg zu alten und wertvollen Bäumen. Mehr tropische Nutzhölzer stehen am **Salleh Nature Trail,** besonders faszinierend wegen einer Pflanzung von Kapur-Bäumen *(Dryobalanops aromatica),* deren Blätterdach sich nicht berührt und dadurch eine gespenstische, spinnennetzartige Struktur angenommen hat. Im **Fruit Tree Arboretum I und II** wachsen tropische Obstbäume, im **Bambusetum** 30 überwiegend einheimische Bambusarten und im **Ethnobotanic Garden** traditionelle Heilpflanzen.

Das Highlight ist der 200 m lange **Canopy Walkway** mit schwankenden Hängebrücken, die in bis zu 30 m Höhe durch die Baumkronen der Urwaldriesen führen. Für die Wanderung vom One Stop Center zum Walkway und zurück werden etwa 1,5 Std. benötigt. Unterwegs stehen an der Abzweigung zum Picknickplatz am Sungai Kroh zwei traditionelle Holzhäuser: ein **Rumah Terengganu** aus Chengal-Holz, das ohne Metallnägel erbaut wurde, und ein **Rumah Melaka** (Kepong Forestry Park, www.frim.gov.my, Tel. 03 62 79 75 75, tgl. 7–19 Uhr, RM 5; One Stop Center Mo–Do 8–13, 14–16.30, Fr 8–12.15, 14.45–16.30, Sa, So 9–16 Uhr; Research Gallery, Di–Do, Sa 9–12, 14–16, So 9–15 Uhr; Canopy Walkway, Di–Do, Sa, So 9.30–14.30, letzter Einlass 13.30 Uhr, RM 10).

Verkehr

Anfahrt in 20 Min. mit dem Komuter-Zug bis Kepong Sentral (RM 1) und weiter mit dem Taxi (unter RM 10).

Batu Caves ► 2, J 13

Bereits seit 1892 pilgern Hindus zu den Höhlentempeln in den steil aufragenden Karstfelsen nordöstlich der Stadt. In jüngster Zeit haben die gut besuchten **Batu Caves** sogar einen Bahnhof erhalten, wo man von einer riesigen **Statue des Hanuman** begrüßt wird, des furchtlosen Affengenerals, der Lord Rama im Ramayana-Epos treu zur Seite stand.

Die Wandbilder in der nahen **Ramayana Cave** erzählen die Geschichte von Rama und seiner treuen Gattin Sita, die von einem Dämonenherrscher entführt wird und erst nach dramatischen Kämpfen von ihrem Gemahl befreit werden kann. Der erste Tempel mit den vergoldeten Türmen ist dem noblen und gütigen Bhishma aus dem Mahabharata-Epos und Lakshmi, der Gefährtin von Vishnu und Göttin des Wohlstands, gewidmet.

Die ausgeschilderte **Cave Villa** in einer ebenerdigen Höhle enthält bunte Statuen der Hauptdarsteller eines klassischen tamilischen Heldenepos, viele hinduistische Götterstatuen sowie Terrarien mit Schildkröten, Schlangen und anderen Reptilien (tgl. 9–18.30 Uhr, RM 15).

Der lange Treppenaufgang zur Haupthöhle wird flankiert von einer 42,7 m hohen goldfarbenen **Statue von Lord Murugan,** dem Sohn von Shiva und Shakti, und dem **Sri Subramaniam Temple.** Hier werden neben Shiva auch sein Sohn Ganesha, der Elefantengott, und Minakshi, die fischäugige Göttin, eine südindische Version von Parvati, der Gefährtin von Shiva, verehrt. Die 272 Stufen haben es in sich, doch Pläne für eine Seilbahn liegen schon in der Schublade – für wahre Gläubige jedoch käme ein solches Transportmittel nicht infrage.

Kurz vor dem Ende des Treppenaufgangs führen einige Stufen nach links zur **Dark Cave,** deren naturbelassene, 2 km lange Passagen mit sieben Kammern nur im Rahmen einer kurzen Führung zugänglich sind (9.30–17 Uhr, RM 35). Weitere Informationen über Führungen durch die Höhle erhält man unter www.darkcavemalaysia.com.

Am obersten Ende der Treppe liegt die große Haupthöhle, die **Light Cave,** in der Statuen einiger weiterer Helden des Ramayana-Epos stehen. Im hinteren Bereich finden in einem kleinen Heiligtum von 8 bis 13 und von 16 bis 20.30 Uhr Puja-Zeremonien statt. Die angrenzende Treppe endet in einer zweiten, oben offenen Kammer. Der Schrein im Zentrum für Lord Murugan ist mit zahlreichen Statuen bunt geschmückt.

Zum **Thaipusam-Fest** an Vollmondtagen im Januar bzw. Februar gedenkt man des Kampfes von Lord Murugan gegen den Dämonenherrscher Soorapadman, den er dank der Lanze von Parvati besiegen konnte. Beim größten Hindufest außerhalb Indiens pilgert über 1 Mio. Menschen in einer bunten Prozession von Kuala Lumpurs Sri Mahamariamman Temple (s. S. 122) in acht Stunden zu den ca. 15 km entfernten Batu Caves. Einige Gläubige haben sich nach wochenlanger spiritueller Vorbereitung Haken in die nackte Haut gebohrt, an denen sie große Wagen mit Götterstatuen hinter sich herziehen oder halbkreisförmige Aufbauten *(kavadis)* einhängen, andere haben sich kleine Lanzen durch die Wangen oder Zungen gestochen.

Auch an anderen Tagen, vor allem am Wochenende, zieht es viele Pilger hierher, die den Souvenirhändlern und Restaurants ein gutes Geschäft garantieren. Authentisch und preiswert ist das Essen in den südindischen Lokalen am Haupteingang, im Dhivya's Café kann man sogar die nach strikten Regeln zubereiteten Jain-Gerichte probieren.

aktiv unterwegs

Elefanten füttern, reiten und waschen in Kuala Gandah

Tour-Infos

Ort: National Elephant Conservation Centre, Kuala Gandah (▶ 1, L 2), Tel. 092 79 03 91, Sa–Do 12–17 Uhr, Eintritt frei, eine Spende wird erwartet

Anfahrt: Von Kuala Lumpur zunächst auf dem Highway 2 in Richtung Kuantan bis Lanchang, dann 15 km auf der Landstraße nach Norden (ca. 2 Std.). Es fahren keine Busse hierher. Ein Taxi ab Kuala Lumpur kostet um RM 500 hin und zurück.

Organisation: Max. werden 120 Besucher pro Tag eingelassen. Da eine Voranmeldung nicht möglich ist, sollte man eine organisierte Tour in Betracht ziehen, die ab Kuala Lumpur RM 190–250/Pers. ab 2 Teilnehmern kostet und von vielen Veranstaltern angeboten wird.

Ausrüstung: T-Shirt und lange Hose zum Wechseln

Seit den 1970er-Jahren wurden zunehmend Waldflächen für Plantagen, neue Siedlungen und den Straßenbau gerodet oder durch Stauseen überschwemmt. Viele Elefanten verloren ihre Heimat, wodurch es immer wieder zu Konflikten zwischen Mensch und Tier kam. Man begegnete dem Problem u. a. damit, die herumirrenden Dickhäuter mithilfe von trainierten Arbeitselefanten aus Thailand und Sumatra einzufangen und in das 1990 gegründete **National Elephant Conservation Centre** in Kuala Gandah zu bringen, wo sie gemeinsam mit den domestizierten Elefanten leben.

Das Zentrum steht Besuchern offen, die sich in einer Ausstellung zunächst über die Arbeit der Organisation, die Umsiedlungsaktionen und die 800 bis 1000 wilden Elefanten in Westmalaysia informieren können. Zu bestimmten Zeiten wird zudem ein Film gezeigt (tgl. 13, 13.30, 15.45, Sa, So, Fei auch 12.30 Uhr). Ab 14 Uhr werden dann die Elefanten gebürstet. Anschließend darf man dabei helfen, die Dickhäuter mit Bananen und anderen Früchten zu füttern. Mutige können auf den Rücken der Tiere steigen und ohne Sattel zum Bach reiten, wo sie gemeinsam mit den Elefanten ins kalte Wasser steigen und sie abschrubben.

Verkehr

Anfahrt in 20 Min. mit dem Komuter-Zug bis Batu Caves (RM 2).

Genting Highlands ▶ 1, K 12

Sofern kein Stau in Kuala Lumpur für Verspätung sorgt, sind bereits nach einer Stunde Fahrt die **Genting Highlands** 55 km nordöstlich der City erreicht. Über den Karak Highway und eine steile Zufahrtstraße durch eine herrliche Berglandschaft kommen überwiegend chinesische Besucher am Wochenende hier herauf. Allerdings haben sie keinen Blick für die Schönheiten der Natur, sondern nur ein Ziel: das **Spielkasino** in 1700 m Höhe.

Seit den 1970er-Jahren wurde das Highland Hotel mit dem Kasino auf dem **Gunung Ulu Kali** systematisch ausgebaut. Unterhalb davon stehen mittlerweile sechs weitere Hotelblocks, riesige Apartmentanlagen und ein großer chinesischer Tempel. Für Unterhaltung sorgen Restaurants, viele Shops, ein 18-Loch-Golfplatz, ein Reiterhof, ein Vergnügungspark mit Achterbahn, ein Wasserpark, eine künstliche Schneelandschaft, eine Eisbahn, ein Skydiving-Simulator, eine Kletterwand und anderes mehr. Eine 3,4 km lange Seilbahn fährt für RM 6 ab der Awana Lower Skyway Station nahe dem Reiterhof zum Highland Hotel hinauf, nachts verkehrt sie nur bis zum Genting Hotel (Infos unter Tel. 03 27 18 11 18, www.rwgenting.com; Eintritt zu allen Attraktionen Erw. RM 66, Kind. u. Sen. RM 45).

Verkehr

Busse: Vom KLIA Airport, dem Hauptbahnhof KL Sentral oder der Pudu Sentral Bus Station in Kuala Lumpur tagsüber etwa alle 30 Min. (1 Std., RM 10 inkl. Skyway).
Taxis: Ab Hauptbahnhof KL Sentral oder der Pudu Sentral Bus Station für RM 60.

Südlich von Kuala Lumpur

Mah Meri Cultural Village

► 2, H 14

Südlich der modernen Hafenanlagen von **Pelabuhan Kelang** liegen auf **Pulau Carey** jenseits der Ölpalmplantagen des Sime-Darby-Konzerns fünf kleine Dörfer der Mah Meri, einstige Seenomaden, die zu den ältesten Bewohnern der malaiischen Halbinsel gehören. Erst in den vergangenen Jahrzehnten haben sie sich an die moderne Gesellschaft angepasst und ihren animistischen Glauben sowie damit verbundene Rituale aufgegeben.

Im **Kampung Sungei Bumbung,** 1 km von der Plantageneinfahrt entfernt, dokumentiert das von Mah Meri geleitete **Mah Meri Cultural Village** die vom Aussterben bedrohte Kultur. Eine Ausstellung informiert über verschiedene Orang-Asli-Völker, ihre Feste und Zeremonien. Besonders faszinierend sind die Masken und Statuen aus dem rötlichen Holz des seltenen Mangrovenbaums *(Nyireh Batu),* darunter einige, die von der UNESCO ausgezeichnet wurden (s. S. 63). Die ausdrucksstarken Schnitzereien waren früher von spiritueller Bedeutung. Auch den Pandanus-Flechtarbeiten der Frauen wird eine heilende Wirkung zugesprochen.

Für größere Gruppen wird nach Anmeldung ein ganztägiger Aufenthalt mit Kulturprogramm arrangiert (RM 75/Pers.), evtl. können sich Einzelreisende vor Ort anschließen. Ansonsten steht das Village natürlich auch Individualreisenden offen (Tel. 01 76 07 48 37, 01 76 27 37 32, Di–So 9–17 Uhr, RM 5, geführter Rundgang zu den Holzschnitzern und Weberinnen zusätzlich RM 10).

Im Mah Meri Cultural Village wird auch die Tradition des Holzschnitzens gewahrt

Verkehr

Nur mit dem eigenen Wagen oder einem Taxi (ca. RM 150 hin und zurück ab Kuala Lumpur) zu erreichen.

Putrajaya ► 2, J 14

Die Modellstadt des 21. Jh. auf halbem Weg zwischen Kuala Lumpur und dem internationalen Flughafen KLIA wurde als zukunftsweisendes Verwaltungszentrum für die Zentralregierung auf dem Reißbrett konzipiert. Als Teil des Multimedia Super Corridor (MSC, s. S. 24) soll **Putrajaya** zusammen mit der Zwillingsstadt Cyberjaya das übervölkerte Kelang Valley entlasten.

Bekannte Architekten wurden verpflichtet und entwarfen repräsentative Ministerien im islamischen Stil, riesige Moscheen und futuristisch anmutende Brücken. Am **Dataran Putra,** dem zentralen Platz mit 300 m Durchmesser, erhebt sich das 116 m hohe Minarett der **Masjid Putra** im persisch-islamischen Stil, die bis zu 10 000 Gläubigen Platz bietet. Im **Perdana Putra Complex** gegenüber sind einige Ministerien und die Büros des Premierministers untergebracht. Das Gebäude kann in angemessener Kleidung und nach Vorzeigen des Reisepasses besichtigt werden (Mo–Fr 8–12.30, 14–16, jeden 2. und 4. Sa im Monat auch 8–12.30 Uhr).

Persische Vorbilder haben auch für die 435 m lange **Putra Bridge** Pate gestanden, über die der Prachtboulevard Persiaran Perdana Richtung Süden führt. Er verbindet weitere Verwaltungsbauten miteinander und endet am Kongresszentrum. Auf etwa halber Strecke erhebt sich gegenüber dem Justizministerium die **Masjid Tuanku Mizan Zainal Abidin.** Der überaus moderne Sakralbau, dessen Erbauung 55 Mio. US-$ kostete, ist doppelt so groß wie die Masjid Putra und erhielt nach seiner Eröffnung 2010 wegen seiner eigenwilligen Architektur den Beinamen Eiserne Moschee.

Nordwestlich vom Dataran Putra und ebenfalls über eine Brücke erreichbar, befindet sich die Residenz des Premierministers. Der **Seri Perdana Complex** kann im Rahmen geführter Touren nach Voranmeldung besucht werden (Tel. 03 88 88 82 00, www.seriperdana.gov.my).

Es macht allerdings mehr Spaß, durch den im Norden des Platzes liegenden **Botanical Garden** zu schlendern, der ebenso wie die angrenzenden **Putrajaya Wetlands** künstlich angelegt wurde. Auch ein Spaziergang über die Uferpromenade entlang dem 650 ha großen See lohnt sich. Danach kann man sich bei einer **Bootstour** erholen und die gewagten Brückenkonstruktionen bestaunen (Bot. Garten Di–So 7–19, Eintritt frei; Wetlands Mo–Fr 9–18, Sa, So 9–19 Uhr, Eintritt frei; Infos für Bootstouren unter www.cruisetasikputrajaya.com).

Verkehr

Anreise mit KLIA Transit ab KL Sentral (etwa alle 30 Min., RM 10). Im Stadtgebiet verkehren etwa alle 30 Min. Nadi-Putra-Busse.

Seremban ► 2, K 15

In **Seremban,** der betriebsamen Hauptstadt des kleinen Bundesstaats Negri Sembilan südlich von Kuala Lumpur, fällt es schwer, Relikte der interessanten Geschichte zu entdecken. Zwischen dem 15. und 17. Jh. siedelten sich in der Gegend zahlreiche Minangkabau aus Westsumatra an und bis 1895 gab es hier neun Fürstentümer. Heute ist die Stadt lediglich ein Verkehrsknotenpunkt ohne touristisches Interesse.

Der Museumskomplex **Taman Seni Budaya** etwa 2 km westlich des Bahnhofs widmet sich der Minangkabau-Kultur und umfasst einen kleinen, ganz aus Holz errichteten Palast, einen Reisspeicher und ein traditionelles Haus. Die Ausstellung im etwas vernachlässigten Museum geht ausführlich auf die regionale Megalithkultur im 1. Jt. ein, die matrilineare Minangkabau-Kultur wird jedoch kaum beleuchtet (Jln. Sungai Ujong, Sa–Do 10–18, Fr 10–12, 14.45–18 Uhr, Eintritt frei).

Verkehr

Anreise ab Kuala Lumpur mit dem Komuter-Zug oder per Bus ab der Pudu Sentral Bus Station oder vom Pasar Seni gegenüber der LRT-Station.

Melaka und die Südspitze der Halbinsel

Die UNESCO-Welterbestadt Melaka zehrt von ihrem Kolonialerbe und vom Tourismus, während die Industrie- und Hafenstadt Johor Bahru auf die Wirtschaftskontakte mit Singapore baut. Touristen und Einheimische gleichermaßen strömen auf die Tropeninsel Tioman mit ihren palmenbestandenen Sandstränden und fantastischen Regenwäldern.

Noch in den 1970er-Jahren war die weitgehend flache Südspitze der malaiischen Halbinsel von tropischem Regenwald bedeckt. Entlang der Ostküste gab es nicht einmal eine durchgehende Straßenverbindung und die wenigen abgelegenen Fischerdörfer waren nur mit Booten zu erreichen. Seither wurden auf mehr als 100 000 ha Ölpalmplantagen angelegt, die sich kilometerlang über die Landschaft erstrecken. Nur noch an einigen steileren Hängen hat der Dschungel überlebt

2 Melaka ► 2, L 16

Cityplan: S. 144

Auf engstem Raum zeugen in **Melaka** Relikte aus über fünf Jahrhunderten von der turbulenten Geschichte der Stadt und von ihren Einwohnern: von malaiischen Sultanen und chinesischen Seefahrern, von europäischen Eroberern aus Portugal, Holland und Großbritannien, von wohlhabenden Händlern, trickreichen Schmugglern und wundertätigen Missionaren. Das überschaubare Zentrum der World Heritage Site lässt sich gut zu Fuß oder mit einer Fahrradrikscha erkunden. Aufmerksame Beobachter werden dabei im Stadtbild Perioden des Aufbaus wie der Zerstörung, Zeichen des Wohlstands wie der Armut aufspüren.

In jüngster Zeit hat ein ehrgeiziger Bauboom der Stadt viele unansehnliche Neubauten beschert, sowohl im Hinterland als auch auf aufgeschütteten Arealen an der Küste. Gleichzeitig waren in Teilen der Altstadt die schäbigen Wohnhäuser jahrzehntelang vom Verfall bedroht, was zumindest Aussteigern und traditionellen Handwerkern ein bezahlbares Refugium ermöglichte. Mit der Aufnahme der Stadt in die Welterbeliste hat sich vieles verändert: Die Gebäude der Altstadt wurden aufwendig restauriert, alteingesessene Bewohner und Geschäfte mussten schicken Läden, Cafés und Boutique-Hotels weichen, das Angebot an Hotelbetten hat sich vervielfacht. Vor allem am Wochenende strömen junge Leute aus Kuala Lumpur und Singapore nach Melaka, um zu feiern und das Flair der liberalen Stadt zu genießen. Dann steigen die Zimmerpreise im gleichen Maß wie der Lärmpegel auf den Straßen. Die Restaurants sind bis auf den letzten Platz besetzt und in den lauen Tropennächten fällt es leicht, bei einem Drink und guter Musik Kontakte zu schließen. Zudem findet am Wochenende ein Nachtmarkt statt, der einen Besuch lohnt.

Red Square

Rikschafahrer mit ihren bunt herausgeputzten Fahrzeugen gehen auf dem **Red Square** (Dutch Square) im Herzen des historischen Zentrums auf Kundenfang und Einheimische wie Touristen flanieren um den markanten **Uhrturm** mit dem **Queen Victoria's Fountain** 1 aus britischer Zeit. Alle Gebäude in der Umgebung des Platzes wurden 1911 auf Anweisung des britischen Gouverneurs rot gestrichen, eine Tradition, die seither beibehalten wird und auf die der Name ›Roter Platz‹ zurückzuführen ist.

Dem Flussufer zugewandt erheben sich die Grundmauern des von den Portugiesen zwischen 1660 und 1670 erbauten **Fort Middlesburg** 2, einst Teil einer großen Befestigungsanlage. Gleich daneben entdeckt man ein altes, rekonstruiertes **Wasserrad** 3.

Für die 1753 fertiggestellte protestantische **Christ Church** 4 ließen holländische Großbürger die Ziegel eigens aus ihrer Heimat einschiffen. Unter den Briten wurde die Kirche anglikanisch und erhielt einen Uhrturm. Im Innern kann man alte Grabplatten entziffern und auf dem Kirchengestühl aus dem 18. Jh. eine Auszeit vom Treiben auf dem Platz nehmen. Sonntags um 8.30 Uhr findet ein Gottesdienst auf Englisch statt (Do–Di).

Am auffälligsten ist das zwischen 1641 und 1656 unter Gouverneur Jan van Twist erbaute **Stadthuys** 5, das älteste erhalten gebliebene holländische Gebäude des Orients. In den Räumen des ehemaligen Rathauses stellt heute das **History and Ethnography Museum** Ausgrabungsfunde und historische Gebrauchsgegenstände aus. Die Vitrinen sind gefüllt mit Werkzeugen der Fischer und Reisbauern, Waffen, traditionellen Musikinstrumenten, Porzellan und Haushaltsgegenständen. Die originalgetreu hergerichtete Wohnstube des Gouverneurs sowie Nachbauten eines traditionellen Coffee Shops, eines indischen Kiosks und einer holländischen Bäckerei im Nebengebäude vermitteln einen guten Eindruck vom damaligen Leben. Melakas ethnische Vielfalt zeigt sich u. a. in den ausgestellten Hochzeits- und Festgewändern der Malaien, indischen Chetties, Nyonya und Portugiesen. Im Obergeschoss wird anhand von Dioramen und 65 Gemälden die Stadtgeschichte präsentiert und eine Extra-Ausstellung ist dem chinesischen Admiral Cheng Ho (s. S. 45) gewidmet. Bücher, die über ihn verfasst wurden, Landkarten, Informationen über die Nachfahren seiner adoptierten Kinder und vieles mehr bieten Einblick in sein Leben (Tel. 062 86 60 70, Mo–Fr 9–17.30, Sa, So 9–21 Uhr, Erw. RM 5, Kind. RM 2).

Durch den Hintereingang des Stadthuys gelangt man zu weiteren, eher selten besuch-

Nicht Moskau, sondern Melaka: der ›Rote Platz‹ mit Christ Church und Stadthuys

KAMPUNG MORTEN
Lorong Haji Bachee
0 100 200 m
Putra Specialist Hospital
Markhalle
Jln. Kampung Morten
Jln. Tun Ali
Jln. Gaha Maju
Jln. Kilang
Plaza Hang Tuah
S. Melaka
BUNGA PAYA PANTAI
Jln. Bunga Raya Pantai
Jln. Tun Sri Lanang
Lorong Haji Zainuddin
Jln. Puteri Hang Li Po
PENGKALAN RAMA
Jln. Hang Tuah
Jln. Kubu
Jln. Munshi Abdullah
Jln. Kampung Hulu
Jln. Kee Ann
KAMPUNG JAWA
Jln. Portugis
Masjid Kg. Hulu
Jln. Masjid
Jln. Baru
KAMPUNG BUKIT CINA
Jln. Bunga Raya
Jln. Bendahara
KAMPUNG DUA
Riverside Walk
Jln. Bukit Cina
Sam Po Keng Temple
Sultan's Well
Jln. Kampung Pantai
Jln. Tukang Emas
Jln. Hang Jebat
Jln. Lekiu
Jln. Hang Lekir
Jln. Temenggong
Tourism Malaysia
Sikh-Gurdwara
Jln. Hang Kasturi
Jln. Tukang Besi
Money Changer
Jln. Laksamana
St. Francis
Jln. Banda Kaba
Tourist Police
Jln. Gereja
KAMPUNG BANDA KABA
Jln. Tun Tan Cheng Lock
Lorong Hang Jebat
Jln. Kota Laksamana 5
Jln. Chan Koon Cheng
St. Paul's Hill
Istana Garden
Jln. Kota Laksamana 1
Jln. Kota
BANDAR HILIR
Sacred Heart Convent
Jln. Merdeka
Independence Memorial
St. Francis Institution
Jln. Parameswara
Bastion Wilhelms
Heritage Park
Medan Samudra
Quayside
Pahlawan Walk
Jln. Pm 3
Jln. Pm 4
PLAZA MAHKOTA
Jln. Pm 5
Jln. Pm 6
Jln. Pm10
Jln. Pm 1
TAMAN COSTA MAHKOTA
Jln. Melaka Raya 1
Jln. Melaka Raya 3
Jln. Melaka Raya 2
Taman Melaka Raya
Mahkota Medical Centre
Jln. Syed Abdul Aziz
Jln. Pm11
Jln. Pm 14
Jln. Pm 15
Melaka Pier

Melaka

Sehenswert

1 Queen Victoria's Fountain
2 Fort Middlesburg
3 Wasserrad
4 Christ Church
5 Stadthuys
6 Literature Museum
7 Seri Melaka
8 St. Paul's Church
9 Porta de Santiago
10 Dataran Pahlawan
11 Istana
12 Holländischer Friedhof
13 Coronation Park
14 Menara Taming Sari
15 Royal Malaysian Navy Museum
16 Maritime Museum
17 Customs Museum
18 Baba and Nyonya Heritage Museum
19 Cheng Hoon Teng Temple
20 Masjid Kampung Keling
21 Sri Poyyatha Vinayagar Moorthi
22 Cheng Ho Cultural Museum
23 Villa Sentosa – The Living Museum
24 Bukit Cina
25 Medan Portugis
26 Pulau Melaka
27 Masjid Tengkera
28 Ayer Keroh

Übernachten

1 The Sterling
2 The Majestic Malacca
3 Casa del Rio
4 Renaissance Melaka Hotel
5 Courtyard@Heeren
6 Puri Hotel
7 Heeren Inn
8 Apa Kaba Homestay
9 The Jiong Guesthouse

Essen & Trinken

1 Year 1673 Bistro
2 The Baboon House
3 Amy Heritage Nyonya Cuisine
4 Nancy's Kitchen
5 Veggié Planet
6 Calanthe Art Cafe
7 Pak Putra Restaurant
8 Hoe Kee Chicken Rice
9 Donald & Lily Corner

Einkaufen

1 Red Handicrafts
2 Wah Aik
3 Jalan Hang Jebat
4 Orang Utan House
5 Second Hand Books
6 Hatten Square
7 Mahkota Parade
8 Melaka Mall

Abends & Nachts

1 Kafe Light & EZ
2 My Rock & Roll
3 The Geographer's Café

Aktiv

1 G. M. Choo Art Gallery

ten Museen am Hang, deren Besuch im Eintrittspreis inbegriffen ist. Besuchenswert sind das **Literature Museum** 6, das über Formen der malaiischen Lyrik, das Schattenspiel Wayang Kulit, Dichter, Schriftsteller und den Journalismus informiert, und der **Seri Melaka** 7, der holländische Gouverneurspalast aus dem 17. Jh. Das weitgehend im Originalzustand erhaltene Gebäude beheimatet neben einem prächtigen Speisesaal und Büro verschiedene Galerien zur Geschichte der politischen Herrscher und viele Staatsgeschenke. Außerdem erfährt man einiges über die Hobbys des derzeitigen Staatsoberhaupts.

St. Paul's Hill und Umgebung

Oberhalb vom Gouverneurspalast erhebt sich auf dem **St. Paul's Hill** die Ruine der portugiesischen **St. Paul's Church** 8 von 1521. Seit 1592 wurden hier verdiente Männer beigesetzt, deren ehrenwerte Taten die Inschriften auf den Grabsteinen bezeugen. Mitte des 16. Jh. nutzte der spanische Jesuitenmissionar Francisco de Xavier (Franz Xaver) die Kirche als Basis für seine Tätigkeit in Japan und China, wo er im Jahr 1552 starb. Sein Leichnam wurde vorläufig in der Kirche beigesetzt, später jedoch ins indische Goa überführt. Heute erinnert nur noch eine Statue vor der Kirche an den Wegbereiter christlicher Mission in Asien. Besucher des Stadthuys gelangen durch dessen Hintereingang hinauf zur Kirche, der Hauptzugang befindet sich an der Porta de Santiago.

Die steinerne **Porta de Santiago** 9 ist der klägliche Rest der mächtigen Festung **A Famosa,** die einst die Stadt dominierte. Sie wurde 1511 von den Portugiesen errichtet und 1670 im Auftrag der holländischen Vereenigde Oostindische Compagnie restauriert. 1807 schleiften die Briten das Fort, nachdem sie die Stadt von den Holländern übernommen hatten. Einer Intervention von Stamford Raffles (s. S. 34) ist es zu verdanken, dass das Tor verschont blieb. Gegenüber sind freigelegte Grundmauern der Festung zu sehen.

Beim Bau des großen Einkaufszentrums **Dataran Pahlawan** 10 stieß man auf Überreste des Wachturms der **Bastion Wilhelms** und integrierte sie in den Food Court. Es ist kaum vorstellbar, dass der Turm damals am Meer gestanden haben soll, denn seither wurde die Stadtfläche durch Landaufschüttungen mehrmals erweitert. Die Reliefs des modernen Brunnens in dem überwiegend unterirdisch angelegten Einkaufszentrum stellen die Geschichte von Melaka dar (www.dataranpahlawan.com, tgl. 10–22 Uhr). Auf Straßenebene wird derzeit der **Heritage Park** mit einem Open-Air-Theater angelegt, in dem nach der Fertigstellung die Geschichte der Stadt in einer Light & Sound Show auferstehen soll (www.heritageparkmelaka.com).

Istana und holländischer Friedhof

Parameswara, ein Prinz aus dem buddhistischen Königreich Sri Vijaya in Sumatra, gründete 1402 Melaka und errichtete den **Istana** 11, einen Palast aus Holz, der 1460 niederbrannte. Gemäß den Malaiischen Annalen (s. S. 58) wurde das Gebäude mit traditionellen Materialien rekonstruiert und beherbergt heute das **Cultural Museum** (Muzium Budaya). In der Audienzhalle in 1. Stock wird mit lebensgroßen Figuren ein Empfang nachgestellt und gegenüber der im 15. Jh. ausgetragene legendäre Kampf zwischen den mystischen Helden Hang Tuah und Hang Jebat, zwei treuen Untertanen des Sultans von Melaka (tgl. 9–17.30 Uhr, RM 2).

Hinter dem Palast sind auf dem alten **holländischen Friedhof** 12, der später auch für verstorbene britische Militärangehörige genutzt wurde, noch 38 Gräber aus der Kolonialzeit erhalten geblieben.

Rund um den Menara Taming Sari

Auf der Jalan Kota geht es vorbei an mehreren Museen und durch den **Coronation Park** 13 mit einigen alten Fahrzeugen zum 110 m hohen Panoramaturm **Menara Taming Sari** 14. In einer gläsernen drehbaren Kapsel können Besucher in fünf Minuten bis in 80 m Höhe hinauffahren und sich einen Überblick über die Stadt verschaffen, bevor es in nur zwei Minuten wieder hinab geht (Tel. 062 88 11 00, www.menaratamingsari.com, tgl. 10–23 Uhr, Erw. RM 20, Kind. RM 10).

Das **Royal Malaysian Navy Museum** 15 neben dem Turm zeigt nautische Instrumente, Bilder berühmter Seefahrer und aus gesunkenen Handelsschiffen geborgene Gegenstände. Vor allem aber wird die bedeutende Rolle der Marine in den Mittelpunkt gerückt.

Interessanter ist das dazugehörige **Maritime Museum** 16, untergebracht im Nachbau des portugiesischen Segelschiffs Flor de la Mar, das am Ufer des Sungai Melaka vor Anker liegt. Hier erhalten Besucher einen guten Einblick in die Geschichte der Seefahrt, des Handels und die Bedeutung des Hafens zur Zeit der Portugiesen, Holländer und Engländer (beide Mo–Fr 9–17.30, Sa, So bis 21 Uhr, zusammen RM 3).

In alten Lagerhallen am Fluss zeigt das **Customs Museum** 17 (›Zollmuseum‹) konfiszierte Waffen, Drogen, ›pornografische‹ Produkte sowie einige historische Relikte aus den Zeiten der Gold- und Zinnschmuggler (Di–So 9–18 Uhr, Eintritt frei).

Baba and Nyonya Heritage Museum 18

Am Ostufer des Sungai Melaka zeugen die reich dekorierten Fassaden der Häuser der Peranakan (s. S. 46) vom Wohlstand ihrer Bewohner. Das gut erhaltene **Baba and Nyonya Heritage Museum** ist seit Generationen in Familienbesitz und vermittelt mit seinen alten Möbeln und anderen Antiquitäten einen guten Eindruck von der Kultur der Baba und Nyonya (50 Jln. Tun Tan Cheng Lock, Tel. 062 83 12 73, tgl. außer an chinesischen Feiertagen 10–12.30, 14–16.30 Uhr, Erw. RM 10, Kind. RM 5, informative Führungen nach Absprache).

Cheng Hoon Teng Temple 19

Wie George Town hat auch Melaka eine sogenannte Straße der Harmonie, in der Gebetshäuser unterschiedlicher Religionen in trauter Eintracht nebeneinander stehen. Bereits Mitte des 17. Jh. gründeten die ersten Immigranten aus China den prachtvollen **Cheng Hoon Teng Temple,** den ältesten chinesischen Tempel des Landes. Die zentrale Halle mit ihrem reich dekorierten Dach wurde 1704 von Handwerkern aus Fujian und Guandong mit importierten Materialien streng nach den Prinzipien des Feng Shui erbaut. Ihr Inneres ist üppig mit Holzschnitzereien und Lackarbeiten geschmückt. Noch immer ist der Tempel ein bedeutendes kulturelles Zentrum für Anhänger des Taoismus, Buddhismus und Konfuzianismus (Jln. Tokong, Tel. 062 82 93 43, www.chenghoonteng.org.my).

In den benachbarten Geschäften werden Tempelbedarf und Opfergaben für die Ahnen verkauft. Das Angebot umfasst u. a. aus Papier gefertigte Modelle von Villen, Autos, Flugtickets und iPads, die verbrannt werden und auf diese Weise zu den Toten im Jenseits gelangen sollen. Damit es den Verstorbenen nicht an Geld mangelt, macht man das Gleiche mit Fantasiebanknoten, sogenanntem Höllengeld, das gleich bündelweise auf den Verkaufstischen liegt.

Masjid Kampung Keling und Sri Poyyatha Vinayagar Moorthi

Im nächsten Block weiter östlich, an der Kreuzung der Jalan Tukang Emas (Goldsmith Street) mit der Jalan Lekiu, erhebt sich das höchst ungewöhnliche Minarett der **Masjid Kampung Keling** 20 aus dem Jahr 1872, das an eine chinesische Pagode erinnert. Auch die Kanzel (Minbar) in der kleinen Gebetshalle wirkt chinesisch, wohingegen die portugiesischen Fliesen, die korinthischen Säulen und der viktorianische Leuchter vom anderen Ende der Welt stammen bzw. von dort beeinflusst sind.

Der benachbarte unscheinbare Hindutempel **Sri Poyyatha Vinayagar Moorthi** 21 von 1781 ist einer der ältesten Malaysias, in dem der Elefantengott Lord Ganesha (Vinayagar) im Zentrum der Verehrung steht. Auf einem Nebenaltar wird auch seinem Bruder Lord Muruga geopfert.

Cheng Ho Cultural Museum 22

Ein Muss für chinesische Touristen ist der Besuch im großen, privaten **Cheng Ho Cultural Museum.** In acht ehemaligen Geschäftshäusern wird anhand von Modellen, Schautafeln und chinesischem Porzellan das Leben des Admirals (s. S. 45) aufgeblättert, der auf sieben Expeditionen zwischen 1405 und 1433 den Indischen Ozean bis zur afrikanischen Küste erkundete. Cheng Ho soll in einem der Häuser sein Handelshaus unterhalten haben (51 Lorong Hang Jebat, www.chengho.org/museum, tgl. 9–18 Uhr, RM 10).

Villa Sentosa – The Living Museum 23

Bei einer Bootsfahrt auf dem Sungai Melaka oder einem Spaziergang Richtung Norden auf dem Fußpfad am östlichen Flussufer entlang entdeckt man neue Seiten der Stadt. Hinter der großen Brücke und einem kleinen Vergnügungspark, dem **Pirate Park,** liegt die Siedlung **Kampung Morten,** wo überwiegend Malaien leben.

Eines der kleinen, traditionellen Holzhäuser, die **Villa Sentosa – The Living Museum,** kann besichtigt werden. Ein Mitglied der Großfamilie von Haji Hashim führt Besucher durch das Haus und ermöglicht ihnen einen Einblick in das Alltagsleben (138 Kampung Morten, Tel. 062 82 29 88, Sa–Do 9–13, 14–17.30, Fr 14.45–17.30 Uhr, Eintritt frei, eine Spende von RM 20 wird erwartet).

Bukit Cina 24

Am Ostrand des Zentrums steht am Fuß des **Bukit Cina** der **Sam Po Kong Temple,** der Admiral Cheng Ho (s. S. 45) gewidmet ist. Der benachbarte ummauerte **Sultan's Well** soll Mitte des 15. Jh. für die chinesische Prinzessin gegraben worden sein, die den Sultan von Melaka heiratete. Während der holländischen Zeit wurde der Brunnen als wichtigste, niemals versiegende Süßwasserquelle der Stadt gut bewacht – und dennoch mehrfach vergiftet. Auf dem Hügel erstreckt sich ein riesiger **chinesischer Friedhof,** der mit seinen über 12 000 Gräbern als der größte außerhalb Chinas gilt (nur schlecht mit Bussen erreichbar, zu Fuß benötigt man vom Zentrum aus etwa 20 Min.).

Medan Portugis 25

Vor 100 Jahren gründeten die Nachkommen der Portugiesen 3 km östlich des Zentrums an der Jalan Albuquerque die **Medan Portugis.** In der portugiesischen Siedlung lebten etwa 1200 katholische Eurasier, die sich mittlerweile fast völlig integriert haben. Nur noch wenige alte Leute sprechen oder verstehen das Kreol-Portugiesisch Cristão.

Von wenig Erfolg gekrönt war der Versuch, die portugiesische Tradition touristisch zu vermarkten. Vielleicht liegt das am bislang mageren Angebot, denn außer einigen Fischrestaurants und Essenständen, einer katholischen Kapelle und einem kleinen **Museum,** das einen Einblick in die Geschichte und Kultur der portugiesischstämmigen Bevölkerung Melakas ermöglicht (tgl. 10–17 Uhr, Spende erwünscht), hat das Viertel wenig zu bieten.

Einen Besuch lohnt die katholische Gemeinde allerdings zur **Festa San Pedro** (s. S. 154) sowie an Weihnachten, wenn vom 16. bis 29. Dezember alle Gebäude und Plätze im Lichterschmuck erstrahlen (Stadtbus 17 alle 40 Min. bis zur Jln. Albuquerque).

Schöner Wohnen an der Uferpromenade des Sungai Melaka

Pulau Melaka 26

Richtung Süden, zum Meer hin, wird das historische Zentrum von Einkaufszentren begrenzt, hinter denen sich bis zum Wasser eine mehrspurige Schnellstraße und Neubauviertel mit gleichförmigen Reihenhäusern und Hoteltürmen erstrecken. Vorgelagert ist eine künstliche aufgeschüttete Insel, die durch eine Brücke mit dem Festland verbunden ist. Die ersten Großprojekte auf **Pulau Melaka** fielen der Wirtschaftskrise Ende der 1990er-Jahre zum Opfer, nun versucht man das Eiland aufs Neue zu beleben. Von einer glanzvollen Zukunft kündet die 2006 eingeweihte **Masjid Selat** (Malacca Straits Mosque), die einzige Moschee, die unmittelbar an der Straße von Melaka steht und die bei Flut im Wasser zu treiben scheint.

Das Programm im **Wildlife Theatre Melaka** verbindet Tiershows mit Tanzaufführungen ethnischer Gruppen aus Borneo (Tel. 01 66 61 29 98, www.wildlifetheatre.com.my, tgl. 15–19.30 Uhr, Erw. RM 15, Kind. RM 10, 13.30 Uhr Shuttlebus ab Stadthuys).

Masjid Tengkera 27

An der Straße nach Port Dickson steht 3 km westlich des Zentrums nahe dem Meer eine der ältesten erhalten gebliebenen Moscheen Malaysias. Die aus dem Jahr 1728 stammende **Masjid Tengkera** hat wie die Moscheen im indonesischen Java einen quadratischen Grundriss und ein dreifach gestaffeltes, pagodenförmiges Dach. Unmittelbar daneben befindet sich das Grab des Sultans von Johor, der Singapore an Stamford Raffles abgetreten hatte (Anfahrt mit Stadtbus 47 oder 51 bis zur Moschee).

Ayer Keroh 28

Beiderseits der Zufahrtstraße zur Autobahn liegen etwa 10 km nordöstlich des Zentrums im Vorort **Ayer Keroh** verschiedene Attraktionen, die vor allem Einheimische anziehen. Weniger interessant sind die Krokodilfarm **Taman Buaya** (Tel. 062 32 23 49, www.taman buayamelaka.com, tgl. 9–19 Uhr, Erw. RM 10, Kind. RM 6) und der **Taman Mini Malaysia & Mini ASEAN,** ein Park mit Modellen traditioneller Häuser (Tel. 062 32 13 31, tgl. 9–17 Uhr, Mo–Do RM 6, Fr–So RM 12, Anfahrt mit Stadtbus 19 bis zum Eingang).

Lohnend hingegen ist ein Besuch im **Zoo.** In den Freigehegen des gepflegten Geländes leben vor allem südostasiatische Tiere, sodass man sich hier mit der einheimischen Fauna vertraut machen kann. Zu den tierischen Einwohnern gehören u. a. Orang-Utans, Malaiische Tiger und Gaurs, einige davon wurden aus illegaler Haltung befreit (Tel. 062 32 40 53, www.zoomelaka.gov.my, tgl. 9–18 Uhr, Erw. RM 10, Kind. RM 8, Kamera RM 10, Anfahrt mit Stadtbus 19 bis zum Eingang).

Kinder kommen im **Melaka Wonderland,** einem Wasserthemenpark hinter der Krokodilfarm, auf ihre Kosten (www.melakawonderland.com.my, Di–Fr 11–19, Sa, So und in den Ferien 9–19 Uhr, Erw. RM 26 bzw. Sa, So RM 30, Kind. RM 20/25). Noch umfassender ist das Angebot in dem Vergnügungspark **A'Famosa,** der einen Golfplatz, einen Safaripark, eine Cowboystadt und ein überdimensioniertes Schwimmbad umfasst (jenseits der Autobahn, Tel. 065 52 08 88, www.afamosa.com, Mo–Fr 11–19, Sa, So, Fei 9–20 Uhr, Erw. RM 40, Kind. RM 35, Anfahrt mit dem Taxi für RM 40–50).

Infos

Tourism Malaysia: Jln. Banda Kaba, Tel. 062 88 15 49, Mo–Fr 8–17 Uhr; am Fuß des Aussichtsturms Menara Taming Sari, tgl. 10–22 Uhr. Umfassende Infos und Karten.

Tourist Information Melaka: Red Sq., Jln. Kota, Tel. 062 81 48 03, www.melakatourism.my, tgl. 9–18 Uhr; im Busbahnhof Melaka Sentral. Viele Prospekte, Karten und Infos über die Stadt.

Übernachten

Stylisch ▶ **The Sterling 1:** Jln. Temenggong, Tel. 062 83 11 88, www.thesterling.my. Das neueste Boutique-Hotel der Stadt liegt etwas zurückversetzt von der Straße in einem ruhigen Innenhof mitten in der Chinatown. 37 recht geräumige Zimmer und Suiten mit Internetzugang und moderner Ausstattung im minimalistisch-modernen Stil, einige mit Balkon, Jacuzzi im schicken Bad und rollstuhlgerechter Einrichtung. Im Rooftop-Restaurant mit großer Terrasse im 3. Stock kann man entspannt den Tag ausklingen lassen. DZ RM 450–700 inkl. Frühstück.

Edler Kolonialstil ▶ **The Majestic Malacca 2:** 188 Jln. Bunga Raya, Tel. 062 89 80 00, www.majesticmalacca.com. Das alte Hotel stand lange leer, bis es totalsaniert zum Eingangsbereich eines Luxushotels mutierte, dessen komfortable Zimmer im angrenzenden 10-stöckigen Neubau liegen. Bei der Gestaltung standen die Nyonya (s. S. 46) Pate, im edlen Restaurant ebenso wie im fantastischen Spa. Die 52 gepflegten Zimmer und 2 Suiten wurden mit modernen Annehmlichkeiten wie einem Flachbildschirm und DVD-Player sowie einem Bad mit frei stehender Wanne ausgestattet, aber im traditionellen Stil möbliert. Bar und Lesezimmer, Pool, Fitnesscenter. DZ RM 400–700 inkl. Frühstück.

Zentral ▶ **Casa del Rio 3:** 88 Jln. Kota Laksamana, Tel. 062 83 98 88, www.casadelrio-melaka.com. Direkt am Fluss liegt dieses neue große Hotel im mediterranen Stil, das noch mit einigen Anfangsschwierigkeiten zu kämpfen hat. Ansprechende große Zimmer mit Internetzugang, Flachbildschirm, DVD-Player und iPod-Dockingstation, die teureren überblicken den Fluss. Spa, großer Pool auf dem Dach, ein Terrassenrestaurant am Fluss. DZ RM 390–1000.

Zuverlässiger Klassiker ▶ **Renaissance Melaka Hotel 4:** Jln. Bendahara, Tel. 062 84 88 88, www.renaissancehotels.com/mkzrn. Das gepflegte modernisierte 5-Sterne-Luxushotel der Marriott-Kette in einem 24-stöckigen Hochhaus besticht durch seinen guten Service. Die 294 Zimmer sind großzügig geschnitten, komfortabel, aber nicht mehr ganz frisch und bieten in den oberen Stockwerken eine schöne Aussicht. Von allen Hotelrestaurants ist das chinesische das beliebteste. Hübscher Pool und Disco. DZ RM 320–390.

Schick in alten Gemäuern ▶ **Courtyard@Heeren 5:** 91 Jln. Tun Tan Cheng Lock, Tel. 062 81 00 88, www.courtyardatheeren.com. Ein altes chinesisches Geschäftshaus wurde gelungen restauriert und zu einem freundlichen Boutique-Hotel umgestaltet. Nicht alle der 14 Zimmer haben Fenster, sind aber apart im traditionellen chinesischen Stil eingerichtet und haben einen Safe, Internetzugang und bequeme (Himmel-)Betten. Persönlicher und freundlicher Service. DZ RM 260–320 inkl. Frühstück.

Charmant ▶ **Puri Hotel 6:** 118 Jln. Tun Tan Cheng Lock, Tel. 062 82 55 88, www.hotelpuri.com. Eines von Melakas ersten Boutique-Hotels in historischen Gemäuern; in 3 benachbarten Häusern 82 ansprechende Zimmer, die günstigeren sind klein und dunkel, aber bequem und stilvoll eingerichtet.

Luftiges Café im Innenhof, Spa. DZ RM 170–190 inkl. Frühstück.

Praktisch und gut ▶ **Heeren Inn** 7: 23 Jln. Tun Tan Cheng Lock, Tel. 062 88 36 00, heerenin@streamyx.com. Das von einer Familie geleitete Hotel befindet sich in einem alten chinesischen Geschäftshaus. 13 relativ einfach ausgestattete, aber ruhige Zimmer (1–3 Pers.) mit Internetzugang, die meisten mit Fenster zum Innenhof. DZ RM 90–110.

Familiäres Homestay ▶ **Apa Kaba Homestay** 8: 28 Kampung Banda Kaba, Tel. 062 83 81 96, www.apakaba.hostel.com. Mitten in einem großen, ruhigen Garten und doch zentral liegt dieses alte Haus. Die 7 Zimmer mit/ohne Bad und AC oder Ventilator sind einfach, aber nett mit lokalem Touch eingerichtet. Sitzgelegenheiten im Garten und in der Gemeinschaftsküche, Internetzugang, Fahrradverleih. DZ RM 40–80 inkl. Frühstück.

Freundlicher Flashpacker ▶ **The Jiong Guesthouse** 9: 76 Jln. Kampung Pantai, Tel. 01 22 32 26 24, www.facebook.com/jionghouse. Der Backpacker unter der Leitung von Karen und Kent Lee verfügt über einen gemütlichen Eingangsbereich und 10 einfache, kleine Zimmer mit AC oder Ventilator sowie Internetzugang. Schlafsaal RM 20/Pers., DZ RM 40–80 inkl. Frühstück.

Essen & Trinken

Großzügig und vielfältig ▶ **Year 1673 Bistro** 1: 18 Jln. Hang Jebat, Tel. 062 88 16 73, tgl. 10–24 Uhr. Das 300 Jahre alte ehemalige Steuerbüro (Boomkantoor) der holländischen VOC bietet drinnen und im Innenhof viel Platz. Auf der Speisekarte stehen neben asiatischen Klassikern auch mediterrane Gerichte, u. a. leckere Pizzas. Viele Gäste kommen während der Happy Hour von 14 bis 19 Uhr, um ein kühles Bier oder einen Cocktail zu genießen. Ab 20 Uhr Livemusik. RM 20–60.

Beste Burger ▶ **The Baboon House** 2: 89 Jln. Tun Tan Cheng Lock, Tel. 062 83 16 35, Mo, Mi, Do 10–17, Fr–So bis 19 Uhr. Das restaurierte chinesische Geschäftshaus trägt die Handschrift des Künstlers und Journalisten Song Luo Zhe. Die Einrichtung ist ebenso geschmackvoll und kreativ wie das Angebot an Souvenirs. Das Highlight sind allerdings die saftigen Burger, die man in den efeuumrankten Innenhöfen und historischen Räumlichkeiten bei entspannter Musik genießen kann. Kostenloser Internetzugang. Um RM 15.

Echt Nyonya ▶ **Amy Heritage Nyonya Cuisine** 3: 75 Jln. Melaka Raya 24, Taman Melaka Raya, Tel. 062 86 88 19, Di–So 11.30–14.30, 18–23 Uhr. In dem kleinen Restaurant legt Amy Koh Wert auf authentische Nyonya-Küche aus frischen Zutaten. Als Vorspeise empfehlen sich die mit Rettich gefüllten, knusprigen Top Hats und als Hauptgericht Garnelen in Tamarindensoße oder Ayam Buah Keluak, ein typisches, höchst ungewöhnliches dunkles Hühnchencurry mit schwarzen Nüssen, dessen Zubereitung sehr aufwendig ist. Zum Abschluss kann man die bunten Klebreiskuchen probieren. Reservierung empfehlenswert. Ab RM 10.

Etabliert ▶ **Nancy's Kitchen** 4: 7 Jln. Hang Lekir, Tel. 062 83 60 99, nancyskit_nyonya_food@yahoo.com, Mo, Mi, Do 11–17.30, Fr–So bis 21.30 Uhr. Es ist nicht die Einrichtung, die dieses kleine Restaurant zu einem Favoriten macht, sondern die zentrale Lage und die gute Nyonya-Küche zu vernünftigen Preisen. Empfehlenswert: der Eintopf Curry Laksa, Bananenblütensalat, in Bananenblatt gegrillte Fischpaste Otak Otak und die gedämpften scharfen Schweinerippchen Babi Buah Keluak. Nancy gibt auch Kochkurse (s. S. 154). Ab RM 10.

Gesunde Kost ▶ **Veggié Planet** 5: 41 Jln. Taman Melaka Raya 8, Tel. 062 92 28 19, www.veggieplanet.my, tgl. 9–21 Uhr. Wer keinen schnellen Service erwartet, aber Wert auf gesunde und fleischlose Kost legt, ist hier richtig. In dem klimatisierten Restaurant beweist Wendy Lim, dass es auch ohne künstliche Zusatzstoffe gut schmecken kann. Außer chinesischen Gerichten mit malaiischen und japanischen Einflüssen sowie handgemachten Nudeln gibt es auch Sandwiches. RM 5–15.

Kreativ ▶ **Calanthe Art Cafe** 6: 11 Jln. Hang Kasturi, Tel. 062 92 29 60, www.calantheartcafe.blogspot.com, Fr–Mi 12–24 Uhr. Das kreativ gestaltete entspannte Café listet

Schuhe für gebundene Füße

Thema

Zwei Schuhmacher in Melaka sind die letzten des Landes, die nach alter Familientradition winzige Schuhe für Frauen mit Lotosfüßen anfertigen. Während diese nur noch als Souvenir gekauft werden, haben ihre mit Perlenstickereien verzierten Nyonya-Slipper wieder Konjunktur.

Stolz sind die Brüder Raymond und Tony auf die Zeitungsartikel über ihr ungewöhnliches Gewerbe, die gerahmt die Wände ihres kleinen Ladens Wah Aik in der Altstadt schmücken. Schon vielen Neugierigen haben sie ihre Familiengeschichte erzählt – von ihrem Vater Yeo Sing Guat, der ihnen das Handwerk beibrachte, und ihrem Großvater Yeo Eng Tong, der zu Beginn des 20. Jh. aus Hainan nach Melaka gekommen war. In China hatte er bei einem Hokkien-Schuhmacher gearbeitet und so fertigte er auch in seiner neuen Heimat Schuhe nach Maß für winzige Lotosfüße, im Auftrag von Kundinnen aus Melaka ebenso wie aus Singapore und Penang. Schließlich lebten zu jener Zeit in den Straits Settlements noch mehr als 1000 Frauen mit gebundenen Füßen, die gerade einmal 7 bis 12 cm lang waren.

Die bei den Han-Chinesen weit verbreitete, über 1000 Jahre alte Tradition wurde auch in den wohlhabenden Familien von Malaya gepflegt. Als Maßstab für die Schönheit einer Frau galt damals die Größe ihrer Füße, die überdies ein Zeichen von Charakterstärke und Wohlstand waren. Eine Braut mit perfekten Lotosfüßen wurde allein zum Vergnügen geheiratet, denn sie war nur begrenzt in der Lage zu arbeiten und zu laufen. Doch immerhin wirkte sie mit ihren kleinen Trippelschritten und schwankendem Gang sehr erotisch. Dabei waren die Bewegungen nur darauf ausgerichtet, die empfindlichen vorderen Fußbereiche zu entlasten und auf den Fersen die Balance zu halten.

Bereits 2- bis 5-jährigen Mädchen umwickelte man die Füße mit Baumwoll- und Seidenbändern. Dabei wurden die vier kleinen Zehen immer weiter unter die Sohle geschoben, die Füße so weit wie möglich gestreckt und mehrere Knochen gebrochen, bis sich Fußballen und Ferse berührten. Die verkrüppelten Füße waren der wertvollste Körperteil und Bestandteil der Intimsphäre einer Frau. Sie wurden nicht in der Öffentlichkeit gezeigt, sondern bandagiert in winzige Lotosschuhe gesteckt, deren Schönheit den Wert ihrer Trägerin zum Ausdruck brachte.

Mittlerweile gehört das Schönheitsideal der Lotosfüße der Vergangenheit an, doch die feinen Seidenschühchen in Rot, Grün, Blau und Pink, die mit äußerster Präzision nach alten Vorlagen gefertigt werden, sind bei Touristen als Souvenirs beliebt. Hinter Glas werden in der Werkstatt von Wah Aik nicht nur unbezahlbare alte Lotosschuhe, sondern auch Nyonya-Slipper aufbewahrt. Die mit Perlenstickereien nach viktorianischen oder chinesischen Motiven geschmückten Sandalen wurden einst von Nyonya (s. S. 46) getragen, aber auch heutzutage treffen wieder Bestellungen ein, rote oder goldene für Hochzeiten und schwarze oder weiße für Begräbnisse. Sie bilden die idealen Accessoires zum Sarong Kebaya, der anmutigen Kombination aus einer reich bestickten Bluse und einem Batikwickelrock. Die traditionelle Kleidung der Nyonya-Frauen erfährt gerade ein Revival, denn die eng anliegenden Kebaya-Blusen sehen ziemlich sexy aus.

auf seiner Karte allein 13 Kaffeesorten. Auch Liebhaber von Tee, Smoothies und Shakes kommen auf ihre Kosten. Zudem wechselnde Tagesgerichte, Snacks sowie westliche und asiatische Speisen. RM 5–15.

Populärer Inder ▶ **Pak Putra Restaurant** 7**:** 56 Jln. Kota Laksamana, Tel. 01 26 01 58 76, tgl. 18–1 Uhr, jeden 2. Mo geschlossen. Obwohl das einfache offene nordindische Restaurant etwas abseits der Touristenmeile liegt, ist es jeden Abend gut besucht. Die meisten Gäste sitzen an Tischen im Freien. V. a. die frisch aus dem Tonofen gezauberten würzigen Tandoori-Hähnchen und knusprigen Nan-Brote mit oder ohne Füllung schmecken hervorragend. RM 5–10.

Chinesischer Favorit ▶ **Hoe Kee Chicken Rice** 8**:** 4–8 Jln. Hang Jebat, Tel. 064 83 47 51, tgl. 9–17.30 Uhr. Für viele chinesische Touristen scheint es ein Muss zu sein, Hokkien Chicken Rice Balls zu probieren, die es hier seit über 30 Jahren gibt. Obwohl sich der Coffee Shop bereits auf die Nachbarläden ausdehnt, bilden sich besonders gegen Mittag lange Schlangen. Die in Butter und Ingwer gekochten Reisbällchen sind nicht jedermanns Geschmack, die gedämpften Hühnchen schmecken aber sehr gut. RM 5–10.

Leckere Laksa ▶ **Donald & Lily Corner** 9**:** Jln. Tun Tan Cheng Lock, Ecke Jln. Hang Kasturi, Di–So 9.30–16 Uhr. In einer Nebenstraße versteckt sich dieses kleine, familiäre Restaurant, kaum mehr als ein Essenstand, wo v. a. Einheimische mit hervorragender Laksa und anderen günstigen Nyonya-Gerichten versorgt werden. RM 5–10.

Einkaufen

Traditionelles Kunsthandwerk ▶ In den Straßen der Altstadt am Ostufer des Sungai Melaka gibt es noch chinesische Handwerker, die nach alten Überlieferungen arbeiten. **Red Handicrafts** 1**:** Jln. Hang Kasturi, tgl. 10–18 Uhr. Ah Long stellt delikate Scherenschnitte aus hauchdünnem rotem Seidenpapier her, die Drachen, Phönixe und andere mythologische Figuren oder chinesische Schriftzeichen wie Wohlstand und langes Leben darstellen – eine 1500 Jahre alte Tradition. **Wah Aik** 2**:** 56 Jln. Tokong, Tel. 062 84 9726, tgl. 9.30–17.30 Uhr. Die Familie stellt winzige chinesische Lotosschuhe (ab RM 95) und mit bunten Perlen bestickte Nyonya-Slipper (ab RM 850) her (s. S. 152).

Souvenirs ▶ **Jalan Hang Jebat** 3**:** Die Straße ist eine Fundgrube für Liebhaber von Antiquitäten und Krimskrams, aber man findet auch schicke Boutiquen.

Kunst ▶ **Orang Utan House** 4**:** 59 Lorong Hang Jebat, Tel. 062 82 68 72, www.absolutearts.com/charlescham, tgl. 10–18 Uhr; Filialen in der 12 Jln. Hang Jebat und 96 Jln. Tun Tan Cheng Lock. Der lokale Künstler Charles Cham stellt hier seine Bilder aus und verkauft T-Shirts mit originellen Motiven.

Bücher ▶ **Second Hand Books** 5**:** 45 Jln. Kampong Pantai, Tel. 01 76 16 58 84, tgl. 11–19 Uhr. Soon, der 16 Jahre in der Schweiz gelebt hat, und seine Frau Gabriella betreiben in einem alten Haus aus den 1850er-Jahren einen Buchladen mit gebrauchten internationalen Taschenbüchern und Reiseführern, darunter viele in Deutsch.

Einkaufszentren ▶ Die meisten Malls öffnen tgl. 10–22 Uhr. **Dataran Pahlawan** 10**:** s. S. 146. Die flächenmäßig größte Mall nahe dem historischen Zentrum beheimatet auch einen Food Court, Restaurants und ein Kino. **Hatten Square** 6**:** über eine Fußgängerbrücke mit dem Dataran Pahlawan verbunden. Eher höheres Preisniveau, viele Läden warten noch auf Mieter. **Mahkota Parade** 7**:** neben dem Hatten Square. Etwas älter und billiger als die beiden anderen, mit einem Parkson Grand Department Store und einem Supermarkt. **Melaka Mall** 8**:** Lebuh Ayer Keroh, nahe dem Busbahnhof. Melakas größtes Einkaufszentrum mit einem breiten Lebensmittelangebot und einem Kino.

Abends & Nachts

Gemütliche Eckkneipe ▶ **Kafe Light & EZ** 1**:** Jln. Hang Kasturi, Ecke Jln. Tun Tan Cheng Lock, geöffnet, bis der letzte Gast geht. Die meisten Besucher der freundlichen Eckkneipe genießen das kühle Bier auf der Straße, denn der Gastraum wird fast völlig von einem Billardtisch eingenommen.

Blues Pub ▶ My Rock & Roll 2: 34 Jln. Melaka Raya 23, Tel. 062 84 96 52, www.rocknrollmelaka.site11.com, Di–Fr 17–24, Sa, So ab 12 Uhr. Der amerikanische Chef Mark Ruffin spielt selbst Blues, deshalb erklingt in seinem Laden abends v. a. Blues und Rock 'n' Roll. Dazu kann man sich Steaks und Pizza schmecken lassen.

Beliebter Treffpunkt ▶ The Geographer's Café 3: 83 Lorong Hang Jebat, Ecke Jln. Hang Lekir, Tel. 062 81 68 13, www.geographer.com.my, Mo–Sa 10–1, So 8–1 Uhr. Mitten im Ausgehviertel hat sich diese Eckkneipe mit Tischen auf dem Bürgersteig etabliert. Besonders voll ist es Do–So und Mo ab 20.30 Uhr, wenn Livemusik für Stimmung sorgt. Ansonsten liebt man portugiesische Musik oder Jazz und East-meets-West-Küche.

Aktiv

Batikmalerei ▶ G. M. Choo Art Gallery 1: 53 u. 54 Jln. Tokong, Tel. 01 67 73 90 98, www.malaccabatikart.wordpress.com. Der Batikkünstler Choo Git gibt in seinem Laden Kurse (2–3 Nachmittage, RM 350 inkl. Materialien).

Kochkurse ▶ Nancy's Kitchen 4: s. S. 151. 45-minütige Nyonya-Kochkurse (RM 100 ab 5 Pers.).

Radtouren ▶ Melaka on Bike (Eco Bike Tour): Tel. 062 67 15 39, 01 96 52 50 29, www.melakaonbike.com. Ab 2 Interessenten 3- bis 4-stündige Stadttouren (8.30, 15, 19 Uhr, RM 100); auch Tagestouren (RM 180 inkl. Mittagessen).

Flussfahrten ▶ Melaka River Cruise: Tel. 062 81 43 22. Von verschiedenen Anlegestellen 45-minütige Touren auf dem Sungai Melaka (10–23 Uhr, 9 km, Erw. RM 15 einfach, Kind. RM 7 einfach, Tagesticket RM 30).

Termine

Vor allem am Wochenende treten im Zentrum Musiker und Kleinkünstler auf.

Chinesisches Neujahrsfest (Ende Jan./Anfang Febr.): Zwei Wochen lang finden in der ganzen Stadt Veranstaltungen statt. Die Altstadt ist mit roten Laternen dekoriert und es werden Löwentänze für ein gutes neues Jahr aufgeführt.

Festa San Pedro (24.–29. Juni): In der portugiesischen Siedlung wird der Schutzpatron der Fischer geehrt, Höhepunkt ist eine Prozession bunter Fischerboote am letzten Tag.

Verkehr

Flüge: Der Melaka Airport, Tel. 063 17 58 60, 063 17 47 59, liegt 7 km nördl. in Batu Berendam. Flüge mit Lion Air, www.lionair.co.id, 2 x wöchentl. nach Pekanbaru (Sumatra) und mit Melaka Air, 10 Jln. Tasik Utama 2, Ayer Keroh, Tel. 062 34 63 33, www.melakaair.com.my, nach Penang und Medan (Sumatra). Stadtbus 65 fährt ins Zentrum, ein Taxi dorthin kostet RM 40.

Busse: Der Busbahnhof Melaka Sentral, Tel. 062 88 13 23, www.mlksentral.com, liegt an der Lebuh Amj, Ecke Jln. Melaka Sentral, etwa 3 km nördl. des Zentrums. 10 x tgl. über Ipoh (5 Std., RM 34) nach Butterworth (7 Std., RM 34–48), etwa stdl. 8–20 Uhr nach Johor Bahru (3 Std., RM 19) und weiter nach Singapore (4 Std., RM 22), in kurzen Abständen nach Kuala Lumpur zum Terminal Bandar Tasik Selatan (2–3 Std., RM 13–22), v. a. morgens und abends an die Ostküste nach Kuantan (3 Std., RM 28) und weiter nach Kuala Terengganu (6 Std., RM 44), um 8, 12.30 und 18 Uhr nach Mersing (ca. 4–5 Std., RM 22). Stadtbus 17 fährt alle 30 Min. ins Zentrum, ein Taxi kostet RM 20.

Überlandtaxis: Vom Busbahnhof, Zone D, Tel. 062 88 13 25, nach Johor Bahru (RM 300), Kuala Lumpur (RM 180), zum Flughafen (RM 160), nach Mersing (RM 350).

Fähren: Mit kleinen Expressbooten ins indonesische Dumai (tgl. gegen 10 Uhr, 2 Std., RM 110). Buchung bei Tunas Rupat Express, G-29 Jln. Plaza Mahkota 10, nahe der Flussmündung, Tel. 062 81 67 66, 062 83 25 06, tunasrupat@hotmail.com.

Fortbewegung in der Stadt

Busse: Für Touristen nützlich sind die Stadtbusse Nr. 17 (Busbahnhof Melaka Sentral–Jln. Bendahara–Red Square–Mahkota Parade–Medan Portugis), die Nr. 19 nach Ayer Keroh und die Nr. 51 nach Tanjung Keling im Westen.

Taxis: 1Cab, Tel. 062 33 16 66, blaue Executive-Taxis mit Taxameter, die Einschaltgebühr beträgt RM 6. Bei anderen Taxis muss der Preis vorher ausgehandelt werden. Kurze Strecken kosten RM 10, 1 Std. etwa RM 30. **Fahrradrikschas:** Mehr als 100 Rikschafahrer transportieren in fantasievoll geschmückten, teils mit Stereoanlagen bestückten Fahrzeugen v. a. Touristen durch das Zentrum. In der verkehrsberuhigten historischen Zone macht eine Fahrt mehr Spaß als in der Altstadt, wo Rikschas schnell zum Verkehrshindernis werden, besonders wenn sich eine Reisegruppe in einer langen Rikschaprozession durch die schmalen Straßen bewegt. Eine Fahrt kostet etwa RM 40 (nicht Dollar oder Euro!) pro Stunde.

Johor Bahru ► 2, Q 19

Die Boomtown an der Südspitze des eurasischen Kontinents zählt ca. 900 000 Einwohner, im Einzugsgebiet leben weitere 1,1 Mio. Menschen. Damit ist **Johor Bahru** nach Kuala Lumpur die zweitgrößte Metropole des Landes und zusammen mit Singapore, Bintan und Batam (beide Indonesien) eine der am dichtesten bevölkerten Regionen Südostasiens. Die meisten ausländischen Besucher betrachten die Stadt nur als notwendige Durchgangsstation auf dem Weg nach Singapore (s. S. 384). Beide Städte sind seit 1924 durch den Causeway, einen 1 km langen Damm, miteinander verbunden, über den Tag und Nacht Menschen und Güter strömen. Am Wochenende kommen junge, modisch gekleidete Urlauber aus Singapore, um zu shoppen, günstig einzukehren und mit ihren großen Digitalkameras auf Motivsuche zu gehen. Dann steigen die Zimmerpreise und füllen sich die Restaurants. Ansonsten kann man in Johor Bahru deutlich günstiger wohnen als in Singapore.

Im Zentrum

Das eigentliche Stadtzentrum ist sehr klein und erstreckt sich westlich des Causeway am Wasser. Umgeben von Einkaufszentren und kleinen indischen Läden erhebt sich der bunte Eingangsturm des hinduistischen **Sri Mariamman Temple.** Er ist einer der ältesten Tempel Malaysias, auch wenn ihm das nach der umfassenden Renovierung nicht mehr anzusehen ist (Jln. Ungku Puan, Tel. 072 22 35 90, tgl. 6–21 Uhr).

Im Zentrum erinnern auch einige Gebäude daran, dass die Stadt Sitz eines bedeutenden Sultansgeschlechts ist. Vor allem Sultan Abu Bakar (1862–95), der Vater des modernen Johor Bahru, hat das Gesicht der Stadt geprägt. Er war ein großartiger Diplomat mit guten Beziehungen, nicht nur zu den lokalen chinesischen Führern, sondern auch zu Königin Victoria. Abu Bakars anglophile Neigungen spiegeln sich in der maurisch-viktorianischen Architektur der repräsentativen Bauten aus jener Zeit wider, die vor allem von dem chinesischen Philanthropen und Geschäftsmann Wong Ah Fook erbaut wurden. Ein herausragendes Beispiel ist die Sultansresidenz **Istana Besar** von 1866 am westlichen Rand des Zentrums nahe der Küste. Der von einer weitläufigen Gartenanlage umgebene Palast beherbergt das jüngst renovierte **Royal Abu Bakar Museum** mit den königlichen Insignien, Kronjuwelen, Staatsgeschenken und anderen Raritäten aus dem Besitz des Sultans (Jln. Belukar, Tel. 072 23 05 55, Sa–Do 10–17 Uhr, Erw. RM 20, Kind. RM 10).

Außerhalb des Zentrums

Etwa 1 km nördlich der Innenstadt steht der kleine hinduistische **Arulmigu Sri Rajakaliamman Temple** aus dem Jahr 2009. Im Innern wirkt er wie ein Glaspalast, denn seine Wände sind mit 300 000 bunten Spiegelmosaiken besetzt. Überall glitzert und funkelt es, sodass man meinen könnte, die Götterskulpturen stammten aus einer anderen Welt. Die Inspiration für den Bau bekam Guru Bhagawan Sittar, der Gründer des Tempels, bei einem Besuch in Bangkok, wo es zahlreiche solcher Gebetshäuser gibt. Der Tempel, zu dem auch ein gutes indisch-vegetarisches Restaurant gehört, liegt an der Eisenbahnlinie Richtung Melaka. Er ist nicht leicht zu finden, weshalb sich für die Anfahrt ein Taxi empfiehlt (22 Lorong 1, Jln. Tebrau, tgl. 13–17 Uhr, Taxi ca. RM 10).

Infos

Johor Tourism Department (Jabatan Pelancongan Negeri Johor): im Johor Tourism Information Centre (JotiC), 2 Jln. Ayer Molek, 5. Stock, Tel. 072 23 49 35, 072 24 99 60, www.tourismjohor.com, Mo–Fr 8–13, 14–17 Uhr.
Tourism Malaysia: im 3. Stock des JotiC (s. oben), Tel. 072 22 35 90, Mo–Do 8–13, 14–17, Fr 8–12.15, 14.45–17 Uhr; im Bahnhof, Level 3, Tel. 072 18 80 70, im Flughafen, Level 2, Tel. 072 27 08 22, tgl. 9–18 Uhr.

Übernachten

In allen Hotels steigen am Wochenende die Preise.
Zentral und großzügig ▶ **The Puteri Pacific:** Jln. Abdullah Ibrahim, Tel. 072 19 99 99, www.puteripacific.com. Der große Hotelblock mit 500 Zimmern und Apartments ist nicht mehr ganz neu, wird aber gut gepflegt. Die Zimmer sind mit allem ausgestattet, was man in dieser Kategorie erwartet: Internetzugang, italienisches und chinesisches Restaurant, kleiner Pool, Tennisplatz, Fitnesscenter, Sauna, Spa. Freundlicher Service. DZ RM 200–360 inkl. Frühstück.
Mittendrin ▶ **Citrus Hotel:** 16 Jln. Stesyen, Tel. 072 22 28 88, www.citrushoteljb.com. Die 125 Zimmer des Hotels mitten im Vergnügungs- und Einkaufsviertel wurden komplett renoviert. Sie sind relativ klein, aber mit Flachbildschirm, kleinem Kühlschrank und Wasserkocher ausgestattet. Die teureren befinden sich in den oberen Stockwerken. DZ RM 160–200 inkl. Frühstück.
Stylisch und lebhaft ▶ **Bliss Boutique Hotel:** 50 Jln. Jaya, Taman Maju Jaya, 3 km nördl. des Zentrums, Tel. 073 33 71 88, www.blissboutiquehotel.com. Das neue Hotel mit einem modernen Konzept offeriert 16 kleine, einfache Räume, 30 fantasievoll gestaltete Themenzimmer und eine Suite, alle mit Flachbildschirm, Safe, Wasserkocher und kostenlosem Internetzugang, einige behindertengerecht. Restaurant, Spa und Weinbar sind geplant. DZ RM 130–200.

Essen & Trinken

Stimmungsvoller Coffee Shop ▶ **Restoran Hwa Mui:** 131 Jln. Trus, Tel. 072 24 73 64, tgl. 9–19 Uhr. Es scheint, als sei die Zeit im verblichenen hainanesischen Coffee Shop von 1946 stehengeblieben. Der Gastraum mit einem Boden aus alten Mosaikfliesen und Hockern an kleinen Tischen wird nur von Ventilatoren gekühlt. Es gibt leckere Suppen, Nasi Lemak (Reis mit Beilagen), Chicken Rice, Nudelgerichte und saftige Hähnchenschnitzel. RM 5–10.
Original südindisch ▶ **Nilla Bananaleaf:** 3 Jln. Ungku Puan, Tel. 072 27 57 22, tgl. rund um die Uhr. Das Restaurant gegenüber dem Sri Mariamman Temple könnte ebenso gut im südindischen Chennai liegen. Im Speisesaal wird wenig Wert auf eine ansprechende Ausstattung gelegt, es geht laut und betriebsam zu. Auf Bananenblättern werden vegetarische Meals mit unbegrenztem Nachschlag oder auf Alutellern Currys vom Büfett serviert. Hervorragend sind die großen, knusprigen *paper tosai,* die Linsenbrote *uttapam* und die indischen Süßigkeiten aus der Vitrine. RM 5–10.
Nachtmärkte ▶ Auf mehreren Nachtmärkten im Zentrum drängen sich abends die Menschen, um zu essen, zu shoppen oder die unpolierte Atmosphäre zu genießen. Ein **malaiischer Nachtmarkt** mit Halal-Gerichten befindet sich in den Gassen, die von der Jln. Stesyen und Jln. Siu Chim sowie der Jln. Tun Abdul Razak und Jln. Wong Ah Fook begrenzt werden. Südlich schließt sich der chinesische **Meldrum Walk** mit vielen weiteren Essenständen an. Zudem werden auf der **Jalan Meldrum** und auf dem **Bazar JB** westlich der Jln. Wong Ah Fook Snacks und warme Gerichte verkauft. RM 5–10.

Einkaufen

Einkaufszentren ▶ **City Square:** zwischen Jln. Wong Ah Fook und Jln. Tun Abdul Razak, über eine Fußgängerbrücke direkte Verbindung zur Grenzabfertigung im Sultan Iskandar Complex, tgl. 10–22 Uhr. Die günstigeren Preise verlocken viele Familien aus Singapore zur Schnäppchenjagd. Das große Einkaufszentrum im Zentrum ist immer gut besucht.

Fast an jeder Ecke findet man Essenstände

The ZON Duty Free Centre: in Stulang, 3 km östl. des Zentrums, Anfahrt s. S. 158, Tel. 072 21 80 00, www.zon.com.my, tgl. 10–22 Uhr. Im ZON Ferry Terminal lockt ein Einkaufszentrum mit Bistros, Bars, Clubs und einem Hotel. Am Ausgang lauert der Zoll – wer nicht aus Indonesien gekommen ist und seine Waren nicht verzollen will, muss sich mind. 48 Std. im Duty-free-Bereich aufgehalten haben.

Abends & Nachts

Es scheint, als hätte das saubere Singapore alles Unplanbare und Unangepasste über den Causeway geschoben und im alten Zentrum von Johor Bahru entsorgt. Besonders in der **Jalan Meldrum** ist viel los – in billigen Hotels dienen dunkle Karaoke-Bars und Lounges der Kontaktanbahnung. Die Gäste der einfachen chinesischen Restaurants sitzen an Tischen auf dem Bürgersteig und beobachten bei Snacks und kühlem Bier das Getümmel.

Verkehr

Flüge: Der Senai Airport, www.senaiairport.com, liegt 25 km nordwestl. der Stadt. MAS, Tel. 072 25 35 09, www.malaysiaairlines.com, fliegt nach Kuala Lumpur und Air Asia, Tel. 13 00 88 99 33, www.airasia.com, zudem nach Kota Kinabalu, Miri, Sibu, Kuching und Penang. Firefly, Tel. 075 98 74 88, www.firefly.com.my, verbindet mit Kota Bharu. Stadtbus 333 fährt zum Larkin Bus & Taxi Terminal, außerdem 9 x tgl. Shuttlebusse ins Zentrum zum Busterminal Kotaraya II (s. S. 158, RM 8). Ein Taxi ins Zentrum kostet RM 44.

Züge: Der moderne Bahnhof JB Sentral wurde in den neuen Sultan Iskandar Complex am östlichen Rand des Zentrums integriert. Allerdings enden die Züge nach Singapore bereits kurz hinter der Grenze in Woodlands, sodass sich die Bahn nur für eine Fahrt Richtung Norden lohnt. 3 x tgl. durch kleine Orte im Hinterland nach Kuala Lumpur (6 Std.), 2 x tgl. über Kuala Lipis nach Wakaf Bharu bei Kota Bharu (13–14 Std.).

Busse: Das Larkin Bus & Taxi Terminal liegt 6 km nördl. des Zentrums. 9, 20, 21 Uhr nach Kota Bharu (12 Std., RM 60–77), ständig nach Kuala Lumpur (5 Std., RM 31–35), 9, 10, 21, 22 Uhr über Kuantan (4 Std., RM 27) nach Kuala Terengganu (7 Std., RM 45), 8.30, 11, 14.30, 17, 23.30 Uhr nach Mersing (3 Std.,

RM 12), ständig nach Melaka (3 Std., RM 19), 9.30, 10, 10.30, 22 u. 22.30 Uhr über Ipoh (7 Std., RM 37–48) nach Penang (13 Std., RM 65). Stadtbus 117 fährt ins Zentrum.
Überlandtaxis: Ab Larkin Bus & Taxi Terminal, Tel. 072 23 44 94, nach Kuala Lumpur und zum Airport (RM 380–450), nach Kuantan (RM 450), Melaka (RM 300), Mersing (RM 200) und Singapore, Queen St. (RM 60).
Fähren: Vom ZON Ferry Terminal im Duty-free-Bereich, Stulang, 3 km östl. des Zentrums, Tel. 072 21 16 77, www.zon.com.my, verkehren Fähren nach Indonesien – stdl. nach Pulau Batam (7.30–18.30 Uhr, 1,5 Std., RM 69 einfach, RM 110 hin und zurück) und um 9.30, 13, 17 Uhr nach Tanjung Pinang auf Pulau Bintan (2,5 Std., RM 86 einfach, RM 144 hin und zurück).

Fortbewegung in der Stadt und nach Singapore
Busse: Vom Terminal Kotaraya II, Jln. Gertak Merah, im Zentrum gibt es Shuttlebusse zum Senai Airport; Stadtbus 950 fährt nach Woodlands (Singapore). Am City Square starten die Stadtbusse 22, 123, 507 und 507A zum Einkaufszentrum The ZON. Nach Singapore zum Ban San Terminal, Queen St., Ecke Arab St., gibt es zwei Möglichkeiten: mit dem Singapore-Johore Express vom Larkin Bus & Taxi Terminal oder vom Terminal Kotaraya II; mit dem SBS Transit Bus Nr. 170.
Ausreise: Im futuristischen Sultan Iskandar Complex (Southern Integrated Gateway) östlich der Jln. Tun Abdul Razak erfolgt rund um die Uhr die Grenzabfertigung CIQ *(customs, immigration and quarantine),* die zumeist effektiv und reibungslos verläuft. Ein Visum für Singapore ist nicht erforderlich. Auf dem Causeway kommt es in der Rushhour, zu Ferienbeginn und -ende sowie an Wochenenden und Feiertagen zu erheblichen Staus.

Mersing ► 2, Q/R 16

Von Johor Bahru verläuft die kurvenreiche Fernstraße 3 durch nahezu unbesiedeltes Gebiet Richtung Mersing. Es dominieren endlose Ölpalmplantagen, die manchmal eingezäunt sind, weil wilde Elefanten aus den wenigen verbliebenen Dschungelgebieten auf ihren Wanderrouten die Straße kreuzen.

Der Fischereihafen **Mersing** bildet das Sprungbrett in ein Archipel aus 64 bewohnten und unbewohnten Vulkaninseln, von denen neun seit 1994 im **Mersing Marine Park** geschützt sind. Sofern bei der Ankunft in Mersing das letzte Boot bereits abgelegt hat, kann man hier eine Nacht verbringen, etwas Proviant für den Inselaufenthalt besorgen und durch den kleinen Ort spazieren. Der beste Ausblick eröffnet sich vom Hügel mit der **Masjid Besar Mersing.**

Bislang ist Mersing noch von den Bauarbeiten für das geplante Großprojekt Mersing Laguna verschont geblieben. Geplant sind u. a. ein Jachthafen und künstliche Inseln.

Übernachten

Entspannt und gepflegt ► Teluk Iskandar Inn: 1456 Jln. Sekakap, Kampung Teluk Iskandar, 6 km südl. des Fährhafens am Meer, Tel. 077 99 60 37, www.iskandarinn.com. Naturnahes, von dem freundlichen älteren Ehepaar Kamariah und Ibrahim geleitetes Haus in einem gepflegten Garten. 7 Gästezimmer, im Erdgeschoss mit Terrasse, im 1. Stock mit Balkon, einige mit Meerblick. RM 140–200 inkl. Frühstück.
An einem ruhigen Strand ► Fishing Bay Resort: Lot 525, Teluk Buih, nahe Air Papan, 15 km nördl. von Mersing, Tel. 077 99 67 53, 01 27 70 67 53, www.fishingbayresort.com. Das ruhige Resort liegt abseits aller Siedlungen auf einer Landzunge und verfügt über einen eigenen Strand und einen Pier. Schöner als die einfach eingerichteten Standardzimmer im 2-stöckigen Haus sind die Deluxe-Zimmer in Doppelbungalows. Das Restaurant öffnet zu den Mahlzeiten. Bootstouren, Fahrradverleih, traditionelle Massagen. DZ ab RM 130, Bungalows RM 230–330 inkl. Frühstück.
Das beste Hotel im Zentrum ► Havanita Hotel: 88 Jln. Endau, Tel. 077 99 86 66, www.hotelhavanita.com.my. Die 41 Superior- und Deluxe-Zimmer mit Holzböden sind in warmen Farben zeitgemäß eingerichtet, mit In-

ternetzugang, Flachbildschirm und Kühlschrank. DZ RM 100–200 inkl. Frühstück.
Einfach, aber sauber ▶ **Embassy Hotel:** 2 Jln. Ismail, Tel. 077 99 35 45. Das Hotel im Zentrum liegt über einem chinesischen Restaurant und hat geräumige Zimmer mit AC, TV und Internetzugang. DZ RM 60–80.

Essen & Trinken

Thailand in Malaysia ▶ **Green House:** Kampung Teluk Iskandar, 6 km südl. des Fährhafens, tgl. mittags und abends. In dem netten kleinen Restaurant gut 100 m vom Teluk Iskandar Inn (s. S. 158) in Richtung Mersing am Hang kann man sich frische Fische, Garnelen und Tintenfische aussuchen und sie im Thai-Stil zubereiten lassen. Besonders würzig sind die Tom-Yam-Suppen und die Currys. Frische Säfte, kein Alkohol. RM 10–20.
Großes Mittagsbüfett ▶ **Fong Coffee Shop & Restaurant:** 1 Jln. Dato' Timor, tgl. ganztags. In dem traditionellen offenen Restaurant unter dem Mersing Hotel wird mittags ein chinesisches Büfett aufgebaut. RM 5–10.

Verkehr

Busse: Der Busbahnhof liegt 1,3 km westlich des Fährhafens in der Jln. Jeti. 5 x tgl. nach Johor Bahru (3 Std., RM 12), um 10, 11 u. 11.30, 22 Uhr über Kuantan (2,5 Std., RM 17) nach Kuala Besut für Pulau Perhentian (6–7 Std., RM 48), um 12, 13, 17 Uhr über Kuantan (2,5 Std., RM 17) nach Kuala Terengganu (7 Std., RM 34), 6–8 x tgl. nach Kuala Lumpur (6 Std., RM 30–35), um 7.15, 13.15, 17.30 nach Melaka (4–5 Std., RM 23), um 13.30 Uhr nach Singapore (4 Std., RM 25).
Überlandtaxis: Vom Fährhafen nach Johor Bahru (RM 200), Kuala Lumpur (RM 500), Kuantan (RM 240), Melaka (RM 350). Kurze Strecken ab RM 6.
Fähren: Tickets für die Fähren gibt es an der Jetty und bei Reisebüros im Ort, die auch gerne Unterkünfte auf den Inseln vermitteln, z. B. Island Connection, am Busterminal, 38 Jln. Jeti, Bandar Tepian Sungai, Tel. 077 99 25 35, 077 99 26 12, www.tiomanisland.com.my. In der Hochsaison sollte man auch die Rückfahrt bereits in Mersing buchen. An der Jetty ist der Eintritt in den Marine Park zu zahlen (Erw. RM 5, Kind./Sen. RM 2). Verbindungen nach Salang auf Pulau Tioman (2 Std., Erw. RM 35, Kind. RM 30) mit den großen Fähren von Bluewater, Tel. 077 99 48 11, je nach Gezeiten 8–16.30 Uhr, in der Regenzeit nur 1 x tgl., sonst nach Bedarf. Auf dem Weg nach Salang legen die Boote zuvor in anderen Orten von Pulau Tioman an, u. a. in Tekek und Air Batang, nach Bedarf auch an anderen Stränden.

3 Pulau Tioman

▶ 2, R/S 14/15

Bizarre dschungelbedeckte Berge ragen steil aus dem türkisgrünen Meer empor. In felsumrahmten Buchten entlang der Küste liegen kleine Dörfer, an weißen, mit Kokospalmen bestandenen Sandstränden hübsche Resorts und Bungalowanlagen. Das zerklüftete Hinterland von **Pulau Tioman,** der größten Insel an der malaysischen Ostküste, wird vom 1038 m hohen **Gunung Kajang** überragt. Im Süden, nahe Mukut, bestimmen die beiden steil aufragenden, etwa 630 m hohen Granitgipfel **Gunung Nenek Semukut** und **Gunung Batu Simau** das Landschaftsbild. Der Legende nach sollen sie die Hörner eines versteinerten Drachens bilden, der – mit ein wenig Fantasie – in der Silhouette der Insel zu erkennen ist. Wissenschaftlich betrachtet gehören die Gipfel zu einem Gebirgszug, der, bevor er vor Urzeiten vom Meer überspült wurde, mit dem asiatischen Kontinent verbunden war. So kommt es, dass auf der Insel noch viele seltene Pflanzen und Tiere existieren, die auf dem Festland schon lange ausgestorben sind, darunter 20 Unterarten von Schmetterlingen, viele Amphibien und Reptilien wie eine Süßwasserschildkröte mit weichem Panzer oder ein Wels, der an Land leben kann.

Geschichte

Historische Dokumente und Porzellanfunde in den Inseldörfern Nipah und Juara deuten darauf hin, dass Pulau Tioman bereits vor über 1000 Jahren von arabischen und chinesischen Segelschiffen angefahren wurde, um hier ihre Frischwasservorräte aufzufüllen. Als die europäischen Kolonialmächte Südostasien eroberten, verlor die Insel an Bedeutung und machte nur noch als Piratennest von sich reden. Viele Bewohner flüchteten oder wurden als Sklaven verkauft, bis britische Kriegsschiffe die Seeräuber vertrieben.

Nur wenige Einheimische erlebten die Landung der Japaner im Zweiten Weltkrieg. Als diese ein Flugfeld auf der Insel anlegten, verminten die Briten die umliegenden Gewässer. Die Minen sind bereits vor langer Zeit entfernt worden, geblieben sind die Wracks zweier britischer und japanischer Schiffe sowie von zwei holländischen U-Booten.

Das erste Hotel der Insel, das heutige Berjaya, entstand 1975 am Strand südlich des Dorfs Tekek. Schon bald kamen mit den Versorgungsbooten auch Globetrotter auf die Insel, die bei der Fischerfamilie Nazri unterka-

Zwischen Air Batang und der Monkey Bay klammert sich das Panuba Inn Resort an das felsige Meeresufer

men. Als Tioman Ende der 1970er-Jahre vom Time Magazine zu einer der schönsten Inseln der Welt gekürt wurde, gab es kein Halten mehr. An den Stränden entstanden immer neue Unterkünfte, zumeist einfache Holzbungalows, aber auch komfortablere Zimmer und jüngst sogar luxuriöse Resorts. Sie liegen wie die sechs Dörfer überwiegend an der Westküste, die im Winter vor den kräftigen Monsunwinden und dem aufgepeitschten Südchinesischen Meer besser geschützt ist.

Kampung Tekek

Das größte Inseldorf liegt eingekeilt zwischen der Landebahn des kleinen Flughafens und dem neuen Jachthafen. Touristen kommen höchstens nach **Kampung Tekek,** um im Supermarkt Süßigkeiten, Zigaretten, Wein und Bier zollfrei einzukaufen und sich am Geldautomaten der einzigen Bank der Insel, gegenüber vom Abflugterminal, mit Barem zu versorgen. Neben einer Moschee, einer Schule sowie einer Polizei- und Krankenstation findet man am nördlichen Ortsausgang das **Marine Park Information Centre.** Im Mittelpunkt der interessanten Ausstellung stehen maritime Ökosysteme – vom Mangrovenwald bis zu den Korallenriffen – und deren Bewohner. Außerdem werden Initiativen zum Schutz bedrohter Meeresschildkröten, Delfine, Dugongs und der Korallenriffe anschaulich dargestellt. Von einer Plattform, die im Meer verankert ist, können Besucher in die Unterwasserwelt abtauchen (Tel. 094 14 65 95, tgl. 9–17 Uhr, Eintritt frei).

Air Batang

Nur über Treppen und einen befestigten Fußweg oder per Boot ist der nächste Strand nördlich von Kampung Telek zu erreichen, **Air Bantang** (ABC Beach). Vorbei am Fußballplatz des Dorfs, an Minimärkten und kleinen Resorts flaniert man gelassen unter Schatten spendenden Kokospalmen und Mangobäumen am Meer entlang. Nur im Norden und Süden der Bucht eignen sich sandige Strandabschnitte gut zum Baden, ansonsten ist das Ufer steinig und voller Korallenschrott.

Von Air Batang nach Kampung Salang

Von Air Bantang führt ein Dschungelpfad Richtung Norden zur Unterkunft Panuba Inn (15 Min.) und weiter zur **Monkey Bay** (1,15 Std.), einer einsamen Badebucht. Der Weg, der recht schlüpfrig und anstrengend sein kann, endet nach einer weiteren Stunde in Kampung Salang. Unterwegs sollte man sich vor den diebischen Makaken in Acht nehmen. Einfacher gelangt man mit einem Taxiboot zu den Stränden und nach Salang.

aktiv unterwegs

Tauchen und Schnorcheln vor Pulau Tioman

Tour-Infos

Start: Tauchbasen in Salang und an anderen Stränden
Saison: Ende April bis September
Kosten: Tauchkurs mit PADI-Zertifikat um RM 1000, Tagestour mit 2 Tauchgängen um RM 200
Buchung: s. S. 165

Verschiedene Tauchschulen auf **Pulau Tioman** werben mit einem breiten Angebot an Kursen überwiegend in englischer Sprache. Die meisten haben ihre Basis in der Bucht von Salang, da von dort sowohl die Hausriffe in 5 bis 15 m Tiefe als auch weiter entfernte Tauchziele schnell angesteuert werden können. Erfahrene Taucher kommen etwa eine halbe Bootsstunde nordwestlich von Salang auf ihre Kosten, wo Sichtweiten von 10 bis 20 m die Regel sind und die schönsten Riffe des Marine Park liegen. Angesteuert werden meist die Gewässer um die größere Pulau Tulai, auch Coral Island genannt, sowie um die kleineren Pulau Cebeh und Pulau Labas etwas weiter westlich.

Pulau Labas ist ein beliebtes Ziel von Höhlentauchern, die in die verwinkelten Unterwassertunnel zwischen den Granitfelsen abtauchen. Das vorgelagerte **Tiger Reef,** ein Korallenpfeiler in 10 bis 22 m Tiefe, ist eines der besten Tauchgebiete der Region, aber infolge der starken Strömung eher für erfahrene Taucher geeignet. Inmitten der von Weichkorallen und Schwämmen bedeckten Unterwasserlandschaft tummeln sich Barrakudas, Schwarzspitzen-Riffhaie, Ammenhaie, Rochen, Napoleon-, Angler- und Papageienfische. Im kleineren **Golden Reef** etwas weiter westlich sind in 18 bis 26 m Tiefe zudem schöne Gärten mit Fächerkorallen zu sehen. Die kleine Granitinsel **Pulau Cebeh** ist von dichter Vegetation überzogen und umgeben von klaren Gewässern mit Riffen in 8 bis 24 m Tiefe. Besonders nördlich und südlich der Insel entdeckt man inmitten von Felsen und Tunneln bunte Fächerkorallen, Weichkorallen und Anemonen. Manchmal lassen sich im Süden auch Karettschildkröten blicken.

Pulau Tulai empfiehlt sich für einen entspannten Tauchausflug, da die Insel auch einige nette Strände besitzt. Für Schnorchler und Tauchanfänger gibt es geeignete Tauchplätze mit Napoleonfischen, Barrakudas und Makrelen. Wer schon etwas erfahrener ist, kann am Ende der Lagune in der wunderschönen **Teluk Kador** an den bis zu 20 m abfallenden Felsen entlang bis zu einem Überhang tauchen.

Die großen Schiffswracks aus dem Zweiten Weltkrieg liegen alle in über 50 m Tiefe, sodass sie für Hobbytaucher unerreichbar sind. Um auch für Wracktaucher eine Attraktion zu schaffen, wurden kürzlich drei Boote in 30 m Tiefe versenkt, die nun ein künstliches Riff bilden: die aus den 1960er-Jahren stammende, 31 m lange **KM Sipadan,** ehemals in den Diensten der Royal Malaysian Navy, sowie zwei beschlagnahmte thailändische Fischerboote.

Kampung Salang

In der geschützten Bucht von **Kampung Salang** ist das Meer meist relativ ruhig. Südlich der Jetty und der Lagune tummeln sich Sonnenanbeter am Strand, im Hinterland und entlang der steinigen Küste Richtung Norden stehen die Bungalows und Restaurants der Resorts. Selbst riesige Warane sowie periodische Invasionen von Moskitos und Sandfliegen haben der Beliebtheit des Strandorts keinen Abbruch getan. Reisebüros offerieren Schnorcheltouren und Inselrundfahrten, die Boote der Tauchschulen fahren zu fantastischen Riffen und spannenden Schiffswracks.

Kampung Juara

Die einzige nennenswerte Siedlung an der exponierten Ostküste, **Kampung Juara,** ist mit einem Geländewagen oder in etwa 3 Std. zu Fuß auf einer steilen, 7 km langen Dschungelstraße über einen 500 m hohen Bergrücken zu erreichen. Vor dieser dramatischen Bergkulisse erstreckt sich eine weite, halbkreisförmige Bucht mit einem breiten Sandstrand, einigen kleinen Resorts und einer Schildkrötenstation.

Übernachten

Komfortable Zimmer sind auf der Insel relativ teuer, die günstigen hingegen sind oft sehr einfach. Einige Boutique-Resorts liegen an steilen Hängen in einsamen Buchten, sodass man außer dem angeschlossenen Restaurant keine Alternative zum Essen hat. Viele Anlagen, v. a. im Süden und an der Ostküste, bleiben in der Regenzeit von Nov. bis Febr./März geschlossen.

... in Kampung Tekek:

Die Nummer eins ▶ **Berjaya Tioman Beach Resort:** Tel. 094 19 10 00, www.berjayahotel.com. Das älteste Inselresort mit 268 Zimmern und Suiten in einem Park am Südende der Bucht wurde mehrfach modernisiert. Die Chalets sind nicht mehr ganz frisch, aber großzügig und bequem. Als Alternative zum Büfett-Restaurant bietet das Coriander Seeds indische und thailändische Gerichte und das Fortune Court chinesische Küche. Schöner Sandstrand, gute Schnorchelmöglichkeiten, 2 Pools, Tauchschule, Bootsvermietung, Golfplatz, Spa, hoteleigener Bus zum Flughafen. DZ RM 380–540.

Zentral und entspannt ▶ **Swiss Cottage:** Tel. 094 19 16 42, http://swiss-cottage-tioman.com. Die klimatisierten Chalets aus Holz und Bambus stehen unter Bäumen und haben eine Veranda mit Hängematte, Tisch und Stühlen, einige Bungalows mit Meerblick haben nur einen Ventilator. Außerdem Doppelbungalow am Meer mit 2 im asiatischen Stil ausgestatteten Zimmern (Ventilator) sowie älteres Langhaus mit Zimmern für bis zu 3 Pers. (AC oder Ventilator, Duschen). Nettes Restaurant, Buchverleih, Tauchschule unter englischer Leitung, Kajakverleih, Bootstouren. DZ RM 100–180 inkl. Frühstück.

... in Air Batang:

Nicht nur für Taucher ▶ **B & J Diving Centre:** Tel. 094 19 12 18, www.divetioman.com. Im 2-stöckigen soliden Neubau werden 6 geräumige helle Balkonzimmer für 2–4 Pers. mit gefliesten Böden, bequemen Betten, Kühlschrank, Safe, Internetzugang, Flachbildschirm und DVD-Player vermietet. Gäste der Tauchbasis werden bevorzugt. DZ RM 250.

Inselklassiker ▶ **Nazri's Place I:** am südlichen Ende von Air Batang, Tel. 094 19 13 29, 01 39 80 60 72, www.nazrisplace.com. Nazri und seine Kinder haben den ältesten Traveller-Treffpunkt der Insel ständig ausgebaut und modernisiert. Mittlerweile gibt es 32 Zimmer in Bungalows und Häusern, die sich erheblich in Ausstattung und Komfort unterscheiden. Beliebt sind die 12 komfortablen Zimmer im Neubau, der etwas zurückversetzt auf einem weitläufigen Gelände steht. Im Restaurant wird abends gegrillt. Gut besuchte Strandbar (s. S. 164). Frühstück ist nur bei den teuren Zimmern inkl. DZ RM 100–200.

Ruhig und gepflegt ▶ **Bamboo Hill Chalets:** Tel. 094 19 13 39, www.bamboohillchalets.com. Am Hang am nördlichen Ende der Bucht an einem Bach mit Süßwasserbadepool stehen in einem gepflegten Garten kleine Holzbungalows mit insgesamt 8 netten Zimmern. Zur Ausstattung gehören Ventilator, Moskitonetz und kalte Duschen, für etwas mehr Geld auch ein Kühlschrank. Teurer ist der Familienbungalow mit Wohnzimmer und Terrasse. DZ RM 70–140.

... in Kampung Salang:

Gesellig ▶ **Salang Sayang Resort:** Tel. 094 19 50 20, http://salangsayangresorts.webs.com. Bereits seit 1980 gibt es dieses Resort am südlichen Ende der Bucht. Die 29 Zimmer in Einzel- und Doppelbungalows mit AC oder Ventilator und Kaltwasserdusche liegen am Hang, die teureren mit Warmwasser am Strand. Auch Familienzimmer und eine Honeymoon Suite. Restaurant, Minimarkt und Buchverleih. Kreditkarten werden mit Aufschlag akzeptiert und Euro gewechselt. DZ RM 80–130, Suite RM 250.

... in Kampung Juara:

Strand vor der Tür ▶ **Santai Bistro & Chalet:** Tel. 01 77 77 72 00, www.tiomansantai bistro.com. Am Strand südlich des Piers werden rings um das große, beliebte Bistro 10 Holzhäuser mit gefliesten Bädern und Warmwasserduschen vermietet, die teuren mit Terrasse. Im Bistro Internetzugang, einfache Gerichte und abends BBQ. DZ RM 120–290.

... auf der südlichen Inselhälfte:

Umweltbewusstes Unikat ▶ **Bagus Place Retreat:** bei Tanjung Bayan, www.bagus place.com. Eric aus Paris hat diese Anlage für Individualisten entwickelt, die gern naturnah wohnen wollen und bereit sind, dafür auf eine Klimaanlage und Telefon zu verzichten. Die 5 komfortablen Holzchalets in traumhafter Lage an einem eigenen Strand oder am Hang mit Aussicht sind unterschiedlich gestaltet. Im Restaurant gibt es mittags Snacks à la carte und abends ein Büfett. Chalet für 2 Pers. ab RM 900 inkl. Transfer, Vollpension und alle nichtalkoholischen Getränke.

Elegant und exklusiv ▶ **JapaMala Resort:** bei Kampung Nipah, Tel. 094 19 77 77, in Kuala Lumpur Tel. 03 42 56 61 00, www.japa malaresorts.com. Die 12 Chalets des Boutique-Resorts liegen am Hang im Dschungel oder direkt am Meer und sind über Plankenwege miteinander verbunden. Alle mit AC, geschmackvoller Ausstattung, Internetzugang, Espressomaschine, iPod-Dockingstation, Flachbildschirm, DVD-Player und Kühlschrank, die teuren zudem mit kleinem Privatpool und Sonnendeck mit Freiluftdusche. Schöner Pool und exklusiver weißer Privatstrand. Eine Alternative zum teuren thailändisch-vietnamesischen Tamarind Restaurant ist das Mandi Mandi Restaurant mit Cocktailbar am Ende des Piers (s. S. 165). Chalets für 2 Pers. 450–2000 RM inkl. Frühstück.

Behaglich und familienfreundlich ▶ **Minang Cove Resort:** bei Tanjung Bayan, Tel. 077 99 73 72, www.minangcove.com.my. Die freundlichen englisch-malaysischen Besitzer haben ihr Resort an einen von Felsen umgrenzten kleinen Sandstrand gebaut. Die soliden Häuser rings um das Restaurant, die Bibliothek und die Bar sind bequem im westlichen Stil eingerichtet. Einige mit Küche eignen sich gut für einen Familienurlaub. Tauchschule, Spa, Sonnendeck mit Liegen, gute Schnorchelmöglichkeiten, Kanuverleih. Wanderweg nach Mukut (3 Std.). RM 190–350/ Pers. inkl. Halbpension.

Für Familien und Gruppen ▶ **Melina Beach Resort:** zwischen Kampung Paya und Kampung Genting, Tel. 094 19 70 80, www.tio man-melinabeach.com. An einem von großen Granitfelsen umrahmten kleinen Sandstrand stehen Chalets von unterschiedlicher Größe und Ausstattung für 2–10 Pers. Sehr schön sind die Beach Suite, das Penthouse mit 3 Zimmern, Whirlpool, offenem Bad und großer Dachterrasse sowie das kreativ eingerichtete Baumhaus. Im Restaurant Frühstücksbüfett und Abendessen à la carte, mittags BBQ am Strand. Kanu- und Schnorchelverleih. Chalets für 2 Pers. RM 200–400 inkl. Frühstück, Häuser mit 2 Schlafzimmern RM 440–480, jeder weitere Gast RM 60.

Essen & Trinken

Da den meisten Unterkünften ein Restaurant angeschlossen ist, gibt es außerhalb kein nennenswertes Angebot.

... in Kampung Tekek:

Entspannte Sports Bar ▶ **Tioman Cabana:** südl. des Jachthafens nahe dem Hotel Coral Reef Holiday, Tel. 013 717 66 77, traveltioman island.wetpaint.com, tgl. 13.30–17.30, 19.30–24 Uhr. Einfache Strandbar unter Palmen, in der die einheimischen jungen Besitzer auch Burger und Currys zubereiten. Bei frischen Säften, kühlem Bier und entspannter Musik genießt man den Sonnenuntergang. Zudem Lagerfeuer, Fahrrad- und Surfbrettverleih, Internetzugang und Touren. Um RM 10.

... in Air Bantang:

Pizza am Strand ▶ **Sunset Corner Restaurant:** in Nazri's Place I (s. S. 163), Do–Di 15–24 Uhr, Happy Hour bis 19.30 Uhr. Vor der beliebten Strandbar kann man in Liegen und an Tischen sowie in einem kleinen Pavillon essen und trinken. Die reichhaltig belegten Sandwiches und Pita-Brote mit leckerer Füllung werden von den Pizzen noch übertroffen. Um RM 10.

... in Kampung Salang:
Fisch vom Grill ▶ **Salang Dreams Restaurant:** nördl. der Jetty, Tel. 094 19 50 40, meist tgl. 9–22 Uhr. Direkt am Meer steht dieses große offene Restaurant, das abends auch Tische und Stühle am Strand aufstellt. Beliebt ist der Fisch vom Grill mit Zitronensoße, auch Garnelen und andere Gerichte. RM 20–50.
... in Kampung Nipah:
Romantisch & italienisch ▶ **Mandi Mandi:** im JapaMala Resort (s. S. 164), tgl. bis 22 Uhr. Vor dem Resort steht mitten im Meer ein Holzpavillon mit diesem kleinen Restaurant. Entsprechend der internationalen Gäste wird v. a. italienisch, aber auch asiatisch gekocht. Alle Gerichte werden geschmackvoll zubereitet und liebevoll serviert, sehr beliebt ist Pizza. Auch die Getränkekarte mit den vielen Cocktails kann sich sehen lassen. RM 40–80.

Aktiv

Schnorcheln ▶ Viele Resorts und Minimärkte verleihen Masken, Schnorchel und Flossen. Gut lässt es sich rings um die Felsen vor Salang, in der Monkey Bay, nördlich von Air Batang, vor dem Berjaya Tioman Beach Resort und nördlich von Paya schnorcheln. Tauchboote nehmen Schnorchler manchmal zur Coral Island mit (RM 60–90/Pers.).
Tauchen ▶ s. S. 162. Es gibt mehr als ein Dutzend Tauchschulen. **B & J Diving Centre:** Air Batang, Tel. 094 19 12 18, und Kampung Salang, Tel. 094 19 55 55, www.divetioman.com. Bereits seit 1987 betreibt Ben diese große Tauchschule mit Kursen in englischer und deutscher Sprache, einem Trainingspool in Air Batang, eigenen Booten, Live-Aboards und Nitroxtauchgängen. Sein Team betreibt auch Riffpflege und pflanzt Korallen. **Dive Asia:** Kampung Salang, Tel. 094 19 50 17, www.diveasia.com.my. 5-Sterne-IDC-Centre mit einem breiten Kursangebot. **Tioman Dive Centre:** Kampung Tekek, im Swiss Cottage, Tel. 094 19 12 28, www.tioman-dive-centre.com. Die Tauchbasis unter englischer Leitung engagiert sich in der Reef Check Foundation für den Erhalt der Korallen und beschäftigt Freiwillige im Rahmen des Blue Ventures Volunteer Programm (http://blueventures.org).
Radfahren ▶ In Air Batang und Kampung Tekek kommt man gut mit dem Fahrrad voran. Räder werden in mehreren Anlagen für RM 20/Tag vermietet.
Wandern ▶ An der Westküste kann man auf mehr oder weniger gut ausgebauten Fußpfaden eine Wanderung unternehmen und mit dem Boot zurückzukehren. Abwechslungsreich ist die gut halbtägige Tour von Kampung Salang nach Air Batang und von dort zum Marine Park Information Centre in Kampong Tekek. Vom Berjaya Tioman Beach Resort in Kampung Tekek kann man auf einem Pfad in einem halben Tag über Kampung Paya nach Kampung Genting wandern. Von Kampung Tekek nach Kampung Juara an der Ostküste verläuft parallel zur Straße ein Wanderweg, der hinter der Moschee nördlich der Landebahn beginnt.

Verkehr

Flüge: Vom Flugplatz, Tel. 094 19 1309, in Kampung Tekek starten Dash-7- oder ATR-72-500-Propellermaschinen von Berjaya Air, www.berjaya-air.com, nach Kuala Lumpur und Singapore. Die Flüge sind in der Hochsaison bereits früh ausgebucht. Auf der Insel bekommt man Tickets im Berjaya Tioman Beach Resort, Tel. 094 19 13 03.
Fähren: Ab Kampung Salang je nach Gezeiten und Saison 6.30–15 oder 16.30 Uhr mehrmals tgl. nach Mersing (ca. 2 Std., Erw. RM 35, Kind. RM 30 RM). Stopps in Air Batang, Kampung Tekek, Kampung Genting und Kampung Paya.

Fortbewegung auf der Insel

Pickups: Wagen für den Transport auf der einzigen Inselstraße zwischen West- und Ostküste vermitteln die Unterkünfte in Kampung Juara und Läden in Kampung Tekek (ab RM 35/Pers.).
Motorradtaxis: Sie verlangen für eine Fahrt an den Stränden um RM 10.
Taxiboote: Je nach Entfernung liegt der Preis bei RM 20–150. Für Ausflüge oder Inselrundfahrten können Boote gechartert werden (bis zu 10 Pers., RM 200–500). Es werden auch Touren angeboten.

Eines der ersten erschlossenen Touristenziele in Malaysia:
die Bucht von Batu Ferringhi auf Pulau Penang

Kapitel 2

Der Nordwesten

Im Winter, wenn der Monsun an der Ostküste der malaiischen Halbinsel für ungemütliches Wetter sorgt, lockt im Nordwesten die Sonne. Bereits seit Jahrzehnten wird das Ferienziel Penang deshalb als Alternative zum trüben Winter daheim angeboten. Auch Pulau Langkawi ist ein Touristenmagnet. Das verdankt die Insel nicht nur ihren schönen Stränden, sondern auch einer gezielten, politisch geförderten Tourismusentwicklung.

Bei Weitem nicht so entspannend wie die Strände von Penang, dafür umso interessanter ist die belebte Altstadt von George Town. Hier blieb manches erhalten, was in anderen Städten längst wegsaniert wurde, und so künden repräsentative Kolonialbauten und prachtvolle Villen vom Wohlstand ihrer einstigen Bewohner. Außerdem lassen sich in George Town chinesische Traditionen beobachten, die im Mutterland seit der Kulturrevolution in Vergessenheit geraten sind. Und schließlich lockt die Stadt mit den kulinarischen Kreationen der Bewohner der Straits Settlements, die für ihre gute Küche bekannt sind.

Südlich von Penang erstreckt sich das Kinta Valley, in dessen Zinnminen Tausende überwiegend chinesische Kulis einst den Reichtum der Zinnbarone erarbeiteten. In Ipoh zeugen prachtvolle Gebäude von dieser Zeit, etwas außerhalb findet man Höhlentempel der frühen Arbeitsmigranten und in Taiping entstand auf dem Gelände einer ehemaligen Mine eine wunderschöne Parklandschaft.

Die Berge sind nur schwer zugänglich und bis auf wenige Ziele kaum erschlossen. Zu den beliebten Hill Stations gehören neben den ausgedehnten Cameron Highlands die weitgehend naturbelassene Region der Fraser's Hills und Bukit Larut vor den Toren von Taiping.

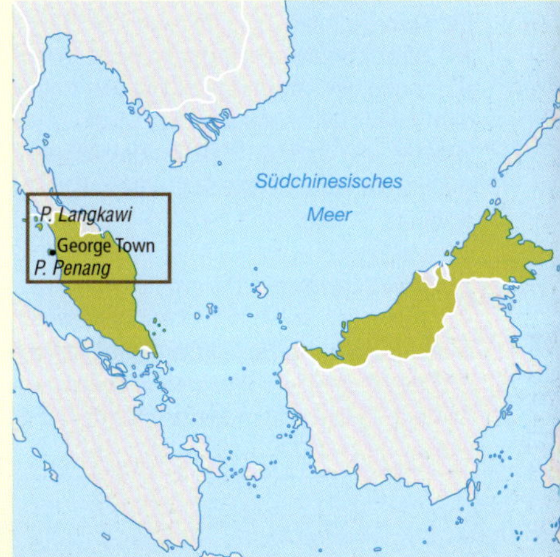

Auf einen Blick

Der Nordwesten

Sehenswert

4 **Cameron Highlands:** Ein kühles Bergklima, Teeplantagen und Landhäuser im englischen Stil bieten Abwechslung zum tropischen Tiefland (s. S. 172).

5 **George Town:** Die Erfolgsgeschichte der Straits Settlements, der britischen Herrscher und der chinesischen Händler haben das Gesicht der charaktervollen Stadt auf der Insel Penang geprägt. 2008 wurde das historische Zentrum zum UNESCO-Weltkulturerbe erklärt (s. S. 194).

6 **Pulau Langkawi:** Die größte Insel an der Westküste wartet mit dschungelbewachsenen Bergen, Kautschukplantagen, kleinen Dörfern, Reisfeldern und weiten Sandstränden auf – Malaysia im Miniaturformat (s. S. 218).

Schöne Routen

Fahrt auf den Gunung Brinchang: Von Tanah Rata führt eine Straße auf den höchsten Berg der Cameron Highlands (s. S. 175).

Auf den Spuren der Zinnschürfer von Ipoh nach Taiping: Die Nachfahren chinesischer Kulis prägen heute die Bergbaustädte Taiping und Ipoh, während der Sultan weitab vom Trubel im lieblichen Städtchen Kuala Kangsar residiert (s. S. 181).

Auf dem East-West-Highway von Butterworth nach Kota Bharu: Erst diese in den 1980er-Jahren erbaute Straße hat die Berge im Landesinnern zugänglich gemacht und ermöglicht nun eine spannende Fahrt von der West- zur Ostküste (s. S. 193).

Pulau Penang umrunden: Ruhige Dörfer wechseln sich mit trubeligen Urlaubsorten ab, immer im Blick sind die dschungelbedeckten Berge des Inselinnern (s. S. 208).

Unsere Tipps

Chinesische Clanhäuser in George Town: Mit jahrtausendealten Riten werden hier Ahnen verehrt (s. S. 196).

Laksa essen in Balik Pulau: Viele Einheimische schwören, dass die Fischsuppe in diesem kleinen Ort auf Pulau Penang die beste in ganz Malaysia ist (s. S. 217).

Per Seilbahn zum besten Aussichtspunkt von Pulau Langkawi: Dank moderner Technologie gelangt man mit einer Standseilbahn auf den höchsten Berg der Insel, der fantastische Ausblicke über bizarre Kalkformationen bis aufs Meer bietet (s. S. 230).

Bootsfahrten durch die Inselwelt von Pulau Langkawi: Von den Jachthäfen starten Fähren zu kleinen Inseln, schnittige Jachten laden zu romantischen Segeltörns ein und mit dem Kajak kann man durch die Mangrovenwälder paddeln (s. S. 233).

aktiv unterwegs

Wandern in den Cameron Highlands: Markierte Pfade eignen sich hervorragend für Touren auf eigene Faust (s. S. 176).

Streifzug durch die Altstadt von George Town: Alte Gemäuer, Tempel und Werkstätten lassen die Geschichte aufleben (s. S. 196).

Wanderung auf den Penang Hill: Der Weg führt steil hinauf zu einem Kolonialhotel mit fantastischer Aussichtsterrasse (s. S. 212).

Trekking im tropischen Regenwald von Pulau Langkawi: Nach einem anstrengenden Dschungelmarsch lockt ein kühles Bad am Wasserfall (s. S. 231).

Kajaktour durch den Mangrovenwald von Langkawi: Über spiegelglatte Gewässer gleitet man durch eine unwirkliche Welt zwischen Land und Meer (s. S. 232).

Von Kuala Lumpur nach Pulau Penang

Keine der Jahreszeiten sorgt in den Innertropen für Abkühlung, nur Klimaanlagen oder eine Fahrt hinauf in die Highlands, die mit einer ganz eigenen Pflanzenwelt überraschen. Auf den Spuren der Zinnschürfer wandelt man im Bundessstaat Perak, wo die Entdeckung der weltweit größten Zinnvorkommen Ende des 19. Jh. einen Boom wie einst der Goldrausch in Kalifornien auslöste.

Fraser's Hill ► 1, J/K 11

Noch immer trägt diese bezaubernde Hillstation 100 km nördlich von Kuala Lumpur den Namen eines schottischen Abenteurers: Louis James Fraser. Er hatte Ende des 19. Jh. seine Heimat verlassen, um in Australien Gold zu schürfen, blieb aber auf halber Strecke in Malaya hängen. Seinen späteren Wohlstand verdankte Fraser Maultierkarawanen, mit denen er unter Mithilfe chinesischer Kulis Eisenerz von den Minen in Kuala Kubu Bharu (► 1, J 12) zur Eisenbahn nach Kuala Lipis (► 1, K/L 10) transportieren ließ. Zudem soll er in seinem winzigen Handelsstützpunkt einen Spielsalon und eine Opiumhöhle betrieben sowie mit Opium gehandelt haben. Kurz bevor seine Verhaftung anstand, verschwand er spurlos.

1917 kehrte ein Bischof aus Singapore von einem Kurzurlaub im Gap Resthouse am Fuß der Berge zurück und pries die reizvolle Gebirgslandschaft. Bereits ein Jahr später beschloss die Kolonialregierung, das Hochland zu erschließen und es nach seinem ersten weißen Siedler **Fraser's Hill** zu nennen. 1922 konnte die steile, einspurige Zufahrtsstraße **The Gap** eröffnet werden.

Im Zentrum

Auf der von sieben bis zu 1524 m hohen Bergen eingerahmten Hochebene, die in romantische Seitentäler ausläuft, entstanden in den folgenden Jahren gediegene Bungalows aus grauem Granit im viktorianischen Stil und im Zentrum rings um den von Efeu umrankten Uhrturm die Polizeistation, das Postamt und ein 9-Loch-Golfplatz, an dem die Einbahnstraße nach oben endet. Bis zum Bau der neuen Straße Anfang dieses Jahrhunderts wurde die alte Zufahrtstraße stündlich wechselnd für die Auf- bzw. Abfahrt freigegeben. Manchmal wird auch heute noch auf diese Methode zurückgegriffen, denn die neue Straße ist ständig von Erdrutschen bedroht, desgleichen die gigantischen Apartmentanlagen an den steilen Berghängen.

Vor allem am Wochenende und in den Schulferien sind viele Bungalows, Ferienwohnungen und die wenigen Hotels belegt. Die kühlen Berge eignen sich hervorragend zum Beobachten von Vögeln und zum Wandern. Das **Bird Interpretive Centre** im Sports Complex informiert nicht nur über die über 250 hier vorkommenden Vogelarten, sondern auch über andere Bewohner der Bergwelt (tgl. 8.30–17 Uhr, Eintritt frei).

Wanderwege

In der näheren Umgebung sind herrliche Wanderungen auf gut markierten Pfaden möglich. Schräg gegenüber der Moschee beginnt der 15-minütige **Abu Suradi Trail** mit einem steilen Aufstieg. Danach kann man entspannt durch einen üppigen Wald voller Farne, Flechten und Moose spazieren. Nahe der Maybank Lodge trifft der Weg auf den einfach zu begehenden **Mager Trail,** der nach 310 m hinter der Krankenstation am Ortseingang endet.

Weiter westlich, hinter dem TM Bangalo, zweigt der schwierige **Pine Tree Trail** ab. Über 6 km geht es steil hinauf in den Mooswald auf bis zu 1505 m und anschließend auf demselben Weg wieder hinunter. Für diese Tour sollte man einen ganzen Tag einplanen.

Recht einfach ist eine Wanderung auf dem 700 m langen, 40-minütigen **Hemmant Trail** um den nördlichen Bereich des Golfclubs, wo man Kannenpflanzen entdecken kann. Der anschließende, vor allem bei Vogelfreunden beliebte 30-minütige **Bishop's Trail** ist schwieriger zu begehen, da er stellenweise recht steil und sehr schlüpfrig ist.

Übernachten

Very british ▶ **Ye Olde Smokehouse:** etwa 2 km nördl. vom Zentrum, Tel. 093 62 22 26, www.thesmokehouse.my. In diesem romantisch mitten im Wald gelegenen Häuschen erinnert selbst der Duft der Blumenbouquets an England. Das ehemalige Erholungsheim britischer Soldaten ist heute ein Boutique-Hotel mit 15 individuell mit alten Möbeln eingerichteten, etwas hellhörigen Zimmern, die besseren im 1. Stock. Die Suiten lohnen die Mehrausgabe, besonders die Honeymoon-Suite Laura mit Himmelbett, Jacuzzi und fantastischer Aussicht. Das Restaurant und die Bar sind ebenso sehenswert wie das kleine Cottage mit dem Wirtschaftsraum. Selbst an der Rezeption bleibt man altmodisch und rechnet mit der Hand. Gäste können allerdings den Internetzugang nutzen, am besten im kleinen Lesesaal mit dem alten Globus und der tollen Aussicht. DZ RM 300, Suiten bis RM 500.

In ruhiger Natur ▶ **TM Resort Seri Intan:** High Pines Rd., etwa 1 km westl. des Zentrums, Tel. 093 62 24 00, 054 91 40 00, tmfraserhill@yahoo.com. In dem gepflegten, modernen Tudor-Bungalow der nationalen Telefongesellschaft TM gibt es 11 komfortable und geräumige Zimmer und Suiten mit Balkon, Holzmöbel, Teppichböden und eine Heizung sorgen für Wärme. Gemütliche Gemeinschaftsräume und netter Garten mit Terrasse und toller Aussicht, kostenloser Internetzugang. DZ RM 160–180, Suiten RM 300–350 inkl. Frühstück.

Große Anlage ▶ **Shahzan Inn:** Lady Guillemard Rd., Tel. 093 62 23 00. Im größten Hotel des Orts mit 94 Standardzimmern und Apartments ist am Wochenende noch am ehesten etwas frei. Einige Zimmer mit Balkon überblicken den Golfplatz. Großes Restaurant, kostenloser Internetzugang. DZ RM 150–190 inkl. Frühstück.

In zentraler Lage ▶ **Puncak Inn:** am Uhrturm im Zentrum, Tel. 093 62 21 95. 27 winzige, aber gemütliche Zimmer mit englischem Touch, kleinen Duschen und Blick über das Zentrum und den Golfplatz. In der Rezeption erhalten Besucher gute Tipps und im Souvenirshop können die staatlichen Bungalows gebucht werden. Mit Restaurant. DZ RM 90–160 inkl. Frühstück.

Essen & Trinken

Etablierte Taverne ▶ **Scott's Pub & Restaurant:** im Zentrum beim Uhrturm, www.thesmokehouse.my, Do–Di 11–22 Uhr. Seit 1919 wird in diesem alten Haus Bier ausgeschenkt. Bei Sonnenschein kann man draußen und an kühlen Abenden vor dem Kamin sitzen. Für Unterhaltung sorgen Sportübertragungen auf großen Bildschirmen. Das Essen im Pubstil ist relativ hochpreisig. Die Taverne gehört den gleichen Besitzern wie das Smokehouse (s. links). Gerichte um RM 40.

Devonshire Cream Teas ▶ **Smokehouse Restaurant:** im Ye Olde Smokehouse (s. links), tgl. ganztags. Am stilvollsten isst man im Smokehouse, das bereits 1924 erbaut wurde. Gäste machen es sich an dunklen Holztischen in den gediegenen Speisesälen, auf Plüschsofas vor dem Kamin, in einer mit alten Stichen und Messingbeschlägen dekorierten Bar oder im Blumengarten gemütlich. Wem die Anfahrt am Abend zu mühsam ist, der kann nachmittags hierher wandern und Devonshire Cream Teas mit Scones, Erdbeermarmelade und cremiger Sahne genießen. Afternoon Tea RM 18, Abendessen RM 25–65.

Günstig ▶ Food Garden: nahe der Moschee im Zentrum, geöffnet nach Bedarf. Im dem beliebten einfachen Essenszentrum kann man wählen zwischen dem chinesischen Hill View Restaurant, dem indischen Green Roses, wo es auch Frühstück gibt, sowie weiteren malaiischen Restaurants. RM 10–20.

Aktiv

Reiten & Bogenschießen ▶ The Paddock: östlich vom Golfplatz, Mo, Do, So 9–12.30, 14–16.30, Fr 9–12, 14.45–16.30, Sa, Fei 9–12.30, 14–19 Uhr. Hier kann man für RM 5 eine Runde auf ehemaligen Rennpferden reiten und sich für RM 8 im Bogenschießen üben.

Wandern ▶ Die Trails sind gut ausgebaut und markiert, sodass Touren auf eigene Faust möglich sind. Tafeln informieren in Englisch über die Flora und Fauna. Sicherheitshalber sollte man seine Unterkunft über die geplante Route informieren und für Notfälle ein Handy dabeihaben. Erforderlich sind zudem feste Schuhe, ausreichend Wasser und ein Regenschutz, denn in den Bergen kommt es immer wieder zu ergiebigen Niederschlägen, v. a. nachmittags.

Verkehr

Überlandtaxis: Es gibt keine Busse nach Fraser's Hill. Taxis ab Kuala Lumpur kosten RM 180, ab Kuala Lipis RM 150.

4 Cameron Highlands

▶ 1, H/J 9

Karte: S. 174

Während der Fahrt hinauf in die Berge wandelt sich das Landschaftsbild. Bananen und andere Pflanzen des tropischen Tieflands treten immer mehr in den Hintergrund, dafür tauchen zunehmend Baumfarne auf. Sobald die ersten Nadelhölzer zu sehen sind, kann man beruhigt die Klimaanlage ausschalten, die Autofenster herunterkurbeln und die frische Bergluft genießen.

Märchenhafte Wälder voller Moose, Farne und Orchideen bedecken die höchsten Berge. In Hochtälern gedeihen auf steilen Feldern und in Gewächshäusern Kräuter, Kohl und anderes Gemüse sowie Erdbeeren und Rosen. Auch der Teeanbau hat in den **Cameron Highlands** Tradition, ebenso wie der Tourismus. Neben den englischen Kolonialbeamten, die sich gern in dem feucht-kühlen Klima aufhielten (s. S. 179), haben chinesische Bauern, indische Plantagenarbeiter und vor allem die ursprünglichen Bewohner, die Orang Asli, die Region geprägt.

Hier lässt es sich aushalten: auf der herrlichen Terrasse des Ye Olde Smokehouse in Fraser's Hill

Tanah Rata

Der Hauptort der Highlands ist **Tanah Rata,** das von ausländischen Touristen als Übernachtungsort bevorzugt wird. Entlang der Hauptstraße reihen sich einige einfache indische und chinesische Restaurants sowie malaiische Essenstände, zahlreiche Souvenirgeschäfte und Minimärkte. Von der britischen Kolonialzeit zeugen am Ortseingang an einem Hang die grauen Steinbauten der christlichen Grundschule **SK Convent** 1 und auf einem Hügel nahe dem Sportplatz das alte **Resthouse** 2.

Brinchang

Nördlich von Tanah Rata verläuft die Hauptstraße am alten Golfplatz vorbei nach **Brinchang.** Am Ortseingang erhebt sich der kleine hinduistische **Sri Thandayuthabani Temple** 3, der Lord Murugan gewidmet ist. Wer kurz darauf nach rechts abbiegt, steht nach 900 m vor dem buddhistischen **Sam**

G. Irau
2110 m
Plankenweg
durch Mooswald
G. Brinchang
2032 m
4,5 km
1,8 km
2 km
Butterfly Garden
& Butterfly Farm
Rose Centre
Kea Farm
Kg. Raja, Ipoh, Gua Musang
Weg 1
Cactus Valley
Nachtmarkt (Fr, Sa)
Polizei
Brinchang
Strawberry Farm
Golfclub
Weg 12
G. Perdah
1575 m
Power Station &
Weather Station
Weg 12
Weg 2
Weg 3
Weg 3
Forestry Department
Weg 6
Weg 4
Aussichtsturm
Weg 3
G. Berembun
1812 m
Weg 11
Parit
Waterfall
Weg 5
Weg 10
Tanah
Rata
Weg 7
Tan's
Camellia Garden
Weg 8
Bukit Mentiga
1563 m
Robinson Waterfall
Weg 9
Weg 9a
Robinson
Power Station
Boh Tea Estate
Tea Shops
Sungai Besek Waterfall
The Cameron
Bharat Plantation
Sungai Parang
Habu Power Station
Obst- und
Gemüsestände
0
1
2 km
Sultan Abu Bakar Dam, Ringlet, Tapah

Cameron Highlands

Sehenswert
1 SK Convent
2 Resthouse
3 Sri Thandayuthabani Temple
4 Sam Poh Tempel
5 Time Tunnel
6 Sungai Palas BOH Tea Estate
7 Gunung Brinchang
8 Golfplatz
9 Arcadia Cottage
10 Schutzhütte
11 MARDI

Übernachten
1 Century Pines Resort
2 Ye Olde Smokehouse
3 Heritage Hotel
4 Hillview Inn
5 Gerard's Place
6 Father's Guest House

Essen & Trinken
1 Kumar's und Sri Brinchang
2 The Lord's Cafe
3 Zainab Sam
4 Highlands Restaurant
5 Cameron Organic Produce

Einkaufen
1 Yung Seng
2 Anytime Teatime
3 Markt
4 Markt

Poh Tempel 4. Das zentrale Heiligtum wird von zwei goldfarbenen Löwenstatuen und fünf gigantischen Tempelwächtern bewacht (tgl. bis 17 Uhr).

Das Ortszentrum von Brinchang mit vielen Hotel- und Apartmentanlagen in nachgeahmter Tudor-Architektur ist nicht besonders attraktiv. Mehrere Blumen- und Schmetterlingsgärten sowie andere Touristenattraktionen säumen die Straße Richtung Norden.

Time Tunnel 5

Nicht nur für historisch Interessierte lohnt sich der Besuch des privaten Museums **Time Tunnel** 1,5 km nördlich von Brinchang. Mit großer Leidenschaft hat Mr. See zusammengetragen, was in früheren Generationen in Haushalten und Geschäften der Highlands gebraucht wurde, vom Blechspielzeug bis zum Friseurstuhl. Die attraktiv präsentierte umfangreiche Sammlung wird durch Fotos ergänzt und liefert einen lebendigen Eindruck vom Leben in den Highlands zur Zeit der Briten und des Notstands (s. S. 36) in den 1950er-Jahren, als sich kommunistische Guerillakämpfer in den Bergen der Cameron Highlands organisierten (Tel. 01 63 28 84 38, tgl. 8.30–18.30 Uhr, RM 5).

Sungai Palas BOH Tea Estate 6

Auf dem Weg zum Gunung Brinchang lohnt sich ein Abstecher zum **Sungai Palas BOH Tea Estate,** wo immer noch die alten Maschinen aus britischer Zeit laufen. Die Teefabrik kann im Rahmen kostenloser Führungen besichtigt werden. Wie ein Riegel schiebt sich der benachbarte gläserne Flachbau des **BOH Tea Centre** in die malerisch grüne Hügellandschaft hinein und besticht mit seiner modernen, preisgekrönten Architektur. Das Gebäude beherbergt ein aufschlussreiches Museum zur Geschichte des Teeanbaus, einen Laden sowie ein Teehaus mit großer Terrasse, wo Besucher professionell zubereiteten Tee und die einmalige Aussicht genießen können (Tel. 054 96 12 88, www.boh.com.my, Di–So 8.15–17 Uhr).

Gunung Brinchang 7

Jenseits der Teeplantage und der Gemüsefelder windet sich die schmale steile Straße durch einen märchenhaften Bergwald auf den 2032 m hohen **Gunung Brinchang** hinauf. Die Bambushaine und Baumfarne machen in höheren Lagen Platz für Rhododendren und niedrige, verkrüppelte Bäume, die mit Moosen und Flechten überwuchert sind. Bei Touren durch den Mooswald, der unter Naturschutz steht, entdeckt man Kannenpflanzen und Orchideen. Der kurze Plankenweg unterhalb des Gipfels ist leider oft reparaturbedürftig und dann geschlossen.

Neben der Radio- und Fernsehstation auf dem höchsten befahrbaren Punkt Malaysias steht ein **Aussichtsturm,** zu dem eine steile Metalltreppe hinaufführt. Wer die Aussicht genießen möchte, sollte am besten früh am Tag hierher kommen, denn nachmittags ziehen oft Wolken auf.

aktiv unterwegs

Wandern in den Cameron Highlands

Tour-Infos

Start: Ye Olde Smokehouse, Anfahrt mit Taxi oder Bus ab Tanah Rata
Ziel: MARDI
Dauer: 2–3 Std., am besten vormittags
Länge: 3 km (Weg 3 + 5)
Schwierigkeitsgrad: mit normaler Kondition möglich
Karten: S. 174. Hilfreich ist die »Cameron Highlands Discovery Map«, die man in vielen Läden in Tanah Rata kaufen kann.

Dank des kühlen Klimas und wunderbarer Bergwälder ist es ein Genuss, in den Cameron Highlands zu wandern. Getrübt wird die Freude nur durch schlecht oder nicht markierte Wege, teils sehr steile Streckenabschnitte und manchmal auch durch umgefallene Bäume und Erdrutsche, die besonders bei Regen zu Hindernissen werden. Da sich die Lage schnell ändern kann, sollte man sich vor dem Start in Gästehäusern über die aktuelle Situation erkundigen. Empfehlenswert ist ein früher Aufbruch, denn Vögel und andere Waldbewohner wie Affen sind besonders morgens aktiv und daher leichter zu sehen. Zudem wird man am Vormittag weniger häufig von Niederschlägen überrascht.

Die abwechslungsreiche Tour beginnt am **Ye Olde Smokehouse** 2, einem Hotel im Tudorstil. Die ersten 10 Min. geht es gemächlich entgegen dem Uhrzeigersinn auf der Straße am alten **Golfplatz** 8 entlang, der sich gleich hinter der Brücke über den Sungai Bertam von seiner schönsten Seite zeigt. Eingebettet in eine herrliche Landschaft, wird er vom höchsten Berg der Cameron Highlands, dem Gunung Brinchang, überragt. An der Ausschilderung zum Wisdom Park und Arcadia Cottage wählt man die untere Asphaltstraße, die nach weiteren 10 Min. am Blumengarten des **Arcadia Cottage** 9 endet.

Ein schmaler ausgeschilderter Zugang zum **Weg 3** führt nun vorbei an einem kleinen chinesischen Schrein in den Wald hinein. Die Wanderung über dichtes Wurzelgeflecht den Berg hinauf erfordert ständige Aufmerksamkeit. Deshalb lohnt es sich, ab und zu stehenzubleiben und einen Blick nach oben in die verkrüppelten Äste der Bäume zu werfen, die von Moosen überwachsen sind. Einige Pflanzen entlang dem Weg sind sogar ausgeschildert, beispielsweise die Steinfruchteiche *(Lithocarpus)* mit ihren ledrigen Blättern und eichelförmigen Früchten, der Minyak Berok *(Xanthophyllum spp)*, der zu den Kreuzblumengewächsen gehört, und der immergrüne Berangan *(Castanopsis, Scheinkastanie)*, der längliche, spitz zulaufende Blätter hat und zu Nutzholz verarbeitet wird.

Wer sich Zeit für Fotostopps lässt und gemächlich aufsteigt, wird nach etwa 30 Min., 820 m oberhalb vom Golfplatz, auf die Abzweigung zu **Weg 2** treffen. Dieser ständig bergauf und bergab führende Pfad hat den chinesischen **Sam Poh Temple** in Brinchang (s. S. 173/175) zum Ziel. Er ist zwar nur 1 km lang, aber sehr schwer zu begehen, sodass man für die Strecke rund 1,5 Std. benötigt.

Daher bleibt man besser auf dem Weg 3, der nun teils recht steil in ein wunderschönes Tal hinabführt. Mit jedem Schritt wird der Wald dichter und grüner, die Bäume nehmen an Höhe zu und auch die Luftfeuchtigkeit steigt an. Das Wasserrauschen in der Ferne entpuppt sich bald als schmaler Bach, den es zweimal zu überqueren gilt. Vorbei an Farnen und hohen, von Moosen und gewaltigen Epiphythen malerisch bewachsenen Bäumen steigt man wieder hinauf. Teilweise ist der Boden von einem Teppich aus Blütenblättern bedeckt, die aus den oberen Stockwerken der Bäume herabgerieselt sind. 10 Min. nach der Abzweigung von **Weg 6** zum **Forestry Department** steht mitten im Wald eine solide

Schutzhütte 10 mit Sitzbänken. Hier hat man nach gut 1,5 Std. den schwierigsten Teil der Wanderung hinter sich gebracht.

Wer die Tour erweitern möchte, kann dem Weg 3 von hier weiter folgen, etwa 1 km zum 1812 m hohen **Gunung Berembun** aufsteigen und über den immer recht schlüpfrigen **Weg 7** in insgesamt ca. 3 Std. zum MARDI in Tanah Rata zurückkehren. Weniger beschwerlich ist die Wanderung von der Schutzhütte auf dem anfangs breiten, dann immer schmaler werdenden **Weg 5** zurück nach Tanah Rata, insgesamt etwa 1,5 km. Es geht vorbei an weiteren Minyak-Berok-Bäumen und einem Kandisbaum *(Garcinia),* der mit der Mangostane verwandt ist. Wer sich auskennt, entdeckt vielleicht einen wilden Durianbaum. Auf dem letzten Teil der Strecke durch Mooswald wird der Untergrund immer sandiger und der Pfad immer ausgespülter, sodass der kurze Abstieg vor allem bei Regen zu einer Rutschpartie werden kann. Dieser Abschnitt ist ein beliebter Platz von Vogelkundlern, die hier nach seltenen Arten Ausschau halten.

Schon bald endet der Wald und die ersten Kräuter- und Gemüsefelder kommen ins Blickfeld. Die Unterkunft am Beginn der Asphaltstraße und die Teeplantage auf dem anderen Hügel, wo Weg 7 endet, gehören zur landwirtschaftlichen Versuchsstation **MARDI** 11. Selbst bei Regen eignet sich der überdachte Blumengarten mit Ruhebänken und das **Kafe Taman Ros** hinter dem Verwaltungsgebäude gut für eine Pause vor dem etwa 20-minütigen Rückweg nach Tanah Rata. Bei schönem Wetter lohnt ein Rundgang durch den Kräutergarten, die Teeplantage und die Erdbeerfelder. Ein Laden verkauft Marmelade, Chutneys, getrocknete Früchte, Tees, Säfte und andere landwirtschaftliche Erzeugnisse. Übrigens: Wer die Wanderung in umgekehrter Richtung unternimmt, zahlt an der Schranke einen Eintritt von RM 3, wer dagegen vom Berg kommt, braucht nichts zu zahlen.

Geradezu märchenhaft präsentiert sich der Bergwald in den Cameron Highlands

Infos

Mehrere Infostände im Zentrum von Tanah Rata dienen in erster Linie dazu, Touren in die Umgebung zu verkaufen. Sie vermitteln zudem Backpackerbusse in den Taman Negara National Park und nach Kuala Besut, dem Fährhafen für Pulau Perhentian.

Im Internet: www.cameronhighlands.com

Übernachten

… in und um Tanah Rata:

Zentral und komfortabel ▶ **Century Pines Resort 1:** 42 Jln. Masjid, Tel. 054 91 51 15, www.centurypinesresort.com. Außerhalb der Hauptsaison werden die modernen Zimmer dieses 5-stöckigen Hotels recht günstig angeboten. Die Deluxe-Zimmer haben als Extras große Betten und eine Terrasse oder einen Balkon, die Familiensuiten einen Kamin. Chinesisches Restaurant mit Terrasse, Bar, Sauna, Fitnesscenter, kostenloser Internetzugang. DZ RM 290–480 inkl. Frühstück.

Im britischen Kolonialstil ▶ **Ye Olde Smokehouse 2:** zwischen Tanah Rata und Brinchang am Golfplatz, Tel. 054 91 12 15, www.thesmokehouse.com.my. 15 kleine komfortable Suiten mit Bad und 8 Zimmer in einem Haus aus den 1930er-Jahren im Tudorstil, gediegen und liebevoll mit Plüschsofas, schweren Holzmöbeln und Nippes eingerichtet, kostenloser Internetzugang. DZ RM 260–750 inkl. Frühstück.

Großzügig ▶ **Heritage Hotel 3:** Jln. Gereja, Tel. 054 91 38 88, www.heritage.com.my. Das riesige Hotel im Neo-Tudorstil auf einem Hügel am Ortseingang besteht aus einem älteren und einem neueren Block und hat insgesamt 238 großzügige Zimmer. Die moderneren Deluxe-Zimmer mit geräumigen Bädern (Wanne und Dusche), DVD-Player, Internet, Safe, Wasserkocher und kleinem Balkon sind den etwas muffigen im alten Flügel vorzuziehen. Die beste Aussicht hat man aus dem 6. Stock. Restaurant, Café, Spa, Fitnesscenter, Billard- und Spielzimmer. DZ wochentags RM 210–290, am Wochenende RM 260–340.

Gesellig ▶ **Hillview Inn 4:** 17 Jln. Mentigi, Tel. 054 91 29 15, www.hillview-inn.com. Von einer indischen Familie geleitetes sauberes Haus mit Terrasse sowie Aufenthaltsraum mit DVD-Player. 24 Zimmer unterschiedlicher Größe und Ausstattung, die günstigen nur mit Kaltwasser, die teureren mit Balkon. DZ RM 90–160 inkl. Frühstück.

Gut betreut ▶ **Gerard's Place 5:** Carnation Block, C 9, 10 und 17, im Green Hill Resort, gegenüber dem Heritage Hotel (s. links), Tel. 01 65 66 11 11, http://fathers.cameronhighlands.com. Von den engagierten Besitzern Gerard und seiner Frau Jay geleitetes, nett eingerichtetes Guesthouse im Untergeschoss der Apartmenthäuser. Saubere Zimmer mit gefliesten Böden und mit/ohne Bad. Angenehme Gemeinschaftsräume mit Küche und Fernsehzimmer, Internetzugang, viele Infos und gute Touren mit engagierten Naturschützern. DZ RM 70–120 inkl. Frühstück.

Mit Schlafsaalbetten ▶ **Father's Guest House 6:** 4 Jln. Mentigi, Tel. 01 65 66 11 11, http://fathers.cameronhighlands.com. Mehrere Neubauten in dieser Gegend werden als Gästehäuser genutzt, auch Gerard und Jay haben eines übernommen und modernisiert. Hier gibt es in jedem Stock Aufenthaltsräume, große Gemeinschaftsbalkone und eine Terrasse. Internetzugang inklusive, viele Infos. Schlafsaal RM 20–30/Pers., DZ RM 70–120 inkl. Frühstück.

Essen & Trinken

… in und um Tanah Rata:

England in den Tropen ▶ **Ye Olde Smokehouse 2:** s. links, tgl. Mittagessen 12–14.30, Abendessen 18.30–21.30 Uhr, Afternoon Tea auch zwischendurch. Gäste von außerhalb dürfen in dem Hotelrestaurant nur speisen, wenn sie ordentlich gekleidet sind. Die Atmosphäre in dem stilvollen Speisesaal ist überzeugender als das Beef Wellington oder die Steaks. Afternoon Tea ab RM 30, Hauptgerichte RM 50–90.

Gutes Preis-Leistungs-Verhältnis ▶ **Kumar's und Sri Brinchang 1:** 26 und 25 Jln. Besar, geöffnet von früh bis spät. In den alten Geschäftshäusern und auf den betriebsamen Terrassen an der Hauptstraße werden in den benachbarten Restaurants die Standardgerichte der Highlands serviert: indi-

Die Highlands zur Zeit der Briten

Thema

Bereits die britischen Kolonialherren zogen sich zur Erholung in die kühlen Berge zurück, wo inmitten von Blumenrabatten gelegene Landhäuser im englischen Stil, knisternde Kaminfeuer, Wasserfälle, Morgennebel und gepflegte Golfplätze ein Gefühl von der fernen Heimat vermittelten.

Das Plateau in über 1000 m Höhe rings um das Blue Valley wurde 1885 von William Cameron, einem Landvermesser im Dienst der britischen Kolonialregierung, bei einer seiner Expeditionen in der Titiwangsa Range entdeckt und kartiert. Sein malaiischer Begleiter Kulop Riau drang erst Jahre später in das Tal rings um das heutige Tanah Rata vor.

Die Erschließung der Cameron Highlands geht auf das Konto von Sir Hugh Low, einem britischen Kolonialoffizier, der seit 1877 im heutigen Bundesstaat Perak lebte. Low, der fließend Malaiisch sprach, reformierte die Verwaltung, förderte den Kautschukanbau und pflegte darüber hinaus seine naturkundlichen Interessen. Ihn faszinierten die Berge, bereits 1851 hatte er den Gunung Kinabalu in Sabah bestiegen. So erregte auch das abgelegene, von dschungelbedeckten Höhenzügen umgebene Plateau sein Interesse. Er wollte dort Pflanzen der gemäßigten Breiten anbauen, die im Tiefland nicht gediehen, und für seine unter der Hitze leidenden Landsleute einen Luftkurort einrichten. Ein schmaler Pfad wurde durch den Dschungel geschlagen, passierbar nur mit Pferden oder zu Fuß. Da die Reise für die meisten zu anstrengend und zu zeitraubend war, blieben die wenigen Dschungelnomaden für die nächsten 40 Jahre weitgehend unter sich.

1925 besuchte Sir George Maxwell das Hochland. Der Kolonialbeamte, ebenfalls in den Diensten der Regierung von Perak und naturkundlich interessiert, beschloss von Tapah aus eine Straße durch das schwierige Terrain bauen zu lassen. Das Projekt forderte viele Opfer und wurde erst 1931 fertiggestellt. 1929 begann John Archibald Russell, Sohn eines britischen Verwaltungsbeamten, mit dem Teeanbau und legte damit den Grundstein für den Sungai Palas BOH Tea Estate.

Wenngleich die Straße anfangs noch unbefestigt war, wurde das Hochland bei den Engländern in Malaya schnell populär. Es entstanden die ersten Hotels, ein Government Rest House und ein Golfplatz, Baumschulen, Gemüsefelder, eine Versuchsfarm und zwei Internate. Firmen und wohlhabende Engländer errichteten Ferienhäuser, legten Blumengärten an und schufen sich so im tropischen Malaya ein Stück Heimat.

Ältere Bewohner erinnern sich noch gut an die couragierte Anne Laugharne Phillips Griffith-Jones (1890–1974) aus Wales, die bis ins hohe Alter in den Highlands lebte. Eigentlich wollte sie in Singapore nur ihren Bruder besuchen, doch dann begann sie in der Tanglin School zu arbeiten, Singapores erster Grundschule für Kinder der Kolonialbeamten. Zu jener Zeit war es noch üblich, die Kinder in englische Internate zu schicken. 1935 eröffnete Miss Griffith-Jones in den Cameron Highlands ein solches Internat, die heutige Slim School. Nach dem Einmarsch der Japaner musste u. a. diese Schule schließen und Griffith-Jones wurde im Changi Prison in Singapore interniert, wo sie für die Kinder eine weitere Schule gründete.

sches Frühstück mit frischen *roti canai* und *tosai,* chinesische Nudel- und indische Reisgerichte auf dem Bananenblatt, Fisch im Tontopf sowie Tandoori-Hähnchen und frisch gepresste Säfte. Schneller Service, kostenloser Internetzugang. Um RM 10.

Leckeres Lassi ▶ **The Lord's Cafe** 2: Jln. Besar, im 1. Stock des Marrybrown, Tel. 054 91 40 18, Mo–Sa 10–22 Uhr. In den drei schlichten Zimmern des Cafés im 1. Stock werden neben selbst gebackenen Kuchen und Scones extrem gute Lassi zubereitet, v. a. das Mango-Lassi schmeckt hervorragend. RM 5–10.

Roti canai zum Frühstück ▶ **Zainab Sam** 3: Jln. Besar, im Gerai Makanan, einer Ansammlung überdachter malaiischer Essenstände. Am Eingang zu diesem kleinen Essenstand werden vormittags exzellente *roti canai* frisch gebacken, die selbst mit Ei und einer geschmackvollen Currysoße weniger als RM 2 kosten.

... in Brinchang:

Traditionelles Steamboat ▶ **Highlands Restaurant** 4: Bandar Bharu, oberhalb vom Rasa Passadena Hotel, Tel. 054 91 13 09, tgl. 11–15, 17–22 Uhr. An den großen, runden Tischen des einfachen offenen Restaurants genießen v. a. Chinesen das beste Steamboat der Cameron Highlands – Gemüse, Fisch, Garnelen, Tintenfisch, Huhn, Tofu und mehr werden in der Brühe eines mit Holzkohle befeuerten Topfs am Tisch gegart. RM 20.

Biovegetarisches Steamboat ▶ **Cameron Organic Produce** 5: 10 Bandar Baru, Tel. 054 91 50 11, tgl. mittags und abends. Hier kommt ausschließlich vegetarische Biokost in die Steamboatbrühe. RM 15.

Einkaufen

... in Tanah Rata:

Souvenirs ▶ **Yung Seng** 1: 29 und 30 Jln. Besar, Tel. 054 91 20 31. In den beiden benachbarten Läden sticht aus einem bunten Mix von Souvenirs verschiedener asiatischer Länder die umfangreiche Sammlung geschnitzter Holzmasken und -statuen von den Mah Meri in Pulau Carey (s. S. 63) heraus, die allerdings ihren Preis haben.

... in und um Brinchang:

Tee, Schokolade & mehr ▶ **Anytime Teatime** 2: 18 Jln. Besar, Main Sq., Tel. 054 91 53 62. Der kleine Laden am zentralen Platz ist vollgepackt mit Tee aus Sri Lanka, süßen Leckereien und anderen Souvenirs. **Sungai Palas BOH Tea Estate** 6: s. S. 175.

Obst & Gemüse ▶ **Märkte** 3 u. 4: 3 km nördl. von Brinchang, gegenüber der Abzweigung zum Gunung Brinchang. Hier werden neben Blumen und Gemüse auch Erdbeeren verkauft.

Aktiv

Wandern ▶ Touren auf eigene Faust in der Umgebung von Tanah Rata sind mit der Cameron Highlands Discovery Map (s. S. 176) möglich. Allerdings sind einige Abzweigungen nicht gut ausgeschildert, was einheimischen Guides zuzuschreiben ist, die nicht arbeitslos werden wollen.

Geführte Touren ▶ Von Wanderungen über Vogelbeobachtung bis zu einer Tagestour zur Rafflesia bei den Temiar tief im Dschungel nahe Kelantan reicht das Angebot der örtlichen Veranstalter.

Verkehr

Busse: Die Busstation liegt im Zentrum von Tanah Rata. Busse von Kurnia Bistari, Tel. 054 91 14 85, und Unititi, Tel. 01 22 15 00 44, 9 x tgl. 8–17.30 Uhr nach Kuala Lumpur (4–5 Std., RM 28–35) sowie 8 x tgl. über Ipoh Richtung Norden und Westen (3 Std., RM 12). Backpackerbusse verschiedener Unternehmen fahren von den Gästehäusern vormittags nach Ipoh (2 Std., RM 15), Kuala Lumpur (4 Std., RM 28–35), Penang (6 Std., RM 35–40), Kuala Besut für Pulau Perhentian (6 Std., RM 60) und zum Taman Negara National Park (9 Std., RM 65–75).

Überlandtaxis: Neben der zentralen Busstation warten Taxis mit dem Schild »Kereta Sewa« (›Fahrzeug zu mieten‹), darunter einige alte Mercedestaxis, das älteste aus dem Jahr 1964. Sie fahren zu Festpreisen, die dem Aushang zu entnehmen sind, bestimmte Routen, und können für Rundfahrten durch die Highlands für RM 25/Std. gemietet werden. Nach Ipoh RM 120–140, Kuala Lumpur RM 300, zum KLIA Airport RM 360–380, in den Taman Negara National Park (Kuala Tahan) RM 450.

Ipoh und Umgebung

► 1, G/H 8/9

Cityplan: S. 182

Ende des 19. Jh. verwandelten immense Zinnvorkommen eine unbedeutende Siedlung im Kinta Valley in eine Stadt der Millionäre. Die riesigen Schaufelbagger, die in nicht einmal 100 Jahren die Lagerstätten erschöpfend abtrugen, sind inzwischen verrostet. Was blieb, sind riesige geflutete Tagebau-Kraterlandschaften sowie schmucke Verwaltungsgebäude, Banken und Geschäftshäuser. **Ipoh,** die Hauptstadt von Perak (›Silber‹) und die größte Stadt im **Kinta Valley,** erstreckt sich heute über viele Kilometer von Batu Gajah im Süden bis Sungai Siput nordöstlich von Kuala Kangsar. Im Osten wird der Ballungsraum wie ein Amphitheater von steil aufragenden, dschungelbedeckten Karstformationen begrenzt. Teile der bis zu 400 Mio. Jahre alten Kalkfelsen werden in Zementwerken zerschreddert, andere sind von Höhlen durchzogen, die seit Generationen als buddhistische Tempel und zur Meditation dienen.

Bahnhof 1

Bereits der mächtige, 1917 nach Plänen des britischen Architekten A. B. Hubback im britisch-kolonialen Mogul-Stil errichtete **Bahnhof** lässt erahnen, wie reich die Stadt einmal gewesen sein muss. Im 1. und 2. Stock bot das Majestic Hotel ab den 1920er-Jahren Reisenden eine angemessene Bleibe und Geschäftsleuten, Politikern und Zinnbaronen mit seiner 180 m langen Veranda einen perfekten Ort, um bei einem *stengah* (Whisky Soda) die neuesten Ereignisse zu diskutieren. Nach langem Siechtum und Verfall ist das Hotel derzeit geschlossen.

In einem kleinen Park auf dem Bahnhofsvorplatz steht die Pflanze, die der Stadt ihren Namen gab: ein **Ipoh-Baum** *(Antiaris toxicaria).* Das wie ein harmloser Gummibaum aussehende Gewächs sondert ein weißes Harz ab, das tödlich ist und von den Orang Asli als Gift für ihre Blasrohrpfeile verwendet wird.

Rings um den Padang

Zwischen der Eisenbahntrasse und dem Sungai Kinta erstreckt sich das alte Zentrum. Auf der Westseite des **Padang** erhebt sich das ehemalige Rathaus, der **Dewan Bandaraya** 2**,** und nördlich daran angrenzend das Gerichtsgebäude, der **High Court** 3**.** Der altehrwürdige **Royal Ipoh Club** 4 (http://royalipohclub.org.my) mit seinem gepflegten Rasen könnte ebenso in England stehen. Zwischen der kleinen **Masjid India** und der **St. John's Church** werden die Schüler der 1912 gegründeten **St. Michael's Institution** 5 noch immer im Geist des französischen Theologen Jean-Baptiste de La Salle unterrichtet. Im Zweiten Weltkrieg diente das Schulgebäude zuerst den Briten als Hospital und später japanischen Offizieren und der Polizei als Quartier.

Perak Museum 6

Etwa 2 km nördlich des Zentrums befindet sich in der 100 Jahre alten Villa eines Zinnbarons das **Perak Museum** (Muzium Darul Ridzuan). Das Erdgeschoss ist – wie könnte es anders sein – dem Zinnbergbau vorbehalten. Im Obergeschoss wird man über Tropenwälder, ihre Bewohner und ihre Nutzung informiert (Jln. Panglima Bukit Gantang Wahab, Tel. 057 67 97 00, Sa–Do 8–17, Fr 8–12.15, 14.45–17 Uhr, Eintritt frei).

Perak Tong 7

Entsprechend der alten chinesischen Tradition wurden bereits von frühen Immigranten natürliche Höhlen in den Karstfelsen zu Tempeln umgestaltet. Besonders schön ist der buddhistische **Perak Tong,** den Chong Sen Yee, ein Mönch aus China, 1926 anlegen ließ. Der Höhlentempel liegt 6 km nördlich der Stadt am Fuß des 120 m hohen bewaldeten **Gunung Tasek,** der östlich der alten Straße nach Kuala Kangsar kurz hinter der Auto-

Ipoh

Sehenswert

1 Bahnhof
2 Dewan Bandaraya
3 High Court
4 Royal Ipoh Club
5 St. Michael's Institution
6 Perak Museum
7 Perak Tong
8 Tambun
9 Sam Po Tong und kleinere Höhlentempel
10 Kellie's Castle

Übernachten

1 The Banjaran Hotsprings Retreat
2 Regalodge Hotel
3 Impiana
4 French Hotel
5 D'Eastern Hotel
6 Dragon & Phoenix Hotel

Essen & Trinken

1 Indulgence Restaurant & Living
2 Oversea Restaurant
3 Purple Cane Tea House
4 Restoran Foh San
5 Lou Wong Tauge
6 Kedai Kopi Fatt Kee

Einkaufen

1 Ipoh Parade
2 AEON Ipoh Station 18
3 Flohmarkt
4 Nachtmarkt

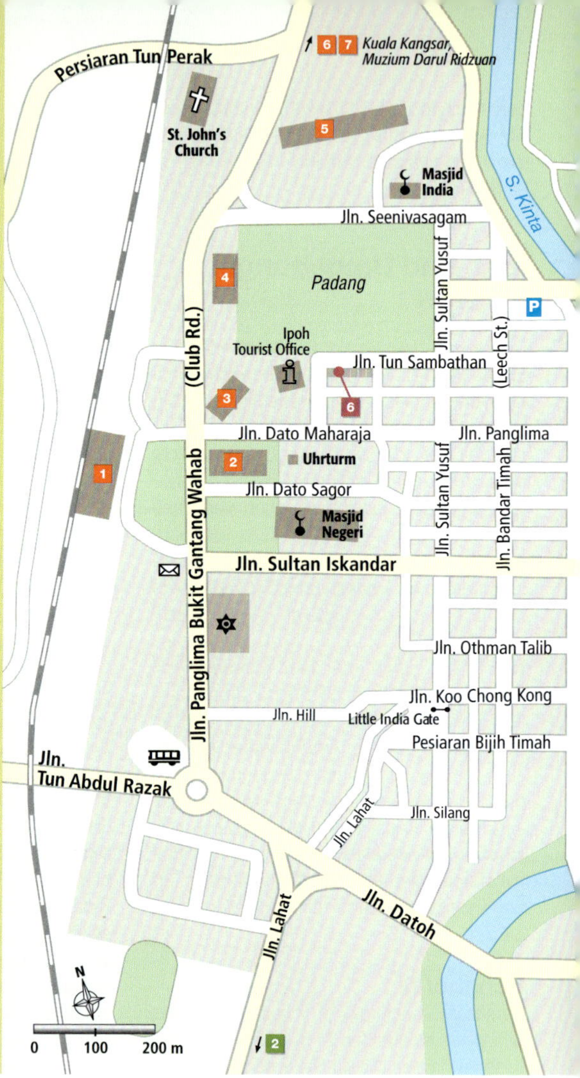

bahnauffahrt steil emporragt. Durch das mittlere der drei Gebäude im chinesischen Stil betritt man die Haupthöhle. Sie wird von einer über 12 m hohen Buddhafigur im Lotossitz dominiert, die von vielen kleineren Statuen umgeben ist. Die Wände sind mit Kalligrafien sowie Szenen aus chinesischen Sagen und Legenden geschmückt. Rechts hinter dem Hauptaltar führt eine Passage durch den Felsen und über eine Treppe mit 385 Stufen an der Felswand hinauf zu mehreren Aussichtspunkten und Pavillons, die eine schöne Aussicht auf die Stadt bieten (tgl. 8–17 Uhr, Anfahrt mit Bus 144).

Tambun 8

Etwa 10 km östlich des Zentrums sprudeln bei **Tambun** (Sunway City) am Fuß von Kalkfelsen inmitten eines traumhaften Tals heiße Quellen aus dem Boden. Bereits seit den 1920er-Jahren genießen Einheimische wie Besucher das Bad in dem schwefelhaltigen

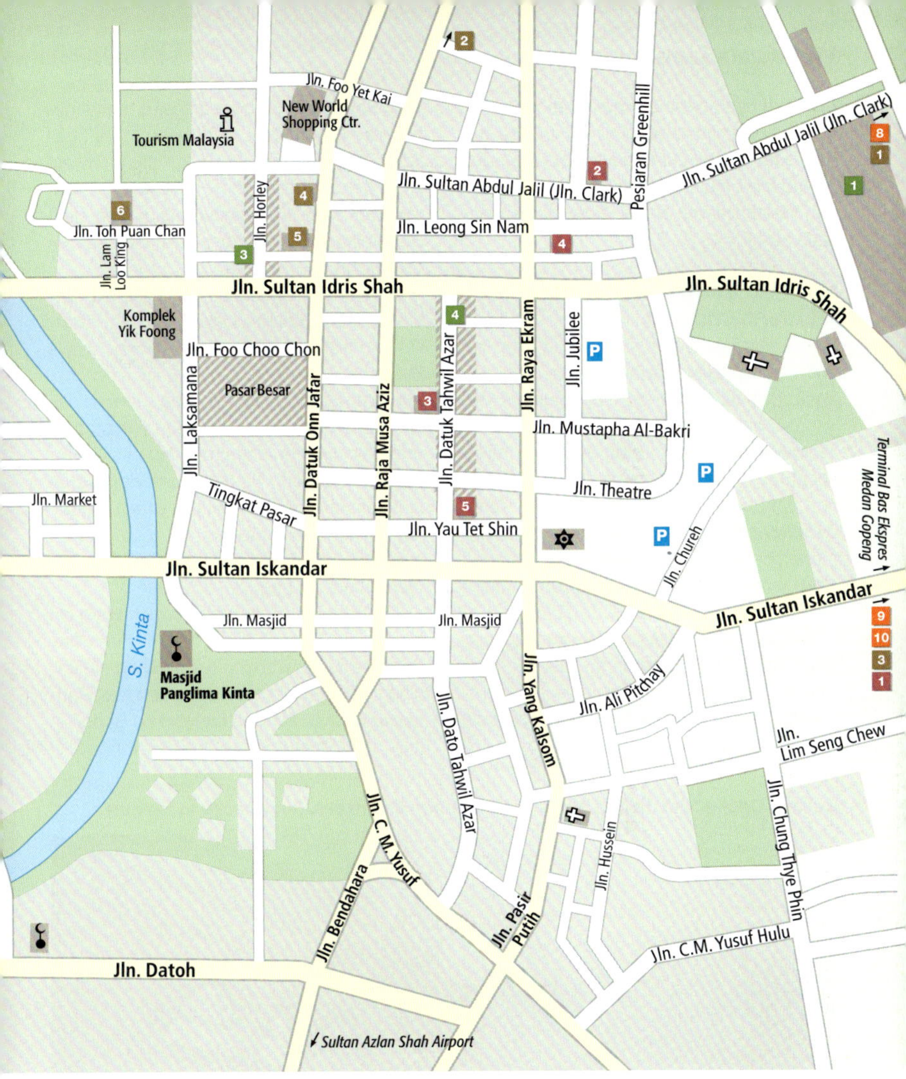

Wasser. Während es früher jedoch herrlich ruhig zuging, herrscht in einem Bereich des Tals heute ziemlicher Trubel. Vor ein paar Jahren wurde hier ein großer Vergnügungspark inklusive Hotel erbaut. In der **Lost World of Tambun** vergnügen sich vor allem Familien in riesigen Schwimmbecken mit Rutschen und Röhren, in einem Streichel- und Tigerzoo, auf Karussells, beim Zinnschürfen im Tin Valley und vielem mehr. Anschließend kann man sich in einem Spa verwöhnen lassen (Tel. 055 42 88 88, www.sunwaylostworldoftambun.com, Mo, Mi–Fr 11–18, Sa, So, Fei und in den Schulferien 10–18 Uhr, Erw. RM 45, Kind. RM 38, einige Attraktionen werden extra berechnet, z. B. das Spa: tgl. 18–22 Uhr, RM 15 ohne Anwendungen; Anfahrt per Bus nach Tambun, Taxi RM 20).

Wer es sich leisten kann, besucht in einem ruhigen Tal nördlich vom Vergnügungspark das fantastische Luxusresort **The Banjaran Hotsprings Retreat.** Auch hier werden Spa-

Anwendungen geboten oder man zieht sich in wunderbar gestaltete Höhlen zur Meditation oder in die Dampfsauna zurück. Den Abend lässt man am besten in dem einmaligen Weinkeller mit Bar in einer Höhlenpassage ausklingen (s. S. 185).

Sam Po Tong und kleinere Höhlentempel 9

Eine Reihe weiterer Höhlentempel liegt am Fuß des **Gunung Rapat** 6 km südlich des Zentrums, kurz hinter dem Busbahnhof Medan Gopeng. Jüngeren Datums ist der erste Tempel, der taoistische **Ling Sen Tong** mit einer großen Kuan-Yin-Statue, die von Glücks- und Schutzgöttern, Märchenfiguren, Tieren des chinesischen Kalenders und seltsam anmutenden vermenschlichten Schweinen und Affen umgeben ist (tgl. 8–16.30 Uhr, Anfahrt mit Kampa-Bus 66 und 73).

Bereits 1867 wurde der dahinter liegende **Nam Thean Tong** gegründet, der ›Höhlentempel des Südlichen Himmels‹. Entsprechend älter und weniger farbintensiv sind die Statuen der weisen Männer, Götter und Ahnen. Sofern der Treppenaufgang rechts neben der Haupthöhle nicht gesperrt ist, gelangt man über teils baufällige Stufen hinauf zu weiteren Höhlen, die jedoch nicht ausgeleuchtet sind. In Restaurants neben dem Haupteingang kann man sich stärken (tgl. 8–16.30 Uhr).

Durch einen hübschen chinesischen Garten mit vielen Blumen, kleinen Bächen, künstlichen Felsen und einem Drachenboot aus Beton gelangt man zum größten und schönsten Tempel, dem **Sam Po Tong** (›Tempel des Dreifachen Juwels‹). Die große Haupthöhle umfasst mehrere Altäre, auf denen sich Opfergaben stapeln. Ein schmaler Zugang im hinteren Bereich öffnet sich zu einem von hohen Felsen umgrenzten Garten. In einem kleinen Teich leben zahlreiche Schildkröten, die man füttern darf (tgl. 8–16.30 Uhr).

Am Ende des Tals befindet sich noch ein **tibetischer Tempel,** der von der Dudjom New Treasure Buddhist Society der Nyingma-Tradition errichtet wurde. Hier verehrt man Padmasambhava, der den tantrischen Buddhismus nach Tibet brachte.

Kellie's Castle, der Traum eines schottischen Pflanzers, liegt heute in Ruinen

Kellie's Castle 10

William Kellie Smith hieß der schottische Pflanzer und Minenbesitzer, der innerhalb weniger Jahre ein ordentliches Vermögen angehäuft hatte und sich in den 1920er-Jahren nahe **Batu Gajah,** etwa 25 km südlich des Zentrums von Ipoh, das prächtige **Kellie's Castle** erbauen ließ. Da er der hinduistischen Kultur zugeneigt war, ließ er Handwerker und Materialien wie Ziegel aus Madras kommen. Während der sechsjährigen Bauphase erhielt das dreistöckige Landschloss im maurischen Stil sogar den ersten Aufzug des Lands. Ein Tunnel wurde zu einem 500 m westlich gelegenen Hindutempel gegraben, auf dessen Dach inmitten der Hindugötter auch eine Statue des weißen Hausherrn thront. Doch die Bauarbeiten standen unter einem schlechten Stern und gerieten ins Stocken, als sich die Spanische Grippe von Europa nach Südostasien ausbreitete. Mehrere Arbeiter auf seinen Plantagen und auf der Baustelle starben, Smith geriet in finanzielle Schwierigkeiten. Als sein Vermögen aufgebraucht war, verkaufte er das Anwesen noch vor seiner Fertigstellung und reiste Ende 1926 nach Europa, wo er kurz darauf in Lissabon starb. Seine Geschichte ist im Informationszentrum neben dem kleinen Café am Eingang nachzulesen (Tel. 053 65 13 36, tgl. 9–18 Uhr, RM 5, Anfahrt von Ipoh mit dem Bus, der über Batu Gajah nach Gopeng fährt).

Infos

Ipoh Tourist Office: Jln. Tun Sambanthan, Tel. 052 08 31 55, www.peraktourism.com, Mo–Do 8–13, 14–17, Fr 8–12.15, 14.45–17 Uhr. Prospekte von Ipoh und Perak, kleine Ausstellung über die Stadt.

Tourism Malaysia: 12 Medan Istana 2, Bandar Ipoh Raya, Tel. 052 55 27 72, Mo–Do 8–13, 14–17, Fr 8–12, 14.45–17 Uhr. Infos über alle malaysischen Staaten.

Übernachten

Wellness in traumhafter Lage ▶ The Banjaran Hotsprings Retreat 1: 1 Persiaran Lagun Sunway 3, Tel. 052 10 77 77, www.thebanjaran.com. In dem nach ökologischen Prinzipien ganzheitlich orientierten Luxusretreat mit derzeit 25 Villen bestehen die besten Voraussetzungen, Körper und Geist zur Ruhe kommen zu lassen. Das traumhafte Ensemble vereint heiße Quellen, mehrere Höhlen und einen Wasserfall inmitten eines naturbelassenen Dschungels. Im Spa (ab RM 550/Tag) kommen die traditionellen Heilkünste der Malaien, Inder und Chinesen ebenso zum Zug wie moderne medizinische Erkenntnisse. Man kann in Tropfsteinhöhlen meditieren, in Dampfbädern entspannen und in einem einmaligen Weinkeller den Tag ausklingen lassen. DZ ab RM 1300 inkl. Frühstück.

Komfortabel ▶ Regalodge Hotel 2: 131 Jln. Raja Ekram, Tel. 052 42 55 55, www.regalodge.com.my. Die 86 Zimmer dieses renovierten, 5-stöckigen Hotels sind zwar nicht groß, aber sehr behaglich. Internetzugang, Softdrinks und Snacks in der Minibar sind kostenlos. Spa und hervorragendes Restaurant (s. S. 186), aufmerksamer, freundlicher Service. DZ RM 170–280.

Klassisches Businesshotel ▶ Impiana 3: 18 Jln. Raja Dr. Nazrin Shah, südl. des Zentrums, Tel. 052 55 55 55, http://ipohhotels.impiana.com.my. Die 200 Zimmer dieses 4-Sterne-Hotels aus den 1980er-Jahren sind in warmen Brauntönen modern eingerichtet. Viel Komfort, fächerförmiger Pool, Jacuzzi, gutes Frühstücksbüfett. DZ RM 160–220 inkl. Frühstück.

Modernes Design ▶ French Hotel 4: 60–62 Jln. Dato Onn Jaafar, Tel. 052 41 30 30, www.frenchhotel.com.my. Mattglaswände, die das Bad abtrennen, Hängeschränke und orangefarbene Plastikstühle setzen Akzente, bequeme Betten, Wasserkocher, Internetzugang und ein großer Flachbildschirm sorgen für Komfort in dem 5-stöckigen Neubau. Die günstigen Zimmer haben allerdings keine Fenster. DZ RM 110–170.

Geräumig und zentral ▶ D'Eastern Hotel 5: 118 Jln. Sultan Idris Shah, Tel. 052 54 39 36. 30 großzügige, neu renovierte Zimmer, deren Möblierung und Mustertapeten etwas nostalgisch wirken. Mit Wasserkocher, Kühlschrank, Flachbildschirm, Internetzugang, Parkplatz, Familienzimmer. DZ RM 110–120.

Einfach, aber ruhig ▶ **Dragon & Phoenix Hotel** 6: 23–25 Jln. Toh Pua Chah, Tel. 052 53 46 61. In diesem Hotelblock in einer Seitenstraße werden große, saubere Zimmer mit AC und Bad vermietet. Die einfachen Möbel sind nicht mehr die neuesten, aber gute Matratzen. DZ RM 60–70.

Essen & Trinken

Moderne europäische Küche ▶ **Indulgence Restaurant & Living** 1: 14 Jln. Raja Dihilir, Tel. 052 55 70 51, www.indulgence.com.my, Mi–So 9–23.30 Uhr. Mit viel Engagement hat Julie Song das Konzept dieses mehrfach preisgekrönten westlichen Restaurants entwickelt. Die Küche legt großen Wert auf frische Zutaten, originelle Rezepte, eine ansprechende Präsentation und verführerische Desserts, v. a. das Tiramisu ist köstlich. Umfangreiche Weinkarte. In der Villa aus den 1940er-Jahren befindet sich auch ein kleines Boutique-Hotel. Kuchen um RM 10, Gerichte RM 30–100.

Mit mediterranem Flair ▶ **The Limestone's Fine Dining** 2: im Regalodge Hotel (s. S. 185), tgl. 18–22, Di–So 11.30–15.30 Uhr. Lust auf ein romantisches Abendessen oder gibt es einen Grund zum Feiern? Auch wenn das Heimweh zuschlägt, empfiehlt sich dieses gepflegte Lokal mit freundlichem professionellem Service. Auf der wechselnden Karte stehen kreative Nudelgerichte ebenso wie Paella, Ratatouille und andere Delikatessen aus Italien, Spanien, Frankreich und Portugal sowie leckere Kuchen zum Dessert. Die Hintergrundmusik ergänzt den kulinarischen Genuss. Brunchmenüs um RM 90, 5-Gänge-Menü um RM 130, sonst RM 20–80.

Frische Meeresfrüchte ▶ **Oversea Restaurant** 2: Jln. Seenivasagam, Tel. 052 53 80 05, www.oversea.com.my, tgl. 11.30–14.30, 17.30– 22.30 Uhr. Die große Filiale dieser traditionellen kantonesischen Restaurantkette wird gern für Familienfeste gebucht. Dann gibt es große Platten mit frisch zubereiteten Fischen und anderen Meerestieren, gegrilltem oder gedämpftem Schweinefleisch sowie das eine oder andere vegetarische Gericht. Da es Portionen in verschiedenen Größen gibt, kann man auch zu zweit hingehen. RM 15–50.

Tee zelebrieren ▶ **Purple Cane Tea House** 3: 2 Jln. Dato Tahwil Azar, Tel. 052 53 30 90, www.purplecane.my, tgl. 9–22 Uhr. Wer hier in entspannter Atmosphäre eine Teezeremonie genossen hat, der wird einem Teebeutel nichts mehr abgewinnen können. In dem architektonisch spannend gestalteten Laden und dem angrenzenden Restaurant kann man die Zeit vergessen. Die Gerichte stellen unter Beweis, dass Tee auch Suppen, Currys und Puddings ein besonderes Aroma verleiht. Günstige Mittagsmenüs Mo–Fr 11–15 Uhr, sonst RM 10–20.

Chinesisches Frühstücksfest ▶ **Restoran Foh San** 4: 51 Jln. Leong Sin Nam, Tel. 052 54 03 08, www.fohsan.com.my, Mi–Mo 6.30–14.30 Uhr. Auf zwei Stockwerken werden bereits frühmorgens durch riesige, luftige Hallen Wagen geschoben, die bepackt sind mit Bambuskörbchen und Containern voller gedämpfter Dim Sum (unterschiedlich gefüllte Teigtaschen), Schälchen mit Porridge und anderen chinesischen Frühstücksleckereien. Je nach Appetit wählt man eine Portion nach der anderen aus und genießt sie zusammen mit Tee. RM 10–15.

Eine Institution ▶ **Lou Wong Tauge** 5: Jln. Datuk Tahwil Azar, tgl. ganztags. Abends sind fast alle Tische auf der Straße vor dem einfachen Restaurant belegt. Es gibt nur ein Gericht: gedünstete Hähnchen und frische Sojasprossen entweder mit Reis oder Nudelsuppe. Große Portionen RM 10.

Altes Familienrezept ▶ **Kedai Kopi Fatt Kee** 6: 7 Jln. Tun Sambanthan, tgl. mittags. Stammkunden schätzen die hausgemachte Erdnusssoße der südindischen Familie, die bereits in der vierten Generation am Eingang des Coffee Shop morgens Currynudeln und mittags Ipoh Padang Mee Rojak, Nudeln mit Erdnusssoße, zubereitet. Um RM 5.

Einkaufen

Lebensmittel ▶ Für Einheimische sind Pomelos, gelb-grüne ballgroße Zitrusfrüchte, das beliebteste Mitbringsel aus Ipoh. Sie werden in der Stadt und an zahlreichen Ständen entlang der Ausfallstraßen angeboten. Auch in Salz gegarte Hähnchen sind typisch für Ipoh.

Einkaufszentren ▶ **Ipoh Parade** 1: 105 Jln. Sultan Abdul Jalil. Neben zwei Supermärkten sind hier auch Restaurants, ein Food Court und mehrere Kinos untergebracht. **AEON Ipoh Station 18** 2: 2 Susuran Stesen 18, weit außerhalb südwestlich der Stadt, www.aeonretail.com.my. Das größte und neueste Einkaufszentrum von Perak.

Märkte ▶ **Flohmarkt** 3: Jln. Horley (Memory Lane), So 7–13 Uhr. **Nachtmarkt** 4: Jln. Datuk Tahwil Azar, jeden Abend. Auf dem malaiischen Markt werden Kleidung, billiger Krimskrams und Snacks verkauft.

Aktiv

Heritage Walks ▶ Am Bahnhof beginnt jeden Samstag um 8 Uhr ein von Mr. Raja geführter 3-stündiger Rundgang durch die Altstadt. Anmeldung unter Tel. 01 25 24 23 57.

Höhlentouren ▶ 25 km südlich von Ipoh kann die 1,9 km lange Tropfsteinhöhle der Halbinsel Gua Tempurung erkundet werden. Von 9 bis 16 Uhr werden 40-minütige Touren an einem unterirdischen Flussbett entlang zum Golden Flowstone im zweiten Dom durchgeführt (RM 6), bis 15 Uhr längere Touren bis zur letzten Kammer namens Top of the World (RM 9). Vormittags auch Raftingtouren. Infos unter Tel. 01 75 66 82 70, www.guatempu rung.com.

Rafting ▶ **Riverbug:** Tel. 01 23 13 10 06, www.riverbug.asia. Touren auf dem Sungai Kampar mit 14 Stromschnellen der Klasse 1–3 (ab RM 155, ab 5 Pers.). Möglich auch in Kombination mit einer Höhlentour oder Abseilen im Wasserfall (ab RM 190).

Verkehr

Flüge: Vom Sultan Azlan Shah Airport nur Flüge nach Singapore mit Firefly, www.fire flyz.com.my.

Züge: Vom Bahnhof westl. der Jln. Panglima Bukit Gantang Wahab gute Verbindungen Richtung Süden nach Kuala Lumpur, jedoch nur 2 x tgl. nach Norden, da sich diese Strecke noch im Ausbau befindet.

Busse: Vom Terminal Bas Ekspres Medan Gopeng 5 km südöstl. des Zentrums fahren die meisten Fernbusse ab: häufig mit Bussen aus Kuala Lumpur nach Butterworth (3–4 Std., RM 14–20), 8 x tgl. in die Cameron Highlands (3 Std, RM 12), ständig nach Johor Bahru (7 Std., RM 37–48) und teilweise weiter nach Singapore (8 Std., RM 50–75), 4 x tgl. nach Kota Bharu (7 Std., RM 34), etwa stdl. nach Kuala Lumpur (4 Std., RM 18), ständig zu den Flughäfen KLIA und LCCT (4 Std., RM 42), 6 x tgl. nach Melaka (5 Std., RM 34) und Penang (3 Std., RM 18). Am alten Busbahnhof Medan Kidd südlich vom Bahnhof starten noch einige Busse in die Umgebung, u. a. ca. stdl. nach Kuala Kangsar (30 Min., RM 7) und Taiping (1 Std., RM 9) sowie 4 x tgl. über den neuen Busbahnhof in die Cameron Highlands.

Überlandtaxis: Sie warten an den Busbahnhöfen und bedienen u. a. die festen Strecken Butterworth (RM 220), Cameron Highlands (RM 120–140), Kuala Kangsar (RM 60), Kuala Lumpur (RM 300) und Taiping (RM 120).

Fortbewegung in der Stadt

Stadtbusse: Vom Kreisverkehr südlich des Bahnhofs werden Ziele in und außerhalb der Stadt angefahren (RM 1,50–6).

Taxis: Haltestellen an den Busbahnhöfen sowie tagsüber in der Jln. Datuk Tahwil Azar. Die Autos haben kein Taxameter und die Fahrer verlangen von Touristen überhöhte Preise. Eine Fahrt im Stadtgebiet kostet etwa RM 10, zu den Tempeln oder nach Tambun RM 15–20, zu Kellie's Castle und Gua Tempurung RM 40.

Kuala Kangsar ▶ 1, G 8

Der geruhsame Ort am Ufer des Sungai Perak bildet einen Gegenentwurf zu den beiden quirligen chinesischen Nachbarorten Ipoh und Taiping. Bereits seit dem 18. Jh. residiert in **Kuala Kangsar** der Sultan von Perak. Am Ende der Larut-Kriege, nach dem Friedensvertrag von Pangkor (s. S. 26), etablierten die Engländer hier 1874 ihr erstes Protektorat und Verwaltungszentrum auf der Halbinsel. Der erste britische Resident, James W. W. Birch, wurde allerdings bereits nach einem Jahr von einem lokalen malaiischen Herrscher ermordet. Auch der vierte Resident, Hugh Low, schrieb Geschichte: Er pflanzte in seinem Garten die ersten Kautschukbäumchen Malaysias an, die zuvor im Kew Garden in London aus geschmuggeltem brasilianischem Samen gezogen worden waren.

Malay College Kuala Kangsar

Zwischen dem Bahnhof und dem Markt künden wuchtige Bauten in Alleen mit alten Bäumen vom Einfluss der britischen Kolonialmacht. Im neoklassizistischen Schulgebäude des **Malay College Kuala Kangsar** (MCKK) erhielten seit 1905 die männlichen Nachfahren der Kolonialbeamten und malaiischen Oberschicht eine standesgemäße Ausbildung. Zu den ehemaligen Schülern des angesehenen Internats zählen Könige, Sultane, Premierminister, hohe Verwaltungsbeamte und berühmte Rugbyspieler. Einer der Lehrer war der Schriftsteller Anthony Burgess, der sich in seinem Roman »The Malayan Trilogy« (s. S. 59) durchaus kritisch mit dem Alltag im Internat auseinandersetzt (Jln. Tun Razak, hinter dem Rugbyfeld).

Schräg gegenüber, neben dem Gebäude der Distriktverwaltung, steht noch immer einer der **Kautschukbäume,** die einst von Sir Hugh Low angepflanzt wurden. Daneben kann man einige alte Werkzeuge der Pflanzer betrachten (Jln. Tun Razak, Ecke Jln. Raja Chulan).

Galeri Sultan Azlan Shah

Die grüne Hügellandschaft am Südufer des Sungai Perak waren dem Sultanshof vorbehalten. 1903 ließ sich der 28. Sultan von Perak am Bukit Chandan die **Istana Hulu** errichten. Später diente der elegante Palast jahrzehntelang als Schulgebäude und wurde dann im viktorianisch-maurischen Stil liebevoll restauriert. Nun präsentiert hier die **Galeri Sultan Azlan Shah** Erinnerungsstücke und Schätze aus dem Privatbesitz des derzeitigen 34. Herrschers, Sultan Azlan Shah (*1928). Besucher, die durch die gepflegten Räumlichkeiten schreiten, können seine Uniformen und Orden ebenso bewundern wie seine Kleidung für offizielle Anlässe und sportliche Aktivitäten sowie seine Uhren-, Gedenkmünzen- und Koransammlungen. Wer sich schon einmal den Kopf darüber zerbrochen hat, was man jemandem schenkt, der bereits alles hat, wird den Einfallsreichtum bewundern, mit dem die Geschenke für das silberne Thronjubiläum des Sultans 2009 ausgewählt wurden – in Vitrinen glitzern Kristallvasen und vergoldeter Nippes, faszinierendes Kunsthandwerk zeugt von der Kreativität seiner Untertanen (Tel. 057 77 53 62, Sa–Do 10–17, Fr 10–12.15, 14.45–17 Uhr, Erw. RM 4, Kind./Sen. RM 2).

Masjid Ubudiah

Unter hohen Palmen erheben sich ca. 500 m weiter östlich die goldenen Kuppeln und schlanken Türme der fotogenen **Masjid Ubudiah,** die 1913 im maurischen Stil errichtet wurde. Die schlichten Innenräume können nur von Männern besichtigt werden, eine Spende wird erwartet (tgl. 9–12, 15–16, 17.30–18 Uhr).

Istana Iskandariah

Etwas oberhalb der Moschee liegt gut abgeschirmt auf dem Bukit Chandan inmitten eines weitläufigen Parks der derzeitige Sultanspalast **Istana Iskandariah.** Seitdem Sultan Iskandar Shah das Gebäude 1930 im islamischen Stil erbauen ließ, diente es mehreren Sultanen als Residenz. Erst 1984 wurde die Istana aus Anlass der Ordination des derzeitigen Sultans modernisiert und um mehr als 11 000 m^2 erweitert, sodass nun sowohl die Limousinen der Sultansfamilie als auch die Thronhalle angemessen untergebracht sind.

Istana Kenangan

Jenseits des Hügels liegt etwas versteckt unterhalb der Istana Iskandariah der kleine, anmutige Palast der Schwester des einstigen Sultans, die **Istana Kenangan** aus dem Jahr 1926. Beim Bau des schwarz-gelben Holz-

Sie gilt als eine der schönsten Moscheen Malaysias: die Masjid Ubudiah

hauses auf Stelzen mit geflochtenen Wänden und schönen Schnitzereien im malaiischen Stil wurden keine Metallnägel verwendet. Zwei Jahre lang diente das Gebäude sogar als Sultanspalast und in den letzten Jahren als Museum, bevor es wegen Baufälligkeit geschlossen werden musste. Die Termiten haben den Stützbalken zugesetzt und es kann Jahre dauern, bis alles restauriert ist.

Infos

Tourist Information Centre: 1A Jln. Kangsar, neben dem Uhrturm, Tel. 057 77 77 17, Di–So 9–18 Uhr. Der Prospekt der Stadt ist mit Vorsicht zu genießen, denn viele Projekte, die darauf verzeichnet sind, wurden wegen Besuchermangels schon wieder eingestellt.

Übernachten, Essen

Wo Regierungsbeamte nächtigten ▸ Rumah Rehat: Jln. Istana, Tel. 057 76 15 14. Das einstige Government Resthouse nahe der Galeri Sultan Azlan Shah wurde umgebaut und erweitert. Im Altbau geräumige Zimmer, teils mit Balkon und Kühlschrank; der Ausblick vom VIP-Zimmer mit Aufenthaltsraum lohnt die Mehrausgabe, die preiswerten Zimmer liegen unter der Küche und sind dunkel. Mehr Komfort bieten die Zimmer im neuen Anbau. Auch wer nicht hier wohnt, kann im Jili Cafe bei einfachen Gerichten und frischen Säften den Ausblick von der Terrasse auf den Sungai Perak genießen (tgl. 8–22.30 Uhr). DZ RM 70–170.

Verkehr

Züge: Während der Ausbauarbeiten der Bahnlinie nur 4 x tgl. Richtung Butterworth und Kuala Lumpur.

Busse: Vom Busterminal, Jln. Raja Bendahara, um 11.15, 16.15 Uhr nach Butterworth (2 Std., RM 10), ständig nach Ipoh (30 Min., RM 7) und Taiping (30 Min., RM 4) sowie 6 x tgl. nach Kuala Lumpur (3 Std., RM 22).

Überlandtaxis: Vom Busterminal nach Butterworth (RM 130), Ipoh (RM 60), Kuala Lumpur (RM 360), Penang (RM 160) und Taiping (RM 40).

Taiping ► 1, F 7/8

Bereits 1848 begannen chinesische Einwanderer, finanziert von wohlhabenden Kaufleuten aus den Straits Settlements, in Larut am gleichnamigen Fluss das wertvolle Zinn aus dem Boden zu graben. Zwischen den rivalisierenden chinesischen Clans, die sich mit lokalen malaiischen Herrschern verbündeten, gab es immer wieder Streitigkeiten um die Schürfrechte. Die Spannungen entluden sich bei nichtigen Anlässen in blutigen Auseinandersetzungen. Als die Gefahr bestand, dass die Larut-Kriege auf den ganzen Bundesstaat Perak übergreifen würden, intervenierten im Jahr 1874 die Engländer. Sie sicherten sich im Friedensvertrag von Pangkor politischen Einfluss und benannten Larut um in **Taiping,** ›Stadt des ewigen Friedens‹.

1885 verkehrte die erste Eisenbahn des Landes von Port Weld (heute: Kuala Sepetang) an der Küste nach Taiping. Die ersten Besucher müssen überrascht gewesen sein, vor der Kulisse einer bis zu 1448 m aufragenden, dschungelbedeckten Bergkette eine mustergültig angelegte Stadt vorzufinden.

First Galleria Taiping

Am nordwestlichen Rand des Zentrums, neben dem Postamt, führt die private **First Galleria Taiping** anschaulich in das Goldene Zeitalter der Stadt ein. Mit viel Liebe zum Detail wurde das einstige Verwaltungsgebäude des Bau- und Landvermessungsamts aus dem Jahr 1891 originalgetreu restauriert und bildet nun den perfekten Rahmen für eine Reise in die Vergangenheit, die mit einem Einführungsvideo beginnt. Die englischsprachigen Führungen informieren anhand von Modellen, Dokumenten und Stadtplänen über die Entwicklung der neuen Stadt nach dem Friedensschluss und man lauscht den höchst abenteuerlichen Lebensgeschichten der chinesischen Anführer, der malaiischen Orang Kaya und des britischen Abenteurers und Wandlungskünstlers Captain Speedy, deren Fotos die Wände schmücken. In wechselnden Ausstellungen werden zudem einzelne Themen der Stadtgeschichte näher beleuchtet, an denen kein Mangel besteht. Geplant sind historische Führungen durch die Altstadt (Tel. 058 05 21 36, 01 62 97 86 87, www.firstgalleria.com.my, Mo–Do, Sa 9–17, Fr 9–12, So 12–17 Uhr, Erw. RM 5, Kind. RM 3).

Perak Museum und Umgebung

In einem hübschen Kolonialgebäude nördlich des Geschäftszentrums legten die Briten bereits 1883 die Basis für eine umfassende natur- und völkerkundliche Sammlung, was das **Perak Museum** zum ältesten Museum Malaysias macht. Mittlerweile sind neue Bereiche hinzugekommen, u. a. Ausstellungen zur Geschichte der Metallbearbeitung, über die Früchte und Heilpflanzen der Orang Asli, die großen Feste verschiedener ethnischer Gruppen, traditionelle Spiele und unterschiedliche Methoden der Töpfer in verschiedenen Regionen. Einen Schwerpunkt bildet im 1. Stock die Orang-Asli-Ausstellung mit wunderschönen Mah-Meri-Masken, magischen Gegenständen, Musikinstrumenten, Hausmodellen, Waffen und Werkzeugen (Jln. Taming Sari, Tel. 058 07 20 57, www.jmm.gov.my/en/museum/perak-museum, Mo–Do 9–17, Sa, So 9–18, Fr 9–12.15, 14.45–17 Uhr, Eintritt frei).

Vom Museum aus blickt man auf die hohen Mauern des **Gefängnisses** aus dem Jahr 1879, das immer noch genutzt wird. Dahinter liegt in einem weitläufigen Park der **New Club** aus dem Jahr 1894, die wichtigste soziale Institution in Perak. Südlich vom Museum erhebt sich die kleine **All Saints Church.** Die Kirche aus dem Jahr 1886 ist das älteste anglikanische Gotteshaus Malaysias.

Lake Gardens

Als die große Zinnmine nordöstlich des Zentrums erschöpft war, flutete man 1890 den Tagebau und gestaltete die Fläche zu einer reizenden Parklandschaft um, den **Lake Gardens** (Taman Tasik). Auf schmalen, von knorrigen Bäumen überschatteten Straßen und Spazierwegen rings um mehrere große Seen gelangt man zu einem japanischen Friedenspark und einem Seerosenteich. Ein beliebtes Ausflugsziel ist der **Burmese Pool** am Ende einer Stichstraße im Wald. An einem Bergbach entlang führen Wanderwege weiter in den Wald hinein.

Das beliebteste Ziel in den Lake Gardens ist der weitläufige **Zoo,** der älteste des ganzen Landes und einer der schönsten noch dazu. Ein Großteil der etwa 180 Tierarten wird in Freigehegen gehalten. Bei der fantastischen Night Safari können Besucher durch die tropische Nacht spazieren (oder fahren) und nachtaktive Tiere beobachten (Tel. 058 08 65 77, www.zootaiping.gov.my, tgl. 8.30–18 Uhr, Erw. RM 12, Kind. RM 8, Night Safari tgl. 20–23 Uhr, Sa und vor Fei bis 24 Uhr, Erw. RM 16, Kind. RM 10).

Bukit Larut

Jenseits der Lake Gardens liegt vor den Toren der Stadt in über 1100 m Höhe die älteste Hill Station Malaysias, **Bukit Larut** (Maxwell Hill). Von der Talstation windet sich eine ca. 10 km lange, steile Straße über 72 Haarnadelkurven den **Gunung Hijau** (›Grüner Berg‹) hinauf. Oben ist es deutlich kühler, die natürliche Vegetation mit duftenden Nadelbäumen, Baumfarnen, Moosen und Flechten erinnert an die Cameron Highlands. Die meisten Besucher spazieren durch den Wald hinauf zur Telecom Station und genießen von dort die Aussicht über die Stadt bis zur Küste. An klaren Tagen ist in der Ferne sogar die Insel Penang zu erkennen, aber meist verhindern dicke Wolken die Sicht – schließlich ist Bukit Larut mit 5000 mm Niederschlag jährlich der regenreichste Ort Westmalaysias. Doch auch im Nebel strahlen die Wälder eine geradezu magische Faszination aus.

Britische Kolonialbeamte übernachteten früher in den staatlichen Bungalows, die heute jedoch überwiegend verfallen sind. Nur in der Cendana Hut (s. rechts) werden noch Zimmer vermietet. Von der Caféterrasse aus kann man die schöne Aussicht genießen (tgl. 9–21 Uhr).

Besucher erreichen die Bergstation mit Jeeps, die zu jeder vollen Stunde an der Talstation in der Jalan Bukit Larut abfahren (Sa–Do 8–15, Fr 8–12, 14.45–15 Uhr, RM 6/Pers. hin und zurück, Reservierungen und Infos unter Tel. 058 07 72 41).

Infos

Taiping Tourist Office: im Uhrturm, Jln. Kota, Tel. 058 05 32 45, tgl. 10–13, 14–17 Uhr. Verkauf von detaillierten Stadtplänen und Fahrradvermietung.

Übernachten

In den Lake Gardens ▶ Kama Lodge: Jln. Bukit Larut, Tel. 058 06 17 77, kamatravel@yahoo.com. Komfortable Zimmer mit TV, Internetzugang und Wasserkocher in neueren 1- und 2-stöckigen Häusern neben der Zufahrtstraße zum Bukit Larut. DZ RM 160–240.

Tolle Sicht ▶ Flemington Hotel: 1 Jln. Samanea Saman, Tel. 058 20 77 77, www.flemingtonhotel.com.my. Das neuere Hotel am Rand der Lake Gardens verfügt über 116 Zimmer mit Safe, Wasserkocher, Internetzugang und Flachbildschirm. Auf dem Dach hoch über den Lake Gardens kann man im Pool baden und an einer Bar den Tag ausklingen lassen. Mittags und abends öffnet das chinesische Restaurant. Für den Ausblick auf den Park sind RM 20 mehr zu bezahlen. RM 140–160 inkl. Frühstück.

In kühler Höhe ▶ Cendana Hut: auf dem Bukit Larut, Buchungen über Kama Lodge (s. oben). In einem originalgetreu renovierten Bungalow werden 3 große und 3 kleine Zimmer vermietet. Die großen im Haupthaus sind mit riesigen Bädern ausgestattet, die kleinen haben nur Waschbecken im Zimmer und teilen sich die warmen Duschen. Einfache Gerichte im Café. RM 110–170 inkl. Frühstück.

Zweckmäßig ▶ Legend Inn: 2 Jln. Long Jaafar, Tel. 058 06 00 00, www.legendinn.com. Im Hochhaus an der Busstation werden 88 relativ weiträumige Zimmer mit Wasserkocher, Internetverbindung und TV vermietet. Mit Restaurant und Parkplatz. RM 100 inkl. Frühstück.

Essen & Trinken

Authentisch ▶ Jing Yik Man Tang Seafood: 27 Jln. Maharajalela, Tel. 058 06 56 22, tgl. 17–24 Uhr. Neben dem Parkplatz unter einem Wellblechdach stehen etwa 30 Tische mit Plastikstühlen – all das tut der Beliebtheit dieses chinesischen Restaurants keinen Ab-

So schön kann Tagebau sein: Aus der gefluteten Mine entstanden die Lake Gardens

bruch. Auf der umfangreichen englischen, teils bebilderten Karte stehen viele Fisch-, aber auch Fleischgerichte, lecker ist das Schweinefleisch in schwarzer Soße. Alle Gerichte gibt es in drei Größen. RM 10–20.

Junges Publikum ▶ **The Gate Cafe@Taiping:** 34 Jln. Maharajalela, Tel. 058 05 77 48, tgl. 9–24 Uhr. Das 2-stöckige luftige Café mit Tischen unter den Arkaden ist modern eingerichtet. Die Gäste stört weder der Verkehr noch der laufende Fernseher. Relativ günstig sind die italienischen und asiatischen Gerichte mit westlichem Touch. Zudem gibt es Snacks, Sandwiches und Steaks, Säfte, Smoothies, Kaffee und Käsekuchen. Junge Kundschaft und bebilderte Karte. RM 5–20.

Einfach, billig und gut ▶ **Kedai Kopi Kong Meng:** Jln. Kelab Cina, neben Fulham Tours, So–Fr 6.30–12, 18–23 Uhr. Das beliebte Frühstücksrestaurant verkauft Dim Sum. Man sitzt gemütlich in einer Seitengasse unter freiem Himmel und genießt die leckeren frittierten, mit Lotuspaste gefüllten Sesam-Reisbällchen. Um RM 5.

Märkte ▶ Der überdachte **Food Market** in der Jln. Panggong Wayang, Ecke Jln. Iskandar, hat eine chinesische und eine malaiische Abteilung und ist tagsüber in Betrieb. Abends öffnen das **Prima Hawker Centre** und der Straßenmarkt in der Jln. Manecksha, Ecke Jln. Kota. Weitere chinesische **Essenmärkte** befinden sich neben der Busstation in der Jln. Panggong Wayang und am Rand der Lake Gardens an der Jln. Maharaja Lela, Ecke Jln. Lengkungan. Um RM 5.

Verkehr

Züge: Im Rahmen des Ausbaus der Bahnstrecke entsteht ein neuer Bahnhof in Pondok Tanjung, 15 km nördl. von Taiping. Solange die Bauarbeiten nicht abgeschlossen sind, verkehren 4 x tgl. Züge Richtung Butterworth und Kuala Lumpur.

Busse: Vom lokalen Busbahnhof im Zentrum, Jln. Panggong Wayang, ständig nach Kuala Kangsar (30 Min., RM 4) sowie etwa stdl. nach Ipoh (1 Std., RM 9). Ein Büro gegenüber dem Busbahnhof in der Jln. Panggong Wayang verkauft Tickets für Überlandbusse, die vom Hentian Kemunting Raya Terminal im gleichnamigen Industrievorort, 6 km nordwestl. des Zentrums abfahren, u. a. stdl. nach

Butterworth (1 Std., RM 10) sowie 6 x tgl. nach Kuala Lumpur (4 Std., RM 25).
Überlandtaxis: Vom lokalen Busbahnhof nach Butterworth oder Ipoh (RM 120), Kuala Kangsar (RM 40), Kuala Lumpur (RM 360).
Taxis: Sie warten am Busbahnhof sowie rings um den Markt und kosten vom Zentrum zum Zoo RM 7, zur Basis des Bukit Larut und zum Busbahnhof Hentian Kemunting Raya RM 10.

Nördlicher East-West-Highway ► 1, F 6–L 3

Erst seit Anfang der 1980er-Jahre ist es möglich, im Norden der malaiischen Halbinsel von der West- zur Ostküste zu fahren. Eigentlich handelt es sich bei dem **East-West-Highway** um eine normale Straße, die jedoch gut ausgebaut ist. Sie wurde mühsam durch die bis dahin unzugänglichen Berge im Grenzgebiet zu Thailand gebaut und verbindet Butterworth, den Ausgangspunkt für einen Besuch von Pulau Penang (s. S. 194), und andere Orte an der Westküste mit dem Staat Kelantan und dessen Hauptstadt Kota Bharu.

Im Grenzgebiet ist der Highway von großer strategischer Bedeutung, nicht zuletzt, weil die Gegend an die unruhigen Thai-Provinzen Yala, Songkhla, Pattani und Narathiwat angrenzt. Da eine Reise in diese Gebiete nicht zu empfehlen ist, wird auch der für Ausländer offen stehende Grenzübergang **Pengkalan Hulu** (► 1, G 5) nur selten genutzt.

Nach etwa einem Drittel der Strecke ab Butterworth ist **Gerik** (► 1, G 6) erreicht, wo der East-West-Highway offiziell beginnt. Der ehemals einsame Außenposten hat sich zu einem geschäftigen Örtchen entwickelt, zumal von hier eine weitere neue Straße durch das Tal des Sungai Prak nach Kuala Kangsar und zu den einstigen Zinnstädten (s. S. 181) führt. Seinen Aufstieg verdankte Gerik zunächst der Holzwirtschaft, die auf den neuen Verbindungswegen die kostbaren Tropenstämme abtransportieren konnte, und später der Plantagenwirtschaft, die das abgeholzte Land mit Ölpalmen überzieht. Umweltschützer versuchen deshalb das letzte große zusammenhängende Dschungelgebiet in der **Titiwangsa Range** zu schützen, die die Grenze zwischen den Bundesstaaten Perak und Kelantan bildet. Sie ist die Heimat der Orang Asli (›Ureinwohner‹), von denen einige noch nomadisierend umherstreifen. Die Artenvielfalt in den rund 130 Mio. Jahre alten Bergwäldern sucht weltweit ihresgleichen, sogar Tiger und Elefanten leben hier.

Von Eingriffen in die großartige Natur zeugt auch der **Tasik Temenggor,** der ein gewaltiges Areal überflutet hat. 45 km östlich von Gerik, dort, wo der East-West-Highway den Stausee überquert, kann man auf der Insel **Pulau Banding** (► 1, H 5) übernachten und Bootstouren unternehmen. Für einen Besuch des **Royal Belum State Park** (► 1, H/J 4/5) im Norden benötigt man hingegen eine Sondergenehmigung (Kompleks Pejabat Kerajaan Negeri Daerah Hulu Perak, JKR 341, Jln. Sultan Abd Aziz, Gerik, Tel. 05 791 45 43, www.royalbelum.my, Mo–Fr 9–16.30 Uhr).

148 km vor Kota Bharu eröffnet sich vom Gebirgskamm der Titiwangsa Range am gleichnamigen Rastplatz bei klarem Wetter eine herrliche Aussicht auf die Bergwelt.

Übernachten

Umweltbewusst ► **Belum Rainforest Resort:** Pulau Banding, Tel. 057 91 68 00, www.belumresort.com. Das moderne Resort auf der Insel vermietet kleine Standardzimmer und größere Superior-Zimmer, die recht komfortabel sind. Besser als das Büfett im Restaurant sind À-la-carte-Gerichte. Im Angebot sind Bootsfahrten und Touren in den Regenwald. Das Resort hat die Auflage, ein Forschungszentrum zu finanzieren, das sich hinter der Bootsanlegestelle befindet. DZ RM 340–600 inkl. Frühstück.

Verkehr

Busse: Überlandbusse zwischen Butterworth und Kota Bharu halten auf Wunsch am Resort direkt am East-West-Highway. Von Gerik nach Ipoh 6 x tgl. (2 Std., RM 13).
Überlandtaxis: Von Gerik zum Belum Rainforest Resort RM 50, nach Ipoh RM 140, nach Kota Bharu RM 200.

Pulau Penang

Südostasiens längste Brücke verbindet Pulau Penang mit dem Festland. Die wirtschaftlich bedeutsame Insel lockt mit internationalen Resorts, die sich perfekt für einen Badeurlaub eignen, und mit der lebendigen, abwechslungsreichen Altstadt von George Town, die nicht nur historisch interessierte Besucher in ihren Bann zieht.

5 George Town ► 1, F 6

Cityplan: S. 198

In dem zum UNESCO-Weltkulturerbe erklärten historischen Zentrum von **George Town** wohnen Menschen unterschiedlicher Herkunft so dicht beieinander wie in kaum einer anderen malaysischen Stadt. Das Leben spielt sich überwiegend im Freien ab und das Viertel hat viel von seinem alten Charme bewahrt. Herausgeputzte historische Bauten zeugen von der ereignisreichen Geschichte der Straits Settlements.

Geschichte

1786 bot **Sir Francis Light** im Namen der englischen East India Company dem Sultan von Kedah militärischen Beistand gegen die siamesischen Angreifer an. Als Gegenleistung erhielt er eine ordentliche Geldsumme und die Insel Penang, die er sogleich als Handelsstützpunkt ausbaute.

Britische Schiffe aus Indien, die bislang im indonesischen Aceh Zwischenstation gemacht hatten, konnten nun von Kalkutta und Madras aus die kürzere Strecke über Pulau Penang nehmen und vorbei am damals noch holländischen Stützpunkt Melaka nach China segeln. Diese Route wurde nicht nur von der Handelsflotte der British East India Company genutzt, sondern auch von Schiffen privater Kaufleute, die in großen Mengen Opium aus dem indischen Bengalen nach China lieferten und damit das englische Handelsdefizit durch den Import von chinesischem Tee ausglichen.

Sir Francis Light gab der neuen Siedlung den Namen des regierenden Königs und benannte die Insel zu Ehren des Thronfolgers in Prince of Wales Island um. Nach der Gründung von Singapore und der Übernahme von Melaka durch die Briten wurden die drei Hafenstädte 1826 zu den **Straits Settlements** zusammengeschlossen und der **British East India Company** in Kalkutta unterstellt. Damit hatten sich die Briten die wirtschaftliche Vormachtstellung im Ostindienhandel gegen die von Batavia (dem heutigen Jakarta) aus operierenden Holländer gesichert.

Der sichere Hafen von George Town wurde zu einem attraktiven Handelsplatz selbst für Kaufleute aus dem arabischen, indischen und chinesischen Raum. Menschen aus Niederländisch-Ostindien, Siam, Burma, China, Indien, dem Mittleren Osten und Europa siedelten sich auf der Insel an. Die Besitzer von Zinnminen und Kautschukplantagen ließen sich an der Küste prachtvolle Villen bauen und schickten ihre Kinder in christliche Internate, die auf Pulau Penang eingerichtet wurden. Internationale Handelshäuser und Banken eröffneten Niederlassungen und füllten die Kassen der Stadt. Eine Pferderennbahn, Theater, Kinos, Spielsalons und Opiumhöhlen sorgten in den 1930er-Jahren für die nötige Zerstreuung.

Während des Zweiten Weltkriegs bedrohten japanische und deutsche U-Boote die

Schifffahrt auf der Ostasienroute. Ende 1941 hatten japanische Truppen auch Penang erobert und bauten die Insel zur U-Boot-Basis aus. Als Mitglied der 1948 gegründeten Federation of Malaya wurde die Insel 1957 unabhängig.

Orientierung

Die historische Altstadt ist in zwei Abschnitte unterteilt. Die 110 ha große **Core Zone** umfasst das alte Zentrum vom Fort Cornwallis bis zur Fußgängerüberführung am südwestlichen Ende der Love Lane sowie deren Verlängerung Lebuh Carnavon und wird im Süden begrenzt von der Gat Lebuh Melayu. Zwischen den Hauptstraßen Lebuh Light am Fort Cornwallis, der parallel verlaufenden Lebuh Chulia und der von Süden nach Nordosten führenden Lebuh Pantai erstreckt sich ein Gewirr schmaler Straßen mit vielen alten Geschäften.

Die **Lebuh Chulia** ist die Touristen-Flaniermeile von George Town. Richtung Meer trifft sie auf die **Lebuh Pantai** (Beach Street), eine der ersten Straßen der Insel. Die ehemalige Uferpromenade verläuft heute zwei Blocks landeinwärts vom Meer, da der Hafen im Zeitalter der Dampfschiffe vertieft und Land aufgeschüttet wurde.

Westlich an die Core Zone schließt sich die 150 ha große **Buffer Zone** an. Sie reicht bis zur Jalan Transfer im Norden sowie der Jalan Burma und deren Verlängerung Jalan Dr. Lim Chwee Leong im Westen. Außerhalb dieser UNESCO-Zone erhebt sich das westlich gelegene KOMTAR Building, das als guter Orientierungspunkt dient. Zu allen weiter entfernten Zielen empfiehlt es sich, einen Bus oder ein Taxi zu nehmen.

Fort Cornwallis und Padang

Ein guter Ausgangspunkt für die Erkundung der Altstadt ist das **Fort Cornwallis** **1**. Sir Francis Light ließ an dieser Stelle das erste Fort erbauen, das zu Beginn des 19. Jh. seine derzeitige Form erhielt. Hinter dem Eingang begrüßt die Statue des Gründers von George Town die Besucher. Die Festung diente eher als administratives Zentrum und musste nie ihre Verteidigungsfähigkeit unter Beweis stellen. Von Piraten und malaiischen Sultanshöfen konfiszierten Engländer die Kanonen, darunter die 1603 gegossene Sri Rambai, die besonders von Frauen als Fruchtbarkeitssymbol verehrt wurde. Innerhalb des Forts kann man das Pulvermagazin von 1814, die Grundmauern der ersten Kapelle und alte Lagerhallen besuchen. Letztere beherbergen eine Ausstellung über die Geschichte der Insel, der britischen East India Company und von Sir Francis Light (Mo–Sa 9–18 Uhr, RM 3).

Westlich des Forts erstreckt sich ein großer, freier Platz, der **Padang,** der in keiner Stadt aus britischer Kolonialzeit fehlen darf. Hier finden noch immer politische wie kulturelle Großveranstaltungen statt, wird Cricket und Fußball gespielt. Am Abend flaniert man über die herausgeputzte **Esplanade** am Meer entlang und genießt die kühle Brise.

Der Kolonialverwaltung diente die **Town Hall** **2** von 1880 als Club und Bibliothek, nun wird sie für wechselnde Ausstellungen genutzt. In der 1903 in einem ähnlich repräsentativen Kolonialstil errichteten **City Hall** **3**, dem Rathaus, tagt der Stadtrat.

House of Yeap Chor Ee und Pinang Peranakan Mansion

Gegenüber vom Padang steht in der Lebuh Light das repräsentative **House of Yeap Chor Ee** **4**. Der chinesische Besitzer war ein erfolgreicher Zuckermagnat und der erste Bankgründer in George Town. In den Innenräumen seines ehemaligen Wohnhauses ist eine Ausstellung zum Leben chinesischer Immigranten zu sehen (Eingang in der Lebuh King, Tel. 042 64 50 88, www.houseyce.com, Di–So 10–18 Uhr, RM 8, Audioguide RM 10).

Im prunkvollen **Pinang Peranakan Mansion** **5**, einem zweistöckigen Stadthaus vom Ende des 19. Jh., ist ein privates Museum untergebracht. Gezeigt werden 1000 mehr oder weniger echte chinesische Antiquitäten, die allerdings ohne erklärende Begleittexte auskommen müssen (29 Lebuh Gereja bzw. Church St., Tel. 042 64 29 29, www.pinangperanakanmansion.com.my, tgl. 9.30–17 Uhr, RM 10, geführte Touren um 11.30, 15.30 Uhr).

aktiv unterwegs

Streifzug durch die Altstadt von George Town

Tour-Infos

Start: Lebuh Pantai, Ecke Lebuh Armenian
Ziel: Lebuh Muntri, Ecke Lebuh Leith
Länge: ca. 2,5 km
Dauer: mind. 3 Std.
Touren: Hervorragende geführte Rundgänge offeriert der Penang Heritage Trust (s. S. 206).
Karte: S. 198

Im Gassengewirr der Altstadt wechselt ein Highlight das andere ab, doch auch dazwischen gibt es viel Interessantes zu entdecken. An einigen Hauswänden informieren Tafeln über die historische Bedeutung der Gebäude, an anderen haben Künstler auf Wandbildern oder mit Stahlkonstruktionen Szenen aus dem alten Penang festgehalten. Manchmal scheint sich in Läden und Werkstätten ein Fenster in die Vergangenheit zu öffnen.

Den Startpunkt des Stadtrundgangs in der Lebuh Armenian markiert eines der schönsten **Wandbilder** 6 der Altstadt, geschaffen von dem litauischen Künstler Ernest Zacharevic. Zu sehen ist ein junges Mädchen, das mit seinem kleinen Bruder Fahrrad fährt.

Von der Lebuh Armenian führt rechts eine Passage zum ältesten von über 105 Clanhäusern in George Town. Die Gebäude dienten als Versammlungshalle von chinesischen Familien gleicher Herkunft und gleichen Familiennamens, die fern der Heimat den Zusammenhalt suchten und ihre Traditionen pflegten. Bereits um 1820 wurde der Clan gegründet, der sich in dem charmanten **Cheah Kongsi** 7 traf. Er war bekannt für seine Loyalität gegenüber den Straits Settlements, was die Löwenköpfe im englischen Stil an der ansonsten klassisch chinesischen Fassade unterstreichen (tgl. 9–17 Uhr, Eintritt frei).

Schräg gegenüber informieren Tafeln im Zugangsweg zum taoistischen **Hock Teik Cheng Sin Temple** 8 (Tel. 042 61 38 37, Mo–Sa 9–17 Uhr) über die Bedeutung der Clanhäuser und die Chingay-Prozession, die auf Penang das Ende des chinesischen Neujahrsfests markiert und an diesem Tempel ihren Ausgang nimmt. Sie wird auch von der **Stahlskulptur ›Tiger‹** 9 an der Wand gegenüber vom Eingang thematisiert.

Das schönste Clanhaus der Stadt, **Khoo Kongsi** 10, ist links über die Lebuh Cannon und eine gut ausgeschilderte Gasse zu erreichen. Der Khoo-Clan aus der Provinz Fujian war bereits früh durch Handel in den Straits Settlements zu Wohlstand gelangt, der auch im Clanhaus zum Ausdruck kommen sollte. Man scheute keine Ausgaben und ließ zwischen 1894 und 1902 ein üppig dekoriertes Gebäude im chinesischen Stil erbauen. Das Clanhaus wurde eines der schönsten der Insel. Figurenarrangements aus buntem Porzellan zieren das geschwungene Dach der zentralen Halle, in der die Götter und die Ahnentafeln des Clans stehen. An ihnen lässt sich die Bedeutung des Clans erkennen, dessen Mitglieder an großen Universitäten der Welt studiert haben. Das gut gestaltete Museum im Erdgeschoss thematisiert die chinesische Einwanderung, die Ahnenverehrung im Konfuzianismus und die Bedeutung des Khoo-Clans. In einem Nebengebäude werden im siebten Mondmonat Chinesische Opern aufgeführt (Tel. 042 61 46 09, www.khookongsi.com.my, tgl. 9–17 Uhr, RM 5).

In der Lebuh Cannon entdeckt man auf einem weiteren **Wandbild** 11 von Ernest Zacharevic einen alten Bekannten wieder – diesmal steht der Bruder des Mädchens auf einem Stuhl. Am Ende der Lebuh Cannon erhebt sich die älteste Moschee der Stadt, die **Masjid Melayu** 12, die 1808 von dem wohlhabenden arabischen Händler Syed Hussain Al-Idid im Aceh-Stil errichtet wurde. Sir Francis Light hatte den aus einem mächtigen

Herrscherhaus stammenden Kaufmann aus Aceh mit dem Versprechen abgeworben, dass er hier mit seinem Gefolge nach der islamischen Sharia leben dürfe.

Weiter auf der Lebuh Armenian geht es zum **Islamic Museum** 13, das im ehemaligen Wohnhaus von Syed Hussain Al-Idid untergebracht ist und die Rolle der muslimischen Stadtbewohner beleuchtet (Nr. 128, Mi–Mo 9.30–18 Uhr, RM 3). Besichtigt werden kann auch das **House of Dr. Sun Yat Sen** 14, dem Gründervater der Republik China (120 Lebuh Armenian, Mo–Sa 10–17 Uhr, RM 3).

Auf der Jalan Masjid Kapitan Keling wendet man sich nun Richtung Norden. Die Straße wird auch **Street of Harmony** genannt, denn hier stehen drei Gebetshäuser unterschiedlicher Religionen. Indische Muslime, die in diesem Viertel wohnen und viele Geschäfte betreiben, besuchen die **Masjid Kapitan Keling** 15. Die erste Moschee der Stadt wurde Anfang des 19. Jh. von der südindischen Gemeinde gegründet, in den 1930er-Jahren entstand der heutige Bau im Mogul-Stil (tgl. 9–17.30 Uhr). Etwas weiter südlich erhebt sich der 1833 erbaute hinduistische **Sri Mariamman Temple** 16, dessen hohes Eingangstor mit Götterstatuen geschmückt ist (Eingang in der Lebuh Queen, tgl. 8–12 und 16–21 Uhr). Bevor das dritte Gebetshaus erreicht ist, sorgt in der Lorong Pasar die **Palmen-Stahlskulptur** 17 des Cartoonisten Tang Moon Kiang für Erheiterung. Sie zeigt einen Inder, der auf der Suche nach berauschendem Palmwein fälschlicherweise eine Betelnusspalme hinaufklettert. An der Ecke Lorong Pasar und Jalan Masjid Kapitan Keling findet sich in dem unscheinbaren **Asia Cafe** 18, dem ältesten Coffee Shop der Stadt, seit Jahrzehnten die gleiche Stammkundschaft ein. Nun ist es nicht mehr weit zum ältesten chinesischen Tempel von George Town, dem **Goddess Of Mercy (Kuan Yin) Temple** 19 (s. Abb. S. 210). Der Duft riesiger brennender Räucherstäbchen, die im Innenhof glimmen, weist den Weg zu diesem taoistischen Tempel, der 1801 zu Ehren der Göttin der Barmherzigkeit, Kuan Yin, und der Beschützerin der Seefahrer, Ma Chor Poh, erbaut wurde. Im Hof stehen große Löwenstatuen und das Dach zieren bunte Drachen. Vor allem am 1. und 15. Tag eines Mondmonats sowie in den 15 Tagen der chinesischen Neujahrsfeiern kommen viele Gläubige hierher. An großen Festtagen wird eine Bühne für Aufführungen der traditionellen Chinesischen Oper und andere Darbietungen aufgebaut (Jln. Masjid Kapitan Keling, tgl. 6–20 Uhr).

Auf der **Lorong Stewart** geht es nun weiter in westlicher Richtung. In unzähligen Läden werden Räucherstäbchen und weiterer Tempelbedarf angeboten. Die Arkaden nahe der Kreuzung mit der Love Lane schmückt die **Stahlskulptur ›Five Foot Way‹** 20 (s. S. 58), die Wand schräg gegenüber die **Stahlskulptur ›Amah‹** 21, die allen Kindermädchen gewidmet ist. Wer sich über den Ursprung des Namens **Love Lane** aufklären lassen möchte, läuft in Richtung Lebuh Chulia, wo kurz vor der nächsten Kreuzung links an einer Wand die **Stahlskulptur der untreuen Ehemänner** 22 sehen ist. Vor 200 Jahren lebten in der Love Lane u. a. die Zweitfrauen neureicher chinesischer Kaufleute, die sich mit ihren Familien gleich um die Ecke in der Lebuh Muntri, der Verlängerung der Lorong Stewart, niedergelassen hatten. Einige der Männer waren durch Beteiligungen an Zinnminen zu Wohlstand gelangt und hatten sich im Laufe ihrer Geschäfte mit malaiischen Herrschern verbündet. Dies ist das Thema der **Stahlskulptur ›Businessmen‹** 23 des Cartoonisten Lefti, die in der oberen Lebuh Muntri links vor der Kreuzung mit der Lebuh Leith zu sehen ist.

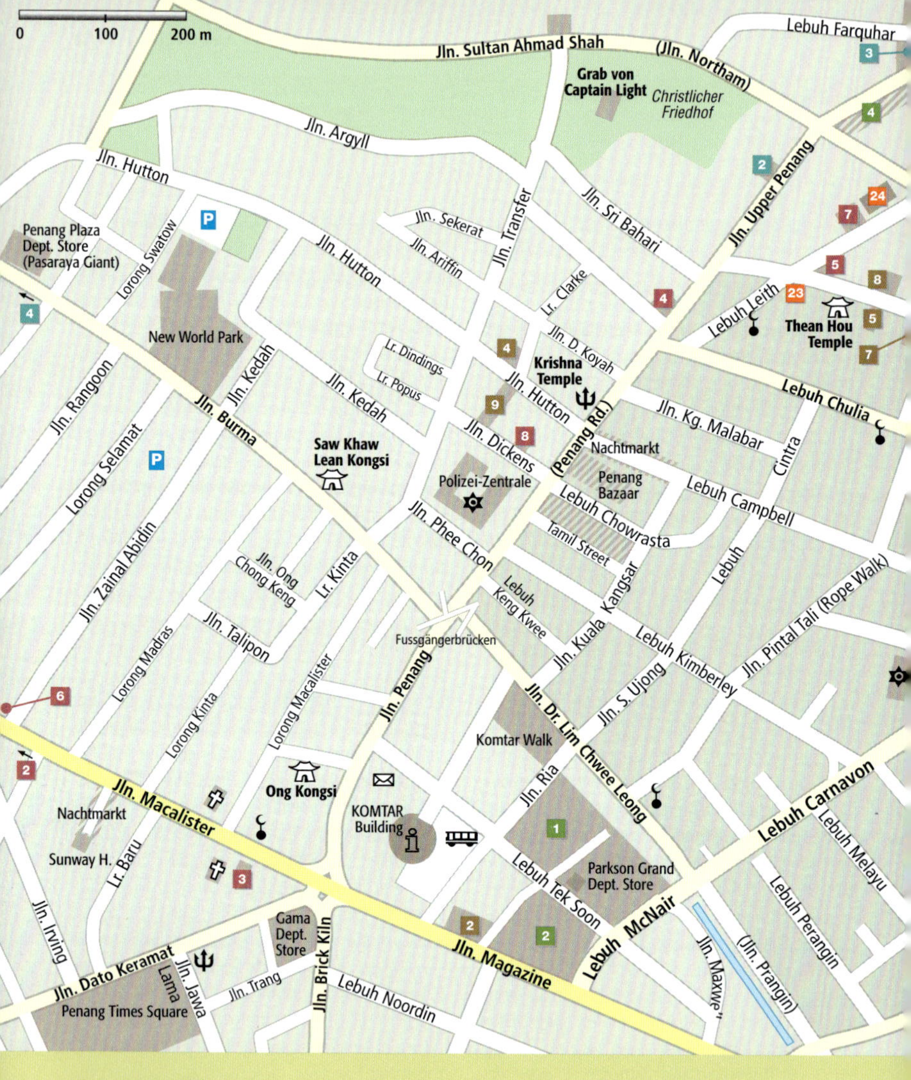

George Town

Sehenswert

1 Fort Cornwallis
2 Town Hall
3 City Hall
4 House of Yeap Chor Ee
5 Pinang Peranakan Mansion
6 Wandbild
7 Cheah Kongsi
8 Hock Teik Cheng Sin Temple
9 Stahlskulptur ›Tiger‹
10 Khoo Kongsi
11 Wandbild
12 Masjid Melayu
13 Islamic Museum
14 House of Dr. Sun Yat Sen
15 Masjid Kapitan Keling
16 Sri Mariamman Temple
17 Palmen-Stahlskulptur
18 Asia Cafe
19 Goddess Of Mercy Temple
20 Stahlskulptur ›Five Foot Way‹
21 Stahlskulptur ›Amah‹
22 Stahlskulptur der untreuen Ehemänner

23 Stahlskulptur ›Businessmen‹
24 Cheong Fatt Tze Mansion
25 St. Xavier's Institution
26 Cathedral of the Assumption
27 Penang State Museum

Übernachten

1 Eastern & Oriental Hotel
2 Traders Hotel
3 23 Lovelane
4 Hotel Penaga
5 Muntri Mews
6 Bayview Hotel
7 Moon Tree 47
8 Ryokan
9 Hutton Lodge
10 Old Penang Guesthouse
11 Star Lodge

Fortsetzung s. S. 200

George Town

Essen & Trinken
1 Edelweiss
2 Mama's
3 Townview Seafood Café
4 Maharaj
5 Soul Kitchen
6 Sin Tai Tung (Joo Seong)
7 Red Garden Food Paradise
8 EE Beng Vegetarian Food
9 Sri Ananda Bhavan
10 Water Drop Teahouse
11 Krsna
12 Rainforest Bakery

Einkaufen
1 Prangin Mall
2 1st Avenue
3 Little India
4 Little Penang Street Market
5 Areca Books

Abends & Nachts
1 Hongkong Bar
2 Soho Free House
3 Slippery Senoritas
4 G Planet

Aktiv
1 Nazlina, Spice Station
2 Penang Heritage Trust

Cheong Fatt Tze Mansion 24

Einer der wohlhabendsten Chinesen von George Town ließ sich in der zweiten Hälfte des 19. Jh. das **Cheong Fatt Tze Mansion** erbauen. Die prächtigste Stadtvilla jener Zeit verfügte über 38 Zimmer und war die Familienresidenz des Geschäftsmanns und chinesischen Vizekonsuls Cheong Fatt Tze, der durch den Warenaustausch mit seinen Handelspartnern in Java, Sumatra, Hongkong und China zu Wohlstand gekommen war und als einer von Chinas letzten Mandarinen und ersten Kapitalisten gilt. Das blaue Gebäude verbindet in einzigartiger Weise europäische Stilelemente wie gotische Fensterbögen mit chinesischer Architektur und den Prinzipien des Feng Shui. Die Rikschas vor dem Haus stammen von den Dreharbeiten zum Film »Indochine« mit Cathérine Deneuve von 1992, der u. a. hier gedreht wurde. Wer sich der Atmosphäre nicht entziehen mag, kann hier auch übernachten (14 Lebuh Leith, Tel. 042 62 00 06, www.cheongfatttzemansion.com, 1-stündige informative Führungen um 11, 13.30 und 15 Uhr, RM 12).

Eastern & Oriental Hotel 1

Das **Eastern & Oriental Hotel** ist zweifelsohne eines der legendären Kolonialhotels in Asien. Bis in die 1930er-Jahre hinein stieg hier die High Society ab und feierte rauschende Feste. Gegründet wurden die beiden Hotels 1884 bzw. 1885 von den armenischen Sarkies-Brüdern, zu deren Imperium auch das Raffles in Singapore und das Strand in Yangon gehörten. Vor über 100 Jahren legten sie die beiden gut gehenden Häuser Eastern Hotel und Oriental Hotel zusammen und schufen damit das längste Promenadenhotel Asiens.

Nach dem Zweiten Weltkrieg wurde der viktorianische Flügel abgerissen und machte einem Allerweltsbau Platz. Aber im großen Ballsaal ging es weiterhin rund und die 1889-Bar, in der schon Rudyard Kipling, Somerset Maugham und Hermann Hesse ihren *stengah* (Whiskey Soda) getrunken hatten, war noch in Betrieb. Insbesondere die einst von Somerset Maugham bewohnte Suite wurde im alten Stil bewahrt und in Ehren gehalten.

Zur Jahrtausendwende entkernte man das Hotel und baute es bis auf Teile der Fassade und der Kuppelhalle im historischen Stil der 1920er-Jahre neu auf. Seither ist alles viel schöner und schicker, doch der Flair des alten E & O ist dabei größtenteils auf der Strecke geblieben (s. S. 201).

Britisches Viertel

Am nördlichen Ende der Love Lane erstreckt sich das Viertel der britischen Kolonialverwaltung mit der etablierten Jungenschule **St. Xavier's Institution** 25, der von Sir Francis Light gegründeten katholischen **Cathedral of the Assumption** 26 und dem **Penang State Museum** 27, das im Gebäude der Penang Free School, der ersten englischsprachigen staatlichen Schule östlich von Suez (1816–1927), untergebracht ist und damit einen würdigen Rahmen gefunden hat. Die Ausstellung über die Geschichte der Insel berichtet von arabischen Händlern, indischen und burmesischen Plantagenarbeitern sowie von den Traditionen und Lebensgewohnheiten der Malaien und Chinesen. Historische Fotos von Straßenszenen und Transportmitteln ermöglichen einen guten Vergleich zu heute. Auch die wichtigsten Stationen der Stadtgeschichte, die interessantesten Gebetsstätten und die traditionellen Zünfte werden dokumentiert. Im letzten Raum sind schöne alte Stiche und Gemälde von Pulau Penang zu sehen (Lebuh Farquhar, www.penangmuseum.gov.my, Sa–Do 9–17 Uhr, RM 1).

Infos

Tourism Malaysia: Jln. Tun Syed Sheh Barakbah, gegenüber dem Fort Cornwallis, Tel. 042 62 20 93, Mo–Fr 8–17 Uhr; am Flughafen, Tel. 046 42 69 81, tgl. 7–22 Uhr. Auskunft über Penang und Broschüren über andere malaysische Staaten.

Tourism Penang: Jln. Penang, KOMTAR Bldg., 56. Stock, Tel. 042 62 02 02, und 8 B Lebuh Pantai, www.tourismpenang.net.my, beide Mo–Fr 8–16.30 Uhr. Spezialisiert auf Penang.

Penang Tourism Information Centre (World Heritage Office): 116 & 118 Lebuh Aceh, Tel. 042 61 66 06, www.gtwhi.com.my, Mo–Fr 8–17 Uhr. Hier erhält man Infos über die Architektur der alten Geschäftshäuser und kann evtl. beeindruckende Dioramen von Straßenszenen und alten Geschäften ansehen.

Übernachten

Legendär ▶ Eastern & Oriental Hotel 1: 10 Lebuh Farquhar, Tel. 042 22 20 00, www.e-o-hotel.com. Einst das erste Haus der Insel, in dem berühmte Besucher wie Somerset Maugham und Hermann Hesse ein- und ausgingen (s. S. 200). 100 Suiten in 5 Kategorien, alle vollständig erneuert und im alten Stil höchst komfortabel gestaltet mit separatem Wohnraum, riesigem Bad und Butlerservice. Die teuren mit großer Terrasse und Zugang zum Pool. DZ RM 900–1500 inkl. Frühstück.

Großzügig ▶ Traders Hotel 2: Jln. Magazine, Tel. 042 62 26 22, www.tradershotels.com. Der von Einkaufszentren umgebene Hotelblock ist nicht mehr ganz frisch, aber die 443 Zimmer mit Internetzugang sind sehr geräumig und mit lokalem Touch ausgestattet. Aus den oberen Stockwerken Blick über die Altstadt bis zum Meer. Großes Restaurant, Pool, Sauna, Shuttlebus zum Schwesterhotel in Batu Ferringhi. DZ RM 400–700 inkl. umfangreichem Frühstücksbüfett.

Gemütliches Gesamtkunstwerk ▶ 23 Lovelane 3: 23 Love Lane, Tel. 042 62 13 23, www.23lovelane.com. Die alte Stadtvilla im Zentrum wurde mit viel Liebe zum Detail stilvoll restauriert und wird sehr freundlich und professionell geleitet. Den ruhigen Innenhof umrahmen 10 individuell gestaltete Zimmer mit Möbeln aus den 1930er-Jahren, iPod-Dockingstation und Bildern zeitgenössischer Künstler. Luftigere Zimmer im Obergeschoss, 2 Maisonette-Zimmer für Familien. DZ RM 400–600 inkl. Frühstück.

Charmant ▶ Hotel Penaga 4: Lebuh Clarke, Ecke Jln. Hutton, Tel. 042 61 18 91, www.hotelpenaga.com. 15 alte 2-stöckige Häuser wurden renoviert und um ein Stockwerk erweitert. Die 45 großzügigen, hellen Zimmer sind unterschiedlich eingerichtet, behindertengerecht und haben geräumige Bäder mit Jacuzzi und Massagedusche. Der Charme der Holzböden, alten Fliesen und Möbel wird durch modernes Mobiliar geschmackvoll unterstrichen. Alle Zimmer mit Safe, Wasserkocher, Minibar, TV, Bademantel und anderen Annehmlichkeiten, einige mit Balkon, zudem Lofts und Suiten. Außergewöhnlich: Eine Solaranlage versorgt das Hotel mit Energie, jeweils ein Zimmer wird kostenlos einem Künstler zur Verfügung gestellt. Bibliothek, Restaurant, schmaler, langer Pool, kleiner Garten. DZ RM 300–600 inkl. Frühstück.

Kleine Oase ▶ Muntri Mews 5: 77 Lebuh Muntri, Tel. 042 63 51 25, www.muntrimews.com. Das kleine Boutique-Hotel vermietet hinter seinem Café 9 Zimmer, die hochwertig im geschmackvoll minimalistischen Stil eingerichtet sowie ruhig, hell und sauber sind. Freundliches, aufmerksames Personal. DZ RM 300–360.

Zentral ▶ Bayview Hotel 6: 25 Lebuh Farquhar, Tel. 042 63 31 61, www.bayviewhotels.

Viele der alten chinesischen Geschäftshäuser wurden sorgsam restauriert

com/georgetown. Der Hotelblock stammt aus den 1970er-Jahren, die 333 Zimmer sind aber gut ausgestattet und bieten teilweise Meerblick. Empfehlenswert ist ein Besuch im Drehrestaurant auf dem Dach mit schöner Aussicht, Büfett und Livemusik zum Sonnenuntergang. Schattiger Pool und Garten. DZ RM 250–450 inkl. Frühstück.

Individuell ▶ **Moon Tree 47** 7: 47 Lebuh Muntri, Tel. 042 64 40 21. Junge Designer haben das Haus aus den 1920er-Jahren mit Trödel und einigen Antiquitäten recht authentisch in die Zeit des alten Penang zurückversetzt. 6 recht kleine Zimmer im Obergeschoss mit Ventilator oder AC und Gemeinschaftsbädern, kostenloser Internetzugang. Im Erdgeschoss kann man in rustikalem Ambiente guten Kaffee trinken, frühstücken und eine kleine Auswahl an herzhaften Gerichten genießen. DZ RM 80–120 inkl. Frühstück.

Flashpacker ▶ **Ryokan** 8: 62 Lebuh Muntri, Tel. 042 50 02 87, www.myryokan.com. Mit unverputzten Betonwänden, iPads an der Rezeption und Regalen voller weißer, flauschiger Handtücher zum Ausleihen gibt sich das kleine Hostel einen japanischen Touch. Schlafsäle mit 4–6 Betten sowie 3 winzige Zimmer ganz in Weiß, ohne Fenster, aber mit Flachbildschirmen und Duschen. Kostenloser Internetzugang, freundlicher Service. Schlafsaal RM 35–40/Pers., DZ RM 136 inkl. Frühstück.

Altes Haus mit Garten ▶ **Hutton Lodge** 9: 17 Jln. Hutton, Tel. 042 63 60 03, www.huttonlodge.com. In dem über 100 Jahre alten, renovierten Haus werden 25 einfach eingerichtete Zimmer vermietet. Besser als die kleinen Räume mit Dusche auf dem Flur sind die größeren Familienzimmer mit eigenem Bad, zudem Schlafsäle mit 4 und 6 Betten, kleiner

Vorgarten und kostenloser Internetzugang. Schlafsaal RM 30/Pers., DZ RM 60–100. inkl. Frühstück.

Schmucker Backpacker ▶ **Old Penang Guesthouse 10:** 53 Love Lane, Tel. 042 63 88 05, www.oldpenang.com. Das alte Haus wurde sorgsam renoviert und dient nun als günstige, saubere Bleibe mit lokalem Touch. Die billigeren Zimmer haben keine Fenster und Gemeinschaftsduschen. Auch Schlafsäle, einer nur für Frauen. Sitzgelegenheiten im Innenhof, Aufenthaltsraum mit Internetzugang, TV und DVD-Player. Schlafsaal RM 23–25/Pers., DZ RM 75–105 inkl. Frühstück.

Zweckmäßig ▶ **Star Lodge 11:** 39 Lebuh Muntri, Tel. 042 62 63 78. In einem Neubau, der sich gut in die alte Nachbarschaft integriert, offeriert der freundliche Besitzer 30 saubere Zimmer mit Fenstern, gefliesten Böden, guten Matratzen und kleinen Duschen. Für eine Klimaanlage oder einen Balkon wird ein kleiner Aufschlag fällig. DZ RM 45–70.

Essen & Trinken

Rösti im historischen Zentrum ▶ **Edelweiss 1:** 38 Lebuh Armenian, Tel. 042 61 89 35, www.edelweisscafe.com, Di–Fr 12–15, 18.30–22, Sa 12–22, So 12–19 Uhr. Theresa und Urs aus der Schweiz haben mit diesem Restaurant vielen Deutschsprachigen in der Stadt einen Treffpunkt gegeben. In dem gemütlichen, mit Antiquitäten eingerichteten alten Geschäftshaus und kleinen Innenhof lässt man sich riesige Würste, Rösti, Kuchen, Käsefondue und andere Leckereien munden. Theresa leitet hervorragende Heritage-Touren (s. S. 206) und hat im Obergeschoss ein kleines Heimatmuseum eingerichtet. RM 20–40.

Authentische Nyonya-Küche ▶ **Mama's 2:** Lorong Abu Siti 31 D, neben dem PP Island

UNESCO-Weltkulturerbe – Licht und Schatten

Thema

Im Juli 2008 war es endlich so weit: Zwei historische Städte an der Straße von Melaka, George Town und Melaka, wurden von der UNESCO zum Weltkulturerbe erklärt. Mit der Aufnahme in die prestigeträchtige Liste wird dem kulturellen Erbe mehr Aufmerksamkeit zuteil – von Städteplanern wie von Spekulanten.

Wohl kaum eine andere malaysische Stadt hat so viele historische Gebäude wie George Town: Ganze Straßenzüge mit über 100 Jahre alten chinesischen Geschäftshäusern, prunkvolle Stadtvillen einstiger Zinnbarone, repräsentative Bank- und Verwaltungsgebäude der britischen Kolonialherren, Tempel, Kirchen und Moscheen, geschichtsträchtige Friedhöfe sowie Hotels, in denen Geschichte geschrieben wurde. Die alten Gemäuer scheinen geradewegs dafür geschaffen zu sein, traditionelle Koch- und Handwerkskünste, Riten und Überlieferungen zu bewahren. Mit den Coffee Shops werden authentische Rezepte wie ein Familienschatz vererbt, in den Werkstätten im Erdgeschoss der Wohnhäuser geben Goldschmiede, Holzschnitzer und andere Handwerker ihr Wissen von Generation zu Generation weiter und in chinesischen Clanhäusern und Tempeln werden Feste gefeiert und Rituale gepflegt, die im Mutterland der Kulturrevolution zum Opfer gefallen sind.

Ein Spaziergang mit offenen Augen durch die Straßen von George Town ist wie eine Reise in die Vergangenheit. Allein in der über 100 ha großen Core Zone stehen 1700 historische Gebäude. Etliche Fassaden wurden bereits mit viel Liebe zum Detail restauriert, Wohnungen entkernt und modernisiert. Doch nur wenige der ehemaligen Bewohner können sich diese kostspieligen Sanierungen leisten. Viele haben ihre Häuser daher an kapitalkräftige Interessenten verkauft und sind in eines der Hochhäuser in den Neubausiedlungen gezogen, die wie Pilze aus dem Boden schießen und die Altstadt in den Klammergriff nehmen. Seit der Abschaffung der Mietpreisbindung im Jahr 2000 steigen die Preise Jahr für Jahr, vervielfachen sich die Grundstückspreise und beschleunigen damit den Prozess.

Mit den alteingesessenen Bewohnern verliert die Altstadt viele ihrer kleinen Läden, in denen Nachbarschaftsbeziehungen gepflegt und die jüngsten Neuigkeiten ausgetauscht wurden. Die nachfolgenden Boutiquen und Cafés sind vor allem das Ziel von Touristen und jungen Einheimischen aus der Oberschicht. Auch findet kaum ein alter Handwerker einen Nachfolger, denn mit der zeitaufwendigen Herstellung indischen Hochzeitsschmucks, geschnitzter Türschilder oder chinesischer Lampions lässt sich heute kaum noch der Lebensunterhalt verdienen. Die Stadtverwaltung ist sich dieser Problematik bewusst und versucht gezielt gegenzusteuern. Bereits 1986 begann der Penang Heritage Trust (www.pht.org.my) das multikulturelle Erbe für kommende Generationen zu dokumentieren und es damit vor dem Vergessen zu retten. Die Organisation kämpft gegen den Abriss alter Häuser ebenso wie für eine nachhaltige Sanierung und den Erhalt traditioneller Fähigkeiten und Techniken. Einen hervorragenden Einblick in ihre Arbeit und die Geschichte von George Town erhält man auf den geführten Stadtspaziergängen des Penang Heritage Trust (s. S. 206).

Hotel, Tel. 042 29 13 18, tgl. 11.30–14.30, 18.30–22 Uhr. V. a. Einheimische besuchen dieses gepflegte, von einer Peranakan-Familie geführte Restaurant, das authentische Gerichte dieser außergewöhnlichen Küche auftischt (s. S. 66). Tipp: *rendang* und *curry kapitan* oder für Mutigere Fischkopfcurry *purut ikan* und *otak otak.* RM 10–30.

Meeresfrüchte satt ▶ **Townview Seafood Café** 3: 11 Jln. Macalister, nahe KOMTAR Bldg., Tel. 042 28 36 45, tgl. 17–0 Uhr. Frische Garnelen, Fische, Muscheln, Krebse und andere Lebewesen aus dem Meer werden in einer offenen, hohen Halle auf chinesische Art zubereitet. Die Spezialität sind Krebse, relativ günstige Preise. RM 10–30.

Nordindische Currys ▶ **Maharaj** 4: 132–134 Jln. Penang, neben einem Kino, Tel. 042 62 02 63, tgl. 11–14.30, 18.30–22.30 Uhr. Auf der Karte des farbenfrohen, nett dekorierten Restaurants stehen sehr leckere Currys, darunter beliebte Standardgerichte wie Chicken Tikka Butter Masala und Prawn Curry. Teilweise klimatisiert. RM 12–20.

Entspannte Trattoria ▶ **Soul Kitchen** 5: 102 Lebuh Muntri, Ecke Lebuh Leith, Tel. 042 61 31 18, www.soulkitchenpenang.com, Mi–Fr 10.30–14, 18.30–21, am Wochenende bis 21.30 Uhr. In dem Restaurant des malaysisch-deutschen Paars Michelle Yim und Tonio Neuhaus wird mit frischen Zutaten italienisch gekocht. Sehr beliebt sind die Sandwiches und die Pasta, die Pizza sowie das Tiramisu. Einrichtung im Stil 1960er-Jahre, entspannte Musik. RM 10–20.

Chinesische Hausmannskost ▶ **Sin Tai Tung (Joo Seong)** 6: 130 Jln. Macalister, Mo, Mi–Sa 17–22, So 13–22 Uhr. Die Gerichte in diesem offenen, einfachen Restaurant werden frisch zubereitet und schmecken sehr gut, v. a. die knusprigen Hähnchen und das Mapo Tofu. RM 10–15.

Snacks unter freiem Himmel ▶ **Red Garden Food Paradise** 7: 20 Lebuh Leith, www.redgarden-food.com, tgl. 17–1 Uhr. Großer Essensmarkt im Hof einer alten Villa. An Ständen werden malaiische, indische und chinesische Snacks sowie Seafood verkauft. Zu späterer Stunde Livemusik. RM 5–10.

Vegetarische Vielfalt ▶ **EE Beng Vegetarian Food** 8: 20 Jln. Dickens, Mo–Sa 8–20.30 Uhr. Das kleine, unscheinbare Restaurant liegt abseits der Touristenroute und ist eine gute Adresse für Vegetarier. Zum Mittagessen wird ein großes Selbstbedienungsbüfett mit etwa 50 authentischen Gerichten aufgebaut. RM 5–10.

Authentisch südindisch ▶ **Sri Ananda Bhavan** 9: Lebuh Penang, Ecke Lebuh China, www.srianandabahwan.com, tgl. 7–23 Uhr. Bei diesem einfachen Inder gibt es auch Fleischgerichte, die man sich im offenen Restaurant und an Tischen auf dem Bürgersteig schmecken lassen kann. Um RM 5.

Buddhistisch ▶ **Water Drop Teahouse** 10: 16 Lebuh Penang, Tel. 042 63 63 00, Di–Fr 9–17, Sa, So bis 15 Uhr. In dem modernen Teehaus werden vegetarische chinesische Snacks und gesunde Getränke in ruhiger Atmosphäre serviert. Leckere Sesambällchen *(bao),* günstiges Mittagsmenü. Um RM 5.

Süßes aus Indien ▶ **Krsna** 11: Lebuh Pasar, tgl. 7–22 Uhr. Der Namensgeber, der Hindugott Krishna, ist für seine Liebe zu Süßigkeiten bekannt. Entsprechend gut sind hier die *ladus,* die süßen Bällchen, die im Eingangsbereich dieses kleinen Restaurants verkauft werden. Auch die frisch zubereiteten *tosai, idli* und *puri,* die von 7 bis 12 und von 15.30 von 22 Uhr zu bekommen sind, lohnen einen Besuch, ebenso der würzige Masala-Tee. Um RM 5.

Leckeres Brot ▶ **Rainforest Bakery** 12: 302 Lebuh Chulia, Tel. 042 61 46 41, Mo–Sa 10–22 Uhr. Die kleine Bäckerei produziert aus guten Zutaten Brot und Brötchen (fast) wie in Europa sowie leckere Kuchen.

Einkaufen

Einkaufszentren ▶ Am südwestlichen Altstadtrand grenzen an das KOMTAR Building die **Prangin Mall** 1, http://prangin-mall.com, das größte Einkaufszentrum, und **1st Avenue** 2, http://1stavenuepenang.com, die neueste Mall mit einer Aussichtsplattform im 8. Stock.

Alles aus Indien ▶ In der Fußgängerzone von **Little India** 3 rings um die Lebuh Pasar

und die Lebuh Penang gibt es indische Musik und Filme, hinduistische Götterstatuen, bunte Armreifen, Kurtas und Saris, exotische Gewürze, Räucherstäbchen und vieles mehr.
Kunst & Kunsthandwerk ▶ **Little Penang Street Market 4:** Jln. Upper Penang, www.littlepenang.com.my. Am letzten Sonntag im Monat findet von 10 bis 17 Uhr ein Straßenmarkt mit Essen, Musik und künstlerischen Darbietungen statt.
Bücher ▶ **Areca Books 5:** 70 Lebuh Aceh, Tel. 042 62 01 23; im Sun Yat Sen Museum, 120 Lebuh Armenian, www.arecabooks.com, tgl. 9–17 Uhr. In den kleinen Buchläden sind auch seltenere Bücher über Malaysia, Penang und George Town zu finden.

Abends & Nachts

Eine Bar voller Geschichten ▶ **Hongkong Bar 1:** 371 Lebuh Chulia, tgl. ab 12 Uhr bis der letzte Gast geht. In dieser alteingesessenen kleinen Bar vergnügten sich bereits in den 1920er-Jahren Soldaten und Matrosen. Ein Brand hat viele alte Erinnerungsstücke vernichtet, aber die Inhaberfamilie führt die Tradition weiter.
Rustikales Pub ▶ **Soho Free House 2:** 50 Jln. Penang, im Peking Hotel, Tel. 042 63 33 31, http://sohopenang.com, tgl. 12–3 Uhr. Lokales und internationales Bier vom Fass, Sportereignisse auf Großbildschirmen, Kicker, Billardtisch sowie Pub Food wie Hamburger und Pies.
Buntes Publikum ▶ **Slippery Senoritas 3:** Jln. Upper Penang, Garage Penang, Tel. 042 63 68 68, www.slipperysenoritas.com, tgl. 17–3 Uhr. Die gute philippinische Hausband lockt ein sehr bunt gemischtes Publikum auf die Tanzfläche. DJs legen R & B, House und Latin Fusion auf. Gute Cocktails, im angrenzenden Restaurant gibt es Snacks sowie Fleisch vom Grill.
Exklusiver Tanzclub ▶ **G Planet 4:** 18 Gurney Drive, im Gurney Tower nördl. des Zentrums, Tel. 042 26 27 77, www.gurney-hotel.com.my, tgl. 17.30–2.30 Uhr. Fast jeder findet in diesem 3-stöckigen Club die passende Musik, gespielt wird Pop, Rock und House der 1980er-Jahre, am Samstag auch live.

Aktiv

Kochkurse ▶ **Nazlina, Spice Station 1:** 71 Lorong Stewart, Tel. 01 24 53 81 67, www.pickles-and-spices.com. Di, Mi, Fr u. Sa Kochkurse, die mit einem Frühstück und Marktbesuch beginnen. Danach wird gemeinsam das Mittagessen zubereitet (RM 135). **Tropical Spice Garden:** s. S. 216.
Stadtspaziergänge ▶ **Penang Heritage Trust 2:** 26 Lebuh Gereja, Tel. 042 64 26 31, www.pht.org.my. Drei verschiedene Rundgänge durch Little India und das Pinang Peranakan Mansion, zu religiösen Stätten in der Street of Harmony und durch den Khoo Kongsi sowie durch das Cheong Fatt Tze Mansion (jeweils 9–12.30 Uhr, RM 60/Pers.).
Edelweiss 1: s. S. 203. Joann Khaw, Tel. 01 64 40 68 23, jsk_27@hotmail.com, und Theresa Pereira Capol, Tel. 01 24 85 69 08, vom Restaurant Edelweiss organisieren individuelle Touren für bis zu 3 Pers.

Termine

Vor allem während der großen chinesischen Feste wird in George Town viel geboten. Ansonsten hält sich das kulturelle Angebot in Grenzen.
Chinesisches Neujahr (Ende Jan./Anfang Febr.): Zwei Wochen lang wird das neue Jahr mit Böllern und Löwentänzen, Tempelbesuchen und gutem Essen begangen.
Thaipusam (Ende Jan./Anfang Febr.): Die üppig dekorierte Statue von Subramaniam wird vom Sri Mariamman Temple durch die Straßen der Stadt zum Nattukkotai Chettiar Temple kurz vor dem Botanischen Garten gebracht.
George Town Festival (Mitte Juni–Mitte Juli): Vier Wochen lang Kunst-, Musik- und Theaterveranstaltungen.
International Dragon Boat Festival (im Sommer, www.penangdragonboat.gov.my): Zwei Tage lang treten verschiedene Boote über Distanzen von 200 und 500 m auf dem Wasserreservoir in Teluk Bahang gegeneinander an.
Penang Island Jazz Festival (Ende Nov./Anfang Dez., www.penangjazz.com): In den Hotels in Batu Ferringhi und Tanjung Bunga.

George Towns höchstes Gebäude mit der Prangin Mall: das KOMTAR Building

Pesta Pulau Pinang (Dez.): Diverse Veranstaltungen und ein Drachenbootrennen am Gurney Drive.

Verkehr

Flüge: Vom Penang International Airport ca. 20 km südl. von George Town fliegen MAS, Tel. 042 17 63 23, www.malaysia-airlines.com.my, Air Asia, Tel. 042 61 56 42, www.airasia.com, und Firefly, Tel. 042 17 63 21, www.firefly.com.my, in kurzen Abständen nach Kuala Lumpur sowie unregelmäßiger nach Johor Bahru, Kota Bharu, Kuantan, Melaka, Kuching und Kota Kinabalu. Internationale Flüge mit Air Asia nach Hongkong, Singapore, Medan und zu anderen Zielen in Indonesien, mit SilkAir, Tel. 042 63 32 01, www.silkair.com, nach Singapore, mit Firefly nach Phuket und mit Thai Airways, Tel. 042 26 70 00, www.thaiair.com, nach Bangkok. Coupon-Taxis fahren nach George Town (RM 55) und Batu Ferringhi (RM 75).

Züge: Der Bahnhof, Tel. 043 31 27 96, 043 28 79 62, befindet sich in Butterworth auf dem Festland neben dem Ferry Terminal. Ticketverkauf auf der Insel beim Railway Booking Office am Fußweg zur Fähre, Pengkalan Weld, Tel. 042 61 02 90, tgl. 8.30–13 und 14–16 Uhr. Verbindungen mit dem Ekspres Antabarangsa über Hat Yai und Surat Thani nach Bangkok, außerdem fahren Züge über Taiping, Kuala Kangsar und Ipoh nach Kuala Lumpur. Fahrplan: www.ktmb.com.my.

Busse: Von Penangs Busbahnhof Terminal Bas Ekspres Sungai Nibong, 11 km südl. von George Town (Shuttlebus zum KOMTAR, s. S. 201), sowie vom Busbahnhof in Butterworth auf dem Festland gibt es Verbindungen in alle Richtungen – manche Busse starten in Sungai Nibong und halten 30 Min. später in Butterworth. Ab Sungai Nibong 6 x tgl. nach Ipoh (3 Std., RM 18) und ständig nach Kuala Lumpur (5–6 Std., RM 35). Von der Prangin Mall in George Town (s. S. 205) u. a. Verbindungen mit Unititi, Tel. 046 56 33 13, nach Tanah Rata in den Cameron Highlands (8, 14 Uhr, 6 Std., RM 35–40). Um 8 Uhr startet ein Backpackerbus in die Cameron Highlands

(4 Std., RM 50), der seine Passagiere von den Unterkünften in George Town abholt. Einige Strecken sind billiger ab Butterworth, u. a. alle 30 Min. nach Alor Setar (2 Std., RM 8–10), um 8.30, 14.30 Uhr in die Cameron Highlands (5 Std., RM 33), in kurzen Abständen nach Ipoh (3–4 Std., RM 14–20), um 10, 22, 23.30 Uhr nach Kota Bharu (6 Std., RM 35–40), stdl. nach Kuala Lumpur (5 Std., RM 31), 10–12.30 und 22.30–0.30 Uhr nach Melaka (7 Std., RM 34–48), stdl. 8.30–20.30 Uhr nach Taiping (1 Std., RM 10).

Überlandtaxis: Überlandtaxis stehen in Penang am KOMTAR Building (s. S. 201) und am Bas Ekspres Sungai Nibong. Von dort nach Ipoh (RM 180), Kota Bharu (RM 400) und Kuala Lumpur (RM 600). Zu Zielen im Norden ist es günstiger, vom Taxistand nördl. der Fähranlegestelle in Butterworth aus zu starten, z. B. nach Alor Setar (RM 120) und Kuala Kedah (RM 140).

Mietwagen: Avis, am Flughafen, Tel. 046 43 96 33, www.avis.com.my; Hawk, am Flughafen und in der Mutiara Arcade in Batu Ferringhi, Tel. 042 62 86 61, www.hawkrentacar.com; Hertz, am Flughafen und im Penang Times Square, Tel. 046 43 02 08, www.hertz.com; Kasina, Good Hope Inn, Jln. Kelawei, Tel. 042 28 26 41, und am Flughafen, Tel. 046 44 78 93, www.kasina.com.my.

Fähren: Auto- und Personenfähren zwischen dem Ferry Terminal in George Town und dem Terminal in Butterworth verkehren von 5.30 bis 1 Uhr etwa alle 20 Min. (RM 1,20/Pers., RM 7,70/Auto). Von der Anlegestelle auf dem Festland ist es nicht weit zum Terminal der Fernbusse, der Überlandtaxis und zum Bahnhof. Vom Swettenham Pier in George Town beim Fort Cornwallis mit Langkawi Ferry Services, Tel. 042 64 20 88, nach Langkawi (8.15, 8.30 Uhr, 2,5 Std., Erw. RM 60, Kind. RM 45).

Fortbewegung in der Stadt und auf der Insel

Stadtbusse: Ein kostenloser CAT-Stadtbus hält an 19 Stopps in der Innenstadt zwischen dem Ferry Terminal und dem KOMTAR Bldg. (6–23.40 Uhr, 20–30 Min.). Die klimatisierten rot-blauen Busse von Rapid Penang, www.rapidpg.com.my, fahren vom Weld Quay (Ferry Terminal) und dem KOMTAR Building etwa alle 30 Min. zum Botanischen Garten (Nr. 10), nach Tanjung Bungah (Nr. 101, 103, 104), Batu Ferringhi (Nr. 101, 102), Teluk Bahang (Nr. 101), zur Penang Hill Railway (Nr. 204), zum Airport (Nr. 102, 306, 401, 401E), nach Balik Pulau (Nr. 403, von dort mit Nr. 501 nach Teluk Bahang) und zum Terminal Bas Ekspres Sungai Nibong (Nr. 303, 304).

Taxis: Sie fahren ohne Taxameter und kosten innerhalb des Zentrums etwa RM 10–12, zum Terminal Bas Ekspres Sungai Nibong RM 30, zum Kek Lok Si Temple RM 25, zum Botanischen Garten RM 18, nach Batu Ferringhi RM 40 und nach Butterworth RM 60. Für Inselrundfahrten ab 3 Std. werden RM 35/Std. verlangt.

Die Insel Penang ▶ 1, D/E 5/6

Karte: S. 214

Bei einer Inselumrundung zeigt **Pulau Penang** immer wieder ein neues Gesicht: Großzügige Urlaubsresorts dominieren die Sandstrände im Norden, kleine Dörfer mit ständig wachsenden Neubauvierteln die Täler im Westen und Industriebetriebe internationaler Konzerne die dem Festland zugewandte Seite. Im Zentrum der Insel erheben sich bis zu 833 m hohe, dschungelbedeckte Berge.

Suffolk House 1

Ca. 2 km westlich des Zentrums liegt auf einem Hügel in **Air Itam** hinter der Methodist Boy School das **Suffolk House,** in dem 1792/93 Sir Francis Light mit seiner Geliebten residierte. Eine wunderschöne Parkanlage bietet den perfekten Rahmen für das Gebäude, einen kleinen, repräsentativen Palast im indischen Kolonialstil mit 12 Zimmern, die rings um einen Ballsaal angeordnet sind. Die Möbel sind zwar nicht original erhalten, vermitteln aber einen guten Eindruck vom Leben zur damaligen Zeit. Am Ende des Rundgangs lädt ein Restaurant mit Pavillons und einer großen Bar im überdachten Hof zu einer Pause ein (oberhalb der Jln. Air Itam, der

Ausfallstraße nach Westen, Tel. 042 28 39 30, www.suffolkhouse.com.my, tgl. 10–18 Uhr, RM 10, Touren RM 15, Mittagessen 12–15, High Tea 15–18, Dinner ab 19 Uhr, Rapid-Busse 201, 204).

Kek Lok Si Temple 2

Pilger und Touristen aus dem In- und Ausland strömen nach Air Itam, um zum größten buddhistischen Heiligtum des Landes hinaufzusteigen und dort zu beten oder nur die Aussicht auf die Stadt zu genießen. Seit dem Baubeginn des **Kek Lok Si Temple** 1893 wird die riesige, an einem bedeutenden geomantischen Punkt gelegene Anlage ständig erweitert. Neue Statuen, Pagoden und Gebetshallen übertrumpfen in ihrer Opulenz und Größe die alten und künden vom Wohlstand großzügiger Spender. Die meisten Besucher gehen zu Fuß zum Tempel. Sie drängen sich durch den von Souvenirständen flankierten Zugangsweg und steigen dann langsam die zahlreichen Treppen von Terrasse zu Terrasse hinauf. Wer nicht gerne läuft oder den Händlern entgehen will, kann die schmale Bergstraße nehmen, die vom Haupteingang rechts am Tempel vorbeiführt, und die letzten Ebenen mit einer kleinen Bahn überbrücken.

Im Garten des unteren und zugleich ältesten Bereichs tummeln sich in einem Teich zu Füßen einer zierlichen siebenstöckigen Pagode zahlreiche Schildkröten – Symbol für ein langes Leben. Linker Hand erkennt man das runde Mondtor, hinter dem sich eine von Buddhastatuen umgebene Pagode verbirgt. Rechts beginnt der Aufstieg zur **Pagode der Zehntausend Buddhas** aus dem Jahr 1930. Das markante Bauwerk überragt den nördlichen Teil der Anlage und gilt bereits als Wahrzeichen der Insel. Auf einer achteckigen Basis im chinesischen Stil steht ein weißer Turm im siamesischen Stil und darauf erhebt sich eine burmesische Pagode, womit sich die drei Länder des Mahayana- und Theravada-Buddhismus harmonisch miteinander vereinen. Auch in den Gebetshallen wird eine einmalige Bandbreite an buddhistischen, taoistischen und konfuzianistischen Ritualen praktiziert. Oberhalb der Gebetshallen steht unter einem hohen Pavilion eine aus dem Jahr 2002 stammende, über 30 m hohe Bronzestatue von Kuan Yin, dem weiblichen Bodhisattva des Mitgefühls. Während des Chinesischen Neujahrsfestes erhellen Tausende roter Lampions den Kek Lok Si Temple (Tel. 048 99 82 22, tgl. 9–18 Uhr, Rapid-Busse 201, 203, 204 und 206).

Penang Hill 3

Schon früher gehörte die Besteigung des 830 m hohen **Penang Hill** (Bukit Bendera) zum Pflichtprogramm europäischer Besucher, so zumindest berichtete es 1911 Hermann Hesse. Noch heute ist die höchste Erhebung der Insel und das Hochland drumherum dank des kühlen Klimas, der üppigen Vegetation und der schönen Aussicht ein beliebtes Ausflugsziel.

Bereits Mitte des 18. Jh. ließ Sir Francis Light auf dem Berg Erdbeerfelder anlegen, die bis zum Zweiten Weltkrieg gepflegt wurden und der Gegend um die heutige Bergstation ihren Namen gaben: **Strawberry Hill.** Noch vor 100 Jahren trugen Kulis das Gepäck der Reisenden ebenso wie das Essen und alles andere zu The Crag hinauf, dem Wohnhaus eines Schotten, das Hesse an eine Berghütte in den Alpen oder im Schwarzwald erinnerte. Alles änderte sich, als 1923 die erste asiatische Standseilbahn von Air Itam zum Penang Hill ihren Betrieb aufnahm. Die Briten errichteten Hotels und Villen, die Inder einen Tempel für Lord Murugan und die Malaien eine Moschee. Auf der Terrasse des Bellevue Hotel, der ehemaligen Residenz des ersten Polizeichefs Mr. Halliburton, genoss man beim Ausblick auf die Stadt einen Drink und danach in einem der zwölf Zimmer eine wohltemperierte Nacht – eigentlich gar nicht so verschieden von heute, nur dass (fast) alles ein wenig moderner geworden ist.

Zu Beginn dieses Jahrhunderts wurde die **Standseilbahn** überholt und erhielt neue Wagen mit klimatisierten Abteilen. Statt wie früher in fünfundzwanzig Minuten gleitet sie nun in rasanten sechs Minuten nach oben. Nach 2 km ist auf 735 m die Bergstation erreicht, wo auf einem Abstellgleis noch ein alter Wag-

Räucherstäbchen in Übergröße sorgen für die mystische Stimmung in George Towns ältestem chinesischem Gebetshaus, dem Goddess of Mercy Temple

aktiv unterwegs

Wanderung auf den Penang Hill

Tour-Infos

Start: Botanical Garden (s. S. 213)
Ziel: Penang Hill, Rückfahrt mit der Penang Hill Railway nach Air Itam und von dort per Bus zurück ins Zentrum (s. S. 209)
Dauer: 2–3 Std.
Länge: ca. 5 km
Schwierigkeitsgrad: steiler, teils über Treppen führender Aufstieg

Für die Wanderung vom Botanical Garden auf den Penang Hill gibt es zwei Möglichkeiten. Am Kreisverkehr vor dem Eingang zum Garten zweigt eine schmale Straße ab, die allerdings so steil nach oben führt, dass sie nur von Geländewagen befahren werden darf. Da hier seit Inbetriebnahme der neuen Standseilbahn jedoch kaum noch Autos unterwegs sind, eignet sich die Strecke gut zum Wandern. Das wissen auch die vielen Jogger, denen man vor allem in der unteren Hälfte begegnet. Ein Großteil davon trainiert für den Kwong Wah Yit Poh Penang Hill Climb, ein Laufwettbewerb, bei dem jährlich Ende Juni/Anfang Juli Hunderte von Läufern starten, um die über 8 km auf den Berg zurücklegen.

Sportlich sollte man auch für Variante zwei sein, die im ersten Streckenabschnitt eine attraktive Alternative zur Jeepstraße darstellt und im **Botanischen Garten** beginnt. Hinter dem Eingang folgt man der Ausschilderung ›Trail to Penang Hill‹ zuerst geradeaus und anschließend nach links auf die **Upper Circular Road.** Nahe einer Brücke zweigt der Wanderweg links ab und verläuft durch dichten Dschungel steil aufwärts. Über zahllose Stufen ist nach etwa 20 Min. eine Lichtung mit dem verlassenen **Stesyen 46 Resthouse** erreicht. Hier wendet man sich nach links und trifft nahe Km 1,4 auf die Jeepstraße.

Nach einem weiteren guten Kilometer auf der Straße durch einen Wald lädt der **Tea Kiosk 84** zu einer Rast ein. Unter einem Wellblechdach stehen Tische und Bänke, ein alter Chinese kocht gegen eine Spende auf offenem Feuer Tee. Gut erholt kann man nun den nächsten Streckenabschnitt angehen, der mit einer Steigung von bis 30 % aufwartet. Bei Km 2,8 bietet sich ein **Rastplatz** zur Verschnaufpause an und wenig später genießt man einen Blick über die dschungelbedeckten Berge bis zur Küste. Die Strecke zwischen den Ruhebänken bei Km 3,5 und der Abzweigung der **Viaduct Road** bei Km 3,7 säumen einige schöne alte Dschungelbäume voller Schmarotzerpflanzen. Bei Km 4,1 ist der erste Bungalow auf dem Penang Hill in Sicht, **Grace Dieu,** und kurz darauf sieht man rechts die Treppen, die nach 5 Min. zum Postamt auf der Bergstation führen, von dem es nach links zur **Penang Hill Railway** geht.

gon steht. Dahinter wird man von Souvenir- und Essenständen in Empfang genommen. In einem Garten im englischen Stil steht ein typisches englisches Landhaus, in dem das edle **David Brown's Restaurant and Tea Terraces** gepflegte britische Küche serviert (Tel. 048 28 83 37, www.penanghillco.com.my, tgl. 9–21 Uhr).

Auf der Hauptstraße ist es nicht weit zu einem Murugan geweihten **Hindutempel** und der dahinter liegenden **Moschee.** Weiter oben schirmt ein Wachhaus den Zugang zu **Bel Retiro,** dem Bungalow des Gouverneurs, ab. Noch immer gibt es das **Bellevue Hotel** auf dem Halliburton Hill, das jedoch dringend eine Auffrischung bräuchte. Die Terrasse punktet allerdings nach wie vor mit einer fantastischen Aussicht (Tel. 042 27 40 06, http://bellevuehotel.my).

Im angrenzenden **Ginger Garden** sind seltene Pflanzen und hübsche Vögel in Volieren zu sehen (tgl. 9–18 Uhr, RM 5).

Auf dem 3 km langen Weg zum Western Hill verkehren Golfcarts zu mehreren Kolonialvillen und dem **Monkeycup Garden.** In der Anlage gedeihen über 100 verschiedene Arten Fleisch fressender Pflanzen (Nepenthes), die typisch für südostasiatische Bergregionen sind (tgl. 9–18 Uhr, RM 5). Der **Canopy Walkway** entlang der Strecke ist meist reparaturbedürftig und gesperrt. Nahe dem Walkway betreibt das Bellevue Hotel die **Nature Lodge** (Methodist Centre), einen alten Bungalow auf Stelzen, der ein paar einfache Zimmer zum Übernachten bietet. In der Nähe stehen zwei Bambushäuser der Temiar, die zu den Orang Asli gehören.

Übrigens ist der malaiische Name für den Penang Hill, Bukit Bendera (›Flaggenhügel‹), darauf zurückzuführen, dass man im Zeitalter der ersten Dampfschiffe hier oben nach dem Postschiff und anderen wichtigen Besuchern Ausschau hielt und die Information durch das Hissen einer Flagge in die Stadt übermittelte.

Verkehr

Standseilbahn: Penang Hill Railway, Mo–Fr 6–22, Sa, So 6–23 Uhr, RM 17 einfach, RM 30 hin und zurück.
Stadtbusse: Zur Talstation der Bergbahn fahren u. a. die Rapid-Busse 101 und 204.

Hill Top Murugan Temple 4

Nordwestlich der Stadt, etwa 1 km vor dem Botanischen Garten, steht auf der linken Seite der Jalan Kebun Bunga (Jalan Waterfall) der neue **Sri Ganesha Temple.** Von hier winden sich Fußwege mit über 500 Stufen zu einem weiteren neuen Tempelkomplex hinauf, dem **Hill Top Murugan Temple,** der offiziell **Arulmigu Balathandayuthapani Temple** genannt wird und erst Mitte 2012 eingeweiht wurde. Auf dem Gelände des ältesten Hindutempels der Insel entstand der größte Murugan-Tempel außerhalb Indiens, in dem 700 000 Gläubige Platz finden. Ein schöner Blick auf den neuen Komplex mit seinem siebenstöckigen, über 21 m hohen Gopuram eröffnet sich auf halbem Weg nach oben vom alten Tempel. Die modern gestaltete Haupthalle wird von Säulen im südindischen Chola-Stil getragen und von mehreren Schreinen gerahmt. Während der Thaipusam-Feierlichkeiten bei Vollmond Ende Januar bzw. Anfang Februar herrscht ein dichtes Gedränge am Tempel (Rapid-Bus 10).

Botanical Garden 5

Am Ende der Jalan Kebun Bunga erstreckt sich in einem von dschungelbedeckten Hügeln umgebenen Tal der gepflegte **Botanical Garden.** Er ist am frühen Abend bei Joggern und am Wochenende als Familienausflugsziel beliebt. Auf Rundwegen kann man die Vielfalt tropischer Pflanzen aus aller Welt bewundern, außerdem gibt es einen Rainforest Trail durch einen kleinen Primärdschungel, einen Palmen- und Kräutergarten, einen Steingarten mit Farnen, ein Begonien- und Kaktushaus sowie ein Orchideenhaus mit einheimischen Arten und Kannenpflanzen. Wer im hinteren Bereich der Anlage dem Bach in das Tal hinein folgt, gelangt zu einem Wasserfall mit Badeplatz (tgl. 5–20 Uhr, Eintritt frei, Rapid-Bus 10).

Nördliche Vororte

Entlang der Küste Richtung Norden geht George Town nahtlos in die Vororte **Pulau Tikus, Tanjung Tokong** und **Tanjung Bungah** über, wo auf aufgeschüttetem Land viele exklusive Wohnparks mit Loft-Villen und gigantischen Apartment-Hochhäusern entstanden sind. In dieser Ecke haben sich zahlreiche ausländische Langzeiturlauber niedergelassen, die das nahe Meer und die kühle Brise zu schätzen wissen. Anfang des vergangenen Jahrhunderts war dies noch der absoluten Oberschicht vorbehalten, die sich entlang der heutigen Jalan Sultan Ahmad Shah, der sogenannten **Millionaires Row,** prächtige Landhäuser inmitten tropischer Gärten erbauen ließ. Die wenigen, die dem Abriss entgangen sind, wurden aufwendig restauriert.

In Pulau Tikus lohnen zwei Tempel der Theravada-Buddhisten einen Zwischenstopp. Den Eingang des im klassischen Bangkok-Stil erbauten **Wat Chaiya Mangkalaram** 6 bewachen zwei riesige Tempel-

Pulau Penang

wächter und die Treppenaufgänge flankieren Nagaschlangen. Unter dem Dach der Haupthalle beten Gläubige vor einem 33 m langen ruhenden Buddha, auf dessen Rückseite die Urnen mit der Asche von Verstorbenen beigesetzt sind (Lorong Burma, tgl. 6–17.30 Uhr, Rapid-Busse 10, 101, 103, 104).

Auf der gegenüberliegenden Straßenseite steht der **Dhammika Rama 7,** das burmesische Äquivalent zum Thai-Tempel. Hier bewachen zwei weiße Elefanten den Eingang und in der Haupthalle, die mit wunderschönen Holzschnitzereien verziert ist, erhebt sich eine weiße, üppig vergoldete Buddhastatue.

Essen & Trinken

Deutscher Treffpunkt ▶ **Ingolf's Kneipe:** 1F Jln. Sungai Kelian, gegenüber dem Copthorne Orchid Hotel, Tanjung Bungah, Tel. 048 99 57 96, http://ingolfskneipe.com, Mo, Di 15–24, Mi–Sa 12–24 Uhr. In dieser gemütlichen Kneipe treffen sich Penangs Deutschsprachige. Die Bratwürste, Schnitzel etc. schmecken wie daheim, es gibt auch deutsche Biere. RM 20–30.

Essen unter freiem Himmel ▶ **Nachtmarkt:** Gurney Dr., am großen Kreisverkehr hinter McDonald's in Pulau Tikus, tgl. ab 17.30 Uhr. An den Essenständen wird malaiisch und chinesisch gekocht, dazu werden frische Säfte und kühles Bier serviert. Um RM 10.

Einkaufen

Einkaufszentrum ▶ **Gurney Plaza:** zwischen Jln. Kelawai und Gurney Drive, Tanjung Bungah, www.gurneyplaza.com, tgl. 10–22 Uhr. Das Angebot zielt auf die Mittel- und Oberschicht ab, im 3. Stock findet man Penangs größten Buchladen (MPH) mit englischsprachiger Literatur (Rapid-Busse 101, 102).

Batu Ferringhi 8

Die schmale Küstenstraße windet sich über die felsige Nordspitze der Insel bis nach **Batu Ferringhi,** wo bereits seit den 1960er-Jahren Touristen aus aller Welt einen Badeurlaub an weißen Sandstränden unter Palmen genießen. Das Manko der Wasserverschmutzung in der Straße von Melaka und die damit einhergehende Quallenplage versuchen die Ferienresorts mit tropischen Gartenanlagen, attraktiven Swimmingpools und gepflegten Stränden auszugleichen. Internationale Hotels und das entsprechende Publikum bestimmen das Bild. In dem kleinen Ortskern finden sich eine Moschee sowie jede Menge Touristenlokale und Souvenirläden.

Übernachten

Gediegen ▶ **Shangri-La's Rasa Sayang Resort & Spa:** 4 km vor Batu Ferringhi, Tel. 048 88 88 88, www.shangri-la.com. Das großzügige 5-Sterne-Resort am Ostrand der Bucht gilt als eines der besten der Insel. In den 304 Zimmern wird man aufmerksam und mit allem erdenklichen Luxus verwöhnt. Geräumige Bäder mit Dusche und Wanne, in den Premier-Zimmern Jacuzzi auf dem Balkon, üppiges Frühstücksbüfett, leckeres Essen im Spice Market Restaurant, edles Spa, zwei nette Pools unter alten Bäumen, weitläufiger Garten. DZ RM 750–1700 inkl. Frühstück.

Romantisch ▶ **Lone Pine:** 97 Batu Ferringhi, Tel. 042 22 20 00, www.lonepinehotel.com. 1948 erbaute der Arzt Dr. Albert McKern am Strand einen Bungalow, der nun als Restaurant und Souvenirshop dient. Die späteren Pächter, eine chinesische Familie, eröffneten hier das erste Strandhotel des Orts mit 10 Zimmern. Ein Luftbild von 1953 in der Lobby vermittelt einen Eindruck vom Wandel. Mit der letzten Renovierung 2010 entstand ein stilvolles Boutique-Hotel im modern minimalistischen Stil, alle 90 Zimmer und Suiten haben Meerblick. Die Bar gilt als eine der besten Hotelbars von Malaysia, außerdem japanisches Restaurant, Spa, Salzwasserpool. DZ RM 600–900 inkl. Frühstück.

Für Aktivurlauber ▶ **Shangri-La's Golden Sands Resort:** Batu Ferringhi, Tel. 048 86 19 11, www.shangri-la.com. 4-Sterne-Hotel mit 387 hellen, modernen Zimmern. 3 Pools, Tennisplätze, Fitnesscenter, Vergnügungspark mit Spielhalle, Rutschen und Segway-Parcours. Zum Hotel gehört die beliebte Sigi's Bar & Grill (s. S. 216). DZ RM 500–1600 inkl. Frühstück.

Beliebt bei jungen Familien ▶ **Hard Rock Hotel:** am westlichen Ortsausgang von Batu Ferringhi, Tel. 048 81 17 11, http://penang.hardrockhotels.net. Die internationale Kette hat in dem sanierten Resort ihr klassisches Konzept ungesetzt – in Vitrinen sind über 500 Instrumente und Kostüme berühmter Musiker zu sehen, deren Fotos die Wände in der Lobby und in den 250 dezent poppig gestalteten Zimmern zieren. 9 Preiskategorien, alle Zimmer u. a. mit DVD-Player, interaktivem TV, iPod-Dockingstation und Internetzugang, die teuren mit frei stehenden Badewannen und Poolzugang vom Balkon oder der Terrasse. Riesige Poollandschaft mit Sandinseln, buntes Unterhaltungsprogramm im Kids und

Teens Club, Pizzeria, Lobby Bar, am Wochenende ab 22.30 Uhr Livemusik im Café. DZ RM 350–1000 inkl. Frühstück.

Essen & Trinken

Verlockende Meeresfrüchte ▶ **Golden Thai:** 69A Batu Ferringhi, Tel. 048 81 13 62, tgl. 11–24 Uhr. Das riesige Restaurant am östlichen Ortseingang wird von Reisegruppen wie von einheimischen Familien gebucht und ist für Einzelreisende weniger geeignet. Alles wird in der großen, einsehbaren Küche frisch zubereitet. Die mit Käse überbackenen Muscheln und Assam Prawns sind lecker, aber recht teuer, was auch für das andere Meeresgetier gilt, besonders für die Fische aus den Wasserbecken – unbedingt vor der Zubereitung den Preis erfragen. Kostenlos sind dafür das Rahmenprogramm mit Livemusik und malaysischen Tänzen sowie der schöne Ausblick aufs Meer. RM 60–100.

Entspannt und kreativ ▶ **Sigi's Bar & Grill On The Beach:** im Garten des Shangri-La's Golden Sands Resort (s. S. 215), Tel. 048 86 18 52, tgl. 10–1, Küche bis 22.30 Uhr. Das freundliche Restaurant am Strand serviert ungewöhnliche westliche und Fusion-Gerichte sowie gute Steaks, die jedoch ihren Preis haben. Sonntagabends wird gegrillt. Die Bar ist ein toller Platz für einen Sundowner und bleibt während Liveübertragungen von großen Sportereignissen auch länger offen. Abends Reservierung erforderlich. RM 20–60.

Einfach lecker ▶ **Fantasy Ribs:** 203 Batu Ferringhi, gegenüber der Moschee, Tel. 048 81 19 35, tgl. 12–24 Uhr. In dem kleinen Restaurant sind die Rippchen besonders lecker. Die Küche zaubert aber auch Meeresfrüchte-Pizza und Hühnchencurry, die hübsch präsentiert von freundlichem Personal aufgetragen werden. RM 15–40.

Viele Stammgäste ▶ **Happy Garden:** am westlichen Ortsausgang von Batu Ferringhi, Tel. 048 81 11 99, http://happygarden2u.wordpress.com, tgl. 9–22 Uhr. In dem von einer chinesischen Familie geführten, einfachen Restaurant sitzt man etwas abseits der Straße in einem Garten. Die Karte ist auf den Geschmack der Touristen abgestimmt, von Schinken und Eiern zum Frühstück bis zum Nudelauflauf am Abend. RM 10–20.

Essenmarkt ▶ **Long Beach Cafe:** 98A Batu Ferringhi, westlich vom Lone Pine neben dem Nachtmarkt, tgl. 18.30–21 Uhr. Sauberer überdachter Markt mit indischen, malaiischen und chinesischen Favoriten: frisch gegrillte *sate,* knusprige Frühlingsrollen, würziges *chicken tikka,* gefüllte Pfannkuchen und mehr. Manches ist allerdings bereits gegen 20 Uhr ausverkauft. Günstiges Bier. RM 5–10.

Verkehr

Busse: Rapid-Busse 101 und 102 ab George Town.

Tropical Spice Garden 9

Abwechslung vom Strandleben verspricht der **Tropical Spice Garden** auf halber Strecke von Batu Ferringhi nach Teluk Bahang. Ein kleines Dschungelgebiet und der attraktive Gewürzgarten mit über 500 tropischen Pflanzenarten locken zu einem Spaziergang unter Palmen. In dem **Museum** im Visitor Centre in der Lone Crag Villa lässt sich der weitere Weg der Gewürze verfolgen und im Café mit herrlicher Aussicht kann man deren Wirkung im Kaffee und Tee genießen (Tel. 048 81 17 97, www.tropicalspicegarden.com, tgl. 9–18 Uhr, Erw. RM 15, Kind. RM 10; Touren in Englisch 9–17 Uhr, max. 30 Pers., Erw. RM 25, Kind. RM 15; Rapid-Bus 101 und 102).

Aktiv

Kochkurse ▶ **Tropical Spice Garden:** s. oben. Kochkurse mit max. 10 Teilnehmern und wechselnden Schwerpunkten (Di–So 9–13 Uhr, RM 200 inkl. Führung durch den Garten).

Teluk Bahang

In dem ursprünglich von Malabar-Fischern bewohnten **Teluk Bahang** 10 ist noch eine **Batikfabrik** aktiv, in der vor allem für einheimische Kunden Stempelbatiken und Batik Tulis hergestellt werden. Im Laden findet man auch Billigimporte aus Indonesien (Tel. 048 85 12 84, www.penangbatik.com.my, tgl. 9–17.30 Uhr, Rapid-Bus 101 ab George Town und 501 ab Balik Pulau).

Großer Beliebtheit erfreut sich die **Butterfly Farm** 11 800 m südlich vom Kreisverkehr in Teluk Bahang. Das Freigehege bietet 120 Schmetterlingsarten Platz und Besuchern eine gute Gelegenheit, die farbenprächtigen Tiere sowie Stabinsekten, Skorpione, Spinnen, Eidechsen, Frösche und andere Kleintiere zu fotografieren (Tel. 048 85 12 53, www.butterfly-insect.com, tgl. 9–18 Uhr, letzter Einlass um 17 Uhr, Erw. RM 27, Kind. RM 15, Führungen alle 30 Min., Shows 10, 15 Uhr).

Penang National Park 12

Westlich von Teluk Bahang endet die Straße an einem Fischerpier. Dies ist der Startpunkt für Bootsausflüge zum Monkey Beach (RM 100) sowie zur Schildkrötenstation am Pantai Kerachut (nur nachmittags, RM 200). Außerdem kann man hier Guides für Trekkingtouren im **Penang National Park** buchen, dessen Eingang direkt gegenüber dem Pier liegt. Das 1213 ha große Schutzgebiet wird von mehreren Fußpfaden durchzogen. In 20 bis 30 Min. erreicht man einen Strand an der Mündung des **Sungai Teluk Tukun.** Der Küstenwanderweg passiert die Forschungsstation USM und führt um die **Teluk Aling** zum **Monkey Beach,** 3,4 km vom Eingang entfernt. Von hier kann man zum 1883 erbauten Leuchtturm auf dem **Mukah Head** hinaufsteigen. Wer lieber durchs Landesinnere spaziert, erreicht vom Eingang aus nach ca. 2 Std. den **Pantai Kerachut** an der Westküste. Mit Ausnahme einiger Felsen und sandiger Buchten säumen unzugängliche Mangrovenwälder die Küste des Parks. Landeinwärts gehen sie in *Dipterocarpaceen*-Wälder über (tgl. 9–19 Uhr, letzter Einlass 18 Uhr, Eintritt frei).

Aktiv

Wandern ▶ **Penang Nature Guide Association:** am Eingang zum Penang National Park, Tel. 048 81 47 88. Geführte Touren, auch in Kombination mit Bootsfahrten, zu verschiedenen Zielen im Park (RM 70–400).

Verkehr

Busse: Endstation Rapid-Bus 101 ab George Town.

Im Nudelsuppenhimmel

An den kleinen Ständen des **Chuan Heong Cafe** und **Nan Guang Coffee Shop** in Balik Pulau (s. unten) gibt es nach Ansicht vieler Einheimischer die beste Laksa der Insel, wenn nicht des ganzen Landes. Immerhin werden täglich bis zu 1000 Portionen der säuerlichen Nudelsuppe auf Fischbasis für wenige Ringgit vor allem an Ausflügler aus George Town verkauft, die den Weg hierher nur deshalb auf sich nehmen (Jln. Balik Pulau, gegenüber und neben dem alten Markt, tgl. ganztags).

Von Teluk Bahang nach Balik Pulau

6 km südlich von Teluk Bahang wachsen auf der 10 ha großen **Tropical Fruit Farm** 13 am Hang oberhalb der Straße 200 verschiedene Tropenfrüchte wie Papayas, Mangos, Durians und Drachenfrüchte. Bei einer Rundfahrt über das Gelände werden die Obstsorten vorgestellt, die ihre Reife zumeist zwischen Juni und August erreichen. Am Eingang kann man Früchteteller und frisch gepresste Säfte kaufen (Tel. 01 24 97 19 31, www.tropicalfruitfarm.com.my, tgl. 9–18 Uhr, Farmtouren bis 17 Uhr, Erw. RM 35, Kind. RM 28, Rapid-Bus 501 ab Teluk Bahang oder Balik Pulau).

Im abgelegenen Westteil der Insel bedecken Wälder sowie Plantagen mit Nelken- und Muskatbäumen die Berghänge. Auf halber Strecke nach Balik Pulau legen Ausflügler gerne am **Titi Kerawang Waterfall** 14 eine Pause ein und genießen die Aussicht auf die Küste.

Die restliche Strecke zurück nach George Town hat keine nennenswerten Sehenswürdigkeiten zu bieten, nur **Balik Pulau** 15 lohnt noch einen Stopp, allerdings aus kulinarischem Grund (s. oben).

Verkehr

Busse: Der Busbahnhof von Balik Pulau befindet sich neben der Markthalle. Von hier ist es nicht weit zur Hauptstraße. Rapid-Bus 403 ab George Town bzw. 501 ab Teluk Bahang.

Pulau Langkawi und die Nordwestspitze

Pulau Langkawi, die größte der 99 Inseln des Archipels nahe der thailändischen Grenze, bietet viel Abwechslung. Weiße Sandstrände, dschungelbedeckte Berge, malaiische Dörfer, eine gute touristische Infrastruktur und zollfreie Einkaufsmöglichkeiten machen sie zu einem attraktiven Touristenziel.

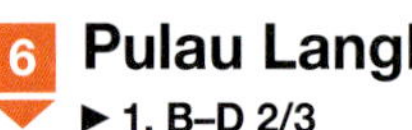

6 Pulau Langkawi

▶ 1, B–D 2/3

Karte: S. 222
Auf der Hauptinsel des Archipels, **Pulau Langkawi,** leben etwa 64 000 überwiegend malaiische Einwohner weitgehend vom Tourismus. Alle anderen dschungelbedeckten Inselchen besitzen keine nennenswerten Siedlungen. Der größte Ort auf Pulau Langkawi ist Kuah, wo auch die Fähren vom Festland anlegen. Von dort aus führen gut ausgebaute Straßen nach Westen zu den längsten Stränden der Insel, Pantai Tengah und Pantai Cenang, sowie Richtung Norden in die schönste Bucht nach Tanjung Rhu. Durch die gezielte touristische Entwicklung der vergangenen Jahrzehnte hat sich Pulau Langkawi stark verändert (s. S. 29).

Infos

Viele ›Informationsbüros‹ im Fährterminal und an den Stränden sind Reiseagenturen, die Touren und Unterkünfte vermitteln wollen.
Tourism Malaysia Information Centre: in Kuah am Fähranleger und in der Hauptstraße Jln. Persiaran Putera, Tel. 049 66 04 94, Mo–Fr 8–13, 14–17 Uhr; im Flughafengebäude, tgl. 9–23 Uhr. Aktuelle Infos über die Insel.
Im Internet: www.langkawigeopark.com.my, www.emmes.net, www.langkawi-gazette.com.

Aktiv

Segeltörns ▶ Ab dem **Royal Langkawi Yacht Club** 1 in Kuah (s. S. 221) oder dem Jachthafen in Teluk Burau (s. S. 229) werden Segeltörns in den Gewässern des Langkawi-Archipels angeboten. **Blue Water:** Tel. 01 34 07 31 66, www.bluewaterstarsailing.com. Eva und Gerd Zimmermann haben u. a. eine traditionelle Perahu aus Südsulawesi zu einem komfortablen Schiff mit 2 Kabinen umbauen lassen (Preise auf der Website). **Crystal Yacht Holidays:** Tel. 049 55 65 45, 01 24 08 78 66, www.crystalyacht.com. Die Yacht von Jamie und Ryoko Scott segelt bereits seit 1989 durch den Archipel, auf Anfrage auch mehrtägige Touren nach Thailand (Tagestour RM 310, Sunset Cruise Mo–Sa 17–20 Uhr inkl. Getränke RM 200). **Rampant Sailing:** Tel. 01 25 91 58 36, www.rampantsailing.com. Die Besitzer werben zu Recht mit Swiss Quality – Bea aus der Schweiz umsorgt die Gäste, ihr Mann Carl aus Südafrika steuert den Segel-Katamaran. Auf der Tagestour mit max. 12 Teilnehmern ankert das Boot in einer einsamen Bucht und es bleibt genügend Zeit zum Schwimmen oder für eine kurze Kajaktour, danach geht es zu einem weißen Sandstrand und zu Fuß durch die Mangroven und den Dschungel (10–16.30 Uhr, RM 300 inkl. Getränke). **Stardust:** Tel. 01 24 05 06 49, 01 74 83 90 76, www.langkawiyachtcharter.com. Familienfreundliche Tagestour mit einem Zweimaster auf dem Kilim River im Geopark. Baden am Sandstrand, Kanufahren, Fische füttern, man kann beim Segeln selbst Hand anlegen (10–17 Uhr, Erw. RM 325, Kind. RM 165 inkl. Abholung, Essen und Getränke, max. 20 Teilnehmer). **Tropical Charters:** Tel.

049 55 34 07, 01 25 88 32 74, www.tropicalcharters.com.my. Der 2-stöckige Katamaran mit Platz für bis zu 65 Gäste schippert meist mit Motor durch die Inselwelt (Tagestour 10–16 Uhr RM 320, Sunset Dinner Cruise 17–20 Uhr RM 260, Cocktail Cruise RM 210).

Wandern, Kajakfahren & mehr ▶ **Dev's Adventure Tours:** Tel. 01 94 94 91 93, 01 24 89 23 93, www.langkawi-nature.com. 3- bis 5-stündige Mangroven-, Kajak-, Trekking- und Radtouren sowie Rundfahrten mit kulturellem Schwerpunkt, geleitet von erfahrenen, englischsprachigen Guides (RM 120–220/Pers.). Empfehlenswert ist die abendliche Dschungelwanderung. **Jungle Walla:** Tel. 01 92 25 23 00, www.junglewalla.com. Einer der Pioniere der geführten Naturwanderungen ist Irshad Mobarak (4-stündige Mangroventouren RM 180, Kajaktouren RM 250, Dschungeltrekking RM 180, Abendwanderungen RM 200). **Peter Höfinger:** Tel. 01 24 56 47 50, pemaria@tm.net.my. Der Österreicher lebt seit 1989 auf Langkawi und leitet informative, 5-stündige Touren durch die Mangroven und den Regenwald (RM 200 inkl. Abholung) sowie Kajaktouren (RM 260, ab 4 Pers.).

Radfahren ▶ **T-Shop** 2: am Pantai Cenang, weitere Filialen an den Stränden und in Kuah. Verleih einfacher Räder (RM 10–25). **Dev's Adventure Tours:** s. oben. Organisation von Fahrradtouren.

Tauchen und Schnorcheln ▶ **East Marine Holidays** 1: im Royal Langkawi Yacht Club, Tel. 049 66 39 66, www.eastmarine.com.my. Tagesausflug in den Pulau Payar Marine Park mit der Möglichkeit zum Schnorcheln und Tauchen (9.30–16 Uhr, RM 250 inkl. Abholung, 2 Tauchgänge RM 350).

Klettergarten ▶ **Langkawi Canopy Adventures** 3: Tel. 01 24 66 80 27, 01 24 70 24 42, www.langkawi.travel. Der Hochseilgarten von Ashraff am Fuß des Gunung Raya eröffnet völlig neue Perspektiven auf den Dschungel – man gleitet an Stahlseilen über Schluchten, seilt sich von steilen Granitwänden ab und schwingt von Baum zu Baum über tiefe Täler. Auch für Anfänger geeignet (9–12 Uhr nach Voranmeldung, RM 180–220 inkl. Abholung und Ausrüstung).

Termine

The Royal Langkawi International Regatta (Jan./Febr., Tel. 049 66 40 78, www.langkawiregatta.com). Bei der 6-tägigen Regatta ab dem Royal Langkawi Yacht Club bei Kuah treten über 50 Jachten in neun Klassen an.

Langkawi International Maritime & Aerospace Exhibition (März, alle 2 Jahre – 2013, 2015 …, www.lima.com.my): Zur Zeit der internationalen Flugausstellung LIMA füllen sich selbst die Betten in den weniger beliebten Hotels mit Menschen, die sich für Flugshows sowie militärisches und ziviles Fluggerät begeistern.

Verkehr

Flüge: Der Langkawi International Airport, Tel. 049 55 13 11, liegt 20 km westl. von Kuah. Zahlreiche Verbindungen nach Kuala Lumpur, Penang und Singapore mit Air Asia, Tel. 049 55 77 50, www.airasia.com, Firefly, Tel. 049 55 96 22, www.firefly.com.my, und MAS, Tel. 049 55 63 32, www.mas.com.my.

Fähren: Ferry Line Ventures, Tel. 049 66 58 89, www.ferrylineventures.com, und Langkawi Ferry Services (LFS), Tel. 049 66 11 25, www.langkawi-ferry.com, fahren vom Jetty Point Terminal bei Kuah zum Festland – etwa stdl. nach Kuala Kedah (7.30–18.30 Uhr, 1,5 Std., RM 23), etwa alle 1–2 Std. nach Kuala Perlis (7.30–19 Uhr, 1 Std., RM 18, die letzte Fähre fällt manchmal aus oder ist voll, deshalb frühzeitig buchen), um 14.30 und 17.15

Tipp: Zollfrei einkaufen

Seit 1987 ist die Insel zollfreie Zone. Die Ausfuhr von zollfreien Waren aufs Festland ist pro Person auf 200 Zigaretten und 1 l alkoholische Getränke begrenzt. Am Flughafen und am Fährterminal werden Passagiere bei der Ausreise kontrolliert. Um Duty-free-Waren im Wert von bis zu RM 500 aufs Festland zu bringen, muss ein Mindestaufenthalt von 48 Stunden auf der Insel nachgewiesen werden – Fähr- oder Flugticket daher unbedingt aufbewahren.

In einige der schönsten Buchten von Pulau Langkawi gelangt man nur per Boot

Uhr nach Penang (2,45 Std., RM 60), 4 x tgl. nach Satun in Thailand (9.45–16.30 Uhr, 1,15 Std., RM 30). Nach Ko Lipe verkehren Boote nur in der Saison von November bis Mai ab Telaga Harbour, Tel. 049 59 22 08, www.telaga-terminal.com (9, 9.30, 13.30, 14.30 Uhr, am Ende der Saison nur vormittags, 1 Std., RM 120–130).

Fortbewegung auf der Insel

Busse: Es gibt keine öffentlichen Busse.

Mietwagen: Sie sind auf Langkawi relativ günstig, da sie zollfrei importiert werden. Kleinwagen sind in Reisebüros und Hotels für RM 50–100/Tag zu bekommen. Es ist darauf zu achten, dass sie versichert sind. Kasina Rent A Car: am Flughafen, am nördlichen Pantai Tengah in der Sun Mall, im Andaman und im Four Seasons, Tel. 049 55 59 99, 049 55 33 55, www.kasina.com.my (die Autos sind etwas teurer, aber versichert).

Taxis: Pkw-Taxis und Minibusse fahren vom Flughafen, Ticket-Counter, Tel. 049 55 18 00, und vom Jetty Point Terminal in Kuah, Tel. 049 68 11 63, zum Festpreis. Ansonsten sind die Fahrpreise verhandelbar. Vom Fährtermi-

nal/Flughafen nach Kuah RM 6/24, nach Pantai Cenang oder Pantai Tengah RM 24/18, nach Datai jeweils RM 60 und nach Tanjung Rhu jeweils RM 30.

Kuah

Kuah, das einstige Fischerdorf in der Nähe des Fähranlegers, hat sich mithilfe der Einnahmen aus dem Tourismus ordentlich herausgeputzt. Von der Jetty bis zum Ortseingang verläuft entlang der Küste die Strandpromenade mit dem **Eagle Square 1**, so benannt nach dem riesigen Denkmal in Form eines Seeadlers, das Wahrzeichen der Insel. Parallel zur Uferstraße erstreckt sich der **Taman Lagenda Park 2**. Rings um künstlich angelegte Seen stellen 17 große kitschige Statuen die Geschichte Malaysias und die Legenden Langkawis nach (Tel. 039 66 42 23, tgl. 9–19 Uhr, Eintritt frei).

Im Verhältnis zu den wuchtigen Einkaufspalästen, Hotels und Verwaltungsgebäuden im Zentrum wirkt die alte **Masjid Al Hanna 3** an der Uferstraße geradezu winzig. Nur wenige Schritte weiter, am gegenüberliegenden Ufer des schmalen Kanals, beherbergt ein neues Gebäude den Fischmarkt **Pasar Awam 4**, wo frühmorgens bis gegen 10 Uhr der frische Fang angeboten wird (Jln. Padang Matsirat).

Essen & Trinken

Die Restaurants in Kuah sind allesamt nicht besonders gut und meist auf Einheimische ausgerichtet.

Seafood ▶ **Wonderland Food Store 1**: Lot 179–181, gegenüber dem Hotel Bella Vista Langkawi, Tel. 01 26 23 04 41, 01 24 94 65 55, tgl. 17.30–23.30 Uhr. Das einfache offene Lokal ist bei Einheimischen und Touristen v. a. wegen seiner Fisch- und Seafoodgerichte beliebt, die nach chinesischer, malaiischer und indischer Art zubereitet werden. Tipp: Chilikrebse. Schneller, freundlicher Service. RM 10–30.

Einkaufen

Einkaufszentrum ▶ **Langkawi Fair Shopping Mall 1**: Lot FF8, Jln. Persiaran Putra, Tel. 049 69 81 00, tgl. 10–22 Uhr. Das größte der Einkaufszentren in Kuah mit einem Supermarkt, mehreren Restaurants, einem Food Court und über 100 Läden.

Abends & Nachts

Außerhalb der großen Hotels findet kein nennenswertes Nachtleben statt. Da die Insel überwiegend von Muslimen bewohnt ist, werden auch immer wieder Mietverträge für Pubs nicht verlängert. Aus Rücksicht auf die Einheimischen sollte in der Öffentlichkeit kein Alkohol konsumiert werden.

Kedawang
Temoyong
Jln. Kedawang
Kuah
116
154
Jln. Pantai Tengah
178 m
Padang Matsirat
Jln. Bohor Tempoyak
117
Jln. Pantai Chenang
115
Teluk Baru
Leuchtturm
Jln. Pantai Tengah
Star Cruise Pier
Pantai Tengah
Pantai Cenang
P. Tepor
0
0,5
1 km
Langkawi Sound
Gua Cerita
117 m
Tanjung Rhu
Langkawi-Wasserfall
Pasir Tengkorak
Teluk Ewa
Golfplatz
Temurun-Wasserfall
Pasir Hitam
Padang Lalang
Zementwerk
Sungai Itau
Telaga Ayer Hangat
113
Gunung Mat Cincang 708 m
Taman Buaya Krokodilfarm
161
Ewa
S. Cina
Kelubi
Kubang Badak
112
Durian Perangin-Wasserfall
Reitstall
Kuala Teriang
114
S. Petang
Gunung Raya 881 m
Ulu Melaka
Lubok Semilang
Berjaya Langkawi Beach Resort
Teluk Burau
Pantai Kok
Padang Matsirat
Bukit Temin
152
Langkawi Int'l. Airport
Bayas
Snake Sanctuary
General Hospital
Kelibang
Mata Ayer
112
Ko Lipe
Kedawang
Golfplatz
Malut-Stausee
115
P. Rebak
Temoyong
Straße von Melaka
Pantai Cenang
167
Cargo-Hafen
P. Tepor
Pantai Tengah
Teluk Baru
283 m
0
2
4 km
siehe Detailkarte

Pulau Langkawi

Sehenswert

1 Eagle Square
2 Taman Lagenda Park
3 Masjid Al Hanna
4 Pasar Awam
5 Makam Mahsuri
6 Laman Padi
7 Underwater World
8 Porto Malai
9 Padang Beras Terbakar
10 Atma Alam Art Village
11 Telaga Harbour Park
12 Oriental Village
13 Seilbahn
14 Telaga Tujuh
15 Kompleks Kraf Langkawi
16 Tanjung Rhu
17 Kilim Geopark
18 Hutan Paya Bakau Kilim
19 Pulau Dayang Bunting
20 Pulau Beras Basah

Übernachten

1 Casa del Mar
2 Beach Garden Resort
3 The Cabin
4 Pondok Keladi
5 White Lodge
6 The Palms
7 Sunset Beach Resort
8 The Danna
9 Tanjung Sanctuary
10 The Andaman

Essen & Trinken

1 Wonderland Food Store
2 Nam Restaurant
3 The Cliff Restaurant
4 The Brasserie
5 Red Tomato Restaurant & Lounge
6 Orkid Ria
7 Temoyong Night Market
8 Sheela's
9 Mangoes Bar and Grill

Einkaufen

1 Langkawi Fair Shopping Mall
2 Zone Shopping Paradise

Abends & Nachts

1 Debbie's Place
2 Babylon Mat Lounge

Aktiv

1 Royal Langkawi Yacht Club
2 T-Shop
3 Langkawi Canopy Adventures
4 Nawa Sari Spa
5 Ishan Spa
6 Ayer Spa

Makam Mahsuri 5

Auf halbem Weg von Kuah zum Flughafen liegt abseits der Hauptstraße **Makam Mahsuri,** das Grab einer jungen muslimischen Frau, das zu einem malaiischen Pilgerort geworden ist. Den Zugangsweg säumen Verkaufsbuden, die Souvenirs, Snacks und traditionelle malaiische Medizin feilbieten. Überall ist die tragische Geschichte zu lesen, die sich vor über 200 Jahren ereignet haben soll. Mahsuri war eine Dorfschönheit, die während der Abwesenheit ihres Mannes einem Reisenden Obdach gewährte. Daraufhin wurde sie von der eifersüchtigen Ehefrau des Dorfchefs des Ehebruchs bezichtigt und trotz ihrer Unschuldsbeteuerungen zum Tod verurteilt. Bei ihrer Hinrichtung strömte weißes Blut aus ihrem Körper, das als Zeichen ihrer Unschuld gedeutet wurde. Mit ihren letzten Worten verfluchte sie die Insel für sieben Generationen. In der Tat kam es in der folgenden Zeit zu Missernten und Kriegen. Die Inselbewohner führten ein klägliches Dasein, bis Langkawi in den 1980er-Jahren aus seinem Dornröschenschlaf erwachte. Auf dem Grabstein von Mahsuri ist der verhängnisvolle Fluch nachzulesen. Zudem können ein alter Brunnen und ein traditionelles Haus mit einer Ausstellung zu Geologie, Geschichte, traditionellen Spielen und Kuchen besichtigt werden (tgl. 8–18.30 Uhr, RM 10).

Pantai Cenang und Pantai Tengah

Die beliebtesten und längsten Badestrände von Pulau Langkawi erstrecken sich im Südwesten der Insel. Vor allem am **Pantai Cenang** entstehen immer größere Unterkünfte und andere touristische Einrichtungen. Hingegen haben sich die malaiischen Dörfer im Hinterland kaum verändert.

Am nördlichen Ende des Pantai Cenang informiert das Reismuseum **Laman Padi** 6 über das wichtigste Grundnahrungsmittel Südostasiens. Allerdings ist das Interesse der Besucher eher gering, was sich in der etwas vernachlässigten Ausstellung spiegelt. Lohnend ist jedoch ein Spaziergang durch die Außenanlagen mit Reisfeldern, einem Kräutergarten, einem Spa und zwei Restaurants (Tel. 049 55 43 12, tgl. 9–18 Uhr, Eintritt frei).

Die **Underwater World** 7 am südlichen Strandende ist besonders an Regentagen ein beliebtes Ausflugsziel. In dem Aquarium werden die einheimischen Meeres- und Küstenbewohner präsentiert, von Korallenfischen bis zu Krokodilen und anderen Reptilien. Ein Bereich ist den Wasserbewohnern des südafrikanischen Regenwalds vorbehalten und in einem weiteren Bereich bestaunen vor allem Einheimische die Tierwelt der Polargebiete, beispielsweise Pinguine und Seelöwen (Tel. 049 55 61 00, www.underwaterworldlangkawi.com.my, Mo–Fr 10–18, Sa, So 9.30–18.30 Uhr; Fütterungszeiten: Pinguine 11, 11.15, 14.45, 15, Otter 11.45, 15.45, Seelöwen 14.30, Haie, Rochen und Meeresschildkröten 15.30 Uhr; Erw. RM 38, Kind. RM 28).

Im Süden geht der Pantai Cenang in den touristisch ebenfalls gut erschlossenen **Pantai Tengah** über. Die schmale, teils steile Küstenstraße endet am **Porto Malai** 8, wo Jachten, aber auch große Kreuzfahrtschiffe anlegen.

Übernachten

... am Pantai Cenang:

Elegantes Boutique-Resort ▶ **Casa del Mar** 1: Jln. Pantai Cenang, Tel. 049 55 23 88, www.casadelmar-langkawi.com. Direkt am nördlichen Strand liegt dieses gepflegte Haus im mediterranen Stil. 34 Zimmer mit hochwertiger Möblierung, Safe, Kaffeemaschine und DVD-Player (kostenloser Filmverleih). Gartenanlage mit Pool, professioneller und freundlicher Service, hervorragendes Restaurant (s. S. 226). DZ RM 450–750.

Man spricht Deutsch ▶ **Beach Garden Resort** 2: Jln. Pantai Cenang, Tel. 049 55 13 63, www.beachgardenresort.com. Viele Gäste des kleinen Resorts verbringen bereits seit über 20 Jahren ihren Urlaub bei Wolfgang. Die 13 Zimmer in 2 Reihenhäusern mit durchgehender Terrasse sind sehr sauber und mit Safe, Kühlschrank sowie bequemen Betten ausgestattet. Außerdem Garten mit kleinem Dip-Pool, Liegestühle mit Sonnenschirmen am Strand und beliebtes Strandrestaurant (s.

Mit der Seilbahn geht es zum höchsten Punkt der Insel, den Gunung Mat Cinang

S. 226). Überaus reichlich ist das Frühstück mit hausgemachtem Brot. DZ RM 280–300 inkl. Frühstück.

Komfort im Container ▶ **The Cabin** 3: Jln. Pantai Cenang, Tel. 01 24 17 84 99, www.thecabin.com.my. Mit viel Fantasie wurden Container umgestaltet, die relativ nah an der Straße in einem gepflegten Garten stehen. 20 wohnliche Zimmer mit Flachbildschirm, Wasserkocher, kleiner Terrasse und Internetzugang. Freundlicher Service. DZ RM 150.

Ideal zum Entspannen ▶ **Pondok Keladi** 4: Kampong Padang Putih, etwa 500 m landeinwärts vom Aseania Resort vor dem Surau (Gebetsraum) rechts abbiegen und nochmals 500 m fahren, Tel. 049 55 16 48, 01 25 36 92 16, www.pondok-keladi.com. Die kleine, liebevoll gestaltete Anlage in ruhiger Lage wird von Rosidi, der lange in England gelebt hat, geleitet und von seinem Hund gut bewacht. Unter Kokospalmen stehen Bungalows rings um die offene Lobby mit vielen Sitzgelegenheiten und einer Frühstücksküche, in der sich jeder Gast nach Belieben bedienen kann. 3 Nächte Mindestaufenthalt, frühzeitige Buchung empfehlenswert. DZ RM 120 inkl. Frühstück.

Gutes Preis-Leistungs-Verhältnis ▶ **White Lodge** 5: Jln. Pantai Tengah, im Hinterland am Südende des Pantai Cenang, Tel. 049 55 30 72, 01 24 94 20 72. Hinter einem riesigen Hotelneubau stehen weiße Reihenhäuser mit Terrasse und 22 sauberen Zimmern sowie etwas abgewohnten Suiten. DZ RM 100–150.

Gesellig und entspannt ▶ **The Palms** 6: jenseits der Straße am Pantai Cenang, Tel. 01 76 31 01 21, palmslangkawi@gmail.com. In der kleinen Anlage an einer ruhigen Straße sorgen die hilfsbereiten Besitzer Sue und Dave aus England für ihre Gäste. Die 8 gefliesten Zimmer mit AC oder Ventilator und kleinen Terrassen sind um einen netten Innenhof errichtet. Die Küche der Besitzer kann von allen genutzt werden. DZ RM 70–100.

... am Pantai Tengah:

Stilvoll ▶ **Sunset Beach Resort** 7: Jln. Pantai Cenang, Tel. 049 55 17 51, www.sungrouplangkawi.com. Die liebevoll gestaltete

Anlage in einem schmalen tropischen Garten erstreckt sich von der Straße bis zum Strand. Dicht beieinanderstehende, kleine Häuser mit 28 ansprechenden Zimmern im lokalen Stil. Vom großen Frühstücksrestaurant aus blickt man aufs Meer. Internetzugang, sehr freundlicher Service. DZ RM 220–320 inkl. Frühstück.

Essen & Trinken

... am Pantai Cenang:

Genuss für alle Sinne ▶ **Nam Restaurant** **2**: im Bon Ton Resort, nördl. vom Pantai Cenang an der Straße zum Flughafen, Tel. 049 55 16 88, tgl. 11–23 Uhr. Ebenso stilvoll wie das kleine Resort hat die australische Besitzerin das offene Restaurant mit Blick ins Grüne gestaltet. Von 11 bis 17 Uhr gibt es Mezze und leichte Gerichte, nachmittags zudem Tapas und von 19 bis 22.30 Uhr Nyonya- und Fusion-Gerichte bei Kerzenschein. Tipp: Nyonya-Platte, eine Zusammenstellung malaiischer und chinesischer Favoriten. Auch gute Weine und leckere Desserts. RM 50–80.

Verbindung der alten und neuen Welt ▶ **La Sal Restaurant** **1**: im Casa Del Mar (s. S. 224), tgl. 7–11, 12–14.30, 19.30–22.30 Uhr. Das Strandrestaurant mit Tischen auf dem weißen Sand vereint westliche und östliche Kochkünste sowie Produkte aus Asien und Australien zu einem kulinarischen Hochgenuss. Auch auserlesene Weine und Cocktails. Hauptgerichte ab RM 50.

Zum Sonnenuntergang ▶ **The Cliff Restaurant** **3**: 40 & 63 Pantai Cenang, Tel. 049 53 32 28, www.theclifflangkawi.com, tgl. 11–23 Uhr. Auf den Felsen am südlichen Ende der Bucht beschatten zeltförmige Dächer das offene, stilvolle malaysische Restaurant. Viele apart zubereitete Gerichte, von Hummer bis zu Sandwiches, empfehlenswert ist das traditionelle Rindfleischgericht *rendang*. Traumhafter Ausblick. Ab RM 40.

Heimische Küche ▶ **Beach Garden Resort** **2**: in der gleichnamigen Unterkunft (s. S. 224), tgl. ab 8.30 Uhr. Als einer der Pioniere auf Langkawi hat sich der Schweizer Chefkoch mit seinem Strandbistro bei Einheimischen und Touristen einen Namen gemacht. Morgens wird ein üppiges Frühstück mit verschiedenen Brot-, Käse- und Wurstsorten aufgetragen, abends reicht das Angebot von Gulasch mit Spätzle bis zu Barsch *(garoupa)* in Mango-Kokossoße. Dazu gibt es Fassbier und ein breites Weinangebot. RM 30–60.

Mittelmeer am Tropenstrand ▶ **The Brasserie** **4**: 27 A Jln. Pantai Cenang, Tel. 049 55 19 27, tgl. 12–24 Uhr. Bei Tapas und einem Glas Wein auf einem Sofa mit Blick aufs Meer und den Füßen im Sand kommt Urlaubsatmosphäre auf. Die authentische mediterrane Küche bietet auch Pasta, Steaks und Fischgerichte – und nicht zu vergessen: leckeres Cassata und andere Desserts. RM 20–50.

Rundum gut ▶ **Red Tomato Restaurant & Lounge** **5**: gegenüber der Underwater World, Tel. 049 55 40 55, www.redtomatolangkawi.com, tgl. 9–23 Uhr. Tanja aus Deutschland und ihr malaiischer Mann, der Künstler Oli, haben das mit vielen Grünpflanzen und Kunstwerken eingerichtete Restaurant mit Straßenterrasse zu einer Institution gemacht. Bereits morgens genießt man bei entspannter Musik ein sehr leckeres und gesundes Frühstück mit selbst gebackenen Brötchen, fantastischem Müsli, gutem Kaffee und frischen Säften, Lassis oder Shakes. Den ganzen Tag über wird eine große Bandbreite frischer Salate, Pizzas und Pasta, Fisch, Steaks und vegetarischer Gerichte serviert. Auch glutenfreie Speisen. RM 20–30.

Frische Meeresfrüchte ▶ **Orkid Ria** **6**: am nördl. Pantai Cenang, Tel. 049 55 41 28, tgl. 11–15, 18–23 Uhr. Die Preise sind günstiger als in vergleichbaren Restaurants und der Service ist schnell, weshalb das große chinesische Restaurant einer ehemaligen Fischerfamilie eines der beliebtesten der Insel und immer gut besucht ist. Abends locken frische Fische, Krebse, Garnelen und Hummer in den eisgekühlten Auslagen vor dem Eingang. Reservierung empfohlen. RM 10–60.

Nachtmarkt ▶ **Temoyong Night Market** **7**: am Flussufer in Kampung Temoyong östl. vom Pantai Cenang, Do 17–20 Uhr. Interessanter als die Handyhüllen und Jeans auf dem Nachtmarkt unter freiem Himmel ist das authentische lokale Essen. Um RM 5.

... am Pantai Tengah:
Familiär ▶ **Sheela's 8: **Tel. 049 55 23 08, Di–So ab 18 Uhr. Der Tropengarten des Restaurants ist der ideale Platz für ein Candlelight Dinner. Sheela und ihr deutscher Mann Willi haben sich hier ihren Traum erfüllt und kümmern sich liebevoll um ihre Gäste. Außer malaiischen Speisen wie frisch gegrillte Satespieße und Fisch stehen auch mitteleuropäische Gerichte wie leckere Lammkoteletts auf der Karte. RM 20–30.

Einkaufen

Souvenirs ▶ **Bon Ton Resort 2:** an der Straße zum Flughafen, Pantai Cenang. In einem Laden vor dem Nam Restaurant findet man eine geschmackvolle Auswahl an Mitbringseln.
Zollfrei shoppen ▶ **Zone Shopping Paradise 2:** neben der Underwater World, Pantai Cenang, Tel. 049 55 53 00, tgl. 10–21 Uhr. Der Duty-free-Supermarkt verkauft neben preiswerten Alkoholika und Zigaretten auch Süßigkeiten aus aller Welt, billige Textilien, Haushaltswaren und Kunsthandwerk aus Malaysia sowie den Nachbarländern.

Abends & Nachts

... am Pantai Cenang:
Irish Pub ▶ **Debbie's Place 1:** gegenüber dem Malibest Resort, Tel. 049 66 87 00, tgl. ab 17 Uhr. Das Pub unterscheidet sich von außen kaum von den anderen Restaurants an diesem Strandabschnitt, doch drinnen wird von Debbie aus Kuala Lumpur und ihrem Team bereits seit Jahren zu beschwingter Musik gut gekühltes Bier serviert.
Reggae Bar ▶ **Babylon Mat Lounge 2:** am Strand neben dem Melati Tanjung Motel, tgl. 11–1 Uhr. Dass Strand und Reggae bestens zusammenpassen, beweist diese kleine Bar. Die Stimmung steigt, wenn ab 22 Uhr die Hausband Songs von Bob Marley und andere Chill-out-Musik spielt.

Aktiv

Wellness ▶ **Nawa Sari Spa 4:** nahe dem Reismuseum Laman Padi, Pantai Cenang, Tel. 049 55 41 68, tgl. 11–20 Uhr. Ein etwas einfacheres und günstigeres Spa mit Anwendungen, die aus der einheimischen Tradition stammen, z. B. Räuchern der Haare. Zudem gute Massagen. Kostenloser Abholservice von den nahen Stränden. **Ishan Spa 5:** Jln. Teluk Baru, neben dem Unkaizan Restaurant, Pantai Tengah, Tel. 049 55 55 85, www.ishanspa.com, tgl. 10–22 Uhr. Ruhig gelegenes, angenehmes Tagesspa, das traditionelle Massagen, Peelings und Packungen im Angebot hat. Kostenloser Abholservice von den nahen Stränden. **Ayer Spa 6:** Pantai Tengah, auch im Sheraton Langkawi am Pantai Kok (s. S. 229), Tel. 049 55 67 76, www.ayerspa.com.my, tgl. 10–22 Uhr. In den edlen Räumlichkeiten wird die malaiische Tradition der Massage und Behandlung mit Kräutern, Pasten und Bädern gepflegt.

Padang Matsirat

Bevor Touristen die Insel entdeckten, war **Padang Matsirat** 7 km nördlich des Flughafens der größte Ort des Archipels. Das Ziel malaiischer Touristen ist der **Padang Beras Terbakar** 9 (›Platz des verbrannten Reises‹), auf dem die Bewohner einst ihre gesamte Ernte verbrannten, um sie nicht in die Hände der anrückenden siamesischen Soldaten fallen zu lassen. Jahrhundertelang waren die nördlichen malaiischen Sultanate dem siamesischen Königreich tributpflichtig, was sich erst änderte, als die Engländer 1904 die heutigen Grenzen festlegten.

Lohnend ist ein Besuch im **Atma Alam Art Village 10**, in dem Batiken, Ölgemälde, Keramiken und malaysisches Kunsthandwerk ansprechend präsentiert werden. Neben ihrer Galerie betreiben die Batikmalerin Roshada Yusof (Sada) und der Maler Aza Osman, der gut Deutsch spricht, auch ein kleines Café (östl. Ortseingang, Tel. 049 55 12 27, www.atmaalam.com, tgl. 9–18 Uhr).

Essen & Trinken

... in Kuala Teriang (etwa 2 km nördl. von Padang Matsirat):
Verstecktes Kleinod ▶ **Mangoes Bar and Grill 9:** Jln. Kuala Muda, Tel. 01 25 64 03 07, 01 75 89 81 17, www.mangoeslangkawi.

webs.com, Mi–Sa 17–22, So 11–22 Uhr. Die Australierin Michele und ihr deutscher Partner Lutz betreiben dieses kleine offene Restaurant in einem tropischen Garten mit Ausblick aufs Meer. Die Küche ist ganz auf den Geschmack westlicher Gäste ausgerichtet, entsprechend stehen Salate, Schnitzel, Steaks und Lasagne sowie verführerische Schokoladenkuchen und Apfelstrudel auf der Karte. RM 15–40.

Aktiv

Batikkurse ▶ **Atma Alam Art Village** 10: s. S. 227. 2- bis 3-stündige Kurse in Batikmalerei, Anmeldung unbedingt erforderlich (Sa–Do 14–17 Uhr).

Pantai Kok

Pantai Kok, ein kleiner Strand im Westen der Insel, wurde auf dem Reißbrett völlig umgestaltet. Im Westen der geschützten Badebucht mit einem relativ schattenlosen Sandstrand und einem kleinen Leuchtturm errichtete man den **Telaga Harbour Park** 11 (www.telagaharbour.com), der einen Jachthafen, eine Uferpromenade mit Cafés und Restaurants sowie ein Luxushotel umfasst.

In der **Teluk Burau,** einer Bucht am Ende der Hauptstraße, wurde vor allem für asiatische Touristen das **Oriental Village** 12 (www.orientalvillage.my) angelegt, ein Einkaufsparadies mit Hunderten von Geschäften, Restaurants, Cafés, Essenständen, einem Park mit kleinen Seen und einem Streichelzoo. Zur Anlage gehört auch der sehenswerte **Geopark Info Centre,** der in die geologische Geschichte der Inselgruppe einführt und interessante Landschaftsformen sowie ungewöhnliche Gesteinsproben vorstellt. Den bis zu 550 Mio. Jahre alten Landschaften im Nordwesten und Osten von Pulau Langkawi sowie den Inseln Dayang Bunting, Tuba und Lima wurde 2007 der Titel »Geopark im von der UNESCO unterstützten Weltnetz« verliehen. Den Ausschlag hierfür hatten die unglaubliche geologische Vielfalt sowie die reichhaltige Flora und Fauna gegeben, die man auf Bootstouren oder aber einer Fahrt mit der Seilbahn erleben kann (tgl. 10–17 Uhr, Eintritt frei).

Gepflegte Gartenanlagen sind ein fester Bestandteil fast aller Urlaubsresorts

Übernachten

... am Pantai Kok:

Großzügig ▶ **The Danna** 8: Telaga Harbour Park, Tel. 049 59 32 88, www.thedanna.com. Bereits der noble Eingangsbereich und die weiße Fassade erinnern an das gediegene Raffles Hotel in Singapore. Auch die hohen luft- und lichtdurchfluteten Innenräume des 5-stöckigen 5-Sterne-Hotels versetzen in die Zeit der britischen Pflanzer zurück. 125 geräumige Zimmer in hellen Tönen mit komfortablen Marmorbädern und ansehnlichem Balkon, über 50 m langer Pool, Lese- und Billardraum, Spa, Kinderclub und guter Service. DZ RM 850–2000 inkl. Frühstück.

Umweltfreundliches Refugium ▶ **Tanjung Sanctuary** 9: Jln. Pantai Kok, Teluk Nibong, Tel. 049 52 02 22, www.tanjungsanctuary.com.my. Abseits der Straße stehen auf einem hügeligen Kap unter hohen Bäumen oder auf Klippen über dem Meer 16 geräumige Doppelbungalows mit Bädern im japanischen Stil und großen Terrassen. Vom Restaurant geht es hinab zum kleinen Privatstrand mit Beach-Bar. Zudem netter Pool und Fitnesscenter mit Aussicht. Der belgische Küchenchef sorgt für ein gutes Frühstücksbüfett sowie leckere mediterrane und asiatische Speisen. DZ RM 650–1000 inkl. Frühstück.

... in Datai (ca. 10 km nordwestl.):

Luxuriöses Resort in üppiger Natur ▶ **The Andaman** 10: Tel. 049 59 10 88, www.luxurycollection.com/andaman. An einem schönen Sandstrand in einer abgelegenen, von Regenwald umrahmten Bucht lädt dieses umweltbewusste 5-Sterne-Resort zum Entspannen ein. Die 186 großzügigen Zimmer im modernen malaiischen Stil verfügen über viele Extras, u. a. DVD-Player und Espressomaschine. Außerdem weitläufige Poollandschaft, mehrere Restaurants, Bar, Lounge, Spa, Fitnesscenter. Im Angebot sind teils kostenlose Dschungel- und Riffspaziergänge sowie andere Aktivitäten. DZ RM 560–2000 inkl. Frühstück.

Essen & Trinken

Elegant dinieren ▶ **Privilege Restaurant & Bar 11:** Perdana Quay, Telaga Harbour Park, Tel. 049 56 11 88, www.privilegerestaurant.com, Mo–Sa 12–23 Uhr. Im 1. Stock liegt am Jachthafen etwas versteckt dieses klimatisierte Restaurant mit innovativer malaysischer Fusion-Küche. Aufmerksamer Service. Hauptgerichte RM 30–70.

Gunung Mat Cincang

Im Westen der Insel ragt das älteste Gebirge des Landes empor. Den höchsten Punkt bildet der dschungelbedeckte, 708 m hohe **Gunung Mat Cincang,** dessen zerklüftete Flanken schier unüberwindbar zu sein scheinen. Dank österreichischer Technik jedoch kann man seit 2002 die steilste **Seilbahn** 13 der Welt besteigen und in klimatisierten Gondeln zur Bergstation in fast 700 m Höhe hinaufschweben. Nur rund 20 Minuten dauert es, die über 2 km lange Strecke zu überwinden, dann ist der ›Flug‹ über die dichten Baumwipfel auch schon zu Ende. Bei schlechtem Wetter wird die Bergbahn stillgelegt, desgleichen etwa einmal jährlich für zwei Wochen zur Wartung (Talstation im Oriental Village, Tel. 049 56 42 25, www.panoramalangkawi.com, Mo, Di, Do 10–18, Mi 12–18, Fr, Sa, So 9.30–19 Uhr, Erw. RM 30 hin und zurück, Kind. RM 20).

Unterhalb der Bergstation schwingt sich eine 125 m lange Metallbrücke über grüne Baumwipfel und unzugängliche Schluchten. Nur ein einziger, über 80 m hoher Pfeiler stützt das Bauwerk – eine architektonische Meisterleistung (s. Abb. S. 22). Höchst beeindruckend ist auch die Aussicht, die man von der Brücke genießt, denn bei gutem Wetter reicht der Blick über Langkawi bis zu den thailändischen Inseln.

Teluk Ewa

Nahe **Teluk Ewa** an der Nordküste betreibt das staatliche Kunstgewerbezentrum **Kompleks Kraf Langkawi** 15 eine große Filiale. Rings um den Verkaufsraum für malaiisches Kunsthandwerk kann man täglich außer freitags Handwerkern beim Weben, Flechten und Batiken über die Schulter schauen.

Wie all diese Gegenstände früher im Alltag verwendet wurden, zeigen zwei kleine **Museen.** In der ersten Ausstellung bekommt man anhand von lebensgroßen, in traditionelle Festgewänder gekleidete Puppen die Hochzeitsbräuche verschiedener malaysischer Nationalitäten vorgeführt. Das zweite Museum ist dem traditionellen Arbeitsalltag gewidmet und zeigt Werkzeuge der Bootsbauer und Holzschnitzer, alte Boote, Fallen, Spielzeug, Musikinstrumente und Wayang-Kulit-Schattenspielfiguren (Tel. 049 59 19 13, www.kraftangan.gov.my, Sa–Do 10–18 Uhr, Eintritt frei).

Tanjung Rhu 16

Die schönste Bucht der Insel an der Nordküste besitzt einen weißen Sandstrand und wird von Kasuarinen, Mangroven und den steil aufragenden Karstfelsen des Kilim Geopark umrahmt. Allerdings ist in **Tanjung Rhu** wegen zwei Luxusresorts nur ein kleiner Strandbereich im Osten öffentlich zugänglich. Wenn sich bei Ebbe das Meer weit zurückzieht, spazieren Urlauber auf den Sandbänken bis zu vorgelagerten Felseninseln hinaus. Vorsicht geboten ist beim Baden, vor allem bei hohem Wellengang während der Flut. Infolge gefährlicher Unterströmungen haben sich schon mehrere tödliche Badeunfälle ereignet.

Kilim Geopark 17

Im **Kilim Geopark** im äußersten Nordosten der Insel winden sich Bäche und Flüsse durch unzugängliche Mangrovenwälder, die von dschungelbedeckten Felsformationen umrahmt werden. Steil aufragende Kliffs am Meer wurden von Wind und Wasser zu dramatischen Überhängen geformt und zu Tunneln ausgespült. Zahlreiche Höhlen durchziehen die porösen Felsen. An der Küste wechseln sich Karstfelsen mit glatt geschliffenem, grauem Granit, buntem Sandstein und Stränden voller Kieselsteine ab.

aktiv unterwegs

Trekking im tropischen Regenwald von Langkawi

Tour-Infos

Start: Parkplatz mit Essenständen am Ende der ausgeschilderten Stichstraße, die kurz vor dem Oriental Village (s. S. 229) 1 km Richtung Norden führt. Anfahrt mit dem Taxi ab Pantai Cenang (RM 30). Für die Rückfahrt zum Oriental Village laufen, wo Taxis warten.
Dauer: ca. 2 Std. hin und zurück
Schwierigkeitsgrad: relativ anstrengend
Infos: Am Parkplatz befinden sich eine Infotafel und ein kleines Besucherzentrum.

Die Hänge des **Gunung Mat Cincang** bedeckt ein geschützter Tropendschungel mit vielen hohen Bäumen. Besonders nach kräftigen Regenfällen lohnt ein Ausflug zum Wasserfall **Telaga Tujuh** 14 etwa auf halber Strecke zwischen Tal- und Bergstation der Seilbahn. Das Wasser, das in der Trockenperiode fast versiegt, hat die scharfen Felskanten des Flussbetts im Laufe von Jahrmillionen glatt geschliffen und unzählige romantische Pools geschaffen – gemäß den Legenden der Insel sind dies die Badeplätze von Feen, die dem Wasser heilende Kraft verleihen.

Hinter den Essen- und Souvenirständen beginnt 150 m vom Parkplatz entfernt der Wanderweg, der durch den Dschungel steil hinaufführt. Vor allem am frühen Morgen und am Nachmittag kann man riesige Eichhörnchen, Makaken und große Nashornvögel beobachten. Schon nach etwa 15 Min. geht es links zum Fuß des Wasserfalls ab, wo die schäumende Gischt aus 90 m Höhe herabstürzt. Vor allem Familien kommen zum Picknicken hierher, da Kinder schön im Wasser plantschen können und der Weg vom Parkplatz kurz ist.

Knapp 30 Min. dauert der nun folgende schweißtreibende Aufstieg über 638 Stufen zu einem Plateau mit weiteren Pools. Hier kann man ein erfrischendes Bad in einem der sieben natürlichen Becken nehmen und die Aussicht bis zur Küste genießen. Keinesfalls jedoch sollte man die Absperrung am Ende der Pools überklettern, denn im dahinterliegenden schlüpfrigen Flussbett sind bereits Touristen abgestürzt. Auch sollten keine Lebensmittel mit heraufgebracht werden, da sie dreiste Makaken anlocken, die sich mit den Taschen davonstehlen. An den Pools bieten Schutzhütten Unterschlupf, sollte es regnen.

Wer möchte, kann auf markierten Pfaden weiter den Berg hinauf durch den Dschungel wandern. Der Pfad zur Bergstation der Seilbahn beginnt bereits kurz hinter dem Eingang am Wassertank und ist sehr schwierig. Es empfiehlt sich, frühzeitig abzusteigen, da es im dichten Wald schnell dunkel wird.

Diese einmalige Natur wurde als Lebensraum seltener Tiere und Pflanzen unter besonderen Schutz gestellt und kann im Rahmen von Bootsfahrten ab Tanjung Rhu (s. S. 230) oder von einer Anlegestelle am Sungai Kilim im Mangrovenschutzgebiet Hutan Paya Bakan Kilim (s. S. 232) erkundet werden.

Weniger empfehlenswert sind die einstündigen Standardtouren (ab RM 100), bei denen man im großen und lautstarken Tross durch die Fledermaushöhle zieht und danach in eine wunderschöne, von hohen Felsen umrahmte Bucht zum Seeadler-Füttern fährt – von Letzterem muss unbedingt abgeraten werden, denn die wilden Tiere verlieren durch das Füttern mit Hähnchenabfällen ihren natürlichen Instinkt und nehmen zudem eine Unmenge an Antibiotika zu sich. Es gibt jedoch interessante Ausflugsalternativen, beispielsweise die höchst informative Mangroventour mit Peter Höfinger (s. S. 219) oder den Guides von Jungle Walla (s. S. 219) sowie der Ausflug mit dem Segelschiff Stardust (s. S. 218).

aktiv unterwegs

Kajaktour durch den Mangrovenwald von Langkawi

Tour-Infos

Start: Anlegestelle im Hutan Paya Bakan Kilim, 700 m von der Hauptstraße entfernt
Anfahrt: Abholservice bzw. Taxi ab den Stränden ca. RM 40, ab Kuah ca. RM 25
Dauer: 1–4 Std.
Schwierigkeitsgrad: einfach
Buchung: Dev's Adventure Tours, Jungle Walla und Peter Höfinger (s. S. 219), Langkawi Mangrove Tours, Tel. 01 74 30 48 00, www.langkawimangrovetours.com

Selbst Anfänger können die ein- oder zweisitzigen Seekajaks steuern und die ruhigen Gewässer der Inselwelt ganz aus der Nähe erkunden. Die Boote werden in einigen Resorts und im Mangrovenschutzgebiet Hutan Paya Bakan Kilim nördlich von Kuah vermietet. Auch manche Ausflugsboote haben Kajaks an Bord, damit Touristen auf kurzen Ausflügen in einsame Buchten und kleine Höhlen paddeln können. Empfehlenswert sind geführte Touren durch das Gewässerlabyrinth der Mangrovenwälder und zu den vorgelagerten kleinen Inseln.

Besonders spannend ist der Ausflug durch das Mangrovendickicht des 100 km² großen **Hutan Paya Bakau Kilim** 18. Über den trägen Sungai Kelim und den Sungai Kisap sowie schmale namenlose Kanäle paddelt man vorbei an spektakulären, von Erosion geformten Karstfelsen, an die sich die zähe Vegetation zu klammern scheint. Aufmerksamkeit verdienen vor allem die endemischen, extrem langsam wachsenden Palmfarne, die bereits vor 200 Mio. Jahren existierten. Bei Ebbe tummeln sich im Schlamm zwischen den bizarren Schnorchel-, Knie- und Luftwurzeln unzählige Winkerkrabben, Einsiedlerkrebse und Schlammspringer, die ältesten Landbewohner unseres Planeten. Manchmal schwimmt auch ein großer Waran vorbei. Selbst Schlangen und Languren sind im Geäst der Bäume zu entdecken und am Himmel ziehen Seeadler ihre Kreise. Näher als in einem geräuschlosen Kajak kann man der Natur nicht sein.

Im Kajak erlebt man die Natur aus einer ganz anderen Perspektive

Tipp: Bootstouren zu den Inseln

Günstig muss nicht immer gut sein, das gilt vor allem für Bootstouren zu den kleinen Inseln. Beim billigsten halbtägigen Ausflugsangebot zu den südlichen Inseln donnert das gut gefüllte Schnellboot mit Höchstgeschwindigkeit hinüber zur **Pulau Dayang Bunting** 19, wo es seine Passagiere entlädt und sofort nach Kuah zurückfährt, um die nächste Ladung Besucher zu holen. Auf der Insel steigt man zu einem Süßwassersee hinauf, der einer Legende nach kinderlosen Frauen Nachwuchs verspricht. Nach einem Bad im trüben Wasser geht es zurück zur Anlegestelle. Manchmal schließt sich ein Aufenthalt an einem der schönen Sandstrände von **Pulau Beras Basah** 20 an, von dem man mit mehr oder weniger sonnenverbrannter Haut wieder nach Langkawi zurückkehrt (RM 45–50). Im Angebot sind zudem Inselrundfahrten um Langkawi (RM 110) oder Ausflüge nach Pulau Payar (RM 160–240). Man kann auch ein Schnellboot chartern (RM 150–200/ Std.) oder einen entspannten Segeltörn durch die Inselwelt unternehmen (s. S. 218).

Die Nordwestspitze der Halbinsel

Sultanat Perlis ►1, D/E 1/2

Das kleinste malaiische Sultanat, das **Sultanat Perlis,** liegt am nördlichen Zipfel des Landes. Die meisten Transitreisenden nach Thailand fahren allerdings über die Autobahn im Osten daran vorbei. In der geruhsamen Hauptstadt **Kangar** kann man sich im kleinen **Muzium Negeri Perlis** im Kompleks Warisan Negeri über die lokale Geschichte und Kultur informieren (Jln. Kolam, Tel. 049 77 13 66, So–Fr 9–16, Sa 9–12 Uhr).

10 km südöstlich von Kangar liegt **Arau,** der kleine Sultanssitz. Hier steigen die Reisenden aus der Eisenbahn aus, die weiter nach Langkawi wollen. Der letzte Bahnhof in Malaysia ist **Padang Besar,** 35 km nördlich von Kangar. In dem lebendigen Grenzort werden alle Grenzformalitäten erledigt, bevor der Zug weiter nach Hat Yai in Thailand fährt.

Alor Setar ►1, E 3

Die Hauptstadt von Kedah und Sitz des Sultans, **Alor Setar,** ist das größte Geschäfts- und Verwaltungszentrum im Nordwesten. Die überwiegend von chinesischen Geschäftshäusern geprägte Innenstadt erstreckt sich westlich des Bahnhofs bis zum Sungai Anak Bukit. Fast schon am Flussufer liegt die **Masjid Zahir** von 1912, eine der schönsten orientalischen Moscheen Malaysias.

Im gegenüberliegenden Park stehen einige schöne Repräsentationsbauten der Sultane, u. a. der **Balai Nobat,** ein gelber, achteckiger Turm, und der **Sultanspalast.** Die über 100 Jahre alte Audienzhalle **Balai Besar** im sinomalaiischen Stil beherbergt heute das **Kedah Royal Museum** (Muzium Diraja), wo man sich über die Sultansfamilie informieren kann (Tel. 047 32 79 37, Mo–Do 10–18, Fr 9.30–12, 14–18 Uhr, Eintritt frei). Südlich davon stellt die staatliche Kunstgalerie **Balai Seni Negri** Gemälde, Musikinstrumente und archäologische Funde aus.

Lohnender ist ein Besuch des **Muzium Negeri** 2,5 km nördlich des Zentrums, das viele archäologische Funde aus der Region präsentiert (Mo–Do 9–18, Fr bis 15 Uhr, Eintritt frei, Taxi vom Zentrum RM 10).

8 km nördlich der Stadt, schon am Rand der Reisfelder, beleuchtet das **Muzium Padi** alles, was mit dem Grundnahrungsmittel Reis in Verbindung gebracht werden kann – von den Werkzeugen der Bauern über Reisspeicher und -sorten bis zur Geschichte des Reisanbaus. Schließlich ist dieses Gebiet die Reiskammer des Landes (Tel. 047 33 11 62, Sa–Do 9–17, Fr 9–12.30, 14.30–17 Uhr, RM 3, Kamera RM 2, Taxi vom Zentrum RM 15).

Infos

Tourism Malaysia: Jln. Raja, Kompleks Pelancongan Negeri Kedah, Tel. 047 31 23 22, So–Mi 9–13, 14–15.30 Uhr. Informationen über Ziele auf dem Festland und auf Pulau Langkawi.

Übernachten

Mit Aussicht ▶ Holiday Villa: 162 &163 Jln. Tuanku Ibrahim, Tel. 047 34 99 99, www.holidayvillahotelalorstar.com. 4-Sterne-Hotel in einem Hochhaus mit 156 Zimmern, die nicht mehr ganz frisch, aber gepflegt sind und über Flachbildschirm, Kühlschrank, Internetzugang und Safe verfügen. Mehrere Restaurants, Fitnesscenter, kleiner Pool. DZ RM 210–310 inkl. Frühstück.

Modernes Businesshotel ▶ New Regent: Jln. Sultan Badlishah, Tel. 047 31 50 00. Neuerer Hotelblock mit 24 sauberen Zimmern, die bequeme Betten und Flachbildschirme, aber kleine Fenster haben. Internetzugang in der Lobby. DZ RM 120–170 inkl. Frühstück.

Verkehr

Flüge: Vom Sultan Abdul Halim Airport, ca. 11 km nördl. der Stadt, mit Air Asia, www.airasia.com, Firefly, www.firefly.com.my, und MAS, www.mas.com.my, regelmäßig nach Kuala Lumpur.

Züge: Jeweils 1 x tgl. mit dem Langkawi Express (Senandung Langkawi) nach Butterworth und Hat Yai. Außerdem hält in Alor Setar der internationale Express Butterworth–Bangkok.

Busse: Am Terminal Bas Shahab Perdana ca. 4 km nordwestlich vom Zentrum halten alle Überlandbusse, Verbindungen u. a. ständig nach Butterworth (bis 20 Uhr, 2 Std., RM 8–10) und Kuala Lumpur (bis 23.30 Uhr, 5–6 Std., RM 38). Anfahrt zum Terminal mit Stadtbus 208. Ein Taxi vom Zentrum kostet RM 10. Busse in die Umgebung starten von einer Haltestelle nahe dem Markt, z. B. nach Kangar (1 Std., RM 5), zum Fährhafen für Pulau Langkawi nach Kuala Kedah (30 Min., RM 2), nach Sungai Petani (1 Std., RM 8).

Überlandtaxis: Von der Taxistation im Zentrum nahe dem Markt nach Butterworth (RM 120), Kuala Kedah (RM 20), Sungai Petani (RM 70), Changlun zur Bushaltestelle an der thailändischen Grenze (RM 60).

Von Alor Setar nach Butterworth ▶ 1, E 4

Durch eine weite grüne Ebene mit malaiischen Dörfern geht es von Alor Setar Richtung Süden. Bevor man das industrielle Ballungsgebiet von Butterworth erreicht, das bereits in **Sungai Petani** (▶ 1, E 5) beginnt, lohnt es sich, einen Abstecher zum 1217 m hohen **Gunung Jerai** zu machen. Bereits die frühen Seefahrer nutzten den markanten Berg als Navigationspunkt, daher verwundert es nicht,

dass hier Reste von hinduistischen und buddhistischen Tempeln, von Befestigungsanlagen und Versammlungshallen ausgegraben wurden. Die Funde stammen wahrscheinlich aus dem 3. bis 14. Jh., als arabische, indische und chinesische Seefahrer am Südwesthang des Bergs, im Tal des Sungai Bujang, eine Handelsstation betrieben.

Über die Ausgrabungsarbeiten kann man sich im kleinen **Muzium Arkeologi Lembah Bujang** informieren, in dem u. a. Steinmetzarbeiten, Skulpturen, Schmuck und Keramiken ausgestellt sind. Oberhalb des archäologischen Museums können verschiedene Ausgrabungsstätten besucht werden, von den Gebäuden sind allerdings nur noch die Grundmauern zu sehen (Anfahrt von Sungai Petani nach Merbok und von dort über eine 2,5 km lange ausgeschilderte Zufahrtsstraße, Tel. 044 57 20 05, www.jmm.gov.my, tgl. 9–17 Uhr, Eintritt frei, Taxi ab Sungai Petani etwa RM 40 einfach).

Orientalisch durch und durch: die Masjid Zahir in Alor Setar

Mit Wurzeln unglaublicher Ausmaße krallen sich die Baumriesen am Urwaldboden fest

Kapitel 3

Die Ostküste und das Landesinnere

Palmenstrände, so weit das Auge reicht, dazwischen liegen kleine Fischerdörfer, gleich drei malaiische Sultansstädte und weit draußen im tiefblauen Meer Inseln umgeben von Korallenriffen. Im Landesinnern erheben sich Berge mit den größten Dschungelgebieten der Halbinsel. Ein ideales Urlaubsziel, möchte man meinen – würde nicht der Monsun ausgerechnet im europäischen Winter die Ostküste mit reichlich Regen beschenken, der die tropisch-grüne Landschaft erst zu dem macht, was daran so reizvoll ist.

Gewöhnungsbedürftig für viele Reisende mag auch sein, dass man sich hier im ›malaiischsten‹ und konservativsten Teil des Landes befindet. Westliches Badeleben entspricht nicht unbedingt den Moralvorstellungen strenger islamischer Sittenwächter, weshalb zwischen den meisten Resorts und Dörfern sorgsam Abstand gewahrt wird. Doch noch gibt es viel Platz für Bungalowanlagen inmitten von Kokoshainen und vor allem auf den vorgelagerten Inseln, wo es immer schon um einiges entspannter zuging.

Keine Reise in diese Ecke Malaysias wäre komplett ohne eine Wanderung durch den tropischen Regenwald mit seinen Urwaldriesen, Schlingpflanzen, Epiphyten, seinen großen und kleinen Tieren – nicht nur Naturfreunde wird allein die Vielfalt an Schmetterlingen begeistern, denen man hier begegnet. Der Dschungel ist ein Paradies für Fotografen, desgleichen die Märkte, wo bunt gekleidete Frauen sowie exotische Früchte in allen Farben und Formen wunderbare Motive abgeben, beispielsweise die große Vielfalt an Bananen, von mehligen Kochbananen aus dem Dschungel über gezüchtete Sorten und Hybride, die teils nur fingergroß sind.

Auf einen Blick

Die Ostküste und das Landesinnere

Sehenswert

7 **Pulau Perhentian:** In den kleinen Bungalowanlagen dieser aus zwei Eilanden bestehenden Inselgruppe an der nördlichen Ostküste fühlen sich vor allem Individualreisende wohl. Auch wer tauchen lernen will, ist hier am richtigen Platz (s. S. 249).

8 **Kuala Terengganu:** Ihrem Ölreichtum verdankt die Sultansstadt ein modernes Stadtbild und ein großartiges Museum. Auf dem Markt und in der Chinatown hingegen fühlt man sich die Vergangenheit versetzt (s. S. 255).

9 **Taman Negara National Park:** Der bereits 1938 gegründete Nationalpark umfasst den ältesten Regenwald der Erde. Dank einer guten Infrastruktur sind die Wasserfälle, Badeplätze und Aussichtspunkte gut auf eigene Faust zu erkunden (s. S. 270).

Schöne Routen

Auf Nebenstraßen durch malaiische Küstendörfer: Mit einem eigenen Fahrzeug und einer guten Karte, optimalerweise einem Navigationssystem, kann man selbst im Gewirr der malaiischen Dorfstraßen und Kokosplantagen nicht verloren gehen (s. S. 245).

Mit dem Dschungelzug von Jerantut nach Kota Bharu: Gemächlich schaukelt man entlang schlammig-brauner Flüsse und durch die letzten Dschungelgebiete Westmalaysias von Ort zu Ort (s. S. 276).

Von Gua Musang nach Kuala Terengganu: Noch kein Bus verkehrt auf den neuen, immer wieder von Erdrutschen blockierten Straßen durch das von tropischen Regenwäldern und Plantagen bedeckte Bergland – eine Tour für Selbstfahrer (s. S. 279).

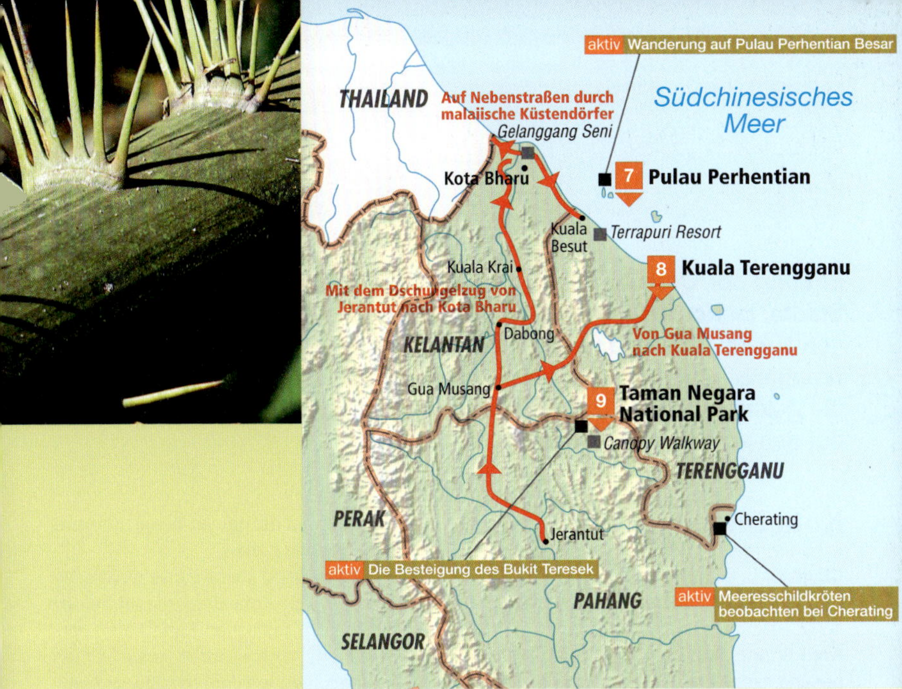

Unsere Tipps

Gelanggang Seni in Kota Bharu: In dem malaiischen Kulturzentrum werden riesige Trommeln geschlagen und Kreiselspiele sowie andere Wettkämpfe vorgeführt (s. S. 241).

Terrapuri Resort – ein Prachtstück malaiischer Baukunst: 62 km nördlich von Kuala Terengganu am Meer liegt diese Unterkunft, in der aus den Materialien von abgerissenen, traditionellen Holzhäusern neue stilvolle Bungalows erbaut wurden (s. S. 262).

Canopy Walkway im Taman Negara National Park: Einen völlig neuen Einblick in den Dschungel ermöglicht ein System von Hängebrücken durch die Wipfel von Urwaldriesen (s. S. 273).

aktiv unterwegs

Wanderung auf Pulau Perhentian Besar: Auf dem Weg von der West- zur Ostküste spaziert man durch einen Wald voller unbekannter Pflanzen und Tiere und lernt eine ganz neue Seite des Eilands kennen (s. S. 252).

Meeresschildkröten beobachten bei Cherating: Wenn vom Aussterben bedrohte Meeresschildkröten zur Eiablage an den Strand kommen, sind Naturschützer dabei (s. S. 266).

Die Besteigung des Bukit Teresek: Von dem 344 m hohen Berg im Taman Negara National Park bieten sich atemberaubende Aussichten über die Dschungellandschaft (s. S. 274).

Die Ostküste

Entlang der Ostküste liegen an weiten Flussmündungen drei große Städte: im Norden das konservativ-malaiische Kota Bharu, südlich davon Kuala Terengganu, die Hauptstadt des reichen Ölsultanats Terengganu, und schließlich das geschäftige Kuantan. Erholung bieten die vielen tropischen Palmenstrände, sowohl auf dem Festland als auch auf den vorgelagerten Inseln.

Kota Bharu ►1, L 3

Cityplan: S. 242

Im äußersten Nordosten Malaysias liegt abseits jeglicher industrieller Ballungsgebiete **Kota Bharu,** trotz ihrer ca. 300 000 Einwohner und ihrer Nähe zu Thailand eine verhältnismäßig unbedeutende Stadt. Die knapp 20 km entfernte Grenze bringt keinerlei Vorteile, da die Bewohner auf thailändischer Seite – ebenfalls malaiische Muslime – in ihrem ständigen Kampf um größere Autonomie auch vor gewaltsamen Auseinandersetzungen nicht zurückschrecken und ein sicherer Warenaustausch daher nicht möglich ist.

Im Sultanat Kelantan, dessen Hauptstadt Kota Bharu ist, gab es weder einen Kautschukboom noch einen Zinnrausch, die einen wirtschaftlichen Auftrieb hätten herbeiführen können. Da auch keine Ölquellen sprudeln, wurde jüngst das Hinterland zum Öllieferanten erkoren. Auf riesigen abgeholzten Flächen sind Ölpalmplantagen entstanden, die nun etwas Geld in die Stadt spülen und ihr einige repräsentative Gebäude, ein großes Einkaufszentrum auf der grünen Wiese und neue Straßen beschert haben.

Die überwiegend konservative malaiische Bevölkerung von Kota Bharu spricht einen Dialekt, der im restlichen Land kaum verstanden wird. Auch kulturell versucht man seine Identität zu wahren, möchte andererseits jedoch vom wirtschaftlichen Fortschritt des Landes profitieren – ein Spagat, der bei einem Besuch der Stadt immer wieder zum Ausdruck kommt.

Muslimische Ruhetage

In den Sultanaten Kelantan und Terengganu ist Freitag der offizielle Ruhetag und Sonntag ein normaler Arbeitstag.

Kelantan State Museum 1

Im ehemaligen Landesvermessungsamt aus der Kolonialzeit hat nun das **Kelantan State Museum** mit seiner Ausstellung zur Landesgeschichte und Kultur einen Platz gefunden. Die Historie des Sultanats reicht 10 000 Jahre bis zu den ersten Höhlenbewohnern von Gua Cha zurück. Auf frühe Handelsbeziehungen mit China weisen Keramikfunde hin, die bei archäologischen Grabungen nahe Gua Musang am Sungai Nenggiri, einem Nebenfluss des Sungai Kelantan, entdeckt wurden. Auch der jüngeren Geschichte ist ein Bereich gewidmet, beispielsweise dem Einmarsch der Japaner. Von der hohen Qualität des traditionellen malaiischen Kunsthandwerks zeugen im 1. Stock detailliert gearbeitete Drachen und Schattenspielfiguren. Eine Kunstgalerie mit zeitgenössischen Werken schlägt den Bogen zur Gegenwart (Jln. Hospital, Tel. 097 48 22 66, Sa–Do 8.30–16.45 Uhr, RM 3).

Pasar Besar Siti Khadijah 2

Der alte, überdachte **Pasar Besar Siti Khadijah** nördlich der lokalen Busstation ist in seiner Farbenpracht kaum zu überbieten und eine Domäne der Frauen. Im weitläufigen Erdgeschoss des Zentralmarkts türmen sich Obst und Gemüse, während in den oberen Stockwerken Haushaltswaren und Kleidung verkauft werden. Der schönste Ausblick auf den Gemüsemarkt bietet sich vom 2. Stock. Hier findet man auch allerlei malaiisches Kunsthandwerk sowie Stoffe und Kleider, deren florale Muster das bunte Treiben im Erdgeschoss widerzuspiegeln scheinen. Allerdings sorgen die Konkurrenz der Supermärkte und auch das veränderte Einkaufsverhalten bereits hier und da für leere Stände (zwischen Jln. Buluh Kubu und Jln. Belakang Istana, tgl. 8–19 Uhr).

Istana Balai Besar, Istana Jahar und Istana Batu

Vom Markt kann man durch eine verkehrsberuhigte Straße vorbei am nicht zugänglichen ehemaligen Sultanspalast **Istana Balai Besar** 3 von 1844 zur **Istana Jahar** 4 schlendern. Hinter der mit feinen Holzschnitzereien hübsch verzierten Fassade des zweistöckigen Palasts von 1887 zeigt das kleine **Muzium Adat Istiadat Diraja Kelantan** Kleidung sowie andere Gegenstände aus dem Besitz der Sultansfamilie und informiert über die Rituale am Hof. Weitere Familienerbstücke und alte Fotos sind in der angrenzenden **Istana Batu** 5 aus dem Jahr 1939 zu sehen, die das **Royal Museum** beherbergt (Tel. 097 48 77 37, Sa–Do 8.30–16.45 Uhr, RM 2).

Rings um den Padang Merdeka

Ein hohes Tor grenzt den Palastbereich vom **Padang Merdeka** ab, auf dem sich die große **Masjid Muhammadi** 6 erhebt. Daneben informiert ein weiteres Museum über den Islam.

Wer sich für die jüngere Zeitgeschichte interessiert, kann einen Blick in das ehemalige Gebäude der Mercantile Bank of India aus dem Jahr 1912 werfen. In dem hier untergebrachten **World War II Museum** 7 wird der japanischen Invasion am 8. Dezember 1941 am Pantai Sabak 14 km östlich von Kota Bharu gedacht, mit der der Zweite Weltkrieg Südostasien erreichte (Tel. 097 48 22 66, Sa–Do 8.30–16.45 Uhr, RM 2).

Gelanggang Seni 8

Knapp 1 km südöstlich des Kelantan State Museum organisiert das kleine malaiische Kulturzentrum **Gelanggang Seni** unter freiem Himmel ein abwechslungsreiches Programm mit Gruppen aus den umliegenden Dörfern. Mr. Roselan, der durch die Veranstaltung führt, hält im Touristenbüro (s. unten) das aktuelle Programm bereit. Dargebracht werden nicht nur traditionelle Tänze und Musik, sondern auch Silat, die traditionelle Art der Selbstverteidigung. Trommeln, Gongs und Flöten begleiten die Schaukämpfe, bei denen schwarz gekleidete Männer aus graziösen tanzartigen Bewegungen heraus plötzlich einen vermeintlichen Gegner angreifen und ihn zu Boden zwingen. Auch das traditionelle Kreiselspiel Main Gasing (s. S. 246) ist an einigen Tagen zu sehen und in der ersten und dritten Woche des Monats abends sogar das Schattenspiel Wayang Kulit. Zudem bekommt man gezeigt, wie die Wau, die traditionellen Drachen, hergestellt werden und wie das beliebte Geschicklichkeitsspiel Congkak funktioniert. Manchmal werden auf einem Lkw sogar riesige Trommeln, die Rebana Ubi, herangeschafft und geschlagen (Eingang in der Jln. Mahmood, Tel. 097 48 55 34, Sa–Mi 15.30–17.30, Sa, Mi auch 21–23 Uhr, im Jan. und während des Ramadan geschlossen, Eintritt frei).

Infos

Tourist Information Centre: Jln. Sultan Ibrahim, Tel. 097 48 55 34, www.tic.kelantan.gov.my, So–Do 8–13, 14–17, Fr, Sa bis 15.30 Uhr. Von den hilfsbereiten Mitarbeitern erhält man einen Stadtplan und Infos über aktuelle Veranstaltungen.

Übernachten

Die Nummer eins ▶ **Renaissance** 1: Jln. Sultan Yahya Petra, Tel. 097 46 22 33, www.renaissancekotabharu.com. Das 5-Sterne-

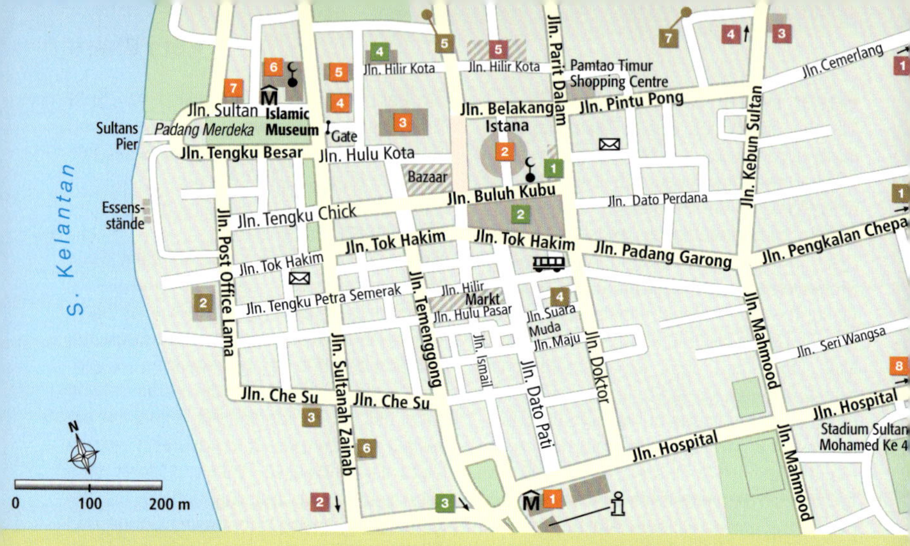

Kota Bharu

Sehenswert

1 Kelantan State Museum
2 Pasar Besar Siti Khadijah
3 Istana Balai Besar
4 Istana Jahar
5 Istana Batu
6 Masjid Muhammadi
7 World War II Museum
8 Gelanggang Seni

Übernachten

1 Renaissance
2 Grand Riverview Hotel
3 Crystal Lodge
4 Habib Hotel
5 Royal Guesthouse
6 Dynasty Inn
7 Ideal Travellers' House

Essen & Trinken

1 Pizzeria Traudi
2 Natural Vegetarian Food
3 Westlake Eating House
4 Medan Selera Kebun Sultan
5 Medan Selera MPKB

Einkaufen

1 Wakaf Che Yeh
2 Kota Bharu Trade Centre
3 K. B. Mall
4 Jalan Hilir Kota

Haus der Marriott-Kette liegt südöstlich des Zentrums und bietet einen internationalen Standard. 298 großzügige elegante Zimmer und Suiten mit Flachbildschirm, Internetzugang und Bädern mit Wanne und Dusche. Im edlen chinesischen Restaurant wird freitags von 10 bis 14 Uhr ein Dim-Sum-Büfett aufgebaut. Pool im 8. Stock, Spa, Fitnesscenter. DZ RM 300–450 inkl. Frühstück.

Am Fluss ▶ **Grand Riverview Hotel** 2: Jln. Post Office Lama, Tel. 097 43 99 88, www.grv.com.my. Am Ufer des Sungai Kelantan erhebt sich dieses 11-stöckige 4-Sterne-Hotel mit 299 Zimmern, die schon bessere Tage gesehen haben. Allerdings sind die Matratzen gut, ebenso die Aussicht aus den oberen Stockwerken, zumindest sofern die Fenster geputzt sind. Großzügige Lobby mit einem Frühstückssaal, von dem aus man den unattraktiven, kaum genutzten Pool überblickt. Chinesisches Restaurant. DZ RM 210–350 inkl. Frühstück.

Einfach und sauber ▶ **Crystal Lodge** 3: 124 Jln. Che Su, Tel. 097 47 08 88, www.crystallodge.com.my. Die 68 Zimmer sind relativ klein, aber sauber und verfügen über Internetzugang, Wasserkocher und Kühlschrank. Im Obergeschoss befindet sich ein chinesisches Restaurant mit Dachterrasse. DZ RM 150–200 inkl. Frühstück.

**Zentral ▶ Habib Hotel 4: **Lot 1159–1162 Jln. Maju, Tel. 097 47 47 88, www.habibhotel.com.my. 3-stöckiges Hotel mit 32 sauberen, zeitgemäß eingerichteten Zimmern mit Flachbildschirm, Internetzugang, Wasserkocher und modernen Bädern. Malaiisches Restaurant. DZ RM 140–180 inkl. Frühstück.

In feiner Umgebung ▶ Royal Guesthouse 5: 440–443 Jln. Hilir Kota, Tel. 097 43 00 08, www.royalguesthse.com. Hinter der repräsentativen Fassade verbergen sich 45 Zimmer, leider teils ohne Aussicht, aber sauber und modern eingerichtet. Die günstigen sind ziemlich klein, deshalb besser die etwas teureren Superior- oder Deluxe-Zimmer buchen. DZ RM 130–180 inkl. Frühstück.

Frühstück auf der Dachterrasse ▶ Dynasty Inn 6: 2865-D & E Jln. Sultanah Zainab, Tel. 097 47 30 00, www.dynastyinn-kotabharu.com. 6-stöckiges Hotel mit 52 kleinen, nett eingerichteten Zimmern mit Internetzugang, die teureren mit Kühlschrank und Flussblick. DZ 110–160 inkl. Frühstück.

Geselliges Gästehaus ▶ Ideal Travellers' House 7: 3954-F Jln. Kebun Sultan, Tel. 097 44 22 46, www.ugoideal.com. Von den insgesamt mäßigen Gästehäusern der Stadt ist dieses das beste. Das 2-stöckige Gebäude liegt in einer Seitenstraße und ist von einem Garten umgeben. Vermietet werden 19 Zimmer mit Ventilator oder AC. Der freundliche und hilfsbereite chinesische Manager Kang Sam Chuan sorgt für eine angenehme Atmosphäre. DZ RM 30–60.

Essen & Trinken

Tolle Pizza in Schweizer Familienbetrieb ▶ Pizzeria Traudi 1: Jln. Dusun Raja, Tel. 01 27 52 97 57, 097 47 74 88, Mo, Di 18.30–24, Mi–Sa 13–14.30, 18.30–24 Uhr. Bereits seit Jahren begeistern die Schweizer Urs und Ursula Einheimische wie Touristen mit ihrer hausgemachten Pizza aus dem Holzofen. Zudem Nudelgerichte und günstige Mittagsmenüs. RM 15–25.

Für Vegetarier ▶ Natural Vegetarian Food 2: 3377 Jln. Gajah Mati, Ecke Jln. Sultanah Zainab, Tel. 097 46 19 02, tgl. 8–22 Uhr. In dem kleinen vegetarischen Restaurant wird eine große Auswahl chinesischer Gerichte serviert. RM 10–20.

Riesige Auswahl ▶ Westlake Eating House 3: Jln. Kebun Sultan, tgl. mittags. Absolut unschlagbar ist das chinesische Büfett mit einer großen Auswahl an Gemüse-, Fleisch- und Fischgerichten, das mittags in dem einfachen offenen Restaurant aufgebaut wird. Viele Familien holen sich hier ihr Mittagessen. Alles schmeckt sehr lecker und ist preiswert, nur bezüglich der Hygiene muss man Abstriche machen. Um RM 10.

Essenmärkte ▶ Medan Selera Kebun Sultan 4: Jln. Kebun Sultan, tgl. ganztags. Auf dem überdachten chinesischen Essenmarkt werden an verschiedenen Ständen Nudelsuppen und andere einfache Gerichte zubereitet. Zudem gibt es günstiges Bier. RM 5–10. **Medan Selera MPKB 5:** Seitenstraße zwischen Jln. Pintu Pong und Jln. Parit Dalam, tgl. 17–1 Uhr, zur Gebetszeit von 19 bis 19.45 Uhr geschlossen. An zahlreichen Ständen werden Hähnchen und Fische gegrillt oder gefüllte Pfannkuchen, *murtabak*, zubereitet. Leider wurde der malaiische Nachtmarkt in den Norden des Zentrums verbannt und hat dadurch an Attraktivität eingebüßt. RM 5–10.

Einkaufen

Nachtmarkt ▶ Wakaf Che Yeh 1: Jln. Parit Dalam, tgl. ab 17 Uhr. Die verkehrsberuhigten Straßen im Zentrum verwandeln sich nach Einbruch der Dunkelheit in einen riesigen Basar, auf dem es Kleidung, Haushaltsgegenstände, Kosmetika und vieles andere zu kaufen gibt, was billig ist.

Einkaufszentren ▶ Kota Bharu Trade Centre 2: Jln. Padang Garong, tgl. 10–22 Uhr. Mit Supermarkt. **K. B. Mall 3:** Jln. Sultan Ibrahim, Ecke Jln. Hamzah, tgl. 10–22 Uhr. Viele Geschäfte, Fast-Food-Restaurants und ein Food Court.

Kunsthandwerk ▶ Mehrere Läden im Zentrum, vor allem in der **Jalan Hilir Kota 4**, verkaufen Batiken, Flechtarbeiten und anderes malaiisches Kunsthandwerk. Die großen Batik- und Songketläden liegen an der Straße zum Strand (s. S. 245).

Verkehr

Flüge: Der Sultan Ismail Petra Airport, Tel. 097 73 74 00, liegt 8 km östl. des Zentrums. Mit MAS, Tel. 097 71 47 11, www.malaysiaairlines.com, nach Kuala Lumpur zum KLIA, mit Air Asia, Tel. 097 46 16 71, www.airasia.com, und Berjaya Air, www.berjaya-air.com, nach Kuala Lumpur zum LCCT, mit Firefly, Tel. 097 74 13 77, www.firefly.com.my, nach Kuala Lumpur zum Subang Airport, nach Johor Bahru, Penang und Singapore. Anfahrt mit Stadtbus Nr. 9 (etwa alle 30 Min., RM 1,50–4), ein Taxi ins Zentrum kostet RM 25.

Züge: Der Bahnhof, Tel. 097 19 69 86, liegt in Wakaf Bharu, 3 km westl. des Zentrums. 2 x tgl. nach Singapore (ca. 14 Std.), 1 x tgl. nachts nach Kuala Lumpur (ca. 13 Std.), 3 x tgl. mit Bummelzügen nach Gua Musang bzw. Kuala Lipis. Richtung Norden endet die Bahnlinie in Tumpat, 17 km nordwestl. Anfahrt mit den Stadtbussen Nr. 19, 27 und 43 (etwa alle 30 Min., RM 1,50–4), Taxis vom Zentrum kosten RM 25.

Busse: Vom zentralen Busbahnhof, Jln. Hilir, mit Transnasional-Bussen 5 x tgl. nach Kuala Lumpur (7 Std., RM 40–61), um 9.30, 22 Uhr an die Westküste nach Alor Setar (7–8 Std., RM 36), zu den gleichen Zeiten nach Ipoh (7 Std., RM 34) und Butterworth (ca. 6 Std., RM 35–40), 8 x tgl. über Kuala Terengganu (3 Std., RM 16) nach Kuantan (6 Std., RM 32). Von der Haltestelle für die roten Nahverkehrsbusse, Jln. Padang Garong, südl. vom Kota Bharu Trade Centre, u. a. mit Bus Nr. 639 nach Kuala Besut, dem Fährhafen für Pulau Perhentian (RM 6), und mit Bus Nr. 29 zur thailändischen Grenze nach Rantau Panjang.

Überlandtaxis: Abfahrt vom Markt in der Jalan Hilir, nördlich vom Markt sowie von weiteren Haltestellen im Zentrum nach Alor Setar, Butterworth oder Penang (ca. RM 400), Gua Musang (RM 140–200), Ipoh (RM 350–400), Kuala Besut (RM 50–60), Kuala Terengganu (RM 120), Rantau Panjang an die Grenze zu Thailand (RM 40). Kontakt und Infos: Tel. 097 48 13 86.

Mietwagen: Z. B. Hawk Rent a Car, am Flughafen, Tel. 097 73 38 24, www.hawkrentacar.com.

Taxis: Zu Zielen innerhalb der Stadt kostet ein Taxi RM 10–15, für Touren etwa RM 30–35/Std. bei mind. 3 Std. Mietdauer.

Die Umgebung von Kota Bharu

Wie ein Spinnennetz durchziehen der mächtige Sungai Kelantan, seine Zuflüsse sowie zahlreiche Kanäle die weite fruchtbare Ebene um Kota Bharu. Auf schmalen Landstraßen gelangt man in typisch malaiische Siedlungen, wo im Schatten alter Obstbäume oder hoher Kokospalmen traditionelle Holzhäuser auf Stelzen neben modernen Allerweltsbauten stehen. Am besten lässt sich dieses Gebiet mit einem Taxi oder Mietwagen erkunden, da viele Ziele nicht von Bussen angefahren werden.

Von Kota Bharu nach Thailand

► 1, L 3–K 4

Bis 1909, als die Briten Kelantan zu ihrem Protektorat erklärten, gehörte dieses Gebiet zum siamesischen Reich, weshalb hier noch einige interessante Thai-Tempel zu finden sind. Von der Straße 134 nach Pengkalan Kubor nordwestlich von Kota Bharu zweigt in **Chabang Empat** (► 1, L 3) rechts die Straße D 23 nach **Kampung Berangan** ab, auf der nach 2,5 km der **Wat Phothivihan** erreicht ist. Hier wird in einer offenen Halle ein 40 m langer liegender Buddha verehrt.

Die D 23 mündet in Kampung Berangan auf die D 21. In Richtung Tumpat biegt man hinter Berangan rechts auf die Landstraße D 172 zum 1,5 km entfernten **Wat Maisuwankiri** ab, zu dessen Anlage ein neueres, üppig dekoriertes dreistöckiges Gebäude gehört. Es wird überragt von einer riesigen Buddhastatue, zu deren Füßen eine Gebetshalle in Form eines mythologischen Boots steht. Obwohl das von zwei Nagaschlangen bewachte Gebäude aus Beton erbaut wurde, scheint es auf dem Teich zu schwimmen.

Ein weiterer Tempel liegt am Ortseingang von Tumpat auf der linken Seite, 100 m vor der Abzweigung ins Zentrum. In dem weit-

Knallbunte und extrem süße Minikuchen sind eine Spezialität aus Kota Bharu

läufigen **Wat Pikulthong** wird eine große Buddhastatue aus Marmor verehrt.

Tumpat, die Endstation der Eisenbahn, liegt im Mündungsdelta des Sungai Kelantan. Eine Küstenstraße verläuft Richtung Nordwesten, vorbei an einer Dünenlandschaft, und endet in **Pengkalan Kubor** am thailändisch-malaysischen Grenzfluss Sungai Golok. Wer ins nördliche Nachbarland fahren möchte, kann entweder hier einreisen oder am populäreren Übergang weiter südlich bei **Rantau Panjang.** Wegen der politisch instabilen Lage in den thailändischen Südprovinzen ist die Route nicht ganz ungefährlich. Bei der Einreise wird eine visafreie Aufenthaltserlaubnis von 15 Tagen erteilt. Nahe dem Busbahnhof in Rantau Panjang hat sich ein großer Grenzmarkt etabliert.

Verkehr

Busse: Von Kota Bharu mit den Nahverkehrsbussen Nr. 19, 27 und 43 nach Tumpat bzw. mit Nr. 29 nach Rantau Panjang.

Taxis: Die Fahrtkosten von Kota Bharu in die beiden Grenzorte betragen jeweils ca. RM 40.

Die Küste nördlich von Kota Bharu ► 1, L 3

Am Wochenende fahren viele Einheimische an den **Pantai Cahaya Bulan** (PCB), den ›Halbmondstrand‹, um im Schatten von Kokospalmen zu picknicken und die angenehme Meeresbrise zu genießen. Der Sandstrand wurde aus religiösen Gründen umbenannt, denn früher trug er den für Muslime anzüglichen Namen Pantai Cinta Berahi, ›Strand der leidenschaftlichen Liebe‹. Leider hat auch das Meer kräftig an dem Sandstreifen geknabbert, der immer schmaler wird und dadurch viel von seiner Attraktivität eingebüßt hat.

An der Zufahrtsstraße zum Strand bieten Songketgeschäfte auch Batiken an, die teils aus Indonesien stammen. Viele der kleinen Manufakturen in der Umgebung sind geschlossen worden. Wer jedoch Zeit hat, das Labyrinth der Nebenstraßen und die Dörfer zu erkunden, kann hier und da noch beobachten, wie Frauen mit Wachskännchen die Muster auf die aufgespannten Stoffe auftragen und später einfärben. Nahe der Küste

Nichts für kleine Kinder

Thema

Kein Kindervergnügen, sondern ein Ausdruck uralter Traditionen sind der Drachenbau, die Kreiselwettkämpfe und das Schattenspiel – Tätigkeiten, die von gestandenen Männern in Kelantan mit allergrößter Ernsthaftigkeit gepflegt werden. Hier zeigen sie ihre handwerkliche Kunstfertigkeit ebenso wie ihr Körpergeschick, ihre Konzentrationsfähigkeit und die Verbindung zur Welt ihrer Vorfahren.

Stundenlang können sich Männergruppen mit einem Rahmen aus dünnen Bambusstäben beschäftigen, der einmal ein Drachen werden soll. Zuerst gilt es festzulegen, ob es nur ein Layang-Layang für die Kinder zum Spielen oder ein echter Drachen, ein Wau, mit einer Spannweite von bis zu 2 m werden soll. Je nach Form ist es dann ein Katzendrachen (Wau Kucing), der in der Luft summen, das Wetter vorhersagen und sogar böse Geister vertreiben kann, oder ein weiblicher Drachen (Wau Jala Budi), der etwas tiefer klingt. Der Pfauendrachen (Wau Merak), der bevorzugt nachts geflogen wird, kann sogar in sieben verschiedenen Tönen singen. Am leichtesten und wendigsten ist der Blattdrachen (Wau Barat), der als einziger bemalt wird. Bei allen anderen beklebt man die Rahmen mit mehreren Lagen verschiedenfarbigen, harmonisch abgestimmten Papiers, aus dem mit einem scharfen Messer florale Muster ausgeschnitten werden. Gewundene Zweige symbolisieren die schicksalhaften Wendungen im Leben eines Mannes, Blüten stellen die Frauen dar, wobei wie bei einem Mandala immer eine große Blume das Zentrum bildet, die Mutter allen Lebens. Nur Spezialisten können die übergroßen, 3,5 m langen und 2,5 m breiten Monddrachen (Wau Bulan) anfertigen und steigen lassen. Manche bleiben stundenlang bis zu 450 m hoch am Himmel stehen.

Ebenfalls nur Männer nehmen an den Kreiselwettkämpfen teil, den Main Gasing, für die man viel Kraft und Geschick benötigt. Der tellergroße, teils über 5 kg schwere Kreisel aus hartem Holz wird vom Tukang Gasing, dem Kreiselmeister, mit einem fast 4 m langen Strick aufgezogen. Sobald er auf die quadratische Lehmplattform geworfen wird und sich dreht, fängt ihn ein anderer Mann mit einer kleinen Holzschaufel auf und setzt ihn auf einen eingeölten Pfahl. Dort rotiert der Kreisel unter den wachsamen Augen der Männer ein bis zwei Stunden lang – ein Wettbewerb kann sich über fünf Runden einen ganzen Tag hinziehen. Früher wurde Main Gasing nach verrichteter Feldarbeit zum Zeitvertreib gespielt, doch die Zeiten haben sich geändert, denn heute vergnügen sich die Männer lieber vor dem Fernseher oder am Computer.

Das Schattenspiel Wayang Kulit war ursprünglich im gesamten südostasiatischen Raum verbreitet. Im muslimischen Bundesstaat Kelantan ist es etwas in Ungnade gefallen, da die aus Büffelhaut ausgestanzten Figuren Menschen darstellen, was konservative Gläubige seit jeher als Häresie begreifen. Ebenfalls nicht gerade islamkonform sind die traditionellen Themen des Schattenspiels, das sich zumeist um Geschichten aus den beiden großen hinduistischen Epen Ramayana und Mahabharata rankt. Deshalb erzählt der Puppenspieler, der Dalang, nun die Geschichten von einheimischen Helden, während er die Figuren über die weiße, von hinten erleuchtete Leinwand führt.

werden vor Häusern Krabbenchips, *krupuk,* in der Sonne getrocknet, und ab und an ist ein alter Mann anzutreffen, der Holzschnitzereien oder Schattenspielfiguren fertigt. Wer das malaiische Dorfleben aus unmittelbarer Nähe kennenlernen möchte, sollte die Unterkunft von Annamike und Harry Moulder aus Holland in **Kampung Banggol** etwas abseits der Zufahrtsstraße zum Pantai Cahaya Bulan ansteuern (s. unten).

Am 8. Dezember 1941 kurz nach Mitternacht begann der Zweite Weltkrieg im Pazifik, bereits eine Stunde vor dem Angriff auf Pearl Harbour, an einem schattenlosen Strand bei **Sabak,** 14 km nordöstlich von Kota Bharu. Im Schutz der Nacht landeten am Strand die ersten japanischen Truppen. Zu Fuß und auf Fahrrädern stießen sie kämpfend Richtung Süden von Dorf zu Dorf und durch Dschungelgebiete vor, die von den Engländern für undurchdringlich gehalten worden waren. Nur drei Wochen später erreichten andere Einheiten Penang. Über die japanische Invasion informiert in Kota Bharu das World War II Museum (s. S. 241).

Übernachten

In einem malaiischen Kampung ▶ Pasir Belanda Resort: Kampung Banggol, Tel. 097 47 70 46, www.kampungstay.com. In einem hübschen Garten stehen 6 gepflegte, sehr saubere Bungalows mit Klimaanlage, Wasserkocher und komfortablen Betten, darunter ein Doppelbungalow mit kleineren, preiswerteren Zimmern sowie 3 Familienbungalows für bis zu 4 Pers. Hinter dem Privathaus der holländischen Besitzer Annamike und Harry Moulder verbergen sich eine große Terrasse zum Entspannen und ein kleiner Pool an einem ruhigen Gewässer. Das Frühstück wird auf der Terrasse serviert, Mittag- und Abendessen gibt es bei der Nachbarin Mak-Cik, die auch Kochkurse anbietet. Bei einer anderen Nachbarin kann man einen Einführungskurs im Batikmalen belegen oder bei einem Drachenbauer lernen, wie man einen Wau fertigt. Für Entdeckungstouren in die Umgebung stehen Fahrräder zur Verfügung. Bungalow für 2 Pers. RM 160–190.

Verkehr

Busse: Zum Pantai Cahaya Bulan fährt ab Kota Bharu Bus Nr. 10, nach Sabak die Busse Nr. 8 und 9.

Südlich von Kota Bharu

▶ 1, L/M 4

Auf dem Weg Richtung Süden über den Highway 8 lohnt sich nach 10 km ein Stopp in **Nilam Puri,** um die älteste Moschee Malaysias anzusehen. Die **Masjid Nilam Puri Kampung Laut** steht auf dem Gelände der islamischen Akademie Yayasan Islam und wurde vor etwa 300 Jahren von javanischen Einwanderern ohne einen einzigen Metallnagel aus Holz errichtet. Ähnlich wie ihre Vorbilder in Java steht sie auf Stelzen, hat einen nahezu quadratischen Grundriss, ein dreifach gestaffeltes Dach und ein separates Minarett. Sie darf nur von außen besichtigt werden.

Kuala Besut ist für die meisten Reisenden das nächste Ziel, denn von hier legen die Fähren nach Pulau Perhentian (s. S. 249) ab. Der Fischerort verfügt über keinerlei nennenswerte Attraktionen, sodass man hier nur übernachtet, wenn die letzte Fähre des Tages bereits abgelegt hat.

Infos

Im Umkreis des Fährterminals in Kuala Besut findet man zahlreiche Infostände und Reiseagenturen, wo man Unterkünfte auf den Inseln buchen sowie Boots- und Bustickets kaufen kann, z. B. **Golden Tropical Holidays:** 712 Jln. Jetty, Tel. 096 97 43 53, www.perhentiangoldentropical.com.my. Einige Tauchschulen und große Resorts haben hier ihre Basis, die Gästen als Anlaufpunkt dient.

Übernachten

Familienfreundliches Strandresort ▶ Tok Aman Bali Beach Resort: am Pantai Bisikan Bayu, 6264 Resort Kampung Dalam Rhu Semerak, Tok Bali, 10 km nördl. von Kuala Besut, Tel. 096 91 88 99, www.tokamanbali.com.my. Das einzige größere Strandresort in dieser Gegend. 100 angenehm eingerichtete, komfortable Zimmer mit Holzböden, Flachbildschirm, DVD-Player, Internetzugang, Kühl-

Überall an den Inselstränden kann man Schnorchelausrüstung leihen

schrank und Balkon in 5 Häusern rings um einen zentralen Pool. Thai-Restaurant und Fahrradvermietung. DZ RM 180–300 inkl. Frühstück.

Nahe der Fähre ▶ **T'Lodge:** an der Busstation von Kuala Besut, Tel. 096 97 87 77, tlod gekb@yahoo.com. Das kleine, recht neue Hotel ist die beste Option im Ort. Die Zimmer sind sauber und mit großem TV, Internetzugang und bequemen Betten ausgestattet. DZ RM 90–130.

Verkehr

Busse: Vom zentralen Platz in Kuala Besut mit Bus Nr. 639 alle 2 Std. nach Kota Bharu (1 Std., RM 7), um 9 und 20.30 Uhr nach Kuala Lumpur (7 Std., RM 40 bzw. 43), 7 x tgl. nach Kuala Terengganu (2,5 Std., RM 15), um 10.25 und 22.25 Uhr nach Temerloh für den Taman Negara National Park (6 Std., RM 42). Backpackerbusse von Banana, Han und NKS fahren im Anschluss an die erste Fähre gegen 10 Uhr in die Cameron Highlands, nach Kuala Tahan für den Taman Negara National Park und nach Penang (jeweils 5–6 Std., RM 50–70). Mit dem Minibus-Express geht es um 9, 13 und 17 Uhr nach Kota Bharu, zum Flughafen und zum Bahnhof in Wakaf Bharu (RM 20–30) sowie zur Grenze (RM 35).

Überlandtaxis: Kontakt unter Tel. 096 97 42 94. Nach Kota Bharu (RM 50–60), Kuala Terengganu (RM 90) und Wakaf Bharu (RM 65).

Fähren: Je nach Bedarf und Wetter legen zwischen 6.45 und 17 Uhr Schnellboote nach Pulau Perhentian ab, die nach Bedarf an verschiedenen Piers oder vor den Stränden hal-

ten, wo Taxiboote die Passagiere abholen (30–40 Min., RM 40, Charter ab RM 450 plus RM 5 Nationalparkgebühr für einen Aufenthalt von bis zu 5 Tagen). Die Fahrt zurück treten die Boote gegen 8, 12 und 16 Uhr an.

Pulau Perhentian und Pulau Redang

Über viele Jahre galten die Tropeninseln im äußersten Nordosten Malaysias als Geheimtipp unter Rucksackreisenden und als bar- und discofreie Alternative zu den thailändischen Stränden. Neben einfachen Holzhütten bot lange Zeit nur ein Resort auf Pulau Perhentian Besar etwas mehr Komfort. Doch die fantastischen Korallenriffe vor der Küste lockten immer mehr Touristen auf die Inseln. Eine Tauchschule und eine Bungalowanlage nach der anderen öffneten ihre Tore. Es wurden große Piers gebaut, Pulau Redang erhielt sogar ein Elektrizitätswerk und einen Flugplatz. Heute herrscht an vielen Stränden Wildwuchs, und man macht sich wenig Gedanken über den Müll und die Abwässer, die zunehmend die einmalige Landschaft belasten. Andere Strände werden von umsichtigen Resortmanagern und Tauchschulen sauber gehalten.

7 Pulau Perhentian ► 1, N 4

Karte: S. 251

Auf der großen **Pulau Perhentian Besar** konzentrieren sich die Bungalowanlagen an drei Stränden. Im Südosten erstreckt sich die **Teluk Dalam** 1 (Flora Bay), die bei Ebbe zu flach zum Schwimmen ist. An der Südostküste ist der lange Sandstrand zwischen dem leer stehenden **Marine Park Centre** 2 im Süden und der schönen **Teluk Pau** 3 im Norden durch mehrere Felsvorsprünge unterteilt, die bei einer Wanderung überklettert werden müssen. Der größte Teil der Insel ist

Wichtige Reisetipps

In der Regenzeit von November bis Januar schließen viele Resorts. Hingegen sind im Juli und August die meisten Anlagen bereits Wochen im Voraus ausgebucht. Während die Preise dann ins Astronomische steigen, werden in der Nebensaison erhebliche Rabatte gewährt. Die meisten Bungalows sind recht hellhörig, sodass es in unmittelbarer Nähe des Restaurants, der Tauchbasis, der Bootsanlegestelle oder des Generators laut sein kann. Qualifizierte Fachkräfte sind Mangelware auf den Inseln, was sich beim Zimmerservice, in der Küche und beim technischen Dienst bemerkbar macht. Auch die eingeschränkte Versorgung mit Lebensmitteln ist zu spüren. Zudem sind alkoholische Getränke relativ teuer und bei Weitem nicht überall erhältlich.

unbewohnt und nur zu Fuß oder per Boot zu erreichen.

Im Südosten der kleineren, lang gestreckten **Pulau Perhentian Kecil** liegt das malaiische Fischerdorf **Kampung Pasir Hantu** 4 mit einer Moschee, einer Schule und einer Krankenstation. Die meisten Bungalowanlagen konzentrieren sich an der schmalsten Stelle der Insel an zwei Stränden, die über einen Fußpfad miteinander verbunden sind. Von der dicht bebauten **Teluk Aur** 5 (Coral Bay) an der Westküste ragt ein großer Bootssteg hinaus aufs Meer. Der bei jungen Reisenden beliebte **Pasir Panjang** 6 (Long Beach) an der Ostküste ist zwar der längste Sandstrand auf der Insel, aber es gibt hier gefährliche Unterströmungen und bei hohem Wellengang können die Boote nicht anlanden. Das Auge stören ein paar vernachlässigte Bungalowanlagen.

Übernachten, Essen

… auf Pulau Perhentian Besar:

In einer eigenen Bucht ▸ **Perhentian Island Resort** 1: Teluk Pau, Tel. 096 91 11 11, 03 21 44 85 30 (Kuala Lumpur), www.perhentianislandresort.net. Die größte und erste teure Anlage auf Perhentian mit 106 klimatisierten Zimmern liegt an einem traumhaft schönen, von Felsen umrahmten Strand mit Liegen und einem eigenen Pier. Leider entspricht der Service im Restaurant nicht der Kategorie, auch die Zimmerpflege könnte etwas besser sein. Pool, Tennisplatz. DZ RM 350–460 inkl. Frühstück.

Mit Bar ▸ **Tuna Bay Island Resort** 2: Tel. 096 90 29 09, www.tunabay.com.my. An einem schönen Strandabschnitt mit Kokospalmen stehen 46 Holzbungalows mit AC oder Ventilator und Terrasse, die neueren mit Kühlschrank und hohen Schiebetüren. Das Restaurant serviert eine große Bandbreite an Gerichten, auch Alkohol, ist aber überteuert. Während der Saison Livemusik in der Bar. Bungalow RM 250–430 inkl. Frühstück.

Vielseitig ▸ **Coral View Island Resort** 3: zwischen Teluk Pau und dem Hauptstrand, Tel. 096 97 49 43, Reservierungen Tel. 096 97 42 76, www.coralviewislandresort.com. Alter, Ausstattung und Lage der Bungalows differieren erheblich. Die billigeren oben am Hang sind relativ beengt und haben sehr einfache Bäder, die teuren am Strand bieten AC und einen schönen Blick aufs Meer. Das große malaiische Restaurant (kein Alkohol) hat Internetzugang und ist wegen seiner Auswahl und guten Küche sehr beliebt. Vor der Landzunge kann man schnorcheln und paddeln. Bungalow RM 190–320, Suiten RM 350–550 inkl. Frühstück.

An einem ruhigen Strand ▸ **Abdul's Chalets** 4: südl. vom Marine Park Centre, Tel. 096 91 16 10, 01 99 12 73 03, www.abdulchalet.com. Die klimatisierten Reihenhäuser stehen an einem sauberen, ruhigen Strandabschnitt. Sehr schön sind die neuen Doppelbungalows mit großer Fensterfront. Das Restaurant mit dem ständig laufenden Fernseher lässt allerdings zu wünschen übrig und Alternativen gibt es in unmittelbarer Umgebung nicht. DZ RM 150–220.

Mittendrin ▸ **Mama's Chalets** 5: Tel. 01 99 85 33 59, 01 39 84 02 32, Reservierungen Tel. 096 90 46 00, www.mamaschalet.com.my. Hübsche Holzhäuser mit Terrasse in 3 Reihen parallel zum Meer. Die 25 günstigen in der hinteren Reihe haben nur Ventilatoren, die 10 teureren und die 6 Familienbungalows auch AC. Aziz, der etwas Deutsch spricht, sorgt auch im Restaurant für das Wohl seiner Gäste. Abends wird Fisch gegrillt, der besonders gut mit Kokossoße schmeckt. Chalet RM 70–170, Familienbungalow RM 315.

Nette Bungalows ▸ **Bayu Dive Lodge** 6: Teluk Dalam, Tel. 01 48 34 38 51, www.alualudivers.com. Das kleine Resort des Tauchlehrers Johan aus Schweden und Ari Mohammed Ali aus Kuala Lumpur ist eigentlich auf Taucher ausgerichtet, doch wenn Platz ist, werden auch andere Gäste aufgenommen. Etwas dunkle, aber interessant gestaltete Bungalows sowie Zimmer in einem Reihenhaus. Im Restaurant gibt es Pizza und andere westliche sowie Thai-Gerichte. DZ RM 60–190 inkl. Frühstück.

… auf Pulau Perhentian Kecil:

Große Anlage am Hang ▸ **Shari La Island Resort** 7: Teluk Aur, Tel. 096 91 15 00, www.

Pulau Perhentian

Sehenswert

1. Teluk Dalam
2. Marine Park Centre
3. Teluk Pau
4. Kampung Pasir Hantu
5. Teluk Aur
6. Pasir Panjang

Übernachten

1. Perhentian Island Resort
2. Tuna Bay Island Resort
3. Coral View Island Resort
4. Abdul's Chalets
5. Mama's Chalets
6. Bayu Dive Lodge
7. Shari La Island Resort
8. Petani Beach Chalets
9. Mohsin Chalet

Aktiv

1. Turtle Bay Divers
2. Matahari Divers
3. Quiver Dive Team
4. Turtle Bay Divers
5. Lazy Buoys Shop

aktiv unterwegs

Wanderung auf Pulau Perhentian Besar

Tour-Infos
Start: Perhentian Island Resort
Dauer: ca. 3 Std. hin und zurück
Länge: ca. 3 km
Schwierigkeitsgrad: schweißtreibend und teils steil, aber recht einfach
Karte: S. 251

Bei einer Wanderung durch das Landesinnere von **Pulau Perhentian Besar** entdecken Badeurlauber eine ganz neue Seite der Insel. Wer rechtzeitig am Morgen aufbricht, wird nicht nur weniger schwitzen, sondern entlang dem Weg auch Vögel, Bindenwarane und vielleicht sogar eine Affenherde zu Gesicht bekommen. Schon wenige Meter oberhalb der von Kasuarinen und Kokospalmen gesäumten Strände erstreckt sich dichter tropischer Regenwald. Viele Tiere und Pflanzen, die hier leben, sind bislang kaum erforscht worden.

Hinter dem **Perhentian Island Resort** (s. S. 250) verläuft ein ausgeschilderter Fußweg, der am Tennisplatz vorbei etwa 15 Min. steil hinaufführt. Bald erreicht man eine breite Schneise parallel zur zentralen Wasserleitung und folgt dieser nach links etwa 20 Min. durch dichten Dschungel über den Bergrücken. Nun beginnt der etwa 15-minütige Abstieg vorbei am umzäunten Wasserwerk zu einer vermüllten Lagune hinter dem **Arwana Beach Resort,** vor dem sich der feine weiße Sandstrand der **Teluk Dalam** erstreckt. Hier wendet man sich nach rechts. Die Restaurants der Bungalowanlagen laden zu einer Pause und das Meer zum Baden ein. Wer bereits müde ist, kann mit einem gecharterten Boot an die Westküste zurückkehren. Ansonsten spaziert man bis zum letzten Strandresort und nimmt dann die steile Kletterpartie hinauf in den Dschungel in Angriff. Auf der anderen Seite geht es ebenso steil hinab in das mit riesigen Granitfelsen gesprenkelte Grasland. Nach einer halben Stunde stößt man unterhalb des südlichen Piers auf die Küste und wenige Minuten später auf **Abdul's Chalets** (s. S. 250), die erste Bungalowanlage am Strand und eine der ersten der Insel. Wer den Bootsservice von hier nicht in Anspruch nehmen möchte, kann über die Strände zum Ausgangspunkt zurücklaufen.

shari-la.com. Am nördlichen, felsigen Ende der Bucht stehen auf einem weitläufigen bewaldeten Grundstück Häuser unterschiedlicher Größe. Recht komfortable Zimmer mit AC, Fernseher, Kühlschrank und viel Plastikeinrichtung. Großes Restaurant im Hotelstil, kleiner Privatstrand. DZ RM 200–280.

An einem Robinsonstrand ▶ **Petani Beach Chalets** 8: Südküste, Tel. 096 91 16 42, 096 91 16 43, www.perhentian-beach.com. An einem Sandstrand in einer kleinen, einsamen Bucht betreiben Debbie O'Sullivan aus Südafrika und ihr malaiischer Mann Hash Rahman eine nette Anlage mit 5 einfachen luftigen Holzhäusern (Ventilator, Moskitonetz). Im rustikalen Restaurant werden westliche und malaiische Gerichte serviert. Bungalow RM 100, Familienbungalow RM 140.

Schöne Aussicht ▶ **Mohsin Chalet** 9: oberhalb vom Pasir Panjang, Tel. 096 91 13 63, 01 32 20 77 52, www.facebook.com/mohsinchalet. Am Hang über der Bucht ist es nicht ganz so laut. Die 22 Zimmer in Doppelbungalows mit Ventilator oder AC sind nicht mehr ganz neu und einfach eingerichtet. Restaurant mit malaiischen Gerichten, frisch gepressten Säften, Veranda und Panoramablick. Schlafsaal RM 25–40/Pers., DZ RM 80–150.

Aktiv

Schnorcheln ▶ Ab Pulau Perhentian Besar werden 2- bis 3-stündige Schnorcheltouren zu unterschiedlichen Zielen angeboten (RM 30–50/Pers.).

Tauchen ▶ Auf Pulau Perhentian Besar werden Tauchgänge und -kurse u. a. angeboten von **alu alu divers** 6: in der Bayu Dive Lodge (s. S. 250), Tel. 01 48 34 38 51, www.alualudivers.com, unter schwedischer Leitung, und **Turtle Bay Divers** 1, bei Mama's und am Long Beach, Tel. 01 99 13 66 47, 01 93 33 66 47, www.turtlebaydivers.com, auch deutschsprachige Kurse. Auf Pulau Perhentian Kecil nutzen viele Anfänger die günstigen Angebote zum Tauchenlernen, u. a. bei **Matahari Divers** 2, Tel. 096 91 1742, http://diving.mataharichalet.com, auch deutschsprachige Lehrer, **Quiver Dive Team** 3, Tel. 01 22 13 88 85, www.quiver-perhentian.com, viele interessante Kurse und Umweltprojekte, oder **Turtle Bay Divers** 4, Tel. 01 99 13 66 47, www.turtlebaydivers.com, Filiale vor Mama's auf Perhentian Besar.

Surfen und Kajakfahren ▶ **Lazy Buoys Shop** 5: Long Beach, Pulau Perhentian Kecil, Tel. 01 29 45 21 36. Verleih von Surfbrettern und Kanus.

Verkehr

Fähren: s. S. 248

Taxiboote: Sie verlangen je nach Entfernung RM 5–25/Pers., abends kosten sie das Doppelte. Teluk Dalam–Abdul's RM 15, Teluk Dalam–Pasir Panjang RM 25.

Pulau Redang ▶ 1, O/P 4

Von Merang (s. S. 261) und Kuala Terengganu (s. S. 255) wird die etwa 45 km vom Festland entfernte **Pulau Redang** angefahren, die vor allem bei einheimischen Urlaubern beliebt ist. Um die Mole auf der Insel bauen zu können, mussten die Fischerfamilien aus dem Wasserdorf **Teluk Bakau** ins Landesinnere nach **Ulu Redang** hinter das Flugfeld umgesiedelt werden. Die einzige Inselstraße verbindet beide Orte miteinander und endet im Norden an einem exklusiven Resort in der **Teluk Dalam,** einer wunderschönen Badebucht. Alle anderen Unterkünfte konzentrieren sich an den breiten schneeweißen Sandstränden der Ostküste, die durch felsige Landzungen aus rotem Sandstein voneinander getrennt sind. Bis zum generellen Baustopp 2004 entstanden hier innerhalb weniger Jahre unzählige Bungalows, Reihenhäuser und sogar mehrstöckige Hotels. Da jedoch keine ausreichende Wasserversorgung gewährleistet war, zieren nun einige Bauruinen die Küste.

Ein **Marine Park Centre** mit einer kleinen Schildkrötenaufzuchtstation auf der im Süden vorgelagerten **Pulau Pinang** informiert über die Unterwasserwelt. In einer größeren Aufzuchtstation für die auf den Inseln brütenden Suppen- und Karettschildkröten am **Pasir Chagar Hutang** (Turtle Bay, http://seatru.umt.edu.my) im Norden der Insel arbeiten jugendliche Freiwillige, für Touristen bleiben die Türen leider geschlossen. Vor der Küste erheben sich Felseninseln umgeben von faszinierenden Korallenriffen, das Hinterland beeindruckt mit dichter Dschungelvegetation.

Übernachten

Exklusiv ▶ **The Taaras Beach & Spa:** Teluk Dalam, Tel. 03 21 41 00 88, www.thetaaras.com. Die weitläufige, ganzjährig geöffnete

Tipp: Tauchen und Schnorcheln

Die meisten Inselbesucher buchen Pauschalarrangements, die eine Unterkunft mit Vollpension sowie eine begrenzte Anzahl von Schnorchel- und/oder Tauchausflügen umfassen. Man kann aber auch vor Ort in den Büros der Tauchschulen und an den Hotelrezeptionen Touren organisieren.

Die Sichtweiten sind am größten von April bis September, wenn das Meer ruhig ist. Während der Regenzeit zwischen Ende Oktober und Anfang Februar bleiben die Tauchschulen geschlossen. Von allen werden 1-tägige Schnupperkurse mit einem begleiteten Tauchgang angeboten (ab RM 180), außerdem 3- bis 4-tägige Open-Water-Kurse (um RM 1200) sowie Kurse für Fortgeschrittene. Seit 2003 sind die Gebiete rings um die Inseln als Marine Park unter Schutz gestellt.

Unterwassergärten an der Ostküste

Thema

Bereits vom Boot aus sind die faszinierenden tropischen Korallenriffe zu erkennen, die von wenigen Metern unter der Wasseroberfläche bis in über 50 m Tiefe reichen. Diese komplexen maritimen Ökosysteme sind der Lebensraum ganz unterschiedlicher Meeresbewohner.

Korallenriffe schützen die Küsten der Inseln vor hohen Wellen und Erosion und bieten zahlreichen Wasserpflanzen und -tieren eine Heimat. Bei Ebbe tummeln sich zwischen dem abgestorbenen Korallenschrott Einsiedlerkrebse, Winkerkrabben und Schnecken. Zwischen Felsen und Korallen sind auf dem sandigen Untergrund im Wasser Seesterne, Kolonien von Seeigeln und Stechrochen zu sehen. Zackenbarsche und andere Großfische kommen aus den Tiefen des Ozeans ins Riff, um zu laichen. Die Korallenstöcke sind eine perfekte Kinderstube, wo kleine Fische gut versteckt aufwachsen können.

An den Außenriffen gedeihen Weichkorallen und Seefächer (Gorgonien), dazwischen siedeln Seeanemonen, die zu den skelettlosen Blumentieren gehören. Auch Jäger lauern in größeren Nischen auf Beute und hoch über dem Steilabfall ziehen Schwarzspitzen-Riffhaie und Schulen von Stachel-Bernstein- und Regenbogenmakrelen ihre Kreise. Gelegentlich lassen sich sogar Walhaie und Mantarochen sehen. Ebenfalls häufige Gäste sind Suppen- und Karettschildkröten, denn sie kommen zur Eiablage an die Strände. Die riesigen, bis zu 700 kg schweren Lederschildkröten wurden in Malaysia allerdings seit 2003 nicht mehr gesichtet.

Das Grundgerüst dieser küstennahen, sanft abfallenden Saumriffe bilden winzige Nesseltiere, Steinkorallen-Polypen. Sie leben bereits seit 400 Mio. Jahren auf der Erde und gehören somit zu ältesten Bewohnern unseres Planeten. Im Laufe von Millionen von Jahren haben diese Lebewesen die Basis der gewaltigen Riffe erschaffen, die weltweit eine Fläche von 600 000 km^2 bedecken, etwa die doppelte Größe von Polen.

Die frei schwebenden Larven der Nesseltiere setzen sich an Felsen ebenso wie an Schiffswracks oder anderen festen Oberflächen fest und scheiden aus ihrer oberen Zellschicht Aragonit, ein Calciumcarbonat, aus, das einen Schutzpanzer bildet. Auf dem Außenskelett wächst ein knospenförmiger Anhang mit einem neuen Polypen heran. Zooxanthellen, winzige Parasiten, die in Symbiose mit den Polypen leben, nähren die Steinkorallen der Tropen und verleihen ihnen ihre schimmernden Farben.

Sobald die Wassertemperaturen um 1 bis 2 °C ansteigen, geraten die Korallen unter Stress und stoßen die Parasiten ab, wodurch sie absterben und ihre Farbe verlieren, was als Korallenbleiche bezeichnet wird. Sinkt die Wassertemperatur wieder, werden die Korallenskelette von neuem lebendigem Gewebe überwuchert. Infolge der globalen Erwärmung tritt dieses Phänomen seit den 1970er-Jahren immer häufiger auf. Die empfindlichen Kalkgebilde sind auch durch den zunehmenden Säuregehalt des Meerwassers und die Wasserverschmutzung vor allem in der Nähe menschlicher Siedlungen gefährdet. Auch durch unachtsame Wassersportler und Bootsanker sind viele Gebiete in Mitleidenschaft gezogen worden. Deshalb sollte man beim Tauchen und Schnorcheln große Vorsicht walten lassen und sich nie auf Korallen stellen.

Anlage liegt unter Bäumen an einem eigenen Strand und wurde kürzlich renoviert. Behagliche Zimmer in 5 Kategorien sowie Suiten, teils in riesigen Blocks am Hang, teils in Bungalows am Strand, alle mit Flachbildschirm, Internetzugang, Safe, Kühlschrank, Balkon. 2 Restaurants, Bar, Pool, Spa, Tauchschule, viele Wassersportaktivitäten. 3 Tage/2 Nächte im DZ ab RM 1600/Pers.

Abgeschieden ▶ **Redang Kalong Resort:** Pasir Kalong Kecil, Tel. 096 30 76 21, www.redangkalong.com. In einer ruhigen Bucht südlich der Hauptstrände stehen am Meer 1-stöckige Reihenhäuser aus Holz mit 39 überwiegend klimatisierten Zimmern. Restaurant, Karaokeraum, Tauchschule (nur per Boot oder über einen Fußpfad zu erreichen). 3 Tage/2 Nächte im DZ ab RM 410/Pers., Taucher ab RM 700/Pers.

Auf Felsen ▶ **Redang Holiday Beach Villa:** Pasir Panjang, Tel. 096 24 55 00, 096 24 39 33 www.redangholiday.com. Am nördlichen Ende der Bucht punktet die Anlage zwar nicht mit einem Strand vor der Türe, aber dafür mit einer ruhigen Lage. Etwas zurückversetzt stehen 1- und 2-stöckige Häuser mit insgesamt 28 Zimmern (AC, Balkon), schöner sind die Doppelbungalows weiter im Norden, die teils auf Felsen ans Meer gebaut wurden. 3 Tage/2 Nächte im DZ ab RM 380/Pers., im Bungalow RM 450/Pers.

Verkehr

Flüge: Mit Berjaya Air, Tel. 096 30 22 28, www.berjaya-air.com, 1 x tgl. zum Subang Airport in Kuala Lumpur und 5 x wöchentl. nach Singapore.

Fähren: Von der Jetty Sungai in Merang (s. S. 261) fahren zwischen April und Oktober vormittags kleine Boote zu den Resorts auf der Insel und wieder zurück zum Festland (ca. 1 Std., RM 80–110 hin und zurück). Die großen Fähren legen in Kuala Terengganu (s. rechts) am Terminal Feri Shahbandar im Zentrum ab. Mit Sejahtera Ferry Services, Tel. 096 22 52 33, 01 64 16 03 38, tgl. bzw. während der Regenzeit Di und Sa um 10.30 und 15 Uhr zur Jetty in Teluk Bakau und um 9 Uhr zum Pasir Panjang, Rückfahrt von der Insel gegen 7 und 13 bzw. um 11 Uhr (ca. 1,5 Std., RM 110 hin und zurück).

8 Kuala Terengganu

▶ 1, O 6

Cityplan: S. 257

Bei der Anfahrt nach **Kuala Terengganu** über breite, stark befahrene Ausfallstraßen wirkt die Sultansstadt an der Mündung des Sungai Terengganu modern und geschäftig. Ganz anders ist die Atmosphäre in den engen Gassen rings um den Markt, wo die Zeit stillgestanden zu sein scheint und das Leben noch seinen geruhsamen Gang geht. Stadt und Umland blicken auf eine lange Geschichte zurück.

Voller Stolz verweisen die malaiischen Bewohner auf den Terengganu-Stein (s. S. 257), dessen Inschrift als ältestes schriftliches Zeugnis in Malaysia gilt und bezeugt, dass der damalige Herrscher des Sultanats bereits 1303 zum Islam konvertierte. Auch die chinesische Minderheit hat eine lange Tradition in Kuala Terengganu. Unter dem Namen Teng-Ya-Nu belieferte das Handelszentrum vermutlich schon vor 600 Jahren die Flotte von Admiral Cheng Ho.

Das einst überschaubare Städtchen erlebte in den 1970er-Jahren einen gewaltigen Boom, als vor der Küste Erdöl und Erdgas gefunden wurden. Da das Sultanat an den Einnahmen beteiligt ist, kann es sich zahlreiche Repräsentationsbauten, ein großes Stadion, ein Museum und ein Krankenhaus, städtebauliche Verschönerungsmaßnahmen und die Ausrichtung der prestigeträchtigen internationalen Segelregatta Monsoon Cup leisten. Investiert wird auch in riesige Schutzdämme im Mündungsgebiet des Sungai Terengganu, die der Küstenerosion entgegenwirken sollen.

Bukit Puteri und Pasar Payang

Neben dem städtischen Touristenbüro (s. S. 259) in der Jalan Sultan Zainal Abidin führen Treppen auf den 200 m hohen **Bukit Puteri** 1 hinauf, dessen Aussichtsplattform einen hervorragenden Blick auf das alte Zentrum und die Flussmündung bietet. Neben dem Fahnenmast und einem Leuchtturm stehen auf dem Hügel noch die Reste eines Forts von 1831, das dem Sultan damals als bescheidene Residenz diente. Die große Glocke der Festung warnte die Bevölkerung vor Gefahren wie beispielsweise Feuersbrünsten und läutete während des Ramadan das Fastenbrechen ein (Sa–Do 9–17, Fr 9–12 und 15–17 Uhr, RM 1).

Ende des 19. Jh. zog der Sultan in die zweistöckige **Istana Maziah** 2 am Fuß des Hügels ein. Der im französischen Stil erbaute Palast wird immer noch für Staatsempfänge und Zeremonien genutzt und kann daher nicht besichtigt werden.

Straßenstände umringen den **Pasar Payang** 3 auf der anderen Seite des Bukit Puteri. Im Erdgeschoss der Markthalle stapeln sich Obst und Gemüse, Fleisch, Trockenfisch und *krupuk* in allen Variationen, während im ersten Stock Haushaltswaren und Kunstgewerbe sowie Textilien, darunter viele bunte Batikstoffe, verkauft werden (Jln. Kampung Cina, tgl. 7–18 Uhr).

Chinatown

An der Markthalle beginnt die Jalan Kampung Cina, die das Herz der **Chinatown** bildet. Viele der über 100 Jahre alten zweistöckigen Geschäftshäuser wurden sorgsam restauriert und beherbergen inzwischen moderne Boutiquen und Büros – beispielsweise haben hier einige der hochpreisigen Inselresorts von Pulau Redang ihren Unternehmenssitz –, doch dazwischen findet man traditionelle Läden und Coffee Shops. Vorbei am hübschen chinesischen **Ho Ann Kiong Temple** 4 von 1801 geht es Richtung Süden zum **Chinatown Gate** 5**,** dem offiziellen Eingangstor zur Chinatown. Hier zweigt ein schmaler, leicht zu übersehender Durchgang Richtung Fluss ab, in dem schön gestaltete Wandreliefs das Leben der vom Aussterben bedrohten Meeresschildkröten thematisieren. Die auf aufgeschüttetem Land angelegte **Uferstraße** und die Brücken zum großen Parkplatz werden abends bunt erleuchtet.

Pulau Duyung Besar 6

Von der Uferstraße blickt man auf die größte der 13 Flussinseln, die mit Fähren und seit 1990 über die **Sultan Mahmud Bridge** auch mit Autos zugänglich ist. Obwohl sich das Leben auf der Insel durch die Straßenanbindung verändert hat, findet man noch immer ein paar ursprüngliche Ecken. In zwei kleinen **Werften** im Zentrum am Ostufer der Insel werden nach überlieferter Technik Boote gebaut. Treffpunkt der Einheimischen ist der **Nachtmarkt,** der jeden Freitagabend im Süden der Insel nahe der Brücke stattfindet. Ein Kontrastprogramm bietet sich an der Nordspitze der Insel. Finanziert mit Petrodollar entstanden hier die **Marina,** der Jachthafen für den Monsoon Cup (s. S. 261), sowie das vornehme Ri-Yaz Heritage Marina Resort & Spa (s. S. 259) und viele weitere prestigeträchtige Neubauten, die sich immer weiter Richtung Süden ausbreiten und die alteingesessenen Bewohner verdrängen.

Pulau Wan Man 7

Etwas westlich der Sultan Mahmud Bridge liegt **Pulau Wan Man.** 2008 wurde auf der Flussinsel aus Stahl und getöntem Glas die **Masjid Kristal** erbaut. Tagsüber erstrahlen die gläsernen Kuppeln und Minarette im Licht der Sonne, abends werden sie von bunten Scheinwerfern ausgeleuchtet.

An der Zufahrtsstraße zur Moschee befindet sich der **Taman Tamadun Islam** (Islamic Civilisation Park), dessen Hauptattraktion eine Modellstadt mit 22 berühmten Gebäuden der islamischen Welt ist (www.tti.com.my, Mo–Do 10–19, Fr 9–12.45, 14.30–17, Sa, So 9–19 Uhr, in den Ferien ab 9 Uhr, Erw. RM 25, Kind. RM 15, Shuttlebusse ab dem Park Dataran Shahbandar, Jln. Sultan Zainal Abidin, nördlich der Istana Maziah, für RM 2).

Terengganu State Museum 8

Noch etwas weiter landeinwärts erhebt sich am Südufer des Sungai Terengganu das beeindruckende **Terengganu State Museum,** dessen vier miteinander verbundene Gebäude der Bauweise der klassischen Terengganu-Häuser nachempfunden ist. Als Blick-

Kuala Terengganu

Sehenswert

1 Bukit Puteri
2 Istana Maziah
3 Pasar Payang
4 Ho Ann Kiong Temple
5 Chinatown Gate
6 Pulau Duyung Besar
7 Pulau Wan Man
8 Terengganu State Museum
9 Pantai Batu Buruk
10 Istana Badariah
11 Masjid Tengku Tengah Zaharah

Übernachten

1 Ri-Yaz Heritage Marina Resort & Spa
2 Primula Beach Resort
3 Grand Continental
4 Ming Paragon Hotel
5 Seri Hoover Hotel
6 Ping Anchorage Guesthouse

Essen & Trinken

1 Ocean Restaurant
2 Golden Dragon
3 Madam Bee Kitchen
4 MD Curry House

Einkaufen

1 Teratai Arts & Crafts
2 Malaysia Handicraft Centre
3 Noor Arfa Batek
4 Meng Huat

fang in der Eingangshalle dient der Terengganu-Stein (s. S. 31, 255). Dahinter lässt eine fantastische Textilausstellung mit seltenen und überaus wertvollen Stücken die große Bandbreite der Web- und Färbetradition in diesem Gebiet erahnen. Der 1. Stock ist im vorderen Bereich der Sultansdynastie von Terengganu vorbehalten und beherbergt überdies Holz-, Messing- und Silberarbeiten sowie anderes malaiisches Kunsthandwerk. Im 2. Stock kann man einen Ausflug in die Geschichte von Terengganu unternehmen. Allerdings ist diese Ausstellung nicht ganz auf dem Stand der Zeit, desgleichen die Ausstellungen in den Nebengebäuden zu Naturkunde, Ölförderung und Islam. Lohnend ist ein Spaziergang durch den weitläufigen Park, in dem alte Holzpaläste sowie Häuser aus verschiedenen Landesteilen und traditionelle Boote zu sehen sind (Jln. Losong Ferri, Tel.

096 22 14 44, http://museum.terengganu.gov.my, Sa–Do 9–17, Fr 9–12, 15–17 Uhr, Erw. RM 15, Kind. RM 10, Shuttlebusse ab dem Park Dataran Shahbandar, Jln. Sultan Zainal Abidin, nördlich der Istana Maziah, für RM 2, Taxi RM 20).

Südlich des Zentrums

Von der Jalan Sultan Mahmud zweigt südlich eines großen Krankenhauses die Jalan Kelab Kerajaan zum langen **Pantai Batu Buruk** 9 ab. Der Strand bietet ausreichend Platz zum Joggen, Drachen Steigenlassen oder Baden. Allerdings haben gefährliche Unterströmungen bei hohem Wellengang bereits viele Todesopfer gefordert.

Weiter südlich liegt zwischen der Fernstraße und dem Strand, verborgen hinter hohen Zäunen, die **Istana Badariah** 10**,** die derzeitige Residenz des Sultans. Das Anwe-

Ins Wasser gebaut: die Masjid Kristal auf Pulau Wan Man

sen wurde seit den 1940er-Jahren ständig erweitert und kann leider nicht besichtigt werden. Im Süden grenzt der Golfclub an.

Etwa 4 km südlich des Zentrums liegt links der Hauptstraße eine weitere Attraktion der Stadt, die sogenannte Floating Mosque oder **Masjid Tengku Tengah Zaharah** 11. Die elegante weiße Moschee liegt im Mündungsgebiet des Sungai Ibai in einer Lagune und scheint geradezu im Wasser zu schwimmen.

Besonders faszinierend wirkt das Bauwerk nachts, wenn es angeleuchtet wird und sich bei Windstille im Wasser spiegelt.

Infos

Tourist Information Centre (TIC): Jln. Sultan Zainal Abidin, neben der Hauptpost, Tel. 096 22 15 53, 096 22 18 91, http://tourism.terengganu.gov.my, www.terengganutourism.com, Sa–Do 8–13, 14–17, Fr 9–13 Uhr. Infos über die Stadt und den Staat.

Tourism Malaysia (MTPB): Jln. Kg. Daik, Pusat Niaga Paya Keladi, Tel. 096 30 94 33, www.tourism.gov.my, Sa–Mi 8–17, Do 8–15.30 Uhr. Gute Informationen zu Terengganu und ganz Malaysia.

Übernachten

Inselluxus ▶ **Ri-Yaz Heritage Marina Resort & Spa** 1**:** Pulau Duyung, Tel. 096 27 78 88, www.ri-yazheritage.com. Auf der Flussinsel nahe dem Jachthafen stehen in einem Park 2-stöckige Häuser mit jeweils 4 Zimmern, die großzügig und zeitgemäß möbliert sind und über Holzböden, einen Flachbildschirm, einen DVD-Player, Internetzugang und Balkon verfügen. Großer Pool, Spa, Fitnesscenter, Sauna, Jacuzzi, Restaurant. DZ offiziell über RM 1000, Angebote RM 300–780 inkl. Frühstück.

Nahe dem Strand ▶ **Primula Beach Resort** 2**:** Jln. Persinggahan, Tel. 096 22 21 00, www.primulahotels.com. Das Hotel aus den 1980er-Jahren in einem Block am Pantai Batu Buruk ist das größte der Stadt und hat schon bessere Tage gesehen. 245 Zimmer mit Kühlschrank, Balkon und teils tollem Meerblick. Nette Gartenanlage mit Pool. RM 220–260 inkl. Frühstück.

Freundlicher Service ▶ **Grand Continental** 3**:** 4023 Jln. Sultan Zainal Abidin, Tel. 096 25 18 88, www.ghihotels.com.my. Nicht mehr ganz neues Hotel zwischen dem Strand und dem Zentrum mit 190 sauberen Zimmern. Internetzugang, kleiner Pool. RM 160–230 inkl. Frühstück.

Komfort zu günstigem Preis ▶ **Ming Paragon Hotel** 4**:** 219 E Jln. Sultan Zainal Abidin, Tel. 096 23 99 66, www.mingparagon.com.

Hotelblock etwas außerhalb des Zentrums. Die Zimmer sind zwar nicht besonders groß, aber angenehm eingerichtet, sauber und haben Holzböden, bequeme Betten sowie Kühlschrank, Flachbildschirm und Internetzugang. Gegenüber liegt das Schwesterhotel Ming Star. DZ RM 120–150 inkl. Frühstück.

Im Zentrum ▶ **Seri Hoover Hotel** 5: 49 Jln. Sultan Ismail, Tel. 096 23 38 33, http://serihoover.blogspot.com. Das Hotel aus den 1970er-Jahren wurde minimal herausgeputzt, sodass der ›Flair‹ aus der Entstehungszeit durchaus erhalten blieb. Einige der 70 großzügigen Zimmer mit Mosaikböden und Kühlschrank haben keine Fenster, andere einen Balkon. DZ RM 65.

Beliebter Backpackertreff ▶ **Ping Anchorage Guesthouse** 6: 77A Jln. Sultan Sulaiman, Tel. 096 26 20 20, www.pinganchorage.com.my. Über einem Reisebüro werden 15 einfach ausgestattete, aber saubere Zimmer vermietet, teils mit AC und eigenem Bad. Im Dachgarten kann man entspannen und essen. DZ RM 40–65.

Essen & Trinken

Chinesisch am Meer ▶ **Ocean Restaurant** 1: 2079 Jln Sultan Zainal Abidin, Tel. 096 31 51 54, tgl. 11.30–14.30, 17.30–23.45 Uhr. Das traditionelle chinesische Restaurant, das etwas zurückversetzt von der Hauptstraße nahe dem Meer liegt, lohnt den Weg. Die einfache Einrichtung mit Plastikstühlen und großen runden Spanplattentischen stört niemanden, denn hier gibt es frisches Seafood, leckere Barbecue-Enten, Schweinerippchen und andere auf chinesische Art zubereitete Gerichte, zudem Steamboat und Bier. Eine gute Alternative ist das benachbarte Restaurant Tien Kee, das allerdings *halal* kocht. RM 10–30.

Tolle Hainan-Küche ▶ **Golden Dragon** 2: 198 Jln. Kg. Cina, Tel. 096 22 30 34, tgl. 11–15, 18–21.30 Uhr. Abends ist selbst an den Tischen auf dem Bürgersteig kaum ein Platz frei, denn das chinesische Restaurant ist wegen seiner guten Küche zu Recht überaus beliebt. Auf der englischen Karte findet sich eine große Auswahl an Fleisch-, Fisch- und Gemüsegerichten. Mittags gibt es eine begrenzte Auswahl am Büfett. Alles schmeckt frisch und authentisch, der Service ist freundlich und das Bier gut gekühlt. RM 10–15.

Peranakan-Gerichte ▶ **Madam Bee Kitchen** 3: 177 Jln. Kg. Cina, Tel. 01 29 88 74 95, Do–Di 10–17 Uhr. In dem kleinen klimatisierten Restaurant in einem alten Haus werden vor allem *nasi lemak,* die lokale Nudelsuppe *lor mee* und andere Snacks der Peranakan-Küche zubereitet. RM 5–10.

Südindisch ▶ **MD Curry House** 4: 7G Jalan Kampung Dalam, Tel. 01 39 02 63 31. In dem kleinen Restaurant kocht der freundliche Besitzer das beste südindische Essen der ganzen Stadt: *murtabak* mit Ei oder Hühnchen ebenso wie *dosai* und *dhal* (Linsencurry). Auch der Gewürztee ist sehr lecker. Um RM 5.

Einkaufen

Souvenirs ▶ **Pasar Payang** 3: s. S. 256. Im 1. Stock findet sich das beste Angebot. **Teratai Arts & Crafts** 1: 151 Jln. Kg. Cina, Tel. 096 25 21 57. In dem kleinen Laden werden geschmackvolle Souvenirs und Dekoartikel angeboten. **Ping Anchorage** 6: im gleichnamigen Guesthouse (s. links), tgl. 8–17 Uhr. Schöne lokale Produkte. **Malaysia Handicraft Centre** 2: Chendering Industrial Area, im Süden der Stadt, hinter der Brücke über den Sungai Ibai rechts, Tel. 096 17 10 33, Sa–Do 8–17 Uhr. In dem staatlichen Kunsthandwerkszentrum werden in mehreren Hallen Pandanus-Flechtarbeiten und Songketstoffe hergestellt und in einem kleinen Laden verkauft. Viele Arbeitsplätze sind allerdings verwaist. **Noor Arfa Batek** 3: 1048K, Chendering Industrial Area, an der Straße zum Malaysia Handicraft Centre, Tel. 096 17 97 00, www.noor-arfa.com.my, tgl. 9–18 Uhr. Ein riesiges Angebot an Textilien, von hochwertigen handbemalten Seidenbatiken bis zu Baumwolldrucken. Man bekommt verschiedene Batiktechniken vorgeführt und kann bei der Herstellung vom Batikstempeln zusehen.

Wein ▶ **Meng Huat** 4: Jln. Kg. Cina, neben dem Golden Dragon Restaurant, tgl. 10–17 Uhr. Die einzige Weinhandlung in Terengganu und Kelantan.

Termine

Monsoon Cup (Ende Nov./Anfang Dez., http://monsooncup.com.my): Der prestigeträchtige internationale Segelwettbewerb ist seit 2005 Teil der World Match Racing Tour.

Verkehr

Flüge: Vom Sultan Mahmud Airport, Tel. 096 67 36 66, 12 km nördl. von Kuala Terengganu direkt am Meer gelegen, Verbindungen nach Kuala Lumpur mit Air Asia, www.airasia.com, Firefly, www.firefly.com.my, und MAS, www.malaysiaairlines.com. Ein Taxi ins Zentrum kostet RM 30.

Busse: Vom zentralen Busbahnhof, Jln. Masjid Abidin, Verbindungen entlang der Küste, ins Landesinnere und nach Westen: 4 x tgl. nach Johor Bahru (7 Std., RM 45), 14 x tgl. nach Kota Bharu (3 Std., RM 15), 7 x tgl. nach Kuala Besut, dem Hafen für Pulau Perhentian (2,5 Std., RM 15), 7 x tgl. nach Kuala Lumpur (6 Std., RM 40), 9 x tgl. nach Kuantan (3 Std., RM 18), um 20.30 und 21 Uhr nach Penang (8–10 Std., RM 45), etwa stdl. mit lokalen Bussen entlang der Küste Richtung Kuantan und Kota Bharu (7–17 Uhr). Ein historisch gestalteter Stadtbus fährt touristische Ziele in der Stadt und im Umland an.

Überlandtaxis: Sie starten am Busbahnhof, Tel. 096 20 48 81, und bedienen die Strecken nach Cherating (RM 200), Kota Bharu (RM 120–140), Kuala Besut (RM 100), Kuantan (RM 200), Marang (RM 30), Merang (RM 50), zum Sekayu-Wasserfall (RM 40) und zum Kenyir Lake (RM 100).

Fähren: nach Pulau Redang s. S. 255. Flussfähren verkehren von der Anlegestelle gegenüber der Post, Jln. Sultan Zainal Abidin, und von der Rückseite des Pasar Payang nach Pulau Duyung (RM 1).

Taxis: In der Stadt ca. RM 10 bzw. RM 30/Std.

Die Küste nördlich von Kuala Terengganu

Jenseits des Flughafens gleicht die Fahrt auf der Küstenstraße gen Norden einer Zeitreise in das alte Malaysia. Hier kann man noch das geruhsame Dorfleben kennenlernen und lokale Spezialitäten probieren, beispielsweise die Krabbenchips *krupuk lekor,* die überall am Straßenrand angeboten werden. Mittags und bei Sonnenuntergang füllen sich die einfachen malaiischen Essenstände in den Dorfstraßen mit Menschen.

Batu Rakit und Merang

► 1, O 5/6

Ca. 30 km nördlich von Kuala Terengganu lohnt ein erster Stopp in **Batu Rakit,** wo am Ortseingang ein einfaches Restaurant am Meer großen Zuspruch findet (s. unten).

Etwas weiter nördlich liegt abseits der Küstenstraße an einer schmalen Flussmündung das Dorf **Merang,** von dem vormittags Fähren auf die vorgelagerte Insel Redang (s. S. 253) starten. Zu anderen Zeiten und Zielen können Boote an mehreren Schaltern neben der Anlegestelle gechartert werden.

Übernachten

Komfortable Oase ► The Aryani: kurz vor Merang, ca. 40 km nördl. von Kuala Terengganu, 1 km abseits der Küstenstraße, Tel. 096 53 21 11, www.thearyani.com. Das kleine Luxusresort an einem einsamen, von Mangroven umgebenen Strand ist das ideale Ziel für Ruhesuchende. Chalets und 2-stöckige Häuser stehen verstreut in einem weitläufigen gepflegten Garten rings um einen Pool. Die 23 Zimmer sind im modernen Stil mit malaiischem Touch geschmackvoll-rustikal eingerichtet und haben extrabreite Betten sowie luftige Bäder. Der Blickfang sind die umgebauten alten Terengganu-Häuser mit dem Spa. Die Küche des Restaurants ist abwechslungsreich, aber nicht überwältigend. DZ RM 360–500 inkl. Frühstück.

Essen & Trinken

Essenstand am Meer ► Direkt am Sandstrand von Batu Rakit werden an einem großen Essenstand preiswerte, in einer Teighülle frittierte Meeresfrüchte sowie leckere Eiscreme zubereitet, die in riesigen Portionen an Tischen unter freiem Himmel serviert werden. RM 5–10.

Tipp: Setiu Wetlands ►1, N 5

Im Hinterland der kilometerlangen einsamen Sandstrände erstrecken sich im Mündungsgebiet des Sungai Setiu die **Setiu Wetlands** mit Brackwasserlagunen, umrahmt von Mangroven, Mooren und Sumpfgebieten. Diese undurchdringlichen Küstengebiete sind der Lebensraum zahlreicher Vogelarten, Austern, Jungfische und Schildkröten. Die seltenen Callagur-Flussschildkröten *(Callagur borneoensis)* und Suppenschildkröten *(Chelonia mydas)* lassen vom warmen Sand ihre Eier ausbrüten. Sobald die Jungen geschlüpft sind, schwimmen die einen die Flüsse hinauf und die anderen hinaus aufs Meer. Zudem wachsen in den nährstoffreichen Mangroven zahlreiche Fische und ein Großteil der einheimischen Austern heran. Um diese außergewöhnliche Landschaft mit ihrer Artenvielfalt zu schützen, fördern der WWF, die Malaysian Nature Society (MNS) und andere Naturschutzorganisationen verschiedene Projekte in den Wetlands, u. a. Schildkrötenaufzuchtstationen und Mangrovenanpflanzungen. Am Abend werden die Mangroven von Millionen von Glühwürmchen wie Weihnachtsbäume erleuchtet (Ping Anchorage, 77A, Jln. Sultan Sulaiman, Kuala Terengganu, Tel. 096 26 20 20, www.pinganchorage.com.my, Fireflies-Sanctuary-Touren zum Beobachten von Glühwürmchen ab Kuala Terengganu und dem Terrapuri Resort, je nach Teilnehmerzahl RM 155–225 inkl. Abendessen am Strand).

Verkehr

Busse: Nur Verbindungen über die Fernstraße 3 (etwa stdl.). Ein Taxi vom Flughafen zum Aryani kostet etwa RM 40.

Penarek ►1, N 5

Im Küstenort **Penarek** erstreckt sich der von Kasuarinen gesäumte **Pantai Rhu Sepuluh,** der mit einer Strandpromenade inklusive Bühne, Pavillons und Rasenflächen aufgefrischt wurde und sehr sauber ist. Der Strand eignet sich weniger zum Baden als für einen geruhsamen Spaziergang oder ein Picknick. Auf dem überdachten **Fischmarkt** ca. 1 km südlich des Orts stapelt sich der frische Fang, der direkt hinter dem Markt angelandet wird.

Dort, wo die Küstenstraße Richtung Norden ins Landesinnere abknickt, kann man entlang dem Meer weiterfahren, bis die Straße nach wenigen Kilometern auf einer mangrovengesäumten Landzunge in einem schier endlosen Kokospalmenhain endet. In dieser Gegend werden noch immer *berok,* dressierte Schweinsaffen, auf die hohen Palmen geschickt, um Kokosnüsse zu ernten.

Übernachten

Prachtstück malaiischer Baukunst ► **Terrapuri Resort:** 62 km nördl. von Kuala Terengganu hinter Penarek, Tel. 096 24 50 20, www.terrapuri.com. Zwischen dem endlosen Sandstrand und der Lagune im weiten Mündungsdelta des Sungai Setiu liegt dieses neue stilvolle Resort, das aus dem Holz alter abgerissener Häuser aus Terengganu erbaut wurde. Die 20 klimatisierten Zimmer auf Stelzen wurden im lokalen Stil geschmackvoll möbliert und mit großzügigen Bädern ausgestattet. Fenster und Türen sind mit wunderschönen Schnitzereien verziert. Vom Restaurant überblickt man den hübschen Pool. Viele Angestellte stammen aus dem Nachbardorf. DZ RM 500–700 inkl. Frühstück.

Rustikal ► **Penarik Inn:** Kampung Baru Penarik, ca. 2 km nördl. von der Stelle, wo die Küstenstraße Richtung Norden ins Landesinnere abknickt, Tel. 01 26 26 79 47, http://penarikinn.blogspot.com. Eine außergewöhnliche malaiische Künstlerfamilie vermietet 14 einfache klimatisierte Zimmer in Steinhäusern nahe dem Strand und kocht im luftigen Restaurant für die Gäste. Manchmal wird abends unter Palmen gegrillt. Nebenan liegt eine Schildkrötenaufzuchtstation. DZ RM 85–150.

Verkehr

Busse: Die Busse aus Kuala Terengganu (etwa stdl.) halten in Penarik dort, wo die Küs-

Rückzugsgebiet gefährdeter Arten: die abgelegenen Setiu Wetlands

tenstraße Richtung Norden ins Landesinnere abknickt.

Von Kuala Terengganu nach Kuantan

Bis Anfang der 1980er-Jahre galt dieser Teil der Küste als Tropenparadies mit kleinen Fischerdörfern an romantischen Lagunen und langen, fast unberührten Sandstränden, an denen nachts gigantische Lederschildkröten ihre Eier im heißen Sand vergruben. Die Riesenschildkröten sind bereits seit 2003 nicht mehr gesichtet worden, die Fischerdörfer wurden modernisiert und rings um die Ölraffinerie in Paka entstand ein riesiges Industriezentrum. Nur hier und da vermitteln kleine Strände noch einen Eindruck von der einstigen Schönheit dieser Küste.

Marang ►1, O 6

An einer Lagune im Mündungsgebiet des Sungai Marang liegt 16 km südlich von Kuala Terengganu der Fischerort **Marang,** einst ein beliebtes Backpackerziel, das jedoch der Modernisierung zum Opfer gefallen ist. Statt verwitterter Holzhäuser säumen nun moderne Zweckbauten den Hafen, der mit gigantischen Wellenbrechern vor der Erosion abgesichert wurde. Noch immer kommen Touristen hierher, um auf die vorgelagerten Inseln **Pulau Kapas** und **Pulau Gemia** zu fahren oder eine Bootstour auf dem Sungai Marang zu unternehmen. Am Mittwoch- und Samstagmorgen findet im Ortszentrum ein **Markt** und am Sonntag ein **Nachtmarkt** statt.

Verkehr

Busse: Verbindungen von Kuala Terengganu etwa stdl. nach Marang (30–45 Min., RM 2). Die Busse halten an der Fernstraße 3, etwa 500 m vom Ortszentrum entfernt. Taxis kosten um RM 30.

Rantau Abang ►1, P 7

Hinweisschilder mit Meeresschildkröten erwecken rund 60 km südlich von Kuala Terengganu bei **Rantau Abang** das Interesse. Die Lederschildkröten bleiben zwar inzwischen aus, aber in einer Schildkrötenaufzuchtstation nördlich des Orts werden die eingesammelten Eier der Suppenschildkröten *(Chelonia mydas)* und manchmal auch der Oliv-Bastardschildkröten *(Lepidochelys olivacea)* und Echten Karettschildkröten *(Eretmochelys imbricata)* ausgebrütet. Auch die letzten beiden Schildkrötenarten lassen sich immer seltener sehen, was auf die Verschmutzung des Meers und die Fischerei mit riesigen Schleppnetzen zurückgeführt wird. Kurz vor dem Ortseingang informiert ein kleines **Turtle Information Centre** über die Meeresschildkröten, macht allerdings ebenso wie die einfachen Unterkünfte im Ort einen etwas vernachlässigten Eindruck (So–Do 8–13, 14–17 Uhr, Eintritt frei).

Verkehr

Busse: Die Nahverkehrsbusse zwischen Kuala Terengganu (RM 5) und Kuala Dungun (s. unten, RM 2) halten an der Fernstraße 3.

Kuala Dungun ►1, P 8

Beiderseits der Fernstraße erstreckt sich die moderne Stadt **Kuala Dungun.** Während sich die Supermärkte und Fast-Food-Filialen im neuen Teil großer Beliebtheit erfreuen, wirkt die alte **Chinatown** an der Flussmündung gut 3 km weiter östlich zunehmend verwaist. Einst befand sich hier ein wichtiger Industriehafen zur Verschiffung von Eisenerz, das am Bukit Besi im Hinterland abgebaut wurde. Als die Vorkommen in den 1970er-Jahren erschöpft waren, verlor die Stadt an Bedeutung. Heute liegen nur noch ein paar Fischerboote im Hafen. Vom **Leuchtturm** am nördlichen Flussufer überblickt man den Ort und die kilometerlangen Sandstrände.

Aus Dungun stammt der im Jahr 1959 geborene Maler Chang Fee Ming, der von der lokalen malaiischen Kultur beeinflusst wurde und zu den bekanntesten zeitgenössischen Künstlern Malaysias gehört. Seine ausdrucksstarken, hochpreisigen Werke können auf wechselnden Ausstellungen im Land und im Internet unter www.changfeeming.com bewundert werden.

Übernachten

Juwel an der Ostküste ► Tanjong Jara Resort: 9 km nördl. von Kuala Dungun, 1 km östl. der Fernstraße 3, Tel. 098 45 11 00, www.tanjongjararesort.com. Bereits seit Jahrzehnten wird dieses 5-Sterne-Strandresort im malaiischen Kampung-Stil gut gepflegt, sodass es immer noch als bestes an der Ostküste gilt. Alle Zimmer haben eine Terrasse, sind großzügig geschnitten und mit hochwertigen Möbeln und Textilien eingerichtet. Die Badezimmer sind geräumig und haben in der teuren Kategorie sogar ein Jacuzzi im Freien. Neben dem gepflegten weißen Sandstrand mit Hängematten laden 2 Pools zum Entspannen ein. Tennisplätze, Tauchschule, Fitnesscenter, Spa Village, 2 hervorragende Restaurants, freundliches, hilfsbereites Personal und tolles Ambiente. DZ RM 750–1500.

Verkehr

Busse: Von der Busstation 500 m hinter der Abzweigung ins alte Zentrum nach Kuala Terengganu (RM 6) und Kuantan (RM 11).
Überlandtaxis: Von der Busstation nach Kuala Terengganu oder Cherating (RM 80).

Paka, Kerteh und Kemasik ►1, P 8/9

Bei **Paka** befindet man sich bereits mitten im Zentrum der erdölverarbeitenden Industrie. Nahe der Straße stehen gut bewacht die größte Ölraffinerie des Landes, das Sultan-Ismail-Kraftwerk und das Perwaja-Stahlwerk. Weiter im Süden, am Industriehafen in **Kerteh,** passiert man eine Gasverflüssigungsanlage und die Verwaltungsbauten der Ölgesellschaften Petronas und Esso. Inmitten dieser Industrielandschaft liegen in **Kemasik** am kleinen, hübschen **Pantai Kemasik** noch Fischerboote vor Anker. Die Zufahrtstraße zum Strand, 2 km südlich des Fischerdorfs, ist ausgeschildert.

Verkehr

Busse: Die Nahverkehrsbusse zwischen Kuala Dungun (s. links) und Kuantan (s. S. 266) halten an der Fernstraße 3.

Cherating ►1, P 10

Als vor rund 40 Jahren die weite Bucht an der Mündung des Sungai Cherating zunehmend versandete, beeinträchtigte das zwar die Arbeit der Fischer, aber dafür bildete sich ein weißer, seicht ins Meer abfallender Strand, den schon bald die ersten Touristen entdeckten. Zuerst waren es Globetrotter, die in dem idyllischen Ort **Cherating** für wenig Geld bei Fischerfamilien übernachteten und von ihnen versorgt wurden. Es dauerte nicht lange, bis die Einheimischen schlichte Unterkünfte aus Holz bauten, zunächst hinter ihren Häusern, dann am Sandstrand jenseits der Mangroven. Immer mehr Ausländer blieben in Cherating hängen, denn im Gegensatz zu den Bundesstaaten Terengganu und Kelantan war die Atmosphäre hier in Pahang weitaus entspannter und man konnte unbeschwert Partys feiern. Bereits 1977 wurde in der Nachbarbucht der erste Club Méditerranée Asiens eröffnet. In der Folge entstanden immer mehr Unterkünfte für immer mehr Touristen. Doch wie andernorts auch konnte die Infrastruktur dem Boom nicht folgen. Der Ort verlor seinen Charme und der Strand vermüllte, daran vermochten auch die – halbherzigen – Verschönerungsmaßnahmen kaum etwas zu ändern. Heute hat Cherating nichts Außergewöhnliches mehr zu bieten. Ein Großteil der Besucher sind Einheimische, und nur während der Monsunzeit ändert sich das Bild ein wenig, denn dann kommen viele ausländische Touristen, um hier zu surfen.

Übernachten

All inclusive ▶ **Club Med:** Chendor Beach, ca. 2 km nördl. von Cherating, Tel. 095 81 91 33, www.clubmed.de. Der älteste Club Med Asiens wurde mehrfach renoviert. Die Zimmer in den 2-stöckigen Häusern sind relativ klein, aber komfortabel und stehen auf einem weitläufigen Gelände. Schöner, von Kokospalmen und Kasuarinen gesäumter Strand, 2 Pools, Spa, großes Angebot an Aktivitäten, vielseitige Essensauswahl. Ab RM 600/Pers. inkl. VP und allen Aktivitäten.

Mit Meerblick und Komfort ▶ **Impiana Cherating Resort:** Chendor Beach, ca. 4 km nördl. von Cherating, Tel. 095 81 90 00, www.impiana.com.my. Die 3- bis 4-stöckige Hotelanlage hat zwar schon bessere Zeiten gesehen, ist aber immer noch eine der besten an diesem Strand. Alle 121 Zimmer mit Safe, Flachbildschirm, Holzböden und Meerblick, in den teureren Superior-Zimmern mit Himmelbetten, Holzmöbeln, Sitzecke und großem Bad. Pool, 2 Restaurants, viele Aktivitäten. DZ RM 200–380 inkl. Frühstück.

Entspannt ▶ **Tanjong Inn** (Villa de Fedelia): Cherating, fast am Ende der Strandstraße, Tel. 095 81 90 81. Auf einem weitläufigen Grundstück, das bis zum Strand reicht, stehen rings um einen Teich 10 einfache Holzbungalows unter Palmen, alle mit Ventilator und Dusche. Zudem 2 Häuser mit insgesamt 10 Zimmern mit AC, Himmelbetten, großer Terrasse und Badezimmern mit Naturstein. Weitere Bungalows und eine Bar sind geplant. Bungalow RM 70, DZ RM 150–200.

Mittendrin ▶ **Ranting Beach Resort:** im Zentrum von Cherating, Tel. 095 81 90 68. Beiderseits der Strandstraße stehen 12 Bungalows unterschiedlicher Größe und Qualität, die schönsten und teuersten am Strand. Zudem gibt es ein 2-stöckiges Haus mit 32 klimatisierten Zimmern. DZ RM 100–150.

Aktiv

Glühwürmchen beobachten ▶ **Hafiz:** schräg gegenüber vom Coconut Inn in Cherating, Tel. 01 79 78 92 56, kohafiz@gmail.com. Der kompetente Guide veranstaltet Bootstouren auf dem Sungai Cherating zum Beobachten von Glühwürmchen (20 Uhr, 1,5 Std., RM 20). Auch Tagestouren, bei denen man über das Ökosystem der Mangroven informiert wird.

Schnorcheln ▶ Viele Unterkünfte bieten Ausflüge auf die Schlangeninsel Pulau Ular an (ab RM 50/Pers.).

Surfen & mehr ▶ **Kelaut Sports:** im Payung Guesthouse im Zentrum von Cherating. Verleih von Surfbrettern, Boogieboards, Kajaks.

Verkehr

Busse: Alle Busse halten an der Hauptstraße an der Abzweigung nach Cherating, ca. 1 km vom Zentrum. Verbindungen mit Nahverkehrsbussen stdl. nach Kuantan (RM 5), mit Fernbussen 5 x tgl. über Kuala Terengganu nach Kota Bharu (6 Std., RM 26 bzw. 42), 8 x tgl. nach Kuala Lumpur (4–5 Std., RM 35).

aktiv unterwegs

Meeresschildkröten beobachten bei Cherating

Tour-Infos

Start: Turtle Sanctuary and Information Centre, Chendor Beach, etwa 2 km nördlich von Cherating
Anfahrt: Von der Fernstraße 3 auf die ausgeschilderte Zufahrtsstraße zum Club Med abbiegen, die Schildkrötenaufzuchtstation befindet sich nach knapp 1 km auf der linken Seite. In den meisten Unterkünften werden auch organisierte Touren dorthin angeboten.
Infos: Tel. 095 81 90 87, Öffnungszeiten Infozentrum Di–So 10–16 Uhr, Beobachten der Eiablage am Strand April–Sept. ab 21 Uhr, Eintritt frei

Die Sandstrände entlang der Ostküste sind wichtige Brutstätten für Meeresschildkröten. Zwischen April und September können am 3,5 km langen **Chendor Beach** nördlich von Cherating Suppenschildkröten *(Chelonia mydas)* beobachtet werden, die nach Einbruch der Dunkelheit an Land kommen. Recht mühsam graben sie mit ihren Flossen tiefe Löcher in den Sand, in die sie ihre Eier ablegen. Danach verschließen sie die Gruben und verschwinden wieder im Meer. Etwa zwei Monate dauert es, bis die Eier durch die Sonnenwärme ausgebrütet sind, die winzigen Jungtiere schlüpfen und im Schutz der Nacht Richtung Wasser krabbeln. Erst wenn sie nach 7 bis 50 Jahren ihre Geschlechtsreife erreicht haben, kehren sie zur Eiablage wieder an denselben Strand zurück. Um die Eier vor illegalen Sammlern und Wilderern zu schützen, werden sie von Rangern des **Turtle Sanctuary** gleich nach der Ablage eingesammelt und in geschützten Gehegen vergraben.

Das ganze Jahr über kann man das kleine Besucherzentrum der Aufzuchtstation besuchen und sich über die Lebensgewohnheiten der Schildkröten und die Schutzprojekte informieren. In drei Becken leben Suppenschildkröten verschiedenen Alters sowie Echte Karettschildkröten *(Eretmochelys imbricata)*, die bis zu 1 m Länge erreichen. Zur Zeit der Eiablage von April bis September ist ab 21 Uhr der Warteraum am Strand geöffnet, wo um 22 Uhr eine Diashow gezeigt wird. Sofern in der Nacht zuvor Schildkröten geschlüpft sind, werden diese im Anschluss daran freigelassen. Sollten Ranger am Strand eine eierlegende Schildkröte entdecken, werden Besucher zum Ort des Geschehens geführt und können das Tier aus gebührendem Abstand beobachten und ohne Blitz fotografieren. Zwar sind die Gruppen manchmal recht groß, doch es ist ein einmaliges Erlebnis, die Eiablage zu verfolgen.

Überlandtaxis: Von Cherating nach Kuala Besut für Pulau Perhentian (RM 300), Kuala Terengganu (RM 250), Kuantan (RM 60).

Kuantan und Umgebung

Kuantan ► 1, P 11

Die geschäftige Hauptstadt des Bundesstaats Pahang an der Mündung des Sungai Kuantan hat viele Gesichter. Im alten Zentrum von **Kuantan,** jenseits der Uferpromenade, geht das Leben ungeachtet des starken Durchgangsverkehrs seinen gemächlichen Gang. Die Neubauten der Luxushotels und die riesigen Einkaufszentren könnten hingegen ebenso in Kuala Lumpur stehen. Rings um den Golfplatz zwischen der City und dem Stadtstrand Teluk Chempedak residiert die High Society in noblen Villen, während in Tanjung Lumpur am anderen Flussufer alles noch sehr ländlich ist.

Das Wahrzeichen der Stadt ist die blau-weiße, im arabischen Stil erbaute **Masjid**

Sultan Ahmad Shah von 1994, die die Nordostseite von Kuantans zentralem Platz einnimmt. Die Moschee kann außerhalb der Gebetszeiten in angemessener Kleidung besichtigt werden.

Einige Verwaltungsbauten aus britischer Zeit säumen den Platz im Nordwesten, darunter der Oberste Gerichtshof. Ebenfalls am Platz befindet sich das neue **Pahang Art Museum** (Balai Seni Lukis Pahang), untergebracht in einem sorgsam restaurierten Kolonialgebäude, das viel Platz für Sonderausstellungen bietet (Jln. Masjid, Tel. 095 17 88 55, Di–So 9.30–17, Fr 9.30–12.15, 14.45–17 Uhr, Eintritt je nach Ausstellung).

Spätnachmittags und am Wochenende ist der **Teluk Chempedak** 5 km östlich des Zentrums ein beliebtes Ausflugsziel. Als Alternative zur rund um die Uhr geöffneten Filiale einer Fast-Food-Kette locken malaiische Essenstände mit lokalen Spezialitäten. Der steil ins Meer abfallende, grobkörnige Sandstrand ist zwar sauber, eignet sich wegen gefährlicher Unterströmungen aber nicht so gut zum Schwimmen. Schön ist ein Spaziergang auf dem Plankenweg, der über Felsen am Meer entlangführt.

Infos

Tourism Pahang: Jln. Mahkota, Bangunan Mahkota Sq., Tel. 095 16 10 07, www.pahang tourism.org.my, Mo–Do 8–13, 14–17, Fr 8–12.15, 14.45–17 Uhr. Hilfsbereite Mitarbeiter.
Tourism Malaysia: Jln. Mahkota, Tel. 095 17 71 11, Mo–Fr 8–17 Uhr. Neben vielen Informationen über Pahang auch Broschüren zu anderen Zielen in Malaysia.

Übernachten

Am Stadtstrand ▶ **Hyatt Regency Kuantan:** Teluk Chempedak, Tel. 095 18 12 34, http://kuantan.regency.hyatt.com. Etwas älteres Hotel am Strand mit 330 relativ kleinen Zimmern (Flachbildschirm, Internetzugang, Kühlschrank, Balkon). Pool, Restaurant mit Meerblick, Bar mit Livemusik. DZ RM 360–440 inkl. Frühstück.
Hoch hinaus ▶ **The Zenith Hotel:** Jln. Putra Square 6, neben dem Convention Centre, Tel. 095 65 95 95, www.thezenithhotel.com. Mit seinen 519 großzügigen Zimmern ist das neue Hotel in einem 23-stöckigen Hochhaus das größte der Ostküste und wird v. a. von Kongressteilnehmern gebucht. Komfortable moderne Zimmer mit Internetzugang und Flachbildschirm. Im großen Restaurant mit einer offenen Küche gibt es zumeist Büffets mit internationalen Gerichten. Zudem chinesisches Restaurant, Pool, Fitnesscenter, Yogaraum, Spa. DZ RM 200–370 inkl. Frühstück.
Mit Flussblick ▶ **Mega View:** 567 Jln. Besar, Tel. 095 17 18 88, www.megaviewhotel.com. 94 Zimmer mit Kühlschrank und Internetzugang in einem 10-stöckigen Hotelblock am Flussufer, die Zimmer im 8. und 9. Stock haben einen Balkon mit Flussblick. DZ RM 120–230 inkl. Frühstück.
Klein und sauber ▶ **De Spring Hotel:** 157 Jln. Jahi Abdul Rahman, Tel. 095 13 01 68, www.facebook.com/despringhotel. Mitten im Zentrum liegt etwas zurückgesetzt von der Straße dieses neue Hotel mit 38 gut ausgestatteten und modern eingerichteten Zimmern (Flachbildschirm, Internetzugang). Kein Restaurant. DZ RM 80–160.

Essen & Trinken

Westliche Speisen & Wein ▶ **Sherwood's:** 19 Jln. Teluk Sisek, Tel. 095 66 39 68. Neben dem kleinen Pantai-Selamat-Supermarkt an der Straße nach Teluk Chempedak liegt dieser Delikatessenladen, in dem Brot und Käse verkauft und im europäischen Stil gekocht wird. Die Swiss Cuisine ist zwar nicht authentisch, aber wer schon lange kein Wiener Schnitzel mehr gegessen hat, wird nachsichtig sein. RM 30–50.
Künstlercafé ▶ **Tjantek Art Cafe & Tea:** 46 Jln. Besar, Tel. 095 16 41 44, www.dia.com.my, tgl. 19–22 Uhr. In einem alten chinesischen Geschäftshaus hat der Architekt Mohd Hatta Ism dieses kleine Café eingerichtet. Auf der Karte stehen Nudelgerichte, Suppen, Sandwiches, Salate und Steaks sowie Kaffee, Tee und Säfte. Um RM 10.
Authentisch südindische Küche ▶ **Alif Curry House:** 91 Jln. Mahkota, tgl. 7–22 Uhr. In dem klimatisierten Banana-Leaf-Restaurant

werden von freundlichen Angestellten authentische südindische Speisen serviert. Auch die frisch gebackenen *dosai* und *roti canai* schmecken sehr gut. RM 5–10.
Essenstände ▶ Rings um den Busbahnhof, Jln. Stadium, im Norden des Zentrums wird eine große Vielfalt an lokalen Snacks, Suppen, Reis- und Nudelgerichten zubereitet. Um RM 5.

Verkehr

Flüge: Vom Sultan Ahmad Shah Airport, ca. 16 km westl. des Zentrums, mit MAS, www.malaysiaairlines.com, nach Kuala Lumpur, und mit Firefly, www.firefly.com.my, nach Penang und Singapore. Ein Taxi vom Zentrum kostet RM 30, vom Teluk Chempedak RM 40.
Busse: Vom Busbahnhof neben dem Stadion, Jln. Stadium, fahren Fernbusse um 9, 20, 20.30 und 21 Uhr nach Butterworth (ca. 9 Std., RM 50), um 10, 13, 15 und 16.30 Uhr nach Jerantut für den Taman Negara National Park (3 Std., RM 17), 11 x tgl. über Mersing (4 Std., RM 17) nach Johor Bahru (7 Std., RM 28), 9 x tgl. zumeist über die Autobahn und die Fernstraße 14 mit Stopp in Kuala Terengganu (3 Std., RM 18) nach Kota Bharu (6 Std., RM 32), ständig nach Kuala Lumpur (4 Std., RM 22), 7 x tgl. nach Melaka (3 Std., RM 28). Die Nahverkehrsbusse in die Umgebung fahren neben dem Busbahnhof ab. Ein Taxi ins Zentrum kostet RM 6.
Überlandtaxis: Vom Busbahnhof, Tel. 095 13 44 78, nach Cherating (RM 70), Johor Bahru (RM 450), Kuala Besut für Pulau Perhentian (RM 320), Kuala Lumpur (RM 350), Kuala Terengganu (RM 210), Mersing (RM 200), Taman Negara (RM 300). Die Preise sind höher bei Abfahrt vom Zentrum oder dem Hotel.

Sungai Lembing ▶ 1, O 11

Etwa 40 km nordwestlich von Kuantan liegt die weltgrößte unterirdische Zinnmine, die von 1882 bis 1986 aktiv war. Dann waren die Vorräte erschöpft und die meisten der über 10 000 Einwohner verließen **Sungai Lembing,** das in einen Dornröschenschlaf fiel. Inzwischen ist man sich der interessanten Industriegeschichte und des Charmes des Orts bewusst geworden, dessen verwitterte Holzhäuser an eine Westernstadt erinnern.

Im **Viertel der Malaien** am Ortseingang stehen rings um die Moschee inmitten tropischer Gärten Wohnhäuser auf Stelzen. Daran angrenzend erstreckt sich die Chinatown mit einem chinesischen Tempel, einer Versammlungshalle und zweistöckigen Geschäftshäusern, die die Straßen um den Markt säumen. Auf den Hügeln jenseits des Padang, oberhalb der Stollen und Fabriken, lebten die Verwalter in kolonialen Bungalows. Viele Chinesen erbauten sich idyllische Wohnhäuser am Nordufer des Sungai Kenau in **Kampung Seberang,** das über Hängebrücken mit Sungai Lembing verbunden ist.

Die Geschichte der einst wohlhabenden Stadt wird im **Sungai Lembing Museum** lebendig, das etwa 1 km oberhalb der Endstation der Busse auf dem **Bukit Panorama** zu finden ist. In der einstigen Residenz des Managers des Bergbauunternehmens werden die Lebensverhältnisse in der Stadt und die Arbeit unter Tage anschaulich dargestellt. Die meisten Einheimischen kommen in den frühen Morgenstunden auf den Hügel, um von hier den Sonnenaufgang zu genießen (Tel. 095 41 23 78, www.jmm.gov.my/en/sungai-lembing-museum, Sa–Do 9–17, Fr 9–12.15, 14.45–17 Uhr, Eintritt frei).

Übernachten

In ruhiger Umgebung ▶ Riverview Resort: 281 Kampung Seberang, Tel. 01 29 81 26 92, www.lembingriverview.com. Gegenüber dem Zentrum, auf der anderen Seite des Flusses, vermietet eine freundliche Familie 25 Zimmer mit AC, Holzböden und bequemen Betten, die auf einem weitläufigen Grundstück in Bungalows und einem 2-stöckigen Neubau untergebracht sind. Wenn genügend Gäste da sind, werden Grill- oder auch Steamboatabende organisiert, ansonsten gibt es günstige Gerichte. In den Ort gelangt man nur auf einem Umweg über die Hängebrücke, deshalb lohnt es, in der Unterkunft ein Fahrrad zu mieten. Touren zum Rainbow-Wasserfall im Hinterland. DZ RM 80, am Wochenende RM 90.

Verkehr

Busse: Von Kuantan fährt der Nahverkehrsbus Nr. 48 nach Sungai Lembing (7.30, 8.30, 14, 15 Uhr, RM 5).
Taxis: RM 60 ab Kuantan.

Pekan ▶ 1, P 12

Die locker bebaute, recht ländlich wirkende Sultansstadt **Pekan** an der Mündung des Sungai Pahang 47 km südlich von Kuantan kann auf eine lange Geschichte zurückblicken. Bereits im Jahr 1470 wurde hier ein Sohn des Melaka-Sultans als Regent inthronisiert. Der heutige Herrscher residiert südlich der Hauptstraße in der 1965 errichteten **Istana Abu Bakar,** die inmitten üppiger tropischer Vegetation neben dem großen Poloplatz steht und von einem malaiischen Dorf umgeben ist.

An der Hauptstraße erheben sich zwei hübsche Moscheen, die alte **Masjid Abdullah** und die neuere **Masjid Sultan Ahmad Shah,** sowie das jüngst komplett umgebaute **Sultan Abu Bakar Museum.** In einem kleinen Palast, der ursprünglich für den britischen Residenten erbaut wurde, bekommt man nun die Geschichte von Pahang präsentiert. In der dazugehörenden **Watercraft Gallery** am Fluss sind einheimische Bootstypen ausgestellt (Tel. 094 22 13 71, Di–Do, Sa–Mo 9–17.30 Uhr, Eintritt frei).

Übernachten

Fast schon klassisch ▶ **Chief's Resthouse:** Jln. Istana Permai, im Zentrum, Tel. 094 22 69 41. Das Resthouse von 1929 wurde restauriert und bietet 11 große Zimmer mit AC/Ventilator und großen Bädern. Zwar wurde der Service nicht auf den neuesten Stand gebracht, aber trotzdem empfehlenswerte Unterkunft. Kein Restaurant. DZ RM 55.

Verkehr

Busse: Pekan liegt an der Fernstraße 3, sodass viele Busse zwischen Kuantan und Mersing hier halten. Nahverkehrsbusse nach Kuantan kosten RM 6.
Taxis: Nach Kuantan RM 50.

Was die Tropen hergeben, findet man auf dem Markt in Kuantan

Das Landesinnere

In der schwer zugänglichen Bergwelt im Landesinnern erstrecken sich die letzten zusammenhängenden Dschungelgebiete der malaiischen Halbinsel. Keines ist touristisch so gut erschlossen wie der Taman Negara National Park, das älteste Schutzgebiet des Landes. Bei der Fahrt durch die weiten Flusstäler werden Zwischenstopps in geruhsamen Kleinstädten zu einer Reise in längst vergangene Zeiten.

Während jahrhundertelang Einwanderer aus allen Himmelsrichtungen die leicht zugänglichen Küsten in Besitz nahmen, drangen nur wenige Glücksritter, Abenteurer und Landvermesser über die Flusstäler in die dicht bewaldeten Berge im Landesinnern vor. Diese Welt der Dschungelnomaden wurde Mitte der 1920er-Jahre ansatzweise durch die Eisenbahn und schwerpunktmäßig seit den 1980er-Jahren durch ein Straßennetz erschlossen, das im Hinblick auf die Entwicklung der Holzindustrie und der Plantagenwirtschaft ständig ausgebaut wird.

9 Taman Negara National Park ► 1, K–O 7–9

Karte: S. 272

In der **Titiwangsa Range,** dem Rückgrat der Halbinsel, erhebt sich der 2187 m hohe **Gunung Tahan,** der höchste Berg Westmalaysias. Zu seinen Füßen erstreckt sich der mit 130 Mio. Jahren älteste Regenwald der Erde, in dem sich unbeeinflusst von Klimaschwankungen eine unglaubliche Artenvielfalt entwickelt hat. Bereits 1938/39 wurde eine Waldfläche von 4373 km² unter Naturschutz gestellt, was in etwa der Größe des Ruhrgebiets entspricht.

Um dieses einmalige Ökosystem Besuchern zugänglich zu machen, hat die Nationalparkbehörde drei Regionen am Parkrand mit Informationszentren, Spazierwegen und anderen Einrichtungen ausgestattet. Von hier aus kann man Bootsausflüge und Wanderungen durch den Dschungel unternehmen, zum Teil auf eigene Faust. Bei Touren auf den ausgetretenen Pfaden wird man weder Tigern noch Elefanten, sondern vor allem kleineren Waldbewohnern wie Schmetterlingen und Insekten begegnen. Für längere Wanderungen, etwa der 7-tägigen Besteigung des Gunung Tahan, stehen Führer zur Verfügung. Nur wenige Besucher nutzen den westlichen Parkzugang in **Merapoh** (► 1, K 8) und den nur schwer zugänglichen nördlichen Eingang in **Kuala Koh** (► 1, M 7). Das beliebteste und leicht erreichbare Eingangstor zum Nationalpark liegt im Süden in Kuala Tahan.

Kuala Tahan

180 km nordöstlich von Kuala Lumpur bzw. 200 km westlich von Kuantan beginnt östlich der Brücke über den Sungai Tembeling bei **Jerantut** (► 1, M 11, s. S. 276) die 65 km lange Zufahrtstraße in den südlichen Park. Sie endet an der Mündung des Sungai Tahan in den stark strömenden, braunen Sungai Tembeling in **Kuala Tahan** (► 1, M 9). In dem kleinen malaiischen Dorf haben Einheimische einfache Holzhütten, Restaurants und Minimärkte errichtet, zudem sind etwas außerhalb komfortable Resorts entstanden. Am Ufer des Sungai Tembeling liegen schwimmende Restaurants, die jedoch häufig ihre

Aus eigener Kraft kann der Rattan nicht in die Höhe wachsen, doch die Natur hat mitgedacht: Mit seinen Stacheln rankt er sich an benachbarten Bäumen empor

Position wechseln müssen, da der Wasserspiegel in der Regenzeit von November bis Februar, aber auch in den europäischen Sommermonaten extrem ansteigen kann.

Boote bringen Besucher für RM 1 ans jenseitige Ufer in den Nationalpark. Dort liegen hinter dem Mutiara Taman Negara Resort (s. S. 275) das **Park Headquarters** 1 und das **Interpretive Centre** 2, in dem eine Ausstellung und ein Film über den Park informieren. Ausgeschilderte, mit Entfernungsangaben versehene Wanderwege mit Längen zwischen 1 und 18 km verlaufen durch den Regenwald rings um das Resort sowie am Ufer des Sungai Tahan und des Sungai Tembeling entlang zu weiter entfernten Orten. Beliebte Ziele sind Badeplätze (s. unten), der Hausberg Bukit Teresek (s. S. 274), ein Canopy Walkway (s. S. 273) und die Aussichtstürme, Bumbun genannt, die zum Teil auch als Übernachtungsplätze gebucht werden können.

Wanderung zu Badeplätzen am Sungai Tahan

Eine leichte Wanderung zu einem hübschen Badeplatz beginnt hinter dem Headquarters.

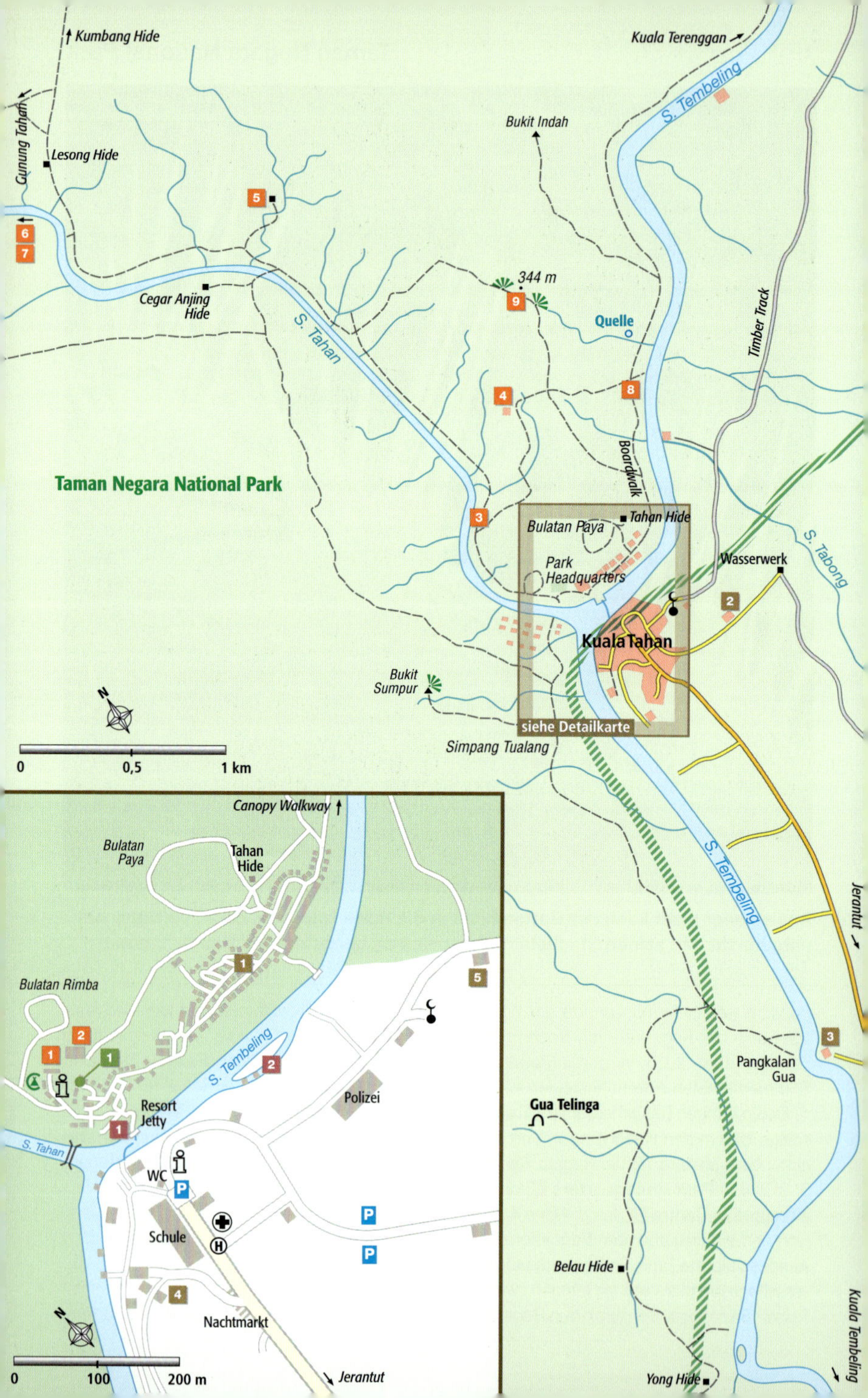

Kumbang Hide
Gunung Tahan
Lesong Hide
5
6
7
Cegar Anjing Hide
S. Tahan
344 m
9
Bukit Indah
Kuala Terenggan
S. Tembeling
Quelle
Timber Track
4
8
Boardwalk
Taman Negara National Park
3
Tahan Hide
Bulatan Paya
Park Headquarters
Wasserwerk
S. Tabong
2
Kuala Tahan
Bukit Sumpur
siehe Detailkarte
Simpang Tualang
0
0,5
1 km
Jerantut
3
Pangkalan Gua
Gua Telinga
Belau Hide
Yong Hide
Kuala Tembeling
Canopy Walkway
Bulatan Paya
Tahan Hide
Bulatan Rimba
1
5
2
1
1
S. Tembeling
2
Polizei
Resort Jetty
1
S. Tahan
WC
P
Schule
P
P
H
4
Nachtmarkt
0
100
200 m
Jerantut

Taman Negara National Park

Sehenswert
1 Park Headquarters
2 Interpretive Centre
3 Lubok Simpon
4 Bumbun Tabing
5 Lata Berkoh
6 Fish Sanctuary
7 Canopy Walkway
8 Jenut Muda
9 Bukit Teresek

Übernachten
1 Mutiara Taman Negara Resort
2 Rainforest Resort
3 Traveller's Home
4 Yellow Guesthouse
5 Durian Chalet

Essen & Trinken
1 Tahan Restaurant
2 Schwimmende Restaurants

Einkaufen
1 Minimarkt

Der ausgetretene Pfad führt zunächst über den Campingplatz und am Ostufer des Sungai Tahan entlang. Nach Regenfällen können schlammige Abschnitte und Blutegel Probleme bereiten. 15 Min. später ist bereits die von hohen Bäumen beschattete Badestelle **Lubok Simpon** 3 erreicht.

Wer weiterwandert, erreicht kurz darauf rechts eine Abzweigung zur Salzstelle Jenut Muda (s. S. 274), einem beliebten Ziel von Ornithologen. Nach insgesamt 2 km zweigt wiederum rechts ein steiler Weg auf den Bukit Teresek (s. S. 274) ab. Das nächste Ziel ist nach weiteren 1,1 km der neue Hochstand **Bumbun Tabing** 4. Ausdauernde Wanderer können weitere 4 km bis zu den Stromschnellen **Lata Berkoh** 5 laufen, allerdings muss unterhalb davon der Fluss durchquert werden, was nur bei Niedrigwasser zu empfehlen ist. Die meisten Besucher kommen in etwa 20 Min. mit Booten von Kuala Tahan hierher. Von der Anlegestelle oberhalb der **Fish Sanctuary** 6 ist nach weiteren 20 Min. zu Fuß entlang dem Westufer der Badeplatz erreicht, der zwischen großen Felsen mitten im dichten Regenwald liegt.

Canopy Walkway 7

Keine Reise in den Nationalpark wäre komplett ohne einen Besuch des **Canopy Walkway.** Auf insgesamt 536 m Länge wurden in 20 bis 45 m Höhe neun bis zu 70 m lange Hängebrücken gespannt, auf denen man von einem Urwaldriesen zum anderen spazieren kann. Es ist überwältigend, die üppige Vegetation von oben zu sehen, selbst wenn sich in den Baumwipfeln höchstens einige Vögel und das eine oder andere Eichhörnchen sehen lassen. Dafür bilden die Kronen der mächtigen Dschungelriesen ein gigantisches Gewächshaus. Unter ihrem schützenden Dach haben sich auf dicken Ästen breitblättrige Nestfarne *(Asplenium nidus)* von über 1 m Durchmesser, feingliedrige Orchideen und andere Epiphyten (Aufsitzerpflanzen) angesiedelt. Aus der Tiefe schrauben sich Lianen von beachtlichem Umfang herauf – der stachelige, mit vielen Widerhaken versehene, schnell wachsende Rattan wird Hunderte von Metern lang und erreicht selbst die höchsten Baumwipfel.

Mittags gegen 13 Uhr ist der Andrang am Canopy Walkway am geringsten. An langen Wochenenden und in den Ferien kann es hingegen zu stundenlangen Wartezeiten kommen, da immer nur eine begrenzte Anzahl von Besuchern eingelassen wird. Auf den Plattformen dürfen aus Sicherheitsgründen nicht mehr als vier Personen gleichzeitig stehen. Auch wenn die Hängebrücken durch Netze und Seile gut abgesichert sind, sollte man schwindelfrei sein (Sa–Do 9.30–15.30, Fr 9–12 Uhr, RM 5, bei Regen und bei starkem Wind ist der Walkway aus Sicherheitsgründen geschlossen).

Den Eingang zum Walkway erreicht man entweder per Boot oder auf einem 1,5 km langen, gut ausgeschilderten Pfad, der am Westufer des Sungai Tembeling flussaufwärts führt. Auf dem bequemen Plankenweg aus Kunststoff kann man in aller Ruhe die Natur beobachten. Auch wenn zuerst alles nur grün und braun zu sein scheint, entdeckt man bei genauerem Hinsehen eine vielfältige Pflan-

aktiv unterwegs

Die Besteigung des Bukit Teresek

Tour-Infos

Start/Ziel: Mutiara Taman Negara Resort (s. S. 275)
Dauer: ca. 4 Std. hin und zurück
Länge: ca. 6 km
Schwierigkeitsgrad: Der Auf- und Abstieg ist etwas schweißtreibend, die Strecke am Fluss entlang hingegen einfach.
Infos: im Headquarters (s. unten)
Hinweis: Vor dem Start sollte man sich mit Snacks und ausreichend Trinkwasser ausstatten. Empfohlen wird ein Aufstieg am frühen Morgen, wenn es noch wesentlich kühler ist. Ein Guide ist nicht nötig, doch ein guter Naturführer kann die Augen für viel Interessantes entlang dem Weg öffnen.
Karte: S. 272

Es gibt zwei verschiedene Wege auf den Bukit Teresek. Die meisten Wanderer steigen vom Canopy Walkway auf den Berg, sodass es auf dieser Route vor allem vormittags recht voll und laut werden kann. Eine Alternative ist folgender Rundweg, auf dem man zumindest anfangs meist völlig allein unterwegs ist.

Der erste Teil der Strecke deckt sich mit der Wanderung zum Lubok Simpon (s. S. 273). Wenig später verlässt man den Uferweg und folgt rechts der Ausschilderung **Jenut Muda** 8 durch den Dschungel. Der Weg zu der Salzstelle verläuft am Hang entlang und über einen Bach. Das erste Ziel sind zwei Tümpel mit mineralreichem Schlamm, in dem leicht die Spuren von Wildschweinen und Rehen auszumachen sind. Sogar Tapire wurden hier bereits gesichtet. Häufig sind Ornithologen unterwegs, die vor allem nach dem Argusfasan Ausschau halten und dem morgendlichen Dschungelkonzert der vielen anderen Vögel lauschen.

Rechts hinter der Salzstelle beginnt nach der Überquerung eines Bachs der anstrengende Aufstieg auf den 344 m hohen **Bukit Teresek** 9. Nach Regenfällen wird dieser Pfad sehr schlüpfrig. Manchmal muss man sich an steilen Stellen am Wurzelgeflecht hinaufziehen. Doch bereits nach 800 m ist der Hauptweg erreicht, der links zu zwei Aussichtspunkten führt. Vom ersten Aussichtspunkt blickt man nach Süden und entdeckt zwischen den Baumkronen den Sungai Tembeling. 10 Min. später sind vom zweiten Aussichtspunkt die von unberührten Regenwäldern bedeckten Berge im Norden und bei gutem Wetter in der Ferne der Gipfel des Gunung Tahan zu sehen.

Auf demselben Pfad geht es nun zurück bis zur Abzweigung nach Jenut Muda. Statt auf dem kürzeren Plankenweg geradeaus zum Headquarters zurückzukehren, hält man sich links und wandert zum Teil über Treppenstufen hinunter zum Canopy Walkway (s. S. 273). Nach einer Tour über die schwankenden Hängebrücken steht der 1,5 km lange Rückweg entlang dem westlichen Ufer des Sungai Tembeling zum Resort an.

zen- und Tierwelt. Ameisen in allen Größen, Hundertfüßler und Käfer bevölkern den laubbedeckten Boden. Im Unterholz wachsen Pilze und Farne. Lianen, Rattan und Würgefeigen bilden zwischen den hohen Tropenbäumen *(Dipterocarpaceaen)* ein verschlungenes Netz. Wegen der dichten Vegetation ist der Fluss kaum zu sehen.

Infos

Park Headquarters: Infostand des Department of Wildlife and National Parks auf dem Gelände des Mutiara Taman Negara Resort (s. S. 275), Filiale am Ende der Straße in Kuala Tahan, tgl. 10–18 Uhr. Die Angestellten haben Wanderkarten, buchen Unterkünfte in den Hochständen (Bumbun) und vermitteln Führer. Außerdem bekommt man hier das erforderliche Permit für den Nationalpark (RM 1) und die Fotoerlaubnis (RM 5).

Übernachten

Luxus im Dschungel ▶ **Mutiara Taman Negara Resort** 1: im Nationalpark, Tel. 092 66 22 00, www.mutiarahotels.com. Die dunklen Holzhäuser mit ihren tief gezogenen Dächern sind nicht mehr ganz neu und leiden unter dem feucht-tropischen Klima. Dennoch wird so viel Komfort wie möglich geboten. Deluxe und Superior Chalets mit kleiner Terrasse, etwas günstigere klimatisierte Zimmer im Terrace Guesthouse sowie Schlafsäle mit Ventilator, die aber das Geld nicht wert sind. Schlafsaal RM 80/Pers., Guesthouse RM 270–320, Chalet für 2 Pers. RM 280–490 inkl. Frühstück.

Guter Standard ▶ **Rainforest Resort** 2: knapp 1 km abseits vom Zentrum an der Straße zum Wasserwerk, Tel. 092 66 78 88, in Kuala Lumpur Tel. 03 42 70 66 33, www.rainforest-tamannegara.com. Relativ dicht beieinander stehen gepflegte Reihenhäuser an einem Hang. Die recht großzügigen Doppel- und Familienzimmer sind nett eingerichtet und haben eine Terrasse. Internetzugang im luftigen Restaurant. Zum Dorf fährt ein Shuttlebus. DZ RM 180–350 inkl. Frühstück.

Homestay auch in Bungalows ▶ **Traveller's Home** 3: 2 km flussabwärts, Tel. 092 66 77 66, www.travellershome.com.my. In einem großen Haus mit Küche und Aufenthaltsräumen werden Zimmer mit Gemeinschaftsdusche vermietet, im Garten stehen Bungalows mit kleiner Terrasse. Schwacher Wasserdruck in den Duschen, gemeinsames Frühstück und Abendessen auf einer großen Terrasse, gute Betreuung, Abholservice von Kuala Tahan. Bungalow für 2 Pers. RM 160–185 inkl. HP.

Im Dorf ▶ **Yellow Guesthouse** 4: hinter der Schule, Tel. 092 66 42 43. In einem gelben 2-stöckigen Reihenhaus werden 3 einfache Zimmer mit AC und Internetzugang und im gegenüberliegenden Haus 4 kleinere, etwas dunklere Zimmer vermietet. Der freundliche Besitzer wohnt nebenan. DZ RM 60–80.

Rustikale Bambushütten ▶ **Durian Chalet** 5: etwa 300 m nördlich des Zentrums hinter der Moschee und der Kautschukplantage, Tel. 092 66 89 40, 01 39 14 71 05. In einem Garten am Hang stehen 13 einfache Bambushütten mit Moskitonetz, Ventilator und Duschen. Etwas mehr Schutz bieten die 3 soliden Häuser. Kochmöglichkeit, hilfsbereite Familie. Hütte RM 40.

Essen & Trinken

Hotelstandard ▶ **Tahan Restaurant** 1: oberhalb des Flusses am Weg von der Bootsanlegestelle zum Headquarters. Das luftige Restaurant des Resorts serviert hochpreisige lokale und internationale Gerichte. Zum Frühstück, Mittag- und Abendessen wird außerdem ein Büfett aufgebaut. RM 30–80.

Essen auf dem Wasser ▶ **Schwimmende Restaurants** 2: In den kleinen malaiischen Restaurants auf Bambusflößen werden einfache lokale Gerichte zubereitet. Die Erwartungshaltung sollte nicht zu hoch sein, da die Auswahl an Lebensmitteln begrenzt ist und Zugeständnisse an den Geschmack der Gäste aus aller Welt gemacht werden. Die von der Anlegestelle im Park kommenden Fähren legen direkt bei den Restaurants an. Um RM 5.

Einkaufen

Lebensmittel ▶ **Minimarkt** 1: neben dem Headquarters. Snacks, Konserven, Eiscreme und alkoholfreie Getränke zu relativ hohen Preisen. Wasser bekommt man etwas günstiger in den Dorfläden.

Aktiv

Geführte Wanderungen ▶ Lizenzierte Guides werden im Headquarters vermittelt, sind für die meisten Tagestouren jedoch nicht nötig (RM 200/Tag). Auch in einigen Unterkünften bieten Führer zum Teil mehrtägige Trekkingtouren durch den Regenwald an, übernachtet wird in Höhlen, Schutzhütten oder Zelten am Flussufer (ab 3–4 Teilnehmern, 3 Tage/2 Nächte ab RM 300). Mit kompetenten Naturführern kann man Nachtwanderungen unternehmen (RM 25–55/Pers.).

Bootstouren ▶ Boote können über die Unterkünfte und die schwimmenden Restaurants organisiert werden (für bis zu 4 Pers. bis Lata Berkoh RM 160–180 und zum Canopy Walkway RM 60). Das Headquarters organisiert eine 3-stündige Night River Safari (ab 19 Uhr, RM 200/Boot).

Verkehr

Busse: Ab Jerantut (s. S. 277) 4 x tgl. mit Lokalbussen nach Kuala Tahan (1,5 Std., RM 7). Einige Busgesellschaften, u. a. die Backpackerbusse von Han Travel, www.taman-negara.com, und NKS, www.taman-negara-nks.com, fahren direkt nach Kuala Tahan – ab den Cameron Highlands (3 Std., RM 70), von Kota Bharu und Kuala Besut (6–7 Std., RM 90–120) oder von Kuala Lumpur (4 Std., RM 35).
Überlandtaxis: Von den Unterkünften in Kuala Tahan nach Jerantut (RM 130), Kuala Lipis (RM 200) und Kuala Lumpur (RM 380).
Boote: Ab der Jetty in Kuala Tembeling (▶ 1, L 10), 19 km nordwestl. von Jerantut, fahren um 9 und 14 Uhr Boote auf dem Sungai Tembeling nach Kuala Tahan (3 Std., RM 35), zurück zur gleichen Zeit. Zur Jetty ab Jerantut mit Zubringerbussen um 8 und 13.30 Uhr (RM 5) oder dem Taxi (RM 24), ab Kuala Lumpur mit Bussen vom Mutiara Resort (s. S. 275), Han Travel und NKS (RM 40–100).

Entlang der Bahnlinie von Jerantut nach Kota Bharu

Eine Eisenbahnlinie von Gemas (2, M 15) bis Tumpat (1, L 3), 17 km nordwestlich von Kota Bharu, verbindet den Südwesten mit dem Nordosten der Halbinsel. Der sogenannte Dschungelzug war bis vor einigen Jahren die einzige durchgehende Verkehrsverbindung in diesem Teil Malaysias, und die Fahrt ist noch immer ein Erlebnis, für das man allerdings viel Zeit und Muße benötigt. Gemächlich tuckert der Zug durch die abwechslungsreiche Landschaft, stoppt ausgiebig an jedem Bahnhof und fährt selten pünktlich ab. Der interessanteste Abschnitt liegt zwischen Gua Musang und Kuala Krai.

Das Hinterland in dieser Gegend wurde erst in den vergangenen Jahrzehnten erschlossen, zuerst durch die Holzfäller und seit den 1970er-Jahren durch die staatliche Entwicklungsgesellschaft KESEDAR, die Straßen baut, neue Siedlungen mit überdimensionierten Verwaltungs- und Versorgungseinrichtungen errichtet und auf gerodeten Regenwaldflächen riesige Plantagen anlegt. Jenseits der Hauptverkehrsstraßen scheinen diese Impulse wenig dazu beizutragen, die Ortschaften aus ihrem Dornröschenschlaf zu wecken. Hier geht das Leben noch immer seinen geruhsamen Gang.

Jerantut ▶ 1, M 11

Der kleine Ort **Jerantut** bildet das Eingangstor zum Taman Negara National Park (s. S. 270). Einige Busse legen hier einen Zwischenstopp ein, aber außer ein paar alten Geschäftshäusern, einem kleinen chinesischen Tempel und dem Markt rings um den lokalen Busbahnhof gibt es wenig zu sehen. Die Überlandbusse halten im neuen Stadtteil **Inderapura.** Wer spät mit dem Zug ankommt oder am nächsten Morgen mit dem ersten Boot in den Park fahren will, muss in Jerantut übernachten.

Übernachten

Funkelnagelneu ▶ Hotel Darulmakmur: 35 Jln. Besar, Tel. 092 66 25 52. Konservativ-islamisch geleitetes großes Hotel am lokalen Busbahnhof im alten Zentrum. Saubere Zimmer mit dunklen Holzmöbeln, Wasserkocher, Kühlschrank, Flachbildschirm und Föhn. Frühstück im Coffee House, dort auch internationale und malaiische Gerichte. DZ RM 120–220 inkl. Frühstück.
Ansprechend und sauber ▶ Wau Hotel & Cafe: Jln. Sungai Jan, Inderapura, Tel. 092 60 22 55, www.wauhotels.com. Die 16 Zimmer sind in kräftigen Farben angemalt und haben AC, Flachbildschirm und Internetzugang. Im Erdgeschoss gibt es ein einfaches Restaurant. DZ RM 90–130 inkl. Frühstück.
Am Ortsrand mit Pool ▶ Jerantut Hill Resort: 1284 Jln. Benta, 1,5 km östl. des Zentrums, Tel. 092 67 22 88, www.jhresort.com.

Auf dem Canopy Walkway spaziert man durch den obersten Stock des Regenwalds

my. Auf einem Hügel liegt dieses Hotel mit 62 Zimmern in zwei großen Blocks sowie teuren Bungalows. Die günstigen Zimmer haben keine Fenster. Pool, einfaches Restaurant. DZ RM 50–60, Bungalows RM 115–140 inkl. Frühstück.

Verkehr

Züge: Der Sinaran Timur von Singapore nach Tumpat hält 1 x tgl. gegen Mittag in Jerantut. Alle anderen Züge kommen mitten in der Nacht oder in den frühen Morgenstunden an. Es lohnt sich nicht, mit den langsamen Shuttlezügen Richtung Süden zu fahren.

Busse: Vom alten Zentrum über den Busbahnhof in Inderapura um 6.15, 10.30 und 15.30 Uhr nach Kuala Lipis (1,5 Std., RM 7), stdl. nach Kuala Lumpur (3,5 Std., RM 17) und um 8.30, 11 und 14.30 Uhr nach Kuantan (3 Std., RM 17).

Überlandtaxis: Vom Taxistand mitten im alten Zentrum, Tel. 092 66 20 88, in die Cameron Highlands (RM 380), nach Kuala Lipis (RM 70), Kuala Lumpur (RM 220) und Kuantan (RM 200).

Kuala Lipis ▸ 1, K/L 10

Es ist erstaunlich, wie viele repräsentative alte Bauten in dem kleinen **Kuala Lipis** zu finden sind, doch ein Blick in die Geschichte erklärt vieles. Bei archäologischen Ausgrabungen wurden bis zu 4500 Jahre alte Werkzeuge von Menschen gefunden, über die nichts Weiteres bekannt ist. Die ersten schriftlichen Überlieferungen stammen von Händlern, die sich am Zusammenfluss von Sungai Jelai und Sungai Lipis ansiedelten, um Gold aus den weiter südlich gelegenen Minen, Felle, Heilkräuter, Wurzeln sowie andere Produkte aus dem dschungelbedeckten Hinterland aufzukaufen und auf dem Sungai Pahang zur Küste zu verschiffen. Es muss ein lukratives Geschäft gewesen sein, denn bereits Ende des 19. Jh. bauten die Engländer eine unbefestigte Straße von Kuala Lumpur nach Kuala Lipis. 1913 wurde die erste Anglo Chinese School gegründet und 1924 erreichte die Eisenbahn den Ort. Von 1919 bis 1955 war Kuala Lipis sogar die Verwaltungshauptstadt von Pahang.

Jenseits vom Bahnhofsvorplatz zeugt eine Reihe hübscher chinesischer Geschäftshäuser in der Jalan Besar vom Wohlstand der Händler. Über mehrere Hügel weiter südlich erstreckte sich das britische Verwaltungszentrum mit dem **District Administration Building** (Pejabat Tanah Lipis) von 1919. In dem bereits 1867 erbauten **Pahang Club** wohnten die britischen Residenten, bis gegenüber das **Government Resthouse** fertiggestellt worden war. Die **Clifford School,** eine der ersten Adressen im malaysischen Bildungssystem, hat unter ihren ehemaligen Schülern sogar Sultane und Premierminister vorzuweisen. Jenseits der Brücke liegt im neuen Viertel **Bandar Baru Kuala Lipis** der große Busbahnhof.

Eine neue Straße zweigt nordwestlich von Kuala Lipis in die Cameron Highlands (s. S. 172) ab. Sie wird noch nicht von öffentlichen Verkehrsmitteln befahren, aber bereits von Taxis und Backpackerbussen.

Übernachten

Im Hochhaus ► **CentrePoint Hotel:** Lipis CentrePoint, Tel. 093 12 26 88, http://centrepointhotel.com.my. Über dem Einkaufszentrum Lipis CentrePoint werden im 5. und 7. Stock einfache, bereits etwas abgenutzte Zimmer angeboten. Internetzugang, auf der Dachterrasse wird abends gegrillt. DZ RM 70–110 inkl. Frühstück.

Mit Flussblick ► **Hotel Jelai:** 44 Jln. Jelai, Tel. 093 12 11 92, hjelai@streamyx.com. In einem kleinen Haus an der Uferstraße werden saubere, geflieste Zimmer mit Internetzugang vermietet. DZ RM 60.

Verkehr

Züge: Der Bahnhof, Tel. 093 12 13 41, liegt im Zentrum der Altstadt. Neben dem Sinaran Timur, der 1 x tgl. mittags nach Singapore und Tumpat fährt, hält am Morgen der Malayan Tiger Train auf dem Weg nach Norden und spät abends in Richtung Süden. Wer die Gegend in aller Ruhe kennenlernen will, fährt frühmorgens oder nachmittags mit dem Shuttle Richtung Norden – er hält garantiert an jedem Bahnhof.

Busse: Vom Busbahnhof im Vorort Bandar Baru Kuala Lipis um 12.30, 18 Uhr nach Gua Musang (2 Std., RM 16), um 8.20, 13.20 und 17.20 Uhr nach Jerantut (1,5 Std., RM 7) und 10 x tgl. nach Kuala Lumpur (4 Std., RM 15).

Überlandtaxis: Ab der Jalan Besar nördlich des Bahnhofs in die Cameron Highlands (RM 250), nach Fraser's Hill (RM 180), Gua Musang (RM 140) und Jerantut (RM 70).

Gua Musang ► 1, K 7

Auf der 235 km langen Strecke zwischen Kuala Lipis und Kuala Krai (s. S. 280) wurde erst in den 1980er-Jahren mit dem Straßenbau begonnen. Noch bis in jüngste Zeit waren die Bahnhöfe im Ortskern das Zentrum aller Aktivitäten – hier kamen die Reisenden und die lebensnotwendigen Güter an und hier wurden die riesigen Baumstämme aus den Holzfällercamps verladen. In den 1970er-Jahren machte sich die staatliche Entwicklungsorganisation Kelantan Selatan Development Authority (KESEDAR) daran, **Gua Musang** zum zentralen Ort auszubauen.

Ca. 3 km südlich von **Gua Musang Lama,** dem alten Gua Musang, entstand die neue, auf dem Reißbrett entworfene Stadt **Bandar Baru Gua Musang** mit überdimensionierten Verwaltungsgebäuden, Schulen, einem Elektrizitätswerk, Krankenhaus, Supermarkt und Busbahnhof. Am Stadtrand wurde der **Etnobotani Park** mit einer Kletterwand und einem Flying Fox angelegt (RM 5). Auch das touristische Potenzial im Hinterland sollte entwickelt werden, doch die halbherzig angelegten Einrichtungen lockten kaum Touristen hierher und wurden wieder aufgegeben.

Im Vergleich zum alten Zentrum mangelt es der neuen Stadt an Atmosphäre. Interessant ist höchstens der große Wochenmarkt, der **Pasar Malam Jumaat,** der donnerstagabends und freitagvormittags stattfindet. Hinter dem Bahnhof in Gua Musang erheben sich

Kalkfelsen mit Höhlen, zu denen man auf einem steilen Pfad hinaufklettern und von oben die Aussicht genießen kann.

Übernachten

Im Grünen ▶ Kesedar Inn: am Sungai Galas südl. von Gua Musang Lama, Tel. 099 12 12 29, innkesedar@yahoo.com. Hinter der Moschee führt ein Weg zu dieser 1-stöckigen Anlage. Die Zimmer im Neubau sind größer als die im alten Flügel. Wenn mittags die Backpackerbusse von den Cameron Highlands nach Kuala Besut hier anhalten, wird im Restaurant ein Büfett aufgebaut. Internetzugang. DZ RM 50–140 inkl. Frühstück.

Im alten Zentrum ▶ Fully Inn: 75 Jln. Pekan Lama, Tel. 099 12 33 11. Die Zimmer in einem Neubau bieten einen ordentlichen Standard. Im 1. Stock gibt es einen chinesischen Coffee Shop, in der Lobby Internetzugang. DZ RM 80–100 inkl. Frühstück.

Verkehr

Züge: Am Bahnhof, Tel. 099 12 12 26, im alten Zentrum (sehenswert: die wunderbar dekorierte Bahnhofstoilette) beginnt der interessanteste Teil der Zugfahrt Richtung Norden. Neben den beiden Nachtzügen hält nachmittags der Sinaran Timur gen Norden und spätvormittags Richtung Süden. Schon morgens fährt der Malayan Tiger Train Richtung Tumpat, zudem gibt es morgens und gegen Mittag einen Shuttlezug.

Busse: Vom Busbahnhof in Bandar Baru Gua Musang um 9, 13 und 17 Uhr nach Kota Bharu (3 Std., RM 18) und um 9, 15.30 und 22 Uhr nach Kuala Lumpur (5 Std., RM 24).

Überlandtaxis: Vom Busbahnhof in Bandar Baru in die Cameron Highlands (RM 180), nach Kota Bharu (RM 150), Kuala Koh (RM 130), Kuala Lipis (RM 120), Kuala Terengganu (RM 200).

Taxis: Vom Bahnhof zum Busbahnhof in Bandar Baru RM 10.

Abstecher Richtung Kuala Terengganu ▶ 1, K 7–O 6

Noch ist der dritte **East-West-Highway,** der die Westküste von Ipoh über die Cameron Highlands und Gua Musang (Fernstraßen 181, 185 und 30) mit der Ostküste bei Kuala Terengganu (Fernstraßen 8, 1744, 156 und 11) verbinden soll, nicht eröffnet. Es fehlt nur noch ein kurzer Abschnitt zwischen der Abzweigung von der Fernstraße 8 etwa 32 km nördlich von Gua Musang und der Abzweigung nach Kuala Koh. Bis zu ihrer Fertigstellung kann diese Strecke mit einem eigenen Fahrzeug auf unbefestigten Privatstraßen zurückgelegt werden, die durch die riesige Ölpalmplantage Felda Aring führen.

Kurz vor Beginn der ausgebauten Strecke verläuft eine schmale, ausgeschilderte Asphaltstraße rund 12 km Richtung Süden nach **Kuala Koh** (▶ 1, M 7), dem nördlichen Eingang zum Taman Negara National Park. Auf einer breiten neuen Straße, die manchmal durch Erdrutsche blockiert ist, geht es durch Plantagenland bis an die Grenze zum Bundesstaat Terengganu, wo der Dschungel beginnt. Schon bald kommen die ersten Ausläufer des **Tasik Kenyir** (▶ 1, M/N 6/7) in Sicht, je nach Wasserstand mit einer Größe von 210 000 bis 380 000 ha einer der größten Stauseen Südostasiens. An seinem Nordufer hat das Wildlife Department neben der Straße und knapp 100 km von Gua Musang entfernt ein **Elephant Sanctuary** (▶ 1, M 7) eingerichtet, in dem bislang acht Elefanten leben (tgl. 14–17.30 Uhr, Eintritt frei).

Nach weiteren 51 km ist die **Sungai Gawi Jetty** (▶ 1, N 6/7) erreicht, wo man Boote für Ausflüge mieten kann. Auch Unterkünfte auf Inseln und Hausboote für Großgruppen werden hier vermittelt. Im See liegen 340 kleinere und größere Inseln und an seinem Ufer sieben Wasserfälle sowie mehrere Tropfsteinhöhlen.

Infos

Kuala Koh National Park Headquarters: Kuala Koh, Tel. 099 28 29 52, 01 29 65 47 88, nik.nora@gmail.com, Sa–Do 8–13, 14–19, Fr 8–12.15, 14.45–19 Uhr. Hier erhält man Infos und kann einfache Zimmer im Park buchen.

Tasik Kenyir Tourist Information Centre: Sungai Gawi Jetty, Tel. 09 626 77 88, 09 666 84 98, www.kenyirlake.com, tgl. 8.30–17 Uhr.

Infos über Flora und Fauna rund um den Stausee, Buchung von Unterkünften am See, Essentände.

Übernachten

Zum Entspannen ▶ **Lake Kenyir Resort & Spa:** östl. der Sungai Gawi Jetty, Tel. 096 66 88 88, www.lakekenyir.com. Auf dem weitläufigen hügeligen Gelände einer ehemaligen Ölpalmplantage stehen große Doppelbungalows mit 135 komfortablen Zimmern. Sie sind nicht mehr ganz neu, aber recht komfortabel und mit großzügigen Bädern und Terrassen ausgestattet. Großer Pool, Restaurant mit Seeblick, Bootstouren und andere Aktivitäten. DZ RM 220–350.

Verkehr

Entlang dieser Strecke fahren keine Busse, sodass ein eigenes Fahrzeug erforderlich ist. Von Gua Musang bis zur Sungai Gawi Jetty (147 km) ist mit einer Fahrtzeit von 3 Std. ohne Abstecher zu rechnen.

Dabong ▶ 1, K 6

Erst seit der Eröffnung der Brücke über den Sungai Galas ist **Dabong** besser zu erreichen. Die Stadt hat ihre geruhsame Atmosphäre trotzdem bewahrt, denn die Fernstraße 8 verläuft weiter im Osten.

Ein beliebtes Ausflugsziel liegt 3 km östlich von Dabong an der Straße 66, die Höhle **Gua Ikan.** Am Fuß steil aufragender Kalkfelsen, die 225 Mio. Jahre alt sein sollen, befindet sich ein hübscher Picknickplatz.

Nur 6 km südwestlich des Orts, nahe der KESEDAR-Siedlung **Kampung Jelawang,** erhebt sich weithin sichtbar das gewaltige Granitmassiv des **Gunung Stong State Park,** dessen Berge bis zu 1500 m aufragen. Mit einem Alter von 500 Mio. Jahren gehört der Gebirgsstock zu den ältesten Landmassen Südostasiens. Und noch einen weiteren Superlativ hat der Park zu bieten: Über sieben Stufen stürzt hier inmitten des Dschungels ein gewaltiger Wasserfall ins Tal, der **Air Terjun Jelawang,** mit 303 m einer der höchsten des ganzen Landes. Am Fuß des Wasserfalls liegen direkt hinter einem im Verfall begriffenen kleinen Resort unter hohen Baumriesen mit gewaltigen Brettwurzeln schöne Badeplätze, die einfach zu erreichen sind. Der Aufstieg auf den 1442 m hohen **Gunung Stong** über steile, schmale Pfade und Treppen durch dichten Regenwald und entlang nackter Granitwände sollte nur im Rahmen einer Tour unternommen werden.

Verkehr

Züge: An der kleinen Bahnstation halten nur die Shuttlezüge.

Kuala Krai ▶ 1, L 5

Lange Zeit war **Kuala Krai** einer der letzten Außenposten, der nur auf einer Straße von Norden her zu erreichen war. Am einst wichtigen Bootssteg legen heute nur noch Außenborder an, die in die benachbarten Ort-

schaften fahren. Einen richtiggehenden Boom erlebte Kuala Krai durch den Bau der Fernstraße 8, auf der die Busse von Kota Bharu nach Kuala Lumpur brausen. Zu beiden Seiten des Highway entsteht ein Neubauviertel nach dem anderen, während im alten Zentrum die Zeit stillzustehen scheint.

Vom Bahnhof am Rand der Altstadt geht es nach rechts durch das chinesische Geschäftsviertel mit einigen alten Holzhäusern zum **Markt.** Dahinter erstreckt sich rings um einen **Park** mit Seen und alten Bäumen das **Verwaltungsviertel** mit dem Krankenhaus, den einstigen britischen Verwaltungsgebäuden sowie alten Wohnhäusern, die inzwischen weitgehend verfallen sind. Ein Teil der Grünanlage wurde zu einem Vogelpark umgestaltet und soll einen Canopy Walkway erhalten.

Verkehr

Züge: Wenn der Sinaran Timur pünktlich ist, erreicht er Kuala Krai am späten Nachmittag und ist kurz nach Einbruch der Dunkelheit in Wakaf Bharu, dem Bahnhof für Kota Bharu. Richtung Süden hält er morgens in Kuala Krai. Bereits mittags kommt der Malayan Tiger Train Richtung Norden durch den Ort, alle anderen Fernzüge nachts. Die Shuttlezüge Richtung Norden starten spätvormittags und nachmittags, Richtung Süden frühmorgens und vormittags.

Busse: Verbindungen etwa alle 30 Min. nach Kota Bharu (RM 8), stdl. nach Gua Musang (RM 13).

Überlandtaxis: Vom Markt oder dem Busbahnhof nach Gua Musang (RM 80), in den Gunung Stong State Park (RM 90) und nach Kota Bharu (RM 60).

Die Entdeckung der Langsamkeit – mit dem Dschungelzug durchs Landesinnere

Seit 1843 beten die Chinesen in Kuchings Tua Pek Kong Temple zu ihren Göttern

Kapitel 4

Sarawak

Land der Kopfjäger, Glücksritter und Entdecker – historische wie aktuelle Beschreibungen klingen immer ein wenig nach großartigem Abenteuer. Noch vor 40 Jahren war Sarawak überwiegend von Dschungel bedeckt, waren viele Siedlungen nur mit dem Außenborder zu erreichen. Erst seit der Trans-Borneo-Highway die großen Städte miteinander verbindet, sind die meisten Menschen von den Flüssen an die Straßen gezogen, haben Langhäuser aus Stein gebaut und das Boot mit dem Motorrad vertauscht. Mit der Entwicklung der Infrastruktur verlor das Land allerdings auch einen Teil seiner Identität.

In Kuching erschließt sich jenseits der modernen Fassaden das alte Sarawak aus der Zeit von James und Charles Brooke, weiße Herrscher, die das Gebiet wie ihren Privatbesitz regierten. Bereits damals legten eifrige Forscher eine naturkundliche Sammlung an, die heute im Nationalmuseum zu bewundern ist. Und wer im Textilmuseum die aufwendig gefärbten und gewebten Ikatdecken gesehen hat, kann den unter einfachsten Bedingungen arbeitenden Menschen in abgelegenen Langhäusern nur Respekt zollen. Wie Kuching verfügen auch die Küstenstädte Sibu und Miri über ein reges Nachtleben. Vor allem am Wochenende ist in den Pubs und zahlreichen Restaurants kaum ein Platz zu finden.

Einige der schönsten Regenwälder des Bundesstaats wurden vor den Kettensägen der Holzfäller gerettet und gerade noch rechtzeitig als Nationalparks ausgewiesen. Zu den Highlights einer Reise in Sarawak gehören Bootsfahrten und Wanderungen durch den Dschungel mit kundigen Guides, am besten mit ursprünglichen Waldnomaden wie den Penan oder Orang Ulu.

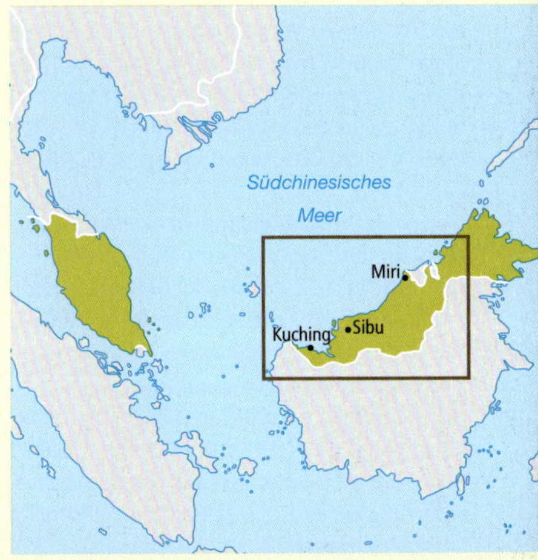

Auf einen Blick

Sarawak

Sehenswert

10 **Kuching und Umgebung:** Multikulti und sehr lebendig präsentiert sich das historische Geschäftszentrum der Hauptstadt von Sarawak am Südufer des Sungai Sarawak, repräsentativ hingegen das Nordufer mit seinen modernen Verwaltungsbauten. Mehrere Nationalparks mit grandioser Fauna und Flora, ein Orang-Utan-Zentrum, ein Badestrand sowie ein gelungenes Freilichtmuseum liegen direkt vor der Türe von Kuching (s. S. 286).

Sarawak Cultural Village: In einem Freilichtmuseum am Damai Beach stellen verschiedene ethnische Gruppen höchst anschaulich ihre traditionelle Lebensart vor (s. S. 298).

11 **Gunung Mulu National Park:** Vielseitige Eindrücke garantieren die größten Höhlensysteme der Welt, bizarre Berge, Quellen und Flüsse, Siedlungen der Dschungelbewohner und nicht zuletzt einer der schönsten tropischen Regenwälder Malaysias (s. S. 322).

Schöne Routen

Entlang der Kuching Waterfront: Eine breite Uferpromenade parallel zur alten Chinatown verbindet internationale Hotels mit dem ältesten chinesischen Tempel der Stadt, kleinen Parks, einem Museum und historischen Gebäuden aus der Kolonialzeit. Unterwegs kann man sich an einem der zahlreichen Essenstände stärken (s. S. 286).

Auf dem Batang Rajang von Sibu ins Landesinnere: Nur mit Booten sind die abgelegenen Siedlungen am Oberlauf von Malaysias längstem Fluss erreichbar – eine Reise durch den Dschungel und die Zeit (s. S. 309).

Unsere Tipps

Rainforest World Music Festival: Malaysias größter Musikevent lockt Jahr für Jahr Zentausende von Fans auf die Santubong Peninsula (s. S. 298).

Zu Orang-Utans und Kragenbären: Nicht weit von Kuching entfernt werden im Matang Wildlife Centre und im Semenggoh Wildlife Centre Orang-Utans und Kragenbären an ein Leben in Freiheit gewöhnt (s. S. 302, 303).

Eine Nacht im Langhaus: Im Siedlungsgebiet der Iban am Bantang Ai kann man in einem Langhaus übernachten und einen authentischen Eindruck von der Lebensweise der Einheimischen erhalten (s. S. 305).

Canopy Skywalk: Über schwankende Hängebrücken durch die Wipfelregion des tropischen Regenwalds im Gunung Mulu National Park spazieren (s. S. 325).

aktiv unterwegs

Bootstour im Kuching Wetlands National Park: Spannende Begegnungen mit der Tierwelt Borneos sind garantiert (s. S. 297).

Wandern und Baden im Bako National Park: Interessante Touren führen aufs Hochplateau und zu traumhaften Stränden (s. S. 300).

Auf Plankenwegen zu den Niah-Höhlen: Mitten durch den Regenwald geht es zu den Wohnhöhlen der ältesten Insulaner (s. S. 320).

Die schönste Höhlentour: Ein Teil des längsten Höhlensystems der Welt im Gunung Mulu National Park wurde Besuchern zugänglich gemacht (s. S. 323).

Die Pinnacles, eine Herausforderung für Trekker: Steil geht es hinauf zu den Kalknadeln im Gunung Mulu National Park, aber die Aussicht belohnt für alle Mühen (s. S. 328).

10 Kuching und Umgebung

Multikulturell und vielseitig präsentiert sich Kuching, die Hauptstadt von Sarawak, mit interessanten Kolonialbauten inmitten der Chinatown südlich des Sungai Sarawak und der malaiischen Siedlung mit dem Verwaltungszentrum an seinem Nordufer. Abwechslungsreiche Nationalparks und Tierschutzzentren liegen vor den Toren der Metropole.

Kuching ►4, C 12

Cityplan: S. 288

Von den 600 000 Einwohnern, die im Großraum **Kuching** leben, sind knapp die Hälfte Chinesen und ein gutes Drittel Malaien. Zudem leben hier Bidayuh, Iban und andere indigene Völker sowie Inder, Araber und sogar einige Europäer. Die Straßenschilder sind dreisprachig und es wird weit mehr Englisch gesprochen als in Westmalaysia. Durch die Einflüsse verschiedener Kulturen ist auch das Essen in Kuching ein Genuss. Keinesfalls sollte man es versäumen, das Nyonya-Gericht *sarawak laksa,* einen kräftigen Nudeleintopf, zu probieren.

An der Kuching Waterfront

Einheimische wie Besucher flanieren gerne über die **Kuching Waterfront,** vor allem bei Sonnenuntergang, wenn der Sungai Sarawak das Abendrot reflektiert und moderne wie historische repräsentative Gebäude im warmen Licht der untergehenden Sonne erstrahlen. Ausflugsboote und Schlepper ziehen langsam vorüber. Fährleute bringen Pendler für einen Ringgit in kleinen überdachten Holzbooten, den Tamban, zum jenseitigen Flussufer, wo inmitten malaiischer Stelzendörfer protzige Verwaltungsbauten stehen. Ausländischen Besuchern bieten die Tamban eine gute Möglichkeit, für wenig Geld eine kurze Flussfahrt zu unternehmen. Die Boote starten u. a. vor dem **Riverside Shopping Complex** 1 und legen am Nordufer beim My Village Baruk Restaurant an, wo man sich vor der Rückfahrt noch an einem der vielen malaiischen Essenstände stärken kann.

Nur wenig westlich des Einkaufszentrums erhebt sich auf einem Sockel am Hang der hübsche chinesische **Tua Pek Kong Temple** 2. Bereits 1843 wurde dieser älteste Tempel der Stadt erbaut, der vor allem während des Wang-Kang-Fests zum Ende des chinesischen Neujahrs zumeist im Februar besucht wird, um der Toten zu gedenken.

Etwas unterhalb davon, im Park der Promenade, steht ein restauriertes einstöckiges Gebäude. Unter Raja James Brooke (s. S. 34), dem ersten weißen Herrscher von Sarawak, tagten hier die chinesische Handelskammer und das Gericht. Nun beherbergen die ehrwürdigen Räume das **Chinese History Museum** 3, das die Geschichte der einheimischen Chinesen, die verschiedenen Sprachgruppen angehören, anschaulich auffächert. Ihre Einwanderung erfolgte auf verschiedenen Wegen in mehreren Wellen aus unterschiedlichen Regionen und Anlässen. So ergibt sich ein überaus differenziertes Bild von den schwer arbeitenden Hakka, den geschäftigen Kantonesen und Foochow, den Teochew-Händlern und Hainan-Köchen. Eine Ausstellung widmet sich dem Schulwesen und den Traditionen, die auch in der neuen Heimat am Leben erhalten werden (Esplanade, Tel. 082 23 15 20, Mo–Fr 9–16.30, Sa, So 10–16 Uhr, Eintritt frei).

Eine Freilichtbühne im Zentrum der Waterfront wird umrahmt vom renovierten Gebäude der **Sarawak Steamship Company** 4 und dem **Square Tower** 5. Im von Souvenirständen übernommenen Verwaltungsbau der Schifffahrtsgesellschaft wurde von 1930 bis zur japanischen Invasion der Schiffsverkehr, die Lebensader des Landes, geregelt. Der Turm von 1879 diente nicht nur der Sicherung des Flusses, sondern auch als Gefängnis und Tanzsaal.

Jenseits der Straße, in einem Komplex aus einstöckigen Kolonialgebäuden mit Säulenarkaden, Dächern aus Eisenholzschindeln und einem Uhrturm tagte von 1874 bis 1973 die Regierung von Sarawak. Nun ist hier das **Visitors Information Centre** (s. S. 292) untergebracht. Bemerkenswert ist das **Brooke Memorial** 6 im Vorhof für den zweiten Raja Sir Charles Brooke. Auf dem Granitobelisken stellen Bronzereliefs die größten Bevölkerungsgruppen Iban, Malaien, Chinesen und Orang Ulu (Kayan) dar.

Textile Museum 7

Das dreistöckige **Pavilion Building** hinter dem Gerichtshof scheint direkt aus New Orleans hierher verpflanzt worden zu sein. Es wurde zu Beginn des 20. Jh. ursprünglich als Krankenhaus errichtet.

Nach einer kompletten Sanierung hat hier das hervorragende **Textilmuseum** seinen verdienten Platz gefunden. Es werden nicht nur außergewöhnliche Ikatdecken (Pua Kumbu, s. S. 64) gezeigt, sondern auch die aufwendigen Prozesse des Abbindens, Färbens und Webens erläutert, mit denen man die bedeutungsvollen, wiederkehrenden Muster erzeugt. Sehenswert sind zudem die kunstvollen detaillierten Perlenstickereien sowie die traditionelle Kleidung der Orang Ulu, die aus Baumrinde hergestellt wird. Im oberen Stockwerk des Museums glänzen imposante Festgewänder unterschiedlicher Bevölkerungsgruppen und schwerer Silberschmuck der Iban (Jln. Tun Haji Openg, tgl. außer Fei 9–16.30 Uhr, Eintritt frei).

Besonders imposant am Abend: ein Spaziergang entlang der Kuching Waterfront

Kuching

Sehenswert

1 Riverside Shopping Complex
2 Tua Pek Kong Temple
3 Chinese History Museum
4 Sarawak Steamship Company
5 Square Tower

Sarawak Museum 8

Die Zeiten sind vorbei, da sich das **Sarawak Museum** zu den besten und größten Südostasiens zählen durfte. Dennoch sollte man sich für einen Besuch mindestens zwei Stunden Zeit nehmen. Bereits 1888 vom zweiten Raja Charles Brooke gegründet, entwickelte es sich schon bald zur wichtigen Anlaufstelle für Naturforscher und Ethnologen. Einige verstaubte Ausstellungsstücke der technischen und naturkundlichen Sammlung im Erdgeschoss stammen noch aus jener Zeit. Daneben hat sich das Energieunternehmen Shell einen Raum erobert, um – nicht ganz selbstlos – über Geologie sowie die Ölförderung und -verarbeitung zu informieren. Im Ober-

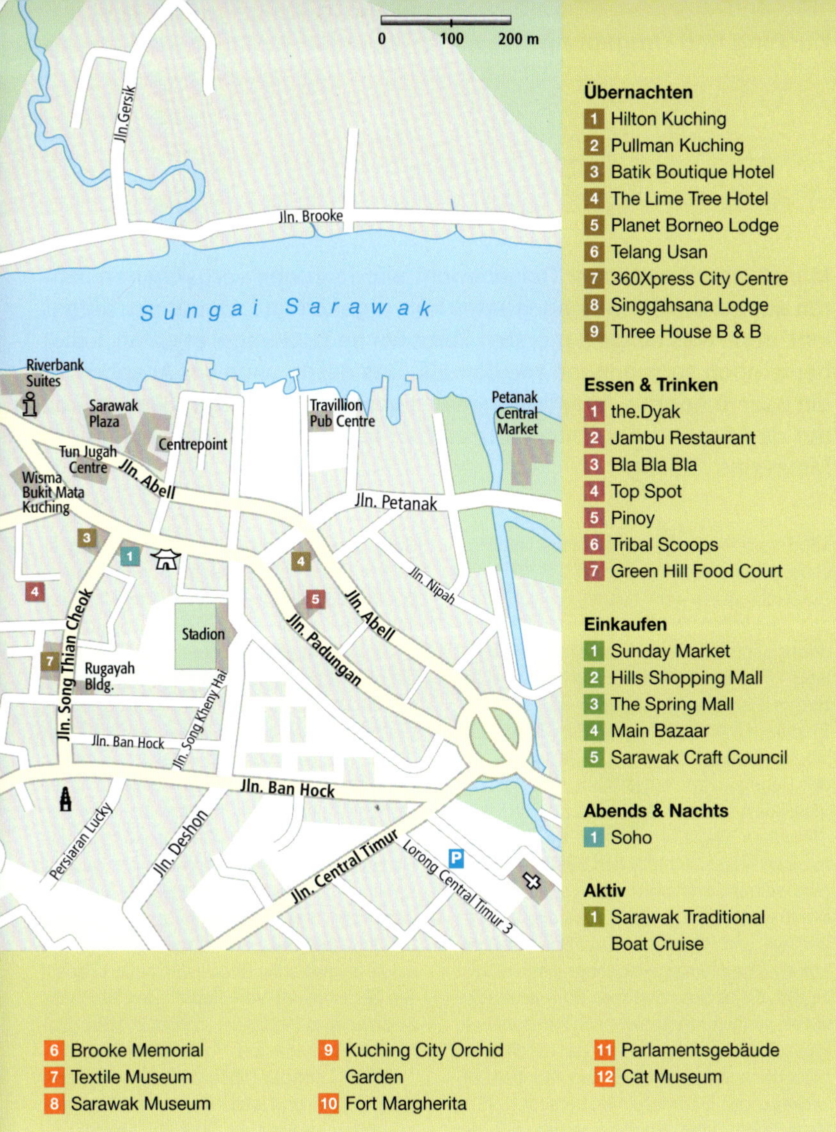

geschoss werden ethnologische Themen beleuchtet, darunter das Alltagsleben in Langhäusern im Hinterland und die Kopfjagd.

Eine Fußgängerbrücke verbindet den Altbau mit dem neueren **Dewan Tun Abdul Razak,** wo im Erdgeschoss das nette Merchandise Café zu einer Pause und ein Laden mit Kunsthandwerk und Büchern zum Stöbern einlädt. Nebenan werden die Besonderheiten der einzelnen Provinzen von Sarawak vorgestellt. Interessanter ist der 1. Stock, wo sich die ethnologische Vielfalt dieser Insel anhand von historischen Fotos, Keramiken und rituellen und alltäglichen Gebrauchsgegenständen erschließt. Die historische Abteilung ermöglicht einen Rundgang durch eine 40 000-

Abenteurer im Regenwald – Forschungs- und Reiseberichte

Manch abenteuerlicher Reisebericht wurde in den vergangenen Jahren aus verstaubten Antiquariaten hervorgeholt und wieder neu aufgelegt, denn was einige der ersten Europäer im Dschungel erlebten, klingt heute noch so spannend wie damals. Das dürfte auch der Ansporn für ein paar ›moderne‹ Abenteurer gewesen sein, die in den 1980er-Jahren auf den Spuren der Entdecker zu den letzten Dschungelbewohnern Malaysias reisten.

1896 veröffentlichte der britische Naturforscher Alfred Russel Wallace (1823–1913) die Aufzeichnungen von seinen Reisen durch den westlichen Teil von Borneo und die indonesische Inselwelt: »The Malay Archipelago – The Land of the Orang-utan and the Bird of Paradise; A Narrative of Travel with Studies of Man and Nature«. Sein Bericht von langen Flussfahrten ins Landesinnere und den Begegnungen mit unbekannten Dschungelvölkern fesselte die Menschen im viktorianischen England und machte das Werk zu einem wissenschaftlichen Bestseller. Während seiner Schiffsreisen zu verschiedenen Inseln stellte Wallace fest, dass es zwischen der Tier- und Pflanzenwelt auf Bali und Lombok eine bedeutsame biogeografische Grenze gibt, die ebenso zwischen Borneo und Sulawesi verläuft: die später nach ihm benannte Wallace-Linie. Aufgrund seiner detaillierten naturwissenschaftlichen Beobachtungen entwickelte der Naturforscher bereits 1855 in Santubong nahe Kuching sowie auf der indonesischen Insel Ternate die Grundzüge der Evolutionstheorie, die er seinem Freund Charles Darwin zur Begutachtung und Veröffentlichung schickte. Beinahe gleichzeitig hatte Darwin am anderen Ende der Welt auf den ecuadorianischen Galápagos-Inseln ähnliche Ideen entwickelt. Ein Nachdruck von Wallace' Buch erschien u. a. im Jahr 2000 bei Periplus, Singapore. Im Internet findet sich eine digitalisierte Fassung der beiden Bände (http://ebooks.adelaide.edu.au/w/wallace/alfred_russel/malay).

Sir William George Maxwell (1871–1959), ein britischer Kolonialbeamter in Malaya und den Straits Settlements, veröffentlichte 1907 fünfzehn seiner autobiografischen Erzählungen in dem Sammelband »In Malay Forests«. Darin berichtet er von seinen Ausflügen in die Tropenwälder auf der malaiischen Halbinsel, wo er Tiger und Krokodile ebenso jagte wie ein Nashorn in Perak und Wildrinder *(gaur)* in Pahang – Letztere sind mittlerweile fast ausgestorben. Maxwell beschreibt aber auch die Lebensweise der malaiischen Dorfbewohner sowie animistische Rituale und notiert Fabeln wie Gedichte. Mehrere Reprints seines Buchs erschienen in Singapore, zudem 2010 bei Nabu Press, Charleston, South Carolina.

Sylvia Leonora (1885–1971), die spätere Lady Brooke und letzte Ranee von Sarawak, beschrieb im Alter von über 80 Jahren in ihrer Autobiografie »Queen of the Headhunters« auch das Leben mit dem letzten britischen weißen Raja Charles Vyner Brooke (s. S. 34) und ihren drei Töchtern in Kuching. Das Original erschien 1970 in London, seither wurden mehrere Nachdrucke des Werks veröffentlicht, u. a. 1990 bei Oxford University Press in Singapore.

Thema

1983 bricht der britische Schriftsteller Redmond O'Hanlon gemeinsam mit seinem Dichterfreund James Fenton und drei Iban in eines der abgelegenen Dschungelgebiete von Borneo auf. Sie hoffen, am Oberlauf des Baleh nahe der indonesischen Grenze noch eines der letzten Nashörner zu finden. Mit viel Humor und unterhaltsamen Flunkereien beschreibt der exzentrische Brite die abenteuerliche Tour in seinem Buch »Into The Heart Of Borneo«. Eine Taschenbuchausgabe erschien 2009 bei Penguin in London.

»Stranger in the Forest« heißt der Reisebericht des amerikanischen Schriftstellers Eric Hansen, der Anfang der 1980er-Jahre von Marudi nahe der Grenze zu Brunei runde 4000 km quer durchs Landesinnere bis in den indonesischen Teil von Borneo vordrang. Die größte Strecke legte er, begleitet von Penan und anderen einheimischen Guides, zu Fuß zurück. Nach mehr als vier Monaten und unzähligen abenteuerlichen Begegnungen im Dschungel stand Hansen staunend und erschüttert vor einem riesigen Holzfällercamp. Das Buch des Reiseschriftstellers erschien u. a. 2000 bei Vintage Books in New York.

Heutzutage ist es kaum noch möglich, längere Strecken durch den Dschungel zurückzulegen, ohne auf ehemalige Camps zu stoßen. Die wertvollen Dschungelbäume stehen hübsch verarbeitet u. a. als Gartenmöbel auf unseren Balkonen.

Nur wenige Dschungelvölker konnten ihren traditionellen Lebensstil bewahren

jährige Geschichte, von den archäologischen Ausgrabungen in Niah und der langen Keramiktradition über die ersten Handelsplätze wie Santubong und die politischen Winkelzüge der weißen Rajas bis zur japanischen Besatzung und Unabhängigkeit (Jln. Tun Haji Openg, Tel. 082 24 42 32, www.museum.sarawak.gov.my, tgl. außer Fei 9–16.30 Uhr, Eintritt frei).

Am Nordufer

Von der Bootsanlegestelle hinter dem Square Tower (s. S. 287) gelangt man mit Fähren ans malaiisch geprägte nördliche Flussufer. Im hübschen **Kuching City Orchid Garden** 9 kann man wunderbar entspannen und 112 Orchideenarten und Hybride, darunter die Orchid Normah, die Staatsblume Sarawaks, bewundern (Di–So 9–17 Uhr, Eintritt frei).

Das **Fort Margherita** 10, das 1879 zur Sicherung des Sungai Sarawak erbaut wurde, brauchte seine Verteidigungsfähigkeit nie unter Beweis zu stellen. Dahinter erhebt sich das 2009 fertiggestellte **Parlamentsgebäude** 11 (State Legislative Assembly) von Sarawak mit seinem markanten schirmförmigen Dach, dessen Baustil sehr umstritten ist und das die Bewohner Zitronenpresse nennen.

Cat Museum 12

Was wäre Kuching (malaiisch für ›Katze‹) ohne ein Katzenmuseum? Dort erfährt man auch, wie die Stadt der Legende nach zu ihrem Namen kam. Nicht nur Katzenliebhaber und Kinder finden in dem etwas abseits auf einem Hügel gelegenen **Cat Museum** viel Vergnügliches zum Thema Katzen aus aller Welt und dank der Klimaanlage auch etwas Abkühlung.

Bereits seit ägyptischer Zeit begleiten Katzen die Menschen. Es ist spannend zu sehen, unter welchen Aspekten sie in unterschiedlichster Form modelliert, gestickt und gemalt, in Filmen, Musik und Literatur dargestellt und auf Werbeplakaten wie Gräbern verewigt werden (im Erdgeschoss der Kuching North City Hall, Tel. 082 44 66 88, tgl. 9–17 Uhr, Eintritt frei, Kamera RM 4, Anfahrt mit Stadtbus K 5, ein Taxi vom Zentrum kostet ca. RM 20).

Infos

Visitors Information Centre: Jln. Tun Haji Openg, Tel. 082 41 09 42, www.sarawaktourism.com, Mo–Fr 8–17 Uhr. Hilfsbereite Mitarbeiter halten viele Informationen zu Kuching und anderen Teilen von Sarawak bereit.
Tourism Malaysia: Riverbank Suites, 2. Stock, Jln. Tunku Abdul Rahman, Tel. 082 24 67 75, Mo–Do 8–17, Fr 8–12, 14.30–17 Uhr; Filiale am Airport, tgl. 9–13, 14–18 Uhr. Hier gibt es vor allem Broschüren zu anderen malaysischen Staaten.
Sarawak Forestry: Jln. Tun Haji Openg, neben dem Visitors Information Centre, Tel. 082 24 80 88, www.sarawakforestry.com, Mo–Fr 8–18 Uhr. Hier kann man sich über die Nationalparks in der Umgebung informieren und Unterkünfte in den Schutzgebieten buchen.

Übernachten

Fantastische Lage ▶ **Hilton Kuching** 1: Jln. Tunku Abdul Rahman, Tel. 082 22 38 88, www.hilton.com. Leider sind einige Räumlichkeiten des 4-Sterne-Hotels etwas renovierungsbedürftig und für den Internetzugang wird in der normalen Kategorie viel berechnet. In den teureren Zimmern sind nicht nur Internet, sondern auch Snacks, Cocktails und andere Extras im Preis inbegriffen. Durch großzügige Fenster überblickt man vorn den Fluss. Herausragend sind die Auswahl am Frühstücksbüfett, das Essen im Steakhouse und die Kuchen im Café. Hübscher Swimmingpool hinter dem Haus. Touren zu den Iban-Langhäusern mit einer Übernachtung im Partnerhotel am Batang Ai (s. S. 305). DZ RM 280–450 inkl. Frühstück.
Tolles Design ▶ **Pullman Kuching** 2: 1A Jln. Matthies, Tel. 082 22 28 88, www.pullmankuching.com. Über der Altstadt thront auf einem Hügel das 23-stöckige 5-Sterne-Hotel mit einer Shopping Mall. Überaus großzügig wirken die lichtdurchflutete, riesige Lobby und die 389 modern gestalteten Zimmer mit Internetzugang. Jedes Zimmer mit separater Dusche und Badewanne, die in der teureren Kategorie am Fenster positioniert ist. Mehrere Cafés und Restaurants, gutes Frühstücksbüfett, Fitnesscenter, Spa und großzü-

giger Pool mit Liegen. DZ RM 270–400 inkl. Frühstück.

Stylisch ▶ **Batik Boutique Hotel** 3: 38 Jln. Padungan, Tel. 082 42 28 45, www.batikboutiquehotel.com. Raue Betonwände bilden einen spannenden Kontrast zu den ethnischen Textilien und der großflächigen, abstrakten Wandbemalung. Die 15 unterschiedlich geschnittenen, hellen Zimmer auf 3 Stockwerken sind mit kleinen Mosaiken gefliest und mit DVD-Player, LCD-TV, iPod-Dockingstation, Safe und Kühlschrank komfortabel ausgestattet. Kleiner Innenhof mit Sitzgelegenheiten, freundlicher Service, kostenloser Internetzugang. DZ RM 250 inkl. Frühstück.

Tolle Rooftop-Bar ▶ **The Lime Tree Hotel** 4: 317 Jln. Abell, Tel. 082 41 46 00, www.limetreehotel.com.my. Freundliche Farben und hilfsbereite Mitarbeiter zeichnen dieses moderne Hotel mit 50 Zimmern, darunter 8 Suiten, aus. Sie sind relativ einfach möbliert, haben aber gute Betten. Wer aufs Fenster verzichten kann, bekommt etwas mehr Platz. Die beste Sicht bietet sich von der Limelight Rooftop Lounge im 5. Stock, wo ein leckerer Mojito gemixt wird. Frühstück im Café Sublime im Erdgeschoss. DZ RM 150–230.

Hostel mit Garten ▶ **Planet Borneo Lodge** 5: 10 Lorong Park, Tel. 082 41 21 00, www.planetborneolodge.com. Die klimatisierten Mehrbettzimmer mit Gemeinschaftsduschen sind einfach ausgestattet, doch der nette Garten mit kleinem Pool und die geräumigen Aufenthaltsräume mit TV, Küche und Waschmaschine sowie der kostenlose Internetzugang gleichen das aus. Schlafsaal RM 50/Pers., DZ RM 140.

Mit lokalem Touch ▶ **Telang Usan** 6: Lot 72–73, Section 47, Jln. Ban Hock, Tel. 082 41 55 88, www.telangusan.com. In einem Garten in ruhiger Lage steht dieser Hotelblock mit 66 sauberen Zimmern, denen dekoratives Kunsthandwerk aus dem Hinterland einen besonderen Touch verleiht. Das Essen im Hotel ist günstig und das Frühstück gut. DZ RM 90–130 inkl. Frühstück.

Funktional und farbenfroh ▶ **360Xpress City Centre** 7: Wisma Phoenix, Jln. Song Thian Cheok, Tel. 082 23 60 60, www.360xpress.com.my. Das moderne Hotel punktet mit klaren Farben und einer minimalistischen, funktionalen Einrichtung. Trotz des recht günstigen Preises braucht man weder auf einen Flachbildschirm noch auf Safe, Kühlschrank, Wasserkocher oder Internetanschluss zu verzichten. DZ RM 100–120.

Zweites Zuhause ▶ **Singgahsana Lodge** 8: 1 Jln. Temple, Tel. 082 42 92 77, www.singgahsana.com. Dieser zentral gelegene Backpacker eignet sich gut, um Leute kennenzulernen, nicht zuletzt wegen der sehr netten Mitarbeiter und gemütlichen Bar für Hausgäste unter dem Dach. Die Besitzer Donald und Marina haben eine Unterkunft geschaffen, die sie sich auf ihren vielen Reisen erträumt haben. Ihre Fotos und ethnisches Kunsthandwerk schmücken die Räume. Die Betten in den klimatisierten Schlafsälen mit jeweils 5 Doppelstockbetten und Zimmern unterschiedlicher Größe und Ausstattung sind sehr sauber und gut. Auch gute Touren. Schlafsaal RM 30/Pers., DZ RM 90–130 inkl. kleines Frühstück.

Klein, aber fein ▶ **Three House B & B** 9: 51 Jln. Upper China, Tel. 013 835 10 31, www.threehousebnb.com. Mitten in der Chinatown hat Jasmin aus Schweden in einem alten Shophouse einen netten Backpacker eingerichtet. Gemütliche Aufenthaltsräume mit großem TV und Dachterrasse, Schlafsaalbetten und freundliche Zimmer mit kleinen Fenstern und Gemeinschaftsduschen. Kostenloser Internetzugang. Schlafsaal RM 15/Pers., DZ RM 90–130 inkl. kleines Frühstück.

Essen & Trinken

Traditionelle Küche für Gourmets ▶ **the. Dyak** 1: Lot 29, Panvel Commercial Complex, Jln. Simpang Tiga, Tel. 082 23 40 68, www.facebook.com/the.Dyak, tgl. 11–23 Uhr. Der Urenkel der letzten Iban-Herrscher von Betong hat überlieferte Familienrezepte gemeinsam mit einem Chefkoch zu außergewöhnlichen Geschmackserlebnissen verfeinert und präsentiert sie in einem modernen Ambiente mit ethnischem Touch. Sehr leckeres Schweinefleischcurry *jani kari*. Herausragend ist auch der vollmundig süße Reiswein

Schattig und doch luftig sitzt man unter den Säulenarkaden der Kolonialbauten

tuak mansau stambak ulu, der früher wichtigen Ritualen vorbehalten war und z. B. nach einer Kopfjagd getrunken wurde. Von dieser Tradition zeugt auch ein *parang,* ein traditionelles großes Messer, dessen Löcher jeweils einen gejagten Kopf repräsentieren. Der Weg lohnt sich. Gerichte RM 20–40.

Pizza im Kolonialbungalow ▶ Jambu Restaurant & Lounge 2: 32 Jln. Crookshank, Tel. 082 23 52 92, Di–So 18–0.30 Uhr. In einem charmant restaurierten Bungalow aus den 1920er-Jahren haben Ashfa und Chris Harris mehrere Salons, eine Bar und Lounge teils mit europäischen Antiquitäten stilvoll eingerichtet. Auch im Tropengarten kann man hervorragende Steaks und Tapas, Pasta und Pizza genießen. Ein beliebter Ort für Familienfeiern. Abholservice vom Hotel. Gerichte RM 20–40.

Angenehme Atmosphäre ▶ Bla Bla Bla 3: 27 Jln. Tabuan, Tel. 082 23 39 44, Mi–Mo 18–23.30 Uhr. Dieses kleine, freundliche Restaurant serviert großzügige Portionen innovativer chinesischer Gerichte. Empfehlenswert sind die Auberginen und der Midin-Salat aus einheimischen Farnen. Trotz der Enge ist im Erdgeschoss Platz für einen Fischteich und viele Pflanzen. Weitere Tische im überdachten Innenhof und klimatisierten 1. Stock. Gerichte RM 20–30.

Food Court vom Feinsten ▶ Top Spot 4: Jln. Mata Bukit Kuching, auf dem Dach des Parkhauses hinter dem Bank- und Bürogebäude Wisma Bukit Mata Kuching, tgl. 16–23 Uhr. Bei Einheimischen wie Touristen sind die chinesischen Essenstände im Freien hoch über der Stadt beliebt. Hier wird vor allem frisches Seafood nach Wünschen der Gäste zubereitet. Gerichte um RM 20.

Herzhaftes von den Philippinen ▶ Pinoy 5: 143 Jln. Padungan, Tel. 082 23 86 39, Di–So 10–14, 18–23 Uhr. In dem familiären Lokal servieren Karen und ihre Familie in legerer Atmosphäre leckere Gerichte aus ihrer Heimat wie *adobo pork* oder *pork ribs kare kare* sowie eiskaltes Bier. Am späteren Abend beim Karaoke sorgt Karen, eine ehemalige Sängerin, für gute Stimmung. Gerichte RM 10–20.

Lokale Orang-Ulu-Küche ▶ Tribal Scoops 6: 10 Jln. Borneo, Tel. 082 23 48 73, 01 98 18 17 17, Mo–Do 10.30–21.30, Fr, Sa 10.30–22 Uhr. Das kleine Restaurant neben dem Tune Hotel lässt auf den ersten Blick nicht erahnen, dass hier neben einer guten Eiscreme auch Gerichte der Orang Ulu aus den Kelabit Highlands zubereitet werden. Die Karte ist nicht umfangreich, aber interessant, denn hier kann man, begleitet von entsprechender Musik, *ayam pansoh* (Hühnchen in Bambus), *udung ubih* (Tapiokagemüse) und anderes probieren, was im Landesinnern gekocht wird. Günstige Mittagsgerichte, langsamer Service. Gerichte um RM 10.

Authentisch ▶ Green Hill Food Court 7: Jln. Wayang, Ecke Jln. Temple, tgl. von früh morgens bis spät abends. Mehrere Essenstände servieren unter einem Dach die je nach Tageszeit wechselnden Favoriten. Hier können Mutige morgens auf Plastikstühlen an wackligen Tischen sitzend die beste Sarawak Laksa, eine dicke Nudelsuppe, essen. Als Alternative empfehlen sich abends die Nudelgerichte *kolo mee* und *char koay teow*. Schneller Service. Gerichte um RM 5.

Einkaufen

Markt ▶ Sunday Market 1: Der große sonntägliche Wochenmarkt findet westlich des Zentrums hinter der Straßenbrücke nahe der Jln. Satok statt. Händler und Bauern aus dem Umland verkaufen Obst und Gemüse, Fleisch und Fisch sowie Kräuter und Blumen. Vor allem exotische Gewürze sind, ebenso wie Kunsthandwerk und Reis aus dem Bario-Hochland, ein gutes Mitbringsel.

Einkaufszentren ▶ Hills Shopping Mall 2: 8 Jln. Bukit Mata, Interhill Place, www.hillsshoppingmall.com.my. Unter dem Pullman Hotel erstreckt sich das neueste Einkaufszentrum in der Altstadt. Neben Boutiquen internationaler Label, Computer-, Handy- und Kosmetikläden auch Restaurants und ein Times Bookshop mit englischsprachigen Romanen und Reiseführern. Größere Einkaufszentren finden sich außerhalb des Zentrums, z. B. **The Spring Mall 3**, Jln. Simpang Tiga (Straße zum Airport). Beide tgl. 10–22 Uhr.

Kunsthandwerk & mehr ▶ Main Bazaar 4: Parallelstraße zur Kuching Waterfront, zumeist tgl. 10–17 Uhr. In einer langen Reihe alter chinesischer Geschäftshäuser stapelt sich die größte Auswahl an Souvenirs in Sarawak. Einige Galerien und Antiquitätenläden verkaufen alte, hochpreisige Pua Kumbu. V. a. im hinteren Bereich lagern Messing- und Bronzewaren, von schweren Ohrringen der Orang Ulu bis zu riesigen Gongs und Kanonen, Statuen in allen Größen sowie Masken aus Borneo und Indonesien. Der Katzenstadt mangelt es auch nicht an Motiven für T-Shirts, Nippesfiguren und Taschen. Auch die einheimischen Tattoos entlehnten Muster sind beliebt. Vieles wird in Massenproduktion im benachbarten Indonesien gefertigt, dennoch kann man das eine oder andere nette Stück entdecken. Ein beliebtes Mitbringsel ist auch der lokale Pfeffer. **Sarawak Craft Council 5:** 32 Jln. Tun Abang Haji Openg, Mo–Fr 8.30–16.30 Uhr. Im Runden Turm, früher Sitz des Justizministeriums, kann man nun Handwerkern der staatlichen Organisation über die Schulter schauen und Perlenketten, Pua Kumbu, Bambusarbeiten sowie anderes Kunsthandwerk erwerben. Es werden auch Broschüren über traditionelle Handwerkskunst publiziert und Konferenzen organisiert.

Abends & Nachts

Etabliert ▶ Soho 1: 64 Jln. Padungan. Der Club ist seit Jahren ein beliebter Fixpunkt im Nachtleben der Stadt. Unter der Woche wird überwiegend ruhigere Jazzmusik gespielt, am Wochenende schwingen die Gäste zu House Music das Tanzbein. Ruhesuchende können sich in die Lounge im 1. Stock mit gemütlichen italienischen Ledersofas, Kristallleuchtern und einem Kamin zurückziehen.

Aktiv

Bootstouren ▶ An verschiedenen Anlegestellen werden Flussfahrten in den kleinen Sampans angeboten, die ansonsten als Fähren dienen, z. B. **Sarawak Traditional Boat Cruise 1**, ab der Kuching Waterfront, Tel. 012 893 32 30, www.ssoonz.com (10–18.30 Uhr, ca. alle 60 Min., 1 Std., RM 20–30).

Kajaktouren ▶ Borneo Trek & Kayak Adventure: Tel. 082 24 05 71, 013 804 83 38, www.rainforestkayaking.com. **Kuching Kayaking:** Tel. 082 25 30 05, 013 811 96 69, www.kuchingkayak.com. Gemächliche Paddeltouren auf einem Zufluss des Sungai Sarawak in den Borneo Highlands mit der Möglichkeit, das Bidayuh-Dorf Annah Rais zu besuchen (ab RM 190/Pers.).
Caving ▶ Kuching Caving: Tel. 012 886 23 47, www.kuchingcaving.com. Touren durch die Tropfsteinhöhlen bei Bau (ab RM 200). Einige Tagestouren durch weite Passagen und Flüsse zu tollen Kalksteinformationen und prähistorischen Wandmalereien eignen sich für Anfänger, andere nur für erfahrene Kletterer.

Termine

Gawai Dayak (1./2. Juni): Die Dayak von Borneo feiern das Erntedankfest. Die Reisernte ist eingebracht und der Reiswein gebraut. Für viele ist das die Zeit, in die heimischen Dörfer zurückzukehren, wo noch die alten Traditionen gepflegt werden – man tanzt zu den Klängen der Gongs und übt sich im Blasrohrschießen. Die staatlichen Feierlichkeiten werden begleitet von einem Volksfest mit einer Regatta und finden abwechselnd in einer der Divisionshauptstädte statt.

Verkehr

Flüge: Der Kuching International Airport, Tel. 082 45 42 42, liegt 11 km südlich des Zentrums. 4 x tgl. mit CPL-Bus K 13 in die Innenstadt zum Busbahnhof nahe der Jln. Masjid. Ein Taxi ins Zentrum kostet RM 28. Die meisten Flüge mit MAS und Air Asia gehen nach Kuala Lumpur. Zudem bestehen gute Verbindungen nach Sibu, Miri und Kota Kinabalu. Interessant ist zudem der Flug mit MAS über Miri in den Mulu-Nationalpark (3 x wöchentl.). Internationale Flüge gehen nach Pontianak, Singapore und Bandar Seri Begawan.
Busse: Ab der Haltestelle nahe der Jln. Masjid etwa stdl. nach Bako Bazaar mit Rapid-Bus 1 (45 Min., RM 4), um 10.15, 13.15 Uhr nach Semenggoh mit Bus K 6 (1 Std., RM 3) sowie ca. alle 20 Min. zum neuen Busbahnhof Kuching Sentral nahe dem Flughafen. Am Hilton (s. S. 292) und an der Singgahsana Lodge (s. S. 293) starten etwa 8 x tgl. Shuttlebusse nach Damai (9–22 Uhr, 1 Std., RM 10) und vom Riverside Majestic Hotel, Jln. Tunku Abdul Rahman, 4 x tgl. zum Cultural Village. Die meisten Fernbusse fahren vom neuen Busbahnhof Kuching Sentral, 6th-Mile, Jln. Penrissen, nahe dem Airport ab. Einige starten noch am alten Busbahnhof 3 1/2 Mile, doch dieser wird bald geschlossen. Verschiedene Gesellschaften verkehren nahezu stdl. auf dem Trans-Borneo-Highway nach Sibu (7 Std., RM 50–60) und Miri (13–15 Std., RM 80–100). Einige wenige fahren weiter bis Kota Kinabalu (25 Std., RM 180–200).
Schiffe: Tgl. 8.30 Uhr mit Express Bahagia von Pending, dem Hafen von Kuching, nach Sibu (4 Std., RM 45). Ein Taxi nach Pending kostet von der Innenstadt RM 20.
Mietwagen: Kleine Autos sind ab RM 500/ Woche, Geländewagen ab RM 1600/Woche zu mieten. Flexi Car Rental, 7050 Jln. Sekama, Tel. 082 33 52 82, www.flexicarrental.com; Golden System Car Rental, 58-1B Pearl Commercial Centre, Jln. Tun Razak, Tel. 082 33 36 09, www.goldencar.com.my; Mayflower, Jln. Padungan, Tel. 082 41 01 10, www.mayflowercarrental.com.

Fortbewegung in der Stadt

Busse: Stadtbusse fahren relativ selten nahe der Jln. Masjid ab und halten an ausgeschilderten Haltestellen. K 5 fährt zum Cat Museum, K 6 zum Busbahnhof Kuching Sentral und nach Semenggoh, K 13 zum Flughafen.
Taxis: Im Stadtgebiet kosten Taxis zwischen 6 und 24 Uhr RM 10–20. Für Ausflüge werden meist RM 30/Std. verlangt.

Damai Beach und Santubong Peninsula

Damai Beach ▶ 4, C 11

Der **Damai Beach** 34 km nördlich von Kuching mit einigen Resorts ist kein Highlight an sich. Dafür ist das Wasser zu trübe und der Strand bei Flut großteils überspült. Allerdings wird das durch die Lage der Bucht mehr als

aktiv unterwegs

Bootstour im Kuching Wetlands National Park

Tour-Infos

Anfahrt: von Kuching oder Damai im Rahmen einer Tour
Dauer: 2,5–3,5 Std. am späten Nachmittag und frühen Abend
Buchungen: CPH Travel, 70 Jln. Padungan, Kuching, Tel. 082 24 37 08, www.cphtravel.com.my, sowie in der Singgahsana Lodge (s. S. 293) und in großen Hotels
Kosten: RM 140–160/Pers.

Das ausgedehnte Mündungsgebiet des Sungai Sarawak wird von beinahe unzugänglichen Mangrovenwäldern gesäumt. Erst vor wenigen Jahren stellte man dieses einmalige Ökosystem als **Kuching Wetlands National Park** unter Naturschutz, da es als Brutgebiet vieler Meeresbewohner und als Küstenschutz von immenser Bedeutung ist. Nur mit dem Boot können die verzweigten Seitenarme erkundet werden.

Über die Hauptmündung geht es hinaus in die weite Bucht, in der sich vor allem in den Monaten Mai bis Juli kleinere Schulen der über 2 m langen Irawadidelfine *(Orcaella brevirostris)* tummeln. Bei ruhigem Wasser ist es gut möglich, die runden Köpfe und glänzenden Rücken der seltenen Meeresbewohner zu sichten. Einige höhere Mangrovenbäume am Ufer sind beliebte Schlafplätze von Nasenaffen. Mit etwas Glück kann man kurz vor Sonnenuntergang eine Affenhorde beobachten, die mit gewagten Sprüngen den Ort ihrer Nachtruhe anvisiert. Sobald sich die Sonne dem Horizont nähert, erstrahlt die weite Wasserlandschaft in magischem Licht und die in Romanen und alten Reiseberichten beschriebene Wildnis wird Realität.

Doch schon bald bricht die Dunkelheit an. Dann beginnen einige Mangroven wie Weihnachtsbäume zu leuchten, denn sie sind von Millionen blinkender Leuchtkäfer bedeckt. Wer bis dahin am schlammigen Flussufer noch keine Krokodile erspäht hat, kann nun auf die Suche gehen, denn im Scheinwerferlicht sind ihre reflektierenden Augen gut zu erkennen. Die ausgewachsenen, etwa 5 m langen Leistenkrokodile *(Crocodylus porosus)* sind sehr aggressiv und können Menschen gefährlich werden. Das scheint die Kinder in den Fischerdörfern, die auf Stelzen am Ufer stehen, allerdings nicht von ihrem Bad abzuhalten.

wettgemacht. Damai liegt am Fuß des steil aufragenden, dschungelbedeckten Gunung Santubong, der eine majestätische Kulisse bildet. Jenseits der Zufahrtstraße zur Halbinsel ermöglicht das Sarawak Cultural Village (s. S. 298) einen Einblick in die Völkervielfalt von Sarawak und auf der anderen Seite der Bucht erstreckt sich die Mangrovenlandschaft des Kuching Wetlands National Park (s.oben).

Santubong ▶ 4, C 11

In der Nähe der nur 4 km von Damai entfernten malaiischen Siedlung **Santubong** befand sich bereits vor 1000 Jahren ein chinesisches Handelszentrum. Auf einem Hügel über der Bucht verfasste der britische Naturforscher Alfred Russel Wallace 1855 in der Publikation »The Law of Sarawak« einige wichtige Thesen zur Evolutionstheorie. Der seichte **Pantai Puteri,** ein wildromantischer Strand, eignet sich vor allem bei Ebbe zu fantastischen Abendspaziergängen.

Gunung Santubong ▶ 4, C 12

Eine echte Herausforderung ist die Besteigung des 810 m hohen, dschungelbedeckten **Gunung Santubong.** Ausgangspunkt für die Wanderung ist das Restaurant Green Paradise Seafood an der Straße nach Damai, wo

Tipp: Rainforest World Music Festival

Wohl kaum ein Ort scheint für ein Festival der Weltmusik besser geeignet zu sein als das Sarawak Cultural Village (s. unten). Der Erfolg des 1997 ins Leben gerufenen Musikfestivals, des größten in Malaysia, ist beeindruckend. Alljährlich am zweiten Juliwochenende strömen über 30 000 Besucher aus aller Welt zu einer riesigen Party auf das Festgelände. Alle Zimmer in Kuching und Umgebung sind ausgebucht und die Hotelpreise steigen um ein Vielfaches an. Auf zwei großen Bühnen treten am Abend einheimische Musiker und Künstler aus aller Welt auf, die nachmittags im Rahmen von Jamsessions und Workshops ihre Ideen austauschen. Dabei werden einer Vielzahl eigenartiger Instrumente höchst ungewöhnliche Klänge entlockt. Mit einem in limitierter Zahl erhältlichen 3-Tages-Pass für RM 300 können Besucher auch die Workshops besuchen und ganz nahe bei den Künstlern sein. Die Zuschauer machen es sich auf dem Rasen gemütlich, solange kein Tropenschauer den Festplatz in ein Schlammbad verwandelt (entsprechende Kleidung und Mückenschutzmittel mitnehmen!). Shuttlebusse verkehren in der Festivalzeit ständig zwischen Kuching und Damai Beach. Aktuelle Termine und Programminfos findet man auf der Webseite www.rainforestmusic-borneo.com (Eintritt RM 110).

man zunächst einem blau markierten Weg Richtung Damai Beach (2 km) folgt. Nach rund 20 Min. zweigt der rot markierte, im mittleren Bereich sehr steile Pfad zum Gipfel ab, der durch Leitern und Seile gesichert ist. Für die 5- bis 7-stündige Bergbesteigung sollte man früh starten, eine gute Fitness mitbringen und gegen starke Regenfälle gewappnet sein. Ins Gepäck gehören neben ausreichend Essen und Wasser auch ein Handy für Notfälle, Handschuhe für die steilen Strecken sowie eine große Mülltüte, denn der den Dorfbewohnern als heilig geltende Berg wird von Wanderern immer wieder vermüllt. Zur eigenen Sicherheit sollten sich Gipfelstürmer am Beginn des Wegs im Restaurant Green Paradise Seafood in ein Buch ein- und nach der Rückkehr wieder austragen, denn es haben sich bereits einige verlaufen.

Sarawak Cultural Village

▶ 4, C 11

Das **Sarawak Cultural Village** lädt Besucher dazu ein, hinter die Türen originalgetreuer Häuser verschiedener Bevölkerungsgruppen zu blicken. In den Langhäusern der Bidayuh, Iban und Orang Ulu wird gekocht, gebraut und traditionelles Kunsthandwerk hergestellt. Die Englisch sprechenden Bewohner verkaufen kulinarische Spezialitäten sowie Souvenirs und lassen sich gerne in ein Gespräch über ihre Lebensgewohnheiten und Traditionen verwickeln. Im Rumah Tinggi, dem ›Hohen Haus‹ der Melanau, ist ein kleines Museum untergebracht und in den typischen Häusern der Malaien und Chinesen erfährt man einiges über die Besonderheiten dieser beiden größten Volksgruppen.

Die große Bühne ist Mitte Juli der zentrale Austragungsort des Rainforest World Music Festival (s. oben), das auch in einer Galerie mit einer Ausstellung von Musikinstrumenten gewürdigt wird. Im klimatisierten Theater werden um 11.30 und 16 Uhr traditionelle Tänze der Bidayu, Orang Ulu, Malaien und Iban aufgeführt (Tel. 082 84 64 11, www.scv.com.my, tgl. 9–17, 12.15–14 Uhr keine Aktivitäten, Erw. RM 60, Kind. RM 30).

Übernachten

Große Poollandschaft ▶ **Damai Puri Resort & Spa:** gegenüber dem Cultural Village, Tel. 082 84 69 00, www.damaipuriresort.com. Die 207 modern gestalteten Zimmer in diesem familienfreundlichen Strandresort sind mit allem ausgestattet, was man für einen entspannten Urlaub braucht. Neben zwei großen Landschaftspools auch Tennisplätze, Spa, Restaurants und Bars. Shuttlebus nach Kuching. DZ ab RM 300 inkl. Frühstück.

Auch afrikanische Gruppen sind beim Rainforest World Music Festival präsent

Traumhaftes Boutique-Resort ▶ **Village House:** am Rand von Santubong nahe dem Dorfstrand Pantai Puteri, Tel. 082 84 61 66, www.villagehouse.com.my. Mit viel Liebe zum Detail haben die Besitzer der Singgahsana Lodge in Kuching (s. S. 293) ein familiäres Resort gestaltet. Die 2-stöckigen Gebäude begrenzen einen Pool mit vielen Sitzgelegenheiten, unter den Stelzenhäusern laden Liegen und Hängematten inmitten von Holzschnitzereien und schmucken Ochsenkarren zum Entspannen ein. Die hochwertig möblierten Zimmer und Suiten mit guten Betten und geschmackvollen Bädern verbinden Tradition und Moderne. Auch zwei Schlafsäle mit 6 Doppelstockbetten. Restaurant mit gut bestückter Bar, empfehlenswert das Menü A Taste of Borneo mit Gerichten unterschiedlicher Bevölkerungsgruppen für RM 188. Kostenloser Internetzugang. Schlafsaal RM 88/ Pers., DZ RM 240 inkl. Frühstück.

Individuelles B & B ▶ **Nanga Damai:** am Fuß des Gunung Santubong an der Straße nach Damai, Tel. 019 887 10 17, 016 887 10 17, www.nangadamai.com. Am Dschungelrand werden 4 individuell eingerichtete Zimmer im Haupthaus und 2 weitere in einem Cottage vermietet. Gemütliche Aufenthaltsräume und kleiner Pool im Garten mit frei laufenden Hunden. DZ RM 100–160.

Aktiv

Neben Dschungelwanderungen und der Besteigung des Gunung Santubong werden in den Unterkünften verschiedene Ausflüge und Wassersportaktivitäten angeboten.

Kajaktouren & mehr ▶ **Permai Rainforest Resort:** am Ende der Bucht von Damai, Tel. 082 84 64 87, www.permairainforest.com. Große Bandbreite an Aktivitäten.

Verkehr

Busse: Shuttlebusse verkehren 4–8 x tgl. für RM 10 zwischen den Hotels, dem Cultural Centre und Kuching.

Taxis: Nach Kuching RM 50, zum Flughafen RM 75.

Bako National Park

▶ 4, C 12

Karte: S. 301

Nordöstlich von Kuching erstreckt sich auf der Muara-Tebas-Halbinsel Malaysias ältester Nationalpark, der bereits im Jahr 1957 ge-

aktiv unterwegs

Wandern und Baden im Bako National Park

Tour-Infos

Start/Ziel: Park Headquarters in Teluk Assam
Länge: 500 m bis 10,5 km einfach
Dauer: 20 Min. bis 7 Std.
Schwierigkeitsgrade: einfach bis schwierig
Infos: www.sarawakforestry.com/htm/snp-np-bako.html

Der **Bako National Park** besitzt 18 Wanderwege von insgesamt ca. 30 km Länge. Manchmal geht es gemütlich an der Küste entlang, dann wieder durch dichten Wald fast senkrecht aufwärts, wobei Baumwurzeln als Kletterhilfe dienen. Auf dem Hochplateau spenden die niedrigen Büsche der Kerangasvegetation kaum Schatten, sodass man sich unbedingt vor der intensiven Sonne schützen sollte. Nach Regenfällen wiederum watet man durch tiefe Pfützen.

Auf dem kürzesten, nur 500 m langen Pfad des Nationalparks steigt man am südlichen Ende von Teluk Assam in etwa 20 Min. zum Aussichtspunkt **Tanjung Sapi** hinauf, von wo aus sich die Bucht und das Südchinesische Meer vor allem spätnachmittags von ihrer schönsten Seite zeigen. Für den längsten ausgeschilderten Pfad, den 10,5 km langen **Teluk Kruin Trail** zur **Teluk Limau** an der Nordspitze der Halbinsel, benötigen Wanderer rund 7 Std.

Überaus beliebt sind die Wege zu den Stränden rund um Teluk Assam, beispielsweise zur Badebucht **Teluk Paku,** die man vom Headquarters aus nach ca. 1 Std. Fußmarsch am Kliff entlang erreicht und die ein beliebter Tummelplatz von Nasenaffen ist.

Ebenfalls nicht weit entfernt ist **Teluk Delima** (1 km, 45 Min.) südwestlich von Teluk Assam. Vom Headquarters geht es steil den bewaldeten Hang hinauf aufs Plateau, das eine tolle Aussicht über die weite, von Mangrovenwäldern und Felsen umrahmte Bucht von Teluk Assam offeriert. Nun ist der über 5 km lange Rundweg (Lintang) über das Plateau erreicht, auf dem man sich nach rechts wendet. Wenig später zweigt man wiederum rechts ab, bis nach ca. 250 m die Bucht zu sehen ist. Es empfiehlt sich, möglichst geräuschlos hinabzusteigen, um die scheuen Nasenaffen nicht zu verjagen, die sich auch hier gerne aufhalten.

Wendet man sich nach dem Aufstieg zum Plateau auf dem Rundwanderweg nach Norden, bieten sich weitere interessante Ziele. Nach ungefähr 800 m durch Kerangaswald zweigt man links auf den **Tajor Trail** und kurz darauf wiederum links auf den **Teluk Pandan**

gründet wurde. Der nur per Boot zugängliche **Bako National Park** gehört zu Recht zu den beliebtesten Ausflugszielen rings um die Hauptstadt von Sarawak. Aufgrund seiner geografischen und klimatischen Besonderheiten haben sich hier auf nur 2727 ha bemerkenswert vielfältige Landschaftsformen herausgebildet.

Steil ragen aus dem seichten Meer weiße und rote Sandsteinklippen empor, die Wind und Wasser im Laufe von Millionen Jahren zu eindrucksvollen Formationen modelliert haben. Bei Ebbe kann man auf Wanderungen entlang der Küste die majestätische Größe der Überhänge, Brücken und Felsnadeln bewundern und zu ihren Füßen kleine Sandstrände entdecken. In geschützten Buchten der Gezeitenzone finden dank ausgeprägter Wurzeln Mangroven und Nipahpalmen Halt, die weiter landeinwärts in üppige Tieflandwälder übergehen. Auf dem von Hochmooren und kleinen Bächen durchzogenen Hochplateau gedeihen auf nährstoffarmen Sandböden Kerangaswälder mit Rhododendren, Moosen, Epiphythen und Fleisch fressenden Kannenpflanzen.

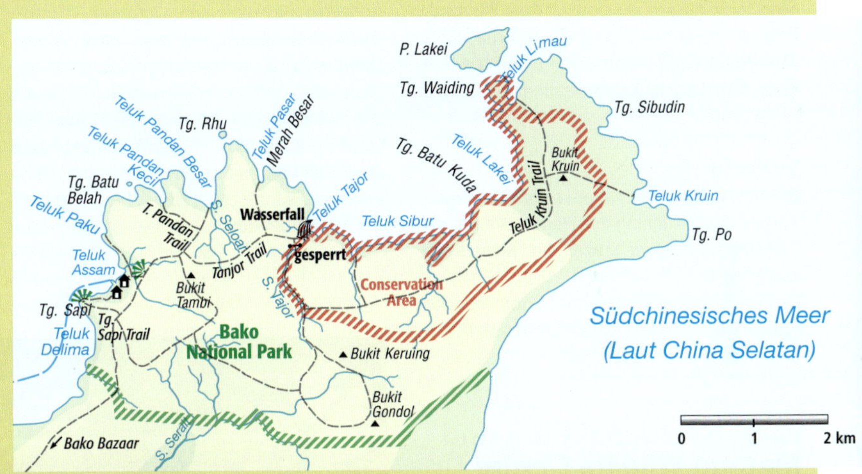

Trail ab. Ein kurzer Abstecher zum **Teluk Pandan Besar** endet hoch oben auf den steil abfallenden Klippen. Vor der Bucht ragen Felsnadeln wie Skulpturen aus dem Meer empor. Nach einem 10-minütigen Abstieg vom Teluk Pandan Trail ist der kleine Badestrand **Teluk Pandan Kecil** (5 km hin und zurück, 3 Std. plus Badepause) erreicht. Hier kann man im klaren Wasser schwimmen und mit Booten hinausfahren, um die Felsnadeln aus der Nähe zu sehen.

Eine weitere nette Badebucht, **Teluk Tajor** (3,5 km, 2–3 Std.), ist ebenfalls über den Rundweg zu erreichen. Kurz vor dem steilen Abstieg durch das Bachbett hinunter zum Strand geht es nach rechts zu einem kleinen und 500 m weiter zu einem etwas größeren **Wasserfall** unter Palmen mit Badepool und Picknickplatz. Hohe Bäume bieten die meiste Zeit Schatten, sodass diese Wanderung weniger schweißtreibend ist als die Rundtour auf dem Hochplateau.

Zu den tierischen Bewohnern des Parks gehören Makaken und Wildschweine, die sich vor allem rings um das Park Headquarters auf der Suche nach Futter tummeln und dabei häufig ziemlich dreist vorgehen. In den Wäldern der Buchten Teluk Delima (s. oben) und Teluk Paku (s. oben) sind spätnachmittags Nasenaffen zu sehen. Die rotbraunen, bis zu 20 kg schweren Tiere sind an ihren markanten Gesichter zu erkennen und genießen die Früchte und Blätter der hohen Bäume, bevor sie ihre Schlafplätze in den Ästen aufsuchen.

Ausgangspunkt für einen Besuch des Nationalparks ist das muslimische Fischerdorf **Bako Bazaar.** Hier legen nach Bedarf Boote nach **Teluk Assam** ab, wo sich das Headquarters befindet. Zur weiteren Erkundung stehen markierte Wanderwege zur Verfügung (s. oben), die ohne Führer begangen werden können (www.sarawakforestry.com/htm/snp-np-bako.html, Erw. RM 20, Stud. RM 7, Sen. und Beh. RM 15, Kinder frei).

Infos

Sarawak Forestry: s. S. 292

Übernachten

Im Park ▶ Das Übernachtungsangebot ist ebenso kläglich wie das Restaurant, sodass Tagestouren empfohlen werden. **Forest Lodges:** Teluk Assam, zu buchen über Sarawak Forestry in Kuching (s. S. 292). 9 vernachlässigte Häuser mit einfachen Zimmern für 2–3 Pers., Ventilator und Gemeinschaftsduschen. RM 80–110.

Verkehr

Busse: Ab Bako Bazaar etwa stdl. bis gegen 17 Uhr nach Kuching zur Haltestelle neben der Überführung nahe der Jln. Masjid (45 Min., RM 4).

Boote: Je nach Bedarf fahren Boote von der Anlegestelle in Bako Bazaar in den Park (20 Min., RM 47).

Kubah National Park und Matang Wildlife Centre

▶ 4, B/C 12

Der dichte Dschungel des **Kubah National Park** an den Hängen einer bis über 800 m hohen Bergkette etwa 22 km nordwestlich von Kuching überrascht mit einer artenreichen Vegetation. Orchideen und Kannenpflanzen, Farne und vor allem eine große Vielfalt hoher Palmen lassen echtes Dschungelfeeling aufkommen. Am Ende einer Stichstraße, die hinter dem kleinen Ort **Kampung Matang** abzweigt, liegt das Headquarters, wo man nette Unterkünfte findet. Hier beginnen mehrere Wanderwege, u.a. hinunter zum Matang Wildlife Centre (s. unten). Manchmal ist dieser Weg auch gesperrt, da hier versuchsweise Orang-Utans ausgewildert werden (Tel. 082 23 10 33, www.sarawakforestry.com/htm/snp-np-kubah.html, Tagesticket Erw. RM 20, Stud. RM 7, Sen. und Beh. RM 15, Kinder frei, ein Taxi verlangt für einen Ausflug ab Kuching mindestens RM 120).

Nur 180 ha groß ist das **Matang Wildlife Centre,** das einem großen Tierpark ähnelt. An einem Hang mit niedrigem Baumbewuchs leben Orang-Utans, die sich in Quarantäne und am Anfang des Rehabilitationsprozesses befinden oder wegen ihres langen Lebens in Gefangenschaft nicht mehr rehabilitierbar sind. Daneben wurden große Freigehege für einheimische Kragenbären angelegt, die man ebenfalls zu rehabilitieren versucht. Eine Ausstellung in einem modernen Informationszentrum macht mit der einheimischen Fauna und Flora vertraut (nördlich des Kubah National Park, Tel. 082 37 48 69, tgl. 8–17 Uhr, die Tiergehege schließen bereits um 15.30 Uhr, Erw. RM 20, Stud. RM 7, Sen. und Beh. RM 15, Kinder frei).

Semenggoh Wildlife Centre ▶ 4, C 12

Wer sich für Orang-Utans interessiert, sollte das **Semenggoh Wildlife Centre** 32 km südlich von Kuching besuchen. Im Gegensatz zur bekannteren Station in Sepilok (s. S. 369) kommen weniger Besucher hierher und es geht bodenständiger zu. In einem nur 653 ha großen Wald werden aus der Gefangenschaft befreite Orang-Utans an ein Leben in der Wildnis gewöhnt. Wenn die Ranger zu den Fütterungszeiten um 9 und 15 Uhr erscheinen, schwingen sich die Tiere behäbig durch die Baumwipfel und klettern zur Fütterungsplattform herab. Während der Obstsaison von November bis Februar lassen sie sich seltener sehen.

Man erreicht das Zentrum, indem man in **Kota Padawan** vom Borneo Highway auf die Straße nach Padawan abbiegt und von hier der Ausschilderung folgt (www.sarawakforestry.com/htm/snp-nr-semenggoh.html, tgl. 8–11, 14–16.30 Uhr, RM 10; zur Nachmittagsfütterung mit Bus K 6 um 13.15 Uhr ab Kuching, 1 Std., RM 3; ein Taxi kostet RM 45).

Markierte Wege mit Aussichtsplattformen erschließen den Bako National Park

Zentral-Sarawak

Wenige Touristen erkunden dieses Gebiet, das nur mit viel Zeit im Gepäck zu bereisen ist, dafür aber spannende Einblicke in das Alltagsleben der Menschen gewährt. Eine der besten Möglichkeiten hierfür bietet der Batang Rajang, Malaysias längster Fluss, auf dem man mit Booten tief ins Hinterland vordringen kann.

Zwischen Kuching und Sibu ▸ 4, C 12–F 10

Für die Strecke zwischen Kuching und Sibu benutzen die meisten Einheimischen und auch die meisten Touristen entweder das Boot oder das Flugzeug. Auf diese Weise erspart man sich die mühsame Fahrt über den **Trans-Borneo-Highway,** der teilweise an einen gewellten Flickenteppich erinnert. Bei der rund 450 km langen Reise durch brachliegende abgeholzte Waldgebiete im Siedlungsgebiet der Iban stellen moderne Langhäuser, Brücken über schlammig-braune Flüsse, Pfefferplantagen und Gemüsefelder die einzige Abwechslung dar.

Stichstraßen führen zu größeren Siedlungen wie der Divisionshauptstadt **Bandar Sri Aman** (▸ 4, E 13) am Ufer des breiten Batang Lupar, wo Raja James Brooke 1864 das Fort Alice erbauen ließ. Das touristische Highlight ist allerdings nicht die im Verfall begriffene hölzerne Befestigung, sondern die Springflut, die zwei Stunden nach dem höchsten Stand der Flut, vor allem bei Voll- und Neumond, noch 60 km landeinwärts vom Meer als mächtige, bis zu 12 m hohe Welle für Aufregung sorgt.

Von der Stichstraße zum kleinen Handelsort **Lubok Antu** (▸ 4, F 13) an der indonesischen Grenze zweigt ein schmales Asphaltband zum 8500 ha großen **Batang-Ai-Stausee** (▸ 4, F 13) ab und endet direkt am Pier, wo schmale, von Außenbordern angetriebene Boote liegen. Dies ist der Startpunkt für die längeren Touren zu traditionellen Iban-Langhäusern (s. S. 305) und zum großen Batang Ai National Park.

In der Ananasstadt **Sarikei** (▸ 4, E 11) ist das Deltagebiet des Batang Rajang erreicht. Am Pier nahe dem Markt legen gegen Mittag Passagierschiffe an, die zwischen Kuching und Sibu verkehren (s. S. 296) und eine interessante Alternative zu Bus und Flugzeug darstellen.

Verkehr

s. S. 296

Sibu ▸ 4, F 10

Jenseits des ausgedehnten Mündungsdeltas des Batang Rajang liegt 130 km landeinwärts die geschäftige Hafenstadt **Sibu** (170 000 Einw.), ein wichtiger Warenumschlagplatz für die Menschen und die Wirtschaft im Hinterland von Sarawak.

Rings um die Piers, an denen kleine Passagierboote aus dem Landesinnern anlegen und Frachter be- und entladen werden, erstreckt sich die Chinatown. Der überwiegende Teil der hier lebenden Chinesen stammt aus der Provinz Fujian (Foochow). Viele sind Anfang des 20. Jh. unter dem zweiten Raja Charles Brooke eingewandert, als dieser Arbeitskräfte brauchte, um im fruchtbaren, aber sumpfigen Deltagebiet des Rajang Obst- und

Gemüsefelder, Pfeffer- und Gummibaumplantagen anzulegen. Bereits zuvor hatten sich in dieser ursprünglich von Melanau besiedelten Ebene Iban aus dem Hinterland und chinesische Händler niedergelassen.

Sibu Heritage Centre

Nach dem Besuch des neuen, anschaulich gestalteten **Sibu Heritage Centre** in der Jalan Central wird man mit offeneren Augen durch die Stadt spazieren.

Im 1. Stock des markanten Rundbaus aus den 1960er-Jahren werden in einer abwechslungsreich gestalteten Ausstellung die Traditionen und Lebensweisen der Menschen, die Sibu geprägt haben, aufgefächert. Schautafeln stellen interessante Aspekte der wichtigsten Bevölkerungsgruppen in den Mittelpunkt. Dabei wird deutlich, wie unterschiedlich Melanau, Malaien, Iban, Orang Ulu sowie Chinesen aus Fujian, Hainan, Guangdong und anderen Provinzen sind, obwohl Europäer sie kaum voneinander unterscheiden können. Ein weiterer Teil der Ausstellung beschäftigt sich mit der Stadtgeschichte, in der es mehrere dramatische Ereignisse gab, darunter die verheerenden Brände von 1889 und 1928 sowie die japanische Besatzung, die am 24. Dezember 1941 begann. Wie rasant die Stadt in den vergangenen Jahrzehnten gewachsen ist, zeigen Luftbilder, die hinter dem Modell der ersten Siedlung hängen (tgl. außer Mo 9–17 Uhr, Eintritt frei).

Tua Peh Kong Temple

Zwischen dem Containerhafen und den Piers am Fluss erhebt sich die siebenstöckige Kwan-Yin-Pagode des 1871 gegründeten taoistischen **Tua Peh Kong Temple.** Die ursprünglichen Gebäude wurden im Zweiten Weltkrieg komplett zerstört, es überlebte nur die Statue, die heute im Zentrum des wunderschönen, teils vergoldeten Edelholzaltars steht. Wer die im Jahr 1989 fertiggestellte Pagode mit dem Altar für die Göttin der Barmherzigkeit besteigen und die Aussicht genießen möchte, bekommt bei Aufsehern, die Devotionalien verkaufen, den Schlüssel. Im kleinen Park vor dem Tempel ist auf einer Tafel die Geschichte der chinesischen Einwanderer nachzulesen.

Die Piers

Am **Pier** neben dem Tua Peh Kong Temple werden alte Frachtschiffe beladen, die Lebensmittel in die Dörfer weiter flussaufwärts bringen. Auf einem Schild am Pier zwischen Tempel und Markt sind die Hochwassermarken der vergangenen Jahre festgehalten – nach heftigen Regenfällen ist der Rejang bereits mehrfach über die Ufer getreten und hat mit einem Wasserstand von bis zu 3 m über

Tipp: Eine Nacht im Langhaus

Auch wenn keine Kopfjäger mehr durch die Regenwälder streifen, vermittelt ein Ausflug ins Zentrum des Siedlungsgebiets der Iban am **Batang Ai** (▶ 4, F 13) nahe der indonesischen Grenze noch einen Hauch von Abenteuer. Wegen der langen Anreise zu den interessanteren Orten empfiehlt es sich, eine Tour mit Übernachtung in einem Langhaus zu buchen – je abgelegener, umso authentischer ist das Erlebnis. Auch eine Bootsfahrt auf einem der Dschungelflüsse gehört ins Programm aufgenommen.

Einzelreisende können sich vielleicht einer Gruppe anschließen, um Kosten zu sparen. Wer sich die einfachen Unterkünfte in den Dörfern nicht zumuten möchte, findet im Hilton Batang Ai am gleichnamigen Stausee eine Alternative (zu buchen über das Hilton in Kuching, s. S. 292). Von dort aus sind Tagestouren zu Langhäusern möglich. Empfehlenswerte Veranstalter: Borneo Adventure Co., 55 Main Bazaar, Kuching, Tel. 082 24 51 75, www.borneoadventure.com; Diethelm Travel Service, Lot 257, Jln. Chan Chin Ann, Kuching, Tel. 082 41 27 78, www.diethelm travel.com. Eine 2-tägige Tour inkl. Übernachtung und Transport kostet je nach Anzahl der Teilnehmer RM 500–1000/Pers.).

Alltag im Langhaus

Thema

Während der langen Fahrt auf dem Trans-Borneo-Highway durch das Landesinnere von Sarawak tauchen aus dem schier endlosen Grün hier und da einzelne, farbenfroh gestrichene Reihenhäuser auf. In diesem Siedlungsgebiet der Iban lebt ein ganzes Dorf in einem Haus und pflegt hinter der modernen Fassade einen recht traditionellen Lebensstil.

Mit der Abholzung der Tropenwälder und dem Straßenbau verloren Ende des vergangenen Jahrhunderts die Flüsse als Transportwege zunehmend an Bedeutung. Viele Dorfgemeinschaften mussten infolge von Staudammprojekten ihre Heimat verlassen oder aber sie beschlossen, ihre schwer erreichbaren Dörfer aufzugeben und in die Nähe der neuen Straße zu ziehen. Hier errichteten sie mit zeitgemäßen Baumaterialien Häuser im alten Stil.

Statt Bambus, Holz und Palmblätter kommen Zement, Steine und Wellblech zum Einsatz. Unter dem Haus, das ursprünglich zum Schutz vor wilden Tieren und Angreifern auf Stelzen stand, parken nun Motorräder und Autos, die die Boote ersetzt haben. Über die gesamte Länge des Hauses verläuft meist eine offene Veranda, von der es ins Innere geht. Zunächst betritt man eine zweite, diesmal überdachte Veranda, die sich ebenfalls von einem Ende des Langhauses bis zum anderen erstreckt. Dieser Gemeinschaftsraum *(ruai)* dient den Dorfbewohnern als Arbeitsplatz, Kinderkrippe, Begegnungsstätte, Herberge und natürlich zum Feiern.

Vom *ruai* gehen die Türen zu den Familienräumen *(bilek)* ab, die Besucher nur auf Einladung betreten sollten. Meist handelt es sich um große Wohn- und Schlafräume, die allen Familienmitgliedern Platz bieten, und eine angrenzende Küche.

Im Zentrum des Langhauses hat der Tuai Rumah, das Dorfoberhaupt, seine Räumlichkeiten. Er repräsentiert das Dorf nach außen und regiert es gemeinsam mit dem Ältestenrat. Nur noch in wenigen Siedlungen praktiziert ein Medizinmann, da sich die jüngere Generation lieber der nächsten Krankenstation und der westlichen Medizin anvertraut. Zudem haben christliche Missionare dafür gesorgt, dass animistische Riten nahezu verschwunden sind. Bewahrt hat sich hingegen die Tradition, dass junge Männer einige Jahre fortgehen, bevor sie eine Familie gründen. Während sie früher mit dem Schädel eines Feindes von ihrer Reise *(berjalai)* zurückkehrten, beeindrucken sie ihre künftigen Schwiegereltern nun mit Kühlschränken, Fernsehern und einem gut gefüllten Bankkonto.

Bei bedeutenden Feierlichkeiten werden die Wände mit großen Ikatdecken, den Pua Kumbu (s. S. 64) geschmückt. Zum wichtigsten Fest des Jahres, Erntedank (Gawai Dayak), kehren die Familienangehörigen aus den Städten und selbst aus dem Ausland in ihr Langhaus zurück. Dann wird zu den Klängen großer Bronzegongs getanzt und getafelt und dem frischen Reiswein zugesprochen, bis der Morgen graut. Schließlich ist der Weg ins Bett nicht weit.

Mit der Abholzung der Wälder sind auch die Wildbestände stark zurückgegangen, sodass sich die indigenen Völker kaum noch von der Jagd und dem Fischfang ernähren können. Die Iban betreiben daher schon seit Langem Brandrodung und bauen an den Berghängen Reis und Pfeffer an – denn dies ist das Land, wo der (beste) Pfeffer wächst.

dem normalen Pegel die ganze Innenstadt überflutet.

Von den Anlegestellen jenseits des Markts fahren ständig Schnellboote den Rejang flussaufwärts in die Siedlungen, die noch immer keinen Straßenanschluss haben. Die Abfahrtszeiten werden am Boot mithilfe großer Uhren angezeigt. Hinter dem Pier lädt ein kleiner **Park** mit einer Uferpromenade zu einer Pause ein.

Central Market

Malaysias größte, erst 1996 erbaute Markthalle mitten im Zentrum beherbergt den **Central Market.** An über 1000 Ständen stapeln sich Obst und Gemüse, Haushaltswaren, Fische und Frischfleisch sowie lebende Hühner, transportfertig in Zeitungspapier verpackt. Vor allem an Wochenenden finden sich an den Marktständen der Orang Ulu und Iban einige ungewöhnliche Produkte wie fette Sago-Maden, die in frittierter Form beliebte Snacks darstellen. Selbst Bronzegongs, Perlenstickereien, Matten und Körbe werden angeboten. Im 1. Stock kann man sich an Essenständen stärken und von der Galerie aus das Treiben beobachten (tgl. 6–21).

Infos

Visitors Information Centre: 32 Jln. Tukang Besi, Tel. 084 34 09 80, vic-sibu@sarawak tourism.com, Mo–Fr 8–17 Uhr. In diesem Büro gibt es zwar nicht so viele bunte Broschüren wie in einigen anderen, aber Jessie versucht jeden Besucher zufriedenzustellen.

Übernachten

Modern im Einkaufsviertel ▶ **RH Hotel:** Jln. Kampung Nyabor, Tel. 084 36 58 88, www.rh hotels.com.my. In den 226 großzügigen Zimmern gibt es einen Flachbildschirm, einen Wasserkocher, einen Safe und ein Bügeleisen, aber keinen Kühlschrank. Der Internetzugang wird berechnet. Pool mit Fitnesscenter. DZ RM 200–240.

Behaglich mit Flussblick ▶ **Kingwood Hotel:** 12 Lorong 4, Jln. Lanang, Tel. 084 33 58 88, kingwood@tm.net.my. Großes Hotel mit 429 Zimmern in einem älteren Block mit Pool auf dem Dach und in einem 19-stöckigen Neubau. Die neueren Zimmer mit Holzböden, Flachbildschirm, kostenlosem Internet, bequemen Betten und Flussblick aus den Panoramafenstern lohnen die Mehrausgabe. Im Payong Restaurant gute einheimische Küche. DZ RM 130–150.

Einfach und freundlich ▶ **Li Hua Hotel:** 18 Lorong 2, Jln. Lanang, Tel. 084 32 40 00, sibu @lihua.com.my. In diesem älteren Hotel an der Uferpromenade wurden einige Zimmer renoviert und erhielten neue Matratzen, eine verglaste Dusche, einen Flachbildschirm und andere Annehmlichkeiten. Aber auch die alten Zimmer sind sauber, nur die laute Klimaanlage stört etwas. Kostenloser Internetzugang. DZ RM 70–100.

Zentral und günstig ▶ **Lehdo Inn:** 21 Jln. Tukang Besi, Tel. 084 33 18 94. Kleines, 4-stöckiges Hotel in der Chinatown. Einfache, aber saubere klimatisierte Zimmer mit warmen Duschen. DZ RM 40–70.

Essen & Trinken

Romantisch ▶ **Café Café:** 10 Jln. Chew Geok Lin, Tel. 084 32 81 01, Di–So 12–16, 18–23 Uhr. Eine Reihe kleiner Cafés und Restaurants in alten chinesischen Geschäftshäusern säumen den Platz direkt neben dem Tua-Peh-Kong-Tempel. In diesem beliebten Café-Restaurant wird bei entspannter Musik eine große Auswahl am Cocktails und sogar Wein angeboten. Ein junges Team kocht einen Mix aus westlichen, chinesischen und Nyonya-Gerichten. Tische im Innenhof und im gemütlichen Innern. Im 1. Stock bietet ein langer Tisch Großfamilien Platz. RM 10–15.

Umfangreiche Speisekarte ▶ **Sri Meranti Restaurant:** 1 A Jln. Hardin, Tel. 084 33 79 96, tgl. 10–14, 17–24 Uhr. Das große Restaurant mit einem klimatisierten Innenbereich hat auch nette Sitzplätze im Freien, die v. a. nach Sonnenuntergang sehr gut gefüllt sind. Eine beliebte Spezialität sind mit Käse überbackene Garnelen, aber es gibt auch Krebse und andere Meerestiere sowie exotische Speisen wie Wild und Innereien. RM 10–15.

Für Zwischendurch ▶ **Espressense & Bread Sense Bakery:** 20 Jln. Morshidi Sidek, Tel.

084 32 03 30, tgl. 8.30–21.30 Uhr. In der Bäckerei im Erdgeschoss und im 1. Stock neben der einsehbaren Küche werden an weißen Tischen mit gemütlichen dunklen Sitzgelegenheiten Tees, italienischer Kaffee sowie Mocktails und Smoothies geschlürft. Dazu gibt es westliches Frühstück und Mittagessen, Pasta, Sandwiches und Salate. Das Kuchenangebot besteht überwiegend aus süßen Cremetörtchen. RM 5–15.

Authentisch ▶ **Central Market:** Jln. Channel, tgl. 6–21 Uhr. Mehrere Essenstände im 1. Stock des Central Market bereiten lokale Spezialitäten zu. Einige Köche haben sich auf Fuzhou-Nudeln (Suppe mit gebratenen, dicken gelben Nudeln), Suppen mit *cha-sui* (geröstetem Schweinefleisch), *yew hu eng chai* (Tintenfisch mit Tofu und Kangkong) oder andere Gerichte spezialisiert, andere kochen nach Wunsch alles, was in den Auslagen zu finden ist. RM 5–10.

Stimmungsvoll ▶ **Nachtmarkt:** auf dem Platz zwischen Jln. Tinggi und Jln. Market, tgl. ab Sonnenuntergang. An den Essenständen der Malaien dominieren gegrillte Hähnchen, Sate und bunte Kuchen, während die Chinesen mit gegrillten Schweineköpfen und gedämpften, gefüllten Teigtaschen locken. RM 5–10.

Verkehr

Flüge: Vom Flugplatz, Tel. 084 30 77 70, ca. 25 km nördl. der Stadt gute Verbindungen nach Kuala Lumpur, Kuching, Miri und Kota Kinabalu. Ein Taxi in die Stadt kostet RM 35.

Busse: Von der lokalen Busstation gegenüber der Anlegestelle der Passagierboote in der Jalan Khoo Peng Loong fahren Busse nur

Die Autobahn des Hinterlands: der Batang Rajang

zu nahe gelegenen Zielen wie dem Express Bus Terminal (Bus 21, RM 1), Kanowit (stdl., 1 Std., RM 6) und Sarikei (5 x vormittags, 1–2 Std., RM 8). Am Express Bus Terminal nordöstlich der Stadt in der Jalan Pahlawan halten alle Überlandbusse, die zwischen Kuching (7 Std., RM 50–60) und Miri (7 Std., RM 50) verkehren.

Schiffe: Die Express Bahagia mit 300 Sitzplätzen startet tgl. um 11.30 Uhr am zentralen Pier in der Jalan Khoo Peng Loong und fährt über Sarikei und Tanjung Manis nach Kuching (4 Std., RM 45). Es gibt auf dem Schiff auch einige Sitzplätze im Freien, sodass man bei der Fahrt übers Meer nach Delfinen Ausschau halten kann. Ebenfalls am zentralen Pier legen die kleineren, geschlossenen, an Sardinenbüchsen erinnernden Expressboote nach Kapit (3 Std., RM 20–25) ab, zumeist zwischen 6 und 14.30 Uhr. Die meisten halten unterwegs in Kanowit (1 Std., RM 12) und Song (2 Std., RM 17). Um 5.45 Uhr fährt ein Boot vom zentralen Pier über Kapit weiter nach Belaga (RM 50), zumindest sofern die Stromschnellen befahrbar sind.

Taxis: Im Stadtgebiet kosten Taxis je nach Entfernung RM 10–12, zum Express Bus Terminal z. B. RM 15. Einige fahren mit Taxameter, wobei die ersten 2 km RM 10 und jeder weitere Kilometer RM 1,20 kostet.

Auf dem Batang Rajang ins Landesinnere

Malaysias längster Fluss, der über 770 km lange **Batang Rajang,** verbindet die maritimen Handelszentren und das abgelegene

Hinterland. Mit größeren Passagierschiffen geht es auf dem mächtigen Strom zunächst nach Kapit und dann in kleinen Booten durch Stromschnellen weiter nach Belaga, das nur durch den Bakun-Stausee von den Orang-Ulu-Dörfern an den Oberläufen getrennt wird.

Von Sibu nach Kapit

► 4, F 10–H 11

Die 160 km lange Strecke von Sibu bis Kapit ist auch für große Frachter schiffbar und entsprechend viel befahren. Beim ersten Halt in **Kanowit** erblickt man auf einem Hügel das 1859 unter James Brooke errichtete **Fort Emma,** in dem ein kleines Museum u. a. über den Widerstand gegen den weißen Raja (s. S. 34) informiert. Zu Füßen der Festung erstreckt sich eine kleine Chinatown aus den 1930er-Jahren. Chinesen sind jedoch in der Minderheit in Kanowit, das überwiegend von Iban bewohnt wird.

Die kleine Siedlung **Song** an der Mündung des Sungai Katibas war von Beginn des 19. Jh. bis Ende der 1960er-Jahre ein wichtiges Handelszentrum für Dschungelprodukte, die hier auf Schiffe verladen und nach Sibu oder in andere Hafenstädte gebracht wurden. Eine Straßenverbindung nach Song besteht bislang nur auf der Landkarte.

Kapit **► 4, H 11**

Je weiter es auf dem Rejang flussaufwärts geht, umso mehr haben die Orte an seinem Ufer unter den Launen des mächtigen Stroms zu leiden, so auch **Kapit.** Das geschäftige Marktzentrum wird bei Hochwasser regelmäßig überschwemmt – auf bis zu 18 m über dem normalen Pegel schwillt der Fluss hier in manchen Jahren an. Andererseits führt der Rejang während der Trockenzeit im Sommer zu wenig Wasser, um gefahrlos die Stromschnellen weiter flussaufwärts zu bewältigen. Für weitere Probleme sorgt der Bau des Bakun-Staudamms (s. S. 312), sodass Kapits wichtigste Verkehrsader manchmal nur sehr schwer befahrbar ist. Dann steigen in der Stadt die Preise für Lebensmittel und Diesel, denn alles muss mit Schiffen herangeschafft werden. Noch immer wartet man auf den Straßenanschluss, was der dichte Autoverkehr in Kapit nicht vermuten lässt.

Vom Pier geht es hinauf zum **Fort Sylvia,** das zwischen 1877 und 1880 unter Charles Brooke entstand. Das restaurierte Gebäude aus schwerem Eisenholz beherbergt das **Tun Jugah Museum.** Wesentlich interessanter als die ethnologische und die Bernsteinsammlung ist die Ausstellung zur Geschichte dieser abgelegenen Region, die anhand historischer Fotos und Dokumente aufgezeigt wird. Themen sind u. a. der Friedensschluss von 1924 zwischen den Iban und den weiter flussaufwärts siedelnden Kenyah, Kayan und Kajang. Außerdem werden zwei bedeutende Persönlichkeiten vorgestellt, die verschiedener nicht sein könnten: Bruder Domingo de Rozario, der Vertreter des weißen Raja Charles Brooke in Kapit, und der mächtige Iban-Häuptling Tun Jugah Anak Barieng (Di–So 10–12, 14–17 Uhr, Eintritt frei).

Unterhalb der Festung erstreckt sich über nurmehr wenige Blocks das Zentrum mit seinen dreistöckigen Geschäftshäusern und einer recht abenteuerlichen Atmosphäre. Man spürt, dass dies der letzte Außenposten vor der Wildnis ist.

Die **Iban-Langhäuser** in der Umgebung von Kapit sind mittlerweile fast alle modernisiert worden. Von unlizenzierten Guides werden Touren mit Übernachtung am Baleh, einem Nebenfluss des Rejang, angeboten. Für die Weiterreisen nach Belaga wird offiziell ein Permit benötigt, was aber kaum kontrolliert wird. Andererseits macht es kaum Mühe, sich den Erlaubnisschein zu besorgen. Der Erlaubnisschein ist sofort erhältlich im State Government Complex, Pejabat Am Residen, 1. Stock, Zimmer 3, Mo–Do 8–13, 14–17, Fr 8–11.45, 14.15–17 Uhr.

Übernachten

Gemütlich ► **Star Hill Inn:** 31 Jln. Teo Chow Beng, Tel. 084 78 80 59. Das kleine Hotel mit 8 Zimmern auf 3 Etagen ist freundlich in Braun und Beige eingerichtet. In den modern gestalteten Zimmern gibt es einen großen Flachbildschirm, Internetzugang und einen Wasserkocher. DZ RM 100.

Großzügig ▶ **Hotel Meligai:** 334 Jln. Airport, Tel. 084 79 66 11, www.hotelmeligai.com. Die großzügige Lobby lässt mehr erwarten, als die einfachen schmuddligen Standardzimmer bieten. Besser sind die renovierten Zimmer im 3. Stock und die großzügigen Suiten. Internetzugang und ein Gemeinschaftskühlschrank auf jeder Etage. Frühstück im Restaurant. DZ RM 90–120.
Zentral und sauber ▶ **Ark Hill Inn:** 451 Jln. Penghulu Geridang, Tel. 084 79 61 68. Über dem Café gegenüber der Markthalle werden einfache, klimatisierte Zimmer mit Dusche und TV vermietet. Von einigen überblickt man den Fluss. DZ RM 70–80.

Essen & Trinken

Klimatisiert ▶ **Orchard Restaurant:** 64 Jln. Airport, Tel. 084 79 63 25, tgl. 9–23 Uhr. Im chinesischen Restaurant des Orchard Inn werden ordentliche Portionen serviert. Lecker ist das Rindfleisch mit Ingwer. RM 10–20.
Frische Brötchen ▶ **Ung Tong Cafe & Bakery:** Jln. Airport, Mo–Sa 6.15–14, So 6.15–12 Uhr. In der großen chinesischen Bäckerei gegenüber dem Orchard Restaurant gibt es zum Kaffee Brötchen und Kuchen frisch vom Backblech. Unter RM 5.

Verkehr

Boote: Die Expressboote nach Sibu starten zwischen 10 und 15 Uhr (2,5 Std., RM 20–30), die Boote nach Belaga gegen 9 Uhr (4–6 Std., RM 45–50).
Taxis: Taxis für Ausflüge in die Umgebung verlangen bis zu RM 50 für 10 km.

Von Kapit nach Belaga

▶ 4, H 11–J 10

Wenn der Rejang ausreichend Wasser führt, geht es mit kleinen Passagierbooten weitere vier bis sechs Stunden Richtung Nordosten nach Belaga. Hinter der Mündung des **Batang Baleh** warten die **Pelagus Rapids.** Die Fahrt durch die Stromschnellen kann vor allem bei Niedrigwasser recht aufregend sein, weil die Fahrrinne dann durch Felsen eingegrenzt wird und schwierige Manöver erforderlich macht. Nun ist das Siedlungsgebiet der Orang Ulu, der ›Menschen am Oberlauf der Flüsse‹ (*orang* = Mensch, *ulu* = am Oberlauf der Flüsse) erreicht, zu denen die hier siedelnden Kenyah, Kayan, Lahanan, Kejaman und Kajang gehören.

Belaga ▶ 4, J 10

Die kleine Distrikthauptstadt **Belaga** ist das Versorgungszentrum der Holzfäller und Orang Ulu aus den Dörfern an abgelegenen Nebenflüssen. Seit Beginn der Abholzung der Tropenwälder Ende des vergangenen Jahrhunderts und dem Bau des Bakun-Staudamms 2007 ist der verschlafene Ort über eine weitgehend unbefestigte Straße zumindest per Geländewagen auch auf dem Landweg zu erreichen. Rings um einen großen Platz oberhalb des Flusses reihen sich einige einfache chinesische Geschäftshäuser und Hotels. Weiter flussabwärts schließt sich die Siedlung der hier ansässigen Malaien an. Am gegenüberliegenden Flussufer weisen Holzschnitzereien, darunter ein großer Kenyalang (Nashornvogel), auf einen Begräbnisplatz der Kenyah hin, der jedoch nicht besucht werden darf.

Von Belaga besteht die Möglichkeit, mit einem gecharterten Boot weiter flussaufwärts zum Kayan-Langhaus **Rumah Aging,** dem Lahanan-Langhaus **Long Semuang** und den Kayan-Langhäusern oberhalb der Schule von **Long Segahan** zu fahren.

Übernachten

Akzeptabel ▶ **Sing Soon Hing:** Belaga Bazaar, Tel. 086 46 12 57. Das beste und sauberste der 4 einfachen, billigen Hotels rings um den Platz. DZ RM 30.

Essen & Trinken

Treffpunkt ▶ **Lai Bin Ong Café:** neben dem Bakun Puri Inn am Platz. Hier trifft man sich abends zu einem günstigen, kühlen Bier. Auch das Essen ist gut. Um RM 10.

Verkehr

Geländewagen: Zwischen 6 und 8 Uhr starten Landcruiser vom zentralen Platz nach Bintulu (4–5 Std., RM 60).

Boote: Die Expressboote nach Kapit fahren gegen 10 Uhr ab (3,5–5 Std., RM 45–50).

Bakun Dam ▶ 4, K 10

Das gigantische Wasserkraftprojekt 37 km stromaufwärts von Belaga mit einer riesigen Talsperre am Batang Balui wurde bereits 1994 genehmigt, wegen finanzieller Probleme und zahlreicher Proteste jedoch mehrfach verschoben und erst 2007 wieder in Angriff genommen. Mittlerweile ist der über 200 m hohe Staudamm fertiggestellt und ein gewaltiger See, größer als der Bodensee, überflutet ein Dschungelgebiet, in dem einst rund 10 000 Orang Ulu, viele vom Aussterben bedrohten Tiere und endemische Pflanzen lebten. Die Menschen wurden nach Sungai Asap und Sungai Koyan zwischen Belaga und Bintulu umgesiedelt, in ein unfruchtbares Gebiet, wo sie ein klägliches Dasein führen. Die wertvollen Bäume wurden abgeholzt und verkauft, der Rest seinem Schicksal überlassen. Da die gewaltige hier gewonnene Energiemenge von 2400 MW in Sarawak gar nicht benötigt wird, ist ein Tiefseekabel zur malaiischen Halbinsel ebenso in der Diskussion wie die Ansiedlung von internationalen Industriebetrieben mit hohem Energiebedarf wie zwei Aluminiumschmelzen an der Küste bei Mukah und Bintulu. Nichtsdestotrotz sind in Sarawak ein Dutzend weiterer Kohle- und Wasserkraftwerke im Bau.

Von Belaga nach Bintulu
▶ 4, J 10–H 9

Bevor die Holzfäller bis an den Oberlauf des Rajang vordrangen, konnten abenteuerlustige Reisende in drei Tagen mit Booten und zu Fuß von Belaga an die Küste nach Bintulu gelangen. Nun starten frühmorgens mehrere Geländewagen, die auf ehemaligen Holzfällerstraßen Richtung Bintulu fahren. Bis zur asphaltierten Straße zum Bakun-Staudamm geht es auf dem **Kastima Highway** der Holzgesellschaft und durch eine riesige Ölpalmplantage gut zwei Stunden nur mühsam voran. Nach einer weiteren knappen Stunde Fahrt, vorbei an **Tubau** und durch das Tal des **Batang Kemena,** ist der Trans-Borneo-Highway erreicht. Wer nicht nach Bintulu, sondern Richtung Norden fahren möchte, kann an der Abzweigung aussteigen und auf einen Bus nach Miri (s. S. 314) warten.

Bintulu ▶ 4 H 9

Nach einer Reise durch das Landesinnere setzt die moderne Industriestadt **Bintulu** an der Mündung des Batang Kemena einen Kontrapunkt. Der einstige Fischereihafen hat sich dank gewaltiger Erdgasreserven vor der Küste zu einer Boomtown mit über 200 000 Einwohnern entwickelt. Vom Wohlstand der Bewohner zeugen moderne Verwaltungsbauten, Hotels und Einkaufszentren. Neubauviertel mit schmucken Einfamilienhäusern säumen mehrspurige, von blühenden Büschen gesäumte Straßen. Nördlich der Stadt erstreckt sich ein Industriegebiet mit der größten Gasverflüssigungsanlage der Welt und einem Tiefseehafen.

Für Entspannung sorgt etwa 6 km nördlich des alten Zentrums der **Taman Tumbina Bintulu,** auch Taman Burung genannt, ein kleiner Zoo in einer 12 ha großen, gepflegten Parkanlage mit einheimischen Tieren, einem Orchideen- und einem Farngarten (tgl. 8–18 Uhr, RM 2, Taxi vom Zentrum RM 15).

Ein ehemaliges Flugfeld und der breite Batang Kemena begrenzen die **Altstadt** mit einem Markt, zahlreichen chinesischen Geschäften im alten Stil, günstigen Restaurants, schäbigen Billigunterkünften und einem Unterhaltungsangebot, das moralischen Sittenwächtern nicht gefallen kann.

Übernachten

Businesshotel am Wasser ▶ **Park City Everly Hotel:** Jln. Tun Razak, Tel. 086 31 88 88, www.everlyhotel.com. An der Flussmündung nördlich vom alten Zentrum liegt der Hotelblock in einem Park mit großem Pool. Der Service ist professionell, die 228 Zimmer mit Holzböden sind geräumig und bieten v. a. im Executive Floor in den oberen Stockwerken eine tolle Aussicht über die Küste. Im Erdgeschoss haben sie sogar eine kleine,

Noch immer sind Flussschiffe wichtige Transportmittel für Menschen und Güter

ummauerte Terrasse, sind dafür aber etwas muffig. Frühstücksbüfett im Restaurant. DZ RM 180–210 inkl. Frühstück.

Funktional und günstig ▶ **Tune Hotel:** 203 Lot 7932, Assyakirin Commercial Square, Tel. 086 31 41 72, www.tunehotels.com/our-hotels/bintulu. Eines der besten Hotels der Kette von Air Asia liegt in der Nähe des Express Bus Terminal inmitten des Neubauviertels mit einem großen Angebot an Essenständen und Restaurants. Die 101 Zimmer sind mit großen Fenstern, kleinem Kühlschrank, Fernsehern sowie guten Duschen ausgestattet und sauber. Internet, TV-Programme, AC und andere Dinge werden separat bezahlt. Der Preis richtet sich nach Angebot und Nachfrage. DZ RM 50–100.

Neu in der Altstadt ▶ **Houz Inn:** 266 Taman Sri Dagang, Jln. Masid, Tel. 086 31 88 53, www.houzinn.com. Neues, 3-stöckiges Hotel, 47 modern gestaltete Zimmer mit kleinen Duschen, Flachbildschirm, Internetzugang und Wasserkocher. Am Wochenende Frühstück inklusive. DZ RM 80–90.

Essen & Trinken

Günstig und gute Atmosphäre ▶ **Ban Kee Café:** zwischen Jln. Abang Galau und Jln. Masjid in einer verkehrsberuhigten Seitenstraße. Von den drei Restaurants in dieser Straße ist das Ban Kee das beliebteste. Alle stellen abends Tische und Stühle nach draußen, aber wegen der Hinterlassenschaften der vielen Schwalben sollte man unter dem Vordach Platz nehmen. Die Fische, Krebse und chinesischen Gerichte sind gut und ebenso günstig wie das Bier. RM 6–20.

Verkehr

Busse: Vom Express Bus Terminal in Medan Jaya, 5 km nördl. des alten Zentrums, fahren Überlandbusse Richtung Süden nach Sibu (3,5 Std., RM 20) und Kuching (10–12 Std., RM 60) sowie nach Norden bis Miri (3,5 Std., RM 27) und weiter.

Geländewagen: Landcruiser fahren von der Haltestelle neben dem Li Hua Plaza in der Altstadt, Jln. Masjid, ab 13 Uhr nach Belaga (4–5 Std., RM 60).

Der Norden von Sarawak

Miri, die aufblühende Stadt am Meer, dient als Sprungbrett zu den einmaligen Höhlen im Niah National Park und zu attraktiven Zielen im abgelegenen Hinterland, allen voran der Gunung Mulu National Park. Mitten in einem der schönsten unberührten Regenwälder Borneos kann man Bootsfahrten auf Dschungelflüssen unternehmen, Sarawaks zweithöchsten Berg erklimmen oder auf schwankenden Hängebrücken durch die Baumwipfel der Urwaldriesen spazieren.

Miri ► 4, K 6

Noch in den 1920er-Jahren standen in **Miri** gerade einmal 40 Holzhäuser mit kleinen Läden, die alles bereithielten, was die ersten Ölarbeiter und die Menschen aus dem Hinterland benötigten. Erst die reichlich sprudelnden Ölquellen im Südchinesischen Meer und die Entdeckung riesiger Erdgasvorkommen bescherten dem Küstenort seit den 1960er-Jahren einen gewaltigen Boom. Miri entwickelte sich zur zweitgrößten Siedlung in Sarawak und erhielt 2005 mit über 300 000 Einwohnern Stadtrechte.

Die neuen, schnell hochgezogenen kommerziellen Zentren bestehen aus zweckmäßigen Betonbauten ohne jegliches Flair. In seinem Mündungsgebiet wurde der Sungai Miri mit einem Parkplatz überbaut und ist zu einem stinkenden Abwasserkanal verkommen. Auch mit dem Jachthafen und der Marina Bay in der einstigen Flussmündung scheint der Stadt kein Glück beschert zu sein, da die Anlagen kaum genutzt werden und verfallen. Nur südlich der Stadt liegen versöhnlich zwei internationale Resorts am Meer. Ansonsten bieten einige Stadtparks die Möglichkeit, sich zu erholen. Die meist männlichen Besucher von den Bohrinseln bevorzugen ohnehin die vielen Pubs und die Reflexologie-Massagesalons, die alles andere bieten als eine medizinische Behandlung.

Chinatown

Die überschaubare **Chinatown** im Zentrum vermittelt noch etwas von der ursprünglichen Atmosphäre vor dem Ölboom. Neben dem taoistischen **Tao Pek Kong Temple** in der Jalan Bendahara am Fluss werden auf dem **Wet Market** noch immer besonders in den Morgenstunden frisch gefangene Fische gehandelt. Auf dem wenige Schritte südlich gelegenen **Tamu Lama,** dem ältesten Markt von Miri, sind die Angebote der Händler halal, sodass bevorzugt muslimische Malaien und Melanau hier einkaufen. Chinesen bevorzugen hingegen den **Central Market** weiter nördlich, wo sich bunte Kuchen, frische Nudeln und Tofu neben Obst und Gemüse türmen und Schweineköpfe von Haken baumeln. Im hinteren Bereich verarbeiten Essenstände die frischen Zutaten zu preiswerten Gerichten.

Am südöstlichen Rand der Chinatown nahe dem Tourist Office und dem lokalen Busbahnhof erstreckt sich ein weiterer Markt, der **Tamu Muhibbah.** Im hinteren Bereich verkaufen Orang Ulu, Menschen aus dem Inselinnern, den begehrten Reis aus dem Bario-Hochland, Salz aus den Bergen, Bambus und Rattanprodukte.

Petroleum Museum

Die Petroleumindustrie bringt Geld in die Stadt und so hat man diesem Wirtschaftszweig bereits früh auf dem **Canada Hill** östlich der Chinatown ein Denkmal gesetzt. Hier steht der allererste Bohrturm von 1910, liebevoll **Old Lady** genannt, und daneben das etwas vernachlässigte **Petroleum Museum,** das dennoch einen Besuch lohnt. Die Ausstellung verdeutlicht die enge Verbindung zwischen Miri und dem Öl, auch wenn die Förderung mittlerweile weit draußen auf dem Meer erfolgt. Da ein Besuch auf einer Bohrinsel nicht zulässig ist, ermöglichen ein Modell der riesigen Helang-Plattform, Fotos und Schautafeln einen Einblick in den Alltag der Männer mit ihren orangefarbenen Overalls. Anschaulich wird zudem die Geschichte der Petroleumindustrie sowie die Entstehung, Verarbeitung und Vermarktung des schwarzen Golds dargestellt. Selbst wer der Industriegeschichte nicht viel abgewinnen kann, wird in dem Museum das ein oder andere Interessante entdecken, beispielsweise eine prähistorische Ausstellung, die die Arbeit der Archäologen veranschaulicht. Zudem wird man für den Weg auf den Hügel mit einem herrlichen Blick über die Stadt bis hinaus aufs Meer belohnt (Di–Fr 9–16.45, Sa, So, Fei 10–16 Uhr, Eintritt frei).

Nördlich des Zentrums

Der größte, täglich bis 13 Uhr geöffnete Fisch- und Gemüsemarkt von Miri liegt im Norden der Stadt in **Krokop,** wo am Wochenende nördlich des großen Kreisverkehrs auch ein riesiger **Nachtmarkt** aufgebaut wird. In dem Vorort steht auch der neuere **Lian Hia San Temple** (Lotus Hill Temple), der größte taoistische Tempel Südostasiens.

Infos

Visitor Information Centre: 452 Jln. Melayu, Tel. 085 43 41 81, Mo–Fr 8–18, Sa, So, Fei 9–15 Uhr. Kostenlose Prospekte, Stadtpläne und Broschüren, die kompetenten Mitarbeiter informieren auch über Transportmöglichkeiten.

National Parks Booking Office: im Visitor Information Centre (s. oben), Tel. 085 43 41 84, Mo–Fr 8–17 Uhr. Hier kann man Unterkünfte in den Schutzgebieten buchen, u. a. im Lambir Hills National Park, im Niah National Park und im Gunung Mulu National Park.

Übernachten

Kultiviert ▶ **Miri Marriott Resort:** Jln. Temenggong Oyong Lawai, Tel. 085 42 11 21, www.marriotthotels.com/myymc. Das beste Hotel von Miri mit 220 geschmackvollen Zimmern an einem Palmenstrand ca. 4 km südl. des Zentrums. Bis auf die Hillview-Zimmer verfügen alle über einen Balkon mit Meerblick. Die etwas günstigeren 2-stöckigen Chalets liegen in einem weitläufigen Garten, der sich rings um den Pool erstreckt. Ein Fitnesscenter, Spa und Kids Club sowie ein familienfreundliches Aktivitätenprogramm sorgen für Abwechslung. Im Restaurant wird eine herausragende Laksa serviert und im Café in der luftigen Lobby gibt es leckeren Kuchen mit original italienischem Kaffee. DZ RM 350–450.

Stylisch ▶ **Meritz Hotel:** Jln. Miri-Pujut, Tel. 085 41 78 88, www.meritzhotel.com. Das neue 18-stöckige Hotel grenzt an die Bintang Megamall. Es überrascht mit einigen ungewöhnlichen Extras wie Aufenthaltsräumen in den Innenhöfen zwischen dem 8. und 10. Stock, einer großen Skybar und einem riesigen 2-stöckigen Restaurant im 17. Stock mit einem sich drehenden Obergeschoss. Die in hellen Farben eingerichteten, komfortablen Zimmer mit hohen Fenstern haben ein großes Bad mit separater Dusche und Wanne, Kühlschrank, Safe, Bügeleisen und Internetzugang. Zudem Pool, Fitnesscenter und Spa. DZ RM 250.

Stattlich ▶ **Mega Hotel:** 907 Jln. Merbau, Tel. 085 43 24 32, www.megahotel.com.my. Zentral gelegenes Hotel in einem 17-stöckigen Hochhaus mit einem Einkaufszentrum im Erdgeschoss. Die 228 geräumigen Zimmer haben eine etwas ältere, aber immer noch gepflegte Einrichtung. Restaurants, Bars, Pool im 4. Stock. DZ RM 200.

Strand vor der Tür ▶ **Park City Everly Hotel:** Jln. Temenggong Oyong Lawai, Tel. 085 44 02 88, www.everlyhotel.com. Hotel in einem halbkreisförmigen 4-stöckigen Gebäude 4 km südl. des Zentrums. Von den 167 großzügig bemessenen, recht komfortablen Zimmern hat man von den Balkonen in den oberen Stockwerken des rechten Flügels den besten Ausblick aufs Meer. Ein Pool mit Liegen bildet das Zentrum der Gartenanlage, die bis zur Bucht mit einem Sandstrand reicht. DZ RM 190–212.

Auch Apartments ▶ **Somerset Hotel:** 12 Jln. Kwangtung, Tel. 085 42 27 77, sohotel@po.jaring.my. Das kleine, besonders bei Monteuren beliebte Hotel vermietet neben Zimmern auch Apartments mit Kochnische und Aufenthaltsraum. DZ RM 115, Apartments RM 150.

Zweckmäßig und preiswert ▶ **Dragon Inn:** 355 Jln. Masjid, Tel. 085 42 22 66, www.draGoninnmiri.com. Die sauberen Zimmer in dem ruhig gelegenen, kleinen Hotel sind mit Wasserkocher, Fön, TV und Kühlschrank ausgestattet. DZ RM 95.

Günstig und gesellig ▶ **Dillenia Guesthouse:** 846 Jln. Sida, Tel. 085 43 42 04, 012 875 58 07, http://sites.google.com/site/dilleniaguesthouse. Von Mrs. Lee geleitetes, nettes und gepflegtes Gästehaus, in dessen gemütlichem Aufenthaltsraum mit Gemeinschaftsküche man leicht Anschluss findet. Zur Verfügung stehen Schlafsäle mit 6–8 Betten sowie Zimmer mit 1–4 Betten, alle mit Gemeinschaftsduschen. Schlafsaal RM 30/Pers., DZ RM 50–120.

Essen & Trinken

Frische Garnelen ▶ **Meng Chai Seafood Centre:** Jln. Merbau, tgl. ab 18 Uhr. Trotz der nahen Straße sind abends alle Tische auf dem Bürgersteig belegt, schließlich gibt es in dem Coffee Shop garantiert frische Garnelen, die aus einem Tank gefischt werden und gedünstet sehr süß schmecken. Zudem Meeresschnecken, Muscheln und Fische, die auf Eis liegen. Nur der Service könnte freundlicher sein. RM 20–40.

Günstiges Seafood ▶ **Yi Hah Hai Seafood:** 892–93 Jln. Permaisuri, Miri Waterfront Commercial Centre, Tel. 085 43 34 01, tgl. ab 17 Uhr. Wen der Geruch des intensiv duftenden Miri River nicht stört, der kann an einem ruhigen Ort günstiges Seafood essen. Die Speisekarte listet auch viele Fleisch-, Tofu- und Gemüsegerichte auf. RM 10–30.

Nach westlichem Geschmack ▶ **Ming Café:** 1106 Jln. North Yu Seng, Ecke Jln. Merbau, Tel. 085 42 27 97, www.mingcafe.com.my, tgl. von frühmorgens bis der letzte Gast geht. Das Food Centre an der zentralen Kreuzung hat sich zu einem Treffpunkt von Expats und Touristen entwickelt. Zu Recht, denn die Musik ist angenehm, der Service freundlich, das Bier und die Cocktails sind gut gekühlt und die Portionen reichlich. An rustikalen Tischen im Freien oder der schicken Bar genießt man seinen Drink, dazu gibt's asiatische und westliche Favoriten, auch Pizza, Schweinerippchen und Haxen. Große Auswahl an Bier vom Fass und aus der Flasche. RM 10–30.

Die Sixties grüßen ▶ **Pete's Deli:** Jln. Temenggong Oyong Lawai, Brighton Centre, Tel. 085 42 24 03, Mo–Sa 8.30–21 Uhr. In einem Geschäftshaus vor dem Park City Everly Hotel nahe dem Strand bietet der kleine, klimatisierte Deli eine Alternative zur Hotelkost. Bilder von Elvis und den Beatles schmücken die Wände und auch die Musik erinnert an die 1960er-Jahre. Entsprechend ist das Essen: Es gibt Pizza, Pies, Burger und andere westliche Gerichte. RM 8–25.

Orang-Ulu-Kost ▶ **Summit Café:** Jln. Melayu, Centre Point Commercial Centre I, Mo–Sa 6.30–16.30, Büfett ab 10 Uhr. Nur mittags besteht in dem einfachen Coffee Shop die Möglichkeit, die Hausmannskost der Orang Ulu zu probieren. Bei der Auswahl am Büfett bekommt man Tipps von den dort arbeitenden Frauen. Lecker ist *ubi kayu,* ein Gemüse aus Tapiokablättern. Zudem gibt es malaiische Gerichte. Um RM 10.

Zum Entspannen ▶ **After Three Coffeeshop:** High St., Tel. 085 43 14 14, Mo–Do 8.30–21, Fr–So 8.30–22 Uhr. In dem großen, klimatisierten Coffee Shop am Rand der Chinatown kann man sich nach einer Tour durch die Stadt hervorragend abkühlen und an Marmortischen bei einem Saft, Tee oder Kaffee durch die hohen Glasfenster das Geschehen auf der Straße beobachten. Ab 10 Uhr auch preiswerte asiatische Snacks sowie Laksa,

Dim Sum und einige westliche Gerichte. Kostenloser Internetzugang. RM 6–17.

Einkaufen

Einkaufszentren ▶ **Imperial Mall:** Jln. Merpati. **Bintang Mega Mall:** Jln. Miri–Pujut. **Boulevard Shopping Mall:** Jln. Boulevard Utama. Auch wenn das Angebot auf den Märkten frischer und preiswerter ist als in den Supermärkten, machen diese mit ihrem umfassenden Angebot den Marktfrauen zunehmend Konkurrenz. Die Einkaufszentren punkten nicht nur mit ihrem breiten Angebot, sondern auch der Möglichkeit, unabhängig von Hitze und Tropenschauern bummeln zu gehen. Vor allem freitags füllen sich die Läden mit Besuchern aus Brunei, die ihren freien Tag zum Einkaufen im preiswerteren Nachbarland nutzen.

Kunsthandwerk ▶ **Sarawak Handicrafts:** 96 Jln. Merbau. Auf zwei Stockwerken stapeln sich Matten, Pua-Decken, Bambuskörbe, Blasrohre und anderes Kunsthandwerk aus Sarawak. Zudem werden T-Shirts und andere Souvenirs verkauft. Einiges davon stammt auch von den Philippinen und aus Indonesien. **Miri Handicraft Centre:** Jln. Brooke, Ecke Jln. Merbau, tgl. 9–18 Uhr. An den kleinen Ständen des staatlichen Zentrums für Kunsthandwerk rotieren Anbieter aus den Dörfern der Umgebung. Einige zeigen auch, wie man z. B. Perlenschmuck herstellt. Gelegentlich Kulturveranstaltungen.

Abends & Nachts

Treff für Ausländer ▶ **Ming Café:** s. S. 316.

Livemusik ▶ **Cherries Berries:** Block 7, Unity Centre, am großen Kreisverkehr nahe dem Imperial Palace Hotel, ca. 4 km nördl. vom Zentrum, Tel. 085 41 21 28. Hier ist v. a. am Wochenende viel los, es wird auch getanzt. Die Getränke sind allerdings von schlechter Qualität und überteuert.

Aktiv

Wandern, Bootstouren & mehr ▶ Für Abenteuerlustige ist das Hinterland von Miri ein wahres Paradies. Von Bario aus kann man wunderbar in den Kelabit Highlands und bis ins Apfelanbaugebiet Ba'kelalan wandern. Auf dem Headhunters' Trail geht es von Limbang auf Flüssen und Fußpfaden hinauf in den Gunung Mulu National Park (s. S. 322). Folgende Reisebüros organisieren Touren und sollten unbedingt frühzeitig kontaktiert werden: **Borneo Jungle Safari:** Lot 1396, 1 Jln. Kubu, Centre Point Commercial Centre II, Tel. 085 42 25 95, www.borneojunglesafari.com. **Planet Borneo:** Jln. Temenggong Oyong Lawai, 273 Brighton Centre, neben dem Park City Everly Hotel, Tel. 085 41 55 82, www.planetborneotours.com. **Tropical Adventure:** Jln. Maju, Soon Hup Shopping Complex, Tel. 085 41 93 37, www.borneotropicaladventure.com.

Termine

Borneo Jazz (Mitte Mai, www.jazzborneo.com): Seit 2005 hat sich das Festival bei Jazzliebhabern einen Namen gemacht. Neben einheimischen Gruppen treten von Donnerstag bis Samstag im Park City Everly Hotel Musiker aus aller Welt auf.

Verkehr

Flüge: Vom 6 km südl. der Stadt gelegenen Flughafen regelmäßige Verbindungen mit MAS und Air Asia nach Kuching, Kota Kinabalu und Kuala Lumpur. MASwings fliegt zahlreiche kleinere Orte im Landesinnern an, u. a. den Gunung Mulu National Park und die Bario Highlands. Da die Plätze begrenzt sind, sollte man frühzeitig buchen. Ein Taxi zum Flughafen kostet RM 20.

Busse: Von der Haltestelle nahe dem Tourist Office fahren nur lokale Busse in die nähere Umgebung, u. a. Bus 22 und 33 A zum Pujut Express Bus Terminal für Fernbusse 4 km nördl. des Zentrums. Ab hier ständige Verbindungen Richtung Süden über Bintulu (3,5 Std., RM 27) und Sibu (7 Std., RM 50) nach Kuching (13–15 Std., RM 80–100) sowie gen Norden nach Kota Kinabalu (12 Std., RM 100) und nach Bandar Seri Begawan in Brunei (3 Std., RM 20). Die genauen Abfahrtszeiten erfährt man im Tourist Office oder bei Bintang Jaya, Tel. 085 43 21 78, und Borneo Express, Tel. 085 43 04 20.

Schon vor rund 40 000 Jahren sollen in den riesigen Höhlen des Niah National Park Menschen gelebt haben – eine der ältesten Ansiedlungen in Malaysia

Taxis: Haltestände vor den Hotels und neben Yu Lan Plaza. Im Stadtgebiet etwa RM 10, zum Pujut Express Bus Terminal RM 15, in den Niah National Park RM 150.

Lambir Hills National Park

► 4, K 7

Etwa 30 km südlich der Stadt liegt der nur knapp 7000 ha große **Lambir Hills National Park** und schützt die außergewöhnlich artenreichen *Dipterocarpaen*-Wälder mit kolossalen Urwaldriesen, Kapur-, Keruing- und Meranti-Bäumen an den Hängen des Bukit Lambir. Auf nährstoffärmeren Böden erstrecken sich niedrige Kerangaswälder mit Torfmooren.

Wanderer können auf dem leicht zu begehenden, 1 km langen **Latak Trail** drei **Wasserfälle** erreichen. Folgt man vom Latak Trail dem ausgeschilderten Weg zum Bukit Lambir, kann man kurz hinter der Abzweigung eine 40 m hohe Aussichtsplattform besteigen, die eine tolle Sicht auf den Wald bietet. Für die Besteigung des 450 m hohen **Bukit Lambir** benötigt man mindestens 4 Std. Der 7 km lange, rot-blau markierte Pfad ist teilweise sehr steil und nach Regenfällen schlüpfrig. Markiert sind auch die Wanderwege zum **Pantu-** und zum **Nibong-Wasserfall,** die in 1 Std. bzw. 45 Min. erreicht werden können (www.sarawakforestry.com/htm/snp-np-lambir.html, RM 20).

Infos

Headquarters: am Trans-Borneo-Highway ca. 30 km südl. von Miri, tgl. 8–17 Uhr. Hier erhält man gute Informationen, eine Wanderkarte und kann Guides für Dschungeltouren (RM 20/Std.) sowie die Unterkünfte im Park buchen.

Übernachten

Im Nationalpark ► Auch wenn die Unterkünfte in der Nähe der Straße kein richtiges

Dschungelfeeling aufkommen lassen, sind sie doch recht komfortabel. Zur Verfügung stehen 5 alte Doppelbungalows mit Ventilator und harten Matratzen sowie 7 neuere, klimatisierte Häuser mit jeweils 2 Zimmern für bis zu 3 Pers., Kühlschrank und großer Veranda. Campen kostet RM 5/Pers. Kantine vorhanden. Buchung entweder vor Ort oder im National Parks Booking Office in Miri (s. S. 315). DZ RM 40–100.

Verkehr

Busse: Alle Busse zwischen Miri und Bintulu stoppen an der Straße nahe dem Headquarters des Nationalparks.
Taxis: Von/nach Miri RM 50.

Niah National Park

▶ 4, J/K 7/8

Die ausgedehnten Höhlen im **Niah National Park** gehören mittlerweile zum UNESCO-Weltkulturerbe, denn in diesem Massiv steil aufragender Kalkfelsen nahe der Küste fanden bereits in prähistorischer Zeit vor rund 40 000 Jahren die ersten Bewohner der Region Unterschlupf. Es waren austronesische Negritos, die als Jäger, Fischer und Sammler, ausgerüstet mit einfachen Werkzeugen, die Wälder durchstreiften und an einem Bach am westlichen Zugang der größten Höhle ihr Lager aufschlugen.

Erst 1958 fand eine archäologische Expedition unter der Leitung von Tom Harrison, dem Kurator des Sarawak Museum in Kuching, und seiner Frau Barbara im Guano der Fledermäuse einen Menschenschädel, der weit älter war als jedes bislang gefundene menschliche Skelettteil. Für Archäologen war dieser Fund eine Sensation, da er etwas mehr Licht ins Dunkel der Anfänge der Menschheit brachte. Unter einem Überhang hinter der Höhle entdeckte Barbara Harrison an einer 32 m langen Höhlenwand zudem über 1000 Jahre alte Zeichnungen von Jägern, Tieren und Booten. In Verbindung mit anderen Funden, u. a. Särge in Bootsform mit Resten von Skeletten, Keramik und Schmuckbeigaben, ließen sich Rückschlüsse auf die Glaubenswelt einer längst vergangenen Kultur ziehen.

Seit dem Jahr 2000 haben 30 Archäologen der Universität von Leicester weitere Entdeckungen gemacht. In dem bis zu 100 000 Jahre alten Guano der Höhlen fanden sie Fossilien, Pollen, Sporen und Tierknochen – ausgezeichnete Indikatoren für den Wandel von Klima, Fauna und Flora seit jener Zeit. Damals lag der Meeresspiegel über 100 m tiefer als heute, sodass die Insel Borneo noch mit dem Festland verbunden war. Außerdem fiel wesentlich weniger Niederschlag, d. h., der Boden war trockener und die Vegetation spärlicher. Vor rund 6000 Jahren, als das Klima feuchter wurde, dehnten sich die Mangroven bis an den Höhleneingang aus.

Auch viele Generationen von Menschen haben in dem konservierenden Guano ihre Spuren hinterlassen und mit jedem neuen Fund vervollständigt sich das Bild der damaligen Epoche. Man hat herausgefunden, dass die Hauptnahrungsmittel der ersten Bewohner aus Yamswurzeln und Sago bestanden. Ihre einfachen Steinwerkzeuge waren vor rund 20 000 Jahren bereits so effektiv, dass man damit Bambus, Holz und Knochen bearbeiten konnte. Recht lange sollte es hingegen dauern, bis die Menschen in der Lage waren, Keramik herzustellen. Die ältesten Tonscherben wurden in Gräbern aus der Jungsteinzeit gefunden. Während die Toten anfangs noch verbrannt und die Überreste in Särgen bestattet wurden, ging man zu jener Zeit dazu über, sie in riesigen Tonkrügen beizusetzen.

Interessant sind auch die Funde, die belegen, dass in den Höhlen bereits früh Schwalbennester gesammelt wurden. Die Nester aus dem Speichel der Salangane gehörten zu den ersten Handelsprodukten, die in China hoch begehrt waren – zur Bird's Nest Soup (›Vogelnestersuppe‹) verarbeitet, sollen sie bei ihren Konsumenten die Verdauung fördern, das Immunsystem stärken und sogar die Libido steigern. Noch heute klettern übrigens junge Männer aus dem nahen Dorf **Rumah Patrick Libau** während der strikt überwachten ›Erntezeit‹ im Mai und Juni so-

aktiv unterwegs

Auf Plankenwegen zu den Niah-Höhlen

Tour-Infos

Start/Ziel: Headquarters des Niah National Park (s. S. 321)
Dauer: 4–5 Std.
Länge: 7 km hin und zurück
Schwierigkeitsgrad: einfach
Informationen: Im Headquarters ist eine Karte erhältlich.
Ausrüstung: feste Wanderschuhe, starke Taschenlampe, Regenschutz

Vom **Headquarters** ist es nicht weit bis zum Fluss, der die Nationalparkgrenze bildet. Mit einer Fähre geht es hinüber und auf einem Plankenweg weiter zu den Höhlen. Hinter dem **Archäologischen Museum** (s. unten) taucht man in den Dschungel ein. Unter einem dichten Blätterdach gedeihen im feuchten Klima Pilze in allen Formen und Farben. Überall zirpen Zikaden und zwitschern Vögel, die sich im Gewirr der Äste, Schlingpflanzen und Epiphythen kaum ausmachen lassen. Dafür entdeckt man in Bodennähe Schmetterlinge, Hundertfüßler, Termiten- und Ameisenkolonien. Auf gewaltigen Brettwurzeln streben Urwaldriesen in den Himmel, wo sie breite Kronen bilden. Die in Sarawak Tapang genannten Bäume, in die bevorzugt Nashornvögel und Bienen ihre Nester bauen, gehören zu den höchsten der Welt (weitere Bezeichnungen: Tualang, Mengaris, *Koompassia excelsa*).

Nach etwas mehr als 1 Std. Fußmarsch ist die **Trader's Cave** erreicht, ein Überhang mit einer Unterkunft der Schwalbennest- und Guanosammler. Dahinter öffnet sich der über 60 m hohe und 250 m breite westliche Höhleneingang zur **Great Cave.** Auf der linken Seite sind Spuren der ersten Ausgrabungen zu erkennen, dann geht es auf einem recht schlüpfrigen Pfad in das Innere der schwülen, nach Guano stinkenden Höhle hinein. Die an der Decke nistenden Schwalben und herabhängenden Fledermäuse bilden einen Millionenchor hoher Stimmen, eine unnachahmliche Geräuschkulisse. Wer sich umdreht, genießt einen fantastischen Blick hinaus in den Dschungel, nicht umsonst eines der beliebtesten Postkartenmotive von Sarawak. Durch ein großes Loch in der Decke wird im hinteren Teil der Höhle der sogenannte **Padang** erhellt, ein großer, freier Platz. Erst auf dem weiteren Weg durch eine dunkle Passage zur **Moon Cave** leistet eine Taschenlampe gute Dienste. Wenig später tritt man in blenden-

wie im Oktober und November an langen Bambusleitern und Eisenholzstämmen zur Decke der Höhle hinauf, um die Nester einzusammeln.

Neben den Verwaltungsgebäuden informiert eine kleine **Ausstellung** über die Fauna und Flora des Nationalparks, die Arbeit der Schwalbennest- und Guanosammler sowie die archäologischen Ausgrabungen.

Hinter dem Headquarters, jenseits des Flusses, befindet sich ein hervorragendes **Archäologisches Museum,** in dem überaus anschaulich die Geschichte und Gegenwart dieser Region präsentiert wird – die Entstehung der Niah-Höhlen, die Flora und Fauna des Tropenwalds und die Menschen, die heute in dieser Gegend siedeln. Ein Schwerpunkt der Ausstellung stellen die Ausgrabungsfunde dar, von frühen Werkzeugen und Keramiken bis zu chinesischen Münzen und hinduistischen Statuen aus jüngerer Zeit. Zudem sind Fotos von den ersten Ausgrabungsarbeiten unter Tom und Barbara Harrison sowie einige ihrer Funde zu bestaunen (www.sarawakforestry.com/htm/snp-np-niah.html, Fähre tgl. 8–19.30 Uhr, Museen tgl. außer Mo, Fei 9–16.30 Uhr, Erw. RM 30, Kind. 6–18 Jahre RM 10).

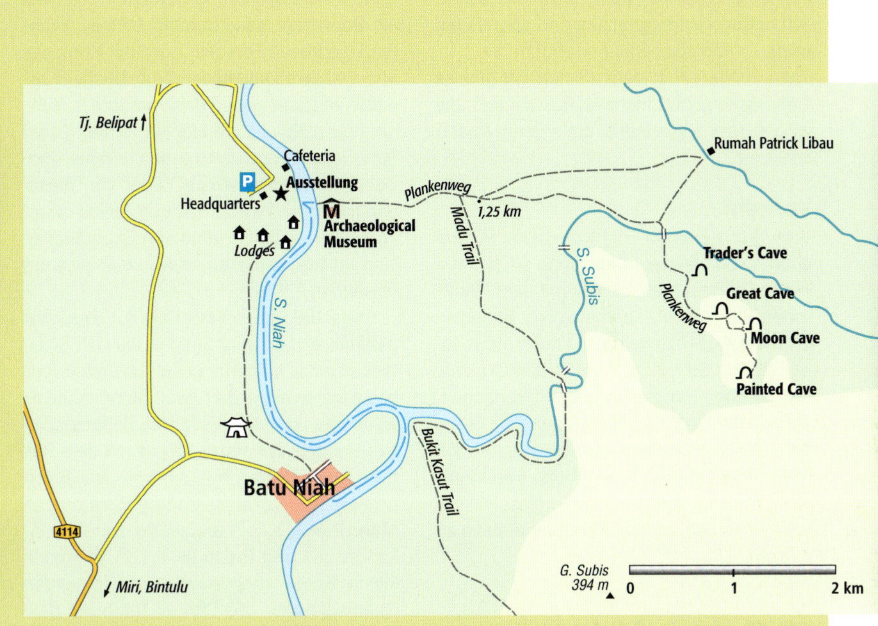

des Tageslicht hinaus und erreicht nach einer kurzen Wanderung durch den Wald die **Painted Cave,** in der die Archäologin Barbara Harrison unter einem Überhang einige alte Särge und die Höhlenmalereien entdeckte. Man braucht schon geübte Augen, um die Figuren hinter der Absperrung zu erkennen.

An der Great Cave vorbei geht es anschließend auf gleicher Strecke bis zum Bach zurück. Anstatt direkt zum Parkeingang zu laufen, kann man ab der Brücke einem ausgeschilderten Pfad folgen und dem Iban-Dorf der Schwalbennestsammler, **Rumah Patrick Libau,** einen Besuch abstatten.

Infos

Headquarters: Pangkalan Lubang, ca. 2 km nördl. des Orts Batu Niah bzw. 107 km südl. von Miri, Tel. 085 73 74 54, www.sarawakforestry.com, Mo–Do 8–12.30, 14–17, Fr 8–11.40, 14.30–17, Sa, So, Fei 8–12.30, 13–17 Uhr. Hier können die Unterkünfte im Park gebucht werden, wobei eine Reservierung über das National Parks Booking Office im Tourist Office in Miri (s. S. 315) empfehlenswert ist.

Übernachten, Essen

Im Nationalpark ▶ Am Parkeingang stehen nahe dem Fluss in einer gepflegten Parkanlage mehrere komfortable und saubere **Holzchalets,** die über jeweils 2 Zimmer mit 4 Betten und einen Aufenthaltsraum verfügen, die teureren Zimmer sind klimatisiert (RM 110–150/Zimmer). Außerdem gibt es ein **Hostel,** verteilt über 5 Reihenhäuser mit jeweils 5 Zimmern à 4 Betten (nur Ventilatoren, RM 42/Pers.). Beide sind entweder vor Ort oder im National Parks Booking Office in Miri (s. S. 315) buchbar.

In Batu Niah ▶ In dem kleinen Ort rund 2 km südl. des Parkeingangs findet man zwei **Hotels,** die jedoch sehr einfach sind und nicht zu einem längeren Aufenthalt einladen.

Essen & Trinken

Im Nationalpark ► Ein großes Restaurant hält mittags ein begrenztes und abends ein etwas umfangreicheres Angebot bereit.

In Batu Niah ► In dem kleinen Ort gibt es eine Bäckerei und mehrere Restaurants, die jedoch fast alle bereits am frühen Abend schließen.

Verkehr

Vom Trans-Borneo-Highway biegt 96 km südlich von Miri die 11 km lange Stichstraße in den Ort Batu Niah ab. Wer mit dem öffentlichen Bus anreist, kann sich hier absetzen lassen. An der Abzweigung warten meist Taxis, die RM 20 für die Fahrt in den Ort bzw. RM 30 nach Pangkalan Lubang verlangen, wo sich der Eingang zum Nationalpark befindet. Busse verkehren auf der Stichstraße nicht. Vom Ort Batu Niah ist das Headquarters über eine schmale Straße (Taxi RM 10) oder einen Fußpfad am Flussufer entlang zu erreichen.

11 Gunung Mulu National Park ► 4, L/M 7

Karte: S. 324

Der **Gunung Mulu National Park** umfasst eine 52 865 ha große Waldregion, die 1974 unter Naturschutz gestellt wurde und heute als eines der interessantesten Dschungelgebiete in Sarawak gilt. Erstmals begannen sechs britische Wissenschaftler der Royal Geographical Society 1977/78 mit der Erforschung der Flora und Fauna sowie der geologischen Verhältnisse rings um den Gunung Mulu, den zweithöchsten Berg in Sarawak. Dabei entdeckten sie im Bergmassiv des Gunung Api Höhlensysteme, die kein Ende zu nehmen schienen. Drei Jahre später kehrten die Wissenschaftler zurück und erkundeten 26 Höhlen auf insgesamt 150 km Länge.

Unter dem Dach des **Mulu Caves Project** folgten weitere Expeditionen, bei denen bislang 362 km des Höhlensystems vermessen wurden. Jahr für Jahr entdecken einheimische wie ausländische Expeditionsteilnehmer neue Höhlen in dem gewaltigen Bergmassiv aus Schiefer, Kalk- und Sandstein, das wie ein Schweizer Käse durchlöchert ist. Während die frühen Forscher noch mit Kompass und wasserabweisenden Notizbüchern arbeiten mussten, ist es dank moderner Technik nun möglich, die Höhlen mittels Laser aufs Genaueste zu vermessen und mit Spezialkameras wunderbare Bilder von dieser unterirdischen Welt zu machen. Einige dieser Fotos sowie die Berichte von Expeditionen sind im Internet unter www.mulucaves.org einsehbar.

Ende 1985 wurde der Park für Besucher geöffnet und im Jahr 2000 in die UNESCO-Welterbeliste aufgenommen. Die ersten Touristen waren noch über zwölf Stunden unterwegs, um von Miri aus in das Schutzgebiet zu gelangen. Zunächst ging es mit dem Bus nach **Kuala Baram** (► 4, K 6) und dann in Expressbooten auf dem Batang Baram nach **Marudi** (► 4, K/L 7) und weiter zum Kayan-Langhaus **Long Panai** (► 4, L 7). Nur noch kleine Boote konnten die nun folgenden Stromschnellen des Sungai Tutoh auf dem Weg zur Kenyah-Siedlung **Long Terawan** (► 4, L 7) und den schmalen Batang Melinau zum Headquarters des Nationalparks passieren. Mit dem Bau der Landepiste Anfang der 1990er-Jahre verkürzte sich die Anreise auf eine knappe Stunde Flug, der bei klarem Wetter tolle Ausblicke auf die Berge mit den letzten Resten tropischer Dschungelgebiete ermöglicht.

Die meisten Reisenden besuchen den Park im Rahmen einer mehrtägigen Tour, die von fast allen Veranstaltern in Sarawak angeboten wird. Viele haben eigene Unterkünfte vor Ort und verfügen auch über eigene Guides. Im Komplettpreis von rund RM 700 pro Person für drei Tage und zwei Nächte ohne Flug bei mindestens zwei Teilnehmern sind zumeist alle Ausflüge und Eintrittspreise enthalten. Es ist jedoch möglich, auf eigene Faust anzureisen und selbst eine Unterkunft zu buchen. Führer für die Höhlen und Touren können vor Ort im Nationalparkbüro organisiert werden (www.mulupark.com, ca. RM 30 für max. 5 Tage).

aktiv unterwegs

Die schönste Höhlentour

Tour-Infos

Start: Park Headquarters
Dauer: halber Tag
Schwierigkeitsgrad: einfach
Infos: Nur im Rahmen einer Tour zu besichtigen, die im Headquarters gebucht werden kann (RM 20/Pers.).
Ausrüstung: feste Schuhe, Taschenlampe
Karte: S. 324

Wohl kaum ein Besucher des **Gunung Mulu National Park** lässt die Tour zur Clearwater Cave und Wind Cave aus. Der Ausflug verbindet zwei der schönsten Höhlen im Schutzgebiet mit einer entspannten Bootsfahrt, einer Wanderung und Bademöglichkeiten in kristallklarem, kühlem Wasser.

Gegen 9 Uhr startet man per Boot vom Park Headquarters aus zum Penan-Dorf **Batu Bungan.** Hier wurden die einstigen Dschungelnomaden von der Regierung zwangsangesiedelt – vordergründig, um ihnen den Zugang zu den Errungenschaften der Zivilisation zu ermöglichen. Doch eigentlich ging es eher darum, sie unter Kontrolle zu bringen, denn das Volk verteidigte seine angestammte Heimat vehement gegen das Vordringen der Holzfäller. Heute leben die Penan unter einem Wellblechdach in einem Langhaus und verkaufen jeden Vormittag außer sonntags auf einem kleinen Markt nahe dem Fluss Holzschnitzereien, Bambusflechtarbeiten, Perlenstickereien und anderes Kunsthandwerk.

Nach einem kurzen Stopp im Dorf setzen die Boote ihre Fahrt auf dem Sungai Melinau fort. Vorbei an steilen Felsen geht es bis zum Eingang der **Wind Cave** (Cave of the Winds), die ihren Namen dem beständigen kühlen Luftstrom verdankt, der aus der Höhle dringt. Im Innern sind viele interessante Formationen zu sehen, vor allem im King's Chamber des oberen Höhlenbereichs. Die Höhle, die nicht ohne einen Führer begangen werden darf, wird nur vormittags kurz ausgeleuchtet, um Algenwachstum zu verhindern.

Nebenan befindet sich die kleine **Lady's Cave.** Sie erhielt ihren Namen von einem Stalagmiten, der wie eine Statue der Jungfrau Maria aussieht.

Per Boot geht es nun zum letzten Stopp, der **Clearwater Cave.** Über 200 Stufen steigt man zunächst aufwärts und dann hinunter zum Höhleneingang. Eine weitere Treppe führt noch weiter nach unten in ein Labyrinth aus Höhlen und Gängen, durch das der kristallklare Clearwater River strömt, der Namensgeber der Höhle. Eine dieser Passagen verbindet mit der Wind Cave, kann aber nur im Rahmen einer der Adventure-Caving-Touren (s. S. 329) begangen werden. Auf dem Rückweg aus der dunklen Höhle fallen im Eingangsbereich die einblättrigen *Monophylla pendula* ins Auge, endemische Pflanzen, die nur unter den besonderen hier herrschenden Umweltbedingungen wachsen.

Der **Bade- und Picknickplatz** vor der Clearwater Cave ist sehr beliebt, denn der große Pool mit dem kalten, klaren Wasser, das hier aus den Felsen entspringt, eignet sich gut zum Schwimmen. Nach einer erfrischenden Pause wandert man zu Fuß in ungefähr 1,5 Std. zurück zum Headquarters. Der 3 km lange, partiell etwas schlüpfrige Plankenweg verläuft teils über Treppen an einem steilen Felshang entlang. Unterwegs passiert man die Abzweigungen zur Wind Cave und zur engen **Moonmilk Cave,** die mit interessanten Stalaktiten und Stalagmiten überrascht. Von der Moonmilk Cave geht es über 425 Stufen hinab zum Fluss zu einer schönen, ruhigen Badestelle. Der befestigte Weg vom Headquarters hierher eignet sich übrigens auch gut für einen Spaziergang am frühen Morgen, denn in den Bäumen in der Nähe des Wassers halten sich viele Vögel auf.

Gunung Mulu National Park

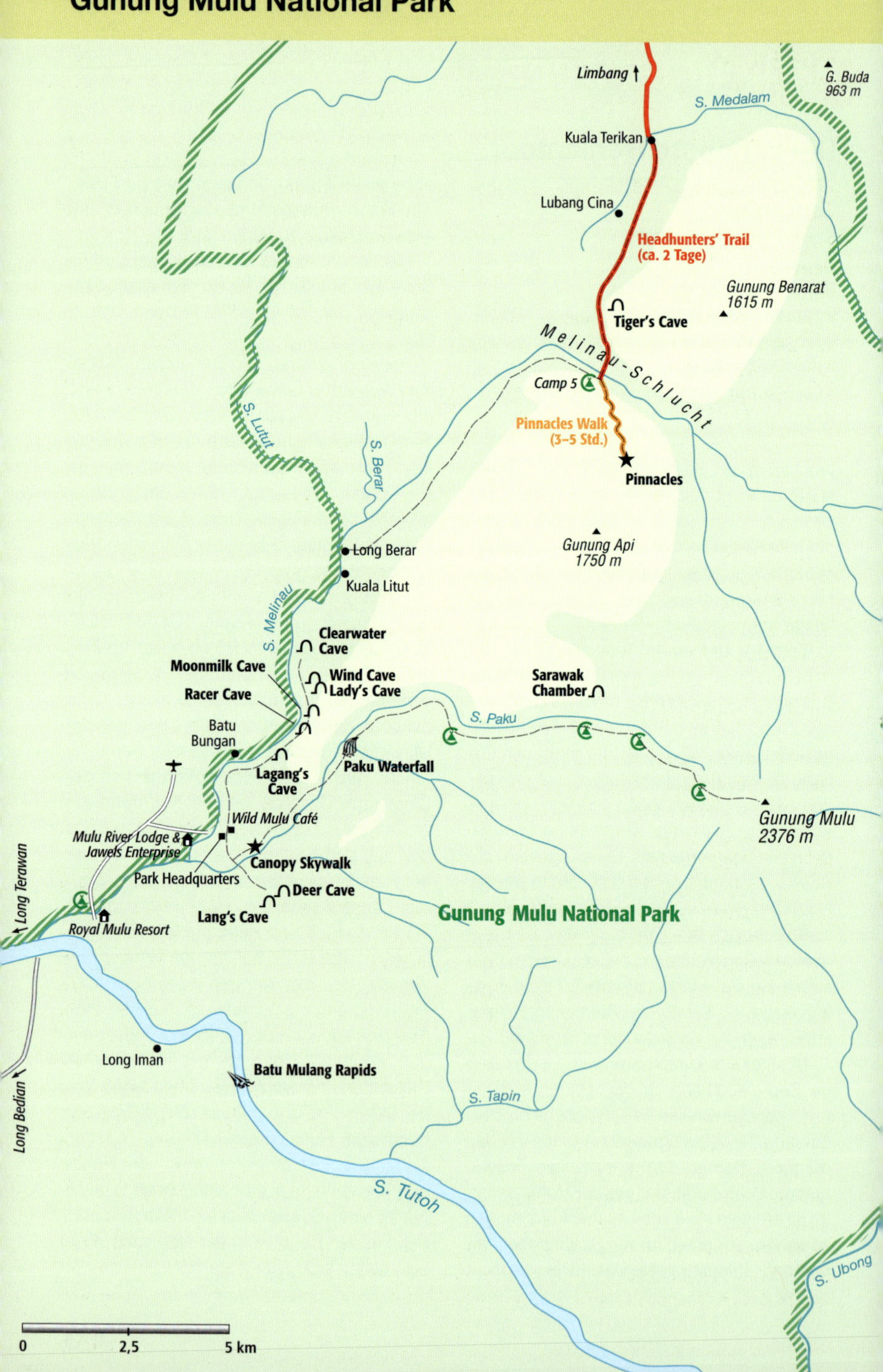

Headquarters und Mulu Discovery Centre

Vom Flughafen geht es auf einer Asphaltstraße und über eine Fußgänger-Hängebrücke zum **Headquarters.** Nachdem dort alle Formalitäten erledigt und die gewünschten Touren gebucht sind, lohnt die Ausstellung im angeschlossenen **Mulu Discovery Centre** einen Blick. Hier bekommt man nicht nur Tipps zu den im Park möglichen Aktivitäten, sondern erfährt auch einiges über die Geologie der Höhlen und die Flora und Fauna. Schnell wird deutlich, dass dieses Gebiet ein Hotspot der Biodiversität mit einer großen Zahl bedrohter und endemischer Pflanzen und Tiere ist. Auf Wunsch werden auch Naturfilme über Besonderheiten im Park gezeigt.

Die Höhlen

Von den gewaltigen unterirdischen Passagen im Nationalpark wurden nur kleine Bereiche ausgebaut, die stundenweise beleuchtet sind. Dann können sie in Begleitung eines Führers besichtigt werden. 189 km misst der bislang bekannte Teil des Clearwater-Cave-Systems, des längsten Höhlensystems im Park. Besuchern stehen am Vormittag die **Wind Cave,** ein kleiner Bereich am südlichen Eingang, sowie die **Clearwater Cave** offen (s. S. 323). Die Boote dorthin starten gegen 9 Uhr am Headquarters.

Am Nachmittag um 14 und 14.30 Uhr beginnen Touren zu zwei weiteren interessanten Höhlen, der Lang's Cave und der Deer Cave. Sie sind nur zu Fuß über einen 3 km langen Plankenweg, den **Rainbow Discovery Walk,** zu erreichen und dürfen ebenfalls nur mit einem Führer erkundet werden. Während des Rundgangs über Plankenwege lässt sich erahnen, wie vielseitig diese unterirdische Welt ist. In der nach ihrem Entdecker benannten **Lang's Cave** werden zwischen 14.30 und 17 Uhr die interessanten Formationen angestrahlt. Die **Deer Cave** gilt mit 2160 m Länge und 220 m Breite als längste Höhlenpassage der Welt und ist dank des hohen Eingangs gut erleuchtet. Allerdings trübt der beißende Guanogestank das Vergnügen. In prähistorischer Zeit wurde die Höhle als Begräbnisplatz genutzt. Vermutlich aus dieser Zeit stammen die am Höhleneingang sichtbaren Hufabdrücke von Rotwild, das hier Unterschlupf fand und dem die Höhle ihren Namen verdankt. Wer auf halbem Weg zurückblickt, erkennt in den Umrissen des Eingangsbereichs das auf vielen Fotos abgebildete Profil von Abraham Lincoln. Vom Ende des Plankenwegs steigen Höhlenwanderer beim Adventure Caving (s. S. 329) in den Garden of Eden ab, ein abgeschlossenes, von Karstfelsen umgebenes Tal. Sofern es nicht in Strömen regnet, verlassen am frühen Abend zwischen 17 und 18 Uhr bis zu 2 Mio. Fledermäuse die Deer Cave und ziehen in großen Schwärmen über den Himmel. Vom überdachten Amphitheater aus lässt sich dieses Naturschauspiel gut verfolgen.

Andere Höhlen im Park sind leider nur Wissenschaftlern zugänglich, darunter die im Jahr 1980 entdeckte **Sarawak Chamber,** die mit Abstand größte natürliche Höhlenkammer der Welt. Neuesten Lasermessungen zufolge hat sie ein Volumen von 9 Mio. m^3, ist bis zu 600 m lang, 435 m breit und 115 m hoch. Damit ist dies die größte Halle der Welt, die nicht durch Pfeiler gestützt wird.

Canopy Skywalk

Ob im Taman Negara National Park in Westmalaysia oder bei den Poring Hot Springs am Kinabalu in Sabah, überall stellen begehbare Hängebrücken durch die Wipfelregion der hohen Dschungelbäume eine beliebte Attraktion dar. Im Gunung Mulu National Park hingegen stehen die Höhlen an erster Stelle des Interesses, sodass der Canopy Skywalk ein eher bescheidenes Dasein fristet. Das hat den großen Vorteil, dass er nicht als Abenteuerspielplatz missbraucht wird, sondern die Möglichkeit bietet, in aller Ruhe die Natur zu beobachten.

Mit einem Führer geht es zuerst auf dem Plankenweg Richtung Deer Cave und anschließend auf dem Pfad zum Paku-Wasserfall und Gunung Mulu weiter bis zum **Canopy Skywalk.** Entlang dem Weg weisen Infotafeln auf einige Besonderheiten der Flora und

Fauna hin. Zudem sind die Guides gut geschult und entdecken im dichten Grün immer wieder interessante Lebewesen wie Stabinsekten, Gottesanbeterinnen, Eidechsen, Hundertfüßler oder Schlangen, die gut getarnt in Bodennähe leben.

Beim Skywalk angekommen, kann man zu den in 15 bis 20 m über dem Boden schwingenden Hängebrücken hinaufklettern. Der Rundweg von Baum zu Baum ist 480 m lang. Auf den Plattformen zwischen den Brücken sind Tafeln angebracht, die interessante Informationen über Baumarten, Epiphyten, Lianen und andere Bewohner dieses Bereichs des Walds liefern. Besonders schön ist die letzte Strecke über zwei Flüsse hinweg und an einer steilen Felswand entlang, wo sich die Pflanzenwelt wieder von einer ganz neuen Seite präsentiert.

Start der Touren ist 6 x tgl. zwischen 7 und 14 Uhr. Da die Hängebrücken nur von maximal zwei Personen gleichzeitig begangen werden dürfen, sind die Touren auf maximal acht Teilnehmer beschränkt – es lohnt sich, rechtzeitig zu buchen (RM 35/Pers.).

Paku-Wasserfall

Auch ohne Guide ist es möglich, auf markierten Pfaden durch den Regenwald zu streifen. Ein lohnendes Ziel für eine Halbtagestour ist der kleine **Paku-Wasserfall,** den man auf einem 2,8 km langen Weg mit weißroten Markierungen erreicht. Die Strecke ist verhältnismäßig leicht zu gehen, das einzige Hindernis sind einige kleinere Bäche, die es zu durchqueren gilt. Nach heftigen Regenfällen können sie stark anschwellen und der Weg kann sehr schlüpfrig und schlammig werden. Deshalb empfiehlt es sich, feste Schuhe zu tragen. Die weitere Strecke vom Wasserfall hinauf zu Camp 1 am Fuß des Gunung Mulu sollte nur mit Guide begangen werden.

Gunung Mulu

Die Besteigung des **Gunung Mulu** stellt die größte Herausforderung im Park dar, denn es gilt innerhalb von 24 km 2330 Höhenmeter durch dichten Dschungel und Bergwald zu bewältigen. Man benötigt mindestens vier Tage Zeit, eine gute Kondition, einen Schlafsack, Essen und einen Guide, der ab vier Teilnehmern RM 385/Pers. kostet.

Enorme Höhlensysteme zeichnen den Gunung Mulu National Park aus

Nach einer 3-stündigen Wanderung und vielen Blutegeln ist am ersten Tag **Camp 1** (Paku Camp) das Ziel, ein überdachter Unterstand mit drei Wänden und einer Veranda sowie einfachen Toiletten und einer Kochstelle. Von dort geht es an Tag zwei in rund 10 Std. durch eine beeindruckend schöne Dschungellandschaft, vorbei an **Camp 3,** bis

aktiv unterwegs

Die Pinnacles, eine Herausforderung für Trekker

Tour-Infos

Start/Ziel: Headquarters
Dauer: 3 Tage
Schwierigkeitsgrad: teils sehr anstrengend, gute Fitness erforderlich
Buchung: Die Tour sollte unbedingt rechtzeitig reserviert werden, entweder im Headquarters oder auf www.mulupark.com. Bei mind. 3 Teilnehmern kostet die Tour RM 325/Pers., die Größe ist auf 6 Teilnehmer beschränkt. Ein Träger kostet RM 100.
Ausrüstung: feste Schuhe mit gutem Profil, Hut, warme Kleidung, Regenschutz, Handtuch, Schlafsack (falls man sich keine Decken in Camp 5 leihen möchte), Lebensmittel, Trinkwasser, Insektenschutzmittel, Anti-Blutegel-Socken, Taschenlampe und Kamera

Die Pinnacles sind ein lohnendes Ziel einer kombinierten Bootsfahrt und Bergtour durch den Dschungel. An den Hängen des 1732 m hohen **Gunung Api** ragen bis zu 50 m hohe Felsnadeln wie eine Stadt grauer Hochhäuser aus dem Grün des Dschungels empor.

Die Tour beginnt mit einer Bootsfahrt auf dem Sungai Melinau durch einige Stromschnellen bis nach **Kuala Litut** kurz vor der **Melinau-Schlucht.** Hier bahnt sich der Fluss seinen Weg durch 600 m steil aufragende Karstfelsen und ist nicht mehr befahrbar.

Knapp 9 km bzw. rund 3 Std. sind es zu Fuß durch das Flusstal bis zu **Camp 5,** dem ersten Tagesziel. In der einfachen Schutzhütte in schöner Lage am Sungai Melinau mit Duschen und einer Küche können bis zu 50 Wanderer übernachten. Manche bleiben mehrere Tage und unternehmen von hier Ausflüge in die Umgebung, andere wandern weiter auf dem Headhunters' Trail in Richtung Limbang (s. S. 330).

Am nächsten Morgen beginnt der Aufstieg, der teils nur mithilfe von Seilen und Leitern zu bewältigen ist. Nach 3–4 Std. auf dem steilen, 2,4 km langen Pfad ist in 1200 m Höhe der Aussichtspunkt auf die **Pinnacles** erreicht, die der üppige Tropenregen aus dem weichen Kalkstein ausgewaschen hat. Die bizarren Felsnadeln gehören zur sogenannten Melinau-Formation, eine weit unter die Erdoberfläche reichende, bis zu 5000 m dicke Kalksteinschicht, die vor 17 bis 40 Mio. Jahren durch maritime Ablagerungen von Mikroorganismen in einem Ozean entstand. Nach einem ausgiebigen Fotostopp steigt man auf gleichem Weg wieder hinab zum Camp 5 und kehrt am folgenden Morgen ins Park Headquarters zurück.

auf 1800 m zu **Camp 4** (Summit Camp). Auf Wunsch kann eine weitere Übernachtung in Camp 3 eingebaut werden, um etwas mehr Zeit für den märchenhaft schönen Bergwald zwischen Camp 3 und 4 zu haben, in dem Moose, Rhododendren, Orchideen und Kannenpflanzen gedeihen.

Die Nacht in der schlichten Wellblechhütte von Camp 4 ist noch kälter als die vorangegangene, sodass es nicht schwer fällt, am nächsten Morgen früh aufzustehen und die letzte Strecke vorbei am Helipad zum Gipfel in 2376 m Höhe aufzusteigen. Die Aussicht über die Bergwelt im ersten Morgenlicht ist schlichtweg atemberaubend. Der Abstieg wird in der Regel in zwei Tagen bewältigt.

Infos

Park Headquarters: Tel. 085 79 23 00, www.mulupark.com, tgl. 8–17 Uhr. Infos und Buchung aller Aktivitäten sowie der erforderlichen Guides, die für die großen, allgemein zugänglichen Höhlen RM 20 pro Person und Tour kosten. Alle Führer sind gut ausgebildet, stammen aus der Gegend und gehören unterschiedlichen Völkern an, den Berawan,

Penan, Iban, Lun Bawang, Kelabit, Murut oder Kiput.

Übernachten

Im Dorf werden Privatzimmer vermietet (um RM 70).

Viel Komfort ▶ **Royal Mulu Resort:** Tel. 085 79 23 88, www.royalmuluresort.com. Das beste und größte Resort in Parknähe wurde von der Marriott-Kette übernommen und wird neu renoviert. 46 klimatisierte Bungalows, die auf Stelzen in einer großen Gartenanlage stehen. DZ RM 270–490 inkl. Halbpension.

Mittendrin ▶ **Unterkunft beim Headquarters:** Tel. 085 79 23 00, www.mulupark.com. Die privatisierten Unterkünfte sind sehr begehrt und sollten frühzeitig reserviert werden. Zur Auswahl stehen Zimmer für 3–4 Pers. in einem älteren Reihenhaus sowie Zimmer für 3 Pers. in neuen Bungalows mit Balkon. Größere Gruppen mit bis zu 8 Pers. können sich eines der älteren Chalets teilen, die je 2 Schlafzimmer und einen Aufenthaltsraum haben. Schlafsaal RM 41/Pers., Zimmer RM 180–230 inkl. Frühstück.

Mit Familienanschluss ▶ **Mulu River Lodge:** am Eingang zum Park neben der Hängebrücke, Tel. 012 852 74 71, 012 850 44 31. In dem Holzhaus auf Stelzen am Fluss kann man günstig in einem großen Schlafsaal mit 24 Betten übernachten. Gemeinschaftsduschen ohne Warmwasser, Elektrizität vom Generator nur abends bis 23 Uhr, Flussterrasse. Der Besitzer Edward ist ein lizensierter Guide. Schlafsaal RM 35/Pers. inkl. Frühstück und Bettwäsche.

Essen & Trinken

Da fast alles eingeflogen werden muss, sind Lebensmittel und Trinkwasser relativ teuer.

Gute Kantine ▶ **Wild Mulu Café:** im Headquarters, tgl. 7.30–21 Uhr. In der großen offenen Kantine ist die Auswahl zwar begrenzt, aber das Essen schmeckt und die Preise halten sich im Rahmen. Gute Paku-Farne und Suppen, auch Bier und Wein. RM 10–15.

Familiär ▶ **Jawels Enterprise:** in der Mulu River Lodge (s. oben). In dem Restaurant der Kayan/Berawan-Familie schmeckt die Hausmannskost und das Bier. Für Gruppen werden auch Grillabenden veranstaltet.

Aktiv

Da es mit 6000 bis 7000 mm Niederschlag pro Jahr sehr feucht ist, kann man nur darauf hoffen, dass es in den etwas trockeneren Monaten August und September weniger regnet. Da der Regen meist nachmittags fällt, empfiehlt es sich, früh aufzustehen und möglichst viel am Vormittag zu unternehmen.

Wandern ▶ Auf dem **Headhunters' Trail** ist es möglich, von Limbang in den Gunung Mulu National Park zu gelangen. Veranstalter gibt es in Miri (s. S. 317).

Höhlenklettern ▶ Neben den normalen Höhlentouren auf Plankenwegen können sich Interessierte zum **Adventure Caving** anmelden. Anfänger beginnen mit einer 45-minütigen Tour in der Turtle Cave, die zur Clearwater Cave gehört. Wer schon etwas erfahrener ist, kann zwischen fünf weiteren Höhlen mit Schwierigkeitsgraden von zwei bis fünf wählen. Sie sind nicht erleuchtet und man muss kriechen, schwimmen, klettern oder sich abseilen. Das Highlight ist die 6- bis 8-stündige Passage zwischen der Wind Cave und der Clearwater Cave.

Verkehr

Flüge: MASwings fliegt mit kleinen ATR 72–500 in den Nationalpark, 2 x tgl. ab Miri und mehrmals wöchentl. ab Kuching sowie Kota Kinabalu mit Umsteigen in Miri. Auf den Flügen kann max. 20 kg Gepäck mitgenommen werden.

Boote: Für Touren innerhalb des Parks können am Pier neben der Hängebrücke beim Headquarters Boote gechartert werden, z. B. zum Penan-Langhaus Long Iman (RM 50/Pers., nach Kuala Litut für die Pinnacles-Tour (RM 400/Boot) oder aber nach Long Terawan (RM 350/Boot), von wo man mit anderen Booten bis an die Küste weiterfahren kann (s. S. 322).

Taxis: Minibusse und Pickups, die als Taxis dienen, verkehren zwischen dem Airport, dem Headquarters und dem Royal Mulu Resort (RM 5/Strecke).

Brunei

Schier unbegrenzte Erdöl- und Erdgasvorkommen füllen die Kassen des winzigen Sultanats und machen den Regenten einer alten Dynastie zu einem der reichsten Männer der Gegenwart. Vom unermesslichen Luxus profitieren auch seine Untertanen und sogar Besucher: Sie können in einem prunkvollen Hotel residieren und unberührten Regenwald bestaunen.

Ein Zwischenstopp in Bruneis Hauptstadt Bandar Seri Begawan lohnt sich auf alle Fälle, um diese wohlhabende, wohlgeordnete Welt kennenzulernen, die konservativ-islamisch und international zugleich ist. Die Menschen haben Zeit und scheinen sich weniger zu sorgen als anderswo. Schließlich brauchen sie weder Einkommenssteuer noch für Schulen oder medizinische Behandlungen zu zahlen.

Nur wenige, die von Sarawak nach Sabah reisen, wählen den Landweg. Noch immer scheint die Fahrt von Miri nach Kota Kinabalu durch die beiden Landesteile des winzigen Sultanats zu kompliziert und beschwerlich. Auch wenn moderne Grenzkontrollpunkte und durchgehende Busse das Reisen mittlerweile erheblich erleichtern, sind fünf Grenzübergänge zu überwinden.

Brunei besteht aus zwei Landesteilen, die durch die zu Sarawak gehörende Stadt **Limbang** voneinander getrennt sind. Von Miri kommend, ist kurz hinter dem mächtigen Strom Batang Baram in **Sungai Tujuh** (► 4, K 6) die Grenze erreicht.

Von Miri nach Bandar Seri Begawan

Kuala Belait ► 4, K 6

Die erste Stadt hinter der Grenze, **Kuala Belait,** bildet zusammen mit dem 17 km weiter östlich gelegenen Seria (s. rechts) das Zentrum der Ölindustrie. Seit 1932 wird hier das Schwarze Gold gefördert. Drei Jahre zuvor hatten zwei Angestellte der British Malayan Petroleum Company bei einem Ausflug zufällig an der Mündung des Seria-Flusses gerastet und dort Öl gewittert. Sie veranlassten Probebohrungen, die zunächst weitgehend ergebnislos verliefen, entdeckten dann aber das riesige Seria-Ölfeld.

Auf breiten Straßen gleitet der Bus vorbei an attraktiven Vororten mit Einfamilienhäusern in gepflegten Gärten, die keine Zäune umgrenzen und ebenso im Norden Australiens liegen könnten. Im Geschäftszentrum rings um den kleinen Busbahnhof und die gegenüberliegende Taxistation konzentrieren sich einige chinesische Geschäftshäuser, Banken und Restaurants. Am Samstag findet ein **Nachtmarkt** und am folgenden Vormittag ein traditioneller **Markt** (Tamu) statt.

Übernachten

Kreativ ► **Riviera Hotel:** 106 Jln. Sungai, Tel. 333 52 52, www.rivierahotelkb.webs.com. Nettes kleines Hotel am Fluss mit 47 außergewöhnlich gestalteten Zimmern und Apartments. Hübsch gekachelte Badezimmer. Im Riviera Café kann man mit Blick auf den Fluss frühstücken. DZ B$ 110–140.

Seria ► 4, K/L 6

Förderpumpen, auch als Pferdekopfpumpen *(nodding donkeys)* bekannt, stehen in Vorgär-

Reiseinfos zu Brunei

Einreise: Deutsche, Schweizer und Österreicher dürfen visafrei einreisen. An den von 6 bis 22 Uhr geöffneten Grenzen erhalten Deutsche und Österreicher eine Aufenthaltsberechtigung von 30, Schweizer von 14 Tagen.
Botschaften: Botschaft Deutschland, Unit 2.01 Block A, 2nd Floor, Komplex Bangunan Yayasan Sultan Haji Bolkiah, Jln. Pretty, Tel. 222 55 47, www.bandar-seri-begawan.diplo.de, Mo–Do 8.15–12.15, 13.15–16.30, Fr 8.15–12.15, 13–15 Uhr. Konsulat der Schweiz, Unit 402–403A, Wisma Jaya, Jln. Pemancha, Tel. 223 66 01, shazkpmg@brunet.bn.
Alkohol: Wer über 17 Jahre alt und kein Muslim ist, darf bis zu 12 Dosen Bier und 2 l hochprozentige Alkoholika zum Eigenkonsum mit nach Brunei bringen. Diese müssen bei der Einreise in einem eigens dafür vorgesehenen Formular deklariert werden, was mehr Zeit benötigt als alle anderen Formalitäten.
Öffnungszeiten: In allen Verwaltungsbüros ist der Freitag ein offizieller Ruhetag. Auch der Sonntag ist frei und samstags wird – wenn überhaupt – oft nur halbtags gearbeitet. Während des Ramadan verkürzen sich die Arbeitszeiten. In der Privatwirtschaft fällt das Wochenende hingegen auf den Samstag und Sonntag.
Vorwahl: 00673
Verkehr: s. S. 337

ten, vor der Moschee und selbst am Strand. In **Seria** scheint Öl überall aus dem Boden zu quellen, wenngleich die größten Öl- und Gasfelder weit draußen vor der Küste liegen. Wer beim Anblick der gigantischen Verarbeitungsanlage am Stadtrand mehr über das Schwarze Gold wissen möchte, das dem Land auch den Spitznamen Shell Country eingebracht hat, kann die Ausstellung im **Oil & Gas Discovery Centre** von Shell Brunei besuchen. Das moderne Museum befindet sich in einem futuristisch anmutenden Gebäude und informiert anschaulich über die Öl- und Gasindustrie, aber auch über andere technische Phänomene (F 20 Jln. Tengah, Tel. 337 72 00, www.bsp.com.bn/ogdc, Mo–Do, Sa 8.30–17, Fr 8.30–11.30, 14–17, So 9.30–18 Uhr, B$ 5).

Nahe der Küstenstraße Richtung Tutong erstrecken sich zwischen den Kilometersteinen 50 und 60 blendend weiße **Sanddünen,** deren Farbe auf den hohen Quarzanteil im Sand zurückzuführen ist. Obwohl sich der Quarzsand bestens für die Glasherstellung eignet, wurde er bisher nicht angetastet – man hat ja noch Öl.

Tutong und Umgebung ►4, L 6

Die Distrikthauptstadt **Tutong** an der Mündung des gleichnamigen Flusses hat außer einer hübschen Moschee, einer Markthalle und dem Markt an Freitag nicht viel zu bieten. Der nahe gelegene lange Sandstrand **Pantai Seri Kenangan** westlich der Stadt ist ein beliebter Picknickplatz, ebenso der Erholungspark **Sungai Basong** mit kleinen Seen.

Etwa 32 km landeinwärts erstreckt sich etwa auf 500 m Länge der **Tasek Merimbun** mit einer Insel, die durch eine Brücke mit dem Festland verbunden ist. Der seichte, von hohem Schilf und einem Tieflandwald umgebenen See wurde aufgrund seiner einmaligen Vegetation zur ASEAN National Heritage Site erklärt. In einem kleinen **Museum,** Tel. 224 45 45, sind vor allem Porzellan- und Keramikfunde ausgestellt. Nebenan steht ein traditionelles Haus der Dusun, die in dieser Gegend siedeln. Von Bandar Seri Begawan aus werden Tagestouren hierher angeboten.

Jerudong ►4, M 5

Die einzige Autobahn der Insel Borneo führt an Bruneis Nordküste entlang von Kuala Belait zum Hafen Muara (s. S. 337) und nach Bandar Seri Begawan (s. S. 333). 30 km hinter Tutong liegt die Kleinstadt **Jerudong** und nahebei die Spielwiese der Sultansfamilie.

Zum 1000 ha großen **Jerudong Park** gehören die weltgrößte Poloanlage mit über 200 Pferden und einer von Flutlicht ausgeleuch-

Nicht kleckern, sondern klotzen: Die Masjid Sultan Omar Ali Saifuddin in Bruneis Hauptstadt wurde größtenteils aus italienischem Carrara-Marmor erbaut

teten Reitstrecke sowie der Jerudong Park Country Club, ein von Jack Nicklaus gestalteter 18-Loch-Golfplatz. Die eigentliche Attraktion, zumindest für einige Jahre, war jedoch der Vergnügungspark, eine kleinere Version von Disneyland. Er war als Spielplatz für die kleinen Prinzen und Prinzessinnen gedacht, doch wenn diese anderswo weilten, durften hier auch alle anderen ihren Spaß haben. Schließlich sind die Unterhaltungsangebote in Brunei begrenzt, da Tanzen und andere Vergnügungen unislamisch und in der Öffentlichkeit verboten sind. Doch schon bald begann der Niedergang der Anlage. Einige Attraktionen wurden nicht gewartet und aus Sicherheitsgründen stillgelegt, andere verkauft. Mittlerweile sind nur noch wenige in Betrieb (Mi–So 17–24 Uhr, Tickets für Fahrten B$ 6–25, Musikbrunnen B$ 3).

Am schönsten Strandabschnitt von Brunei ließ Prinz Jeffrey Ende der 1990er-Jahre in einem 180 ha großen Park sein privates Gästehaus erbauen. Kein Weg war ihm zu weit, um es mit dem Feinsten auszustatten, was die Welt zu bieten hat. Die mehrstöckige Eingangshalle schmücken opulente Mosaike aus italienischem Marmor, Swarowski-Kristalllüster, Rolltreppen mit vergoldeten Handläufen und Treppengeländer, die mit Tigeraugen und anderen Halbedelsteinen besetzt sind. Die 53 m hohe, dreistöckige Lobby dekorieren riesige Gemälde und ein Kamel aus Bergkristall, das allein 1 Mio. US-Dollar wert ist, sowie ein mit Perlmutt und Halbedelsteinen besetztes Fazioli-Piano, eine exklusive Sonderanfertigung für den Prinzen. In England kaufte er gleich eine ganze Firma, das exklusive Traditionsunternehmen Asprey, das feinstes Porzellan, Silberbesteck und hochwertige Badeartikel produziert. Doch dann kam die Asienkrise und der Prinz war pleite. Seither kann jeder Sterbliche, der bereit ist, ein paar Dollar auszugeben, den unglaublichen Luxus im **Empire Hotel** genießen (s. unten).

Übernachten

Einzigartiger Luxus ▶ **Empire Hotel:** Tutong–Muara Highway, Tel. 241 88 88, www.

theempirehotel.com. Wenn sich Staatsmänner zu internationalen Konferenzen treffen, dann in diesem Luxushotel direkt am Meer. Die 360 Zimmer sind großzügig geschnitten und komfortabel ausgestattet mit Möbeln aus Edelholz, Eiskühlern aus Silber, Daunenbetten in Übergröße, bezogen mit Damast aus feinster ägyptischer Baumwolle, Teppichen aus neuseeländischer Wolle und Bädern mit einer großen Wanne. Noch üppiger sind die 63 Luxussuiten eingerichtet, v. a. die 666 m² große Emperor Suite. Hier schreitet man über golddurchwirkte Teppiche, alle Armaturen im Bad sind vergoldet und die Wände mit edlen Textilien schallgedämpft bezogen. Das Highlight ist ein eigener Pool mit Jacuzzi und Kinoleinwand. Für alle anderen Gäste gibt es 8 weitere Swimmingpools, u. a. ein 11 000 m² großes Becken mit Sandstrand sowie ein Hallenbad, mehrere Restaurants und ein großes Kino. Das Frühstücksbüfett ist üppig und wartet mit hervorragenden Croissants und Broten auf. Der angrenzende Country Club verfügt über eine Tennishalle und Bowlingbahn. Auch für Kinder ist mit einem entsprechenden Angebot gesorgt. Offiziell kosten Doppelzimmer ab B$ 360, bei Buchungen über Reiseveranstalter oder im Internet wird es wesentlich günstiger. DZ ab B$ 160.

Bandar Seri Begawan

▶ 4, M 5

Mehr als die Hälfte der Bevölkerung lebt im Großraum von **Bandar Seri Begawan,** der Hauptstadt des Sultanats. Jenseits des repräsentativen Geschäftszentrums ziehen sich moderne Vororte entlang breiter Highways bis weit ins Umland hinein. Auf dem Sungai Brunei werden immer neue ›Wasserdörfer‹ angelegt, die sich bereits über 8 km in Richtung Meer erstrecken. Ständig entstehen neue, noch prächtigere Moscheen, Paläste und Verwaltungsbauten, die von Palästen kaum zu unterscheiden sind. Nachts, wenn alles von Scheinwerfern und bunten Lampen erleuchtet ist, wirken manche Gebäude wie aus Tausendundeinernacht. Kaum vorstellbar, dass die Stadt noch in den 1950er-Jahren aus kaum mehr als einem Wasserdorf und ein paar chinesischen Geschäftshäusern bestand.

Masjid Sultan Omar Ali Saifuddin

Zwischen dem Geschäftszentrum und dem Wasserdorf Kampong Ayer erhebt sich die **Masjid Sultan Omar Ali Saifuddin,** eine der schönsten Moscheen Südostasiens. Ihre Architektur im Mogul-Stil mit italienischen Elementen ist von zeitloser Eleganz. Bereits 1958 wurde die Moschee aus überwiegend schneeweißem italienischem Carrara-Marmor erbaut und ihre 52 m hohe, golden glänzende Kuppel mit 3,3 Mio. Mosaiksteinchen belegt. Das Innere schmücken dicke Teppiche aus Belgien und Saudi Arabien, Kronleuchter und Bleiglas aus England. Auf der einen Seite ist die Moschee von einem orientalischen Blumengarten umgeben und auf der anderen Seite spiegelt sie sich malerisch in einer künstlichen Lagune. Die steinerne Barke, die hier liegt, ist ein Nachbau der königlichen Mahligai-Barke aus dem 16. Jh. Die Moschee ist auch für Nicht-Muslime geöffnet (Jln. McArthur, Moschee: Sa–Mi 8–12, 13–15.30, 16.30–17.30, Fr 16.30–17.30 Uhr, Garten und Barke: tgl. 8–20.30 Uhr).

Kampong Ayer

Eine Fußgängerbrücke verbindet in einem weiten Bogen die Sultan-Omar-Ali-Saifuddin-Moschee mit dem dahinterliegenden **Kampong Ayer** (*kampong* = Dorf, *ayer* = Wasser). Bei einem Spaziergang über die schmalen Fußpfade und Brücken vorbei an einstöckigen Holzhäusern wirkt das Wasserdorf auf den ersten Blick recht ärmlich. Das relativiert sich beim Besuch der **Kampong Ayer Cultural and Tourism Gallery,** wo in fünf Ausstellungsräumen die Geschichte der Wasserdörfer, ihre fast 1000 Jahre alten Traditionen und die jüngeren Modernisierungsmaßnahmen dargestellt werden. Auch typische handwerkliche Produkte der Brunei-Malaien fehlen nicht, darunter mit Goldfäden durchwirkte Songketstoffe, Messingarbeiten, bunte Körbe und Matten aus Pandanblättern, Schmuck und Perlenarbeiten (gegenüber Jln. McArthur, Sa–Do 9–17, Fr 9–11.30, 14.30–17 Uhr, Fei geschlossen, Eintritt frei).

Bei einer Bootstour auf dem Sungai Brunei (s. S. 337) taucht man langsam in diese andere Welt der 30 000 Wasserbewohner ein. Alle Häuser werden mit Strom und Trinkwasser versorgt. Die Müllabfuhr entsorgt mit Booten sogar Plastiktüten und andere Abfälle, die im Wasser gelandet sind. Junge Männer liefern sich in schmalen Rennbooten Wettrennen und jede Familie hat am Ufer mindestens ein Auto geparkt. Schulen, die wie ins Wasser versetzte Langhäuser wirken, Moscheen und ein Krankenhaus sind ausschließlich für die Bewohner des weltweit größten Pfahldorfs erbaut worden.

Royal Regalia Building

Das silberne Krönungsjubiläum 1992 nahm der Sultan zum Anlass, das einstige Museum für den britischen Politiker Winston Churchill, der vom vorangegangenen Sultan verehrt wurde, umzugestalten. Seither beherbergt das **Royal Regalia Building** die Kutschen, in der der Sultan 1968 zu seiner Krönung und 1992 zu seinem Silberjubiläum fuhr, die Instrumente des Orchesters des Sultans, goldene Zeremonialwaffen und -schilder, königliche Schirme sowie die Kroninsignien. Außerdem informieren alte Verträge über die Entwicklung der Verfassung. Recht unterhaltsam ist die Ausstellung über das Silberjubiläum, das anhand von Staatsgeschenken, Dioramen, Modellen sowie Fotos und Videos von der Prozession, der Audienz und dem Festbankett dokumentiert wird (So–Do 9–17, Fr 9–11.30, 14.30–17, Sa 9.45–17 Uhr, während Ramadan eingeschränkte Besuchszeiten, Eintritt frei).

Brunei History Centre

Wer sich für die Sultansfamilie interessiert, sollte dem **Brunei History Centre** einen Besuch abstatten. Hier kann man sich über den bis ins Jahr 1368 zurückreichenden Stammbaum des Herrschergeschlechts informieren und die Geschichte des Landes von der Frühzeit bis zur Unabhängigkeit erforschen (Mo–Do, Sa 9–12, 13.30–16.30 Uhr, während Ramadan eingeschränkte Öffnungszeiten, Eintritt frei).

Brunei Museum

Das größte Museum des Landes, das 4,5 km östlich der Stadt am Ufer des Sungai Brunei gelegene **Brunei Museum,** könnte wieder einmal eine Auffrischung gebrauchen. Dennoch lohnt sich ein Besuch. In der Ausstellung darf natürlich die Geschichte der Erdöl- und Erdgasförderung nicht fehlen, die gleichzeitig eine Geschichte von Shell ist. Hier wird erklärt, welchen erdgeschichtlichen Ereignissen das Land seinen Wohlstand verdankt, und man erhält einen guten Eindruck von der Ölförderung in Brunei, auch wenn die aktuelle Entwicklung fehlt.

Die naturkundliche Ausstellung beschäftigt sich mit den unterschiedlichen Waldtypen und der Artenvielfalt ihrer Bewohner, wobei die Mangroven- und Strandwälder der Küstenregion ebenso berücksichtigt werden wie die tropischen Tieflandwälder und die Bergwälder am Oberlauf der Flüsse.

Seit 1990 wird in der islamischen Kunstgalerie die fantastische Sammlung des Sultans gezeigt. Sie umfasst Koran-Handschriften, Gebetsteppiche und andere religiöse Gegenstände sowie Miniaturen, Schmuck, Keramiken, Teller und andere Utensilien aus Messing. Die ganze islamische Welt ist vertreten, die malaiischen Inseln ebenso wie Indien, Persien und die Türkei.

Die Ausstellung in der historischen Galerie im 1. Stock beginnt mit prähistorischen Funden aus den Niah-Höhlen, stellt dann das Sultanat und die Wirren während der Eroberung durch die europäischen Kolonialmächte dar und endet mit der Unabhängigkeit.

Vor allem der malaiischen Kultur ist die ethnologische Sammlung gewidmet. Hier sind schöne Krise, die traditionellen Zeremoniendolche, und Textilien zu sehen. Zudem werden wichtige Zeremonien vorgestellt (So–Do 9–17, Fr 9–11.30, 14.30–17, Sa 9.45–17 Uhr, während Ramadan eingeschränkte Öffnungszeiten, Eintritt frei).

Malay Technology Museum

Hinter dem Brunei Museum am Fluss liegt das **Malay Technology Museum,** das einen Einblick in den Alltag früherer Generationen ermöglicht. Mit alten Werkzeugen und Haushaltsgegenständen eingerichtete Häuser im Miniaturformat säumen einen Plankenweg. Vorgestellt werden Werkzeuge der Fischer, Schmiede und der Weber, die Kunsthandwerk herstellen. Die Haustypen der indigenen Völker Murut, Dusun und Punan sowie traditionelle Lebensmittel sind im 2. Stock zu sehen (So–Do 9–17, Fr 9–11.30, 14.30–17, Sa 9.45–17 Uhr, während des Ramadan eingeschränkte Öffnungszeiten, Eintritt frei).

Istana Nurul Iman

Einige der besten Architekten der Welt entwarfen den riesigen **Istana Nurul Iman** am Flussufer etwa 4 km südwestlich des Zentrums. Versteckt hinter Bäumen residiert hier die Sultansfamilie in 1788 Räumen auf über 200 000 m^2, einer Fläche von 28 Fußballfeldern. Ein Festsaal bietet bis zu 5000 Gästen und eine Moschee fast 1500 Gläubigen Platz. Nur ein kleiner Teil der Autosammlung der Familie von 2500 Luxuslimousinen – darunter zahlreichen Sonderanfertigungen von Rolls Royce und Mercedes über Lamborghini, Ferrari und Bentley bis zu F1-Rennwagen – passt in die Garage mit 110 Parkplätzen. Zur Entspannung kann der Sultan in einem seiner fünf Pools schwimmen oder mit einem seiner 200 Zuchtpferde aus dem klimatisierten Stall zum Poloplatz reiten.

Bei seiner Fertigstellung 1984 war der Palast das weltweit größte jemals für eine Familie errichtete Gebäude, das sich der Sultan etwa 1,4 Mrd. US-Dollar kosten ließ. Einmal im Jahr zum Ende des Ramadan (Hari Raya Aidilfitri, s. S. 51) stehen die Palasttore drei Tage lang offen und der Sultan hält eine Audienz ab. Dann schüttelt er über 100 000 Besuchern die Hände und verteilt Gastgeschenke. Sie fallen heute etwas kleiner aus als vor der Asienkrise 1998, bei der die Familie erhebliche Verluste erlitt. Sogar Touristen werden zur Audienz vorgelassen (Pass mitbringen).

Persiaran Damuan und Pulau Ranggu

Unterhalb des Sultanspalasts erstreckt sich über 1 km entlang der Jalan Tutong und dem Sungai Brunei der **Persiaran Damuan.** In dem Park thematisieren abstrakte Skulpturen zeitgenössischer Künstler die südostasiatische Wirtschaftsorganisation ASEAN und den Islam. Zudem sind hier einige alte Fahrzeuge ausgestellt.

In den intakten Mangrovenwäldern auf der gegenüberliegenden Flussinsel **Pulau Ranggu,** die man im Rahmen einer Bootstour besuchen kann, leben Nasenaffen, die spätnachmittags zu ihren Schlafplätzen in den Bäumen am Ufer klettern.

Infos

Brunei Tourism: am Flughafen, 9–17 Uhr (häufig geschlossen); Zweigstelle im Ministry of Industry & Primary Resources (MIPR), Jln. Menteri Besar, Tel. 238 28 22, www.brunei tourism.travel.

Im Internet: www.borneoinsidersguide.com; das gleichnamige Magazin (biG) liegt kostenlos in einigen Hotels und Restaurants aus.

Übernachten

Kultiviert ▶ **Radisson Brunei:** Jln. Tasek, Tel. 224 48 28, www.radisson.com/brunei. Das 4-Sterne-Hotel ist das Beste im Zentrum. Die 142 gepflegten Zimmer mit Teppichböden, Kühlschrank und Safe sind sehr komfortabel, der Service ist freundlich und das Essen in den Restaurants sehr lecker, v. a. das vielfältige Frühstücksbüfett. Kleiner Pool und Fitnesscenter. DZ B$ 200–230.

Schick ▶ **The Brunei Hotel:** 95 Jln. Pemancha, Tel. 224 23 72-9, www.thebruneihotel.com. Nach 50 Jahren wurde das Hotel in bester Lage mit 65 kleinen Zimmern komplett renoviert und modernisiert. DZ B$ 100–120 inkl. Frühstück.

Für jeden das Passende ▶ **Le Gallery Suites Hotel:** Seri Complex, Jln. Tutong, ca. 2,5 km westl. vom Zentrum, Tel. 222 12 28, www.legallerysuiteshotel.com. Am jenseitigen Ufer des Sungai Brunei liegt inmitten von Einkaufszentren hinter der Plaza Athirah dieses kleine Hotel mit gutem Preis-Leistungs-Verhältnis. Besser als die älteren Standardzimmer sind die 5 angenehm eingerichteten Suiten, 21 Studios und 6 geräumigen Apartments für bis zu 4 Pers. Über eine Fußgängerbrücke erreicht man in 20 Min. das Zentrum. DZ B$ 50–125 inkl. Frühstück.

Für Sparsame ▶ **Apek Utama Hotel:** Simpang 229, Kampung Pintu Malim, Jln. Kota Batu, ca. 2 km östl. des Zentrums nahe dem Fluss, Tel. 887 18 73. In einfachen Wohnblocks etwas zurückversetzt von der Straße zum Brunei Museum werden 54 Zimmer vermietet. Alle haben Duschen, sind klimatisiert und sauber, aber einfach eingerichtet. Ab Zentrum mit dem Wassertaxi oder Bus Nr. 39 erreichbar. DZ B$ 35.

Essen & Trinken

Schicker Japaner ▶ **Kaizen Sushi:** gegenüber vom Yayasan Complex, Jln. McArthur, Tel. 222 63 36, und im Kiarong Complex, Simpang 181, Kiarong, Tel. 245 26 62, beide tgl. 11–14.30, 18–22.30 Uhr. Das ansprechende moderne Design mit offener Küche, der Flussblick sowie eine große Auswahl an Sushi und anderen japanischen Gerichten zu moderaten Preisen machen den Japaner zu einem Favoriten. B$ 20–30.

Italien und Thailand unter einem Dach ▶ **Fratini's Yayasan:** gegenüber vom Yayasan Complex, Jln. McArthur, Tel. 223 25 55, und im Centrepoint, Simpang 37, Gadong, Tel. 245 12 00, beide tgl. 10–23 Uhr. Alle Filialen des Italieners erfreuen sich großer Beliebtheit, denn die Pizzas und die Pastagerichte schmecken recht authentisch. Nur auf den Wein dazu muss man verzichten. Mit der besten Lage punktet die Filiale im Zentrum – von der großen Terrasse an der Promenade überblickt man den Sungai Brunei und das Wasserdorf. Hier kann man auch Gerichte vom Thai-Restaurant im Obergeschoss bestellen. Freundlicher Service, auch Take-away. Vor 18 Uhr häufig Sonderangebote, ansonsten viele Gerichte B$ 15–30.

Exotisch ▶ **Restaurant Aminah Arif:** Bangunan Haji Abdul Rahman, Simpang 88, Kampung Kiulap, Tel. 265 30 36, www.aminaharif.com.bn, tgl. 7.30–23.30 Uhr. Hier gibt es die üblichen lokalen malaiischen Speisen wie Nudel- und Reisgerichte, Fisch, Krebse sowie Farne und andere Gemüse. Die meisten Gäste kommen jedoch hierher, um die Nationalspeise *ambuyat* zu essen, was gar nicht so leicht ist. Ein mundgerechtes Stück des klebrigen geschmacklosen Sagobreis wird mit einer langen Holzgabel abgedreht, in einen der vielen scharfen, cremigen Dips *(cacah)* getunkt und zusammen mit verschiedenen Beilagen gegessen. Ein besonderes kulinarisches Erlebnis. Gerichte um B$ 10.

Unterhaltsam ▶ **DeRoy@le C@fe:** 38 Jln. Sultan, Tel. 222 02 57, 24 Std. Das kleine Straßencafé an der zentralen Kreuzung ist bei Ausländern sehr beliebt. Vielleicht verdankt es das den ausliegenden Zeitungen, dem kostenlosen Internetzugang oder der guten Auswahl an Sandwiches und anderen Snacks, vielleicht auch den langen Öffnungszeiten. An der Qualität des Essens liegt es sicherlich nicht. Gerichte unter B$ 10.

Preiswert ▶ **Kianggeh Food Court (KFC):** an der Uferpromenade zwischen Jln. Residency und Sungai Brunei hinter der Brücke, tgl. ganztags. An den Essenständen werden in Woks Nudel- und Reisgerichte gebraten sowie an Holzkohlegrills Sate zubereitet. Auch leckere Grillhähnchen. Unter B$ 5.

Einkaufen

Zahlreiche kleinere Läden konzentrieren sich in **Gadong,** einem neuen Viertel ca. 5 km nördlich des Zentrums.

Markt ▶ **Tamu Kianggeh:** am Kanal nahe der Einmündung in den Sungai Brunei. Auf dem traditionellen Markt wird v. a. Obst und Gemüse angeboten. Am meisten ist am Freitag und sonntagvormittags los.

Einkaufszentren ▶ **Yayasan Sultan Haji Hassanal Bolkiah Foundation Complex** (Yayasan Shopping Complex): Jln. McArthur. Der aus zwei Gebäuden bestehende Komplex beherbergt u. a. einen großen Supermarkt und einen Food Court mit preiswertem Essen, ansonsten ist das Angebot etwas enttäuschend. **Centrepoint Complex** und **The Mall:** Simpang 37, Gadong.

Abends & Nachts

Kino ▶ Da das Unterhaltungsangebot begrenzt ist, sind die Kinos sehr gut ausgestattet und selbst Spätvorstellungen bestens besucht. Multiplex-Kinos in **The Mall** (s. S. 336), Gadong, und im **Empire Hotel** (s. S. 332), Jerudong zeigen v. a. internationale Blockbuster auf Englisch. Sex ist von der Leinwand verbannt, Gewalt und Horror jedoch jugendfrei.

Aktiv

Ausflüge ▶ **Sunshine Borneo Tours & Travel:** 2 Simpang 146, Jln. Kiarong, Kampung Kiulap, Tel. 244 68 12, 244 17 91, www.exploreborneo.com. U. a. Touren in den Ulu Temburong National Park. **Mona Florafauna Tours:** 140 Jln. Pemancha, Bandar Seri Begawan, Tel. 223 07 61, mft@brunet.bn. **Freme Travel Service:** 403–407B Wisma Jaya, Jln. Pemancha, Bandar Seri Begawan, Tel. 223 42 80, www.freme.com. Ebenfalls Touren in den Ulu Temburong National Park mit Übernachtung außerhalb der Parkgrenzen.

Termine

Nationalfeiertag (23. Febr.): Umzüge und eine zentrale Feier im National Stadium in Anwesenheit der Sultansfamilie.
Geburtstag des Sultans (15. Sept.): Zwei Wochen dauern die Feiern mit Umzügen, Veranstaltungen und einem großen Feuerwerk.
Hari Raya Aidilfitri (s. S. 51): Das Ende des Ramadan wird überall gefeiert, natürlich hält der Sultan Hof.

Verkehr

Flüge: Vom Flughafen 10 km nördlich des Zentrums regelmäßig nach Kuala Lumpur, Kuching und Kota Kinabalu mit MAS, Air Asia sowie der nationalen Fluggesellschaft Royal Brunei, www.bruneiair.com, die zudem weitere internationale Ziele anfliegt. Nach Singapore auch mit Singapore Airlines.
Busse: Ab dem Terminal in der Jln. Cator etwa stdl. nach Seria (1 Std., B$ 6). Von dort weiter nach Kuala Belait ebenfalls etwa stdl. mit lokalen Bussen. Von der Haltestelle südlich des chinesischen Tempels in der Jalan Sungai Kiangeh 2 x tgl. nach Miri (4 Std., B$ 18) und um 8 Uhr nach Kota Kinabalu (8 Std., B$ 45).
Fähren: Von der Mole hinter der Brücke an der Jalan Residency etwa stdl. mit kleinen Expressbooten nach Bangar im Landesteil Temburong (6–17.30 Uhr, 1 Std., B$ 6).

Fortbewegung in der Stadt

Busse: Die meisten Stadtbusse starten im Zentrum in der Jalan Cator. Ein Ticket kostet je nach Entfernung B$ 1–2, der letzte Bus fährt meist gegen 18 Uhr. Mit Nr. 1 und 55 nach Gadong, mit Nr. 24, 36 und 38 zum Flughafen, mit Nr. 33, 37, 38 und 39 nach Muara, mit Nr. 55 nach Jerudong. Shuttlebusse fahren 6 x täglich ab dem Yayasan Komplex und The Mall in Gadong zum Empire Hotel in Jerudong.
Taxis: Tel. 222 22 14, 222 68 53, einige Autos warten auch nahe dem Busterminal. Fahrtkosten innerhalb der Stadt ca. B$ 10, ins Umland ab B$ 35.
Flussboote: Einheimische zahlen für Linienboote B$ 1–2, von Ausländern werden höhere Preise verlangt. Rund B$ 20/Std. kostet es, wenn man die Boote für eine Tour chartern möchte.

Muara und Pulau Labuan (Malaysia) ▶ 4, M 4/5

Von **Muara,** dem wichtigsten Hafen des Landes, legen Fähren nach Sabah und Pulau Labuan ab. Wer bis zur Abfahrt noch Zeit hat, kann mit Bus Nr. 33, der vom zentralen Busstopp zum Hafen pendelt, zum **Pantai Muara** weiterfahren und am Ende der Landzunge noch etwas Sonne und Sand genießen.

Die Passagierfähren stellen die interessanteste und günstigste Möglichkeit dar, in einem Tag von Brunei über **Pulau Labuan** nach Kota Kinabalu in Sabah zu gelangen. Bei einem Zwischenstopp auf der Insel kann man nicht nur hervorragendes Seafood genießen, sondern auch zollfrei einkaufen. Das lohnt sich vor allem auf dem Weg von Sabah nach Brunei, da Alkoholika auf Labuan sehr wenig kosten und das Angebot so groß wie in keiner anderen Stadt Malaysias ist. Das heutige Offshore-Finanzzentrum genießt als Bundesterritorium politischen Sonderstatus, da es vor der Unabhängigkeit Malaysias zu den britischen Straits Settlements gehörte und als Kohlelieferant für die Dampfschifffahrt von großer Bedeutung war.

Übernachten

... auf Pulau Labuan:

Klassisch ▶ **Grand Dorsett:** 462 Jln. Merdeka, Tel. 0060 87 42 20 00, www.granddorsett.com/labuan. Großes Hotel in zentraler Lage mit 178 ruhigen, komfortablen Zimmern und bequemen Betten. Restaurant mit leckerem Essen und gutem Frühstücksbüfett. Pool, Fitnesscenter und kostenloser Internetzugang. DZ RM 260–520 inkl. Frühstück.

Essen & Trinken

... auf Pulau Labuan:

Seafood satt ▶ **Port View Restaurant:** Jln. Merdeka, Tel. 0060 87 42 29 99, mittags bis spätabends. In diesem klimatisierten chinesischen Restaurant am Hafen kann man sich auf der Terrasse am Wasser leckeres Seafood schmecken lassen. RM 15–30.

Verkehr

Fähren: Vom Passenger Ferry Terminal in Muara 8 x tgl. nach Labuan (50 Min., B$ 17). Von dort weiter nach Kota Kinabalu um 8 und 13 Uhr (4–5 Std., RM 34).

Ulu Temburong National Park ▶ 4, M 6

Nur ein kleiner Teil des 50 000 ha großen **Ulu Temburong National Park,** der 1991 zum ersten Nationalpark von Brunei erklärt wurde, ist Besuchern zugänglich. Die Anfahrt erfolgt über das 87 km südlich von Bandar Seri Begawan gelegene **Bangar** (▶ 4, M 6) und **Batang Duri** (▶ 4, M 6), der letzten Iban-Siedlung vor dem Park. Mit Motorbooten geht es von dort auf dem klaren Sungai Temburong in zahlreichen Kurven über Stromschnellen und ruhige Gewässer langsam hinauf in einen nahezu unberührten tropischen Tieflandwald. Ein Wanderweg führt mehr als 1000 Stufen steil hinauf zu fünf Aussichtsplattformen in teilweise über 60 m Höhe, die über Metallstege miteinander verbunden sind. Für den steilen Aufstieg wird man mit einem wunderbaren Ausblick auf die üppige grüne Vielfalt der ausladenden Wipfel der Urwaldriesen belohnt, die mit Farnen, Würgefeigen, Orchideen und anderen Epiphythen überwuchert sind. Der Blick schweift weiter, hinab ins Tal und weit über ein schier endloses Dschungelgebiet, das einer riesigen Brokkolilandschaft ähnelt und in unterschiedlichen Grüntönen die angrenzenden Bergketten zu bedecken scheint.

Vom Sungai Temburong aus kann man mehrere glasklare Seitenbäche flussaufwärts zu Stromschnellen und Wasserfällen mit schönen Badeplätzen wandern. Empfehlenswert ist mindestens eine Übernachtung im Park, um früh am Morgen von den Aussichts-

türmen aus einen magischen Sonnenaufgang zu erleben, bevor die aus den Tälern aufsteigenden Wolken die Berge bedecken. Nicht minder spannend ist eine Nachtwanderung, bei der man vor allem Insekten und Frösche sehen kann.

Übernachten

... in Bangar:

Abseits der Touristenroute ▶ **Rumah Persinggahan:** unweit der Mole nahe der Moschee, Tel. 522 12 39. Das Government Resthouse ist eigentlich für Regierungsangestellte gedacht, nimmt aber auch Touristen auf. Die Zimmer in den beiden 1-stöckigen Reihenhäusern sind komfortabel und gepflegt. An den Außenwänden werden die Bevölkerungsgruppen, die in Temburong siedeln, vorgestellt. Auch große Chalets mit Aufenthaltsraum und Küche. DZ B$ 30, Chalets B$ 80.

Traumhafte Dschungellodge ▶ **Ulu Ulu Resort:** Reservierung über Sunshine Borneo Tours & Travel (s. S. 337), www.uluuluresort.com. Das ehemalige Park Headquarters an einem Hang über dem Temburong und Belalong River wurde zu einem sehr komfortablen Resort ausgebaut. Überdachte Plankenwege verbinden die Bootsanlegestelle mit dem Restaurant und den Bungalows, die sich entlang dem Fluss reihen. Die großzügigen, klimatisierten Holzhäuser mit einem großen und einem kleineren Zimmer sind nett eingerichtet und mit allem Komfort sowie einer geräumigen Terrasse mit Flussblick ausgestattet. Bei Regen sorgen ein Billardsalon und kleines Kino für Abwechslung. Touren mit einer Übernachtung ab Bandar Seri Begawan B$ 290/Pers.

Verkehr

Anreise von Bandar Seri Begawan mit dem Expressboot (s. S. 337) nach Bangar. Von dort per Taxi oder Minibus nach Batang Duri und weiter per Boot in den Park.

Leben auf Stelzen: Die traditionellen Dörfer der Küstenmalaien sind auf Pfählen ins Wasser gebaut

Vor den Küsten Sabahs ist die Unterwasserwelt noch intakt – die riesigen Fächerkorallen sind der beste Beweis dafür

Kapitel 5
Sabah

Immer mehr Naturfreunde erkunden die abwechslungsreiche Tropenlandschaft an der Nordspitze von Borneo. Zwischen den Inseln des Tuanku Abdul Rahman National Park vor den Toren der Hauptstadt Kota Kinabalu kreuzen Segelboote und weiter im Norden verführen kilometerlange Sandstrände zum Baden oder zu ausgedehnten Spaziergängen. Im Landesinnern erhebt sich das mächtige Granitmassiv des Gunung Kinabalu, das Wanderer wie Bergsteiger herausfordert. Hier und an anderen Orten in Sabah kann man mit etwas Glück Orang-Utans, wilde Elefanten und Nasenaffen in freier Wildbahn beobachten. Selbst die Kleintierwelt lässt aufmerksame Besucher immer wieder staunen und lohnt die lange Anreise selbst ins abgelegene Danum Valley, wo qualifizierte Guides hervorragende Touren leiten.

Auf den Inseln des Turtle Island National Park vor der Ostküste vergraben vom Aussterben bedrohte Meeresschildkröten ihre Eier zum Ausbrüten im warmen Sand. Vielen Eilanden sind Korallenriffe vorgelagert, die bereits beim Schnorcheln durch ihre Vielfalt an Korallen, Fischen und anderen Meeresbewohnern faszinieren. Zumeist sind es jedoch leidenschaftliche Taucher, die immer wieder hierher zurückkehren, um die einmalige Unterwasserlandschaft zu genießen. Die traditionellen Märkte sind Treffpunkte für Menschen unterschiedlicher Herkunft. Sabahs große ethnische Vielfalt wird beim Besuch des Nationalmuseums in Kota Kinabalu oder eines Cultural Village eindrücklich vor Augen geführt. Noch authentischer erlebt man die unterschiedlichen Kulturen bei einem der großen Feste des Bundesstaats oder einer Rundreise durch die Dörfer der Kadazan, Dusun, Murut, Lundayeh und Rungus.

Auf einen Blick
Sabah

Sehenswert

12 Kinabalu National Park: Majestätisch erhebt sich in diesem Nationalpark nahe der Küste der höchste Berg des Landes – selbst Ungeübte können den 4095 m hohen Gipfel des Gunung Kinabalu erreichen. In den kühlen Bergwäldern an seinen Hängen gedeihen seltene Orchideen und Kannenpflanzen (s. S. 353).

13 Kinabatangan Wildlife Sanctuary: In einem der letzten Tieflandregenwälder Malaysias leben beiderseits des träg dahinfließenden Kinabatangan noch große Elefantenherden, Nasenaffen und Orang-Utans, die man vom Boot aus beobachten kann (s. S. 370).

14 Pulau Sipadan: Ganz nahe an der indonesischen Grenze liegt diese winzige Insel mit einem überkragenden Korallenriff – ein Traumziel aller Taucher, die hier eines der besten Reviere weltweit vorfinden (s. S. 380).

Schöne Routen

Vom Kinabalu National Park nach Sandakan: Beiderseits der gut ausgebauten Straße vom beliebten Nationalpark zu den Orang-Utans bei Sandakan liegen ehemalige Holzfällersiedlungen und Ölpalmplantagen, aber auch die heißen Quellen von Poring und die Teeplantage Sabah Teh, wo man einen Stopp einlegen oder sogar übernachten kann (s. S. 361).

Von Sandakan in den Turtle Islands National Park: Durch eine traumhafte Inselwelt tuckert man auf kleinen Ausflugsbooten von der Hafenstadt an der Sulusee in diesen Nationalpark, bei dem der Name Programm ist (s. S. 368).

Unsere Tipps

Kulturelle Vielfalt im Mari Mari Cultural Village: Die große ethnische Vielfalt in Sabah erschließt sich nicht auf den ersten Blick, doch in diesem Kulturzentrum bei Kota Kinabalu werden die Sinne für die Unterschiede zwischen den wichtigsten Bevölkerungsgruppen geschärft (s. S. 347).

Badeurlaub bei Kota Kinabalu: Nach einer anstrengenden Rundreise eignen sich die komfortablen Resorts an den schönen Stränden hervorragend für einen Verwöhnurlaub (s. S. 351).

Sabah Tea Garden: Auf der größten Teeplantage Borneos kann man eine Teefabrik besichtigen, wandern, in einem Bambus-Langhaus übernachten, einfach nur den Ausblick genießen – und natürlich Tee trinken (s. S. 364).

aktiv unterwegs

Mit der Schmalspurbahn zum Rafting: Bereits die Anfahrt im Zug ab Beaufort ist ein Erlebnis, richtig spannend wird es dann auf dem Wasser. In Trockenperioden zeigt sich der Sungai Padas von seiner zahmen Seite, doch während der Regenzeit können die Schlauchboottrips sehr turbulent sein (s. S. 352).

Wandern im Kinabalu National Park: Auf markierten Wanderwegen sind kürzere wie längere Touren durch den abwechslungsreichen märchenhaften Bergwald des Nationalparks möglich (s. S. 354).

Die Besteigung des Gunung Kinabalu: Sobald einer der begehrten, teuren Übernachtungsplätze in der Berghütte gebucht ist, hat man die größte Hürde für die Gipfelerstürmung genommen (s. S. 358).

Kota Kinabalu und Kinabalu National Park

Die Hauptstadt des ethnisch vielfältigsten malaysischen Staats Sabah bildet das Eingangstor in den Norden von Borneo. Eingebettet zwischen Tropeninseln und der traumhaften Berglandschaft des Kinabalu National Park, der von Malaysias höchstem Gipfel gekrönt wird, braucht sich Kota Kinabalu nicht herauszuputzen, um Touristen aus aller Welt anzulocken.

Kota Kinabalu und Umgebung ▶4, O 3

Cityplan: S. 346

Geschichte

Nach mehreren vergeblichen Versuchen gelang es der britischen **North Borneo Company** um 1900, nahe dem Bahnhof der North Borneo Railway im kleinen Fischerdorf Api Api (›Feuer‹) ein Handels- und Verwaltungszentrum mit Hafen anzulegen, das man sogleich nach dem stellvertretenden Vorsitzenden der Company, dem Rechtsanwalt **Charles Jessel** (1860–1928), benannte. Für die aufblühende Niederlassung stellten Piraten eine ständige Bedrohung da. Doch nicht sie, sondern die Bomben der Australier und Amerikaner waren es, welche die Siedlung während der japanischen Besatzung in Schutt und Asche legten.

Nach dem Ende des Zweiten Weltkriegs unterstellte die inzwischen fast bankrotte North Borneo Chartered Company ihren Besitz der britischen Krone, die **Jesselton** zur Hauptstadt der Kolonie North Borneo erkor.

Mit dem Beitritt zu Malaysia im Jahr 1963 wurde North Borneo in **Sabah** (›der Morgen‹) umbenannt, fünf Jahre später taufte man Jesselton in **Kota Kinabalu** um. Erst zur Jahrtausendwende erhielt die mittlerweile fast 500 000 Einwohner zählende Metropole Stadtrechte.

Orientierung

Entlang der Ausfallstraßen erstreckt sich Kota Kinabalu weit ins Umland hinein. Die meisten ausländischen Besucher halten sich im **Central Business District** auf, der vom Hafen im Norden, dem **Jesselton Point Terminal,** bis zur Busstation hinter dem **Api-Api Centre** reicht und auf der einen Seite vom Meer und auf der anderen Seite vom bewaldeten **Signal Hill** begrenzt wird. Mit etwas Zeit und Ausdauer sind alle Ziele im Zentrum zu Fuß zu erreichen.

Zu den auf aufgeschüttetem Land errichteten Einkaufszentren **KK Times Square** und **Harbour City** im Süden des Zentrums, den noch weiter südlich liegenden Resorts von **Sutera Harbour** und **Tanjung Aru** sowie zu der Staatsmoschee und zu den meisten Museen nimmt man besser ein Taxi oder einen Stadtbus.

Märkte

Trotz der Einkaufszentren haben die Märkte noch lange nicht ausgedient und sind immer einen Bummel wert. Vor allem vormittags lohnt ein Besuch in der Markthalle, dem **Central Market** 1, und dem zum Meer hin angrenzenden **Wet Market** 2, wo allerlei Meeresfrüchte zu bekommen sind, was die Gaumen der Stadt beglückt. Praktischerweise wird abends vieles davon auf dem nahen **Pasar Malam** 3, einem Essenmarkt unter freiem Himmel, frisch zubereitet. Der dritte im

Bund, der Markt für Kunstgewerbe oder **Pasar Kraftangan** 4, wird wegen seiner vielen Importwaren auch Filippino Market genannt.

Besonders bunt ist der große sonntägliche **Gaya Street Market** 5, wo Textilien, Haushaltswaren und Lebensmittel aus den Dörfern der Umgebung, aber auch Werke lokaler Künstler angeboten werden (6–14 Uhr).

Signal Hill 6

Östlich des Zentrums erhebt sich der **Signal Hill** (Bukit Bendera), von dessen Aussichtsplattform sich ein schöner Blick über die Stadt bis zu den Inseln in der Likas Bay bietet. Der Fußpfad auf den Hügel beginnt am Uhrturm hinter der Polizeistation in der Jalan Bypass. Ein Taxi nach oben kostet ca. RM 10.

Sabah Museum 7

Interessierte können durchaus mehrere Stunden im **Sabah Museum** verbringen. Am Eingang wird man von dem größten jemals gefundenen Skelett eines Brydewals begrüßt, der 2007 vor Pulau Gaya gestrandet ist. Der Rundgang beginnt mit der prähistorischen Galerie, in der einige interessante Gegenstände aus Nordborneo ausgestellt sind, u. a. etwa 1000 Jahre alte Holzsärge von Batu Tulug am Kinabatangan, 800 Jahre alte Statuen aus der Baturong-Höhle bei Kunak sowie wesentlich ältere Steinwerkzeuge, die in verschiedenen Höhlen gefunden wurden. Insgesamt sind Funde aus der Frühzeit eher rar, denn die meisten sind dem alles zersetzenden Tropenklima zum Opfer gefallen.

Jenseits der prähistorischen Galerie wird die Geschichte umfassend präsentiert. Den Anfang machen die alten Schifffahrtsrouten und Handelsprodukte, dann stehen die Sultane im Mittelpunkt und schließlich die seefahrenden Nationen, die den Kolonialismus einläuteten. Beim Thema North Borneo Chartered Company entdeckt man, dass sich die ehrenwerte Company nicht nur von Einnahmen aus Plantagen, Sägewerken und Kohlegruben finanzierte, sondern auch über Steuern auf Alkohol, Opium und Spielsalons. Den Abschluss der Geschichtsabteilung bildet die

Ein Paradies für Fischliebhaber: der Seri Selera in Kota Kinabalu

0
100
200 m
Südchinesiches
Meer
Jesselton Point Terminal, nördl. Busbahnhof
Jln. Pantai
Jln. Ewan
Jln. Gaya
Jln. 2
Gaya Ctr.
Jln. Asmara
Jln. 15
Jln. 3
Jln. Bukit Bendera
Wisma Merdeka
Maybank
AUSTRALIA PLACE
Jln. 4
Jln. Balai Polis
Jln. Datuk Salleh Sulong (Jln. 16)
Jln. 5
Milimewa Super-store
SEGAMA
Beach St
Jln. 6
Jln. Tun Razak
Jln. Tunku Abdul Rahman
Padang Merdeka
Jln. Tun Fuad Stephens
Jln. 17
City Park Bus Terminal
Jln. 7
KK Plaza
Rathaus
Jln. Pinggir
Jln. 18
Jln. Tugu
High Court
Masjid Bandar
Jln. 19
City Park
Jln. Merdeka (Jln. 8)
Jln. Istana
SINSURAN
Jln. Sentosa
Jln. Haji Yaakub
BANDARAN BERJAYA
Jln. Datuk Chong Thain Yun
Jln. Perpaduan (Jln. 9)
Jln. Pasar Baru
City Parade
Warisan Square
Centrepoint
Jln. Sepuluh (Jln. 10)
Jln. Duapuluh (Jln. 20)
SEDCO COMPLEX
Asia City Complex
ASIA CITY
Lorong Api-Api 2
Lorong Api-Api 1
Star City Mall
Star City North
Leboh Raya Pantai Baru
Jln. Nenas
All Saints' Cathedral
API-API CENTRE
Karamunsing Complex
Plaza Wawasan
Jln. Kemajuan
Tanjung Aru
Jln. Tuaran
Maybank
Flughafen

Kota Kinabalu

Sehenswert
1 Central Market
2 Wet Market
3 Pasar Malam
4 Pasar Kraftangan
5 Gaya Street Market
6 Signal Hill
7 Sabah Museum
8 Monsopiad Cultural Village
9 Mari Mari Cultural Village

Übernachten
1 Shangri-La's Rasa Ria Resort
2 Shangri-La's Tanjung Aru Resort
3 Le Meridien
4 Hyatt Regency
5 Langkah Syabas Beach Resort
6 Hotel Sixty3
7 Hotel Eden 54
8 Sensi Backpackers Hostel

Essen & Trinken
1 Seri Selera
2 Chilli Vanilla
3 Kedai Kopi Fatt Kee
4 Borneo 1945 Museum Kopitiam
5 Nachtmarkt

Einkaufen
1 Suria Sabah Shopping Mall
2 1Borneo
3 Chanteek Borneo

Aktiv
1 GoGoSabah

Zeitspanne zwischen dem Zweiten Weltkrieg und der Unabhängigkeit.

Spannend sind in der Kulturabteilung Colours, Cloth and Cosmos die verschiedenen Aspekte der Kopfjagd, alte Fotos von in Vergessenheit geratenen Zeremonien und die echten Schädel, die von der Decke baumeln. Die traditionellen Kleider, Schmuckstücke und Werkzeuge der unterschiedlichen Völker vermitteln einen guten Eindruck von der ethnischen Vielfalt auf Sabah. Mit dem gleichen Thema beschäftigt sich das **Heritage Village,** das in einem Wald unterhalb des Museums liegt. Hier sind Nachbauten traditioneller Häuser und Werkstätten der Rungus, Murut, Bonggi, Bajau, Brunei-Malaien, Bisaya und anderer Volksgruppen zu sehen.

Wer noch etwas Energie hat, kann den Rundgang fortsetzen. Im 1. Stock des Haupthauses befindet sich die Keramik- und naturkundliche Sammlung, außerdem gibt es Ausstellungen zur Geschichte der North Borneo Railways und zur technischen Entwicklung im Bundesstaat. Die **Sabah Art Gallery** zeigt moderne Malerei einheimischer Künstler, das **Islamic Civilization Museum** beschäftigt sich mit der Ausbreitung des Islam im nördlichen Borneo und in der **Gartenanlage** kann man sich Orchideen, Nutz- und Heilpflanzen ansehen (Jln. Muzium, Tel. 088 25 31 99, tgl. 9–17 Uhr, RM 15, Anfahrt mit dem Taxi für ca. RM 10).

Monsopiad Cultural Village 8

Etwa 15 km südlich von Kota Kinabalu befindet sich das **Monsopiad Cultural Village,** wo die größte ethnische Gruppe Nordborneos, die Kadazan, in rekonstruierten traditionellen Häusern Aspekte ihrer Alltagskultur vorstellt. Gezeigt werden alte Werkzeuge und Haushaltsgegenstände, aber man erhält auch einen Einblick in den Geisterglauben der Kadazan, die Aufgaben der Priesterinnen und die Traditionen früherer Generationen. Außerdem werden die Taten des blutrünstigen Helden und Kopfjägers Monsopiad gewürdigt, nach dem das Kulturzentrum benannt ist. Im alten House of Skulls hängen noch immer die Schädel seiner getöteten Feinde (Lok Kawi, Tel. 088 77 43 37, www.monsopiad.com, tgl. 9–17 Uhr, traditionelle Tänze um 9, 11, 14 und 16 Uhr, RM 75, Taxi vom Zentrum ca. RM 35).

Mari Mari Cultural Village 9

Ein romantisches bewaldetes Tal ca. 19 km östlich von Kota Kinabalu scheint geradezu ideal für eine Reise in die Vergangenheit der Dusun, Rungus, Bajau, Lundayeh und Murut. Im **Mari Mari Cultural Village** stehen traditionelle Wohnhäuser dieser Volksgruppen und auf einem geführten Rundgang durch das Dorf werden die Verwendung alter Werkzeuge und die Grundlagen der verschiedenen Kulturen erklärt. Man kann sich Henna-Tattoos machen lassen, Blasrohr schießen, Trampolin springen und nach überlieferten Rezepten zubereitete Speisen, Getränke und frisch destillierten Reisschnaps probieren sowie selbst ein Gericht in Bambus kochen. Vor dem abschließenden Büfett werden auf einer Bühne traditionelle Tänze aufgeführt (Jln. Kiansom, nahe dem Kiansom-Wasserfall, Beginn der Führungen um 10, 14 und 18 Uhr, RM 80; Traverse Tours, Lot 227, Wisma Sabah, Tel. 088 26 05 01, 01 98 20 49 21, www.traversetours.com, bietet Touren für RM 160 inkl. Transfer vom Hotel, Mittagessen, High Tea oder Abendessen).

Infos

Sabah Tourism Board: 51 Jln. Gaya, Tel. 088 21 21 21, www.sabahtourism.com, Mo–Fr 8–

Gegenüber dem Warisan Square wächst jeden Abend ein Nachtmarkt aus dem Boden

17, Sa, So, Fei 9–16 Uhr. Die hilfreichen Mitarbeiter halten viel Infomaterial über Sabah bereit, das allerdings nicht immer aktuell ist.

Übernachten

Wer auf seiner weiteren Reise durch Sabah im Kinabalu National Park (s. S. 353) übernachten möchte, muss die Unterkunft bei der Zentralverwaltung in Kota Kinabalu buchen:

Sutera Sanctuary Lodges, Lot G15, Wisma Sabah, Tel. 088 30 39 17, www.suteraharbour.com.

Perfekt ▶ **Shangri-La's Rasa Ria Resort** 1: am Pantai Dalit nahe Tuaran, etwa 30 km nördl. von Kota Kinabalu, Tel. 088 79 28 88, www.shangri-la.com/kotakinabalu/rasariaresort. Das familienfreundliche Resort bietet alles, was zu einem perfekten Badeurlaub gehört – 420 überaus komfortable Balkonzimmer, wahrhaft luxuriöse Suiten mit riesiger Terrasse, Jacuzzi und Meerblick, Tropengarten mit 2 großen Pools, gepflegter weitläufiger Sandstrand, kleines Naturschutzgebiet mit Wanderwegen und jungen Orang-Utans. Die Qualität der Restaurants ist hervorragend, ebenso das vielseitige Freizeitangebot. DZ RM 800–1500.

Traumhaft ▶ **Shangri-La's Tanjung Aru Resort** 2: Jln. Pantai Aru, ca. 4 km südl. vom Zentrum, Tel. 088 32 78 88, www.shangri-la.com/kotakinabalu/tanjungaruresort. Auf einer Landzunge am gleichnamigen Strand zwischen dem Zentrum und dem Flughafen liegt diese weitläufige Anlage mit exzellentem Service. Die 492 großzügigen gepflegten Balkonzimmer im älteren und neueren Flügel sind geschmackvoll und mit allem Komfort eingerichtet. Neben dem großen Hauptrestaurant sorgen ein schicker Italiener sowie eine Pool- und Strandbar mit Grill für das leibliche Wohl. Die weitläufige Gartenanlage mit 2 großen Pools und vielen Liegen reicht bis zum Meer. Tolle Sonnenuntergänge. Shuttlebus in die City und zum Schwesterresort Rasa Ria (s. oben). DZ RM 500–1500.

Komfortables Cityhotel ▶ **Le Meridien** 3: Jln. Tun Fuad Stephens, Tel. 088 32 22 22, www.lemeridien.com/kotakinabalu. Etwas älterer, aber gepflegter 5-Sterne-Hotelblock mitten im Stadtzentrum mit gutem Service. Von den 306 gediegen eingerichteten, luxuriösen Zimmern haben einige eine fantastische Aussicht aufs Meer. Netter Pool und gutes Frühstücksbüfett. DZ RM 300–1000 inkl. Frühstück.

Gute Lage ▶ **Hyatt Regency** 4: 5 Jln. Datuk Salleh Sullong, Tel. 088 22 12 34, www.kinabalu.regency.hyatt.com. Das 5-Sterne-Hotel in zentraler Lage eignet sich bestens als Basis zur Erkundung der Stadt. 288 modern renovierte und bestens ausgestattete Zimmer (teurer mit Meerblick), angenehm großer Pool, Spa, Fitnesscenter, japanisches und chinesisches Restaurant, Café mit sehr guten Kuchen und Irish Pub. DZ RM 300–800 inkl. Frühstück.

Westlicher Standard ▶ **Langkah Syabas Beach Resort** 5: 21 km südl. von Kota Kinabalu am gleichnamigen Strand, Tel. 088 75 20 00, www.langkahsyabas.com.my. 18 gut ausgestattete Zimmer in kleinen Bungalows, die teureren neueren Zimmer an einem der beiden Pools mit Meerblick. Sonntags erfreut sich das Roast Buffet Lunch im netten Balcony Restaurant großer Beliebtheit. Wird von einem australischen Paar geleitet. DZ RM 200–380.

Modern ▶ **Hotel Sixty3** 6: 63 Jln. Gaya, Tel. 088 21 26 63, www.hotelsixty3.com. Neues Stadthotel mit 100 modern eingerichteten, unterschiedlich großen Zimmern mit LCD-TV, Wasserkocher, Kühlschrank und Wi-Fi sowie geräumigen Badezimmern. Kein eigenes Restaurant, aber viele Essensangebote im Haus und der unmittelbaren Umgebung. DZ RM 180–300.

Gemütlich ▶ **Hotel Eden 54** 7: 54 Jln. Gaya, Tel. 088 26 60 54, www.eden54.com. Die 23 sehr sauberen, komfortablen Zimmer (die günstigen ohne Fenster) mit bequemen Betten, LCD-TV, Wi-Fi und Wasserkocher im 1. Stock sind fast immer ausgebucht. Herzliche Rundumbetreuung, großer Aufenthaltsraum mit Sesseln und Sofas in warmen Farben, Küchenzeile und Gemeinschaftskühlschränke – hier fühlt man sich beinahe wie zu Hause. DZ RM 120–160.

Stilvoller Backpacker ▶ **Sensi Backpackers Hostel** 8: 103 Jln. Gaya, Tel. 088 24 24 77, www.sensihostel.com. Ein Hauch von Bali weht durch diesen kleinen, ruhigen Backpacker. Drei kleine klimatisierte Zimmer mit Gemeinschaftsduschen und zwei klimatisierte Schlafsäle mit 6 Betten für RM 30. Im netten Aufenthaltsraum kostenloser Kaffee, Tee und Wi-Fi, Küche mit Mikrowelle, Frühstück inkl. RM 100.

Essen & Trinken

Seafood satt ▶ **Seri Selera** 1: Sedco Complex, tgl. 15–2 Uhr. Rings um den großen, überdachten Platz wetteifern 5 Seafood-Restaurants um die Gunst der Gäste. Auch wenn man gleich von Kellnern mit Speisekarten bedrängt wird, kann man zuerst einmal die Auslagen betrachten und die Preise studieren. Bezahlt wird nach Gewicht, sodass man beim Auswiegen dabei sein sollte, um von der Rechnung nicht überrascht zu werden. Das Seafood wird nach Wunsch zubereitet und an den Tisch gebracht, dazu gibt's günstige Getränke und Snacks von anderen Ständen. Um RM 20.

Ungarn in Asien ▶ **Chilli Vanilla** 2: 35 Jln. Haji Saman, Tel. 088 23 80 98, 01 27 77 72 62, tgl. 11–22 Uhr. Die Küche des winzigen modernen Restaurants ist von unterschiedlichen Kulturen beeinflusst. Empfehlenswert sind das ungarische Gulasch, die Frikadellen, der marokkanische Lammeintopf und die Salate mit hausgemachtem Käse. Zudem leckere Kuchen und Tiramisu. RM 10–20.

Authentisch ▶ **Kedai Kopi Fatt Kee** 3: Jln. Haji Saman, Ecke Jln. 4, tgl. ganztags. In dem einfachen, aber gut besuchten chinesischen Eckrestaurant kann man den Köchen beim Brutzeln zuschauen. Drinnen kann es heiß werden, deshalb setzt man sich am besten an einen der begehrten Tische auf dem Bürgersteig. Von der englischsprachigen Karte können die Chicken Wings und die Sabah Veggies empfohlen werden. Um RM 10.

Historisch ▶ **Borneo 1945 Museum Kopitiam** 4: 24 Jln. Dewan, Tel. 01 98 83 38 29, www.borneo1945museumkopitiam.com, Mo–Sa 7.30–24 Uhr. Der kleine, freundliche Coffee Shop ist vollgepackt mit Erinnerungsstücken an die Australian Liberation Forces, die im Zweiten Weltkrieg gegen die Japaner kämpften. Entsprechend finden sich im kulinarischen Angebot u. a. ANZAC-Biscuits, die damals zur Unterstützung der Streitkräfte in Australien gebacken und wurden. Einheimische kommen v. a. wegen des guten Kaffees hierher und trinken besonders gerne *kopi botol, k*alten Kaffee aus der Flasche. Unter RM 10.

Tipp: Badeurlaub nahe Kota Kinabalu

Die Mündungsgebiete der Tropenflüsse sind zumeist von Mangroven bedeckt und in der Nähe von Siedlungen hat das Meer kaum Badequalität. Umso erstaunlicher ist es, dass es auf den fünf Tropeninseln nur 10 bis 20 Minuten vor den Toren der Stadt schöne Strände mit guten Bade- und Schnorchelmöglichkeiten gibt.

Wegen ihrer einmaligen Fauna und Flora sind die Eilande im **Tunku Abdul Rahman National Park** (▶ 4, O 3) unter Naturschutz gestellt worden. Da die Inselresorts extrem teuer sind, kommen zumeist Tagesausflügler zum Baden, Schnorcheln und Picknicken. Hierfür am besten geeignet ist **Pulau Gaya,** wo man auch kleinere Wanderungen unternehmen kann. Wer sich nicht für eine der Inseln entscheiden mag, sollte eine organisierte Rundfahrt ins Auge fassen (s. S. 352). Der Eintritt in den Nationalpark beträgt RM 10.

Südlich vom Flughafen stehen bei **Kinarut** (▶ 4, O 4) an kleinen Stränden Unterkünfte von unterschiedlichem Standard. Mit kilometerlangen Sandstreifen lockt die **Karambunai Peninsula** (▶ 4, O 3) nördlich der Stadt, wo das Nexus Resort, www.nexusresort.com, vor allem von asiatischen Reisegruppen gebucht wird. Westliche Touristen bevorzugen das Shangri-La's Rasa Ria Resort (s. S. 349) am gepflegten Sandstrand Pantai Dalit in einer von Dschungel umgebenen Bucht nahe **Tuaran** (▶ 4, O 3).

Große Auswahl ▶ Food Court 1: Suria Sabah Shopping Mall, 1 Jln. Tun Fuad Stephens, Tel. 088 28 88 80, www.suriasabah.com.my, tgl. 10–22 Uhr. Im 3. Stock dieses modernen Einkaufszentrums findet man zahlreiche Essenstände mit Blick aufs Meer. Unter RM 10.

Essenstände im Freien ▶ Pasar Malam 3: s. S. 344. **Nachtmarkt 5:** Jln. Tun Fuad Stephens, am Meer gegenüber dem Warisan Square südlich vom Pasar Malam, tgl. ab 17 Uhr. Bereits vor Sonnenuntergang stapeln sich auf den Tischen frisch gegrillte Hähnchen, Fische, Riesengarnelen und Hummer. Außerdem gibt es Büfetts mit Reis- und Nudelgerichten sowie Spezialitäten der malaiischen und philippinischen Küche. Frisches Obst, bunte Kuchen und andere lokale Süßigkeiten ergänzen das Angebot des riesigen Markts. Ein guter Ort, um mit Einheimischen in Kontakt zu kommen. Die Preise können stark variieren (Touristenpreise!), liegen aber meist unter RM 10.

Einkaufen

Einkaufszentren ▶ Suria Sabah Shopping Mall 1: Jln. Haji Saman, www.suriasabah.com.my, tgl. 10–22 Uhr. Die größte und neueste Mall im Zentrum. **1Borneo 2:** Jln. Sulaman, ca. 7 km nördlich der Stadt, tgl. 10–22 Uhr. In dem Megaeinkaufszentrum findet man Designerlabels ebenso wie einen Times Bookstore, Kinos und Restaurants.

Kunsthandwerk ▶ In Sabah stehen Produkte aus Bambus, der hier reichlich wächst, im Mittelpunkt der einheimischen Handwerkstradition. Hergestellt werden Hüte, Körbe, Kleinmöbel, Matten sowie Musikinstrumente, von Flöten bis zu Saxophonen. Die Küstenbewohner verwenden für Flechtarbeiten v. a. gefärbte Pandanusblätter. Bunte Decken werden von den Bajau gewebt und von den Rungus bestickt. Besonders die Lundayeh und Rungus sind für ihre Perlenarbeiten bekannt. Lokale Batiken und Ikatstoffe findet man hingegen eher selten. **Pasar Kraftangan 4:** s. S. 345. **Gaya Street Market 5:** s. S. 345. **Chanteek Borneo 3:** Jln. Tun Razak, Wisma Merdeka, 7. Stock, Tel. 088 23 10 18, www.chanteekborneo.blogspot.com. Accessoires im traditionellen Stil sowie Barbiepuppen in den Kostümen der jeweiligen Volksgruppen.

Zuchtperlen ▶ In Kota Kinabalu werden die schönsten Zuchtperlen aus der Sulusee verkauft. Man findet sie in vielen Geschäften und Einkaufszentren sowie auf Märkten wie dem Pasar Kraftangan. Achtung: Bei Billigange-

aktiv unterwegs

Mit der Schmalspurbahn zum Rafting

Tour-Infos

Start/Ziel: Kota Kinabalu (s. S. 344)
Dauer: 12 Std., davon 1–2 Std. Rafting
Buchung: Riverbug Asia, www.riverbug.asia (ab 2 Pers. RM 235/Pers. inkl. Transfer ab Kota Kinabalu); im Angebot sind auch zahmere Touren, z. B. auf dem Sungai Kiulu

Der normalerweise eher behäbige, ungefähr 200 km lange **Sungai Padas** zeigt sich von seiner wilden Seite, wenn er die schmale Padas-Schlucht durchquert. Vor allem in der Regenzeit kann es auf dieser Strecke zu Erdrutschen kommen, sodass die Schmalspurbahn blockiert ist. Dann sind die hier lebenden Menschen komplett von der Außenwelt abgeschnitten, denn Straßen gibt es in dem unzugänglichen Flusstal nicht.

Borneos einzige Eisenbahn verkehrt zwischen Kota Kinabalu und Tenom (▶ 4, O 5), wobei der spannendste Abschnitt in **Beaufort** (▶ 4, N 4/5) beginnt. Mit Passagieren und Waren für die abgelegenen Dörfer bepackt, zuckelt die Bahn durch grüne Reisfelder und vorbei an kleinen Dörfern in Richtung **Crocker Range** (Banjaran Crocker), deren höchste Berge über 1500 m hoch emporragen. Am braunen, behäbig dahinströmenden Fluss entlang geht es langsam durch die **Padas Gorge** (▶ 4, N 5), eine abgelegene Gegend mit Tropenwäldern und winzigen Orten ohne Straßenanschluss. Das Ende der spannenden Zugreise ist – selten pünktlich – nach ca. 38 km in **Pangi** (▶ 4, O 5) erreicht. Unterhalb der Bahnstation beginnt nach einer Sicherheitseinweisung die 9 km lange Raftingtour durch acht aufregende Stromschnellen der Schwierigkeitsgrade drei bis vier. Wenn sich das wild schäumende Wasser hinter der Schlucht wieder beruhigt, bietet sich die Gelegenheit, einen Blick auf die faszinierende Landschaft dieses entlegenen Tals zu werfen. Nach der letzten Stromschnelle bleibt vor dem Ende des Wildwassertrips in Rayoh und dem Mittagessen Zeit für ein abkühlendes Bad im Fluss. Anschließend geht es mit dem Zug zurück in die Hauptstadt.

boten sollte man aufpassen, da es sich um Fälschungen handeln kann.

Aktiv

Stadtführungen ▶ KK Heritage Walk: Tel. 01 28 02 88 23, www.kkheritagewalk.com. Der 2- bis 3-stündiger Rundgang mit der Einmheimischen Grace Leong durch das historische Zentrum startet am Padang Merdeka in der Jln. Tunku Abdul Rahman (RM 120 inkl. Hotelabholung, Souvenir, Tee und Heritage Walk Guidebook, jeden 2. und 4. Samstagvormittag kostenlos).

Bootstouren ▶ Die Inseln im Tunku Abdul Rahman National Park sind auf eigene Faust mit einem Boot ab dem Jesselton Point Ferry Terminal zu erreichen. Dort werden auch Touren zu mehreren Inseln angeboten.

Moped- und Motorradverleih ▶ GoGoSabah 1: Lot G4, Wisma Sabah, Tel. 01 38 68 35 59, www.gogosabah.com. Motorroller, Mopeds und Enduro-Maschinen für RM 45–70 pro Tag. Erforderlich ist der internationale Motorradführerschein.

Verkehr

Flüge: Der Flughafen liegt 8 km südlich des Zentrums. Von Terminal 1 starten alle MAS-Flüge, von Terminal 2 die Billigflüge von Air Asia. Es bestehen gute Verbindungen zu Zielen in Sabah und Sarawak sowie nach Kuala Lumpur, Penang, Singapore, Clark (Manila), Taipei, Hongkong, Shenzhen, Jakarta und Brunei.

Züge: Am Bahnhof im südlichen Vorort Tanjung Aru, Jln. Kepayan, startet morgens und

mittags eine Schmalspurbahn über Papar (▶ 4, O 4) nach Beaufort (▶ 4, N 4/5). Von dort fahren ebenfalls morgens und mittags zwei Züge weiter bis Tenom (▶ 4, O 5) – zumindest sofern die Strecke nicht durch Erdrutsche beschädigt ist.
Busse: An den Haltestellen südlich vom Padang Merdeka starten alle Busse und Minibusse zu Zielen in der Umgebung und in den Kinabalu National Park (2 Std., RM 20). Vom City Park Bus Terminal, Jln. Tun Razak, Verbindungen zu weiter entfernten Zielen im Süden, u. a. nach Brunei (8 Std., RM 100), und vom nördlichen Busbahnhof in Inanam, Lorong Terminal 1, 10 km nördl. des Zentrums, nach Sandakan (6 Std., RM 43) und Tawau (10–12 Std., RM 50).
Fähren: Ab dem Jesselton Point Ferry Terminal regelmäßig bis 17 Uhr zu den Inseln im Tunku Abdul Rahman National Park (RM 23 plus RM 7 Hafengebühr) sowie 2 x tgl. in ca. 3 Std. nach Pulau Labuan, dort Anschlussboot nach Brunei.
Mietwagen: Es ist kein Problem, mit einem Mietwagen die Westküste von Sabah zu erkunden, in den Kinabalu National Park, nach Sandakan oder sogar bis Tawau zu fahren. Wer allerdings auf der unbefestigten Straße über Kalabakan und Keningau an die Westküste zurückkehren will, braucht einen Geländewagen. Autos werden ab RM 140/Tag angeboten und zum Hotel oder Flugplatz gebracht. Rent a Car and Tours, Auto Gallery, Wisma Angkatan Hebat, 1Borneo, Jalan Sulaman, Tel. 088 44 88 66, www.borneo-rentacar.com. Kinabalu Rent A Car, Wisma Sabah, Jln. Tun Razak, Tel. 088 23 26 02, www.kinabalurac.com.my. Mayflower Car Rental, Plaza Tanjung Aru, Jln. Mat Salleh, Tel. 088 24 28 31, www.mayflowercarrental.com.

Fortbewegung in der Stadt

Busse: Alle innerstädtischen Busse starten am Wawasan Bus Terminal, Jln. Kemajuan, im Süden der Stadt. Die Busse 1 A und 1 B fahren etwa alle 5–20 Min. am Meer entlang bis zum Jesselton Point Ferry Terminal und über die Jln. Tun Razak wieder zurück, 2 A fährt über Karamunsing nach Likas und 2 B über die Jln. Tunku Abdul Rahman zum Australia Place (nahe dem Tourist Office). Zum Busbahnhof in Inanam verkehrt ein Shuttlebus.
Taxis: Im Stadtgebiet RM 10, zu weiter entfernten Zielen ab RM 20. Überlandtaxis verkehren auch bis zum Kinabalu National Park (RM 80).

12 Kinabalu National Park

▶ 4, P 2/2

Karten: S. 355, 359
Meist verbirgt sich der Gunung Kinabalu, der höchste Gipfel des Landes, hinter Wolken. Umso überraschender ist es, wenn das graue Granitmassiv plötzlich über der üppig-grünen tropischen Berglandschaft sichtbar wird und geradezu zum Erklimmen auffordert. Mit dem Blick auf den Gipfel geheftet, besteht allerdings die Gefahr, die einmalige Natur zu seinen Füßen aus dem Blickfeld zu verlieren. Dabei zählt das abwechslungsreiche Vorgebirge mit seinen märchenhaften Wäldern, an steilen Hängen angelegten Gemüsefeldern und Bergdörfern zu den schönsten von Sabah, wenn nicht von ganz Malaysia. Im Jahr 1964 wurde es im **Kinabalu National Park** unter Schutz gestellt und seit 2000 gehört das 754 km² große Gebiet zum UNESCO-Weltnaturerbe.

Im kühlen Bergklima des ältesten Nationalparks Borneos lässt es sich vortrefflich wandern. Das ehrgeizige Ziel der meisten Reisenden ist allerdings die Besteigung des **Gunung Kinabalu** (s. S. 358), die als relativ einfach gilt und daher von vielen Veranstaltern in ihr Programm aufgenommen wurde. Der mit 4095 m höchste Berg zwischen dem Himalaya und Neuguinea kann mit nur einer Übernachtung erklommen werden. Wer die Tour über einen Veranstalter bucht, reist oft am frühen Morgen im Park an und beginnt gleich mit dem Aufstieg. Besser ist es, sich einen oder gar zwei Tage zuvor mit Wanderungen durch die herrlichen Bergwälder fit zu machen und den Körper an das Höhenklima anzupassen – schließlich liegen mehr als

aktiv unterwegs

Wandern im Kinabalu National Park

Tour-Infos

Start: Headquarters
Dauer: 1–3 Std.
Länge: 3–5,6 km
Schwierigkeit: einfach bis mittelschwer
Besonderheiten: Nach Regenfällen können einige Pfade schlüpfrig sein und Blutegel zu einer Plage werden. Bei starkem Wind und Regen sind alle Wege gesperrt.

Bei Wanderungen auf den ausgeschilderten Pfaden des **Kinabalu National Park** erhält man einen guten Eindruck von der Vielfalt der Vegetation der einmaligen Bergwälder am Fuß des Gunung Kinabalu. Mit einer großen Zahl endemischer Pflanzenarten gelten sie als Hotspot für Biodiversität (s. S. 360).

Eine der beliebtesten kurzen Wanderungen führt in etwa 20 Min. von der Rezeption über die Straße Richtung Norden zum Visitor Centre und anschließend auf einem Fußpfad zum 2 ha großen **Botanical Garden,** auch Mountain Garden genannt. Auf einem ausgeschilderten Waldlehrpfad können hier fleischfressende Kannenpflanzen *(Nepenthes)* in allen Größen, Orchideen, Farne, Rhododendren und weitere seltene Gewächse der Bergwälder bewundert werden (tgl. 9–16 Uhr, RM 5, englischsprachige Führungen um 9, 12 und 15 Uhr).

Um 11 Uhr wird ab der Kinabalu Multipurpose Hall eine zweistündige geführte Wanderung durch den Regenwald zur **Vogelbeobachtung** angeboten. Die Chancen stehen gut, eine der seltenen einheimischen Vogelarten zu sehen, beispielsweise die kleinen Schnäpper *(Petroicidae)* oder die leuchtend roten Scharlachmennigvögel *(Pericrocotus flammeus).*

Sehr viel begangen ist der **Silau Silau Trail** (3 km, 1–1,5 Std.), der unterhalb des Botanical Garden beginnt und an einem romantischen Bachbett entlang durch einen Wald voller Farne und Moose führt. Kurz hinter der Abzweigung des bei Vogelbeobachtern beliebten Bukit Burung Trail ist es möglich, auf dem Bundu Tuhan View Trail über eine

4000 m Höhenunterschied zwischen Küste und Gipfel.

Keine solchen Vorbereitungen benötigt man für Wanderungen auf den überwiegend gut ausgeschilderten Pfaden in den Bergwäldern des Nationalparks, die zumeist ohne Führer begangen werden können (s. oben). Für Abwechslung sorgen Besuche auf den Bauernmärkten der Umgebung und ein Bad in den heißen Quellen von Poring (s. S. 362).

Das erste Ziel im Nationalpark ist für die meisten Besucher das **Headquarters** auf 1520 m am Highway nach Sandakan. Von den insgesamt sieben Zugängen ist dies der meistgenutzte. Hier erhält man aktuelle Informationen, kann die notwendigen Formalitäten für die Besteigung des Gunung Kinabalu erledigen sowie Führer und Träger anheuern. Außerdem befinden sich hier die teuren Nationalpark-Unterkünfte (www.sabahparks.org/eng/kinabalu_park/default.asp, RM 15, unter 18 und über 55 Jahren RM 10, das Eintrittsticket gilt am selben Tag für alle Eingänge, auch für Poring).

Infos

Headquarters: am Highway nach Sandakan, 92 km östl. von Kota Kinabalu, tgl. 7–19 Uhr (s. links).

Übernachten

Alle Unterkünfte im Park werden von der privaten Organisation **Sutera Sanctuary Lodges** (s. S. 349) verwaltet und können ausschließlich über diese gebucht werden. Die Preise sind extrem hoch und beginnen bei

schmale Brücke zum Headquarters zurückzukehren. Eine etwas größere Schleife führt auf dem Silau Silau Trail noch etwa 1 km weiter und dann rechts über eine Brücke auf den Liwagu Trail, in den man wiederum rechts einbiegt und knapp 1 km später das Headquarters erreicht.

Etwas anspruchsvoller ist die Wanderung auf dem **Liwagu Trail** (5,6 km, 2–3 Std.). Vom Parkplatz beim Headquarters läuft man zunächst etwa 200 m die Straße hinab bis zum Hinweisschild ›Liwagu Trail – Liwagu River 1500 m‹. Zuerst geht es durch unberührte Natur und an dem kristallklaren Bergbach entlang immer weiter den Berg hinunter, gefolgt von einigem Auf und Ab. Nach einem steilen Anstieg auf den letzten 1,6 km endet der Weg 200 m unterhalb vom Timpohon Gate, dem Startpunkt der Gipfelstürmer auf den Gunung Kinabalu (s. S. 358). Von einer Aussichtsplattform am Gate bietet sich bei wolkenfreiem Himmel eine fantastische Aussicht auf den Berg. Für den Rückweg über die Straße stehen Fahrzeuge zur Verfügung.

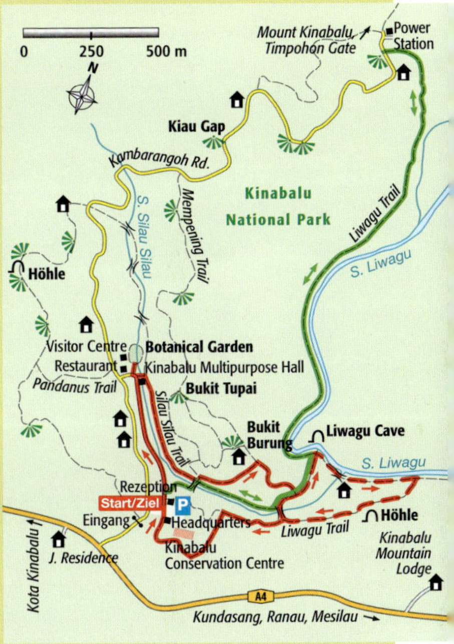

RM 486 für ein Doppelzimmer inkl. Frühstück bzw. RM 172 für ein Schlafsaalbett.

Zwischenstation für Gipfelstürmer ▶ Laban Rata Resthouse: auf dem Gunung Kinabalu in 3273 m Höhe, Buchung über Sutera Sanctuary Lodges (s. S. 349). Im Haupthaus mit Restaurant stehen 2 Doppelzimmer und ein 6-Bett-Zimmer mit Heizung und warmen Duschen sowie ein Schlafsaal mit Doppelstockbetten für bis zu 60 Pers. zur Verfügung. In der unmittelbaren Umgebung gibt es weitere Hütten, die jedoch nur Schlafsäle mit 8–60 Betten haben. Trotz des extrem hohen Übernachtungspreises kann es passieren, dass die Elektrizität nicht funktioniert und dass es kein Warmwasser in den Duschen gibt. RM 448–518/Pers. inkl. Abendessen und Frühstück.

In ruhiger Natur ▶ Kinabalu Mountain Lodge: 1 km westl. vom Parkeingang, 1 km nördl. der Straße, Tel. 01 68 10 49 09. In einem hellhörigen neuen Holzhaus am Hang mit wunderschöner Aussicht gibt es einfache Zimmer für 2–4 Pers. und Schlafsäle mit Gemeinschaftsduschen. Freundliches, hilfsbereites Management, Abholservice. Schlafsaal RM 30/Pers., DZ RM 90–140 inkl. Frühstück.

Nette Alternative ▶ J. Residence: 300 m westlich vom Parkeingang, Tel. 01 28 69 69 69, www.jresidence.com. In ruhiger Lage unterhalb des Highway werden 10 Zimmer in 5 Häusern vermietet. Schöne Aussicht, gute Betten mit dicken Matratzen und warmen Decken, Holzböden, Duschen, Wasserkocher, LCD-TV, DVD-Player und Terrassen. Für Familien eignet sich das Haus mit 2 Zimmern

4095 m erhebt sich der Gunung Kinabalu, der höchste Gipfel des Landes, über die weite Küstenebene von Sabah

aktiv unterwegs

Die Besteigung des Gunung Kinabalu

Tour-Infos

Start/Ziel: Timpohon Gate, 5 km nördl. vom Park Headquarters, Anfahrt von dort per Taxi (RM 16,50)
Dauer: 1,5 Tage
Länge: 17,4 km hin und zurück
Schwierigkeitsgrad: relativ einfach, aber gute Fitness erforderlich
Organisation: Pro Tag dürfen sich max. 200 Gipfelstürmer auf den Weg machen, sodass man das nötige Permit rechtzeitig im Park Headquarters besorgen sollte, denn der Andrang ist groß. Eine erhebliche Hürde bildet die Unterkunft, da die Besteigung nur möglich ist, wenn eine Übernachtung in Laban Rata gebucht wird. Es ist schwer, über die private Organisation Sutera Sanctuary Lodges (s. S. 349), die das Übernachtungsangebot im Park verwaltet, einen Platz zu bekommen. Die meisten Kontingente, die nicht Einheimischen vorbehalten sind, werden von Veranstaltern reserviert und oft erst kurzfristig bei Nichtbuchung zurückgegeben. Als Alternative bleibt nur eine organisierte Tour.
Kosten: Climbing Permit RM 100, Versicherung RM 7, Führer RM 128 (1–3 Pers.), Träger für max. 10 kg RM 80 bis Laban Rata bzw. RM 102 bis zum Gipfel, obligatorische Übernachtung RM 448–518.
Ausrüstung: warme Kleidung, feste Schuhe, wasserfester Rucksack, Handschuhe, Wasserflasche, Snacks, Kopfschmerztabletten, Taschenlampe

Am 1866 m hoch gelegenen **Timpohon Gate** beginnt der Aufstieg auf den Gunung Kinabalu. Der Pfad wurde mit breiten, unregelmäßigen Treppen aus flachen Steinen und Holzplanken ausgebaut, sodass er auch bei Regen begehbar ist. Wer etwas mehr Zeit für die Tour eingeplant hat, kann sich unterwegs an Tafeln über die Pflanzenwelt informieren und in Schutzhütten ausruhen.

Vorbei am kleinen **Carson Falls** (0,5 km), der **Kemburongoh Station** (2,5 km) und der **RTM Station** (3,8 km) sind bis zur **Layang-Layang-Hütte** (4 km) ca. 900 Höhenmeter zu überwinden, wofür je nach Fitness 2–3 Std. benötigt werden. Kurz danach zweigt rechts ein über 6 km langer Pfad zum Tambang Gate in Mesilau ab, der seltener begangen wird. Im allmählich spürbar kühleren Höhenklima machen die Bergwälder Platz für tropische Nebelwälder mit vielfältigen Farnen, von Moosen und Flechten bedeckten, verkrüppelten Bäumen und im Unterholz verborgenen Kannenpflanzen.

In weiteren 2–3 Std. geht es nun vorbei am **Helipad** und der **Paka-Cave-Schutzhütte**

und für Gruppen die Villa mit 3 Zimmern, Wohnraum und Küche. DZ RM 80–140.

Essen & Trinken

Im Park ▶ **Cafeteria Balsam:** am Hang nahe dem Eingang, tgl. 6.30–22 Uhr. In der schicken Cafeteria wird morgens, mittags und abends ein Büfett aufgebaut, das extrem teuer ist. RM 45–60. Liwagu Restaurant: im Nationalpark in der Nähe der Unterkünfte, tgl. 10–23 Uhr. Maßlos überteuertes Essen, mit Terrasse. Um RM 30.

Am Parkeingang ▶ **Bayu Kinabalu:** neben dem Highway gegenüber dem Parkeingang, tgl. 6.30–20 Uhr. Einfaches, offenes Restaurant mit Terrasse. Guides wie Gäste bevorzugen diese preiswerte Alternative zu den hochpreisigen Angeboten im Park. Die günstigen, einfachen Gerichte gibt es für Wanderer auch zum Mitnehmen. Um RM 10.

Aktiv

Via Ferrata ▶ Oberhalb des Laban Rata Resthouse ermöglicht es der höchste Klet-

(5 km), die früher Bergsteigern als Übernachtungsplatz diente, gemächlich hinauf, wobei sich bei klarem Wetter schöne Ausblicke eröffnen. Nach knapp 6 km sind das **Laban Rata Resthouse** auf 3273 m und weitere Übernachtungshütten am Rand der Vegetationszone erreicht. Auf den grauen Granitfelsen können nur noch niedrige Büsche überleben, die sich dem extremen Klima mit sehr starker Sonneneinstrahlung unter Tags und niedrigen Nachttemperaturen durch dicke, ledrige Blätter angepasst haben.

In kalter Nacht mit Temperaturen nahe dem Gefrierpunkt beginnt am nächsten Tag der über 2 km lange Aufstieg zum Gipfel. Langsame Läufer gehen bereits um 3 Uhr los, denn in der dünnen Luft fällt das Atmen schwer. An einigen Stellen hangelt man sich an Halteseilen die glatten Granitfelsen hinauf, sodass neben einer Taschenlampe auch feste Handschuhe empfehlenswert sind. Auf der Höhe der **Sayat-Sayat-Hütte** (3810 m) erhebt sich im Westen der markante pyramidenförmige **South Peak** (3932 m) und dahinter der **St. John's Peak** (4096 m). Der Pfad führt am **Opferteich** (Sacrifice Pool) vorbei, wo einst die Kadazan den Geistern der Berge Opfer darbrachten. Wenn zwischen 5 und 6 Uhr auf dem **Low's Peak** (4095 m) die Sonne aufgeht, kommt es zum Stau, denn jeder möchte sich gern auf dem Gipfel verewigen. Etwas unterhalb davon findet sich leichter ein ruhiges Plätzchen, um bei gutem Wetter die einmalige Sicht über die Nordspitze Borneos bis aufs Meer hinaus zu genießen.

tersteig der Welt und der Erste in Asien, mithilfe von Hängebrücken, fest installierten Steigeisen und Seilen an steilen Granitwänden entlangzuklettern. Nach der 1-stündigen Anfängertour auf 3520 m geht es zum Gipfel auf 3776 m und anschließend über den abenteuerlichen Low's Peak Circuit wieder hinunter. Übernachtet wird unterwegs in der Pendant Hut mit 38 Schlafsaalbetten, einem 2- und einem 4-Bett-Zimmer. Am besten mindestens 3 Monate im Voraus buchen über **ABC Tours,** Lot 16-2, Block B, Damai Point, Luyang, Kota Kinabalu, Tel. 088 25 84 48, www.abctours.com.my. Weitere Infos bei **Mountain Torq,** Lot 3-49, Asia City Complex, Kota Kinabalu, Tel. 088 26 81 26, www.mountaintorq.com.

Termine

Climbathlon (Okt., www.climbathon.my): Beim härtesten Bergrennen der Welt mit Teilnehmern aus über 20 Ländern liegt der Rekord für die 23 km lange Strecke vom Headquarters über die Layang-Layang-Hütte bis auf

Wunder der Flora

Thema

Nicht nur der höchste Berg des Landes ist rekordverdächtig, auch die artenreiche Pflanzenwelt an seinen Hängen kann punkten. An den Hängen des Gunung Kinabalu findet man die Rafflesia, die weltgrößte Blüte, weit über 1000 wilde Orchideenarten, darunter die teuerste und die kleinste Orchidee der Welt, 13 m hohe Baumfarne, 53 Ingwer- und 19 Begonienarten sowie riesige fleischfressende Kannenpflanzen.

Dichte tropische Tieflandwälder und hohe Niederschläge in den unteren Lagen, märchenhafte Nebelwälder auf über 1000 m, die mit zunehmender Höhe immer niedriger werden, und ab 3000 m eine subalpine Vegetation mit intensiver Sonneneinstrahlung während des Tages und kühlen Nächten haben eine einmalige Vielfalt an Lebewesen hervorgebracht und machen den Kinabalu National Park zu einem Hotspot der Biodiversität. Die unglaubliche Bandbreite an Pflanzen fasziniert sowohl Wissenschaftler als auch Laien.

Eine der ungewöhnlichsten Blumen der tropischen Tieflandwälder ist die Rafflesia. Die Schmarotzerpflanze gedeiht nur auf einer bestimmten Lianenart am Boden und verströmt einen unangenehmen fauligen Geruch, mit dem sie Insekten zur Bestäubung anlockt. Nachdem die Pflanze als unansehnlicher braunroter Ball mehrere Monate lang herangewachsen ist, öffnet sich nur für wenige Tage eine riesige rote Blüte, die einen Durchmesser von fast 1 m und ein Gewicht von bis zu 10 kg erreicht. Neben der *Rafflesia keithii* mit ovalen, kräftig roten dicken Blättern wächst am Kinabalu die kleinere *Rafflesia pricei* mit markanten Blattmustern und etwa 30 cm Durchmesser.

Auf den nährstoffarmen Böden im Unterholz der Bergwälder in 800 bis 2700 m Höhe fühlen sich insektenfressende Kannenpflanzen *(Nepenthes)* wohl. Einige der 16 hier vorkommenden Arten der Kletterpflanze mit ihren runden oder länglichen Kannen, wulstigem Rand und abstehendem Deckel sind nur fingerhutgroß und im Moos verborgen, andere erreichen eine beachtliche Größe, beispielsweise die endemische *Nepenthes rajah,* die vor allem um Mesilau vorkommt und erst nach zehn Jahren zu voller Größe herangewachsen ist. Dann kann sie in ihrer riesigen rötlichen Kanne über 3 l Wasser halten und außer Insekten sogar Ratten verdauen.

Wer sich bei der Besteigung des Gunung Kinabalu Zeit lässt, wird in Höhenlagen von 600 bis 3400 m beiderseits des Wegs am Boden wie an Bäumen auch Orchideen, die Königin der Blumen, entdecken. Um die große Artenvielfalt in diesem Gebiet schriftlich festzuhalten, benötigen die Autoren des Buchs »The Orchids of Mount Kinabalu« zwei Bände mit insgesamt 1184 Seiten (Natural History Publications, Borneo 2011). Der Botanische Garten am Headquarters (s. S. 354) und der Orchideengarten in Poring (s. S. 362) bieten die Möglichkeit, einen kleinen Teil der wilden Orchideen in ihrer natürlichen Umgebung zu bestaunen, was besonders zur Hauptblütezeit im April und Mai sehr interessant ist. Orchideenliebhaber pilgern in die Gärten, um die elegante Rothschild-Orchidee *(Paphiopedilum rothschildianum)* zu sehen, die bei Sammlern Höchstpreise erzielt. Hingegen ist die nur 2 mm große Blüte der kleinsten Orchidee der Welt, der *Podochilus microphyllus,* kaum als solche zu erkennen.

2760 m und hinab über Mesilau nach Kundasang bei unter 3 Std.

Verkehr

Busse: Nach Kota Kinabalu 8.30–16.30 Uhr alle 2 Std. (2 Std., RM 20), nach Sandakan mit Expressbussen (4 Std., RM 30). Zudem halten am Parkeingang alle Busse, die zwischen Kota Kinabalu und Ranau oder Sandakan verkehren. Bis Kundasang (5 km) kosten sie RM 3, bis Ranau RM 8.
Taxis: Größere Autos für bis zu 6 Pers. nach Kota Kinabalu RM 150, Ranau RM 60 und Poring RM 85. Ein Fahrzeug für bis zu 4 Pers. kostet vom Headquarters zum 5 km entfernten Timpohon Gate RM 16,50.

Vom Kinabalu National Park nach Sandakan

Die meisten Besucher kehren nach einem Besuch im Nationalpark nach Kota Kinabalu zurück. Mit dem Bus oder Mietwagen lohnt sich eine Tour weiter Richtung Osten bis nach Sandakan. An den Hängen des Gunung Kinabalu geht die Fahrt über Kundasang hinab nach Ranau. Nach einem Abstecher zu den heißen Quellen von Poring setzt man die Reise auf der Hauptstraße fort. Am Rand der Bergwelt empfiehlt sich eine Teeplantage für einen erholsamen Zwischenstopp, bevor es durch eine von Ölpalmen bedeckte Ebene nach Sandakan geht.

Kundasang ► 4, P 3

Östlich vom Parkeingang schlängelt sich der Highway hinab in ein weites Tal am Osthang des Gunung Kinabalu. Auf der fruchtbaren Erde gedeihen im kühlen Klima Karotten, Kohl, Tomaten und andere Gemüse sowie kleine Erdbeeren, die im zentralen Ort **Kundasang** an vielen Marktständen entlang der Straße verkauft werden.

Eine Abzweigung im Ort führt 150 m auf einen Hügel zum **Kundasang War Memorial,** das an 2700 australische und britische Kriegsgefangene erinnert, die 1945 beim sogenannten Death March von Sandakan nach Ranau aufgrund von Mangelernährung und Misshandlungen durch japanische Soldaten umkamen. Gedacht wird auch der einheimischen Helfer. Allen zu Ehren wurden vier Gärten angelegt. In einer kleinen Ausstellung mit historischen Fotos kann man sich ein Video zeigen lassen (tgl. 8.30–17.30 Uhr, RM 10).

Übernachten

Komfortables B & B ► **Magic Mountain Bed & Breakfast Inn:** nahe dem Mount-Kinabalu-Golfplatz in Mesilau, ca. 12 km nördl. von Kundasang, Tel. 01 68 26 35 17, 01 98 21 43 38, www.sabahbb.com. Beim zweiten Parkeingang in Mesilau vermieten Peter aus Österreich und Lily aus Sabah in ihrem großzügigen Wohnhaus zwei gut eingerichtete, gemütliche Zimmer. Umfangreiches Frühstück mit selbst gebackenem Brot, es werden auch weitere Mahlzeiten angeboten. Vorausbuchung erforderlich, Abholservice. DZ RM 450 inkl. Frühstück.
Mit großen Terrassen ► **Kinabalu Pine Resort:** oberhalb von Kundasang, Tel. 088 88 93 88, http://kinabalupineresort.com. Am Hang stehen in mehreren Reihen weiße Holzbungalows, von denen die teureren sogar einen Ausblick auf den Kinabalu bieten. Insgesamt 46 gepflegte Zimmer mit Holzböden und kleiner Dusche, Wasserkocher und Fön. Das Frühstück ist eher auf asiatische Gäste ausgerichtet. Bungalow RM 170–240 inkl. Frühstück.

Verkehr

Busse: s. links
Taxis: Die Fahrt zum 5 km entfernten Headquarters kostet ca. RM 10.

Ranau ► 4, P 3

Am Highway nach Sandakan liegt 20 km östlich vom Headquarters **Ranau,** der größte Ort im Umkreis des Nationalparks. Die ehemalige Holzfällersiedlung bietet in wenig inspirierenden Blocks von Geschäftshäusern einige Banken mit Geldautomaten, günstige Hotels, einfache Restaurants sowie die besten Einkaufsmöglichkeiten und Verkehrsverbindungen der Gegend.

Von Ranau verläuft eine Straße Richtung Süden entlang der **Crocker Range** über die Orte **Tambunan** (▶ 4, O/P 4) und **Keningau** (▶ 4, O 5) bis nach **Tenom,** der Endstation der einzigen Eisenbahnlinie auf Borneo (s. S. 352).

Infos

Ranau Tourist Information Centre: neben der Esso-Tankstelle am Highway, Tel. 088 87 56 60, Mo–Fr 8–17, Sa 8–12.30 Uhr. Mrs. Ija ist sehr freundlich und hilfsbereit und organisiert auch Bustickets.

Übernachten

Schlicht & sauber ▶ **Kinabalu View Lodge:** im Zentrum, Jln. Kibarambang, Block F, Tel. 088 87 91 11. Das beste der drei kleinen Hotels in diesem Häuserblock hat 10 saubere, klimatisierte Zimmer (einige ohne Fenster) mit kleiner Dusche, TV, Wasserkocher und Wi-Fi. DZ RM 80.

Essen & Trinken

Einfach ▶ Im Ortszentrum konzentrieren sich viele schlichte Coffee Shops und Restaurants.

Verkehr

Busse: Zwischen den beiden Tankstellen am Highway stoppen alle Busse, die vormittags etwa stdl., danach etwas seltener zwischen Kota Kinabalu (2 Std., RM 20) und Sandakan (4 Std., RM 35) verkehren.

Minibusse: Sie fahren ab, sobald sie voll sind, nach Keningau über Tambunan bis gegen 15 Uhr (3 Std., RM 20) und nach Poring bis gegen 17 Uhr (20 Min., RM 10).

Poring ▶ 4, P 3

Die heißen Quellen von **Poring** liegen 25 km nördlich von Ranau am Rand des Kinabalu National Park, ungefähr 1000 m tiefer als das Headquarters. Auf etwa 500 m gedeihen im heißen Klima mit rund 3000 mm Niederschlag pro Jahr dichte tropische Tieflandwälder. Die meisten Besucher kommen jedoch hierher, um besonders nach der Besteigung des Gunung Kinabalu in den **heißen Schwefelquellen** zu entspannen. Man kann ein privates Badehaus mieten oder sich in den kleinen Becken im Freien niederlassen, wo das heiße und kalte Wasser selbst gemischt wird. Für Abkühlung sorgt ein großer **Swimmingpool,** der von kaltem Bergwasser gespeist wird (tgl. 7–18 Uhr, heiße Quellen RM 15, Kind., Sen. RM 10, Badehaus RM 15–20/Std., Swimmingpool RM 3).

Jenseits der kleinen **Butterfly Farm** (tgl. 9–16 Uhr, RM 4), deren Schmetterlinge jedoch überwiegend in aufgespießter Form zu bewundern sind, befindet sich der Zugang zum **Canopy Walkway.** Auf fünf schwankenden, bis zu 175 m langen Hängebrücken spazieren Besucher durch die Wipfelregion der hohen Tropenbäume, was nicht nur Kindern Spaß macht. Die fröhlichen Gruppen sorgen allerdings auch dafür, dass die meisten Tiere Abstand halten. Bei starkem Wind und Regen wird der Walkway geschlossen. Sollte er durch herabfallende Äste beschädigt sein, öffnet der zweite Walkway, der über vier Brücken verfügt (tgl. 8–16 Uhr, RM 5, Kamera RM 5).

Hinter den heißen Quellen beginnen mehrere ausgeschilderten **Wanderwege,** die mitten durch den Dschungel führen. Hier ist es durchaus möglich, einem wilden Orang-Utan zu begegnen. Etwa 20 Min. benötigt man für die Wanderung zum Picknickplatz am **Sungai Kipungit** mit einem kleinen Wasserfall. Wer in 2 Std. die 3,8 km zum größeren, etwa 120 m hohen **Langanan-Wasserfall** laufen möchte, sollte sich zur Sicherheit am Eingang registrieren lassen.

Links vom Eingang, hinter dem Fußballplatz und dem Bambusgarten, liegt etwas versteckt der **Orchid Garden** mit Malaysias größter Sammlung wilder einheimischer Arten, darunter einige äußerst seltene endemische Exemplare wie die große Rothschild-Orchidee *(Paphiopedilum rothschildianum),* die im April und Mai in Blüte steht (tgl. 9–16 Uhr, RM 10). Im angrenzenden **Tropical Garden** kann man Orang-Utans, einige Vögel, Rehe und andere Tierarten bewundern (tgl. 9–16 Uhr, RM 3).

Sollten auf den Privatgeländen an der Zufahrtstraße nach Poring **Rafflesia** in Blüte

Keine Vegetarier: Insekten sind ihre Leibspeise, aber die ganz großen Exemplare der Kannenpflanze lassen sich manchmal sogar Ratten schmecken

stehen, weisen Schilder darauf hin. In der Regel werden RM 10–15 Eintritt verlangt und ein Guide erklärt kurz und bündig alles Wissenswerte über die größte Blüte der Welt (s. S. 360).

Infos

Visitor Centre: am Eingang zu den heißen Quellen, Mo–Fr 9–16.30, Sa, So 9–16 Uhr. Hier informieren Tafeln über die Besonderheiten der Flora der Region. Um 10, 12 und

14 Uhr wird ein Video gezeigt, um 10 Uhr beginnt eine geführte Wanderung.

Übernachten

Teuer ▶ Die Unterkünfte innerhalb der Anlage werden von Sutera Sanctuary Lodges (s. S. 349) betrieben und sind mit RM 157 pro Schlafsaalbett und RM 324–972 pro Lodge völlig überteuert.

Preiswert ▶ Round Inn: gegenüber dem Eingang zu den heißen Quellen. Einfache Zimmer über dem gleichnamigen Restaurant. DZ RM 60.

Essen & Trinken

Beliebt ▶ Round Inn: s. oben, tgl. ganztags. Bereits zum Frühstück geöffnetes kleines, einfaches chinesisches Restaurant mit Terrasse. Die günstigen Mittagsmenüs für Gruppen ab 5 Pers. werden gerne von Veranstaltern in Anspruch genommen. Einzelreisende bestellen Gerichte von der englischen Speisekarte für unter RM 10.

Verkehr

Minibusse: Nach Ranau bis gegen 17 Uhr (20 Min., RM 10).

Taxis: Bis Ranau RM 40, zum Nationalpark-Headquarters RM 80, nach Kota Kinabalu RM 220, zum Sabah Tea Garden RM 70.

Sabah Tea Garden ▶ 4, P 3

Selbst Teekennern ist kaum bekannt, dass auf Borneo seit den 1970er-Jahren Tee angebaut wird. Reihen grüner, hüfthoher Teebäume bedecken auf 2480 ha die ca. 600 m hoch gelegenen Südhänge der hügeligen Landschaft zwischen der Bergwelt des Kinabalu im Westen und den endlosen Ölpalmplantagen im Osten. 17 km östlich von Ranau ist der **Sabah Tea Garden** eine der wenigen zertifizierten Plantagen Malaysias für Biotee, der unter der Bezeichnung Borneo Rainforest Organic Black Tea vermarktet wird.

Für Besucher ist auf der Plantage einiges geboten. Natürlich darf ein Teehaus nicht fehlen, wo zwischen 8 und 16.30 Uhr ein kräftiger Aufguss verschiedener Sorten pur oder in der lokalen Teh-Tarik-Variante mit aufgeschäumter Milch zubereitet wird. Dazu gibt es einheimische Gerichte und Tee-Pfannkuchen. Im angrenzenden Laden werden Souvenirs und Tee in vielen Variationen verkauft. Hier kann man vormittags eine 45-minütige Tour durch die Teefabrik buchen. Das kühle Klima verlockt auch zu einer Wanderung durch die Plantage auf den markanten Gipfel des Kamunsu Hill. Außerdem besteht die Möglichkeit, in einem zünftigen Rungus-Bambuslanghaus oder in einem von vier komfortablen Cottages zu übernachten.

Ein Mahnmal neben dem Restaurant inmitten eines gepflegten Blumengartens und eine Plakette auf dem **Quailey's Hill** erinnern an die australischen und britischen Kriegsgefangenen, die 1945 auf dem Death March von Sandakan nach Ranau durch dieses Gebiet kamen – besonders jedoch an den Australier Allan Quailey, der hier, völlig entkräftet, von den Japanern erschossen wurde (Tel. 088 44 08 82, www.sabahtea.net; Besuch der Teefabrik RM 12; halbtägige Touren inkl. Mittagessen und geführte Wanderung RM 85/ Pers. ab 4 Pers.; im Langhaus Zimmer für 2–3 Pers. RM 110, in Cottages DZ RM 240).

Verkehr

Busse: Am Beginn der 1 km langen Auffahrt zur Plantage halten alle Busse Richtung Sandakan und Kota Kinabalu (etwa stdl.).

Taxis: Ab Ranau RM 40.

Weiter nach Sandakan

▶ 4, P 3–S 4

Hinter dem ländlichen Versorgungszentrum **Telupid** ist am Ende der Bergstrecke das Plantagenland erreicht. So weit das Auge reicht, bedecken Ölpalmen die Ebene. An der Abzweigung der 53 km langen Stichstraße nach Sandakan stehen zahlreiche Essen- und Verkaufsstände. Wer mit dem öffentlichen Bus unterwegs ist, muss hier meist umsteigen, denn viele Busse, die zwischen Kota Kinabalu und Tawau verkehren, fahren nicht nach Sandakan hinein. Von der Stichstraße, der Jalan Labuk, zweigt an einem Kreisverkehr die Zufahrt zum Orang-Utan-Rehabilitationszentrum in Sepilok (s. S. 369) ab.

Der Osten von Sabah

Auf dem Weg zu den Orang-Utans in Sepilok, wilden Elefanten, Nasenaffen und Krokodilen am unteren Kinabatangan und dem unberührten Dschungel im Danum Valley bietet sich Sandakan als Zwischenstation an. Ein weiteres Highlight des Ostens ist Pulau Sipadan, das mit seiner einmaligen Unterwasserwelt Taucher aus aller Welt anlockt.

Sandakan ► 4, S 4

Die einstige Hauptstadt von British North Borneo erweist sich als eine interessante, lebendige Stadt und ein ausgesprochenes Paradies für Seafood-Liebhaber. Außerdem ist **Sandakan** eine perfekte Basis für die Erkundung der abwechslungsreichen Umgebung.

Geschichte

Kurz nachdem die spanische Kolonialmacht ihren Anspruch auf die Inseln der Philippinen mit Waffengewalt angemeldet hatte, strandete 1864 der deutsche Kapitän **Herman Leopold Schück,** ein Waffen-, Opium- und Sklavenhändler, im philippinischen Jolo. Schon bald verband ihn mit dem dort ansässigen, von den Spaniern unterworfenen Sultan von Sulu eine für beide Seiten lukrative Freundschaft. Zusammen mit seinem österreichischen Freund Carl Schomburgh legte Schück den Grundstein für einen Handelsposten in Sandakan. Wenig später ging hier ein weiterer Freund des Sultans vor Anker, der schottische Kapitän und Waffenhändler **William Clarke Cowie.** Er wollte in Sandakan den rechten Moment abwarten, um die spanische Seeblockade zu durchbrechen.

Mithilfe von Cowie gelang es 1878 dem österreichisch-ungarischen Konsul in Hongkong, **Baron von Overbeck,** den Sultan von Sulu zur Abtretung von Sandakan zu bewegen. Bereits drei Jahre später wurde das Gebiet der neu gegründeten **British North Borneo Company** unterstellt und Sandakan bald zu dessen Hauptstadt.

Noch heute zeugen drei repräsentative Bankgebäude vom Boom, den Sandakan dem Export von Tropenholz in den 1930er-Jahren verdankte. Alliierte Bombenangriffe legten am Ende des Zweiten Weltkriegs einen Großteil der Stadt in Schutt und Asche. Ende der 1970er-Jahre erlebte Sandakan nochmals einen Aufschwung, als große Dschungelgebiete abgeholzt und über den Hafen verschifft wurden. Heute verdankt die Stadt ihren Wohlstand vor allem den Ölpalmplantagen im Hinterland.

Orientierung

Seit dem unansehnlichen **Zentrum** mit einheitlicher Blockbebauung eine Verschönerungskur verordnet wurde, kann man wunderbar am Meer entlang flanieren. Landeinwärts ermöglichen mehrere Aussichtspunkte auf einer steil ansteigenden Hügelkette Ausblicke auf die Stadt und die wunderschöne Bucht. Im Norden wird das Zentrum vom Wasserdorf **Bule Sim Sim** und im Süden vom Containerhafen **Karamunting** begrenzt. Auf der **Jalan Labuk** erreicht man den Memorial Park nahe dem Flughafen, das Orang-Utan-Rehabilitationszentrum in Sepilok und den Highway.

Central Market

Am nordöstlichen Rand des Zentrums beherbergt eine neue Halle den **Central Mar-**

Tipp: Heritage Trail

Bei einem Spaziergang entlang dem ausgeschilderten Heritage Trail kann man entdecken, welche Gebäude der einstmals hübschen Stadt die Zerstörungen des Zweiten Weltkriegs überlebt haben. Im **Wisma Warisan,** dem einstigen britischen Regierungsgebäude, ist im Tourist Office (s. S. 367) ein kostenloser Stadtplan mit dem eingezeichneten Trail erhältlich. Nach einem Blick ins kleine **Heritage Museum** (tgl. 9–17 Uhr, Eintritt frei) beginnt die Spurensuche an der alten **Masjid Jamek** hinter dem Wisma Sandakan. Der Trail führt unter anderem zum chinesischen **Sam Sing Kung Temple** und den Hügel hinauf zur ältesten Kirche von Sabah, der über 100 Jahre alten anglikanischen **St. Michael's Church,** die im neogotischen Stil erbaut wurde.

ket. Menschen unterschiedlicher Herkunft bummeln hier zwischen Bergen von Bananen in allen Größen und Formen, frischem Obst der Saison und bekanntem wie unbekanntem Gemüse umher. Eine Händlerin verkauft in Plastiktüten verpackte Kemirinüsse, Bündel von Kräutern, Kisten voller Chilis sowie Nelken, Zimt und andere Gewürze. Ihre Nachbarin hat Trockenfische und Berge von getrockneten Garnelen im Angebot.

In der großen Fischabteilung nahe dem Meer stapeln sich bis zu 15 kg schwere Barrakudas, Haie und Rochen, Krebse, Garnelen und Langusten. Die Fische und die anderen Meeresfrüchte werden frühmorgens unmittelbar hinter der Halle angelandet und von den wartenden Zwischenhändlern in große Styroporkisten verpackt (Sandakan Harbour Sq., tgl. 6–18 Uhr).

Agnes Keith House

Von der Jalan Utara zweigt am Kreisverkehr nördlich des Zentrums rechts die Jalan Istana zum **Rotary Observation Pavilion** ab, einem Aussichtspunkt, von dem aus eine Treppe zum English Tea House (s. S. 367) hinaufführt.

Nach einer erholsamen Teepause kann man zum liebevoll rekonstruierten **Agnes Keith House** hinüberspazieren, dem ehemaligen Wohnhaus der gleichnamigen amerikanischen Schriftstellerin, in dem sie von 1934 bis 1942 lebte. Lesenswert ist ihre Trilogie »Land Below the Wind« (1939) über Sandakan vor dem Krieg, »Three Came Home« (1946) über die japanischen Internierungslager sowie »White Man Returns« (1951) über die Nachkriegszeit. Das Museum ist Agnes Keith, ihrem Mann und ihren Werken gewidmet, informiert aber auch über die Stadt zu jener Zeit (tgl. 9–17 Uhr, RM 15).

Sandakan Memorial Park

Lohnend ist ein Besuch des **Sandakan Memorial Park** 12 km nordöstlich der Innenstadt. Während des Zweiten Weltkriegs bauten die japanischen Besatzer mithilfe von mehr als 3000 Javanern und 2700 alliierten Kriegsgefangenen einen Militärflugplatz. Als dieser bombardiert wurde und die Niederlage absehbar war, schickten die Japaner über 1000 Briten und Australier auf drei Todesmärschen durch das schwer zugängliche Landesinnere ins 260 km entfernte Ranau (s. S. 361). Nur sechs Männer überlebten.

Am Ort des ehemaligen Camps gedenkt man in einem gepflegten Park der Opfer. Das hervorragende kleine Museum schildert anhand historischer Fotos und eines Videos das tragische Schicksal der jungen Männer. Der Park ist von der Jalan Labuk bei Km 12,5, am großen Kreisverkehr mit dem Krokodildenkmal, ausgeschildert (tgl. 9–17 Uhr, Eintritt frei).

Puu Jih Shih Temple

Auf der südlichen Hügelkette, etwa 7 km vom Zentrum entfernt, zeugt der riesige buddhistische **Puu Jih Shih Temple** vom Wohlstand der hier ansässigen Chinesen. Seit 1987 entstanden auf dem weitläufigen Gelände ein Haupttempel sowie ein Kuan Yin gewidmeter kleinerer Tempel.

Die große zentrale Halle in roten und goldenen Farben wird von wuchtigen Säulen getragen, um die sich Drachen winden. Von diesem Tempel genießt man den besten Ausblick auf den Hafen und die Bucht von Sandakan.

Infos

Tourist Office: Jln. Empat, im Wisma Warisan, Mo–Fr 8–16 Uhr. Die überaus hilfsbereite Ms. Elvina Suzana Ong kann fast alle Fragen beantworten und bemüht sich, jeden Besucher zufriedenzustellen.

Übernachten

Garten zum Entspannen ▶ Sabah Hotel Sandakan: Jln. Utara, ca. 2 km nördl. des Zentrums, Tel. 089 21 32 99, www.sabahhotel.com.my. Im Park der einstigen Residenz des Gouverneurs steht etwas außerhalb des Zentrums auf einem Hügel dieses 4-Sterne-Hotel aus den 1980er-Jahren. Die nicht mehr ganz frische Zimmereinrichtung wird durch die schöne Gartenanlage mit großem Pool wettgemacht. Gutes Frühstücksbüfett, an einem Verkaufsstand in der Lobby leckere Brote und Kuchen sowie gutes chinesisches Essen im Restaurant Ming. DZ RM 280–460 inkl. Frühstück.

Gut durchdacht ▶ Swiss-Inn Waterfront Sandakan: Sandakan Harbour Square, Tel. 089 24 08 88, www.swissgarden.com/hotels/siws. Die Zimmer sind zwar klein, aber überaus funktional und haben teilweise einen schönen Ausblick aufs Meer. Frühstück im Terrassencafé an der Promenade. DZ RM 160 inkl. Frühstück.

Toller Ausblick ▶ NAK Hotel: Jln. Pelabuhan Lama, Tel. 089 27 29 88, www.nakhotel.com. Das Hotel aus den 1960er-Jahren nahe dem Meer ist besser, als es die alte Fassade vermuten lässt. Die 35 renovierten, sachlich-modern eingerichteten Zimmer sind sauber und teils recht geräumig. Die eigentliche Attraktion ist jedoch der BaLin Roofgarden mit Chill-out-Musik, gutem Essen und einem fantastischen Ausblick über die Stadt und das Meer. DZ RM 120–200.

Zentral ▶ Hotel Seafront: 43 Lorong Empat, Jln. Laila, Tel. 089 22 22 33, www.seafront.com.my. In dem lachsroten 5-stöckigen Gebäude werden 23 einfach eingerichtete Zimmer vermietet. Kostenloses Wi-Fi. DZ RM 60–100 inkl. Frühstück.

Für Filmfans ▶ May Fair Hotel: 24 Jln. Pryer, Tel. 089 21 98 92. Das kleine, einfache Hotel mit 12 sauberen Zimmern mit Doppelfenstern ist fast immer ausgebucht. Der Englisch sprechende Besitzer Mr. Lam hat die Zimmer mit großen Flachbildschirmen und DVD-Player ausgestattet und hält für seine Gäste Tausende von DVDs bereit. Exzellentes Preis-Leistungs-Verhältnis. DZ RM 50.

Essen & Trinken

Große Auswahl an Seafood ▶ Restoran Ocean King: Sandy Plan, Batu 2, Jln. Batu Sapi, 3 km südwestl. des Zentrums am Ende der Bucht, Tel. 089 61 81 11, Mo–Sa 9–23, So 7–23.30 Uhr. Das offene chinesische Seafood-Restaurant ist direkt ins Meer hineingebaut. Aus Becken mit lebenden Fischen, Muscheln, Schnecken, Austern, Hummern und anderem Meeresgetier sucht man sich etwas aus, das nach dem Abwiegen nach Wunsch zubereitet und an großen, runden Tischen serviert wird. RM 20–100.

Very British ▶ English Tea House: 2002 Jln. Istana, Tel. 089 22 25 45, www.englishteahouse.org, tgl. 10–24 Uhr. Zwischen dem Rotary Observation Pavilion und dem Agnes Keith House (s. S. 366) steht in einem gepflegten Garten das einstöckige Restaurant mit umlaufender Veranda. Drinnen sorgen dunkle Holzmöbel und Jazzmusik für einen gediegenen Rahmen. Doch schöner ist es, im Gartenpavillon den Nachmittagstee mit Scones oder etwas von der Kuchentheke zu genießen. Es gibt auch Fish 'n' Chips und andere englische Gerichte. Auf dem Rasen können die Gäste Croquet spielen. RM 20–30.

Günstige Meeresfrüchte ▶ Restoran Seafood Sim-Sim: im Wasserdorf Bule Sim Sim, Lorong 8, ca. 3 km nordöstl. des Zentrums, Tel. 01 28 42 71 31, 01 78 16 22 83, tgl. 7–15, 17.30–21.30 Uhr. In einem einfachen offenen Holzhaus direkt am Meer kann man hervorragende lokale Hausmannskost genießen. Die Auswahl ist zwar nicht so groß wie beim Ocean King, dafür sind die Preise wesentlich niedriger und der Service ist freundlich. Daneben befindet sich das etwas schickere, aber nicht ganz so gute Seafood Sim-Sim 88. RM 10–40.

Steamboat mit Aussicht ▶ **Sandakan Tropical Garden:** Taman Chong Tain Vun, Jln. Bukit Bendera (Trig Hill), ca. 4 km nordwestl. des Zentrums, Tel. 089 22 55 40, tgl. 18–22 Uhr. Gemüse, Fleisch, Garnelen, Fisch etc. wird von den Gästen selbst in großen Töpfen mit brodelnder Brühe zubereitet, aber es gibt auch westliche und chinesische Gerichte. Ein schönes Ziel zum Sonnenuntergang, Taxi ab Zentrum RM 6. RM 10–30.

Verkehr

Flüge: Vom 15 km nordwestl. des Zentrums gelegenen Flughafen Verbindungen nach Kota Kinabalu und Kuala Lumpur mit MAS und Air Asia sowie nach Tawau mit MASwings. Ein Taxi in die Stadt kostet RM 25.

Busse: Vom Fernbusbahnhof etwa 5 km nordwestl. des Zentrums an der Jln. Labuk etwa stdl. über Ranau und den Kinabalu National Park (4 Std., RM 30) nach Kota Kinabalu (6 Std., RM 43) sowie vor allem vormittags über Lahad Datu (2 Std., RM 23) nach Tawau (5 Std., RM 42). Von der Centre Point Mall, Jln. Coastal, ca. 5 x tgl. nach Sepilok (RM 5). Nahverkehrsbusse fahren von der Centrepoint Mall über die Jln. Utara und Jln. Labuk stadtauswärts und halten am Busbahnhof. Weitere Busse verkehren entlang der Jln. Leila bis Karamunting.

Boote: Vom Containerhafen Karamunting, ca. 5 km westl. des Zentrums, legt am Di und Fr um 17 Uhr ein Passagierschiff nach Zamboanga auf den südlichen Philippinen ab (20 Std., ab RM 280); Buchung: Tinmarine Office, Tel. 089 212 063. Von der Sabah Parks Jetty nördlich vom Wasserdorf Bule Sim Sim, ca. 1 km nordöstl. des Zentrums, starten um 9.30 Uhr Schnellboote nach Pulau Selingan (gut 1 Std., RM 100) und zu anderen Inseln im Turtle Islands National Park.

Taxis: Im Stadtgebiet ab RM 6, zum Fernbusbahnhof ca. RM 20, nach Sepilok RM 40. In Sepilok selbst ist es schwer, ein Taxi zu bekommen, deshalb sollte man die Rückfahrt besser vorbestellen.

Rund um die Bucht von Sandakan

Pulau Selingan ▶ 4, S 3

Ausnahmsweise nehmen die feinen, weißen Sandstrände von **Pulau Selingan** nicht die Touristen in Beschlag, sondern die Meeresschildkröten, die auf der 8 ha großen Insel ca. 40 km nördlich von Sandakan ihre Eier zum Ausbrüten in den heißen Sand ablegen. Die vom Aussterben bedrohten Meeresbewohner kriechen nachts mühsam den Strand hinauf und locken mit dieser Wanderung zahlreiche Besucher an. Eigentlich kann man das Spektakel fast das ganze Jahr über beobachten, doch zwischen Juli und Oktober ist es am eindrucksvollsten.

Da nachts keine Fährverbindung zum Festland besteht, wird vor Ort eine Unterkunft benötigt, die rechtzeitig vorgebucht werden sollte – es gibt nur 50 Betten auf der Insel. Nach der Ankunft bleibt ausreichend Zeit, sich unter Schatten spendenden Bäumen zu erholen, zu baden, zu schnorcheln oder einen Strandspaziergang zu machen, allerdings darf nur ein Teil der kleinen Insel betreten werden. Als Alternative bietet sich ein Ausflug auf eine der Nachbarinseln an, die ebenfalls zum **Turtle Islands National Park** gehören. Nach Sonnenuntergang herrscht für die Menschen Ausgangssperre. Dann gehören die Strände den Schildkröten und das Warten beginnt. Sobald sie zur Eiablage an die Küste kommen, dürfen Besucher eine von ihnen für kurze Zeit beobachten.

Bereits seit 1966 bemüht man sich auf Selingan um den Schutz der Suppenschildkröten *(Chelonia mydas)* und der Echten Karettschildkröten *(Eretmochelys imbricata).* Die Eier werden in die *hatchery* gebracht und dort ausgebrütet. Sobald nach sieben bis zwölf Wochen die Jungen geschlüpft sind, dürfen die winzigen Schildkröten im Schutz der Nacht zurück ins Meer, wo sie, umringt von Touristen, ihre ersten Schwimmversuche unternehmen. Tipp: Unbedingt Mückenmittel und Babyöl gegen Sandfliegen mitnehmen (www.sabahparks.org/eng/turtle_island_park/default.asp, Parkeintritt RM 60).

So sorglos können die Orang-Utans nur noch in den Schutzgebieten herumtollen

Aktiv

Touren ▶ Günstiger als über einen Veranstalter bucht man bei der Agentur **Crystal Quest,** die alle Unterkünfte auf der Insel managt. Das Büro befindet sich in Sandakan an der Sabah Parks Jetty, Jln. Buli Sim Sim, ca. 1 km nordöstl. des Zentrums, Tel. 089 21 27 11, cquest@tm.net.my, Mo–Fr 8–12.30, 14–17 Uhr. Komplettpakete kosten um RM 570 für 2 Pers. inkl. Transport, Übernachtung in einem Bungalow mit AC und Dusche, Vollpension und Programm auf der Insel. Morgens um 7 Uhr geht es zurück aufs Festland.

Verkehr

Boote: s. S. 368. Im Monsun zwischen November und Januar können bei rauer See manchmal die Boote nicht fahren.

Sepilok ▶ 4, S 4

Nur 25 km sind es von Sandakan zu den ›Waldmenschen‹ im kleinen Weiler **Sepilok.** Bereits auf der Hinfahrt über die Jalan Labuk ist es möglich, in kleinen, von der Abholzung verschont gebliebenen Waldgebieten einen Orang-Utan in seinem natürlichen Umfeld zu erleben. Naturliebhaber finden hier zudem einige nette Unterkünfte (s. S. 367), die sich als Alternative zu einer Übernachtung in Sandakan anbieten.

Der natürliche Lebensraum der Orang-Utans (›Waldmenschen‹) ist dramatisch geschrumpft, sodass die Tiere immer häufiger in Konflikt mit Menschen geraten. Obwohl Händlern wie Haltern hohe Gefängnisstrafen drohen, werden immer wieder in Gefangenschaft befindliche Jungtiere beschlagnahmt oder ältere Affen, die nicht mehr privat gehalten werden können, abgegeben, z. B. in dem seit 1964 existierenden **Orang Utan Rehabilitation Centre** in Sepilok. Hier durchlaufen die Tiere einen langen Prozess – von wochenlanger Quarantäne über eine langsame Eingewöhnungsphase bis zum freien Leben im Wald und eventuell sogar der Auswilderung in einem der großen Wildschutzgebiete. Einige Orang-Utans, die in dem angrenzenden, 4294 ha großen Waldgebiet leben, bekommen zweimal täglich auf Plattformen im Dschungel Bananen. Zur Fütterung an der ersten Plattform um 10 und 15 Uhr sind Touristen willkommen. Meist lassen sich einige Tiere sehen, aber während der Obstsaison kann es durchaus passieren, dass sie den Früchten im Wald den Vorzug geben. Besucher können sich auf Plankenwegen und markierten Pfaden unterschiedlicher Länge dann selbst auf die Suche machen und durch Tieflandwald bis hinab in Mangrovenwald wandern, allerdings wird man in aller Regel nur die unauffälligeren Waldbewohner zu Gesicht bekommen. Vor der Pirsch sollte man sich am Eingang registrieren lassen. Im nahe gelegenen Informationszentrum wird jeweils vor und nach den Fütterungszeiten ein Film über Orang-Utans gezeigt. Eine Ausstellung informiert über die Arbeit des Zentrums (Tel. 089 53 11 80, Sa–Do 9–12, 14–16, Fr 9–11, 14–16 Uhr, 30 RM, Kamera 10 RM).

Ca. 500 m abseits der Zufahrtstraße zum Orang Utan Rehabilitation Centre wurde ein Waldgebiet rings um einen Stausee zu einem Umwelt-Informationszentrum gestaltet. Das **Rainforest Discovery Centre** verfügt über markierte Wanderwege, einen stabilen Canopy Walkway mit Informationstafeln und Aussichtsplattformen, eine Hängebrücke, eine große Ingwersammlung sowie den Plant Discovery Garden mit Orchideen, Farnen, Kannenpflanzen, Heil- und Zierpflanzen. Die Forestry Gallery informiert auf unterhaltsame und teils kindgerechte Weise über Lianen, Epiphythen, Bambus, Farne und andere Besonderheiten der Tropenwälder sowie deren Bewohner, von Schmetterlingen und Schwalben bis zu Bären und Elefanten. Hier kann man gut und gern einen halben Tag verbringen, ohne sich zu langweilen (Tel. 089 53 37 80, www.forest.sabah.gov.my/rdc, tgl. 8–17 Uhr, RM 10).

Übernachten

Komfortabel ▶ **Sepilok Nature Resort:** kurz vor dem Orang-Utan-Zentrum, Tel. 089 53 50 01, www.sepilok.com. Rings um einen See stehen an einem Hang 24 großzügige, behagliche Holzbungalows mit Bad, AC und Terrasse. Zum gepflegten Resort gehören ein luftiges Restaurant und ein Orchideengarten. Häufig sind Tiere aus dem angrenzenden Wald von den Bungalows aus zu beobachten. Bungalow RM 250.

Kreativ ▶ **Paganakan Dii:** Mile 14, 2 km nördl. der Abzweigung von der Jln. Labuk nach Sepilok, Abholservice vom Kreisverkehr an der Abzweigung, Tel. 01 28 85 10 05, www.paganakandii.com. Eine ungewöhnliche, aber attraktive Anlage, in der recycelte Materialien Akzente setzen. 14 nette Zimmer, jeweils mit Doppel- und Stockbett, in Holzbungalows auf Stelzen mit großen Schiebetüren, Moskitonetzen, Ventilator und AC sowie luftigen Duschen. Gute Betten auch in den Schlafsälen der drei Langhäuser (Ventilator, Gemeinschaftsduschen). Schlafsaalbett RM 30/Pers. inkl. Frühstück, DZ RM 130–150 inkl. Frühstück.

In ruhiger Natur ▶ **Sepilok Forest Edge Resort:** Jln. Rambutan, Mile 14, 500 m vor dem Orang-Utan-Zentrum der ausgeschilderten Abzweigung folgen, Tel. 089 22 31 00, 019 843 50 17, www.sepilokforestedge.com. Mehrere Häuser, die meisten auf Stelzen, verteilen sich locker über ein hügeliges, parkähnliches Gelände, alle mit AC, Bad und Balkon. Auch einfache Zimmer mit Ventilator in einem Langhaus. Kleiner Pool und nettes offenes Restaurant. Schlafsaal RM 40/Pers., DZ RM 80–300 inkl. Frühstück.

Verkehr

Busse: 5 x tgl. ins Zentrum von Sandakan (RM 5). Weitere Stadtbusse verkehren auf Jln. Labuk und lassen Passagiere an der Abzweigung nach Sepilok aussteigen.

Taxis: Die Fahrt nach Sandakan kostet um RM 40. Taxi für die Rückfahrt unbedingt im Voraus bestellen.

13 Kinabatangan Wildlife Sanctuary ▶ 4, S 4

Bereits früh siedelten Orang Sungai an den Ufern des längsten Flusses von Sabah, der seinen Namen Kina-Batangan (›chinesischer

Fluss‹) wahrscheinlich den Chinesen verdankt. Bereits vor der Ankunft der ersten Europäer hatten sie hier Handelsstationen für Dschungelprodukte und die wertvollen essbaren Schwalbennester (s. S. 319) errichtet.

Ein schmaler Streifen verbliebener Sekundärwälder wurde in den **Lower Kinabatangan Segama Wetlands** als **Kinabatangan Wildlife Sanctuary** unter Naturschutz gestellt. Dieses 27 000 ha große Areal beiderseits des Flusses ist das Rückzugsgebiet zahlreicher wilder Tiere. In hohen Bäumen am Ufer tummeln sich verschiedene Affenarten, darunter Schweinsaffen, Makaken, seltene Maronenlanguren *(Presbytis rubicunda)*, Haubenlanguren *(Presbytis cristata)* und vor allem die eigenartigen Nasenaffen *(Nasalis larvatus)*. Manchmal ist sogar ein Orang-Utan in den Bäumen zu entdecken oder in der Ferne der Ruf der Gibbons zu vernehmen. Auch Borneo-Zwergelefanten *(Elephas maximus borneensis)* ziehen auf ihren Wanderungen durch die Wälder – und zum Verdruss der Einheimischen auch durch deren Plantagen und Dörfer – in Flussnähe. Im dichten Geäst ringeln sich Schlangen und im trüben, braunen Wasser lauern Krokodile auf Beute. Vor allem die Altwasserseen sind ein Vogelparadies mit Seeadlern, Eisvögeln, Störchen und Schlangenhalsvögeln. Manchmal sieht man ganze Schwärme von Nashornvögeln über den Fluss ziehen.

Die Tiere können aus sicherer Entfernung vom Boot aus beobachtet werden. In den frühen Morgenstunden und spätnachmittags, wenn die Chancen am größten sind, starten von allen Lodges in der Umgebung kleine Ausflugsboote – manchmal ist man ganz alleine auf dem Fluss, dann wieder gibt es ein Gedränge, vor allem auf dem schmalen Sungai Menanggul bei Sukau.

Üblicherweise wird das Schutzgebiet im Rahmen einer organisierten Tour besucht, denn es fahren fast keine Busse in diese abgelegene Gegend. Die meisten Veranstalter haben eigene Lodges, die weit verstreut am Unterlauf des Flusses liegen. Ein Großteil der Unterkünfte konzentriert sich in und um **Sukau,** einen winzigen Ort etwa 42 km östlich der Hauptstraße Sandakan–Lahad Datu. Die preiswertesten Unterkünfte liegen im Ort, die teureren außerhalb, doch diese sind nur per Boot zu erreichen. Auch rings um **Kampung Bilit** sind einige Unterkünfte entstanden, die bis auf einige teure nur mit dem Boot zu erreichen sind.

In manchen Touren ist auch ein Besuch der **Gomantong Caves** inbegriffen oder kann gegen Aufpreis gebucht werden. In der von einem wunderschönen Dschungelgebiet umgebenen hohen Höhle werden zu festgelegten Zeiten Schwalbennester geerntet, die aus dem Speichel der Salangane *(Aerodramus fuciphagus)* bestehen und von Chinesen als Delikatesse geschätzt werden (tgl. 8–18 Uhr, RM 30).

Infos

Borneo Conservation Trust: www.borneotrust.com. Die Organisation bemüht sich, am Kinabatangan einen Korridor für Tiere zu schaffen.

Übernachten

... in Sukau:

Ökologisch und behaglich ▶ Sukau Rainforest Lodge: 10 Min. flussaufwärts von Sukau, Tel. in Kota Kinabalu 088 43 83 00, www.borneoecotours.com. Die Lodge des umweltbewussten Veranstalters Borneo Eco Tours bietet ihren Gästen viele Extras. Die 20 hochwertig eingerichteten Zimmer mit Ventilator haben große Bäder, im Restaurant auf Stelzen über dem Fluss gibt es ein gutes Büfett und hinter der Anlage kann man auf einem markierten Rundweg den Dschungel erkunden. Neben Standardtouren mit kompetenten Guides können weitere Ausflüge mit speziellen Schwerpunkten gebucht werden. Paket inkl. Transport per Boot ab Sandakan, 5 Bootstouren und Vollpension für 3 Tage/ 2 Nächte RM 1750/Pers.

Ein Touch von Öko ▶ Borneo Nature Lodge: 15 Min. flussaufwärts von Sukau, Tel. in Sandakan 089 21 07 18, www.borneonaturelodge.com.my. Die neue Lodge mit 6 großen, klimatisierten Doppelbungalows und einem behindertengerechten Zimmer ist sehr komfortabel. Auch das Restaurant ist klimatisiert. Dennoch versucht man dem Umweltgedanken Rechnung zu tragen, indem die Klimaanlagen nur laufen, während die Gäste in der Lodge sind und diese mit eigener Muskelkraft auf einer Art Hometrainer einen Beitrag zur Stromerzeugung leisten können. Paket inkl. Transport ab Sandakan per Minibus und Boot, 3 Bootstouren und Vollpension für 3 Tage/2 Nächte RM 1300/Pers.

Engagiert und erschwinglich ▶ **Barefoot Sukau Lodge:** am Ortsrand am Fluss, Tel. 089 23 55 25, www.barefootsukau.com. Die Zimmer in den hellhörigen Holzhäusern und die etwas besseren, neueren Räume sind einfach, aber sauber, das Restaurant punktet mit einem schönen Ausblick auf den Tomanggong-Felsen am jenseitigen Ufer. Die Lodge unterstützt ein Umweltprojekt des WWF. Paket ohne Transport, aber mit 4 Bootstouren und Vollpension für 3 Tage/2 Nächte RM 480/Pers.

... in Kampung Bilit:

Großzügig ▶ **Myne Resort:** über eine Stichstraße von Kampung Bilit erreichbar, Tel. 089 21 03 87, www.myne.com.my. Weitläufige Anlage in schöner Umgebung am Fluss. Die 14 geräumigen Familienzimmer mit großem Balkon verströmen Hotelatmosphäre, zudem 6 günstigere Langhaus-Zimmer. Großes Restaurant und gute Bar. Komplettpaket inkl. Transport ab Sandakan per Minibus, 3 Bootstouren, einer Wanderung und Vollpension für 3 Tage/2 Nächte RM 1700/Pers.

Naturnah für Vogelfreunde ▶ **Kinabatangan Jungle Camp:** 20 Min. flussaufwärts von Kampung Bilit, Tel. 089 53 31 90, kjcannie@gmail.com, www.kinabatangan-jungle-camp.com. Lodge des Ornithologen Robert Chong. Die einfach eingerichteten Bungalows mit Terrasse, die 2-stöckigen Häuser mit jeweils 4 farbenfrohen Zimmern mit Ventilator und die 6 neuen Häuschen stehen alle mitten im Wald. Ein Generator sorgt für Strom und das freundliche Management für angenehme Unterhaltung. Paket inkl. Transport per Minibus und Boot ab Sepilok, 3 langen Bootstouren, einer Dschungelwanderung und Vollpension für 3 Tage/2 Nächte RM 800/Pers.

Für Preisbewusste ▶ **Nature Lodge Kinabatangan:** am gegenüberliegenden Ufer von Kampung Bilit, Tel. 089 23 05 34, 01 38 63 62 63, www.naturelodgekinabatangan.com, www.insabah.com. Die Lodge von Nasalis Larvatus Tours bietet ein sehr gutes Preis-Leistungs-Verhältnis, dafür sollte man allerdings bereit sein, mit vielen anderen Gästen in einem vollgepackten Boot auf Pirsch zu gehen. Paket inkl. Transport per Bus ab Kota Kinabatangan (an der Abzweigung der Stichstraße nach Sukau), 4 Bootstouren, 1 Wan-

Über rund 27 000 ha erstreckt sich das Kinabatangan Wildlife Sanctuary, ein Rückzugsgebiet zahlreicher wilder Tiere

derung und Vollpension für 3 Tage/2 Nächte RM 380/Pers. im Schlafsaal, RM 520/Pers. in älteren Cabins und RM 620/Pers. in neuen Chalets.

Verkehr

Busse: Nur jeweils 1 x tgl. fährt ein meist völlig überfüllter Bus spätnachmittags von Sandakan nach Sukau und am frühen Morgen von dort zurück nach Sandakan. Bei allen Touren ist deshalb der Transport ab Sandakan inbegriffen.

Lahad Datu und Umgebung ► 4, S 5

Ca. 226 km südlich von Sandakan ist **Lahad Datu** der einzige größere Ort auf dem weiteren Weg in den äußersten Südosten Sabahs und ins Danum Valley (s. S. 374) und dient vor allem als Durchgangsstation. In der wenig attraktiven Hafenstadt mit etwa 80 000 Einwohnern, die von endlosen Ölpalmplantagen umgeben ist, leben viele legale wie illegale Einwanderer aus den Philippinen und Indonesien. Die meisten Besucher starten direkt vom Flughafen mit den Geländewagen der Rainforest Lodge (s. S. 375) in den Dschungel und bekommen nur die Vororte von Lahad Datu zu Gesicht.

Als Alternative zum entlegenen Danum Valley bietet sich das 120 500 ha große **Tabin Wildlife Reserve** 85 km östlich von Lahad Datu an, wo noch Elefanten und Nebelparder, Gibbons und Orang-Utans leben, die auch aus Sepilok (s. S. 369) hier ausgewildert werden. Die Chance, Tiere zu sehen, ist am größten bei dem Schlammvulkan, wo nur 20 Minuten vom Headquarters entfernt ein Beobachtungsturm errichtet wurde. Man kann auf markierten Pfaden durch den Dschungel zu einem Wasserfall wandern und abends mit Rangern nach nachtaktiven Tieren Ausschau halten. Nach Tabin gelangt man von Lahad Datu nur mit einem Geländewagen auf einer unbefestigten Straße (1,5 Std.).

Übernachten

Naturnah ▶ **Tabin Wildlife Resort:** Buchungen über Tabin Wildlife Holidays in Kota Kinabalu, Lot 11-1, Bilek A, Damai Point, Jln. Damai, Tel. 088 26 72 66, oder in Lahad Datu, Lot 17, MIJLD, Fajar Centre, Tel. 089 88 76 20, www.tabinwildlife.com.my. 20 nette Holzhütten mit Ventilatoren stehen nahe dem Headquarters am Ufer des kleinen Flusses Lipad, etwas größere Häuser in absolut ruhiger Lage weiter oberhalb im Wald. Dazwischen liegt das Sunbird Café, wo täglich vier Mahlzeiten serviert werden, die im Preis inbegriffen sind. Paket inkl. Transport ab Lahad Datu, allen Aktivitäten und Vollpension für 3 Tage/ 2 Nächte RM 1600/Pers.

Das Beste der Stadt ▶ **Hotel de Leon:** Block L, Lot 1–6, Darvel Bay Commercial Centre, Tel. 089 88 12 22, www.hoteldeleon.com.my. Das neuere 3-Sterne-Hotel im modernen Design hat die komfortabelsten Zimmer im Ort. DZ RM 150–180.

Verkehr

Flüge: 4 x tgl. nach Kota Kinabalu (55 Min.).
Busse: Von der Bushaltestelle in der Jalan Pantai Verbindungen 3 x tgl. nach Sandakan (3 Std., RM 25) sowie 3 x tgl. Tawau (2 Std., RM 20).
Minibusse: Vor allem vormittags nach Bedarf nach Semporna (2 Std., RM 25).
Taxis: Nach Tawau oder Sandakan RM 200, nach Semporna RM 150.

Danum Valley ▶ 4, R 5

94 km westlich von Lahad Datu liegt mitten im Dschungel in einer malerischen Flussschleife des **Danum Valley** die Borneo Rainforest Lodge, von der manche behaupten, sie sei Malaysias beste Unterkunft in der Natur überhaupt. Wer nicht nur von der Terrasse aus Tiere beobachten möchte, kann mit hervorragenden Guides zu Aussichtspunkten wandern oder nachts im Auto auf die Pirsch gehen.

Geschichte

Der 43 800 ha große, nahezu unberührte tropische Tieflandwald verdankt sein Überleben ausgerechnet einer Gesellschaft, die ein riesiges Dschungelgebiet im Südosten von Sabah abholzte. Die staatliche Organisation **Yayasan Sabah** wurde 1966 gegründet, um die Lebensbedingungen der indigenen Bevölkerung zu verbessern. Zur Finanzierung erhielt sie die Konzession über ein riesiges Waldgebiet von etwa 1 Mio. Hektar, das zum Holzeinschlag freigegeben wurde. Ein kleines Gebiet von geringem kommerziellem Nutzen, aber mit einer großen Artenvielfalt wurde Wissenschaftlern zu Studienzwecken überlassen. 1986 öffnete das **Field Centre** Studenten und Forschern seine Tore und stieß auch bei Touristen auf reges Interesse, sodass man acht Jahre später mit dem Bau der Rainforest Lodge begann. Seither ist es Touristen nicht mehr möglich, im preiswerteren Field Centre zu übernachten, das jedoch im Rahmen eines Tagesausflugs von der Rainforest Lodge besucht werden kann.

Rings um die Rainforest Lodge

Die **Rainforest Lodge** eignet sich gut, um Vögel zu beobachten, darunter mehrere Nashornvogelarten und sogar den riesigen Rhinozerosvogel *(Buceros rhinoceros).* In den angrenzenden Wäldern lassen sich manchmal sogar vom Aussterben bedrohte Tierarten wie Maronenlanguren, Orang-Utans und Zwergelefanten sehen. Abends grasen Hirschferkel *(Tragulidae)* und Rehe hinter den Bungalows und bei nächtlichen Touren entdeckt man in den Bäumen Plumploris *(Nycticebus),* Kalong-Flughunde *(Pteropus vampyrus),* mit einer Flügelspannweite von über 1,5 m unter den größten der Welt, Riesengleithörnchen *(Petaurista petaurista)* und mit viel Glück fliegende Baumschlangen *(Chrysopelea paradisi).* Rings um die Tümpel quaken Frösche in allen Größen und Farben. Sogar einer der fliegenden Frösche, der Wallace-Flugfrosch *(Hacophorus nigropalmatus),* ist im Danum Valley beheimatet.

Ein Highlight ist der morgendliche Spaziergang auf dem ausgezeichneten **Canopy Walkway.** In bis zu 30 m Höhe bietet er wunderbare Fotomotive und ermöglicht auf über 300 m Länge Einblicke in die oberen Baumregionen des Regenwalds. Mit einem Guide geht es über den teils steilen, 1,2 km langen **Coffin Cliff Trail** hinauf zu einem alten Felsengrab der Orang Sungai mit fantastischer Aussicht über die Lodge und den Fluss. Anschließend laden Wasserfälle im Dschungel zu einem erfrischenden Bad ein. Auf eigene Faust kann man den kurzen, mit Infotafeln versehenen **Nature Walk** erwandern, einen Plankenweg parallel zum Fluss.

Rings um das Field Centre

Im **Field Centre,** wo Wissenschaftler und Studenten wohnen, informiert eine Ausstellung über den tropischen Regenwald und die Tätigkeit der Forscher. Mehrere markierte Wanderwege unterschiedlicher Schwierigkeitsgrade führen von hier in den unberührten Primärwald. Sie sind nicht so gut ausgebaut wie die Pfade um die Lodge, sodass ein echtes Dschungelgefühl aufkommt, allerdings sollte man sich vor Blutegeln schützen.

Vom kurzen **Nature Trail,** einem Rundweg, zweigen Pfade zu mehreren Aussichtsplattformen und zu einer schmalen Hängebrücke ab. Zudem sind Wanderungen zu verschiedenen Wasserfällen möglich, allerdings nur mit Führer.

Infos

Im Internet: Yayasan Sabah, www.ysnet.org.my; South East Asia Rainforest Research Programme, www.searrp.org.

Übernachten

Traumhaft, aber teuer ▶ Borneo Rainforest Lodge: Buchungen über Borneo Nature Tours in Kota Kinabalu, Block D, Lot 10, Sadong Jaya Complex, Tel. 088 26 76 37, oder in Lahad Datu, 300 m vom Flughafen, Block 3, Lorong Fajar 9, Fajar Centre, Tel. 089 88 02 07, www.borneonaturetours.com, www.borneorainforestlodge.com. Etwa 83 km von der Hauptstraße entfernt steht mitten in einem herrlichen Dschungelgebiet diese Lodge. Die 31 Zimmer mit Platz für maximal 60 Gäste sind trotz des hohen Preises meist ausgebucht. Die Villen aus einheimischem Holz mit 1–2 Zimmern stehen auf hohen Stelzen und sind mit dem offenen Restaurant über Plankenwege verbunden. Sie verfügen mit Ausnahme einer Klimaanlage über jeglichen Komfort und große Terrassen, die teureren sogar über Jacuzzi und Flussblick. Das Essen vom Büfett ist vielseitig, überraschend gut und der Service überaus professionell und freundlich. Empfehlenswert ist ein Aufenthalt von mind. 3 Tagen. Paket inkl. Transport ab Lahad Datu, allen Aktivitäten und Vollpension für 3 Tage/2 Nächte im Standardzimmer RM 2500/Pers. bzw. im Deluxe-Zimmer RM 2800/Pers.

Für ernsthafte Naturbeobachtungen ▶ Danum Valley Field Centre: Anfragen in Lahad Datu im Büro neben Borneo Nature Tours (s. oben), Tel. 089 84 11 00, 089 88 04 41, danumvalley@gmail.com, Mo–Fr 14–16 Uhr. Wer nachweisen kann, dass er ein ernsthaftes Interesse am Tropenwald hat, kann evtl. bei den Wissenschaftlern ein freies Bett ergattern. Das kostet im Schlafsaal RM 91, im Bungalow RM 286. Hinzu kommen das Permit für RM 50, 3 Mahlzeiten tgl. für RM 111 und der Transport ab Lahad Datu.

Verkehr

Geländewagen: Transfer zur Borneo Rainforest Lodge ab Lahad Datu je nach Bedarf (ca. 2,5 Std.). Abfahrt der Geländewagen ins Field Centre Mo, Mi und Fr gegen 15 Uhr von deren Büro im Fajar Centre in Lahad Datu (s. S. 375, ca. RM 130 hin und zurück). An allen anderen Tagen muss ein Auto gechartert werden (RM 350).

Tawau und der Südosten

Weder die quirligen Städte oder die einmalige Kultur der See-Bajau noch die verbliebenen Tropenwälder haben den Südosten von Sabah zu einem touristischen Highlight werden lassen. Das ist allein einer winzigen unbewohnten Insel im Suluarchipel zu verdanken, die mit ihrer einmaligen Unterwasserwelt Taucher aus aller Welt anlockt: Pulau Sipadan. Der legendäre Meeresforscher Jacques-Yves Cousteau (1910–97) tauchte im Alter von 77 Jahren mehrere Tage lang zusammen mit seinem Team vor der Insel und hielt das Ereignis in seinem Dokumentarfilm »Borneo: Ghost of the Sea Turtle« fest, der Sipadan weltberühmt machte. In dem Film sagte Jacques-Yves Cousteau: »Ich habe andere Plätze wie Sipadan vor 45 Jahren gesehen. Nun haben wir wieder ein unberührtes Meisterwerk gefunden.«

Die meisten Besucher fliegen nach Tawau, der größten Stadt des Südostens, die nahe der indonesischen Grenze liegt. Vom Flughafen geht es gleich weiter in den kleineren Ort Semporna. Da es auf Sipadan keine Unterkünfte gibt, wohnt man entweder auf einer der Nachbarinseln, Mabul und Kapalai, auf den weiter entfernten Koralleninseln Pompom und Mataking oder in der kleinen Hafenstadt selbst, was weitaus günstiger ist. Die meisten Besucher verbringen die ersten Tage mit Ausflügen zu Korallenriffen in der Umgebung, bis auch sie an der Reihe sind, in Sipadan tauchen zu gehen: Zum Schutz der einmaligen Korallenriffe wurde die Anzahl der Besucher im Meeresnationalpark auf 120 pro Tag begrenzt.

Tawau und Umgebung ▶ 4, R 7

Tawau, sozusagen der letzte Außenposten vor der Grenze, ist so indonesisch wie keine andere malaysische Stadt. Die meisten Inseln in der Sulusee gehören bereits zu Indonesien und die Arbeiter der Plantagen im Hinterland stammen überwiegend aus dem Nachbarland. Entsprechend rege ist der legale wie illegale Grenzverkehr. Die meisten ausländischen Besucher sind Taucher. Manche verbringen vor dem Abflug noch eine Nacht in der Stadt und genießen das großartige Angebot der Restaurants vor allem an Seafood. Hier ist das Meer noch nicht leergefischt und so kehrt die Fischereiflotte Tag für Tag mit reichem Fang zurück. Auf dem großen **Fischmarkt** landen so manche exotische Meeresbewohner wie Hammerhaie und bunte Korallenfische. Auf dem großen **Markt** nebenan werden die weiteren Zutaten für die lokalen Gerichte verkauft.

Ein Ausflug lohnt sich zu den etwa 7 km entfernten **Air Panas,** heißen Quellen, die in der hügeligen Berglandschaft vor dem Golfplatz liegen. Sie erhalten derzeit neue Badebecken sowie Unterkünfte in einem kleinen Tropenwald mit vielen Vögeln.

Übernachten

Die erste Wahl ▶ **Belmont Marco Polo Hotel:** 1 Jln. Klinik, Tel. 089 77 79 88, www.sabahhotels.net/accommodation.html. Im zentral gelegenen einzigen 3-Sterne-Hotel der Stadt übernachten die meisten Taucher. Die Einrichtung der 150 Zimmer ist bereits etwas älter, aber gepflegt und auch der Service ist gut. Kostenloses Wi-Fi. DZ RM 195–280 inkl. Frühstück.

Stylisch ▶ **LA Hotel:** Jln. St. Patrick, Tel. 089 76 22 99, www.lahotel.com.my. Die Einrichtung in dem neuen Hotel setzt auf Effekte. Die Zimmer mit bequemen Betten sind modern eingerichtet, der Service könnte professioneller sein. Je nach Stockwerk und Ausblick unterschiedliche Preise. DZ RM 110–160.

Essen & Trinken

Nahe dem Meer ▶ **Kam Ling Seafood:** 25 Sabindo Sea Side Food Stall, Jln. Sabindo

Lima, Tel. 089 75 64 57, 01 98 83 25 11, Mo–Sa 18–23 Uhr. Das offene Restaurant ist die beste Adresse am Abend. Die Fische und Meeresfrüchte im großen chinesischen Restaurant sind nicht nur frisch, sondern werden auch überaus schmackhaft zubereitet. Der Service ist schnell und freundlich. Preise nach Gewicht RM 20–30.
Alternative am Sonntag ▶ **Good View Seafood Restaurant:** neben Kam Ling Seafood (s. S. 376), tgl. 18–23 Uhr. Hier findet man ein ähnliches Angebot wie nebenan, aber keine so gute Qualität und einen weniger professionellen Service. RM 20–30.

Verkehr

Flüge: Vom Flughafen, 30 km Richtung Semporna, mit MAS nach Kota Kinabalu und Sandakan. Zudem mit Air Asia nach Kuala Lumpur. Taxis nach Tawau kosten RM 25 (zurück RM 35), nach Semporna RM 150.
Busse: Ab Sabindo Plaza alle 90 Min. nach Semporna (1,5 Std., RM 10) und Lahad Datu (3 Std., RM 20) sowie stdl. bis 20 Uhr nach Sandakan (5 Std., RM 43) und Kota Kinabalu (10–12 Std., RM 50). Manchmal fahren Minibusse vom Flughafen nach Semporna (1 Std., RM 40).
Fähren: Auf die indonesische Insel Nunukan tgl. um 11.30, 14 und 15.30 Uhr (RM 65) und ins indonesische Tarakan Mo, Mi und Fr um 11.30 Uhr (RM 140).

Semporna und Umgebung

▶ 4, T 6

Semporna, 108 km östlich von Tawau, orientiert sich nicht nur zum Meer hin, sondern steht zum Teil sogar auf Stelzen im Meer. Die Pfahlbauten der See-Bajau ziehen sich kilometerlang am Ufer entlang. Das alte **Geschäftszentrum** besteht aus kaum mehr als einem Markt und drei Parallelstraßen mit Läden und Restaurants. Im neuen Teil der Stadt, auf aufgeschüttetem Land erbaut, sowie im angrenzenden **Semporna Ocean Tourism Centre** haben die meisten Tauchveranstalter ihre Büros.

Lohnend ist ein Ausflug zum **Bukit Tengkorak** nahe dem Dorf **Tampi Tampi,** 10 km südlich des Zentrums. Von der Hauptstraße nach Tawau zweigt nach ca. 3 km links die Straße zum Semporna Holiday Resort ab. Nach weiteren 3 km nimmt man die linke Gabelung und biegt nach 900 m rechts auf einen unbefestigten Weg ab. Nach 500 m beginnt rechts der schweißtreibende Aufstieg über 714 Stufen. Von oben bietet sich eine wunderbare Aussicht über die Bucht bis auf die Inseln in der Sulusee. Ein **archäologisches Museum** stellt Funde aus der Umgebung aus (tgl. 9–17 Uhr, RM 10).

Mitten in der tiefen, durch die vorgelagerte Insel Bumbum geschützten Bucht von Semporna stehen in seichten Gewässern sogenannte **Kelong,** Holzhäuser auf Plattformen, die zum Fischen genutzt werden. Stürme mit hohen Wellen sind in dieser Gegend die Ausnahme. Das machen sich auch einige Resorts zunutze und bauen ihre Häuser mitten ins Meer.

Übernachten

Funktional ▶ **Marina Hotel:** Lot E1–E5 Bandar Utama, Tel. 089 78 52 22. Die ganz in Schwarz-Weiß gehaltene Einrichtung des Hotels ist neu und sauber. Relativ schlichte Zimmer mit Flachbildschirm und Wi-Fi, die preiswerteren ohne Fenster. DZ RM 85–95.

Aktiv

Naturbeobachtungen ▶ **Borneo Proboscis River Cruise:** Sungai Buaya, Tel. 089 78 45 88, www.borneotourstravel.com. In den Mangrovenwäldern der Darvel Bay nördlich von Semporna, gegenüber der großen Pulau Timbun Mata, können Vögel, Fledermäuse und ab und an sogar Nasenaffen beobachtet werden. Die Halbtagestouren starten nachmittags (RM 125).

Termine

Regatta Lepa (April): Die See-Bajau von Semporna organisieren alljährlich eine farbenprächtige Parade mit bunt geschmückten, traditionellen Booten, die teilweise in Regatten gegeneinander antreten, und Musikveranstaltungen. Zudem wird das schönste Boot prämiert und es gibt viel zu essen.

Tipp: Infos für Taucher

In allen Tauchresorts auf den Inseln gibt es **Pauschalarrangements** für Taucher, die bei Buchung in Semporna teilweise etwas günstiger sind, als wenn man sie von zu Hause aus reserviert.

Jedem Resort ist eine **Tauchbasis** angeschlossen, in der auch PADI-Kurse angeboten werden. Günstigere **Tauchveranstalter** bieten ab Semporna Touren zu vielen Tauchplätzen an. Das Kontingent an freien Plätzen auf Sipadan wird zwischen ihnen aufgeteilt. Tauchveranstalter in Semporna: Scuba Junkies, Block B, Lot 36, Semporna Resort Township, Tel. 089 78 53 72, www.scuba-junkie.com; Singamata, Seafest Complex, Jln. Custom, Tel. 089 78 48 28, www.singamata.com; Sipadan Scuba, Lot A5–7, Semporna Resort Township, Tel. 089 91 91 48.

In allen Tauchresorts sind auch Nichttaucher willkommen. Viele Hausriffe auf den Inseln außerhalb von Sipadan eignen sich gut zum **Schnorcheln.**

Für den **Transport** auf die Inseln sorgen die Resorts, die ihre Gäste zu festgelegten Zeiten mit dem Boot abholen. Die Überfahrt von Semporna dauert nach Sipadan ca. 45–60 Min., Mabul 30 Min., Kapalai 40 Min., Pompom 40 Min. und Mataking 50 Min.

Rings um den Tun Sakaran Marine Park ▶ 4, T 6/7

Sechs kleinere – Sebangkat, Selakan, Mantabuan, Sibuan, Maiga, Church Reef und Kapikan Reef – sowie zwei größere gebirgige Inseln – Bohey Dulang und Bodgaya –, Teil eines vulkanischen Kraterrands, sind im **Tun Sakaran Marine Park** zusammengefasst und liegen eine knappe Bootsstunde nordöstlich von Semporna. Auf den Eilanden gibt es keine touristische Infrastruktur, aber von den Tauchzentren einiger benachbarter Inseln werden Touren hierher angeboten. Faszinierend sind in diesem Gewässer vor allem die kleineren exotischen Meeresbewohner wie Anglerfische und winzige Seepferdchen.

Südöstlich des Tun Sakaran Marine Park liegt die kleine, bewaldete **Pulau Mataking,** von deren Tauchresort die rund 40 Tauchplätze des Parks angesteuert werden. An der Ostküste der Insel fällt ein auch für Tauchanfänger geeignetes Riff mit vielen farbenprächtigen Korallen langsam bis auf 100 m ab. Bei Ebbe kann man bis auf eine kleine vorgelagerte Insel spazieren.

Die flache, grüne und recht unberührte Nachbarinsel **Pulau Pompom** besitzt zwei Tauchresorts und lange Strände, über die man das Eiland in gut 40 Min. zu Fuß umrunden kann. In den Seegraswäldern nahe der Bootsanlegestelle lassen sich nachts häufig Meeresschildkröten beobachten, deren Eier in einer Zuchtstation ausgebrütet werden. Auch Rochen und Aale sind hier manchmal zu sehen.

Die dritte Insel in unmittelbarer Umgebung des Parks ist **Pulau Timba Timba** mit einem neuen, komfortablen Resort.

Übernachten

... auf Mataking:

Luxuriös ▶ **Pulau Mataking Reef Dive Resort:** GTS Travel Service, Jln. Bunga, Tawau, Tel. 089 77 00 22, www.mataking.com. Edle Unterkunft auf der unbewohnten Insel. Besonders komfortabel sind die 5 neuen, stilvoll eingerichteten Strandvillen mit eigenem Jacuzzi vor der Tür. Zudem 8 große Chalets mit Himmelbett, separater Wanne und Dusche sowie 24 klimatisierte Zimmer mit TV und Terrasse. Es werden verschiedene Aktivitäten angeboten, u. a. Kochkurse. Zur Anlage gehört zudem ein Spa. Nichttaucher zahlen für 3 Tage/2 Nächte im günstigsten DZ RM 2100/Pers. bzw. in einer Villa RM 2900/Pers.

... auf Pompom:

Großzügige Holzhäuser ▶ **Pom Pom Island Resort:** Sipadan Pom Pom Resort & Tours, A2-1, Karamunsing Capital, Lorong Kapital, Block A, Kota Kinabalu, Tel. 088 48 40 83, www.pompomisland.com. 37 Häuser mit AC, Kühlschrank, Wasserkocher und Terrasse sowie Liegen am Strand oder auf Stelzen über dem Meer. Zum Resort gehört ein Spa. Nichttaucher zahlen für 3 Tage/2 Nächte im DZ RM 1400/Pers.

Pulau Kapalai ► 4, T 7

Pulau Kapalai, die ›Insel mitten im Meer‹, besteht aus kaum mehr als einer schneeweißen Sandbank, die bei Ebbe aus dem Wasser ragt, und dem einst durch Dynamitfischen zerstörten Ligatan-Korallenriff. Dem Raubbau an der Natur hat das Sipadan-Kapalai Dive Resort Einhalt geboten, das im Stil eines traditionellen Wasserdorfs erbaut wurde und zumindest die Korallen schützt, die im klaren, seichten Wasser unter den Pfahlbauten leben. Von den Holzstegen und den großzügigen Veranden der Bungalows sind viele Fische und ab und an sogar Meeresschildkröten zu sehen. Das Schnorchelrevier liegt also direkt vor der Haustüre, und am Steilabfall von Kapalai gibt es 28 Tauchplätze, die auch von anderen Resorts angefahren werden. Die Insel liegt 40 Bootsminuten südlich von Semporna bzw. 15 Bootsminuten nördlich von Pulau Sipadan.

Übernachten

Umweltfreundlich konzipiert ► **Sipadan-Kapalai Dive Resort:** Pulau Sipadan Resort and Tours, 484 Bandar Sabindo, Tawau, Tel. 089 76 52 00, www.sipadan-resort.com. Stege verbinden die überaus großzügigen, luftigen Holzchalets (ohne AC), die auf Stelzen über dem Riff stehen. Im Resort können bis zu 110 Pers. übernachten. Reichhaltiges Büfett, unbegrenztes Schnorcheln, Seekajakfahren und andere Aktivitäten. Nichttaucher zahlen für 3 Tage/2 Nächte im DZ RM 1600/Pers.

Pulau Mabul ► 4, T 7

Auf der mit 21 ha größten Insel vor Semporna, **Pulau Mabul,** hat sich seit der Schließung der Unterkünfte auf Sipadan neben der Siedlung der Orang Bajau ein weiteres Dorf entwickelt, das aus Tauchresorts unterschiedlicher Art besteht und ständig anwächst. Einige Häuser sind auf Stelzen weit hinaus ins Meer gebaut, andere liegen idyllisch unter Palmen. Man kann sogar auf einer ehemaligen Ölplattform übernachten. In der Nähe des Dorfs der Inselbewohner ist der Konflikt zwischen muslimischen Fischern und Kurzzeitbesuchern, die nur tauchen wollen, vorprogrammiert. Die einen stören sich an den freizügigen Verhaltensweisen, die anderen am Müll und Dreck im Dorf. Und alle gemeinsam belasten die Umwelt durch ihren Wasserverbrauch, ihre Abfälle und den regen Bootsverkehr.

Übernachten

Chalets unter Kokospalmen ► **Sipadan Mabul Resort** und **Mabul Water Bungalows:** Explore Asia Tours, Lot A-1-G, Block A, Signature Office, KK Times Square, Kota Kinabalu, Tel. 088 48 63 89, www.sipadanmabulresort.com. 45 Chalets von unterschiedlicher Größe und Ausstattung stehen an einem schönen weißen Sandstrand im Südosten der Insel. Klimatisierte Zimmer mit Holzmöbeln und kleiner Terrasse. Zur Anlage gehört auch ein kleiner Pool. Demselben Besitzer gehören die luxuriösen Mabul Water Bungalows auf Stelzen im Meer am Rand des Riffs mit 15 großzügigen Zimmern mit AC, TV, Kühlschrank und Safe. Sehr freundlicher Service und gutes Essen. Nichttaucher zahlen für 3 Tage/2 Nächte im DZ im Resort RM 1500/Pers. und in den Water Bungalows RM 2400/Person.

Bungalows auf Stelzen ► **Sipadan Water Village Resort:** Lot 8, Town Extension II, Wisma MAA Building, Tawau, Tel. 089 75 17 77, www.swvresort.com. An der Westküste der Insel stehen auf Stelzen im Meer am Rand eines Riffs Bungalows mit Ventilatoren und Terrassen. Nichttaucher zahlen für 3 Tage/2 Nächte im DZ RM 2000–2400/Pers.

Mit Hausriff ► **Seaventures Dive Resort:** Seaventures Sabah, 422–424 Wisma Sabah, Kota Kinabalu, Tel. 088 26 16 69, www.seaventuresdive.com. Von den Zimmern auf einer ausrangierten Ölplattform kann man direkt ins Hausriff abtauchen. Für Taucher sind im Preis unbegrenzt viele Tauchgänge am Hausriff inbegriffen. Abends im Restaurant

Livemusik. Nichttaucher zahlen für 4 Tage/ 3 Nächte im DZ RM 1730/Pers.

Alteingesessenes Tauchzentrum ▶ **Borneo Divers Mabul Resort:** Borneo Divers, Menara Jubilee, 53 Jln. Gaya, Kota Kinabalu, Tel. 088 22 22 26, www.borneodivers.info. Das älteste und größte Tauchzentrum auf den Inseln schmückt sich mit 5 Sternen und arbeitet sehr professionell. Angeschlossen ist ein Resort mit 30 Zimmern in Doppelbungalows von unterschiedlichem Standard und in klimatisierten Zelten. Pool, mehrere Bars. Nichttaucher zahlen für 3 Tage/2 Nächte im DZ ab RM 1230/Pers.

14 Pulau Sipadan ▶ 4, T 7

Aus der Ferne sieht das Traumziel aller Taucher trotz der blendend weißen Sandstrände recht unspektakulär aus, denn die eigentliche Attraktion des winzigen **Pulau Sipadan** liegt unter Wasser. Das Eiland sitzt auf einem pilzförmigen überkragenden Korallenriff, dessen Basis wie eine schlanke Felsnadel bis in 600 m Tiefe reicht. Im klaren Wasser haben sich Korallengärten von einmaliger Schönheit entwickelt, deren besondere Gestalt sie zu einem Paradies für viele Meeresbewohner macht.

Als nach dem Besuch von Jacques-Yves Cousteau Ende der 1980er-Jahre immer mehr Taucher nach Sipadan kamen, begannen alle Veranstalter auf der Insel Bungalows zu bauen. In der Folge waren die Korallengärten zunehmend durch Ausflugsboote und den Ansturm Hunderter, teils ungeübter Taucher und Schnorchler bedroht, vor allem während der Tauchsaison im Mai sowie von Juli bis Oktober. 1996 zerstörte ein Tropensturm Teile des Riffs und kurz darauf sorgte die Korallenbleiche für eine weitere Belastung. Auch politisch geriet die Insel in die Schlagzeilen, als im Jahr 2000 an Ostern 41 Hotelgäste von bewaffneten Abu-Sayyaf-Kämpfern, muslimischen Extremisten aus Mindanao, entführt und monatelang auf den Philippinen festgehalten wurden, darunter die deutsche Familie Wallert. Seither ist auf allen bewohnten Inseln Militär stationiert – damit meldet Malaysia auch seinen Territorialanspruch an. Sipadan wurde erst 2002 vom Internationalen Gerichtshof Malaysia, und nicht Indonesien, zugesprochen.

Um die einmalige Natur vor Zerstörung zu schützen, mussten Ende 2004 alle Unterkünfte schließen. Das Gebiet wurde als **Sipadan Island Marine Park** der Verwaltung von Sabah Parks unterstellt und die maximale Anzahl der Besucher auf 120 pro Tag begrenzt. Fast alle Veranstalter haben Sipadan im Programm (s. S. 378). Erfahrene Taucher mit Open-Water-Tauchschein zahlen ab Semporna RM 600 aufwärts für vier Tauchgänge plus Eintrittsgebühren in den Marinepark von RM 40. Allerdings muss man mehrere Tauchgänge in anderen Revieren machen, bis man in Sipadan an der Reihe ist.

Nach der Registrierung bei Sabah Parks schippert man zu einem der elf Tauchplätze der Insel. Bei einer Sichtweite von über 30 m können auf dem leicht abfallenden Riffdach nahezu intakte Korallenlandschaften mit Stein-, Horn- und Weichkorallen erkundet werden – dramatische Steilabbrüche und spektakulär überhängende Korallengärten, vertikal aufsteigende Kamine und die Turtle Cave, eine Höhle in 12 bis 15 m Tiefe, in der Cousteau das Skelett einer Schildkröte entdeckte, die sich hierher verirrt hatte. Um Sipadan tummeln sich über 3000 Fischarten, darunter bunte Korallenfische, Hammer- und Weißspitzenhaie, Rochen sowie Suppenschildkröten und die eine oder andere Karettschildkröte. In Spalten und Höhlen leben Hummer, Seeschlangen und eine unglaubliche Vielfalt kleinerer Meeresbewohner. Der **Barracuda Point** an der Nordspitze gilt als einer der fünf besten Tauchplätze weltweit und ist entsprechend begehrt. Manchmal sind hier Schwärme von über 1000 Barrakudas unterwegs, die in gigantischen Spiralen das Wasser durchziehen und riesige Schatten werfen. Am 22 m hohen Steilabfall entlang kann man mit der recht starken Strömung bis zum **Coral Garden** driften.

Geschütztes Unterwasserparadies: der Sipadan Island Marine Park mit dem Highlight Pulau Sipadan

Immer einen Schritt voraus: Mit der Helix Bridge und dem Marina Bay Sands Hotel bekräftigt Singapore einmal mehr seine Vorherrschaft in Südostasien

Kapitel 6

Singapore

Singapore ist das flächenmäßig kleinste und ökonomisch reichste Land Südostasiens. Der mit strenger Hand regierte, säkular und konfuzianistisch geprägte Stadtstaat ist sauber, frei von Korruption und – wie manche sagen – *a fine city,* wobei *fine* mit ›schön‹ ebenso wie mit ›Geldstrafe‹ übersetzt werden kann. Trotz staatlicher Zensur hat sich eine durchaus kritische Kunstszene entwickelt.

In den traditionellen Stadtvierteln außerhalb des futuristischen Finanzzentrums zeigt sich die Metropole von ganz verschiedenen Seiten. In Chinatown, Little India oder dem überwiegend von Malaysiern bewohnten Kampong Gelam gewinnt man den Eindruck einer multikulturellen Stadt, obwohl die große Mehrheit der Bevölkerung Chinesen sind. Ganz anders präsentieren sich die neuen Wohngebiete außerhalb der City, wo strikt auf eine ethnische Durchmischung geachtet wird. Das schlägt sich auch auf die Sprache nieder: Zumeist hört man Singlish, Englisch durchmischt mit malaiischen und chinesischen Vokabeln.

Zu Unrecht wird Singapore von vielen nur als Stopover-Ziel besucht. Dabei besitzt die Stadt nicht nur die besten Museen und den schönsten Zoo Südostasiens, sondern auch das größte Riesenrad der Welt, eine schier unüberschaubare Anzahl moderner Einkaufstempel, eine zu einem gigantischen Vergnügungspark umgestaltete Insel sowie zahlreiche andere Attraktionen. Wer der Straßenschluchten müde geworden ist, kann lange Spaziergänge im Botanischen Garten machen, auf Plankenwegen durch ursprüngliche Dschungelgebiete marschieren oder Bootsfahrten unternehmen. Abends locken das hervorragende kulinarische Angebot sowie die lebhafte Club- und Kulturszene.

Auf einen Blick
Singapore

Sehenswert

15 **Das Zentrum von Singapore:** Im National Museum of Singapore in die Geschichte abtauchen, bei einer Bootsfahrt auf dem Singapore River entspannen, die kulinarischen Köstlichkeiten von Chinatown, Little India oder Kampong Gelam genießen – und wer danach immer noch nicht müde ist, kann in einem der Clubs an den Quays abtanzen (s. S. 386).

Schöne Routen

Einkaufsbummel auf der Orchard Road: Nicht nur zum Shoppen, sondern auch zum Schauen lohnt sich ein Spaziergang auf dem gut 2 km langen Prachtboulevard (s. S. 394).

Bootsfahrt auf dem Singapore River: Gemächlich tuckern die Boote von der Marina Bay flussaufwärts, vorbei an Denkmälern, Kolonialbauten und restaurierten chinesischen Geschäfts- und Lagerhäusern vor der Kulisse futuristischer Wolkenkratzer. So lässt sich ganz entspannt die Entwicklung der Stadt von den Anfängen bis zur Gegenwart verfolgen (s. S. 407).

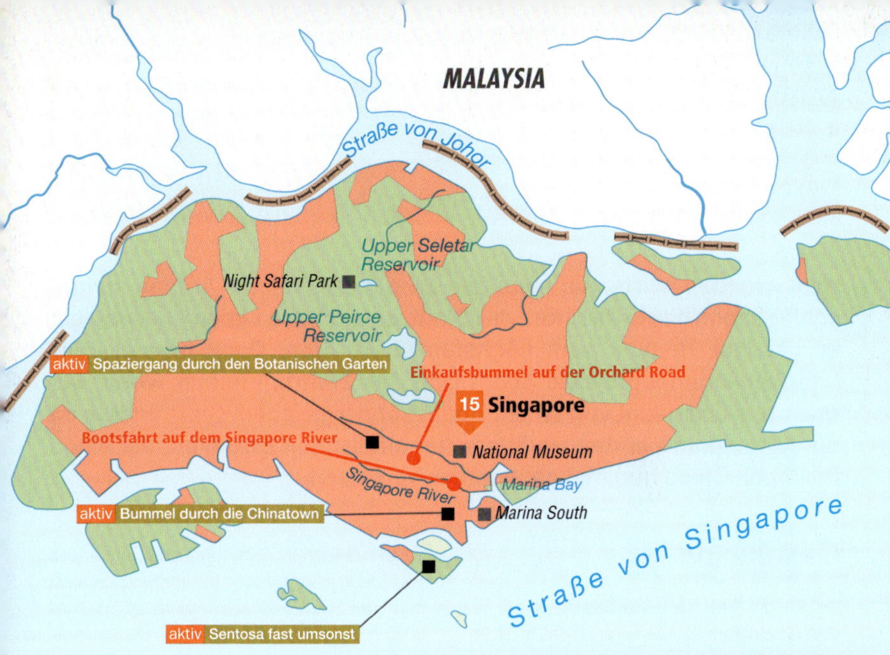

Unsere Tipps

Marina South: In dem auf aufgeschüttetem Land vor der Küste errichteten Stadtviertel verblüffen die gewaltigen Dimensionen und die hypermodernen Gestaltungselemente internationaler Architekten (s. S. 386).

National Museum: Südostasiens bestes Museum überzeugt durch sein innovatives Konzept – von den unterhaltsamen Living Galleries und der gut aufbereiteten Geschichtsabteilung bis zu den fantasievollen Audiotouren und Führungen (s. S. 395).

Night Safari Park: Erst abends dürfen Besucher diesen Zoo besuchen, in dem eine große Zahl nachtaktiver Tiere beobachtet werden kann. Viele der weitläufigen Freigehege wirken wie der natürliche Lebensraum der Bewohner (s. S. 399).

aktiv unterwegs

Bummel durch die Chinatown: Ein Viertel voller liebevoll restaurierter Geschäftshäuser, bunter Märkte, Museen, Tempel und Moscheen (s. S. 391).

Spaziergang durch den Botanischen Garten: In einem der ältesten Gärten der Region wurden nicht nur die ersten Gummibäume Südostasiens gezogen, hier finden sich auch ein Rest ursprünglicher Regenwald und die weltgrößte Orchideensammlung (s. S. 399).

Sentosa fast umsonst: Zahlreiche Attraktionen des riesigen Freizeitparks lassen sich auch mit wenig Geld genießen und sorgen für einen unterhaltsamen Nachmittag und Abend (s. S. 402).

15 Das Zentrum

► 2, R 19

Hier, wo das Wirtschaftswunder Singapore seinen Anfang nahm, schlägt noch heute das Herz der Stadt, pulsiert das Leben und wird ein ehrgeiziger Neubau vom nächsten übertroffen. Dank gigantischer Landgewinnungsprojekte dehnt sich das Zentrum immer weiter ins Meer aus und zeugt von einem Boom sondergleichen. Ganz anders ist die Atmosphäre in den traditionellen ethnischen Enklaven, die einen mal nach China und mal nach Indien versetzen.

Geschichte

1823 legte **Stamford Raffles** (s. S. 34, 57) den Grundstein für die heutige Stadt Singapore. Nichts blieb bei der Bebauung dem Zufall überlassen, beispielsweise musste allen Fassaden ein überdachter, fünf Fuß breiter Fußweg vorgelagert sein. Den unterschiedlichen ethnischen Bevölkerungsgruppen ließ Raffles separate Wohnviertel zuweisen. Die Chinesen wurden südlich des Flusses in der heutigen Chinatown angesiedelt, die Tamilen im Norden in Little India und die Malaien und Araber östlich davon im ländlichen Kampong Gelam. Diese Strukturen sind bis heute erhalten geblieben, und was die brutale Kahlschlagsanierung der Stadtplaner im letzten Drittel des vergangenen Jahrhunderts überlebte, wird nun liebevoll gepflegt. Die restaurierten Altstadtquartiere sind heiß begehrt und werden vielfach von schicken Boutiquen, modernen Restaurants und Designerbüros in Beschlag genommen.

Marina Bay

Cityplan: S. 392
Fast jeder Besucher aus dem alten Europa wandert staunend durch das futuristische Neubauviertel rings um die **Marina Bay.** Die weite Bucht an der durch Landaufschüttung vorgeschobenen Mündung des Singapore River wurde zum Meer hin abgeriegelt und dient der Stadt als Wasserreservoir. Sie wird umgrenzt vom Marina Centre mit dem Kulturzentrum Esplanade – Theatres On The Bay und dem Riesenrad Singapore Flyer im Norden, den gläsernen Hochhäusern des alten und neuen Finanzzentrums im Süden sowie Marina South mit den markanten Drillingstürmen Marina Bay Sands im Osten. Uferpromenaden und Fußpfade durch Parks laden zu ausgiebigen Spaziergängen ein.

Marina South

Die blau schimmernden, gläsernen Hochhäuser des **Marina Bay Financial Centre** rings um die Haltestelle **MRT Marina Bay** 1 bilden einen starken Kontrast zum **Mist Walk** 2 weiter im Norden. Die Uferpromenade wird von einer 133 m langen Stahlkonstruktion überspannt, die durch Nebelsprüher, farblich wechselnde LED-Leuchten und Musik vor allem nachts für besondere Effekte sorgt.

In der **Marina Bay City Gallery** 3 kann man sich einen guten Überblick über die historische Entwicklung der Bucht, die Ideen der Planer und die Projekte rings um die Marina Bay verschaffen und erhält Broschüren mit Vorschlägen für unterschiedlich lange Spaziergänge in Marina South (11 Marina Blvd., Tel. 65 92 53 36, www.marina-bay.sg, Di–Fr 10–20, Sa, So 10–21 Uhr, Eintritt frei, Füh-

Singapore ist anders

Thema

Singapore, Handelszentrum und Teil der ehemaligen Kronkolonie Straits Settlements sowie Mitglied der Malayan Union, hat eine in vielen Aspekten ähnliche Geschichte wie Melaka und Penang aufzuweisen. Doch seit der Inselstaat nach seiner Gründung 1965 einen eigenen Weg beschreitet, haben sich viele Unterschiede herausgebildet.

Nach britischem Vorbild erhielt der neue Staat die Regierungsform einer parlamentarischen Republik mit einem Präsidenten für repräsentative Funktionen (seit 2011 Tony Tan Keng Yam) und einem Premierminister als Chef der Regierung (seit 2004 Lee Hsien Loong, der Sohn des von 1959 bis 1990 regierenden Lee Kuan Yew). Seit der Staatsgründung dominiert die People's Action Party (PAP) das politische Geschehen. Die kleineren Oppositionsparteien haben aufgrund des Mehrheitswahlrechts kaum eine Chance.

Von den fast 5,2 Mio. Einwohnern besitzen nur 3,26 Mio. einen Pass der Republik. Die anderen sind Arbeitsmigranten aus den Nachbarstaaten und aus westlichen Ländern. Singapores offizielle Staatssprachen sind Englisch, Malaiisch, Tamil und Mandarin, obwohl mehr als drei Viertel der Bevölkerung chinesischer Herkunft sind. Viele Chinesen verstehen die Hochsprache Mandarin nicht, sondern sprechen lokale Dialekte wie Hokkien, Hakka, Teochew oder Kantonesisch. Daher ist Englisch als allgemeine Verständigungssprache weit verbreitet.

Als eines der weltweit wichtigsten Handels- und Finanzzentren verdankt Singapore seinen wirtschaftlichen Erfolg vor allem dem Fleiß seiner Bewohner, seiner strategischen Lage am südlichen Zipfel der malaiischen Halbinsel und seinem Ruf, politisch sicher sowie frei von Korruption zu sein. Da der Staat keine natürlichen Ressourcen besitzt, muss selbst das Wasser aus Malaysia eingeführt werden.

Von den 1970er-Jahren bis heute ist die Landfläche von 581 auf 714 km^2 angewachsen, indem man die Insel mit Erde aus Indonesien Stück für Stück durch Landaufschüttungen vergrößerte. Die gezielte staatliche Planung und Entwicklung der Infrastruktur hat den Inselbewohnern trotz der hohen Bevölkerungsdichte von über 7000 Einwohnern pro Quadratkilometer eine lebenswerte Stadt beschert. Etwa 90 % der Bevölkerung wohnen außerhalb der City in sogenannten HDB Flats, Apartments des sozialen Wohnungsbaus in riesigen Hochhaussiedlungen *(housing estates),* die mit Kindergärten, Schulen, Einkaufsmöglichkeiten und Freizeiteinrichtungen ausgestattet und gut mit zuverlässigen öffentlichen Verkehrsmitteln zu erreichen sind. Fast alle Bewohner sind Eigentümer ihrer Apartments. Die hohe Verdichtung von Wohn-, Geschäfts- und Büroräumen sowie die teils mehrstöckige Nutzung unterirdischer Flächen in der City schafft Platz für Grünflächen, weswegen Singapore zu Recht als Gartenstadt bezeichnet wird.

In den ersten Jahrzehnten der Modernisierung wurden Ende des vergangenen Jahrhunderts ganze Straßenzüge abgerissen. Dann setzte ein Umdenken ein und die verbliebene Altbausubstanz wurde aufwendig restauriert. Mittlerweile zählen die Sanierungsgebiete in der Chinatown, in Little India, Kampong Gelam und Katong zu den begehrtesten Wohnadressen und haben sich teils zu beliebten Ausgehbezirken gemausert.

Das ehemalige Hauptpostamt hat sich zum edlen Fullerton Hotel gemausert

rungen durch die Ausstellung Di–So 11.30, 16 Uhr, Führungen entlang der Promenade 16.30 Uhr).

Der Blickfang im Zentrum der Halbinsel ist **Marina Bay Sands** 4**,** drei durch eine gewagte Dachkonstruktion miteinander verbundene Türme über einer luxuriösen Lifestyle Mall mit zahlreichen Läden und teils hochklassigen Restaurants. Die Gebäude beherbergen eines der beiden Casinos der Stadt, eine Theater- und Musicalbühne, ein Messe- und Kongresszentrum sowie das größte Hotel von Singapore. Vom **Public Observation Deck** auf dem 12 400 m² großen SkyPark in 191 m Höhe eröffnet sich ein atemberaubender Ausblick über die City (Mo–Do 9.30–22, Fr–So bis 23 Uhr, Erw. S$ 20, Kind. S$ 14).

Bereits die kreative Architektur des gegenüberliegenden **ArtScience Museum** 5 regt zum Nachdenken an, desgleichen die Dauerausstellung zu den Themen Neugierde, Inspiration und Ausdruck. Zudem sind hier große wechselnde internationale Ausstellungen zu sehen (tgl. 10–22 Uhr, Erw. S$ 21–25, Kind. S$ 8–15).

Auch wenn die elegante Fußgängerbrücke **Helix Bridge** 6 dazu verlockt, die Flussmündung zu überqueren, sollte man zuerst die **Gardens by the Bay** 7 besuchen. In dem 100 ha großen Park mit zwei riesigen Glashäusern und Themengärten wachsen mehr als 250 000 Pflanzen. Die Außenanlagen umfassen einen chinesischen, indischen, malaiischen und englischen Garten. Im 38 m hohen Flower Dome sind mediterrane Gewächse zu sehen, im 54 m hohen Cloud Forest Pflanzen der tropischen Bergregionen. Die 25 bis 50 m hohen künstlichen Riesenbäume in der Supertree Grove sind mit 200 verschiedenen Orchideen, Farnen, Epiphythen und Würgefeigen des tropischen Regenwalds bepflanzt. Auf dem 128 m langen Skyway kann man durch die Wipfel wandern oder im Supertree-top-Bistro in 50 m Höhe essen gehen. Am Abend wird alles bei einer Light & Sound Show lebendig. Die Gartenanlage dient zudem als Experimentierfeld für umweltfreundliche Technologien (www.gardensbythebay.com.sg, Außenanlagen tgl. 5–2 Uhr, Eintritt frei; Glashäuser tgl. 9–21 Uhr, Erw. S$ 28,

Kind. S$ 15; Skyway tgl. 9–21 Uhr, Erw. S$ 5, Kind. S$ 3; MRT Bayfront).

Singapore Flyer 8

Das Riesenrad **Singapore Flyer** neben der Formel-1-Rennstrecke ist mit 165 m das größte der Welt. Bei der 30-minütigen Runde in einer der 28 klimatisierten gläsernen Gondeln bieten sich fantastische Ausblicke über die Küste bis zum riesigen Containerhafen, über die Hochhäuser des Bankenviertels und die Marina Bay (Tel. 63 33 33 11, www.singaporeflyer.com.sg, tgl. 8.30–22.30 Uhr, Erw. S$ 30, Kind. S$ 21, MRT Promenade).

Esplanade Waterfront

An der **Esplanade Waterfront,** der nördlichen Uferpromenade, wird ein abwechslungsreiches Kulturprogramm geboten. Am Wochenende finden sogar kostenlose Veranstaltungen statt.

Die weltgrößte schwimmende Bühne **The Float @ Marina Bay** 9 bietet großen internationalen Kulturveranstaltungen und Sportwettbewerben ausreichend Platz und unter der ›stachligen‹, silberglänzenden Kuppel des **Esplanade – Theatres on the Bay** 1 (s. S. 406) ist viel Platz für Konzerte, Theateraufführungen, Tanzworkshops und Seminare (1 Esplanade Drive, Tel. 68 28 83 77, www.esplanade.com, Touren Mo–Fr 11 und 14, Sa, So, Fei 11 Uhr, Erw. S$ 8, Kind. S$ 5, MRT Esplanade).

Kolonialviertel

Cityplan: S. 392

Merlion und Fullerton Hotel

Vor der Kulisse des Financial District steht an der Flussmündung der wasserspeiende **Merlion** 10, halb Löwe, halb Fisch und das offizielle Wahrzeichen der Stadt. Dahinter erhebt sich ein von mächtigen Säulen getragenes, 1928 im neoklassizistischen Stil errichtetes Kolonialgebäude, das einstige Hauptpostamt, das zum luxuriösen **Fullerton Hotel** 11 umgebaut wurde.

Asian Civilisations Museum und Stamford Raffles Statue

Über eine Fußgängerbrücke geht es ans andere Ufer des Singapore River. Aus dem Jahr 1867 stammt das **Empress Place Building,** in dem bis 2003 die Stadtverwaltung ihren Sitz hatte. Nun beherbergt das Gebäude die hervorragende Sammlung des **Asian Civilisations Museum** 12 mit Kunstwerken aus China, Südost- und Westasien, die in elf thematischen Galerien ins rechte Licht gerückt werden. Im Eingangsbereich blickt man von der Singapore River Gallery auf den Fluss und erfährt mehr über seine Bewohner und Bedeutung für die Stadt (Tel. 63 32 77 98, www.acm.org.sg, Mo 13–19, Di–Do, Sa, So 9–19, Fr bis 21 Uhr, Erw. S$ 5, Kind., Sen. und Fr 19–21 Uhr S$ 2,50, MRT Raffles Place).

Hinter dem Museum markiert am North Boat Quay die **Stamford Raffles Statue** 13 den Platz, an dem der Gründer von Singapore 1819 erstmals seinen Fuß auf die Insel gesetzt haben soll.

Rings um den Padang

Weitere Repräsentationsbauten umgeben den **Padang,** den sozialen und kulturellen Mittelpunkt während der Kolonialzeit. Seit 1837 wird auf diesem Platz Cricket gespielt, und noch heute pflegt man die Tradition des über 160 Jahre alten **Cricket Club** 14 (www.scc.org.sg).

Die zwischen 1862 und 1906 errichtete **Victoria Theatre and Concert Hall** 15 wird gerade saniert. Bereits 1827 ließ sich ein schottischer Händler das einstige **Old Parliament House** als Residenz errichten. Es ist das älteste Gebäude der Stadt und wird als **The Arts House @ The Old Parliament** 16 für Kunstausstellungen genutzt. Eine hohe Kuppel und klassische Kolonialarchitektur zeichnen den **Supreme Court** 17 von 1939 aus, früher Sitz des obersten Gerichts. Hier und in die benachbarte **City Hall** 18, das Rathaus von 1929, soll 2015 die National Art Gallery of Singapore einziehen (MRT City Hall).

Hinter der City Hall erhebt sich der Turm der anglikanischen **St. Andrew's Cathedral**

19, der größten Kathedrale der Stadt, die zwischen 1856 und 1861 im neogotischen Stil erbaut wurde. Auch das **Raffles Hotel** 1 (s. S. 402) und das zu einem Kultur- und Restaurantkomplex umgebaute **Chijmes** 20 (www.chijmes.com.sg), eine einstige Klosterschule, stammen aus dieser Zeit.

Boat, Clarke und Robertson Quays

Noch bis in die 1980er-Jahre hinein säumten Lagerhäuser das Nordufer des Singapore River an den heutigen Boat, Clarke und Robertson Quays. Hier wurden die Lastkähne *(tongkangs)* entladen, die Waren von den vor der Küste ankernden Schiffen hereinbrachten. An die Zeit des einstigen Freihafens erinnern zahlreiche Bronzeskulpturen entlang der Uferpromenade am Boat Quay. In den restaurierten Speichern vergnügt sich nun die einheimische Mittel- und Oberschicht in schicken Restaurants, Clubs und Bars. Aber auch Künstlern wird Raum geboten, beispielsweise im **Singapore Repertory Theatre** 21 (www.srt.com.sg) und am Clarke Quay im **Singapore Tyler Print Institute** 22 (www.stpi.com.sg, MRT Clarke Quay).

Chinatown

Cityplan: S. 392

Bereits Ende des 19. Jh. war das chinesische Wohnquartier durch Zuwanderer völlig überfüllt. Die Arkaden wurden von Handwerkern und Händlern in Beschlag genommen, Garküchen blockierten die Straßen. Aufgrund der dichten Bebauung sowie der schlechten Belüftung und der mangelhaften sanitären Anlagen in den Häusern drohte das Viertel zu einem Slum zu verkommen. Die Abrissbirnen rückten an und nur wenige Straßenzüge blieben erhalten. Für die Händler schuf man Platz in neuen Einkaufszentren, die Straßenküchen zogen in sogenannte Hawker Centres, überdachte Open-Air-Hallen, wo die hygienischen Bedingungen besser kontrolliert werden konnten. Dennoch hat die **Chinatown** viel von ihrer ursprünglichen Atmosphäre bewahrt. Manche Läden sind bereits seit Generationen im Besitz der gleichen Familie und haben auch ihr Warenangebot kaum verändert. Andere sind den Trends der Zeit gefolgt, bieten schickes Design zu entsprechenden Preisen. In unmittelbarer Nachbarschaft wird in Tempeln und Moscheen nach alten Riten gebetet und wieder eine Ecke weiter durchstreift die Clubszene auf der Suche nach dem neuesten Kick die Gassen. Ein Spaziergang durch die Chinatown (s. S. 391) lässt vergessen, dass man sich im bedeutendsten Handels- und Bankenzentrum Südostasiens befindet.

Chinatown Heritage Centre 23

Die Geschichte der chinesischen Einwanderer wird im **Chinatown Heritage Centre** anschaulich präsentiert. Man erhält Informationen über den Alltag in den von Kriegen und Hungersnöten geschüttelten chinesischen Provinzen, über die unmenschlichen Bedingungen, denen die Männer auf den Schiffen, an Arbeitsplätzen und in überfüllten Schlafquartieren ausgesetzt waren, über die Versuchungen durch Prostitution, Glücksspiel und Opium und über die Geheimgesellschaften. Außerdem vermittelt die Ausstellung einen Eindruck vom Straßenleben in der Chinatown vor der Sanierung (46–50 Pagoda St., Tel. 62 21 95 56, www.chinatownheritagecentre.sg, tgl. 9–20 Uhr, S$ 10, MRT Chinatown).

Vor dem Chinatown Heritage Centre wird abends in der Pagoda, Terengganu und Sago Street ein Nachtmarkt aufgebaut, der allerdings sehr touristisch ist.

Buddha Tooth Relic Temple 31

Der vierstöckige **Buddha Tooth Relic Temple** im Stil der Tang-Dynastie vereint unter seinem Dach einen Tempel des Mahayana-Buddhismus und ein **Buddhist Culture Museum.** Er wurde einzig und allein für einen Zahn erbaut, der von Buddha stammen soll und 2002 aus Arakan in Myanmar hierher gebracht wurde. Neben der Zahnreliquie, die in einer goldenen Stupa im Obergeschoss verwahrt wird, beherbergt die Anlage zahlreiche Statuen von Buddha, den Bodhisattvas und berühmten Mönchen sowie im 3. Stock eine

aktiv unterwegs

Bummel durch die Chinatown

Tour-Infos

Start: Chinatown Heritage Centre (s. S. 390)
Dauer: ca. 2 Std.
Länge: ca. 2 km
Cityplan: S. 392

Vom östlichen Ende der Pagoda Street und dem **Chinatown Heritage Centre** sind es nur wenige Schritte bis zur South Bridge Road und zum hohen Eingangstor des **Sri Mariamman Temple** 24 aus dem Jahr 1843. Im ältesten und bedeutendsten hinduistischen Tempel der Stadt können Besucher Puja-Zeremonien miterleben (Tel. 62 23 40 64, tgl. 6–12, 16.30–20.30 Uhr, Pujas Sa–Do 7, 12, 18, 21, Fr 6.30, 12, 17.30, 21.30 Uhr).

Weiter nördlich in der South Bridge Road steht die **Masjid Jamae** 25, Singapores älteste Moschee. Sie wurde zwischen 1830 und 1835 von tamilischen Händlern und Geldwechslern aus Südostindien finanziert (www.jamaechulia.sg, Sa–Do 9–12.30, 14.30–18.30, Fr 9–12.30, 15.30–18.30 Uhr).

Jenseits der South Bridge Road führt die schmale Mohamed Ali Lane hinauf zur **Club Street** 26, einem angesagten Szeneviertel mit vielen Bars und Restaurants. Hier standen im 19. Jh. die Clanhäuser (s. S. 196), die ersten Anlaufpunkte der Neuankömmlinge aus China. Richtig schick wird das Viertel am südlichen Ende der Club Street rings um den **Ang Siang Hill Park.** Eines der architektonischen Aushängeschilder ist der **Chinese Weekly Entertainment Club** 27, dessen gepflegte viktorianische Fassade vom wirtschaftlichen Einfluss seiner ausschließlich männlichen Mitglieder zeugt, allesamt Peranakan-Millionäre, die das Etablissement 1891 gründeten.

Ein ausgeschilderter Fußweg führt vom Park hinab zur **Amoy Street,** einer der ältesten unter Stamford Raffles angelegten Straßen, die früher wegen ihrer zahlreichen Opiumhöhlen berüchtigt war. In der östlichen Parallelstraße, der Telok Ayer Street, stehen drei weitere Gebetsstätten: der muslimische **Nagore Durgha Shrine** 28, die **Masjid Al-Abrar** 29 und dazwischen der älteste taoistische Tempel der Stadt, der eindrucksvolle **Thian Hock Keng Temple** 30. Er wurde zwischen 1839 und 1842 von wohlhabenden Gläubigen aus der Provinz Fujian für die Schutzpatronin der Seeleute, Ma Chu Po, erbaut. Bereits 20 Jahre zuvor hatten die ersten Einwanderer hier einen Schrein für die Schutzpatronin aufgestellt, um ihr für ihren Beistand bei der gefährlichen Überfahrt zu danken (www.thianhockkeng.com.sg, tgl. 7.30–17.30 Uhr).

Am Ende der Tour kann man dem Buddha Tooth Relic Temple (s. S. 390) und der Singapore City Gallery (s. unten) noch einen Besuch abstatten. Wer müde ist, findet im Maxwell Market (s. S. 405) oder im Tea Chapter (s. S. 407) einen Ort zum Entspannen.

wertvolle Sammlung buddhistischer Kunst. Über die Dachterrasse erreicht man einen Schrein, in dem man eine Gebetstrommel drehen kann. Die Gebetshallen bieten Platz für Zeremonien, im Restaurant wird kostenlos vegetarisches Essen serviert, im Lotus Heart Tea House im 2. Stock kann man entspannen und manchmal finden dort sogar Theateraufführungen statt (www.btrts.org.sg, Tempel tgl. 7–19 Uhr, Zahnreliquie 9–12, 15–18 Uhr, Eintritt frei, Spenden erwünscht).

Singapore City Gallery 32

Überaus vielseitig informiert die Stadtplanungsbehörde URA in der angeschlossenen **Singapore City Gallery** über geplante Neubauprojekte. Interessierte erhalten anhand von interaktiven Modellen und informativen

Singapore

Sehenswert

1 MRT Marina Bay
2 Mist Walk
3 Marina Bay City Gallery
4 Marina Bay Sands
5 ArtScience Museum
6 Helix Bridge
7 Gardens by the Bay
8 Singapore Flyer
9 The Float @ Marina Bay
10 Merlion
11 Fullerton Hotel
12 Asian Civilisations Museum
13 Stamford Raffles Statue
14 Cricket Club
15 Victoria Theatre and Concert Hall
16 The Arts House @ The Old Parliament
17 Supreme Court
18 City Hall
19 St. Andrew's Cathedral
20 Chijmes
21 Singapore Repertory Theatre
22 Singapore Tyler Print Institute
23 Chinatown Heritage Centre
24 Sri Mariamman Temple
25 Masjid Jamae
26 Club Street
27 Chinese Weekly Entertainment Club
28 Nagore Durgha Shrine
29 Masjid Al-Abrar
30 Thian Hock Keng Temple
31 Buddha Tooth Relic Temple
32 Singapore City Gallery
33 Orchard Central
34 313 @ Somerset
35 ION Orchard
36 Fort Canning Park
37 National Museum
38 Sri Veeramakaliamman Temple
39 Tekka Centre
40 Residence of Tan Teng Niah

Fortsetzung s. S. 394

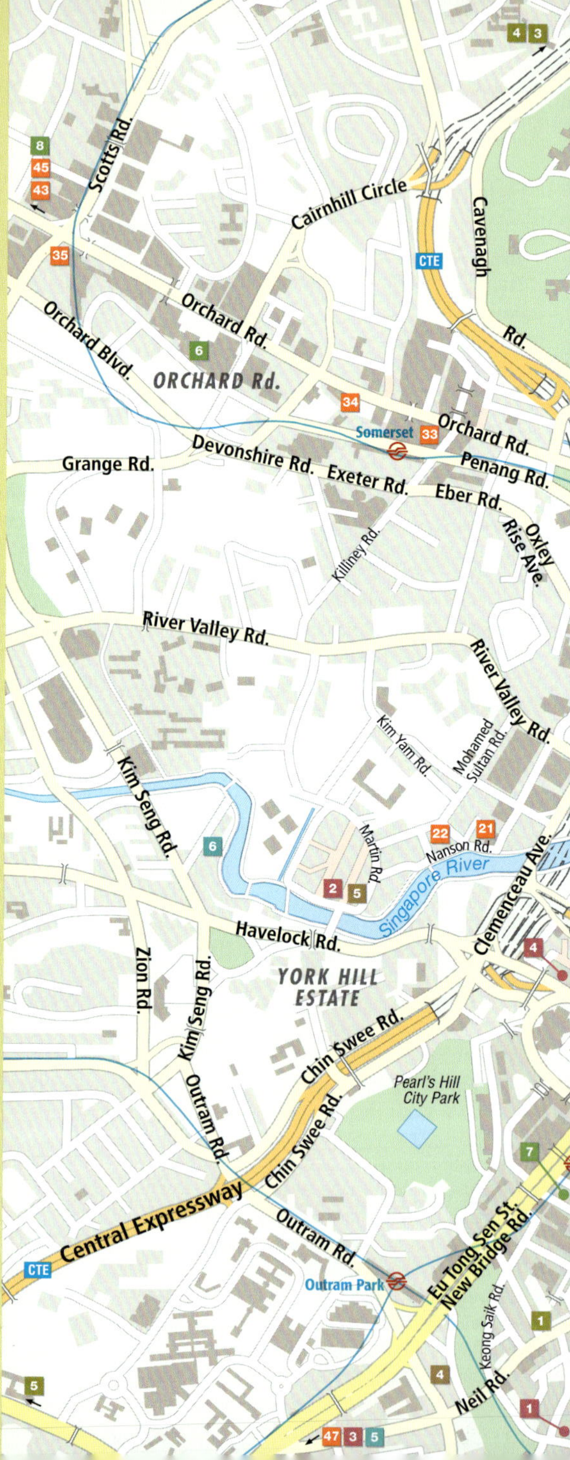

LITTLE INDIA
Little India
Bukit Timah Rd.
Bukit Timah Rd.
Mackenzie Rd.
Buffalo Rd.
Serangoon Rd.
Kampong Kapor Rd.
Perak Rd.
Jln. Besar
Rochor Canal Rd.
Rochor Canal Rd.
Victoria St.
North Bridge Rd.
KAMPONG GELAM
Baghdad St.
Wilkie Rd.
Selegie Rd.
Bencoolen St.
Middle Rd.
Ophir Rd.
Nicoll Highway
Nicoll Highway
Orchard Rd.
Dhoby Ghaut
Prinsep St.
Bras Basah
Waterloo St.
Victoria St.
Bridge Rd.
Beach Rd.
Rochor Rd.
Fort Canning Rd.
Battle Box
Fort Canning Park Centre
CITY CENTRE
Clemenceau Ave.
Grab von Sultan Iskandar Shah
Bras Basah Rd.
Nicoll Highway
MARINA CENTRE
Stamford Rd.
Hill St.
City Hall
Promenade
ECP
North Bridge Rd.
St. Andrew's Rd.
Padang
Connaught Drive
Raffles Blvd.
River Valley Rd.
Esplanade Dr.
Raffles
Clarke Quay
Eu Tong Sen St.
New Bridge Rd.
Parliament Pl.
North Canal Rd.
Up. Pickering St.
Marina Bay
ECP
FINANCIAL DISTRICT
Chinatown
Pickering St.
Raffles Place
Collyer Quay
East Coast Parkway
South Bridge Rd.
Cross St.
Cecil St.
Marina Boulevard
Bayfront Ave.
CHINATOWN
Marina Bay Financial Centre
MARINA SOUTH
Cecil St.
Shenton Way
Central Boulevard
Maxwell Rd.
TANJONG
Marina Bay
International Cruise Terminal, Marina South

Singapore

41 Masjid Sultan
42 Malay Heritage Centre
43 Holland Village
44 Bukit Timah Nature Reserve
45 Botanical Garden
46 Zoo und Night Safari Park
47 Sentosa

Übernachten

1 Raffles Hotel
2 Pan Pacific Hotel
3 The Scarlet
4 New Majestic Hotel
5 Gallery Hotel
6 Albert Court Village Hotel
7 Perak Hotel
8 Madras Hotel @ Tekka
9 Madras Hotel @ Eminence
10 Fragrance Hotel Bugis
11 Wink Hostel
12 Hangout @ Mt. Emily
13 The Inn Crowd

Essen & Trinken

1 Blue Ginger
2 Kha
3 Brotzeit
4 Annalakshmi
5 Lan Zhou La Mian
6 Sabar Menanti
7 Maxwell Market
8 Komala Vilas
9 Beach Road Scissor-Cut Curry Rice

Einkaufen

1 Marina Square Shopping Mall
2 Raffles City
3 CityLink Mall
4 Mustafa Centre
5 Bugis Street
6 Kinokuniya
7 Eu Yan Sang
8 Jones The Grocer
9 Rumah Bebe

Abends & Nachts

1 Esplanade – Theatres on the Bay
2 Chinese Opera Teahouse
3 Harry's @ Boat Quay
4 Timbré @ The Substation
5 St James Power Station
6 Zouk
7 LeVel33

Aktiv

1 Tea Chapter
2 G-Max und GX5
3 Admiralty Park
4 MacRitchie Reservoir
5 Kent Ridge Park

Schautafeln einen guten Eindruck von der gezielten Stadtentwicklung. Die Behörde listet in ihrem Conservation Plan 6500 Gebäude auf und kümmert sich zudem um Grünflächen, Straßen, die Wasserversorgung und andere Infrastrukturmaßnahmen. Besonders interessant sind die Modelle der City und der Insel sowie die Darstellung der Sanierungsmaßnahmen in den historischen Vierteln. Hier lässt sich erahnen, wie das zukünftige Leben in einer der modernsten asiatischen Metropolen aussehen wird (45 Maxwell Rd., tgl. 63 21 83 21, www.ura.gov.sg/gallery, Mo–Sa 9–17 Uhr, Eintritt frei, MRT Tanjong Pagar).

Orchard Road und Umgebung

Cityplan: S. 392

Orchard Road

In der City entstehen ständig neue Einkaufspaläste, die darum wetteifern, ihre Vorgänger in den Schatten stellen. Die von namhaften Architekten gestalteten Shopping Malls erregen viel Aufsehen – einige reichen viele Stockwerke tief unter die Erde oder sind mit MRT-Stationen verbunden, andere beeindrucken durch ausgefallene Fassaden. Am ausgeprägtesten ist das Schaulaufen in der **Orchard Road,** der traditionellen Einkaufsmeile von Singapore. Selbst Einkaufsmuffel geraten in den Konsumtempeln ins Staunen.

Lohnend ist ein Besuch des 12-stöckigen **Orchard Central** 33 mit einem interessanten Dachgarten und einer Kletterwand (181 Orchard Rd., Tel. 62 38 10 51, www.orchardcentral.com.sg, tgl. 11–23 Uhr, MRT Somerset). Durch den gläsernen Eingang des **313 @ Somerset** 34 gelangt man direkt auf den von Restaurants umgebenen Discovery Walk, eine lichtdurchflutete Halle (313 Orchard Rd., Tel. 64 96 93 13, www.313somerset.com.sg, tgl. 10–23 Uhr, MRT Somerset). Delikatessen aus aller Welt gibt es im hypermodernen **ION Orchard** 35**,** das sich über vier oberirdische und vier unterirdische Stockwerke erstreckt (2 Orchard Turn, Tel. 62 38 82 28, www.ionorchard.com, tgl. 10–22 Uhr, MRT Orchard).

Fort Canning Park 36

Nach einem Einkaufsbummel eignet sich der 40 ha große **Fort Canning Park** am westlichen Ende der Orchard Road gut zum Entspannen. Auf der Erhebung residierten früher malaiische Herrscher und auch Stamford Raffles ließ sich hier einen Wohnsitz erbauen, doch von all dem blieb nichts erhalten. Nicht zu übersehen ist die Militärgeschichte des Hügels. In einer ehemaligen Kaserne ist das **Fort Canning Centre** untergebracht mit einem Café, einem Theater und einer Kochakademie. Nahebei wird in der **Battle Box,** der unterirdischen Kommandozentrale der Briten während des Zweiten Weltkriegs, die Zeit der japanischen Besatzung multimedial aufgearbeitet (Tel. 63 33 05 10, www.legendsfortcanning.com/fortcanning/battlebox.htm, tgl. 10–18 Uhr, Erw. S$ 8, Kind. S$ 4, MRT Dhoby Ghaut).

Im Park befindet sich möglicherweise das **Grab von Sultan Iskandar Shah,** dem letzten malaiischen Herrscher des heutigen Singapore. Unterhalb davon, nahe der Stamford Road, sind noch einige **Grabsteine** vom ältesten christlichen Friedhof der Stadt erhalten geblieben. Am allerschönsten aber ist es, einfach über das Gelände zu streifen, unter den alten Bäumen im Schatten zu sitzen oder die etwas angenehmeren Temperaturen am großen Wasserreservoir zu genießen.

National Museum 37

Kaum einer wird sich nicht für die ansprechend gestalteten Ausstellungen im komplett modernisierten **National Museum** erwärmen können. Zur Einstimmung auf die historische Ausstellung empfehlen sich die vier Living Galleries im 1. Stock, die den Lifestylethemen Essen, Film, traditionelles Theater, Mode und Fotografie gewidmet sind. Anschließend gilt es, sich mindestens drei Stunden Zeit zu nehmen und in die Geschichtsabteilung abzutauchen. Dank multimedialer Technik und einer abwechslungsreichen Präsentation wird Singapores Historie spannend und unterhaltsam dargebracht. Bei der Audioführung kann man zwischen zwei Optionen wählen: dem *events path,* bei dem das Augenmerk auf historischen Meilensteinen liegt, oder dem *personal path,* bei dem die Vergangenheit über die Erzählungen von Zeitzeugen erschlossen wird. Auch an Kinder ist gedacht, sie können mit altersgemäßen englischsprachigen Erzählungen auf Entdeckungstour gehen. Im Innenhof lädt das nette Novus Café zu einer Pause ein (Tel. 63 32 36 59, www.nationalmuseum.sg, tgl. 10–18 Uhr, Erw. S$ 10, Kind., Stud., Sen. S$ 5; die Living Galleries sind bis 20 Uhr geöffnet und ab 18 Uhr kostenlos; Führungen Mo–Fr 11, 14 Uhr, Sa, So 11.30, 14, 15.30 Uhr; MRT Dhoby Ghaut).

Little India

Cityplan: S. 392

Im Gegensatz zur Chinatown hatte **Little India** weniger Zuwanderer zu verkraften. Der größte Schub an indischen Immigranten gelangte in den 1920er-Jahren nach Singapore, wo sie sich rings um die heutige Serangoon Road niederließen. Das von zweistöckigen Geschäftshäusern geprägte Viertel mit seinen rund 900 Gebäuden wurde 1989 als Sanierungsgebiet ausgewiesen. Bei der Modernisierung legte man großen Wert auf den Erhalt der traditionellen Struktur, sodass alteingesessene Händler, Restaurants und Tempel weiterhin das Straßenbild dominieren.

Serangoon Road

Die Hauptschlagader von Little India ist die **Serangoon Road,** eine von Singapores buntesten Ecken. Noch immer tragen viele hinduistische Inderinnen traditionelle Saris. Muslimische Inderinnen bevorzugen dagegen den Salwar Kamiz, eine Kombination aus einer weiten Hose mit einem locker fallenden Oberteil und einem farblich abgestimmten Schal. Alle miteinander lieben filigranen Goldschmuck, was den zahlreichen Juweliergeschäften in der Serangoon Road ein gutes Geschäft sichert.

Im 1881 erbauten **Sri Veeramakaliamman Temple** 38 wird die mächtige Göttin Kali, die furchterregende Inkarnation der kosmischen Energie, vor allem von Anhängern

Tipp: Authentische indische Küche

Little India bietet ein überwältigendes Angebot an indischen Restaurants jeglicher Ausrichtung. Vor allem in der Gegend um die **Kerbau Road** sowie etwas weiter nördlich in der **Chander Road** und in der westlichen Parallelstraße zur Serangoon Road, der **Race Course Road,** gibt es Lokale in Hülle und Fülle, die jedem Geschmack gerecht werden – die Palette reicht von vegetarisch-südindischen Snacks über nordindische Tandoori-Gerichte bis zu der weniger bekannten Chettinad-Küche.

aus Bengalen verehrt. Mehrere Statuen der mehrarmigen Göttin mit einer Schädelkette und Waffen in ihren Händen stehen im dunklen Innern des Tempels, ebenso wie Abbilder ihrer allseits beliebten Söhne Ganesha und Murugan (141 Serangoon Rd., Tel. 63 92 42 49, www.sriveeramakaliamman.com, tgl. 8–12.30, 16–20.30 Uhr, Frauen dürfen den Tempel während der Menstruation nicht betreten).

Rings um das Tekka Centre

Indische Kleidungsstücke und Accessoires verkaufen die Händler im 1. Stock des **Tekka Centre** 39. Im Erdgeschoss werden im **Zhu Jiau Centre** Lebensmittel angeboten und an über 100 Garküchen essfertig zubereitet (Serangoon Rd., Ecke Buffalo Rd., tgl. 6.30–21 Uhr, MRT Little India).

Die **Buffalo Road** ist eine der Straßen, in denen man noch zahlreiche alte Häuser findet. Bei der Sanierung des Viertels erhielten sie einen farbenfrohen Anstrich und sind heute ein schönes Fotomotiv.

Im verkehrsberuhigten Abschnitt der nördlichen Parallelstraße, der **Kerbau Road,** lohnen die Häuser mit den Nummern 3 bis 33 einen Blick, deren Erdgeschosse früher als Viehställe dienten. Bevor die Gegend für den Wohnungsbau erschlossen wurde, ließen indische Viehzüchter in dem Sumpfland ihre Kühe weiden. Ein cleverer chinesischer Geschäftsmann errichtete um 1900 gleich gegenüber seine Stadtvilla, die **Residence of Tan Teng Niah** 40**,** in der die frische Milch zu Süßigkeiten verarbeitet wurde. Das bunt gestrichene Gebäude ist ein richtiger Blickfang und auf vielen Postkarten zu sehen.

Kampong Gelam

Cityplan: S. 392

Stamford Raffles wies das Gebiet rings um die Residenz der Sultansfamilie von Johor den Malaien und Arabern zu, darunter viele Textilhändler. Auch eine große Zahl muslimischer Einwanderer von den indonesischen Inseln Java, Sumatra und aus Südsulawesi (Bugis) ließ sich in **Kampong Gelam** nieder. Einige besonders schöne Häuser säumen die **Kandahar Street,** die **Arab Street** und die **Haji Lane** (www.kamponggalam.org.sg, MRT Nicoll Highway und MRT Bugis).

Masjid Sultan 41

Im Zentrum des malaiischen Viertels erhebt sich in der North Bridge Road die größte Moschee der Stadt, die **Masjid Sultan** mit ihrer goldglänzenden Kuppel. Das ursprüngliche Bauwerk wurde vom Sultan von Johor und Stamford Raffles in Auftrag gegeben und 1925 durch das heutige Gebäude ersetzt, das 5000 Gläubigen Platz bietet. Aufgrund der überwiegend muslimischen Bevölkerung in Kampong Gelam wird das abendliche Fastenbrechen während des Ramadan hier zu einem großen Ereignis, das Massen von Menschen anzieht. Ganze vier Wochen lang füllt sich die zur Fußgängerzone umfunktionierte **Bussorah Street** vor der Moschee nach dem Abendgebet ab etwa 19 Uhr mit Essenständen. Aber auch außerhalb des Fastenmonats findet man zahlreiche Einkehrmöglichkeiten, allerdings überwiegen Straßencafés und Restaurants, die halal kochen und Wasserpfeifen statt Alkohol anbieten.

Malay Heritage Centre 42

Wenige Schritte östlich der Moschee gelangt man durch das unscheinbare **Sultan Gate** zur **Istana Kampung Gelam,** der früheren Sultansresidenz. Das hübsche, im Jahr 1840 vom Sultan von Johor, Tungku Ali, erbaute Haus lässt allerdings eher an eine Stadtvilla als an einen Palast denken. Nachdem Sultan Hussein 1819 den Briten die Insel übergeben hatte, zog er sich hierher zurück.

Im vergangenen Jahrhundert war das Gebäude dem Verfall preisgegeben, bis man sich schließlich an die Restaurierung machte und es 2005 als **Malay Heritage Centre** neu eröffnete. Eine permanente Ausstellung informiert in sechs Räumen über die Geschichte von Kampong Gelam und seine Bewohner, außerdem finden Wechselausstellungen und kulturelle Aktivitäten statt (85 Sultan Gate, Tel. 63 91 04 50, www.malayheritage.org.sg, Di–So 10–18 Uhr, Führungen 12, 15 Uhr, S$ 4, MRT Bugis).

Indien im Kleinformat bietet ein Bummel durch Little India

Außerhalb des Zentrums ► 2, Q/R 19

Nach langen Spaziergängen durch die Straßenschluchten der City ist es an der Zeit, die andere Seite der Insel zu entdecken. Das Holland Village lässt Heimatgefühle aufkommen, der Botanische Garten überrascht mit Resten eines tropischen Regenwalds und vor allem Kindern wird ein Besuch von Sentosa oder dem Zoo unvergesslich bleiben.

Westlich und nördlich der City

Cityplan: S. 392

Holland Village 43

Der Name **Holland Village** passt gut auf das etwa 5 km westlich der Orchard Road liegende Viertel. Unmittelbar neben der gleichnamigen MRT-Station verkaufen kleine Läden Biokost, englische Bücher aus zweiter Hand und Kleidung, die auch Europäern passt. Der Supermarkt ist gut bestückt mit Schinken, Oliven, Wein und Käse. In schnuckligen Cafés und Nagelstudios vertreiben sich gut situierte Hausfrauen den Vormittag, sofern sie nicht beim Friseur sitzen, der mit ihren Haaren richtig umzugehen weiß, und dabei in internationalen Lifestylemagazine schmökern, die der indische Zeitungsverkäufer nebenan bereithält. Wer mit Kindern unterwegs ist, findet hier garantiert ein Restaurant, in dem sie Vertrautes zu essen bekommen, und am Abend bevölkern Hunderte junger Leute die Bars und Straßenrestaurants.

Bukit Timah Nature Reserve 44

Schon 1883 wurde etwa 12 km nordwestlich der City ein 70 ha großes Dschungelgebiet rings um den höchsten Hügel der Inseln, den 163 m hohen Bukit Timah, unter Naturschutz gestellt. Das **Bukit Timah Nature Reserve** mit seinem ursprünglichen Bewuchs ist von Sekundärwald umgeben, der eine Fläche von rund 90 ha umfasst. Wo einst Tiger gejagt wurden, sind nun Spaziergänger und Ornithologen unterwegs. Für Wanderer und Radfahrer hält ein Informationsstand hinter dem Parkplatz am Hindhede Drive kostenlose Karten bereit (tgl. 6–19 Uhr, Eintritt frei, Bus 171 ab Orchard Rd.).

Zoo und Night Safari Park 46

Der 26 ha große **Zoo** ca. 15 km nördlich des Zentrums liegt inmitten tropischer Natur auf einer Halbinsel im **Upper Seletar Reservoir.** Ein Großteil der rund 2800 Tiere lebt in gepflegten Freigehegen, die der natürlichen Umgebung ihrer Bewohner nachempfunden wurden – dem einheimischen Regenwald ebenso wie dem Rift Valley in Kenia und dem australischen Outback. Man kann durch die Schmetterlingsvoliere spazieren, durch riesige Scheiben Krokodile, Flusspferde und Otter unter Wasser beobachten oder auf einer Bootsfahrt Wasservögel und Warane erspähen. In einigen Gehegen bieten Aussichtsplattformen eine ausgezeichnete Sicht. Besonders stolz ist der Zoo auf seine Primaten. Ende 2012 wurde der angeschlossene **River Safari Park** eingeweiht, der Besucher mit den Lebewesen großer Flussläufe bekannt macht (Mandai Lake Rd., Tel. 62 69 34 11, www.zoo.com.sg, www.riversafari.com.sg, tgl. 8.30–18 Uhr, Baden von Elefanten 9.15 Uhr, Elefantenshow 11.30, 15.30 Uhr, Show

aktiv unterwegs

Spaziergang durch den Botanischen Garten

Tour-Infos

Start: Tanglin Gate, Holland Rd. (ab Orchard Rd. Bus 7, 77, 106, 123, 174 bis Napier Rd.)
Ziel: Melati Gate, Cluny Park Rd. (MRT Botanical Garden)
Dauer: 2–3 Std.
Schwierigkeitsgrad: einfach
Infos: Im Infozentrum des Botanischen Gartens, www.sbg.org.sg; Bot. Garten tgl. 5–24 Uhr, Eintritt frei; National Orchid Garden tgl. 8.30–19 Uhr, S$ 5; der Hop-on-Hop-of-Bus hält am Infozentrum, wo sich eines der Restaurants im Park befindet (tgl. 7.30–21 Uhr).
Cityplan: S. 392

Nur wenige Minuten westlich der turbulenten Orchard Road lädt der fast 74 ha große, bereits 1859 gegründete **Botanical Garden** 45 zu einem entspannten Spaziergang ein.

Vom **Tanglin Gate** geht es durch malerische Gartenanlagen zunächst in den oberen Bereich, wo sich noch ein letzer Rest ursprünglicher tropischer **Regenwald** mit uralten Baumriesen erstreckt. Plankenwege erleichtern die Wanderung durch den dichten Dschungel, in dem die entfernten Straßengeräusche schon bald von zirpenden Grillen und plätschernden Bächen übertönt werden.

Unterhalb davon liegt der **Symphony Lake** mit einer Freilichtbühne, wo manchmal sogar das Singapore Symphony Orchestra spielt. Brautpaare posieren vor der idyllischen Kulisse für Hochzeitsfotos, Kinder toben über die Wiesen, Ausflügler picknicken unter weit ausladenden Bäumen und im Pavillon trifft sich die Tai-Chi-Gruppe zu ihren täglichen Übungen. Vom See ist es nicht mehr weit zum **National Orchid Garden,** einem abwechslungsreichen Orchideengarten mit mehr als 1000 Arten und 2000 Hybriden sowie einem Kühlhaus für Pflanzen der Bergregionen.

Im Zentrum des Gartens trifft man auf das **Informationszentrum** und den **Healing Garden,** in dem über 400 Heilpflanzen gedeihen. Der **Evolution Garden** weiter nördlich demonstriert die Entwicklungsgeschichte der Pflanzenwelt.

Vorbei am **Cluny Gate** führt ein Fußpfad durch ein schmales Waldgebiet in den hinteren Bereich des Botanischen Gartens, wo es zunehmend ruhiger wird. Nur ab und an trifft man auf den verschlungenen Pfaden rings um den **Eco Lake** und im **Spice Garden** einen Naturfotografen oder jemanden, der seinen Hund ausführt.

Beim **Melati Gate,** dem nordöstlichen Eingang, wird auf Tafeln an die interessante Geschichte des Botanischen Gartens erinnert. Henry Nicholas Ridley, der von 1888 bis 1912 Direktor der Anlage war, züchtete hier die ersten Kautschukbäume und verbreitete die Samen mit großem Enthusiasmus unter den Pflanzern.

der Meeresbewohner 10.30, 17 Uhr, Erw. S$ 20, Kind. S$ 13, Bus 927 ab MRT Choa Chu Kang oder Bus 138 ab MRT Ang Mo Kio).

An den Zoo grenzt der noch weitläufigere **Night Safari Park** an, der weltweit erste Tierpark für nachtaktive Lebewesen. Die Eingangstore öffnen sich nach Einbruch der Dunkelheit. Entweder man begibt sich auf eine geführte Tour, bei der es per Bahn durch sieben geografische Regionen geht, oder man wandert eigenständig durch die Anlage. Vier beleuchtete Rundwege führen zu den etwas abseits gelegenen Gehegen, wo in aller Ruhe Fledermäuse, Kängurus, Tiger, Hirsche, Nashörner und Tapire beobachtet werden können. Insgesamt rund 2500 Tiere leben in dem Safaripark. Highlights sind u. a. die Show der Zibetkatzen und Hyänen sowie die Thumbuakar Performance, bei der Feuerschlucker und Akrobaten das Publikum unterhalten (Tel.

Faszinierend nah kommt man den Meeresbewohnern in der Underwater World

62 69 34 11, www.nightsafari.com.sg, tgl. 19.30–24 Uhr, Tiershow 19.30, 20.30, 21.30 Uhr, Akrobatikshow 18.45, 20, 21 Uhr, Erw. S$ 32, Kind. S$ 21).

Sentosa 47

Cityplan: S. 392
Wegen ihres ungesunden Klimas und ihrer unfruchtbaren Böden galt die größte Insel an der Südspitze von Singapore generationenlang als unbewohnbar und wurde von den malaiischen Einwohnern deshalb sogar Pulau Belakang Mati, ›Toteninsel‹, genannt. In den 1970er-Jahren erhielt sie ihren jetzigen Namen **Sentosa** sowie mehrere farblose Touristenattraktionen, die vom Mount Faber ca. 5 km südwestlich der City mit einer Seilbahn zu erreichen waren. Aus den dürftigen Anfängen ist inzwischen ein riesiger Freizeitpark hervorgegangen, der amerikanischen Vorbildern in nichts nachsteht.

Ausführliche Informationen über die Insel und ihre Sehenswürdigkeiten liefert die Webseite www.sentosa.com.sg. Für die Anfahrt nach Sentosa bestehen gleich mehrere Möglichkeiten: mit der Schweizer Kabinenbahn ab dem Mount Faber oder dem HarbourFront Tower Two (8.45–22 Uhr, Erw. S$ 29, Kind. S$ 18, MRT HarbourFront); mit dem Bus für S$ 2 oder der Magnetbahn Sentosa Express für S$ 3,50 ab der Sentosa Station im Einkaufszentrum VivoCity, 3. Stock (MRT HarbourFront); zu Fuß über den Sentosa Boardwalk (Eintritt S$ 1).

Resorts World Sentosa

Sentosas neuestes Großprojekt, die **Resorts World Sentosa,** umfasst mehrere Luxushotels, ein Casino, die Universal Studios, ein interaktives Marinemuseum und ein Aquarium (Tel. 65 77 88 99, www.rwsentosa.com).

Das 2010 eröffnete **Casino** mit hohen Kuppeln und Säulen, gläsernen Decken und verspiegelten Wänden, Rolltreppen mit Licht-

und Videoinstallationen scheint aus einer anderen Welt zu stammen, nur die Reihen von Geldautomaten in einer großen Halle erinnern daran, dass es hier ganz realitätsnah um Geld geht. Zum Schutz seiner Untertanen hat der Staat auf einem Eintritt von S$ 100 für jeden Bürger von Singapore bestanden. Alle anderen dürfen kostenlos hinein, zumindest wenn sie über 21 Jahre alt sind und weder ärmellose Shirts, Shorts noch Flip-Flops tragen.

Der Themenpark **Universal Studios** ist mit 20 Attraktionen ausgestattet, darunter eine riesige Achterbahn in der Sci-Fi City, eine Geisterbahn durch das alte Ägypten, eine Wildwasserstrecke durch den Jurassic Park, Stuntshows und Einkaufsmöglichkeiten (Mo–Do 10–19, Fr–So 10–21 Uhr, Tagesticket Mo–Fr Erw. S$ 68, Kind. S$ 50, Sen. S$ 32, am Wochenende mehr).

In dem 2011 eröffneten **Maritime Experimental Museum** wird die über 1000 Jahre alte Geschichte des asiatischen Seehandels thematisiert. Zur Veranschaulichung wurden sowohl das Segelschiff von Admiral Cheng Ho aus dem 15. Jh. als auch eine arabische Dau aus dem 9. Jh. nachgebaut. Kinder haben viel Spaß in der Piratenausstellung und im Typhoon Theatre, in dem ein stürmisches Schiffsunglück simuliert wird (Tel. 65 77 88 88, Mo–Do 10–19, Fr–So 10–21 Uhr, Museum: Erw. S$ 5, Kind. S$ 2, Theater: Erw. S$ 6, Kind. S$ 4).

Ein großer **Marine Life Park** mit Delfinen wird das Angebot ab 2013 ergänzen.

Imbiah Lookout

Weitere Attraktionen konzentrieren sich rings um den **Imbiah Lookout** im Herzen der Insel. Sie sind meist kostenpflichtig, sodass man sich bereits vorher, z. B. auf der Internetseite, über die Möglichkeit günstigerer Kombitickets informieren sollte. Der Day Play Pass (Erw. S$ 66, Kind. S$ 50) öffnet die Tore zu sechzehn Attraktionen, der Noon Play Pass (ab 14 Uhr, Erw. S$ 43, Kind. S$ 37) zu vier Attraktionen. Am Wochenende liegen die Preise höher.

Im **Butterfly Park & Insect Kingdom** gibt es neben einem Freifluggelände mit zahlreichen Schmetterlingen auch eine mannigfaltige Insektensammlung (www.jungle.com.sg, tgl. 9.30–19 Uhr, Erw. S$ 16, Kind. S$ 10).

Die Entwicklung der Handelsbeziehungen und der Stadt sowie die vielfältigen Traditionen ihrer Bewohner werden im **Images of Singapore Museum** präsentiert (tgl. 9–19 Uhr, Erw. S$ 10, Kind. 7 S$).

Zum Austoben für alle Altersklassen eignet sich der **MegaZip Adventure Park** mit einem 450 m langen Hochseilgarten (S$ 29), einem Kletterparcours (S$ 35) und einem 15 m hohen ParaJump (S$ 15; Mo–Fr 14–19, Sa, So ab 11 Uhr). Nicht minder aufregend ist der **Skyline Luge,** eine Mischung aus Go-Kart- und Toboggan-Schlittenbahn mit zwei über 600 m langen Bahnen (tgl. 10–21.30 Uhr, S$ 12,50).

Für noch mehr Herzklopfen sorgt das 4-D-Kino **Sentosa 4D Magix** mit Bewegungssimulator und einem aufregenden Piratenfilm in 3-D sowie der **Sentosa CineBlast,** eine Achterbahnfahrt durch eine virtuelle Welt auf einer Breitleinwand (www.sentosa4Dmagix.com.sg, tgl. 10–21 Uhr, Erw. S$ 18, Kind. S$ 11).

Wer dann noch die Aussicht vom 131 m hohen **Tiger Sky Tower** genießen möchte, muss noch einmal in den Geldbeutel greifen (www.skytower.com.sg, 9–21 Uhr, Erw. S$ 15, Kind. S$ 10).

Siloso Point und Beach

Das **Fort Siloso** im Südwesten der Insel wurde von den Briten um 1890 angelegt. Es beherbergt eine Ausstellung über das Leben zur Zeit der japanischen Besatzung während des Zweiten Weltkriegs (www.fortsiloso.com, tgl. 10–18 Uhr, Erw. S$ 8, Kind. S$ 5). Passend dazu kann man sich im **Combat Skirmish Live** an Schießübungen versuchen (tgl. 10–18 Uhr, S$ 18–35).

Im Aquarium **Underwater World** im Westen der Insel führt ein 83 m langer Plexiglastunnel durch ein riesiges Wasserbecken mit typischen Bewohnern der tropischen Meeresfauna. In der Dolphin Lagoon kann man bei einer Show Robben und Delfine bewundern und nach Voranmeldung mit Delfinen

aktiv unterwegs

Sentosa fast umsonst

Tour-Infos

Start: Einkaufszentrum VivoCity (MRT HarbourFront)
Dauer: einen ganzen Nachmittag und einen Abend lang
Infos: www.sentosa.com.sg

Bereits auf der 700 m langen Holzbrücke nach Sentosa gibt es viel Unterhaltsames zu entdecken. Nach der Ankunft auf der Insel schlendert man zum **Sentosa Nature Discovery.** Die interaktive Ausstellung informiert über die acht Ökosysteme, die auf der Insel vorkommen. Bei einer Wanderung auf einem 1,8 km langen Plankenweg durch Sekundärwald auf den **Mount Imbiah** erfährt man allerlei über die Bewohner des Walds, in dem sogar insektenfressende Kannenpflanzen gedeihen. Auf dem Gipfel des 60 m hohen Hügels hielt man früher Ausschau nach eintreffenden Schiffen, und die Briten errichteten hier in den 1930er-Jahren Befestigungsanlagen, von denen noch einige Überbleibsel zu sehen sind.

Jenseits der Station der Kabinenbahn erhebt sich der 37 m hohe **Merlion,** eine der ältesten Attraktionen der Insel. Für die Seemonster-Ausstellung im Innern des Fabeltiers muss man bezahlen, doch der Zutritt zur Aussichtsplattform im Maul der Skulptur ist kostenlos. Von hier bietet sich ein Ausblick über Sentosa bis aufs Meer.

Im **Palawan Amphitheatre** östlich vom Merlion werden nachmittags um 16 und 17 Uhr Papageien, Reptilien und andere Tiere vorgestellt. Danach kann man sich am **Badestrand** austoben und über eine Hängebrücke zu einer kleinen Insel laufen, um am südlichsten Punkt des asiatischen Kontinents den **Sonnenuntergang** zu genießen.

Durch Einkaufsarkaden und über den zentralen Platz der Resorts World Sentosa geht es zurück zum Nordufer, wo freitags bis montags um 21 Uhr die musikalische Wasser- und Lasershow **Crane Dance** beginnt, der Liebestanz zweier riesiger mechanischer Kraniche. Den Abschluss bildet um 21.30 Uhr die musikalische Show **Lake of Dreams** auf dem Platz im Resorts World Sentosa.

schwimmen oder Haien tauchen gehen (www.underwaterworld.com.sg, tgl. 10–19 Uhr, Show 11, 14, 16, 17.45 Uhr, Erw. S$ 26, Kind. S$ 18, Schwimmen mit Delfinen S$ 170, Tauchen mit Haien 120 S$).

Am Strand können Surfer im **WaveHouse** auf künstlichen Wellen surfen (So–Do 10–24, Fr, Sa bis 3 Uhr, S$ 30–45/Std.).

Infos

STB Tourist Information Centre: Tourism Court, 1 Orchard Spring Lane, nahe dem oberen Ende der Tanglin Rd., tgl. 8–18 Uhr; am Flughafen, Terminal 1 und 2, tgl. 6–24 Uhr, Terminal 3, tgl. 6–2 Uhr; im ION Orchard (s. S. 394), tgl. 10–22 Uhr; kostenlose Hotline innerhalb von Singapore, Tel. 180 07 36 20 00, Mo–Fr 10–22 Uhr. Die Filialen der staatlichen Tourismusbehörde halten hervorragendes Infomaterial und sehr gute Karten bereit. Auch Buchung von Touren und Verkauf von Eintrittskarten für Veranstaltungen.

Singapore Visitors Centre @ Orchard: Orchard Rd., Ecke Cairnhill Rd., MRT Somerset, tgl. 9.30–22.30 Uhr. Kompetente und hilfreiche Mitarbeiter, viele Broschüren, kostenloser Internetzugang.

Im Internet: www.yoursingapore.com (aktuelle Veranstaltungen und viele Infos).

Übernachten

Traumhaftes Kolonialhotel ▶ **Raffles Hotel**

1: 1 Beach Rd., Tel. 63 37 18 86, www.raffleshotel.com, MRT City Hall. Das legendäre, luxusrenovierte Kolonialhotel war nach seiner Erbauung 1886 der Treffpunkt der europäischen Oberschicht. Noch immer kann man an der Long Bar den Singapore Sling schlürfen, der hier 1915 erfunden wurde (So–Do 11–1, Sa 11–1.30 Uhr). Ein kleines Museum über der Einkaufsarkade vermittelt einen Eindruck von den frühen Jahren des Hotels, als berühmte Schriftsteller wie Hermann Hesse, Somerset Maugham und Joseph Conrad hier ein- und ausgingen und das Gebäude noch am Meer lag (tgl. 10–19 Uhr, Eintritt frei). Die 104 stilvollen Suiten im historischen Ambiente sind mit moderner Technik und großzügigen Bädern ausgestattet. Suite S$ 600–920 inkl. Frühstück.

Hoch hinaus ▶ Marina Bay Sands 4: 2 Bayfront Ave., neben dem Casino, Tel. 66 88 88 68, www.marinabaysands.com, MRT Marina Bay. In den drei 55-stöckigen Türmen logiert auch das imposanteste Hotel der Stadt mit insgesamt 2561 Zimmern. Deluxe-Zimmer im Turm 3 sowie komfortablere und größere Premier-Zimmer in Turm 1 und 2 mit einer umwerfenden Aussicht. In 191 m Höhe SkyPark mit Überlaufpool, preisgekrönter Fitnessclub. DZ S$ 600–750.

Gut schlafen und schlemmen ▶ Pan Pacific Hotel 2: 7 Raffles Blvd., Tel. 63 36 81 11, www.panpacific.com/singapore, MRT Promenade. Jüngst renoviertes 5-Sterne-Hotel am Marina Square. Vom gläsernen Außenaufzug und den 750 großzügigen komfortablen Zimmern mit hohen Panoramafenstern bieten sich fantastische Aussichten. Der Service ist überaus aufmerksam und das kantonesische Lokal Hai Tien Lo im 37. Stock, Tel. 68 26 83 38, gehört zu den besten der Stadt. Große Poollandschaft mit Unterwassermusik. DZ S$ 370–580.

Elegant und verspielt ▶ The Scarlet 3: 33 Erskine Rd., Tel. 65 11 33 33, www.thescarlethotel.com, MRT Chinatown. Boutique-Hotel mit 80 kreativ eingerichteten Zimmern mit Internetzugang, DVD-Player, Flachbildschirm und Safe, die günstigen ohne Fenster und mit Duschen, die teureren mit französischen Fenstern oder Balkon und Wanne. Auch 5 Themensuiten mit asiatischem Touch. In der Bar auf der romantischen Dachterrasse werden zu Tapas und Grillgerichte serviert. Zudem ein Restaurant mit internationaler Küche. DZ S$ 280–550, Suiten ab S$ 920 inkl. Frühstück.

Stylisch ▶ New Majestic Hotel 4: 31–37 Bukit Pasoh Rd., Tel. 65 11 47 00, www.newmajestichotel.com, MRT Outram Park. Mitten in der Chinatown haben junge einheimische Künstler 26 kleine Hotelzimmer und 4 Suiten in drei chinesischen Geschäftshäusern individuell gestaltet. Alle mit Flachbildschirm, Kaffeemaschine, iPod-Stereo-Anlage und kostenlosem Internetzugang. Hervorragendes kantonesisches Restaurant, kleiner Pool (tgl. 11.45–15 und 18.30–23 Uhr). DZ S$ 250–300, Suiten ab S$ 370 inkl. Frühstück.

Nahe der Szene ▶ Gallery Hotel 5: 1 Nanson Rd., Robertson Quay, Tel. 68 49 86 86, www.galleryhotel.com.sg, MRT Clarke Quay. Am Singapore River, am Rand des Ausgehviertels, liegt dieses moderne Hotel aus Stahl und Glas mit 223 netten Zimmern in klaren Farben und Internetzugang. Die Glazzhouse-Eckzimmer haben tolle Panoramafenster. Mehrere Restaurants und ein Pool im 5. Stock, Frühstück nur bei einigen Zimmern inkl. DZ S$ 220–445.

Moderner Peranakan-Stil ▶ Albert Court Village Hotel 6: 180 Albert St., Tel. 63 39 39 39, www.stayvillage.com/AlbertCourt, MRT Bugis. In einem alten Haus und dem angrenzenden Neubau werden 210 ruhige, gemütliche Zimmer mit Kühlschrank, TV, Kaffeekocher und Safe vermietet. Günstige Zimmer ohne Aussicht, freundlicher Service. DZ S$ 210–400 inkl. Frühstück.

Klein, aber fein ▶ Perak Hotel 7: 12 Perak Rd., Tel. 62 99 77 33, www.peraklodge.net, MRT Little India. Das 2-stöckige alte Haus beherbergt 33 kleine saubere Zimmer im chinesischen Stil mit Holz- oder Fliesenböden, TV, Internetzugang, Wasserkocher, Fön und winzigen Duschen. Die günstigen Zimmer sind ziemlich klein. Internetzugang in der Lobby. DZ S$ 150–220 inkl. Frühstück.

Zweckmäßig und sauber ▶ Madras Hotel @ Tekka 8: 28–32 Madras St., Tel. 63 92 78 89, www.madrassingapore.com, MRT Little

India; und **Madras Hotel @ Eminence** 9: 407 Jln. Besar, Tel. 63 91 39 13, MRT Lavender. Saubere, einfach eingerichtete Zimmer mit Flachbildschirmen, DVD-Player, Internetzugang und Wasserkocher in Geschäftshäusern aus den 1920er-Jahren. DZ S$ 90–140 inkl. Frühstück.

Günstige Hotelkette ▶ **Fragrance Hotel Bugis** 10: 33 Middle Rd., Tel. 63 36 98 88, www.fragrancehotel.com, MRT Bugis oder City Hall. Eines der wenigen zentralen Häuser dieser Kette. Die meisten liegen nicht in den besten Gegenden, teils in Rotlichtbezirken, was sie jedoch mit einem guten Preis-Leistungs-Verhältnis wettmachen. Die überwiegend sauberen Zimmer haben nicht immer ein Fenster, sind aber ansprechend und zweckmäßig möbliert und verfügen über Internetzugang, Flachbildschirm, Wasserkocher und ein kleines Bad mit Dusche. Es gibt auch teurere Zimmer mit Kühlschrank, DVD-Player und Bad mit Wanne. Kaffee und Tee kostenlos, kein Restaurant. Einen ähnlichen Standard bietet die Kette Hotel 81, www.hotel81.com.sg. DZ S$ 60–120.

Flashpacker ▶ **Wink Hostel** 11: 8A Mosque St., Tel. 62 22 29 40, www.winkhostel.com, MRT Chinatown. Kleine Details machen die 9 Schlafsäle mit 6–10 Betten in diesem modernen Hostel zu etwas Besonderem – sobald ein Gast mit seiner Keycard die Tür öffnet, wird nur seine Koje ausgeleuchtet, Einrichtung im modern minimalistischen Stil, alles ist blitzblank sauber und in den Aufenthaltsräumen gibt es eine Küche, einen Flachbildschirm und Internetzugang. Koje im Schlafsaal S$ 50/Pers., Doppelmatratze S$ 90.

Ruhige Lage ▶ **Hangout @ Mt. Emily** 12: 10A Upper Wilkie Rd., Tel. 64 38 55 88, www.hangouthotels.com, MRT Little India. Bei jungen Gästen beliebtes, modernes und entspanntes Hotel in freundlichen Farben in einem schicken Wohnviertel oberhalb des Mt. Emily Park. Einige der 59 Zimmer haben keine Fenster, auch Schlafsäle mit 6 Betten, DZ inkl. Internetzugang und Frühstück. Schlafsaal S$ 40/Pers., DZ S$ 130–160.

Beliebtes Hostel ▶ **The Inn Crowd** 13: 73 Dunlop St., Tel. 62 96 91 69, www.the-inncrowd.com, MRT Little India. Unter den vielen Backpackerherbergen punktet diese durch professionelle Leitung und gesellige Atmosphäre. 20 Schlafsäle für bis zu 17 Pers., 48 fensterlose Zimmer mit Fernseher, gute Gemeinschaftsduschen, Gemeinschaftsküche, Sonnendeck, Billardtisch, DVD-Player, Internetzugang, kostenlose Stadtrundfahrten mit dem Roller und viele Infos. Nebenan liegt das Countryside Café mit günstigen Getränken, Pizza, Pasta und anderen internationalen Favoriten. Schlafsaal S$ 20/Pers., DZ S$ 60.

Essen & Trinken

Genuss mit Panoramablick ▶ **Equinox** 2: 71. und 72. Stock des Swissôtel The Stamford, Raffles City, Tel. 68 37 33 22, www.equinoxrestaurant.com.sg, MRT City Hall, Lunch Mo–Sa 12–14.30, High Tea tgl. 15.30–17, Dinner tgl. 19.30–22.30, So Brunch 11–14.30 Uhr. Moderne europäische Küche in gepflegten Räumlichkeiten. Besonders zum Champagner-Sonntagsbrunch (150 S$) ist das Restaurant nicht zuletzt wegen der tollen Aussicht über die Stadt gut besucht. Um S$ 100.

Gesund und kultiviert ▶ **Indo Chine Waterfront** 12: im Asian Civilisations Museum, 1 Empress Place, Tel. 63 32 77 98, www.indochine-group.com, MRT Raffles Place, Mo–Fr 12–15, So–Do 18.30–23.30, Fr, Sa 18.30–0.30 Uhr. Das schicke Restaurant mit großer Terrasse am Singapore River wirkt wie eine Verlängerung des Museums. Umgeben von Antiquitäten genießt man Gerichte aus Laos, Kambodscha und Vietnam, die mit ausgewählten Zutaten gesundheitsbewusst zubereitet werden. Hauptgerichte S$ 30–50.

Beeindruckende Nyonya-Gerichte ▶ **Blue Ginger** 1: 97 Tanjong Pagar Rd., Tel. 62 22 39 28, www.theblueginger.com, MRT Tanjong Pagar, tgl. 12–14.30, 18.30–22.30 Uhr. In einem liebevoll renovierten chinesischen Geschäftshaus kann man traditionelle Gerichte der Nyonya genießen, z. B. die Fischkuchen *otak otak* oder das Hühnchencurry *ayam panggang*. Hauptgerichte S$ 15–40.

Temperamentvolle Thai-Küche ▶ **Kha** 2: 38 Martin Rd., Tel. 64 76 90 00, www.kha.sg, MRT Somerset, Mo–Sa 12–15, 18–23 Uhr.

Die modernen Variationen der Thai-Gerichte passen ebenso wie die kleinen Portionen hervorragend zum schicken Umfeld des mit dunklen Holzmöbeln ausgestatteten Restaurants. Lecker ist der Klebreis mit Mango. Hauptgerichte S$ 15–40, Set Lunch S$ 30.

Bayerisch in den Tropen ▶ Brotzeit 3: West Coast Highway, im Einkaufszentrum VivoCity, Tel. 62 72 88 15, www.brotzeit1516.com, MRT HarbourFront; Filialen in 313 @ Somerset (s. S. 394) und Raffles City (s. S. 406), So–Do 12–24, Fr, Sa 12–1 Uhr, Happy Hour bis 20 Uhr. Die Auswahl an den Ständen ist überwältigend und reicht von Salaten und gefüllten Pfannkuchen bis zu Braten und Eisbein. Wer noch nicht satt ist, kann sich den Kuchen schmecken lassen. Dazu gibt's natürlich importiertes – und lokales – Bier sowie Wein. Hauptgerichte S$ 15–40.

Sozial engagiert ▶ Annalakshmi 4: #01–04, Central Square, 20 Havelock Rd., Tel. 63 39 99 93, www.annalakshmi.com.sg, MRT Clarke Quay, Di–So 11–15, tgl. 18–21.30 Uhr; Filiale in der 104 Amoy St., Tel. 62 23 08 09, Mo–Sa 11–15 Uhr. Die Mitglieder des Temple of Fine Arts betreiben auch in Singapore zwei Restaurants, die soziale Projekte unterstützen. Freiwillige helfen bei der Zubereitung der indisch-vegetarischen Gerichte, für die die Gäste eine Spende entrichten, die mind. zweistellig sein sollte. Am Wochenende wird ein Büfett aufgebaut.

Leckere Nudeln ▶ Lan Zhou La Mian 5: 19 Smith St., Tel. 63 27 12 86, MRT Chinatown. In dem kleinen, familiären Restaurant zeigt der Chef seinen Gästen, wie er hausgemachte Nudeln herstellt. Die Wände schmücken Fotos, die Besucher mit ihm gemacht haben. Auch leckere gefüllte Teigtaschen. Gerichte S$ 5–10.

Würziges Padang Food ▶ Sabar Menanti 6: 48 Kandahar St., Tel. 63 96 69 19, MRT Bugis, tgl. 9–18 Uhr. Im malaiisch-muslimischen Viertel Kampong Gelam hat sich ein alteingesessener Essenstand zu einem beliebten Restaurant gemausert. Man kann sich das Essen aus einer Vitrine mit etwa 40 Gerichten aussuchen, besonders beliebt sind das Fleischcurry *(rendang)*, die gegrillten Makrelen *(ikan bakar)* und das Gemüse in Kokosmilch *(sayur lodeh)*. Der 1. Stock ist klimatisiert, einige Tische stehen unter der Arkade. Gerichte S$ 5–10.

Überwältigende Auswahl ▶ ION Orchard 35: s. S. 394, Food Hall und Food Opera, MRT Orchard, tgl. 10–22 Uhr. Im 4. Untergeschoss des Einkaufszentrums versteckt sich ein riesiger moderner Food Court mit knapp 100 Ständen, die v. a. asiatische Speisen zubereiten. Gerichte S$ 5–10.

Old Style Singapore ▶ Maxwell Market 7: Maxwell Rd., Ecke Tanjong Pagar Rd., am südlichen Ende von Chinatown, MRT Tanjong Pagar. Die langjährige behutsame Restaurierung des Marktgebäudes hat auch das etablierte Food Centre gut überstanden. Bereits seit Jahrzehnten essen Büroangestellte im Businessoutfit in ihrer Mittagspause hier eine schnelle Nudelsuppe oder einen preiswerten Hainanese Chicken Rice. Gerichte um S$ 5.

Authentisch südindisch ▶ Komala Vilas 8: 76 Serangoon Rd., Tel. 62 99 44 64, www.komalavilas.com.sg, MRT Little India, tgl. 9–22.30 Uhr; Filialen in 12–14 Buffalo Rd., Upper Dickson Rd., Raffles Quay und Peninsula Plaza. Das vegetarische Restaurant ist eine Institution und immer gut besucht. Unten werden ganztags Snacks, knusprige *dosai* und andere Brote serviert, im 1. Stock gibt es von 11 bis 15.30 und von 18 bis 22.30 Uhr *thali*, Hauptgerichte mit Reis, Brot und verschiedenen Currys. Gerichte um S$ 5.

Originell ▶ Beach Road Scissor-Cut Curry Rice 9: Jln. Besar, Ecke Kitchener Rd., Tel. 98 26 14 64, MRT Farrer Park, tgl. 11.30–3 Uhr. Bereits seit mehreren Generationen wird an diesem kleinen Essenstand nichts anderes gekocht als Curryreis, für den Hungrige oft in einer langen Schlange anstehen. Die Zutaten werden mit einer Schere kleingeschnitten. Gerichte um S$ 5.

Einkaufen

Bei Einkäufen im Wert von über S$ 100 in Geschäften mit dem Global-Blue-/Premier-Taxfree-Aufkleber kann man sich die Mehrwertsteuer zurückerstatten lassen. Infos unter Tel. 62 25 62 38, www.globalrefund.com.

Außerhalb des Zentrums

Einkaufszentren ▶ Viele Malls finden sich in der Orchard Rd. (s. S. 394), weitere Shoppingtempel sind u. a. **Marina Square Shopping Mall 1**, Raffles Ave., MRT Esplanade, **Raffles City 2**, 252 North Bridge Rd., MRT City Hall, die unterirdische **CityLink Mall 3** zwischen Marina Square und MRT City Hall, **The Shoppes at Marina Bay Sands 4**, Marina Bay South, MRT Marina Bay, Tel. 66 88 88 68, www.marinabaysands.com/shoppes, und das **Mustafa Centre 4**, Syed Alwi Rd., www.mustafa.com.sg, MRT Farrer Park, 24 Std., mit einem riesigen Angebot günstiger Massenware.

Märkte ▶ Bugis Street 5: www.bugis-street.com, MRT Bugis, Mo–Fr 9–18.30, Sa 9–13 Uhr. An über 700 überdachten Ständen werden Souvenirs, günstige Textilien und allerlei Schnickschnack verkauft. **Tekka Centre 39**: 665 Buffalo Rd., MRT Little India, tgl. 6.30–21 Uhr. Im 1. Stock dieser indischen Markthalle überwältigt die riesige Auswahl bunter Saris und Kurtas sowie typischer indischer Accessoires zu günstigen Preisen.

Bücher ▶ Kinokuniya 6: 391 Orchard Rd., Ngee Ann City, Tel. 67 37 50 21, www.kinokuniya.com.sg, MRT Orchard, So–Fr 10–21.30, Sa 10–22 Uhr. Im 3. Stock des Kaufhauses Takashimaya betreibt die japanische Kette einen gut sortierten Buchladen mit einer riesigen Auswahl an englischsprachigen Titeln. Auch deutsche Romane, Reiseführer, Koch- und Kinderbücher.

Traditionelle chinesische Medizin ▶ Eu Yan Sang 7: 269 A South Bridge Rd., Tel. 62 23 63 33, www.ihealth.com.sg, MRT Chinatown, Mo–Sa 8.30–18 Uhr. Ladenkette mit Filialen in Singapore und Malaysia, diesem Geschäft ist sogar eine Klinik angeschlossen und es wird eine interessante Ausstellung über Schwalbennester gezeigt. Vorsicht: Einige chinesische Medikamente dürfen nicht nach Europa importiert werden.

Feinkost ▶ Jones The Grocer 8: Dempsey Hill, Block 9, Tel. 64 76 15 12, www.jonesthegrocer.com, Bus 7, 77, 106, 123, 174 ab Orchid Rd., tgl. 9–23 Uhr; Filiale in der Mandarin Gallery, 333a Orchard Rd. Die australische Kette übertrifft mit ihrer Auswahl an Delikatessen aus aller Welt das Angebot der meisten anderen Läden. Wer sich bereits länger in Asien aufhält, wird von der Brot-, Wein- und vor allem Käseauswahl begeistert sein.

Nyonya-Klassiker ▶ Rumah Bebe 9: 113 East Coast Rd., Tel. 62 47 87 81, www.rumahbebe.com, MRT Eunos, Di–So 9.30–18.30 Uhr. Bebe Seet verkauft in ihrem liebevoll restaurierten Geschäftshaus mit Lochstickereien verzierte Nyonya-Kebayas und mit Perlen bestickte Nyonya-Schuhe und -Taschen in unterschiedlichen Qualitäts- und Preisklassen, zudem traditionelle Kuchen und Snacks.

Abends & Nachts

Die Stadt hat ein sehr facettenreiches Kunst- und Kulturangebot. Aktuelle Veranstaltungen und Termine listet der SISTIC Entertainment Guide, **www.sistic.com.sg.** Über Veranstaltungen in Museen und kulturelle Aktivitäten informieren die Webseiten **www.museums.com.sg** und **www.yesterday.sg.**

Für Klassikliebhaber ▶ Esplanade – Theatres on the Bay 1: Tel. 68 28 83 77, www.esplanade.com, MRT Esplanade, Tickets sind erhältlich über www.sistic.com.sg. Der Komplex ist die Heimat des Singapore Symphony Orchestra (SSO), www.sso.org.sg, und des Singapore Dance Theatre, www.singaporedancetheatre.com.

Chinesische Oper ▶ Chinese Opera Teahouse 2: 5 Smith St., Tel. 63 23 48 62, MRT Chinatown, Fr, Sa 19–21 Uhr. Chinesische Oper mit englischen Untertiteln (S$ 35/20 mit/ohne Abendessen). Weitere Opernaufführungen siehe www.ctcopera.com.sg.

Jazzbar ▶ Harry's @ Boat Quay 3: 28 Boat Quay, Tel. 65 38 30 29, www.harrys.com.sg, MRT Raffles Place, So–Do 11–1, Fr, Sa bis 2 Uhr. Diese etablierte Bar ist die beste Adresse für Freunde des Jazz, dazu werden eiskalte Drinks, Salate, Burger und andere internationale Speisen serviert. Do–Sa ab 21.30 Uhr spielt die Hausband oder es treten Gastmusiker auf. Über 30 Filialen im Stadtgebiet.

Livemusik aus Singapore ▶ Timbré @ The Substation 4: 45 Armenian St., Tel. 63 38 80 30, www.timbre.com.sg, MRT City Hall, Mo–Do 18–1, Fr, Sa bis 2.30 Uhr. Tgl. von 21 bis 22.30 Uhr stehen einheimische Musiker auf der Bühne. Man kann drinnen und draußen sitzen und sich mit Pizzas, Tapas und anderen internationalen Gerichten stärken.

Unterhaltung im Kraftwerk ▶ **St James Power Station** 5: 3 Sentosa Gateway, Tel. 62 70 76 76, www.stjamespowerstation.com, MRT HarbourFront, Di–Do 20–3, Fr, Sa 20–5, So 18–3 Uhr. Das einstige Kohlekraftwerk aus den 1920er-Jahren bietet Platz für 16 verschiedene Etablissements – von der riesigen Powerhouse Disco über einen beschwingten Latino-Tanzclub bis zur entspannten Weinbar. Hier ist für jeden etwas dabei.

Pionier der Clubszene ▶ **Zouk** 6: 17 Jiak Kim St., Tel. 67 38 29 88, www.zoukclub.com, MRT Somerset, Mi–Sa ab 21 Uhr. Seit 1991 zählt der Club zur Elite der weltweiten Techno-, Elektro- und House-Musikszene. Hier bringen DJs aus aller Welt bis zu 4000 Gäste in Stimmung.

Elegante Lounge mit Aussicht ▶ **Ku Dé Ta Singapore** 4: s. S. 388, SkyPark at Marina Bay Sands, Tel. 66 88 76 88, www.kudeta.com.sg, MRT Marina Bay, Mo–Fr 12–15, 18–23, Sa, So 10–15, 18–23 Uhr. Im 57. Stock des Marina Bay Sands genießt man zu entspannter Musik erlesene Drinks, moderne asiatische Gerichte und eine spektakuläre Aussicht über die Stadt.

Mikrobrauerei an der Bay ▶ **LeVel33** 7: 8 Marina Blvd. #33–01, Tel. 68 34 31 33, www.level33.com.sg, MRT Marina Bay, So–Do 12–24, Fr, Sa 12–2 Uhr. Im 33. Stock des Marina Bay Financial Centre wird selbst gebrautes Bier ausgeschenkt. Von der großen Dachterrasse eröffnet sich ein toller Ausblick auf die Marina Bay.

Aktiv

Stadtspaziergänge ▶ **The Original Singapore Walks:** Tel. 63 25 16 31, www.singaporewalks.com. Geführte Touren durch das Kolonialviertel, die Chinatown, Little India oder Kampong Gelam (Mo–Sa, S$ 30). Auch thematische Touren.

Stadtrundfahrten ▶ Für eine Stadtrundfahrt auf eigene Faust bieten sich die Hop-on-Hop-off-Busse an (s. S. 409). **City Sightseeing Singapore:** Tel. 63 38 68 77, www.city-sightseeing.com (10–18 Uhr, alle 15–20 Min., S$ 27/Tag). **FunVee Bus Tours:** Tel. 67 38 33 38, www.citytours.sg (S$ 20).

Bootstouren ▶ Kleine Boote verschiedener Gesellschaften verkehren auf dem Singapore River und in der Marina Bay. Sie halten an verschiedenen Anlegestellen. **Singapore River Cruise:** Tel. 63 36 61 11, www.rivercruise.com.sg. Tgl. 9–23 Uhr alle 15 Min., S$ 17–22/Tour. **Hippo River Cruise:** Tel. 63 38 68 77, www.ducktours.com.sg. Tgl. 10–21.30 Uhr alle 25 Min., S$ 18/Tour, S$ 23/Tag. Bumble Bee Water Taxi S$ 8/Strecke. Duck Tours, 1-stündige Touren mit dem Amphibienfahrzeug ab Suntec City Mall oder Singapore Flyer (stdl. 10–18 Uhr, S$ 33). **Cheng Ho:** Tel. 65 33 98 11, www.watertours.com.sg. 2,5-stündige Touren auf dem Nachbau einer chinesischen Dschunke ab dem International Cruise Terminal am Marina South Pier (10.30 Uhr für S$ 29, 15 Uhr inkl. High Tea S$ 34, 18.30 Uhr ab HarbourFront inkl. Dinner S$ 57). **Singapore Island Cruise:** Tel. 65 34 93 39, www.islandcruise.com.sg. Ab Marina South Pier, 31 Marina Coastal Drive, 2–5 x tgl. nach Kusu und St John's Island, die zu Singapore gehören (S$ 15).

Teezeremonie ▶ **Tea Chapter** 1: 9–11 Neil Rd., www.tea-chapter.com.sg, MRT Outram Park, So–Do 11.30–22.30, Fr, Sa 11.30–23 Uhr. Im größten Teehaus der Stadt kann man an einer 10-minütigen Zeremonie teilnehmen. Nach Voranmeldung werden von einem Meister 1-stündige Zeremonien veranstaltet.

Autorennen ▶ **Ultimate Drive** 8: am Singapore Flyer (s. S. 389), Tel. 66 88 79 97, www.ultimatedrive.com, MRT Promenade. Im Ferrari oder Lamborghini über die Formel-1-Strecke brausen (15 Min., S$ 250).

Bungeespringen ▶ **G-Max und GX5** 2: Clarke Quay, 3E River Valley Rd., Tel. 63 38 17 66, www.gmax.com.sg, MRT Clarke Quay. Bis zu 3 Pers. werden in einer gläsernen Gondel an Gummiseilen in die Höhe katapultiert. Als Alternative bietet sich die Riesenschaukel an (ab 14 Uhr, S$ 49).

Klettern ▶ **BorderX** 33: im Einkaufszentrum Orchard Central, 4. Stock (s. S. 394), Tel. 68

84 48 70, www.borderx.com.sg, MRT Orchard, Di–So 12–21 Uhr. Über acht Stockwerke erstreckt sich eine 10 m hohe Kletterwand und eine 30 m hohe Via Ferrata (Klettern S$ 23/1 Std., Via Ferrata S$ 33/1,5 Std. plus S$ 5 Sa, So).

Wandern ▶ **Admiralty Park 3:** Admiralty Rd., MRT Woodlands. Hier kann man auf Plankenwegen durch einen Mangrovenwald wandern. **MacRitchie Reservoir 4:** Venus Drive, ab Upper Thomson Road, MRT Marymount. 250 m langer TreeTop Walkway. **Kent Ridge Park 5:** Vigilante Dr., MRT HarbourFront, Bus 10, 30 188 bis Pepys Rd., Canopy Walkway.

Termine

Chinesisches Neujahr (Neumond Ende Jan./Anfang Febr.): Straßenumzüge und Löwentänze.

Thaipusam-Fest (Vollmondtag Ende Jan./Anfang Febr.): Große Prozession vom Sri Srinivasa Perumal Temple in Little India zum Sri Thandayuthapani Temple in der Tank Road.

Wesak (Vollmond im Mai): In buddhistischen Tempeln wird an die drei wichtigsten Stationen im Leben Buddhas erinnert.

Drachenbootfest (Mai/Juni, www.sdba.org.sg): Drachenbootrennen mit Teilnehmern aus aller Welt.

Singapore Arts Festival (Mai/Juni, www.singaporeartsfest.com): Südostasiatisches Festival für zeitgenössische Kunst.

Nationalfeiertag (9. Aug.): Große Militärparaden und bunte Umzüge, an denen alle Bevölkerungsgruppen teilnehmen.

Fest der hungrigen Geister (Aug./Sept.): Rege Besuche chinesischer Tempel, um die Geister zu besänftigen. Auf Freilichtbühnen werden Chinesische Opern aufgeführt.

Chinesisches Erntedankfest (Vollmond im Sept.): Mondkuchen werden gebacken und verschenkt, Laternenumzüge der Kinder, Straßenmärkte und viele andere Aktivitäten.

Geburtstag des Affengotts (Sept.): Prozessionen, Trancetänze und Chinesische Opern zu Ehren des chinesischen Affengotts.

Fest der neun Königsgötter (Okt.): Mit Straßenprozessionen feiern die Chinesen neun Tage lang den Besuch der Königsgötter auf der Erde.

Wallfahrt nach Kusu (Okt.): Der Monat für Pilgerfahrten zum taoistischen Tempel auf Pulau Kusu, Fähren ab HarbourFront Centre.

Navarathiri (Okt.): 9-tägiges indisches Fest, das im Sri Thandayuthapani Temple in der Tank Road begangen wird.

Thimithi (Okt./Nov.): Im indischen Sri Mariamman Temple (s. S. 391) in der South Bridge Road gehen Gläubige barfuß über glühende Kohlen.

Verkehr

Flüge: Singapores riesiger Changi International Airport, Tel. 180 05 42 44 22, www.changiairport.com.sg, liegt 20 km östl. der City. Der moderne Flughafen verfügt über 3 Terminals und allerlei Einrichtungen, die einen Aufenthalt angenehm machen, z. B. TV und Movie Lounges, Massagesalons, Spielarkaden, kostenlosen Internetzugang, kleine Gärten und eine riesige Rutschbahn. Transitpassagiere, die mindestens 6 Std. Zeit haben, können am Schalter von Singapore Tour eine kostenlose Stadtrundfahrt buchen. Die nationalen Fluggesellschaften Singapore Airlines, www.singaporeair.com, und Silk Air, www.silkair.com, verbinden die Stadt mit Zielen auf der ganzen Welt und in Zusammenarbeit mit der malaysischen Airline MAS stdl. mit Kuala Lumpur. Air Asia, www.airasia.com, fliegt nach Kuala Lumpur, Langkawi, Penang, Kuching, Miri und Kota Kinabalu sowie nach Thailand und Indonesien. Firefly, www.firefly.com.my, hat Kuala Lumpur (Subang), Kuantan und Ipoh im Programm. Berjaya Air, www.berjaya-air.com, verbindet mit den Inseln Tioman und Redang. Vom Flughafen fährt die MRT Changi Airport ins Zentrum. Ein Taxi kostet ca. S$ 25.

Züge: Die Züge aus Malaysia starten bzw. enden im Norden der Insel im Woodlands Train Checkpoint, 11 Woodlands Crossing (Bus 911, 913 zur MRT Woodlands). Deutlich günstiger ist die Zugfahrt ab Johor Bahru (s. S. 157), da der Preis 1 : 1 in Singapore-Dollar umgerechnet wird. Ab dem Woodlands Train Checkpoint 3 x tgl. nach Kuala Lumpur (7–8

Std., S$ 26 in der 2. Klasse ohne Zuschläge), 2 x tgl. über Kuala Lipis nach Kota Bharu/Wakaf Bharu (13–14 Std., S$ 27). Der luxuriöse Sonderzug Eastern & Oriental Express, Tel. 63 92 35 00, www.orient-express.com, mit Waggons im alten Kolonialstil fährt von Singapore in 3 Tagen und 2 Nächten über Kuala Lumpur, Butterworth und Kanchanaburi nach Bangkok (ab 2000 €).

Busse: Nach Johor Bahru zum Larkin Bus & Taxi Terminal ab Ban San Terminal, Queen St., Ecke Arab St., mit SBS Transit Bus Nr. 170 (Zwischenstopps u. a. an der MRT Kranji und in Kotaraya II im Zentrum von Johor Bahru, ständig, ca. 1 Std., um S$ 2) sowie direkt mit dem Singapore-Johore Express (6.30–23 Uhr, alle 15 Min., 1–2 Std., um S$ 2). Ab Golden Mile Complex, Beach Rd., regelmäßig nach Kuala Lumpur (5–6 Std., S$ 25–63), um 6.30 Uhr nach Mersing (4 Std., S$ 31) und 5 x tgl. nach Melaka (4 Std., S$ 25). Weitere Busse nach Malaysia starten in der Queen St., Ecke Ban San St.

Überlandtaxis: Vom Ban San Terminal an der Queen St., Ecke Arab St. nach Johor Bahru zum Terminal Kotaraya II (S$ 40/Taxi).

Fähren: Zu den vorgelagerten indonesischen Inseln verkehren Fähren vom großen SCC@HarbourFront Centre (Singapore Cruise Centre) westlich des Einkaufszentrums VivoCity, MRT HarbourFront, und vom SCC@Tanah Merah (Tanah Merah Ferry Terminal) nahe dem Changi Airport, MRT Bedok und SBS-Bus Nr. 35. Infos: Batam Fast, www.batamfast.com, Bintan Resort Ferries, www.brf.com.sg, Indo Falcon, www.indofalcon.com.sg, Sindo Ferry, www.sindoferry.com.sg. Am Changi Point Ferry Terminal im Changi Village beim Flughafen legen nach Bedarf kleine Boote *(bumboats)* für bis zu 12 Pers. nach Pulau Ubin und in den malaysischen Ort Pengerang ab (Tel. 65 35 86 86, Anfahrt mit SBS-Bus Nr. 2, Abfahrt der Boote 7–16 Uhr).

Fortbewegung in der Stadt

MRT (Mass Rapid Transit): Die U- bzw. S-Bahnen sind sehr modern, zuverlässig, gut gekühlt und in der Rushhour überfüllt. Standard Tickets für S$ 1,10–2,40 je nach Entfernung gibt es an Automaten. Weitere Infos unter www.transitlink.com.sg.

Stadtbusse: Singapores Busnetz ist sehr dicht. Die klimatisierten Stadtbusse verkehren von 5.30–24 Uhr alle 5–30 Min. für S$ 0,90–2,45 je nach Entfernung. Bezahlt wird beim Fahrer im Bus, der allerdings kein Kleingeld herausgibt, daher immer die erforderliche Summe bereithalten. Weitere Infos unter www.sbstransit.com.sg und www.transitlink.com.sg.

Hop-on-Hop-off-Busse: Sie fahren auf einer festen Route viele Touristenziele an, Tickets können direkt beim Fahrer gekauft werden (ca. alle 30 Min., 9–19 Uhr, S$ 12/Tag). Weitere Infos bei SIA Hop On, Tel. 94 57 28 96, www.siahopon.com, und SAEx Hop On, Tel. 67 53 05 06, www.saex.com.sg.

Taxis: Sind zuverlässig und außerhalb der Rushhour relativ leicht zu bekommen. In der City nehmen sie Passagiere an markierten Haltestellen auf. Die Einschaltgebühr inkl. des ersten Kilometers beträgt bei Pkws S$ 2,80 und bei Kleinbussen S$ 3,20. Jede weiteren 385 m bzw. 45 Sek. Wartezeit kosten S$ 0,20, ein Gepäckstück S$ 0,50, Fahrten während der Rushhour (Mo–Fr 7–9.30, Mo–Sa 17–20 Uhr) plus 35 %, Nachtfahrten (24–6 Uhr) plus 50 %. An Feiertagen wird ein Aufschlag von S$ 1 berechnet. Außerdem zahlt man Zuschläge für Fahrten von der City in die Umgebung, ab dem Flughafen, ab Marina Bay etc. Auch Funktaxis verlangen Zuschläge, die sich bei Vorbestellungen auf zweistellige Summen addieren können.

Singapore Tourist Pass

Wer in Singapore viel mit öffentlichen Verkehrsmitteln unterwegs ist, sollte sich den **Singapore Tourist Pass** zulegen, der in allen Bussen und Bahnen gilt. Für 1/2/3 Tage kostet der Pass S$ 10/16/24 plus S$ 10 Pfand für die Karte. Er ist erhältlich an bestimmten MRT-Stationen, u. a. Changi Airport, Orchard, Chinatown, City Hall und Raffles Place. Infos: www.thesingaporetouristpass.com.

Register

Der Haupteintrag ist **fett** hervorgehoben.

Register

Der Haupteintrag ist **fett** hervorgehoben.

Der Haupteintrag ist **fett** hervorgehoben.

Abbildungsnachweis

Glow Images, München: S. 166 (Eye Ubiquitous); 2 M., 52/53 (Heine); 7 u., 189 (JTB Photo); 277 (Schlenker); 160/161 (Stengert); 4 u., 202/203 (superstock); 396/397 (Tack)

Bildagentur Huber, Garmisch P.: S. 10/11 (Giavara); 5 o., 245 (PictureFinders); Titel, 57, 60/61, 90, 112 re., 118, 130/131, 143, 168 li., 210/211, 234/345 (Schmid); 101 (Stadler); 342 li., 356/357 (Steward)

laif, Köln: S. 168 re., 220/221 (de Russe/Le Figaro Magazine); 238 li., 269 (Frumm/hemis.fr); 3 M., 110 (Gardel/hemis.fr); 112 li., 136, 384 li., 400 (Gerber); 43 (Guariglia/Redux); 284 (2 x), 287, 294 (Hagerman/The New York Time/Redux); 8 M., 282, 302/303 (Hub); 5 M., 299 (Kempe/Polaris); 6 M., 382 (Maisant/hemis.fr); 1 M., 27, 384 re., 388 (Martin/Le Figaro Magazine); 8 o., 114 (Royer/Hoa-qui); 7 M., 326/327 (Shone/Aurora)

Look, München: S. 7 o., 291, 342 re., 369, 372/373 (agefotostock); 2 o., 17 (Stankiewicz)

Mauritius Images, Mittenwald: S. 225, 236 (AGE); 1 li., 1 re., 3 o., 5 u., 6 o., 9, 13, 31, 35, 38, 121, 157, 172/173, 184, 207, 228, 258/259, 308/309, 332, 338/339, 340, 345, 348/349, 381 (alamy); 3 u., 148 (Kober/Warburton-Lee)

F1 Online, Frankfurt a. M.: S. 108/109 (Mint Images)

Renate Loose, Berlin: S. 4 o., 22/23, 69, 72/73, 83, 105, 140, 177, 192, 232, 238 re., 248/249, 263, 271, 281, 284 re., 313, 363

Tourism Malaysia, Frankfurt a. M. S. 318

Kartografie

DuMont Reisekartografie, Fürstenfeldbruck

Umschlagfoto

Titelbild: Teeplantagen in den Cameron Highlands

Über die Autoren: Renate und Stefan Loose brachten 1977 den ersten Südostasien-Reiseführer im Selbstverlag heraus. Beide leisteten mit der Herausgabe von Travel Handbüchern zu asiatischen Ländern Pionierarbeit auf dem deutschen Reiseführermarkt. Ihr Sohn Mischa begleitete sie von Anfang an auf ihren Reisen. Seit dem Abschluss seines Studiums der Südostasienwissenschaften recherchiert auch er hauptberuflich in Südostasien. Malaysia ist das Land, das die Autorenfamilie als ihre zweite Heimat bezeichnet. Landeskenntnisse und Reiseleidenschaft, ein kritischer Blick und Wissen darum, was Reisende wissen wollen und wissen müssen, prägen dieses Buch.

Besonderer Dank geht an: Moritz Jacobi, der uns auf der letzten Recherche über Monate begleitet und unterstützt hat.

Lektorat: Anke Munderloh; **Bildredaktion:** Susanne Troll

Hinweis: Autoren und Verlag haben alle Informationen mit größtmöglicher Sorgfalt geprüft. Gleichwohl sind Fehler nicht vollständig auszuschließen. Alle Angaben erfolgen ohne Gewähr. Bitte schreiben Sie uns! Über Ihre Rückmeldung zum Buch und über Verbesserungsvorschläge freuen sich Autoren und Verlag:

DuMont Reiseverlag, Postfach 3151, 73751 Ostfildern, E-Mail: info@dumontreise.de

1. Auflage 2013

Grafisches Konzept: Groschwitz, Hamburg
Printed in Germany